本书获2021年贵州省出版传媒事业发展专项资金资助

GUIZHOU

# 贵州历史笔记

（上）

LISHI BIJI

范同寿　著

贵州出版集团
贵州人民出版社

**图书在版编目（CIP）数据**

贵州历史笔记. 上册 / 范同寿著. -- 贵阳：贵州人民出版社，2022.3（2025.3重印）
ISBN 978-7-221-16837-5

Ⅰ. ①贵… Ⅱ. ①范… Ⅲ. ①贵州－地方史 Ⅳ. ①K297.3

中国版本图书馆CIP数据核字(2021)第243327号

**贵州历史笔记（上）**

范同寿 **著**

**出 版 人** 王 旭
**责任编辑** 黄蕙心 张 娜
**封面设计** 吕 磊
**版式设计** 刘 津 蒋正伦
**出　　版** 贵州出版集团 贵州人民出版社
**地　　址** 贵阳市观山湖区会展东路SOHO办公区A座
**邮　　编** 550081
**印　　刷** 深圳市新联美术印刷有限公司
**规　　格** 787mm×1092mm 1/16
**印　　张** 19.5
**字　　数** 310千字
**版　　次** 2022年3月第1版
**印　　次** 2025年3月第3次印刷
**书　　号** ISBN 978-7-221-16837-5
**定　　价** 118.00元（上、下册）

# 目 录

## 上 册

# 下　册

# 贵州：怎“神奇”二字足以概括

小时候，曾听老一辈人讲过这样一个故事：我们贵州因为田地少，土地不肥，又没盐巴吃，外省人都不大看得起我们。有一回在四川，贵州人和成都人争起来，都说自己的家乡好。那个成都人为了炫耀他们了不起，宣称“四川有座峨眉山，离天只有三尺三”。贵州人一听当即火了，冲口而出答道：“我们贵州有座钟鼓楼，半截还在天里头。”当时只有六七岁的我，听完这个故事，忍不住开怀大笑，为这个贵州人的急智和聪明叫绝。

儿时的无知毕竟很短暂。懂事以后，当年的故事再也无法在心头激荡起爱乡之情。巍峨峻秀的峨眉山实实在在地矗立着，而那一半入云的钟鼓楼在我的家乡却根本不存在。

意想不到的是，许多年以后，类似的故事又在耳畔响起。

那是20世纪50年代，一位到外地出差回来的同志说起他在省外的际遇：有人听说他从贵州来，竟投以异样的目光，问出“你们贵州人是不是带着尾巴？”“你会放蛊吗？”一类的愚蠢问题。即使到了60年代，以为贵州属于云南省的，依然大有人在。甚至我们自己的一些老乡，因为背上“夜郎自大”“黔驴技穷”“天无三日晴，地无三里平，人无三分银”之类的历史包袱，在填写籍贯栏时，总千方百计地拉出祖籍某某省来装点自己，不敢大大方方地填上“贵州”二字。这真让人不能不生出某种悲哀。

诚然，一个省、一个地区，如果穷了、落后了，或是人家根本不了解你，是免不了要被嘲笑的。

贵州的贫穷落后真是“与生俱来”的吗？位于祖国西南的贵州高原，真像罗贯中《三国演义》里描述的那样，是一片“人多不习教化”的“不毛之地，瘴疫之乡”吗？用今天人类渐趋成熟的全息视角来观察，答案肯定是否定的。

不客气地说，当世界上许多地方还是一片荒芜、渺无人迹的时候，坐落在云贵高原东半块的贵州地区，早已经是一派生机了。还在山顶洞人出现之前，水城硝灰洞人便已生活在距今六盘水市区20多公里的三岔河畔，并运用他们的智慧，率先创造出打制石片的锐棱砸击法。这种带有区域性文化特征的砸击法，后来虽然在西南一些地区、台湾省，以及东南亚等地也有发现，但时间上以贵州硝灰洞最早，形制上也以硝灰洞最为典型。

古人类和古文化遗址在贵州境内层出不穷，让考古学家们叹为观止。中科院院士贾兰坡先生就曾惊叹：“贵州有如此之多的旧石器遗址的发现，实出我们预料。”黔西观音洞遗址更是中国南方旧石器文化遗址的代表，著名考古学家裴文中教授给予高度评价，并指出：“以这个贵州的观音洞为例，我们将要遇到的是与欧洲大陆的旧石器文化不相同的一种新的文化系统。”

由此看来，“落后”并非贵州从娘胎里带来的痼疾。

如果将中国的版图划分为东北、西南、东南、西北和中原几个部分，贵州则处于祖国西南片区的腹地。优越的地理位置，千姿百态、纷繁复杂的地形地貌，丰富的水资源，冬无严寒、夏无酷暑的宜人气候，为物种的生存繁衍提供了良好条件。数十万年前人类的祖先已经在这片土地上劳作生息，到

黔西观音洞遗址出土的动物化石

了秦汉之际，夜郎则是西南夷地区最强大的方国。

司马迁的《史记》称，“西南夷君长以十数，夜郎最大”，那里的人们过着“椎结、耕田、有邑聚”的农业定居生活。夜郎“有精兵十万”，有着颇为发达的青铜冶炼业，能铸造各种生产工具、武器、生活用具、乐器和装饰品，掌握了纺织麻布和制作陶器的技术。就社会生产力的进步程度而言，这一时期的贵州，与中原地区相比虽然不在一个水平线上，但差距并不是很大。

贵州的落后发生在魏晋以降。

东汉帝国的崩溃导致天下大乱。魏、蜀、吴三强争雄，战祸连年，地区间的经济文化交流受到严重阻碍。自那以后，贵州经济社会的发展日趋缓慢，与中原和沿海地区的差距逐渐拉大。

随着商品交换在社会生活中的比重不断加大，层峦叠嶂、“望山跑死马”的自然地理条件对贵州经济发展的制约也越来越严重。

从蜀汉政权到隋、唐、宋、元，历代统治者对贵州的着眼点都离不开军事价值，从未将这片地区纳入国家经济政策和发展战略的重点，加上贵州自身环境的封闭性与经济基础薄弱，自然一天天走向落后。

秦汉以后的贵州历史有许多“空白处”。那是因为当权者着力维护自身地位，将注意力集中于经济发达的中心区域，对边远民族地区采取“附则受而不逆，叛则弃而不追”的若即若离的统治手段，致使这些地区成了“被历史遗忘的角落”。史家们既不知情，也很少去关注和记录那里的人和事。于是，古代文献中的贵州历史便出现了许多断链，让后人难以看清她在一些历史阶段的面貌。

古时的人们受交通、通信等条件的制约，既无法从资料中了解贵州，又没有亲历其境的机会，只好将道听途说、耳食之谈一类的东西拿来当真，以致一个曾经拥有辉煌史前文明且富饶美丽的地区、一片充满人间传奇的沃土，被歪曲为蛮荒之区、不毛之地，令许多人望而却步。

作为中华民族国家版图的组成部分，贵州这片土地，无论在生态资源、气候资源、军事战略地位、经济发展潜力方面，或是在历史文化遗产、民族文化遗产方面，都有着她独特的优势。近年来，不少论著描述贵州山川秀丽、资源丰富、气候温和，是一个充满神秘魅力的乐园，这些正是人们开始发现贵州、走近贵州、探索贵州的结果。

贵州是一块宝地，是一片神奇的沃土。她就像被历史锁在深闺里的绝代佳人，世人至今都很难尽睹她的芳颜。

科学家们说，喀斯特地形面积在地球陆地面积中所占的比例仅有1/4，集中连片分布在地中海沿岸、东亚、拉美三个地区，贵州恰恰是东亚喀斯特强烈发育地区的中心。

喀斯特地形也称为石灰岩地形，又称为喀斯特地貌、岩溶地貌，是具有溶蚀力的水对可溶性岩石进行溶蚀等作用所形成的地表和地下形态的总称。贵州的喀斯特地形占全省土地面积的比例超过60%，她所独有的锥状喀斯特地形，是全球锥状喀斯特地形中发育演化过程最完整、保存相关遗迹最丰富、集中连片分布面积最大和地貌景观最典型的地区。

喀斯特地形使贵州的土地面积变得支离破碎，全省17万多平方公里土地，万亩以上适宜农作的坝子只有19个。无怪乎在单纯农业经济时代，贵州人祖祖辈辈挥汗如雨地拼命耕作，却始终填不饱肚子，经济发展水平总是落后于先进发达地区。

然而，喀斯特地形又造就了贵州唯我独有的绝世美境。在贵州，随处可见直插云霄的奇峰、峥嵘诡谲的岩石、飞珠溅玉的山泉、云蒸霞蔚的飞瀑、

黄果树瀑布

烟波浩渺的湖泊池沼、高古幽深的溶洞峡谷。喀斯特地形在制约贵州农业生产的同时，也为贵州发展旅游带来了取之不尽、用之不竭的资源。

2007年8月，广东省一批醉心于神奇山水的自驾游者，一次便组织了70辆私家车200多人，浩浩荡荡到刚刚被列为世界自然遗产的贵州荔波，探寻和领略喀斯特的奥秘。喀斯特给贵州带来的这种利弊组合，岂非印证了老子“祸兮福之所倚，福兮祸之所伏”的说法?

典型喀斯特地貌落户贵州，不过是神奇贵州的一个方面。走遍五大洲四大洋，在哪里能找到如贵州这样冬无严寒、夏无酷暑，雨量充沛，四季分明，适宜人类居住的处所呢?

得天独厚的气候，同样是贵州人的自豪。

位于青藏高原向东部丘陵过渡斜坡地带的贵州，地貌复杂多变，起伏崎岖。冬季受西伯利亚寒潮的影响较小，夏季受东南海洋季风影响很显著，形成了典型的高原型湿润亚热带季风气候。夏季最热月气温维持在22℃～26℃，冬季最低温度在3℃～6℃之间。这种既无严寒，又无酷暑，四季分明的气候，深受国内外游客青睐。2007年，贵州荣获“中国避暑之都”美誉，当之无愧。

旧时代，一些人常用“天无三日晴”贬低贵州。其实，这正是道出了贵州雨量充沛的气候特点。根据气象部门的统计，贵州的年均降雨量一般在1200毫米左右。

贵州是一片山的世界，土层很薄。但在贵州，石头缝里也能长出草和树，支撑着满目苍翠的，竟是那些嶙峋的怪石。笔者有幸去过国内一些高原地区，驱车百余里，很少看见石头缝里长草和树，只能看到几株稀稀落落的树木生长在薄土层里。当年感受到的这种反差，至今难以忘怀。

近年来，对古生物的挖掘研究成为一股热潮。当代人用双手去敲击岩石的记忆，力图续写几千万年甚至数亿年前已经结束的故事。许多人将注意力集中在恐龙化石的发掘时，胡氏贵州龙及寒武纪生物群在贵州被发现，使得贵州这片古老的土地，一下子成为研究动物生命起源的焦点。

科学家们数十年的研究成果，揭开了贵州曾经是古生物伊甸园的面纱。

贵州古生物化石资源之丰富无与伦比。中国地质大学教授杨遵仪先生在谈到贵州古生物化石时说："相信许多生物进化之谜将在这里得到破解。"国际学术界甚至认为，贵州及中国其他地区古生物化石的大量出土，正在"重写地球生命进化的历史"。

"多彩"是人们对贵州省的共同印象，人们常把贵州称为民族文化博物馆和文化千岛。在贵州，就某一文化的局部区域而言，与周围其他民族的文化显然不同，表现出"十里不同风"的特点，仿佛是一个个"文化孤岛"。但从全省范围来看，这许许多多的"文化孤岛"，又显得千姿百态，融合成为"文化千岛"。这种多元文化的保存与共生的展示，不仅在国内，在世界上也极为罕见。

常言道"沧海桑田，时过境迁"，贵州似乎成了例外。许多在其他地方早已消失的文化现象，在贵州却得以延续，形成一条穿越时空的神秘隧道。在贵州，不少古老的文化环境被完整地保存下来，成为鲜活的文化生态博物馆；长期形成的山乡异俗，显现出地域文化的鲜明特征；若干绚丽的民族文化之花，点缀贵州高原，形成独特而亮丽的风景线。这一切是怎样形成的呢？从今天旅游资源的视角来看，上苍何以给贵州如此之多的特殊眷顾？

西方一位学者说过这样的话："历史是从有文字记述时开始的。"这种观点将灿烂的史前文明抛在历史之外，未必能赢得多数人的赞同。但就贵州而言，即便有文字记载的历史，同样充满了神秘，同样有许多让人无法解释的人和事。

一位来贵州出席学术会议的境外客人曾经感慨地对笔者说，他是第一次来到贵州，第一次认识贵州，但已经被贵州深厚的历史文化底蕴所震撼——那么悠远的历史，那么多迄今未曾解开的历史之谜，如果没有人去挖掘、研究和破解，任其湮没在时间的尘埃中，那将是多大的浪费啊。

是的，自然的神奇不过是贵州"神奇"的一个方面。

在贵州历史的演进过程中，留下了许多让人百思不得其解的谜团，它们犹如闪烁在晴朗夜空中的遥远星辰，永远那么神秘，那么难以捉摸，却又那么令人向往。若干世纪以来，不仅众多学者在孜孜不倦地探寻答案，不少中外人士也被这些神奇的历史之谜深深吸引，不辞辛劳地亲历贵州考察，追寻种种蛛丝马迹，查阅相关文献，力图为神奇贵州的诸多悬念找到令人信服的合理解读。

司马迁的《史记》称夜郎是西南地区最大的政权，是与滇同时接受汉王朝封印的古国。但正是这个夜郎国，成了贵州人的千古难解之谜。

夜郎这么大一个国家，它的中心区域在哪里？都城是哪一座城市？为什么滇王的金印1956年就被考古学家在云南晋宁石寨山中找到，而夜郎王印却至今杳无踪影？立国200余年的夜郎，末代王兴因与西汉成帝公开对抗被斩杀，尸骨未必能回乡，但历代夜郎王的墓葬总该存在，它们又在何处隐身？

夜郎国之谜困扰人们很多年，而它只是神奇贵州的诸多历史悬疑之一。

红岩碑是贵州省关岭布依族苗族自治县的晒甲山崖石壁上一块长达百米、高达30余米的巨大浅红色石屏，上有数十个铁灰色的符号。由于明代即有“红崖削立一千丈，刻划盘回非一状”“诸葛曾闻此驻兵，至今铜鼓有遗声”的诗句，红岩碑被人们认定为是明清以前的遗迹。但因上面的刻画符号

迄今无人能辨、无人能识的红岩天书（又称“红崖天书”）

太过玄妙，“非镌非刻，非阴非阳”，竖不成行，横不成列，若篆若隶，以致世代无人能解。

清道光年间，一批文人学士曾掀起一股红岩碑“破译热”。有认为“大禹治水留下的遗迹”者，有断为“殷高宗伐鬼方纪功碑”者，有破解为诸葛亮为土著人作的图谱者，却没有一种结论足以让人信服。民国之后，又有了许多新的说法，如“古彝文”说、“苗文古书”说，“自然石花”说，“夜郎卦经”说，“婚歌”说，“外星人遗迹”说、“宇宙信息”说，等等，不一而足，也都未能赢得广泛认同。

1995年，当时的安顺地区悬赏100万元破解这一千古之谜，引发了新一轮红岩碑研究热潮。其中一位研究者认为：“红岩天书写于1406年，是明初逊国建文皇帝所颁的一道讨伐燕王朱棣篡位的‘伐燕诏檄’。”一些媒体公布了这位研究者的成果，并称是对红岩天书的“最终破解”。然而，笔者细读该篇破译文字，发现原先那些孤立的符号虽然被连成了一篇文字，却不免附会了省内许多地方关于建文帝曾流落贵州的传说，再加上了一些个人臆测的成分。事实上，被叔叔朱棣赶下台的建文皇帝是否真的到过贵州，本身就是贵州历史上的一桩悬案。

时至今日，坝陵河水依然在晒甲山下平静地流淌，关岭大瀑布仍旧从近千米的山崖上倾泻而下，困惑人们若干世纪的红岩碑仍继续笼罩在茫茫白雾之中，依然含羞如故，不愿揭开她的面纱。

人们大多喜欢到中心城市或王朝古都去寻觅历史的踪迹，其实平时最易被忽略的荒郊野外、偏远地区，恰恰是历史喜欢逗留的地方。

接触过贵州历史的人不难发现，有史以来，中原大地上发生的重大历史事件，不少与贵州密切相关；许多名噪一时的历史人物，或诞生在贵州，或流寓贵州，他们在贵州留下的遗迹成了宝贵的文化财富。在中国这个统一的多民族国家的历史长河中，贵州这片地区对历史发展进程的影响，是让人无法忽视的。

贵州战略上的重要性，战国时的楚顷襄王便已经认识到了。为达到对秦国进行两面夹击的目的，他果断派大将庄蹻率领一支楚军溯沅水而上，经贵州进入云南。庄蹻进入贵州后，先以武力灭掉且兰国，然后迫使夜郎降顺，最终得以顺利进抵滇池之滨，进而改服易色，当上了滇王。在这一过程中，夜郎王的态度是至关重要的。如果当时拥有10万兵力的夜郎拒不归顺，与楚军展开旷日持久的战事，庄蹻也就无法顺利进抵云南。那样一来，不仅贵州，就连云南的古代史也许都会是另一番景象了。

诸葛亮被称为中国历史上杰出的政治家、军事家、战略家、散文家、外交家。陈寿的《三国志》记载，刘备去见诸葛亮时，这位未出茅庐的天才军事家便提出了“西和诸戎，南抚夷越，外结好孙权，内修政理”的主张。在诸葛亮的心中，云贵地区不仅战略地位重要，资源也很丰富，刘备如果要在西南地区建立政权，就必须加强对贵州、云南等地区的经营。

三国时的云贵地区被称为南中。刘备死后，诸葛亮辅佐刘禅，他的第一个重大军事行动便是平定南中之战。蜀汉建兴三年（225年），蜀军兵分三路向南中挺进，其中一支由诸葛亮亲自率领。军事上取得胜利后，诸葛亮在贵州等地推行了一系列稳定社会环境、发展农业生产的政策，达到了“务农殖谷，闭关息民，民安食足而后用之”的目的。史籍记载，当时，贵州各族群众不仅向蜀国“输租赋”，还出“金银、丹、漆、耕牛、战马，供军国之需”。可以说，蜀军后来能有充裕的后勤支援六出祁山，北上与曹魏争天下，是与诸葛亮重视对贵州等地的经营分不开的。

在封建统治者的眼中，贵州距离统治中心遥远，又极落后艰苦、野蛮荒凉，是贬谪罪臣和发配囚犯的“理想场所”。历史上一些名人学士，就曾因开罪于当朝被贬发贵州。李白、王阳明正是这一类名人中的代表。他们在贵州的经历给贵州留下了宝贵的文化遗产，也在中国思想文化领域产生了深远的影响。

据说，长流夜郎是诗人李白晚年的一段重要的人生经历：唐肃宗至德二年（757年），这位生性豪放、感情热烈、才华横溢的诗仙，因永王李璘谋逆案牵连被发配夜郎，乾元三年（760年）才被赦免得以返回。然而，长达2年多的时间里，李白的经历如何，他究竟是否到过夜郎，却是一桩历史悬案。“未至说”与“确至说”两派学者从北宋年间开始争论，历时几百年，至今仍未形成定论。不过，今桐梓县境内有太白泉、太白故宅、谪仙百碑台、谪仙楼、怀白亭等许多与李白相关的“遗迹”，是很值得后人去认真研究的。

比之李白，王阳明在贵州的情况就清晰多了。出生于浙江余姚的王阳明是中国历史上著名的哲学家、教育家、政治家和文学家。明正德三年（1508年），时任兵部主事的王阳明因开罪宦官刘瑾，被廷杖四十，贬谪到贵州龙场任驿丞，前后达3年之久。王阳明乃勤于笔耕之人，写了许多文章和诗词，其中有3篇文章被选入《古文观止》，但他最大的学术成就却是“龙场大悟”之后创立的“阳明心学”。

“阳明心学”发端于贵州，成熟完善于江西与江浙地区。乘理学之衰而兴起的“阳明心学”，不仅对当时的思想文化领域形成了巨大的冲击，影响还扩大到了国外。《王阳明全集》于16世纪传入朝鲜和日本后，“阳明心学”的影响日益扩大。明治维新时期，日本社会“把心的赤诚作为最高原则”，产生了中江藤树等一批著名阳明信徒。“阳明心学”在美、英等国也有较大影响，美国曾开展王阳明的研究与纪念活动，《大英百科全书》也收录了关于王阳明的介绍。

贵州人对王阳明有着特殊的感情。

王阳明流寓贵州3年，在发展教育、促进民族团结与开发地方文化方面，都做出了巨大贡献。他在龙场的遗迹如“阳明小洞天”“玩易窝”“何陋轩”“君子亭”“宾阳堂”及“三人坟”等被完整地保存下来，人们还在修文阳明洞修建了“王文成公祠”，在贵阳扶风山修建了“阳明祠”以表达对他的纪念。贵州是“阳明心学”的孕育地，王阳明在贵州的活动与他创建的心学体系，对明清以来的中国文化思想史产生了重大影响。这一点，却往往被研究15—17世纪中国历史的许多学者所忽视。

历史总喜欢给人意外，贵州正是让人感到意外比较多的地方。

按说，经济是基础，政治是经济的集中表现，文化是经济和政治的反映。一个经济相对落后的地方，它的思想与文化似乎也应该显得保守和滞后。偏偏在文化思想领域，贵州又有太多的历史亮点，以致学者们百思不得其解，只有用“人间传奇”来形容它。

自隋朝用公开考试选拔官吏取代九品中正制以后，科举制度在中国盛行了1300余年。贵州虽然直到明朝才有开科取士之举，但明、清两代仅500多年间，却考出了6000多名举人、700多名进士，还有3人高中状元。这种人才辈出的局面如何会在贵州这种穷省出现呢?

清光绪二十一年（1895年）发生的“公车上书”，是清末维新派登上历史舞台的标志。在这场上书活动中，据称有1300余名举人参加签名，但最终查实姓名的仅有603人，而其中贵州籍举人就占了95人。

义和团运动是近代中国三次革命高潮之一，19世纪60年代开始遍及各地的“反洋教”斗争，是这场轰轰烈烈的群众反帝爱国运动的序幕。这一序幕正是由发生在贵州的“贵阳教案”开启的。

投资股市已成当今生活中的一种时髦，行走街头被朋友问及“炒股没有？”一类问题时，多数人都已习以为常，但很少有人知道，中国最早实行股份制的一批近代企业里，也包括了清光绪十六年（1890年）建于贵州镇远的青溪铁厂。

能够改变原来的发展轨道，具有某种特殊意义的事件便是事物的转折点。第二次革命战争时期，发生在贵州的几件历史事件，直接关系到国家和民族的历史命运，从而也让人们对贵州这片土地产生崇敬之情。

1935年1月的遵义会议是中国共产党走向成熟的标志。会议确立了毛泽东

遵义会议会址

在红军和党中央的领导地位，在极其危急的情况下挽救了党、挽救了红军、挽救了中国革命，成为中国历史的重要转折。贵州遵义也因此而成为革命圣地，被世人铭刻在心。

1944年11月28日，日军侵入黔南，先后占领独山、荔波、八寨（今丹寨）、三合（今三都）等县，史称“黔南事变”。12月4日，战事发生戏剧性急变，在遭到黔南人民的坚决抗击后，已成强弩之末的日军，忽然以极快速度向南退却，结束了在贵州的军事行动，同时也停止了他们在中国大陆的军事进攻步伐。如果说宛平城外的卢沟桥是日本大规模侵华战争的起点，那么贵州独山城外的深河桥，则可以说是侵略者疯狂军事攻势的终点。近年来，学术界对黔南事变的研究方兴未艾，随着研究的逐步深入，独山这个昔日鲜为人知的小县，也成了人们心目中的英雄城市。

历史是人的学问，需要人去读它。过去，人们对贵州的历史读得太少了，以致让它蒙上了许多本不该蒙上的阴影。充满人间传奇的贵州大地，如同一本永远读不完的书，正时刻期待着有缘者细细翻阅和品味。

# 壹 — 厚重而遥远的过去

# “海百合”的诉说

徜徉在关岭县新铺镇宁静的山谷，享受着清新的空气，眼望着永恒的群山向东西南北蔓延，思绪会如身旁从深邃沟壑中涌出的溪流，渐渐持续地奔向远方。

新铺镇隶属贵州省关岭布依族苗族自治县，坐落在关岭县城西南面。明清以来，新铺便是滇黔两省沟通的必经之道，商旅往来不绝。只是由于这一带是单纯的山地农业区，出产品只有粮食、果蔬和牲畜，每年虽有不少人乘车过境，却很少有人去关注她。

20世纪40年代，地质工作者在新铺发现了一种叫海百合的化石群。这种古生物化石状似荷叶、体形硕大优美，引起了科学家们的浓厚兴趣，国内外博物馆及化石爱好者也争相寻觅收藏。自那以后，关岭新铺的名声渐渐大了起来。90年代后，当地又发现了大量海生爬行动物化石群，“有3个目（鳍龙目、齿龙目和鱼龙目）、2个亚目（肿肋龙亚目和豆石龙亚目），共6个科（中国龙科、鱼龙科、混鱼龙科、杯椎鱼龙科、萨斯特鱼龙科、关岭鱼龙科，其中中国龙科、关岭鱼龙科为新科）、9个属（中国龙属、瓦窑龙属、新铺鱼龙属、贵州鱼龙属、典型鱼龙属、关岭属等6个新属）及10个种（9个为新种）”（《关岭县志》）。

经过有关部门的努力，21世纪初，“贵州关岭化石群国家地质公园”建成，四方游客纷至沓来。人们在那里观赏着栩栩如生的海百合、鱼龙、鳍龙、海龙等化石，浮想联翩，仿佛遨游到那遥远缥缈的时代……

古生物化石群让关岭县名闻中外，同时也为吃苦耐劳的新铺人找到一条致富之路。在新铺古生物保护区，仅从事仿真古生物化石生产的就有一百多人。他们生产出来的仿真化石工艺品，惟妙惟肖，几可乱真。这种工艺品的问世，既满足了国内外收藏爱好者的需求，客观上遏制了不法分子对古生物化石的破坏性盗掘，也使新铺古生物化石保护区的劳动者慢慢富裕起来。

以海百合为代表的古生物化石群不仅是贵州无价的文化财富，也是贵州这片土地有着悠远历史的见证。

那些在地层中沉睡了上亿年的海百合，一经露面便以那艳若百合花的奇特身姿，深深地将人吸引，把观赏者带进时空隧道，展开跨越数亿年的历史对话。海百合身上富集的种种信息，让今天的贵州人依稀看到了脚下这片土地许多想看却从未看到、想听却从未听到、想感觉却从未感觉到的东西。

海百合是无脊椎动物向脊椎动物进化过程中处于过渡分水岭的一种无脊椎动物，属棘皮动物。一般认为，生物的演化线索是：从无脊椎动物演化为脊椎动物，而脊椎动物又从最原始的鱼类到两栖类，再到爬行类。之后，爬行类并行产生两个进化途径，一部分发展为鸟类，另一部分演化后迈入哺乳动物的行列。海百合正是从无脊椎动物向脊椎动物演化的过渡类型。由于它至今依旧存在，人们常把它称为活化石。

海百合化石

根据古生物学家的研究，关岭的海生动物大约生活在2.3亿～2.2亿年前，生存环境为水深200～500米的海洋。这就是说，在距今2亿年前，贵州这片土地还是一片汪洋。

若干亿年前，贵州高原的确曾经是地中海的一部分，沉积着深厚的碳酸盐岩层。后来由于地壳运动，逐渐隆起成为高原，再经过无尽的岁月风化与水流溶蚀，才慢慢地被镌刻成今天山峰林立、沟壑纵横的山地。在这一过程中，由于沉积环境宁静，水生爬行动物、鱼类、海百合及大量的无脊椎动物等得以完好地保存下来，经过后期的地质作用和石化，最终形成了现在的古生物化石群。

如果2亿多年前贵州这片土地的确是海洋，那么17万多平方公里贵州高原上的古生物化石群，就绝不可能只有关岭县新铺镇一处。

1957年在兴义县（今兴义市）顶效镇柳荫村发现的贵州龙化石，使三叠纪①时代的贵州面貌逐渐清晰起来。

2002年，美国归还中国一批走私文物，在总数达93箱的文物中，有10件是十分珍贵的贵州龙化石。贵州龙是生活在三叠纪时代的水生爬行动物，头骨呈三角形，前端嘴部尖小，眼孔大，鼻孔小，颈部细长。个体最小的贵州龙只有10厘米，最大的可达40厘米。

最早研究贵州龙的是我国古生物学的奠基人杨钟健先生。他以最早发现这种龙的中国地质博物馆的胡承志先生的姓氏和发现地贵州为这种龙命名，定名为“胡氏贵州龙”。于是，贵州成了龙的故乡之一。

贵州龙化石的发现很快成为国内外古生物学者关注的焦点。《光明日报》曾以《世界罕见的重大科学发现，“贵州龙”化石被认定》为题，在头版头条刊载消息。这则消息是当时的贵州省文化厅专门邀请中科院古脊椎动物与古人类研究所赵喜进研究员、国家文物鉴定委员会秘书长刘东瑞等来黔，实地对数百件“贵州龙”化石进行鉴定后发表的。专家们鉴定考察后认为：如此众多的爬行动物化石和鱼化石在同一产地相同层位中被发现，在世

① 三叠纪：距今约2.5亿年至2.03亿年的地质时代，位于二叠纪和侏罗纪之间，是中生代的第一个纪。三叠纪是爬行动物和裸子植物崛起的时代，延续时间约5000万年。

贵州龙化石

界上相关的海相地层中是罕见的，具有极其重要的科学价值。

海百合与贵州龙的发现，让人们领略到了贵州这片土地的神奇，但这两者却都不是贵州最早的古生物。1993年命名的瓮安生物群，一下将贵州的生物进化史提前了将近4亿年。

瓮安生物群埋藏于当地的磷块岩中，是以底栖多细胞藻类为主的生物群，同时包括丝状和球状蓝菌化石、细菌化石、海绵动物化石等。多细胞海绵生活在距今5.8亿年前，大量多细胞海绵及其胚胎化石在贵州瓮安发现，让古生物学界大为震惊，因为它甚至有可能推翻“动物起源于寒武纪[①]大爆发”的理论。

科学经常会研究一些奇异现象，某些研究多年的课题，一直找不到突破口，可一旦有所发现，喜讯往往又接踵而至。

就在人们集中精力解读瓮安生物群的时候，黔北遵义也发现了寒武纪生

① 寒武纪：一个距离今天十分遥远而陌生的时代，在地质年代划分中属显生宙古生代的第一个纪，距今约5.4亿年至5.1亿年。寒武纪是现代生物的开始阶段，常被称为“三叶虫的时代”，是地球上现代生命开始出现、发展的时期。

物群。该生物群位于遵义松林地区牛蹄塘，是一个以海绵化石为核心的化石群，距今约5.3亿年。

除上述古生物群外，在贵州已经发现并展开研究的古生物群，还有距今5.2亿年的凯里生物群，以及距今5.4亿年、广泛分布于省境中西部的小壳生物群等。不同时期古生物群在贵州的频繁发现，将贵州变成了一部记载地球生命轨迹的史书。

为了破解生命起源之谜，越来越多的人对贵州这片高原山地产生了浓厚的兴趣。2007年7月，来自美国、英国、澳大利亚、俄罗斯、德国等23个国家和地区的数十名地质与古生物学家聚集黔北，对桐梓县红花园“全球型浅海相地质剖面”展开科学考察，探寻4亿多年前物种灭绝的信息与遗迹。看着那么多专家学者在家乡的大地上觅宝，作为土生土长的贵州人，心中那份自豪，用言语又岂能尽述?

# 原始文化的摇篮

人类进入电子科技时代后，人们已经习惯上楼乘电梯、出门坐飞机、工作用电脑，但生活在距今数十万年前的先民，却没有这么“幸运”。他们只能用俯拾皆是的石头作工具，砸取果核，捕获野兽，维持生命的延续。考古学上把那个时代称为旧石器时代。

旧石器时代又分为早、中、晚三个时期，距今100万~30万年间一般称为早期，距今30万~10万年左右为中期，10万~1万年前为晚期。当然，还有一些过渡时期，例如中晚期等。

旧石器时代是人类发展史上一个较为漫长的发展阶段，这个阶段的人类，靠用打砸方法制成的石器作为工具，逐渐学会使用火，搭建蔽身处或利用洞穴当居所，用兽皮或兽毛制作衣服遮体。后来才慢慢改进制作石器的技术，提高捕猎的能力，并制造出带石质尖头的矛枪一类武器。

与五六十万年前北京猿人相近的旧石器时代遗址，20世纪60年代以后，在南方已经有较多发现，贵州的黔西观音洞遗址便是其中的典型代表。

谈到贵州的史前文明，不能不对那些长年奔波于荒山野岭的考古工作者表示由衷的敬意。正是他们孜孜不倦的努力，才让自古以来被视为“不毛之地”“历史空白处”的贵州展现出令人眩目的辉煌。

贵州的旧石器时代文化遗址多达50余处，几乎每一个时期的旧石器文化，都可以在贵州找到代表。属于旧石器时代早期的有黔西观音洞遗址、盘县大洞遗址，属于中期和中晚期的有桐梓岩灰洞遗址、水城硝灰洞遗址，属

黔西观音洞遗址

于晚期的有兴义猫猫洞、普定穿洞、桐梓马鞍山、平坝飞虎山、六枝桃花洞等遗址。

蜚声中外的黔西观音洞坐落在黔西市观音洞镇观音洞村的一片封闭洼地里，那里有一股溪流由西北方向流淌而来，从洼地中穿过，静静地向东南方向流去，最后注入两个潜水溶洞，流向不知名的远方。

观音洞是一个高出洼地底部15米的狭长形石灰岩溶洞，洞内有南支洞、北支洞和进出口。它的出名既不是因为洞穴本身的奇特，也不是因为周边景色的秀丽，而是由于20世纪60年代以来，考古部门在那里进行了多次发掘，发现了让世人震惊不已的史前文明。

1964年至1973年，中国科学院古脊椎动物与古人类研究所裴文中教授及贵州省的考古工作者，对观音洞进行了多次考古发掘，在那里先后出土了石器4000多件，哺乳动物化石数十种。

观音洞出土的石器有砍砸器、刮削器、端刮器、尖状器、雕刻器等，不仅类型多样，而且都经过仔细加工；发掘到的动物化石有大熊猫、猕猴、猩猩、东方剑齿象等。专家们研究后认为：观音洞是南方首次发现的哺乳动物化石与旧石器共生的文化遗址，也是中国南方旧石器时代文化遗址的代表。它与北京周口店遗址、山西西侯度遗址一起，分别代表着中国旧石器时代早

盘县大洞遗址

期的三种文化类型。

伴随着时代的进步，昔日身处穷乡僻壤的贵州人，文化价值观念也在不断增强。盘县大洞的发掘便是一个典型的例子。

排在1993年全国十大考古新发现首位的盘县大洞，曾一度是当地人的熬硝场所。这个20世纪90年代令举世惊叹的古遗址，位于盘县珠东乡十里坪村，距县城约49公里。据清光绪《普安直隶厅志》描述，这一带曾经有着“光明宏阔，无幽暗之苦，地平坦”的优裕地理环境。山坡中段有佛寺3间，盘曲而上还有观音阁，大洞便在一片石壁中央。早些年，乡民们缺乏知识，在洞中发现堆集如山的古生物化石后，曾把它们随意扔弃或砸碎喂猪和肥田。

地质工作者发现了大洞的史前文化遗存，引起当地有关部门和群众的高度重视。1990年，六盘水市文化部门将几件采集自洞口堆积物的石制品专程送到中科院古脊椎动物与古人类研究所进行鉴定。该所专家研究后发现，大洞石制品的修理台面技术，痕迹清楚而标准。过去，这种技术一向被认为是西方同期文化所专有，其他地区不可能存在。大洞石制品打破了这一“神话”，它所蕴含的文化信息，意义非同寻常。

1992—1993年，经国家文物局批准，考古工作者先后对盘县大洞进行了试发掘和正式发掘。两次发掘共获得人牙化石4枚，石制品2000余件，动物化石万余件，以及一批灰烬、灰屑、烧骨等。发掘成果显示：盘县大洞是旧石器早期的古人类遗址，具有开展多学科综合研究的重大价值，在遗址规模、文化堆积物年代、考古材料的品种和数量方面，盘县大洞都可与北京的周口店媲美。

盘县大洞的考古发掘成果固然使人感到无比喜悦，但边远地区的人们，从不懂、不了解而将远古石制品砸碎喂猪肥田，到主动将石制品送到科研部门鉴定，其中反映出的文化价值观念的进步，却更加令人振奋！

桐梓岩灰洞文化遗址是贵州首次发现猿人化石的地方。1972年，考古工作者在黔北桐梓县九坝乡的岩灰洞进行考古发掘时，意外地得到了10多件石制品和2枚人牙化石。1983年再次发掘，又获得人牙化石4枚。

桐梓岩灰洞属于旧石器中期文化遗址，从获得的人牙化石特征看，门齿呈铲形结构，较为粗壮，已开始表现出黄色人种的特征。岩灰洞出土的石器不够精细，这些石器只有一件属于小型多面体石核，其余的都是刮削器，但与观音洞发现的石器有相似之处，说明两者在文化上有一定的联系。

桐梓岩灰洞出土的人牙化石曾引出一段小小的学术公案。

1985年，中科院古脊椎动物与古人类研究所的学者发表文章认为：1983年桐梓岩灰洞发掘得到的4枚人类牙齿化石，其中的3枚牙冠部有明显深入牙釉质的黄色小凹坑，由此判定桐梓人“生前饮用含氟量较高的水”，“具有氟斑齿病症”遗征。这一结论后来被许多论著和文章所引用。

20余年后，《人类学学报》发表了桐梓县疾病预防控制中心李永生的论文，该论文完全否定了桐梓猿人患有氟斑牙病症的结论。文章运用医学诊断学、流行病学、检验学等手段，从氟斑牙的特征性诊断、环境水含氟抽样检测、同期动物化石遗征情况等方面与原结论逐一对比，否定了“桐梓人具有氟斑齿病症遗征”的观点。虽然远古“桐梓人”是否具有地方性氟中毒的条件，目前似乎尚无最终的研究定论，但这种追求科学真伪的精神却非常值得倡导。

位于贵州省西部的六盘水市，常年无夏，春秋相连，2005年8月，经国内气象专家和有关部门论证评审，荣获“中国凉都”称号。大概因为凉爽舒适、滋润清新的气候特别适合物种生存繁衍，生活在距今5万多年前的“水城人”，才会将这里的硝灰洞选作天然住所。

在贵州的旧石器时代遗址中，硝灰洞（同样因有人曾在里面挖土熬硝而得名）是第二个发现古人类化石的地方。硝灰洞位于乌江上游975公里处，上行70公里即乌江源头。洞高1.5米、宽13米、长约5米，洞口向南，高出河床40米左右。1973年12月至1974年1月的考古发掘，出土古人类老年男性左上犬齿化石1枚，东方剑齿象、野牛、野羊、野猪、野鹿等化石多件和石器53件。

硝灰洞是贵州旧石器时代中晚期遗址的代表。那里发现的人牙化石齿枚粗壮，齿根较完整，末端稍缺，齿冠咬合面严重磨损，石化程度较深。经研究考证，化石代表的古人类应较“柳江人”和“山顶洞人”原始，较“北京人”进步，考古学上将其命名为“水城人”。

“水城人”是一群聪明智慧的古人类，他们在打制石器时创造的“锐棱砸击法”，展示出独特的区域文化特点。在“水城人”生活的洞穴里，发现了含有多种颜色的灰烬、烧骨和烧石。有专家认为，硝灰洞应是我国华南地区古人类用火年代最早、文化遗存最丰富的遗址，对人类进化、演变、发展历史的研究，有极重要的参考价值。

硝灰洞是历史赐给贵州高原的重要文化遗产。不幸的是，一次公路建设施工，竟然将洞的一大半毁去，保留下来的部分已经再难展现旧石器时代文化遗址的风采。

记得某个外国人曾说过这样一句带有嘲讽性质的话：中国人只重视文字保存下来的历史，不重视环境保存下来的历史。无论此说是出于对中国的不了解，还是完全出于偏见，都可当成对我们的一种警示。类似硝灰洞这样的遗憾，毕竟应该越少越好。

贵州的旧石器时代晚期文化遗址较多，而且文化内涵都很丰富。其中，普定穿洞出土的遗物数量最多，文化信息量最大，简直像旧石器晚期的一个文化综合体。

位于安顺市普定县城西5公里一座孤山上的穿洞，因洞口南北对穿而得名。穿洞内高9米、宽13米、长18米。1979年以来的几次考古发掘，出土了包括石斧、石锤、石刀等众多种类的石器万余件，磨光骨器1000多件，还发现了用火遗迹，以及鹿、猕猴、箭猪、熊、虎、板齿鼠等10多种哺乳动物的化石。穿洞出土的人类化石数量众多，包括一个完整的头盖骨及下颌骨、股骨、桡骨、牙齿等近百件。

穿洞遗址具有重要的考古研究价值和极高的学术地位，它已经与黔西观音洞、盘县大洞一起被列为国家级重点文物保护单位，成为贵州高原曾经是人类史前文明摇篮的有力见证。

兴义猫猫洞是贵州旧石器时代晚期遗址的又一代表。该遗址出土的石制品可分为石锤、石砧、打击砾石、石核、石片、石器6类，石器一类又分刮削器、尖状器、砍砸器、雕刻器等若干种。最令人感兴趣的是猫猫洞出土的骨角器，有骨刀、骨锥、角铲等，而且都磨制得很光滑，给人以精致感。考古学家们认为，猫猫洞出土的骨角器，其类型和加工方式在当时有许多属于国内首创。

贵州的旧石器时代文化是辉煌的，这种辉煌远远超过了长江以南的许多省区，即使与黄河流域的原始文明相比也毫不逊色。把史前的贵州称作中国南方原始文化的摇篮，一点也不为过。

# 为南方文明正名

有一种观点曾经在国内学术界盛行了很长时间。这种观点认为：黄河流域是中华文明的摇篮，而其他地区只是在以黄河流域为主的北方文化的渗透和影响下才逐渐发展起来的。20世纪中叶以来的考古研究成果对这种观点提出了疑问。

事实上，中国南方的古代文明完全堪与北方的黄河文明比肩。我们只要把目光超越文字记载的中华文明史，上溯到石器时代进行考察，就很容易发现，在那漫长的历史岁月中，南方和北方史前文明的发展几乎是同步的。

贵州的新石器时代文化，完全能够为南方的文明正名。

新石器时代是最靠近人类有文字记载历史的时期，时间在距今1.8万年~5000年左右。在分析新石器时代的基本特征时，多数学者认为，这一时期人类开始制造和使用磨制石器，发明了陶器，出现了农业、养畜业。我国大约在距今1万年前进入新石器时代，但因地域辽阔，各地自然地理环境很不相同，新石器文化的面貌有着较大差别。

也许因为新石器时代的特征中有“出现了农业、养畜业” 这一条，贵州又是一个山重水复、崎岖不平的省区，自然条件并不特别有利于农耕发展，一些人就得出了“贵州的新石器时代文化并不丰富”的结论，但这种认识很值得推敲。

在贵州这片土地上，我们既然已经找到了从几十万年到几万年前远古人类的足迹，那就很难想象会发生这样一种情况：长达几十万年一直生活在贵州温暖舒适洞穴中的古人类，因为农业、畜牧业的发明，在贵州找不到适宜种植的土壤，忽然从贵州大地上消失，或一夜之间舍贵州而去。贵州的面积是那么辽阔，气候是那么适宜植物生长，古人类数量又那么有限，先民们怎可能因磨制石器、陶器的诞生和农业、畜牧业的出现便拂袖而去，令贵州繁盛了几十万年的旧石器时代文化一下走向衰落?

新石器时代贵州的情况究竟怎样？考古工作者的不懈努力和他们取得的研究成果已经对此做出了回答。

在贵州六枝特区县城西北30公里的岩脚镇，有一个叫老坡底的村落。村旁有一南北长、东西窄的狭长形坝子，坝子周围为石灰岩山，山体坡度较缓，地势开阔，山下有许多坡度不大的斜坡阶地。谁都不曾料到，这个寂寂无闻的小山村脚下，竟蕴藏着贵州新石器时代极丰富的文化信息。

2005年夏，贵州省文物考古研究所在这里进行考古发掘，发现新石器时代遗址8处。这8处遗址分布密集，直线距离不超过1公里，而且属同一时期。通过对其中4个遗址的发掘，获得了一批陶器、骨器和磨制石器。陶器多为夹砂粗陶，陶质疏松，烧制温度低。纹饰多数为方格纹、叶脉纹和波折纹。器形有釜、平沿罐、敛口钵、靴形空心支座、网坠、陶饼、弹丸和器足等。磨制石器有石斧、石砧和砍砸器等。骨器均用动物骨骼加工而成，有骨刀、骨铲和骨纺轮等。

老坡底新石器时代聚落遗址群的发现，是贵州新石器时代考古的重大突破。仅仅2平方公里的一个山间小坝子，便有 8 处地层堆积和文化内涵基本相同的遗址，证明它们是同一时期、同一文化的人类聚落。这是十分惊人的发现，它不仅能为贵州繁荣的新石器时代文化提供有力的实物佐证，对探讨中国西南山地聚落遗存的构成与分布也有非常重要的意义。

2006年5月至2007年1月，考古工作者又开始了沿河县境内小河口新石器时代晚期遗址的发掘，从那里清理出石器加工场所等遗迹，获得了一批陶器、骨器和200余件磨制石器。其中磨制石器有锛、斧、刀、凿、石网坠、纺轮和石饰品等。专家们认为，沿河遗址的发现将乌江与长江三峡地区的史前文化联系起来，有利于探讨长江流域文明进程中文化的交流与传播。

如果说乌江流域新石器遗址的考古发掘，只是初步勾勒出贵州北部、中西部地区新石器时代的基本面貌，那么，2006年对北盘江流域5处新石器时代遗址的考古发掘，则是贵州新石器时代骄人风采的倾情展示。

以往，贵州境内发现的石器时代遗址，九成以上都是洞穴遗址，北盘江流域发现的新石器遗址却处在一个缓坡土丘台地上。这种情况在此前的考古发现中是很难想象的，但它却吻合了旧石器时代向新石器时代过渡的节奏。走出山洞，告别单纯的狩猎采集生活，通过原始的农牧业向脚下的土地索取生命能源，这岂非正是迈向了一个新时代？

北盘江出土的石器不仅具有浓郁的地方色彩，而且数量多达7000余件，这些石器有着自身独特的文化特点，既包含贵州北盘江流域与珠江流域文化交流的信息，又显示出与乌江水系新石器文化上的区别，极大地丰富了贵州新石器时代文化的内涵。

2004年10月至2005年1月，贵州省文物考古研究所联合四川大学考古系等单位在贵州威宁中水镇发掘了以鸡公山遗址、营盘山遗址、红营盘墓地和银子坛墓地为代表的古文化遗存，从中清理出祭祀坑、墓葬、灰坑和房址等200余处，获得大批陶器、石器、骨器、玉石器和青铜器等文化遗物。这次考

威宁中水出土的铜锛

古发掘出土的磨制石器很多，有石斧、石锛、穿孔石刀、石镰、石镞等，其中梯形石锛、弧壁穿孔石刀等非常有特色。同时出土的还有少量骨器、玉器和铜器：骨器主要有骨镞和骨饰，玉器主要有镯、环，铜器主要有细耳饰、段铜锛和铜凿等。

威宁中水考古揭露出不同时期的文化类型遗存，使一种全新的地域性考古学文化得以问世，它就是2005年命名的“鸡公山文化”。鸡公山文化在贵州文化发展阶段中属于新石器时代末期至青铜器时代初期。威宁中水的考古成果意义重大，当之无愧地被评为2004年全国十大考古新发现之一。

沿河小河口、六枝老坡底、北盘江、威宁中水等遗址的考古发掘，虽然比较充分地展示了贵州新石器时代的面貌，但贵州新石器遗址却远不止这些。

赫章可乐遗址、毕节青场遗址、平坝飞虎山遗址、普安铜鼓山遗址等，都是贵州已知的新石器时代文化遗址。

从位于乌江北源六冲河与南源三岔河上游的赫章县城出发，沿乌蒙山脉间云雾笼罩的公路西行74公里，便可到达可乐镇。镇东南一片高出可乐河面数十米的土丘群，即是遐迩闻名的可乐遗址。20世纪中叶以来可乐就成了一片考古热土，40年中这里先后进行过9次考古发掘，不断有令人惊叹的发现问世。

地处偏僻的可乐，昔日曾经是一片乐土。距今六七千年前的新石器时代，人类在这一带的活动十分频繁。从当地获得的石弹丸，既是工具又可作武器。数以百计的残陶片虽然纹饰单调，种类却很可观，其中的两个残陶杯和两个中心穿孔的陶纺轮，似乎在告诉我们：别以为人类的羞耻之心直到有文字记载的历史时期才萌生出来，数千年前生活在可乐的古人类，已经掌握了用野生植物捻线织布的技术，告别了赤身裸体的岁月。

平坝飞虎山坐落在一片良田沃土中央，2001年，贵阳电视台录制“南明文化”专题片时，笔者曾随寻找南明河源头的摄制组到过那里。猛然见到面前孤悬特立于田畴但并不巍峨挺拔的小山，实在难以相信它就是声名远播的飞虎山遗址。但眼前的孤峰的确就是飞虎山，环绕四周的坝子和远方的群山，正是古人类生存的依托，山腹中深不见底的大溶洞，便是他们的栖息地。

飞虎山是一处新、旧石器文化共存的遗址，它展现出的新石器文化特征很典型。这里出土的器物，不仅有经过磨光的斜刃石锛、石斧、石箭头、石纺轮，还有数以千计的灰砂陶片。陶片质地坚硬，烧制温度高，有弦纹、细绳纹、波浪纹等多种纹饰。其中的一片乳黄色陶片上，绘有一段带状红彩。这一发现让考古工作者兴奋不已——它可是学者们寻寻觅觅若干年，在贵州大地发现的第一片新石器时代彩陶。

黔西北的乌蒙山有着贵州高原的制高点——韭菜坪。距离毕节市区47公里的青场镇，地处乌蒙山中段的滇黔交界。那里的天蓝得出奇，空气清新得醉人，距今4000年前的一群古人类便生活在那惬意的环境里。

20世纪60年代以来，青场镇瓦窑村不断有人发现经过磨光的石器和陶片。贵州省博物馆闻讯后，联合地方文化部门多次到当地进行调查，先后征集到磨光石器200余件。1984年夏和1985年春，文物考古部门对瓦窑村遗址进行了考古发掘，出土新石器时代文化遗物百余件，其中有石锛38件、斧9件、铲2件、凿4件及一些半成品。

贵州的新石器时代文化遗址，如同省境内的山峰，每一座都有自己特异的风采。青场遗址出土的新石器显示着它独特的个性，那里出土的锛，一部分呈扁平长方形，正面平直，背面微拱，刃部厚钝，磨制得很光滑；另一部分则是先从石料中挑出长形石块打制成梯形，在两腰部敲打出缺口，再将正、背面及两腰砥磨成所需的形状，刃部则不加琢磨，以保持原有的锋利。这两种锛连同出土的凿和铲，无论形制或加工技术都与其他地区不同，反映出青场区域文化的特点。

繁荣的贵州新石器时代文化，既是中国南方同样有着辉煌史前文明的见证，又以它独特的文化个性及与贵州境外不同文化的内在联系，启发我们去做贵州多元文化历史源流的思考。我们或许可以这样说，贵州的多彩，早在新石器时代就已经初露端倪了。

Guizhou
Lishi
Biji

# 贰

# 当中原争战不休的时候

# 历史的空白处

在贵州历史的研究中，有一段历史时期很少有人去触及，那就是原始社会解体向阶级社会过渡的军事民主制时期。

美国著名人类学家摩尔根撰写的《古代社会》一书提出，在人类由原始社会向阶级社会过渡时期，存在着一个“军事民主”社会形态。这个观点，经恩格斯在《家庭、私有制和国家的起源》中进一步阐发，得到了广泛认同。

摩尔根论述军事民主制时，着眼点集中在古希腊、古罗马及北美地区，但他却忽略了历史发展规律的普遍适用性原则。事实上，原始社会的军事民主制不仅在中国的史前文化中有所反映，即使在近代中国一些欠发达的少数民族地区中，很长一段时间里都还保留着它的一些变异和残余。

摩尔根所说的军事民主制时期，又被称为“英雄时代”，它是原始社会向阶级社会过渡的一个阶段。这个阶段在中国，相当于古史中的传说时代，时间大约在距今4000年前。

文字记载出现之前，历史通过世世代代的口述流传下来。人们靠口耳相传描述自己和前人的生活，这些内容到后来才被文字记录下来，成为文献中的内容。

中国的古史传说非常丰富，流传也特别广。几乎具有初中以上文化的中国人，都多少知道一点黄帝、炎帝、蚩尤和尧、舜、禹的传说，这些人物正是军事民主制时期的首领。人们熟知传说中关于“禅让”、关于禹为治水患

“三过家门而不入”的故事，从中感受到史前阶段朴素与和谐的社会关系，甚至不免产生一些今不如古的嗟叹。其实，军事民主制时期的人类正站立在阶级社会的门槛前，权力与利益的争夺已经逐渐白热化，只不过历代文献中记载前者多，对后者则有意避讳罢了。

因为历代文献没有关于贵州军事民主制时期的记载，贵州历史便出现了千年以上的空白，我们想了解它，唯一的途径是从浩如烟海的史籍中捕捉蛛丝马迹的信息，凭借思维的敏感进行解读。

清代的莫友芝是贵州人引以为荣的一代大儒。同许多大学问家一样，莫友芝在潜心研究经学的同时，也不免旁及一些杂论。例如，他曾经提出关岭红岩碑是“三危禹迹”的主张，认为其是为了纪功大禹治水留下的遗迹。莫友芝的这一观点，一下将传说时代的贵州与中原地区的历史联系了起来。

大禹治水的遗迹和传说各地都有，它们记刻着大禹的丰功和人们对这位伟人的思念。主张大禹治水涉及贵州的人，显然是从大地理环境的角度去分析问题，他们判定南北盘江是夏禹治水时的黑水，永宁州一带是禹贡三危之地，因此大禹治水到了今贵州境内。照此分析，传说时代的贵州，便应该在尧、舜、禹等军事民主首领的治理下，甚至有可能处于和其他地区相近的历史发展阶段。不过，这种观点还得不到有力的证实，似乎显得有一点儿牵强。

历史上战乱不已的年代，僻处西南而又相对宁静的贵州，成了人们出于各种政治、军事、经济原因迁徙的良好归宿。先秦之际，居住在贵州高原的百濮人逐渐衰落，百越、氐羌、南蛮等族群从西、南、东几个方向涌入，贵州成了几大族群的交汇点。这个过程从传说时代便已经开始，从古代民族到近代民族，前前后后一直持续了几千年。

频繁的民族迁徙使贵州成为一个多民族的地区，贵州的历史也成了各民族在这片山地高原上建功立业的历史。

世代居住在贵州高原的少数民族中，同样有他们距今几千年前的传说时代，同样有许多传说中的英雄人物，只不过我们往往将这些史诗式的传说，局限在民族源流、民族文化的范围里去进行考察，以致忽略了它们所反映的社会发展史内容。

尽管少数民族迁入贵州的时间有前有后，但他们那些口耳相传的文学作品，有许多是反映氏族公社时期英雄人物与社会生活的。了解和研究它们，对了解原始社会向阶级社会过渡时期的贵州历史情况，仍然应该有所帮助。

原始社会向阶级社会过渡时期，人与自然的斗争十分艰巨，人与人之间的斗争也逐渐显露出来，因此无论汉族或少数民族都会塑造出一些传说中的氏族部落英雄，他们或降龙伏虎，或战天斗地，最终的结果往往都是伸张了正义，弘扬了正气，为大众谋得了幸福。

苗族是贵州人口最多的少数民族。和其他民族一样，苗族也经历过由原始社会向阶级社会过渡的时期。苗族古歌中有许多反映这一时期英雄人物和英雄事迹的古歌。

西江千户苗寨

流传在贵州中部及中西部苗族地区的《诺得仲》，讲述了部落首领诺得仲年轻时的爱情生活，以及他为民除害的故事。《芦笙是怎样吹起来的》，讲述的则是一名叫茂沙的猎手，帮助一个荒凉村寨杀死老鹰精，赢得榜莎姑娘的爱情，又勇敢地与强抢自己爱人的白鸡精搏斗，将为害人间的白鸡精杀死，最终与榜莎结为伴侣的故事。故事既塑造了茂沙的英雄形象，揭露出邪恶势力对普通人群的压迫，又追溯了苗族群众最钟爱的乐器芦笙的起源。类似的苗族故事还有很多，它们正是军事民主制时期苗族社会生活的文学反映。

笔者早年曾在布依族地区当过很长一段时间的教师，听当地老人讲过不少传说故事，其中一些反映的就是原始社会末期布依族先民的生活，只是都不大完整和系统。后来学者们编辑出版了《布依族文学史》，将各地流传的故事加以整理完善，老人们口中的白描叙述，变成了情节完整、曲折生动的故事，读起来清晰多了。

《安王和祖王》是布依族传说故事中的鸿篇巨制，故事围绕一对同父异母兄弟争夺继位权展开。盘果与鱼结亲，生子安王。为争夺继承权，异母兄弟祖王不断对安王施以暗害。安王升天后，几次降灾对祖王进行惩罚，迫使祖王同意和解，由安王主天，祖王管地，人间于是得以太平。这场激烈斗争之后的权力分配，反映的正是军事民主制时期布依族先民的社会矛盾。

小时候听大人们说，送葬出殡要一路抛撒纸钱“买路”，不然鬼神不让过。但仡佬族出殡却不需要这样做。因为他们的祖先一直居住在脚下这片土地上，是土地的主人，自然没有再花钱去“买路”的道理。

仡佬族是由古代居住在西南地区的濮人演变而来的民族，是贵州土地上的原始居民。贵州一些地区将仡佬族称为“古老族”，将仡佬族先民称为“古老前人”并当作山神敬奉，便是很好的例证。“蛮夷仡佬，开荒辟草”的民谣，也是对仡佬族开垦贵州的描述。

仡佬族同样有记述本民族传说时代的作品。《阿仰兄妹造人烟》的故事，记述洪水到来的时候，兄妹得到一位由天神变身的老人指引，坐进以漆封口的大葫芦躲过洪灾，还发明了钻木取火之法。两人遵老人之命结为

龙潭仡佬族村寨——丹砂古寨

夫妻，生下九子，这九子分别成了包括仡佬族在内的贵州几个少数民族的祖先。

迄今为止，军事民主制时期的贵州仍然是学术研究的一项重要课题，期待着更多的人去关注它，以便尽快将贵州的这段历史困惑消除。

# “鬼方”在哪里?

大概除了专门捉鬼的钟馗之外，一般人提到鬼总是很害怕的，尤其是鬼居住的地方，想想都会觉得阴森恐怖，不寒而栗。

在夏商之世，的确有一个被称为“鬼方”的地方，不过那里并没有鬼，而是居住着与中原地区不同的民族。因为殷高宗曾经率兵征讨过它，“鬼方”的名字便被记录进了历史文献。

“鬼方”一词，在甲骨文、金文、《易经》和《诗经》等古文、古籍中都出现过。甲骨文是中国目前已知最早的成系统的文字，是世界四大古文字之一。甲骨文卜辞有“鬼方”二字，却未见有征伐“鬼方”的记录。《周易·既济》载：“（殷）高宗伐鬼方，三年克之。”但这条文献记载也比较简单，没有指明“鬼方”在何处。《竹书纪年》的记载是：“（殷）武丁三十二年，伐鬼方，次于荆。”

后世有学者认为，当时的“荆”不在湖北，指的是“北条荆山”，在今陕西省西部。于是，一些工具书据此解释说：“鬼方”是中国北方与西北古代民族名，主要分布在今山西、河北南部，势力西及陇山、渭水流域支流及泾水、洛水一带。“鬼方”居民主要从事畜牧业，自商到西周、春秋时期，与中原一些王国有战争，亦有交往，并相互通婚，周以后不见于记载。

曾无意中读到一篇与“鬼方”有关的文章，其中有这样一段话：“更多的人把贵州习惯性地称为‘夜郎’，属于古夜郎国，但叫夜郎已经是很晚的事情了，至少在西周开创疆土的时候，这个中原王朝的对手之一就是鬼方。”作者举出《竹书纪年》里的记载，认为“似乎‘鬼方’是荆以南的一个国”。对于国学大师王国维关于“鬼方”的观点，文章里也有这样一段话：“王国维曾经考证过这个在古史中经常出现的族名，但他写《鬼方昆夷猃狁考》中，大概并没有提到南方，而是推论其应该在西部及北部一线，因为西周的记述中发动战争的方向就是那里，而不是我现在到的南方。尽管他也提到《竹书纪年》里的一条记载：‘（殷）武丁三十二年，伐鬼方，次于荆’，似乎‘鬼方’是荆以南的一个国，可是他却一笔带过，没有再说。”

以此观之，“鬼方”是否一定就是北方的民族（或者一个方国），好像也还有一些疑问。

“鬼方”究竟在北还是在南，问题分歧的焦点就在于那个“荆”指的是哪里。

持“鬼方西南说”的学者们，并不同意“荆”一定是陕西境内的“北条荆山”。他们除依据前面提到的《竹书纪年》那条记载外，又举出该书中“三十四祀，王师克鬼方，氐羌来宾”的记载，印证“荆”就是荆州，即今天的湖北江陵。因此，殷高宗伐的“鬼方”应该在荆州的南面，具体范围包括今贵州大部、湖南西北、四川东南，并涉及桂北与滇东的一些地区。

司马迁在《史记·楚世家》中说，楚的先祖是陆终，而这个陆终氏却曾经与“鬼方”通婚。《大戴礼记·帝系》就有“陆终氏娶于鬼方氏”的记载。如此看来，“鬼方”与楚即便不是近邻，相去也不会太远。这也为西南说提供了一条旁证。

仔细想想，“鬼方”研究的麻烦，完全是因为这个方国存在于公元前14—前13世纪，距今已有3000余年，关于它的资料又只有那么寥寥几条，因此，无论怎么考证，要对这个如梦依稀般古国的情况，得出一个让方方面面都认同的结论，的确不大容易。

就拿关于“鬼方”经济社会情况的判定来说，一种观点认为，“鬼方”位于今陕西西北部、山西北部和内蒙古西部，是古代中国北方的游牧民族之一，是商朝时期的外患。但有学者却指出，自新石器时代开始，今山西、陕西北部长期以来就是原始农业的分布地区，后因气候变化，才逐渐演变为半农半牧区，在山西、陕西北部发现的考古遗存足可以证明这一点。战国匈奴出现之前，在山西、陕西北部根本就没有真正意义上的骑马游牧民族。因此，“鬼方”应该是殷周时代的农牧混合族群，而不是如后世匈奴那样的游牧族群。

回过头来再看看“鬼方”的地望问题，同样让人莫衷一是。

王国维的《鬼方昆夷猃狁考》被不少学者视为“鬼方”问题的经典之论，再经后世研究者的展开和补充，主张“鬼方”为殷商时期北方民族（或古国）的人越来越多，而宋、元直至民国一度流行的“鬼方西南说”销声敛迹，持“鬼方”即今贵州观点的人，自然也只有三缄其口的份儿。

然而，还在夏禹治水之时，被称为“荆”的地方便已经有两处，一是今湖北境内的荆州一带，另一处则在今陕西西部。《尚书·禹贡》和《史记·夏本纪》都提到了这一点。《竹书纪年》既然没有明言“次于荆”即西北的“荆”，为什么不可以是今湖北境内的“南条荆山”呢？

在中国古代民族史研究中，对“鬼方”的族属争议很多。王国维认为“鬼方”“全境犹当环周之西、北二垂”，商朝时的“鬼方”和以后的猃狁、戎狄都是后世所谓的匈奴。这样“鬼方”便被定格在古代北方的民族上。但《梁伯戈》上的铭文却有梁伯伐“鬼方（蛮）”的记载。“蛮”是先秦时期居于我国南部少数民族的统称。南蛮的民族成分相当复杂，其中的百濮族群分布于今湖南、贵州一带，现今南方的少数民族大多由南蛮民族演变而来。这样看来，认为“鬼方”在西南的观点，也不是一点没有根据。

关于“鬼方”，学术界也许还会继续争论下去，毕竟这个几千年前古国的族属、地望等问题，涉及中国古代民族史的发展脉络。但有一点是可以看到的，那就是：“鬼方”是殷商时期的一个地方政权，它既与中原王朝有着许多交往，甚至是殷商时能“与周同参加商王祭祀活动作杀牲人”的座上宾，又因为有着强大的军事力量，成为商周时期最大的军事对手，以致殷武丁用了3年的时间才将其征服，周人也因鞭长莫及，只好无奈地将其称为“远方”。

既然“鬼方”在中国历史上的影响长达几个世纪，如此重要的历史文化资源为什么要轻易放弃呢？学术争论当然应该继续下去，作为与此问题有关的贵州，必要时还应当尽力为学术研究提供相应的平台和支持。

# 系船桩的故事

笔者从小学升入初中，被分配在仿苏联模式创建的贵阳六中。那时六中的新校舍还没落成，不得不借老牌学校一中的房子上课。一中的门口便是贵阳市的母亲河——南明河，因为这条河的存在，每天上学放学成了一件很惬意的事。

当年一中的门口并没有桥，学生过河全凭一条木船依次摆渡。那船很大，一条锄柄般粗的铁绳穿过船帮上的铁环，将船牢牢系住。河工只需双手握住铁绳用力往后拉，靠反作用力就能让船平稳前行。船抵岸后，河工将一条粗棕绳抛给岸上的工人，由他将绳在立于岸边的木桩上绕若干圈，待船稳定下来，乘船的学生就可以依次登岸。

因为天天接触，我对岸边那根木桩印象很深。它不仅能保证乘船者的安全，狂风暴雨来临时，还能确保船不被风浪卷走。后来才知道，这种系船桩古已有之，在任何渡口都能看到，它有一个很生涩的古名，叫“牂牁”。

贵州是一个山峦重叠、河流密布的地区，大大小小的河流多达千条。河多，渡口自然多，每个渡口又都少不了系船的木桩或石柱，大概出于这个原因，贵州这片土地便与“牂牁”这个词，结下了不解之缘。

生活中的“牂牁”只是渡口边的系船之物，历史上的牂牁却是一个十分复杂的名称——它既是春秋时期的古国名，又出现在许多地名里，后来一度又变成了西南地区州郡的名称，再加上学者们的一些争论，颇有些让人眼花缭乱。

贵州与牂牁关系密切已是不争的史实，问题在于：春秋时期是不是已经有了一个地域辽阔、能参与中原活动的牂牁国？如果这个牂牁国存在，它的主要部分是不是在今贵州境内？

清代学者莫友芝、郑珍等人，根据《管子·小匡》的记载，提出牂牁为春秋时期南方古国的论断。后来编纂的府、州、县志和民国《贵州通志》，多数沿用了这一看法，近世学者的论著中也有不少论述这一问题的作品。于是，古牂牁国的轮廓逐渐被勾勒出来。

根据持上述观点学者的描述，春秋时期的贵州被泛称为“南蛮”或“荆蛮”，境内分为两部分。从今沿河到榕江一线以东，当时名义上归楚国的黔中郡管辖，实际上被若干小国分割占据。大体情况是：今德江、镇安以北是古巴国的南境；绥阳、遵义、桐梓一带属于鳖国；习水附近归鳛国；赤水、仁怀一带为蜀国的南境；而乌江以南，盘江以北，今从江县以西，云南曲靖以东的广大地区，统统在牂牁国境内。当时的贵州高原，鳖国和鳛国都很小，只有牂牁国的势力最强大，几乎占了一半的地区，因此，学者们认为完全可以用牂牁来代表春秋时期的贵州。

究竟距今2500年前的春秋时代有没有一个牂牁国呢？要弄清这个问题，不得不讨论一下《管子》这本书。

“牂牁”一词最早出现在《管子》中。《管子·小匡》篇有这样一段文字：“葵丘之会，天子使大夫宰孔致胙于桓公……桓公曰：‘余乘车之会三，兵车之会六，九合诸侯，一匡天下……南至吴、越、巴、牂牁……莫违寡人之命。’”这段文字至少可以说明两点：一是牂牁既然与吴、越、巴并列，无疑是当时的方国之一；同时，吴、越、巴都是南夷地区的国家，牂牁既然与巴国列在一起，显然是它的近邻。

“胙”是一种祭肉，齐桓公受天子胙的记载，其他文献里也有。《左传·僖公九年》就有“王使宰孔赐齐侯胙”，齐桓下拜受胙的内容。至于牂牁的方位，司马迁的《史记》记录得更加明白：郎中将唐蒙在南越吃到枸酱，觉得不错，追问来源，南越人答称，“道西北牂牁江，牂牁江广数里，出番禺城下”。番禺即今广州，广州的西北面正是贵州。由此看来，牂牁无论作为国名也好、地名也好，它的位置都在今贵州境内。

一些学者对此持不同看法，他们认为，《管子》一书假托管仲之名，实际不是管仲的作品，不尽可信，故不能用它来证明牂牁国在春秋时期就已经存在。

《管子》这部书的确不是管仲本人的作品，而是战国和战国之后一批零碎著作的总集。汉代刘向将它编订为86篇，后世保存下来的只有76篇。尽管如此，对于《管子》这部古文献的历史价值，仍然是不应该轻易忽视的。

出身商人的管仲是中国古代不可多得的人才。他在担任齐国卿相时，不仅在经济、政治方面有很多革新，使齐国走上富强之路，帮助齐桓公坐上春秋霸主的交椅，而且还是第一个主张按职业不同，将读书人、农民、手工业者、商人“四民”划开集居，便于对子弟进行家庭教育的人。古籍中记述的管子的这个主张，是中国最早有关家庭教育的文字记载。

不少学者认为，《管子》既是法家学派一部阐述战争的重要书籍，又有着非常丰富的管理思想。《管子》中包含的军事思想反映了齐国法家学派对战争理论问题的认识，在战争观、治军理论、国家防务、作战指导思想方面，有许多精辟的论述。《管子》中体现的辩证法思想在管理中的运用，甚至使其具有现代价值。有学者进而认为，对《管子》辩证管理思想的挖掘，应该能为当代管理哲学的发展和我们今天的组织管理提供有益的借鉴。如果仅以《管子》并非管仲本人所作而过分低看这部著作，会不会陷入只见人不见书的偏执呢？

《管子》中涉及牂牁的主要是《小匡》篇。

一些学者在文章中提出，《小匡》篇系西汉人所作，因而书中关于牂牁的记载只是一种后人的追述，可信度值得怀疑。其实，《小匡》篇记述的主要是管仲相齐的历史事迹，起自桓公返回齐国恢复统治，终至霸业完成以后。《小匡》篇的内容与《国语·齐语》大同小异。两者比较：《国语·齐语》的用词和用语比较艰深古朴，《管子·小匡》则比较浅明易懂；叙事方面，《齐语》简单概括，《小匡》却比较周严细致。应该说，《小匡》因为有了《齐语》作基础，史实的考订和叙事的准确性只会更加严密。至于有人说，西汉人著书就一定是为汉王朝对外拓展张目，那只能是一种推测，是不能够作立论依据的。

兴于春秋，消亡于战国的牂牁国，是贵州历史上的悬案之一。历经几代学人的探讨，现在它的面目逐渐清晰。较多人认为，牂牁是春秋时期南方一个较大的古国，范围大致包括今贵州乌江以南及两广的一些地区。当时，牂牁“与中原隔绝，处周职方之外”，牂牁国的名称与黔、桂交界处的牂牁江（即今盘江），有密切的因果互动关系。在牂牁国与牂牁江的关系上，应先有牂牁江，其后当地土著民族建立方国，因江得名，故称为牂牁国。

借助中原战乱不休的形势，牂牁国不断向四周拓展势力，逐渐强盛起来，一度占据自西北到东南近2000余里的辽阔地区，成为名副其实雄霸一方的大国，齐桓公称霸时，能与南方诸国并肩参与中原事务。由于牂牁国势力的增强，牂牁江名称的内延也因之向南扩展，成了直抵南海的那条滔滔大河的统称。

春秋之后，牂牁国力衰微，被南越和新兴的夜郎掠领其地，失势的牂牁国君被降削到夜郎旁小邑居住。此后，作为方国的牂牁便不复存在。

牂牁国存在的时间虽然只有百余年，但它却是贵州历史发展进程中不可忽视的一个重要阶段。

# 水中漂来的竹王

不知什么时候，“宁可食无肉，不可居无竹”成了仰慕高雅人士的信条。无论居住的地方是亭阁楼台，还是陋巷蜗居，都总要种上几株竹子，实在不行，也得养一两盆文竹之类的盆景，以体现自己对“竹”字理解的深切。

由于竹生长快，适应性强，有着广泛的用途，人类对它的钟爱远远超过了地球上的其他植物。打从人类诞生的那一刻开始，竹便围绕在人类的身边，形影不离。先民们或用它充作工具，或用它搭建棚舍，依竹而居，更可避雨遮阳。到了文明社会，因为在文字的基础上发明了诗词歌赋，文人墨客们又在吟诗作对中给竹加上许多文化内涵。

中国是世界上利用、培育和研究竹最早的国家。旧石器时代晚期和新石器时代早期，我们的先民就已经开始用竹制造器物。不但西安半坡遗址发掘的陶器底部有竹编织物的印痕，南方良渚文化遗址也发掘出大量有竹器纹饰的印纹陶器，浙江吴兴钱山漾遗址更发现了多达200余件竹器实物。

在中华文化发展的历史长河中，竹的影响可谓无孔不入。“食者竹笋，居者竹瓦，载者竹筏，炊者竹薪，衣者竹皮，书者竹纸，履者竹鞋，真可谓不可一日无此君也。”苏东坡的这段话，道出了竹在人们物质生活“衣、食、住、行、用”方方面面的影响。

竹在中华文化精神层面的影响更加显著而深刻。古人将“松、竹、梅”誉为“岁寒三友”，“梅、兰、竹、菊”则被称为“四君子”，似乎无论怎么排列，竹子都当仁不让地位列其中。在古代，竹是先民们重要的崇拜物，人们把竹作为氏族、部落的称谓或标记，对竹奉若神明，禁止随意砍伐与破坏。尤其在南方，普遍存在竹崇拜现象，不仅重大活动之前必须对竹进行祭祀，还流传着不少“人从竹中生出”的传说故事。

东晋常璩写的《华阳国志·南中志》中有这样一段记载：“有竹王者，兴于遁水，有一女子，浣于水滨，有三节大竹，流入女子足间，推之不肯去。闻有儿声，取持归，破之，得一男儿，长养有才武，遂雄夷狄。氏以竹为姓。捐所破竹于野，成竹林，今竹王祠竹林是也。”

历史上关于竹的传说故事很多。《华阳国志》所记的竹王故事，《后汉书》《蜀王本纪》《水经注》《述异记》等文献中也都有类似记载。但若论故事的完整性、情节的生动性，大概还得算常璩的这段文字。这段充满神话色彩的竹王传说，以“竹生人”为背景，既勾勒出古夜郎国所经历的一段只知其母、不知其父的氏族生活场景，又以“长养有才武，遂雄夷狄”的记述，让研究者们从中获得夜郎国东征西讨奠定疆域的想象空间，还可根据其所处的母系氏族阶段，将夜郎的兴起时间大体界定在战国年间或更早。

在历史研究中引用一些传说故事，是很容易被人嘲笑为荒谬的，但我们耳熟能详的许多古代神话故事，恰恰存在着某种真实历史的影子，这却是无法否认的。正如女娲、伏羲、炎黄二帝、蚩尤和尧、舜、禹，无论他们是否真实，他们丰满的人物形象与鲜明的性格特征都能令后人体会到社会发展历程的艰辛与厚重。

英国学者戴维·罗尔创作的《圣经——从神话到历史》，曾在深入研究的基础上，剥去层层神话外衣，让许多深藏在《圣经》故事中惊人的历史真相最终展现出来。戴维的研究不仅证明了《圣经》中的大洪水是一个真实事件，他甚至找到了诺亚方舟停靠的地点——朱蒂山。这些让人不大敢想象的研究成果，令学者们激动不已。

当然，不是所有的神话传说都必定有生活中的真实历史原型，夜郎王也不可能真的从竹筒中生出来。但透过竹王的故事，牂牁以后直至秦汉的一段贵州历史，却被衔接了起来。光是这一点，竹王的故事就不应该因为它带有的神话色彩而轻易地被忽视。

竹王城遗址的古城墙

竹是一种普遍习见的植物，由于具有“不刚不柔，非草非木，小异空实，大同节目”等特征，几乎得到所有人的喜爱。也许出于这个原因，对竹的崇拜成了中国南方民族中的普遍现象，不但我国西南地区的彝族、苗族，台湾高山族等许多民族有“竹生人”的神话传说，一些东亚、东南亚国家同样有竹崇拜和“竹生人”的神话传说。这种现象，不仅是历史现实在人们头脑中的形象化反映，也与早期的狩猎采集生活相适应，是古代不同地区人类某种共同心理素质体现出来的文化现象。

竹王的故事是所有关于“竹生人”故事中历史影子最丰满的。我们从中至少感觉得到，就在中原争战不休的春秋战国之际，西南地区生活着一个处于母系氏族向父系氏族过渡阶段的族群。竹是这个族群的崇拜对象，人们以竹为姓，将自己的首领尊为“竹王”。竹王英武雄壮，有着过人的胆识，曾带领族群成员东征西讨，成为雄踞一方的霸主。

那时候，西南地区的方国，最大的是牂牁，牂牁衰落后，其领地一部分被南越分割，另一部分则为新兴的夜郎所占据。竹王所代表的地方政权，无疑便是早期的夜郎国了。

《后汉书》中，同样有一则关于竹王的记述。其书写道：“夜郎者，初有女子浣于遁水，有三节大竹流入足间，闻其中有号声，剖竹视之，得一男儿，归而养之。及长，有才武，自立为夜郎侯，以竹为姓。”书中不但将

“遂雄夷狄”具体化为“自立为夜郎侯”，还续写了汉武帝平西南夷，设牂牁郡，夜郎侯迎降，武帝赐其王印绶，后杀之，以及封其三子为侯，死后配飨其父等史事。

《后汉书》的记载，明确将古夜郎的地理位置锁定在遁水流域，又将竹王的传说从春秋战国一直延续到了汉武帝时期，从而与司马迁《史记》中汉武帝授滇与夜郎王印的记载相吻合。这样一来，从战国中后期到西汉的200余年，今贵州大部分地区均在夜郎国辖境内，便成了后世大多数研究者的共识。

贵州的历史学家习惯将古夜郎划分为广义与狭义两个概念，这种区分是有一定道理的。先秦之际的方国、部落乃至后来设置的一些县，概念虽然有别，但实际都是当地人自治管辖的领地。广义上的夜郎，即所谓“大夜郎”，指的正是西南地区一批自治领地里的人们。他们各有名称，但都来自濮人族系，“皆同姓相扶”，又相互毗邻，形成了一个很大的地方势力族群。这一族群居住的地区被统称为夜郎地区，也就是常说的“大夜郎”。“大夜郎”的范围包括今贵州除东北一隅外的全部，广西西北部、云南东部及川南的一些地区，总面积应该在20万平方公里左右。

水中漂来的竹王，在贵州古代史上烙下了深深的印痕。竹王依靠武力控制了西南地区辽阔的领土，建立起能与中原群雄相抗衡的地方政权，司马迁在《史记》中以“西南夷君长以十数，夜郎最大”来形容它的强盛，汉武帝也不得不几次三番派遣使者与之会谈，并封其为王。仅凭这一点，竹王便值得今人认真加以关注。

也许因为史籍中的文字给这位夜郎历史上的开国者加上了太多的神话色彩，当代人在开发夜郎文化资源时，因为怕沾上“迷信”的边，极少涉及这个传说中的历史英雄。由此，笔者对明代那位创作《西游记》的吴承恩，不禁增添了许多崇敬之情。他不但写活了那个从石头里蹦出来的孙悟空，还使《西游记》成为永世不衰的名著。

作为历史素材，“竹王的故事”是如此的珍贵与精彩，什么时候它才会受到人们的青睐？谁又最终来将其演绎成引人入胜、动人心魄的反映贵州历史与乡土人情的文学作品呢？

# 假如夜郎王选择了战争

云南省的晋宁县城塑有一座庄蹻雕像：庄蹻的头上戴着冲天冠，身披战袍，腰悬利剑，给人以英气勃勃之感。但有学者认为，那座雕像无论怎么看，都像是对中原帝王相貌和衣着打扮的刻意模仿，不大符合作为越人后裔的楚将

古滇王庄蹻塑像

军庄蹻的特点。

这种对历史真实的追求是很值得倡导的，毕竟我们不能为了渲染某些历史名人，而用自己带有夸张的想象去毁损历史的原貌。

不过，要塑一座雕像来真实地展现庄蹻这个人，也的确不是件容易的事。

生活在公元前3世纪左右的庄蹻，是一个对云贵地区古代社会发展产生过重大影响的历史人物，这一点是毫无疑问的。《史记》《汉书》《后汉书》《华阳国志》《水经注》等史籍对“庄蹻王滇”一事都有明确记载。然而，对于庄蹻究竟是一个什么样的人，不同文献的记述却有天壤之别。

迄今关于庄蹻身份的争论，至少有3种不同观点。贵州已有的学术论著，大都认为庄蹻是楚国将领，但省外的一些学者却有许多不同看法，有认为是楚将军的，有认为是起义领袖的，更有认为他是与盗跖一类的盗贼的。分歧之大，让人瞠目结舌。

较多的史籍将庄蹻定为楚国将军。《史记·西南夷传》详细记载了庄蹻奉命率军西征，在云南称王的过程。书中说：“始，楚威王时，使将军庄蹻将兵循江上，略巴、黔中以西。庄蹻者，故楚庄王苗裔也。蹻至滇池，方三百里，旁平地，肥饶数千里，以兵威定属楚。欲归报，会秦击夺楚巴、黔中郡，道塞不通，因还。以其众王滇，变服从其俗，以长之。”

司马迁的这段文字，叙述了庄蹻西征和王滇的史事，却没有指明庄蹻的行军路线。《汉书》的记载与《史记》完全一样，看来是当了一回文抄公。《后汉书》的记载较为简略，却道出了前两书未涉及的一些细节。书中说：“初，楚顷襄王时，遣将军庄豪从沅水伐夜郎，军至且兰，椓船于岸而步战。既灭夜郎，因留王滇池。”这段记载除将楚威王改为楚顷襄王，将庄蹻的名字改为庄豪外，指出了楚军系溯沅水而进，并到了当时贵州境内的且兰和夜郎地区。

一些不赞同庄蹻是楚国将军的学者，引证《荀子》《商君书》《韩非子》《吕氏春秋》等文献的记载，认为庄蹻不是受命于楚王的将军，而是“穿草鞋的农民”，是专门和楚国统治者作对的起义军领袖。这些文献中有

“庄蹻起，楚分而为三四”，“唐蔑死于垂涉，庄蹻发于内，楚分为五”，“庄蹻之暴郢也”等记述。由此分析当时的情况是：楚军在垂涉（今河南省唐河县内）被秦、齐、韩、魏等国联军打败，大将唐蔑阵亡，庄蹻趁势率众起义，义军规模浩大，曾搅得楚国四分五裂，还一度打到了楚国的国都郢（今湖北江陵）。

提出庄蹻是盗贼的人，主要依据《韩非子·喻老》中“庄蹻为盗于境内而吏不能禁”的记载。《吕氏春秋·异用》中也有这样一段话：“跖与企足（即庄蹻）得饴，以开闭取楗也。”意思是说庄蹻和盗跖得到饴糖，用来糊在门栓上，防止开启门时发出声音，这样就可以放心偷盗别人的东西。《史记·游侠列传》中“跖、蹻暴戾，其徒诵义无穷”，也成了庄蹻是盗贼的证明。

其实，庄蹻的出身如何，对于他一生事迹的评价是无关紧要的。这位由楚国出发，率领几千人队伍西征的将领，成功地排除了各种困难，溯沅水进入贵州，经思南、瓮安进入当时的且兰国境。在这里，庄蹻审时度势，弃船登岸将且兰击败，又以兵威胁迫夜郎“迎降”。之后，其沿今滇黔路继续西进，抵达滇池地区，最终当上了滇王。

根据云南有关历史文献的记载，庄蹻王滇后，曾在今昆明市西北隅的黑林铺一带修筑苴兰城（又称庄蹻故城或汉城）。他和他的部下把楚国的先进文化和生产技术带到了滇池地区，加速了滇池地区的社会发展，从而在政治、经济上为秦汉时期在云南设置郡县打下了基础。据此，有人将庄蹻誉为内地第一个开发西南边疆的伟大历史人物。

庄蹻不仅是古滇国的王，与夜郎也有着密切的关系。

只要一看地图，就很容易发现：地理位置决定了贵州高原在西南地区举足轻重的战略地位。如果庄蹻的确是奉了楚顷襄王之命，取道贵州进入云南，以便对秦国进行迂回包围的话，那么这个楚顷襄王的战略眼光是很值得称道的。

战国时期的云贵地区，方国林立。贵州境内的且兰和夜郎，势力都十分强大。且兰是夜郎东面的近邻，立国时间在战国初期或更早，中心在今贵州福泉、黄平一带。庄蹻既然从沅水进入贵州，想经夜郎再往西到云南去，且兰便成了挡在他面前的最大障碍，一场与且兰的战争势所难免。

《荀子·议兵篇》说：“齐之田单，楚之庄蹻，秦之商鞅，燕之缪蟣，是皆世俗之所谓善用兵者也。”足见庄蹻是一个很有军事才能的人。面对贵州境内的复杂形势，只率领着几千人的他，毅然弃船登岸，与且兰军队展开步战，并最终灭掉了能与夜郎比肩的且兰国。这一招很能证明他的指挥水平。

庄蹻之灭且兰，一则是扫除前进路上的障碍，更重要的是用兵威向夜郎王施压。已经进入农业社会的夜郎，拥有且兰以西的辽阔领土，势力直抵滇东地区；夜郎有精兵十万，扼控着西进云南，南下两广，北出四川的通道。过不了夜郎这道坎，楚顷襄王迂回云贵地区，对秦国进行前后夹击的战略计划就会落空。这一点，庄蹻的心里当然比谁都清楚。

客观地说，当时摆在夜郎王面前的选择有两种：一是确保地方安宁，防止与兵强马壮的楚国交恶，在可以同区区几千人的庄蹻队伍一较高低的情况下，放弃战争，选择归附降顺之路；另一种选择则是以倾国之兵力，与虽挟战胜且兰的余威，但后勤支援匮乏，而又远来疲敝的楚军，展开一场旷日持久的消耗战。

这件事的结局，除个别史籍有“灭夜郎”之说外，多数文献记载的都是以夜郎降顺，庄蹻得以沿今滇黔线继续西进，后因归路断绝，乃改服易色在滇称王告终。

读史读到这里，不免产生这样一种联想：夜郎王的降顺，似乎与夜郎这个政权一贯的外交政策有关。继牂牁之后兴起于贵州高原的夜郎，到庄蹻西征时已有百年以上的立国史。尽管历来的文献都不将边远地区的史事作为记述的重点，但与夜郎有关的记载仍然不时出现在字里行间。在相关文献中，除了那位“遂雄夷狄”的竹王明显是通过武力开疆拓土外，很少发现关于夜郎对外用兵征服他国，或主动挑衅与中原诸国对抗的记录。

夜郎王的审时度势，使庄蹻成了云南古代史上一位影响甚巨的人物。试想，如果夜郎王做的是另一种选择，亦即选择的是战争，出现的将会是怎样一种局面和景象呢？

庄蹻虽然弃船步战没费多大周折便灭掉了且兰，但要依样画葫芦拿下夜郎，可能就不大能如愿了。当年殷高宗伐“鬼方”，尚且用了整整3年时间才取得胜利，几百年以后的夜郎，实力当然远非“鬼方”可比。战争一旦在夜郎境内打响，军力对比、地理环境、后勤保障，显然都对楚军不利，加上夜郎疆域的广阔和人心向背等因素，胜负之数是很难预料的。

夜郎王其实是一个政治头脑清醒，颇为明智的方国首领。正是他因应形势的降顺选择，使夜郎古国的历史得以从战国一直延续至西汉，在强敌环视中维持了200余年。如果楚军在夜郎陷入一场旷日持久的战争，不能通过贵州进入云南，庄蹻也就未必能顺利地当上滇王。那样一来，不仅贵州，就连云南的古代史也许都会是另一番景象了。

GUIZHOU
LISHI
BIJI

# 叁 —— 秦皇汉武与贵州的古代繁荣

# 秦始皇和他的五尺道

秦始皇已经死去了2000多年，至今人们还在为他的功与过争论不休，足见这个自称为“始皇帝”的统治者，在中国历史上打下的烙印有多深。

用军事手段灭掉六国后的秦王朝，虽然只维持了15年便匆匆谢幕，但留给后世的文化遗产却十分丰厚。短短十几年中，完成统一中国大业的秦始皇，既完善了中央集权的政治制度，建立起由中央到地方的一整套统治秩序，又统一文字、货币和度量衡，实现“车同轨，书同文”，还在北方筑起长城，在南方建成灵渠。其精力之充沛、各种措施力度之强，令人叹为观止。

或许因为秦王朝存在的时间过于短暂，研究贵州历史的学者们，对秦朝时贵州的情况几乎都是一笔带过。在已有的历史文献中，也很少发现从秦始皇统一中国（前221年）到汉武帝执政（前141年）这段时间夜郎情况的记载，以致这几十年中的夜郎国，成了一个模糊不清的概念。

其实，在秦王朝统治期间，贵州高原已经被纳入封建国家的版图，中央政府的许多措施，在贵州同样产生了不小的影响。

在全国推行郡县制是秦始皇完成统一事业后的重大举措。西周以前，中国实行分封制，各级权力都是世袭。从春秋时代开始，一些诸侯国开始搞郡县制，但那时候的郡与县之间并没有统属关系，有的郡甚至比县还要小。直到秦始皇君临天下，郡县制才成为一套行政管理制度，正式在全国推行。

比起由世袭诸侯各自为政的分封制，由中央政府直接任命官吏的郡县制当然是一种历史的进步。也正是有了郡县制这样一种政治制度，中国历史上才有了真正意义上的地方政府。

秦统一以前，从来没有一个中原政权能够对僻处西南的贵州进行有效的直接管辖。无论“鬼方”、牂牁或夜郎，都是凭借军事实力独踞一隅的方国，是中原群雄无力染指的地方。秦的统一，建立起包括今贵州地区在内的封建中央集权国家。因为秦王朝太强大了，同昔日拥兵自重的诸侯们一样，作为地方割据政权的夜郎，生存也成了问题。

秦始皇在全国推行郡县制时，并没有让贵州成为例外，这一点是有许多史事可以佐证的。《史记·西南夷传》中有这样一段话：“秦时，命常頞略通五尺道，诸此国颇置吏焉。”由此可见，在西南地区设置郡县应是秦王朝推行郡县制计划的一部分。先通路，然后设置郡县，再任命官吏进行统治。这种安排，怎么看也不像是一种偶然决定。

看一下秦帝国的版图就会发现，秦朝时的贵州地区早已不在化外，属于西南边疆之内地。当时的情况是：夜郎之北有巴郡、蜀郡，东有黔中郡，南有象郡，除夜郎的中心腹地外，其他地区全部分属以上四郡管辖。秦朝巴郡的管辖地北面至川南，西至今贵州赤水一带，东、南两面抵乌江。鳖县为巴郡的辖县，今遵义市市区、绥阳、桐梓、仁怀都在县境内。蜀郡的北面也抵川南，西面到云南的镇雄，东面至赤水、息烽一线，南面抵六冲河，包括今贵州的毕节、大方、黔西、金沙等地区均在其辖境内。黔中郡原来就有，属于重置的旧郡，今贵州的印江、沿河以东，思南、江口以北都属该郡辖境。象郡的郡治在今广西，今黔南独山、荔波一带归属的毋敛县，黔东南锦屏、黎平、从江归属的镡成县，应是它的辖县。

跻身于郡县制中间，夜郎国的生存空间遭到了严重压缩。这时候的夜郎国究竟是一番什么景象？因为找不到关于它的文献，学者们很少去记述它。

1992年出版的新编《石阡县志·建置篇》说：“秦始皇统一中国后，其二十八年（公元前219年）置夜郎县于今县境西部本庄、河场坝一带。”这段记载至少引出了两个问题：一是通常认为秦朝推行郡县制，涉及贵州不少地区，但在贵州境内没有设置郡县的治所，这个结论是否应该修正？二是既然秦朝在贵州地区设置了夜郎县，此期间夜郎国是否依然存在，就是一个值得思考的问题了。毕竟同一个地区，又有夜郎国又有夜郎县，是很容易被混淆的。

根据有关史料的记载，秦代设置了夜郎县应该没有疑问。道光《贵阳府志·沿革》早已提出："秦夜郎县与汉夜郎县异，秦夜郎亦与竹王兴遁水者异，言地者又不可不知也。"这至少说明秦朝夜郎县是存在的。1990年出版的《夜郎史稿》也认为：秦夜郎县应在"清石阡府葛彰司西六十里，即今石阡县东。至于汉夜郎县则是以今安顺为中心"。1993年出版的《四川通史》分析秦在巴郡设置的12县时，认为其中有3县设在今贵州地区：夜郎县在今石阡以东，鳖县在今遵义一带，且兰县在今黄平、福泉、贵定一带。

历史上，行政建置的区位变迁并不少见，但像夜郎游移范围如此大的却不多。石阡位于今贵州东北，安顺则在黔中偏西。百余年间，搬了几百公里的家，这除了证明古夜郎势力和影响之大外，也为后人留下了许多关于秦汉统治者治黔方略的思考。

贫穷落后与封闭保守是一对孪生兄弟，这方面贵州比其他地区的体会要深刻得多。贵州历史上的封闭是由区位和自然地貌导致的，由不得自己选择。李白的诗称"蜀道之难，难于上青天"，其实那只是一部分蜀道。像成

贵州的山路

都平原那样的地区，“五丁壮士”开辟通秦之路后，早已成了秦国的粮仓。

“跬步皆山”的贵州才是真正的举步维艰。由于地壳上升与河流下切两大因素的作用，贵州境内重峦叠嶂，起伏崎岖。现代交通诞生以前，不仅对外非常闭塞，地区之间的交往也极为困难，“望山跑死马”正是贵州人面对行路难的无奈感叹。

交通一直是制约贵州经济社会发展的主要因素。人们积几千年的教训，才悟出了“要致富，先修路”的道理，并在20世纪中期以来的几十年中，将贵州建成了西南地区的南下出海通道和通往华南、华东地区的交通枢纽。如今，一个以贵阳为中心，以高速公路、电气化铁路为骨架，内河航运、民用航空相结合，四通八达的现代综合交通体系在贵州已然成型。

当我们乘汽车风驰电掣于现代高速公路或坐在高铁列车里欣赏窗外美景的时候，不能不对2000多年前首先决定在贵州筑路，第一个打破贵州封闭状态的秦始皇产生某种崇敬。

最早记录贵州与外界交通的历史文献是司马迁的《史记》，但《史记》只记述了庄蹻率军远征从水路进入贵州，再经陆路入滇的史迹，并没有介绍贵州古代的道路情况。庄蹻本人也只是将贵州作为途经地，没有像在云南那样留下筑城修路之类的遗迹。秦始皇要将他的郡县制推及西南地区，要派遣官吏去进行管理，随时予以监控，只有修路才能办得到。于是这位颇受争议的统治者，下令修建从四川经黔西北至滇西的道路。这条路宽仅5尺（合今约1米），历史上被称为“五尺道”。

五尺道是贵州境内已知的由官方规划并投资修建的第一条道路，在贵州交通发展史上有着极不平常的地位。这条路起于四川宜宾，由云南盐津、昭通入贵州，经毕节、威宁，再入云南宣威，终于曲靖，全长两千多里。五尺道的修建沟通了秦都咸阳经四川、贵州与云南西部的联系，使秦帝国有可能在云贵地区设置郡县，委派官吏进行治理。

秦始皇敢于在云贵崇山峻岭中修路，是因为有了李冰这一榜样。在他之前20年，那位因修筑都江堰而造福万民、遗荫千秋的蜀郡太守李冰，奉秦孝文王之命，承担了开修僰人道的任务。面对石门若堵、绝壁如削的建筑环境，李冰想出了积薪烧岩的办法，下令采伐大片树木堆积于坚岩之上，点燃熊熊大火炙烧，令坚硬的岩石变得酥松脆弱，开山凿石变成了易事。这套办法被接受修建五尺道任务的常頞所借鉴。五尺道所经之地，崇山峻岭，工程艰险程度超过当年李冰的僰人道，但常頞采用李冰创造的办法，得以顺利完成筑路工程。

先有人行之路，后有官修之道，大概是古今道路建设的常理。秦始皇的五尺道同样是在自然形成的民间商道基础上建成的。先秦时期，人们已经用自己的双脚在川南、黔西北、滇西一带踩出了一条商旅便道，巴蜀商人及西南夷商人沿着这条商道同缅甸、印度等通商往来，络绎不绝。这条千百年踏踩出来的道路，被后人称为“蜀身毒道”。它应该是后来形成的南方丝绸之路的鼻祖。

五尺道的修建，满足了秦始皇在西南地区推行郡县制的愿望，加强了西南地区与秦帝国的联系。元朝至元年间，马可·波罗曾在这条道上留下足迹。这位世界著名的旅行家兼商人，从贵州威宁入云南昭通至大关，从大关骑行12天抵宜宾，沿途所见印象深刻。他在游记中就五尺道上的所见所闻写下了“环墙之城村甚众”，“其人形色虽褐而不白皙，然甚美，善战之士也”等生动记录。

有些文章宣称：现在残存的五尺道长约350米，在云南大关县境内，道宽5尺（约1.67米），尺阶宽窄高矮不等。从关河东岸上缘三曲而至摩崖，路面留有马蹄痕。大关县境内的五尺道原貌保存得较为完整，是十分令人欣慰的，但长达两千余里的五尺道仅有这么短短一段余存，却又令人感到非常遗憾。五尺道的中段主要在黔西北，也许在文化遗产越来越受关注的今天，有关部门和当地群众在文物普查中，能带给我们一些意外的惊喜。

秦始皇修建的五尺道，揭开了贵州道路开发的序幕。从这一点上来说，这位中国历史上的首任皇帝，堪称历史上第一个下决策在贵州修路的统治者。

# 深谋远虑的汉武帝

汉武帝是继秦始皇之后对贵州影响最大的君主。

提到汉武帝，许多人在他的精明强干之外，最先想到的是他的好大喜功和当机立断。从各方面看来，这个叫刘彻的皇帝，还十分崇信武力。他的统治理念归纳起来，无非是对内中央集权和对外经常征伐。汉武帝在位54年，无数次出兵攻打匈奴，又出兵平定南越，进攻朝鲜，加兵于西南夷，把手伸到了西汉王朝力所能及的地方。

也正是这个继文景之治后登基的皇帝，打破了汉高祖以来“北有匈奴，无暇远略”的格局，向西南地区倾注了大量精力，给贵州历史造成了深刻影响，同时也在治理西南夷的问题上展示了他深谋远虑的一面。

从公元前206年刘邦建立汉朝，中经惠帝、高后、文景二帝，到汉武帝登基时，西汉王朝已经度过了66个春秋。翻阅现存的各种历史文献，很少看到这60余年中汉王朝对西南地区有何动作。唯一反映当时贵州情况的，只有《华阳国志》里一句孤零零的话：“汉兴，遂不宾。”意思是说，秦亡以后，中原政权失去了对夜郎的控制，势力膨胀后的夜郎，不再表示臣服。

出现这种情况，一是因为西汉立国之初困难重重，百废待举，面对秦末以来的战争破坏，不得不采取道家无为而治的治国手段，包括对北方的匈奴也只能采取和亲政策，以维持和平环境。另一方面也说明，战国以来就已存在的西南夷问题，即使如秦之强也未能彻底解决，创建伊始的西汉王朝，还无法将它提上议事日程。

在“民人给家足，都鄙廪庾尽满，而府库余财”的环境中继位的汉武帝，掌握的财富远比前几代帝王丰盈。钱多了，腰杆自然也硬了许多。面对北有匈奴、南有南越威胁的形势，具有雄才大略的汉武帝毅然放弃此前几十年的“绥靖政策”，不但发动了反击匈奴与攻打南方3个越族政权等一系列战争，以解除外部威胁，拓展疆域版图，还同时着手恢复因秦亡而中断了的对西南夷地区的统治。

对于政治、经济、文化中心在关中地区的西汉王朝，西南夷属于边陲地区。西汉初年，由于匈奴和南越势力膨胀，封建王朝的南北疆域都遭到了不同程度的压缩，西南地区更加无法控制。随着国力强盛，汉武帝认为经略西南夷的条件已经成熟，便毫不犹豫地开始经略西南，将西南夷纳入汉王朝治下。

对待西南夷，汉武帝有他深谋远虑的方略。

一开始，他并没有直接将西南夷选作开疆拓土的目标，而是遣使赴南越，试探南越的动静。西汉初年的几代帝王，对秦亡后割据华南的南越政权采取安抚政策，刘邦还将拥兵自立的赵佗册封为南越王。其后双方关系恶化，南越赵佗不但自称武帝，还发兵进攻长沙国。汉武帝时，南越内部出现了“附汉”与“抗汉”两派不同主张，最终“抗汉”一派取得胜利，主张“附汉”的南越王赵兴被杀。新立的南越王公开与汉作对，成了汉王朝的眼中钉。

南越的降与顺不止关系到南越一片地区，也涉及汉武帝经略西南夷的大计。南越与夜郎、滇相邻，客观上成了这两个方国的依托，南越不灭，夜郎与滇决难归服。

建元六年（前135年），汉武帝决定派番阳令唐蒙出使南越。能说会道的唐蒙到南越后，在那里吃到一种名为“枸酱”的食品，打听到这种东西产在蜀地，由商人经夜郎贩运到南越出售。这个信息点亮了唐蒙脑子里的灵光，他带着在南越获得的各种信息，匆匆返回长安向汉武帝报告。

唐蒙向汉武帝提出征讨南越的两种方案：一是经长沙、豫章，沿水道进军，由于多数水道堵塞，难度会比较大；另一种选择是由巴蜀进入夜郎，沿牂牁江南下，给南越一个出其不意的打击。唐蒙分析认为：夜郎有10万精兵，以汉王朝现在之强，调动巴蜀一带的财力和人力，完全可以修建一条通达夜郎的道路，一旦路通，在夜郎境内设置郡县将是一件很容易的事。

在汉武帝的计划中，南越和西南夷都需要纳入版图，只是孰先孰后，如何着手的问题。唐蒙所献之策正中汉武帝下怀。为表示对唐蒙的嘉许，他毫不犹豫地将唐蒙提拔为郎中将，命其出使夜郎。

唐蒙通夜郎是汉武帝经略西南的第一个大动作。班固的《汉书》记述唐蒙入夜郎的情况时说："将千人，食重万余人，从巴苻关入。"

唐蒙此行，率领的队伍只有1000多人，却用万余人搞运输，可见所带东西之多。所带的物资中，除随行人员必需的食货辎重外，很大一部分是汉武帝准备送给夜郎的礼物。这些价值不菲的礼物，对僻处一隅的夜郎统治者当然有很大的吸引力。

告别汉武帝后，唐蒙按照事先的设想，调动巴蜀的人力、物力，开凿僰道（今四川宜宾）附近的青衣道，修建通往夜郎地区的道路，以期南下会见夜郎侯。但工程艰巨的程度大大超出了他的预料，整整搞了两年，几乎没有什么进展，落得个"费工无成，百姓愁怨"的结局，只好转由巴郡苻关南下。唐蒙修路之举虽无成效，却给贵州人留下了很深的印象，迄今贵州仍流传着一些关于唐蒙通夜郎的传说，桐梓县境内更有名为"蒙渡桥"的遗存。

历尽艰辛的唐蒙总算在夜郎见到了夜郎侯多同，他向多同宣扬西汉的强大和富裕，提出在夜郎地区设置郡县，并答应由多同之子出任县令。没想到秦亡以来便割地自雄的夜郎侯，竟痛快地接受了设县置吏的要求，这多少让唐蒙有些意想不到。

其实，多同的决定也是审时度势的产物。秦汉之交，夜郎固然抓住机会扩充了势力，但却远远赶不上西面的滇和东南面的南越。滇国一直是压在夜郎头上的一座大山，相当长的一段时间，夜郎都在滇的控制之下。南越与汉王朝反目以后，更出兵占领了夜郎的一部分城邑。夹在两大势力之间的夜郎，如果不归附汉朝，被蚕食或吞并只是早晚的事。接受唐蒙的建议，既可以挟汉朝之威，震慑滇越不敢妄动，又可让属下的一些小邑领受汉朝的缯帛，再者汉与夜郎相距遥远，道路又极艰险，也不怕汉王朝真的来占据自己的领土。

一些论著把夜郎侯同意设置郡县，说成是完全看在丰厚礼品的面子上，这似乎将夜郎侯说得过于浅薄了些。

在夜郎设置郡县，只是汉武帝治理西南夷地区的第一步，这个计划由唐蒙的夜郎之行变成了现实。唐蒙通夜郎的当年，汉武帝在夜郎境内设置了犍为县，县治在今遵义一带，不久又设置了南夷、夜郎两县和一个都尉。夜郎问题既已顺利解决，接下来就是按照唐蒙的建议，打通由巴蜀经夜郎通往南越的道路，为对南越的军事征伐做准备了。

汉武帝的第二步计划，是借助唐蒙通夜郎的成果做好平定南越的准备。这项计划包括两个内容：一是继续修建由僰道通往牂牁江的道路；二是派司马相如入蜀。

唐蒙修路受挫，遭到廷臣许多非议，但汉武帝并未气馁，他决定从巴蜀抽调大批兵士继续劈山开路，实现沿牂牁江南下奇袭南越的目标。但这一次遇到的困难更大，更复杂。据说此番修路动员的人力物力比第一次多，耗费的时间更长，结果依然不理想。《史记·西南夷列传》载：“数岁，道不通。士罢饿离湿，死者甚众。”《史记·司马相如列传》也说：“道不通，士卒多物故，费以巨万计，蜀民及汉用事者多言不便。”

工程的艰巨只是困难之一，更大的问题在于南北两面同时出现了不安定因素。本来，汉武帝的计划是借道夜郎远征南越，偏偏这个时候北方的匈奴频繁南侵，深入渔阳、雁门、上谷等地，杀掠边境人口。西南夷地区也出现了乱象，以且兰为首的部族首领，不仅不支持汉武帝的计划，还以武力相抗。御史大夫公孙弘提出暂停对西南夷的经营，专力对付匈奴。汉武帝分析当时的形势后，接受了这一建议。

不过，筑路工程虽然受阻，司马相如的西夷之行却获得了成功。因为司马相如是蜀地人，汉武帝特意任命他为使节去慰问蜀中父老，主持蜀郡以西邛、笮、冉駹、斯榆等部族地区设置郡县事宜。司马相如深入各部族，与当地首领谈判，宣扬汉王朝威德，又发檄文喻告巴蜀太守，命其好好领会皇上旨意，不得疏忽。经过司马相如的一番奔波，西夷各部相继归附汉朝，纷纷撤掉关塞路障，这使汉王朝的统治一下延伸到了甘孜、西昌地区。

“明知不可为而强为”不是汉武帝的风格，轻易放弃既定目标更非他的治国之道。在集中力量消除匈奴威胁的几年中，汉武帝一刻也没有忘记开发西南夷的计划。

元狩二年（前121年），张骞向汉武帝汇报，在大夏国看到了蜀布和邛竹杖，据说是由蜀地经身毒（印度）贩运过去的。汉武帝当即派王然于、柏始昌、吕越人等往探由巴蜀通往身毒的道路。一帮人分作几路，但在云南境内却遇到了麻烦，有的被阻，有的被掠杀。这让汉武帝意识到了开发西南夷之不易，也萌生出彻底消灭割据势力，一统西南的念头。

事隔10年，汉武帝在初步解除北方威胁的基础上，开始专注于对西南夷地区的经营。为此，这位深谋远虑的君王做了许多准备。他甚至仿昆明池的样子，在长安城郊开凿周长40余里的水池，作演习水战之用。元鼎五年（前112年）南越造反，汉武帝决定从夜郎地区调兵进行征讨。且兰君听说要抽调本国军队去打南越，借口青壮年随军远征后会遭邻近部落掳掠，抗命不从，杀汉使与犍为郡守叛乱，西夷的邛、筰等部也起而与之呼应。

汉武帝对且兰君叛行的回答是厉行镇压。小小的且兰自然不是汉军的对手，一番征讨后，且兰、邛、筰首领被斩杀，辖地被置郡设吏。

元鼎六年（前111年）冬，两支汉军抵达番禺外围，南越守将发现大势已去，纷纷降汉。历经5世93年的南越国最终灭亡，原南越国地被汉武帝划分为9郡。其后2年，汉军兵临滇国，在强大的汉军面前，滇王放弃抵抗，举国归降，汉武帝在滇国地设置益州郡。战国中期以来雄霸西南的滇国，从此在历史舞台上消失。

长期为患的南越政权被消灭了，比夜郎更遥远的滇国也亡了，汉武帝却没有乘势将夜郎灭掉，仍然保留了夜郎的王号，允许其继续存在，这一选择很有些耐人寻味。

汉武帝对西南夷的经营，重义而轻利。其主体目标是拓展疆域，巩固封建王朝的统治秩序。针对西南夷地区的情况，汉武帝有计划、有尺度地采取措施，最终改变了西南夷地区的政治格局。他在设置郡县加强管理的同时，实行“故俗治”、“毋赋税”、募兵屯垦和开凿交通干线等一系列开明的政治、经济、文化政策。所有这些，对促进西南地区经济社会的发展，加快这一带进入封建社会的步伐，都产生了积极作用。

# 换个角度看“夜郎自大”

司马迁的一段文字，让贵州人背了2000多年“自大”的黑锅。“汉孰与我大？”明明不是夜郎王说的，却被强安在夜郎王的头上，并被稍作润色，变成“夜郎自大”的成语流传下来，历千余年而不衰。

一个人如果在生活中被人误解，大多会烦恼很久，为什么一个地区被误解这么久，生活在这里的人们却能安之若素？想来想去，答案也许是：自己也不大了解脚下这片土地。

元狩元年（前122年），汉武帝派王然于、柏始昌、吕越人等出使西夷，《史记·西南夷列传》记载王然于等人的行程时有这样一段话：“（汉使）至滇，滇王尝羌乃留。……滇王与汉使者言曰：‘汉孰与我大？’及夜郎侯亦然。以道不通故，各自以为一州主，不知汉广大。”这应该就是“夜郎自大”典故的出处。

姑且不论王然于等回京汇报时，是不是讲了滇王和夜郎侯说的原话，只需回顾一下汉武帝即位后与夜郎交往的过程，就不难发现《史记》中的这段记载是有一些问题的。

相对说来，滇比夜郎离汉王朝更遥远。唐蒙出使夜郎，司马相如出使西夷时，都未进入滇境内，双方因缺乏交往而互不了解，以致滇王发出汉大还是滇大的疑问，这或许是可能的。

夜郎的情况就不同了。王然于等受命往探身毒道入滇，发生在元狩元年（前122年），早在建元六年（前135年），唐蒙即以使者身份会见了夜郎侯，并“厚赐，喻以威德，约为置吏”。这段文字同样出自《史记》，而且记述的事情发生在王然于入滇之前13年。收受了汉王朝那么丰厚的礼物，同意并让汉王朝在自己的辖境内设置郡县的夜郎侯，何以忽然间变得不知道汉王朝与夜郎谁更大一些了呢？这实在有些不合情理。

夜郎侯是一个十分聪明的主，这从他处理与汉王朝的关系这一点上，便已经充分显示出来了。

固然，利用秦末汉初天下纷乱的机会，夜郎统治者曾经趁机大捞了一把，不但扩充了自己的地盘，还表露出不宾服于汉的态度。那是因为看准了西汉王朝忙于治疗战争创伤，穷于应付匈奴和南越，无暇顾及西南地区。真到了唐蒙带着汉武帝的旨意，提出设置郡县要求的时候，夜郎侯立即见风使舵，全盘接受了汉武帝的要求。这正体现了夜郎侯是有自知之明的。

纵观夜郎国的历史，自战国中期立国，到秦始皇推行郡县制，再到西汉王朝前百余年间，几乎没有关于这个方国主动启衅攻击他人的记载。对于来自外部的压力，夜郎侯倒像有些逆来顺受。

庄蹻率楚军入滇，在贵州境内与且兰国发生战事，却能与夜郎达成协议，兵不血刃地通过夜郎地区继续西进；秦始皇的郡县设到了夜郎四周和国境内，也没有发生双方兵戎相见的事；唐蒙出使夜郎，除了修路力不从心，在夜郎的事办得都很顺利。到汉武帝发兵攻打南越，且兰君抗命反叛，蜀西南的邛、笮等部起而附和，夜郎似乎也没被蛊惑跟着反水。由此看来，尽力与周边政权保持相安无事，应该是夜郎统治者一贯的政策取向。要让这种人在汉朝使节面前发出你强还是我大的狂妄质询，显然是不大可能的。

夜郎王的求和与求安心态并不是因为国贫势弱。许多文献都认为，在当时的西南夷地区，夜郎是最强大的政权。《史记》《汉书》《后汉书》《华阳国志》中都有“西南夷君长以十数，夜郎最大”一类记载。夜郎与西面的滇国谁更强大一些？没有人对这两国的实力进行过对比，但就当时的生产、生活条件而论，滇的国家生境要比夜郎优越一些，实力自然要强过夜郎。这从夜郎在相当长的一段时间里被滇控制便可以看出来。

但夜郎既能在数十个西南夷部族政权中名列前茅，也绝非浪得虚名。根据相关文献记载，结合这些年来考古发掘获得的成果可知，2000余年前的夜郎的确存在一种繁荣景象。秦汉时期的夜郎文化遗存，为我们提供了许多夜郎社会经济生活的基本信息。

夜郎考古一向是贵州考古工作的重要内容，从20世纪50年代开始，贵州的考古就不曾离开过对这段历史时期文化遗存的寻觅和探索。1995年更成立了以分管副省长为组长的夜郎考古领导小组，有计划、有步骤地在全省范围内展开普查、调研与发掘，获得了许多鼓舞人心的成果。

考古发掘完全可以证明，秦汉时期的夜郎已进入青铜时代。夜郎境内发现的青铜器种类繁多，生产工具方面有镬、锄、犁、铧口、凿等；兵器方面有戈、矛、剑、钺、镞等；生活用具有釜、鍪、贮贝器等；乐器有镯、鼓、羊角钮钟；杂用器具有刀、钻、鱼钩等。此外尚有钩、铠甲、甲臂、扣饰、铃、手镯、耳环、发钗、帽饰等装饰品。我们或许还无法判定青铜器开始进入夜郎人生活的时间，但到西汉时青铜器已广泛应用于夜郎人的生产、生活、军事等各个方面，可以说是确定无疑的。

研究中国农业史的人都知道，春秋到西汉初期，中原一带出土的铁农具中铁犁的数量并不多，形制也比较原始，说明当时牛耕的推广还很有限，一直到西汉中期犁铧的比例才明显增加。而贵州夜郎考古发现的青铜工具中，除了镬、凿、锄一类工具，同时发现了犁、铧口等一类有可能用于牛耕的农具。清镇、平坝一带的汉墓考古发掘，还出土了铁锸、铁锄、铁斧等铁制农具。由此看来，地处崇山峻岭中的夜郎，虽然受到耕地面积和自然条件的限制，但秦汉之际同样跨进了农业社会的门槛，就农业生产技术而论，夜郎虽然不免较中原落后，但差距却不至过于悬殊。

农业是夜郎人的主要经济部门。人们使用青铜、木、石甚至铁制工具进行耕作，种植的农作物主要是稻谷。考古部门不仅在黔西北战国至西汉中期的土著居民墓葬中发现了稻谷与大豆的遗迹，还从兴义汉墓出土了一座水田稻作模型，这件模型宛如一幅稻作农业的画卷。《史记·西南夷列传》说：其人“椎结，耕田，有邑聚”。《华阳国志》说夜郎人“畬山为田”。《汉书》记载夜郎西南面的句町国，曾向汉王朝“入粟千斛”；又说汉军与夜郎交战时，采用“攻绝其水道”之法。凡此种种，都足以证明夜郎农业文明的发达程度。

人杰总是和地灵连在一起的。我们对旅游者倾倒在能工巧匠生产的贵州民族工艺品面前已觉司空见惯，这样的能工巧匠，两千年前的夜郎时代就已经有了。考古发掘显示，夜郎人的手工业并不比农业逊色。那时的手工业已经从农业中分离出来，而且占有相当重要的地位。

大量青铜器物的出土，说明夜郎人的青铜冶炼业已具有相当高的水平。他们制造的青铜器，既有生产工具、作战兵器、生活用品，也有乐器和装

赫章可乐遗址出土的立虎套头铜釜

赫章可乐遗址出土的铜带钩

饰品。赫章可乐“南夷墓”出土的铜柄铁剑，制作精细，造型优美，纹饰繁缛，展现出相当高的工艺水平。从发现的各种鎏金器物与精致宏大的铜鼓来看，夜郎的工匠们已经掌握了青铜器的分铸、合铸、焊接、鎏金等技术。虽然这些技术有许多是受中原和巴蜀文化的影响发展起来的，但它们毕竟是夜郎人智慧的结晶。考古工作者在普安铜鼓山遗址发现了一批铸造青铜器的工具，其中有石范34件、陶模7件、泥芯2件、坩埚3件。这个1600平方米的遗址，出土了如此多铸造铜器的生产工具，可见这里曾经是一个铜器加工工场，也是夜郎已经拥有青铜冶铸手工业的有力佐证。

南朝范晔的《后汉书》说：“牂牁郡多雨潦，俗好巫鬼禁忌，寡畜产，又无蚕桑，故其郡最贫。”根据《汉书·地理志》的记载，牂牁郡设置于汉武帝元鼎六年（前111年），辖有17县，且兰、夜郎等侯邑都在它的辖县范围内。由于牂牁郡地域辽阔，境内地区之间的发展情况悬殊，夜郎是其中地广人众，相对最发达的地区。夜郎人虽然“无蚕桑”，却掌握了纺线和编织麻布的技术。夜郎旁小邑制作的陶器，如大口杯、陶瓶、陶罐等，造型和质地还不能称上乘，但所有陶器的显眼部分都有刻画符号。这些刻画符号的笔画以横、竖、斜线条为主，从2画到12画不等，已有文字造型中“象形”“指事”之类的特点。

行路难是古代贵州人最感头疼的问题。“鬼方”与牂牁时期的贵州交通情况，因为没有文献记载，今人还无法对它进行描述。夜郎时情况显然有了很大改变，唐蒙在南越吃到蜀产的枸酱，说明一条由巴蜀经夜郎通往南越的商业通道早已存在。侯哲安先生在《夜郎初步研究》中说：“夜郎国的陆路交通大致可分南北和东西两大干线，其他若干支线。”两条南北干线，一条是秦代常頞所开的“五尺道”，另一条是汉武帝元光六年（前129年）向西南设置邮亭之道，即唐蒙计划修建的通往牂牁江的道路。两条东西干线，一是庄蹻入滇之道，即从镇远，经黄平、贵定至贵阳，再西经安顺、关岭、盘县入云南；另外一条从四川合江沿赤水河至今大方瓢儿井，也是当时的一条大道。

交通的改善和邑聚的兴起，是夜郎商业活动的基础。巴蜀、南越与夜郎之间有着较为频繁的商业往来，这与牂牁江能直通番禺城下有很大关系。近年来从威宁、赫章墓葬中出土的海贝、半两钱和五铢钱，也是夜郎对外商业交往的一种证据。通用货币的发现，或许可以说明那时已经出现了专门从事商业贸易的商人阶层。

军队是支撑夜郎国延续200余年的保障，《史记》《汉书》等文献都说夜郎有精兵十余万，这在人口并不太多的古代，实在是一支不可小觑的武装力量。汉武帝伐南越时，就曾“使驰义侯因巴蜀罪人，发夜郎兵，下牂牁江，咸会番禺”。

一国之君，如果拥有夜郎如此广阔的领地、众多的人口、发达的经济、繁盛的商业和强大的武装，萌生出某种自满与傲慢，恐怕也是很难避免的情理中事。滇王尝羌便因深陷其中不能自拔，才会向汉使者提出“汉孰与我大”这样的问题。一向秉承求安宗旨的夜郎王，是不可能依样画葫芦提出相同问题的。正因为夜郎王的自知之明，汉武帝才解除了对夜郎的防范之心。

“西南夷君长以百数，独夜郎、滇受王印”，滇王的那枚印似乎把握得不怎么牢。元封二年（前109年），汉武帝兵临滇国，滇王举国投降，并请置吏入朝。为安抚这位投降的滇王，汉武帝仍然赐给他王印，让他回去继续统率他的百姓，但作为一方政权的滇国从此不复存在，取代它的是西汉政府设置的益州郡。

与滇国的情况相比，夜郎受到的待遇要宽厚得多。滇亡之后，夜郎国又延续了80余年才退出历史舞台。汉武帝在相继灭掉南越和滇以后，竟然容忍夜郎作为一个方国继续存在，个中原因不能说与夜郎王的有“自大”本钱而“不自大”无关。

# 夜郎王兴的悲哀

中国的封建王朝大多跳不出这样一个怪圈：开国之初往往会出一两个励精图治的明君，几代以后，继承皇位的总是一些昏庸无能、荒淫无耻之徒。西汉前期的文、景二帝和汉武帝，致力于发展经济，拓展疆域，将汉王朝带入中国封建社会的黄金时代，但到汉成帝即位，朝政便一落千丈。汉成帝不仅拜自己的舅舅王凤为大司马大将军，令其位列三公之上，还“一日五侯”，把王凤之弟都封为侯爷，其余王氏子弟皆任卿大夫、侍中等要职，政权实际掌握在王氏兄弟手中。

成帝本人是标准的酒色皇帝，史书记载他耽于酒色，宠歌妓赵飞燕、合德姊妹，将她们分别立为皇后、昭仪。由于朝廷政治黑暗，加上黄河泛滥，汉成帝统治年间，百姓流离死亡者以百万计，各地人民暴动此起彼伏，以致他死后10余年，西汉王朝落入王莽之手。

按理说，这种情况对夜郎之类的地方政权反而是比较有利的。汉成帝的胡作非为导致西汉王朝由盛而衰，势必削弱中央政府对边远地区的控制。如果这时的夜郎统治者能抓住时机，妥善协调与周边地区的关系，发展境内经济，稳定社会秩序，那么，不仅国力可以得到增强，民众可以从中获得实惠，已经存在了200余年的夜郎政权，也还有可能延续下去。

汉成帝在位时期的夜郎统治者名叫兴，偏偏这位同样是昏聩之辈，既喜争强好胜，又不善驾驭臣民，以致在汉武帝时都没有被灭掉的夜郎国，在不该终结的时候走向了终结。

经过汉武帝对西南夷的一番开发，其后昭、宣、元帝在位的50余年，夜郎与西汉王朝相处得都较为和谐。武帝时开通了直抵牂牁江的南夷道，沿途设置邮亭。这些邮亭不但负责公文书信的上传下达，还管往来使者的食宿接待，与后世驿站的功能大致相同。《华阳国志》说："自僰道、南广有八亭，道通平夷。"由此可知，当时设置的8个邮亭都在今毕节以南的贵州境内。邮亭的设置，大大加强了夜郎与西汉王朝和内地的联系，在内地经济文化的影响下，夜郎地区的社会面貌不断发生变化。贵州境内汉墓中出土的许多器物，不少带有周边和内地文化的色彩。

汉武帝征讨南越前后，西南夷地区是经历了一番动荡的。司马相如入蜀安抚西夷各部不久，"西南夷又数反"，汉王朝"发兵兴击，耗费无功"，不得不采纳御史大夫公孙弘的建议，暂时放弃对西南夷的经营。到汉军决定进攻南越时，且兰君以种种借口抗命，"杀使者及犍为太守"，举兵反叛。汉王朝不得不命征南越的军队，于回兵途中将且兰灭掉，同时将"常隔滇道"的头兰一并剿灭。

我们无法获知夜郎王是出于什么样的考虑，才没有卷入那场与西汉王朝的对抗。按道理，他应该和其他西南部族首领一样，习惯于小国寡民的统治环境，对中央集权的政治体制，同样有着难以抑制的逆反心理。但在汉军征讨南越时，夜郎不仅是唯一应命出兵的地方政权，随驰义侯南征的夜郎军，还按照汉武帝的命令，参加了八校尉击灭且兰的战斗。结果显示，夜郎王的选择是非常明智的。且兰灭国了，公开与汉朝为敌的邛君与筰侯，后来也被诛杀了，唯有夜郎王毫发未损地留了下来，仍旧继续着他的统治。

汉王朝在西南夷采取的"毋赋税，以其故俗治"政策，对郡县制的推行和夜郎地区社会环境的稳定起了很大作用。但上层统治者的归附，并不等于属民的顺服。由于政府的筑路工程耗财费工，超过了地方承受能力，势必给民众带来许多痛苦。因此，筑路期间，常发生民众攻击地方官吏的事。为解决这一矛盾，汉武帝等人决定采取"募豪民田南夷，入粟县官，而内受钱于都内"的做法，招募内地的豪族大姓，带着依附他们的农民，迁入夜郎地区从事垦殖。

迁入夜郎的豪民们究竟开垦出了多少土地，因为缺少记载而无法统计，但有一点是肯定的，那就是来自内地的豪族大姓和他们的属民，带来了较夜郎地区先进的生产技术、生产工具和文化观念，这对夜郎地区经济社会的发展起了积极的推进作用。

综观西汉统治者对夜郎的策略，无论汉武帝还是他的继位者，似乎都没有做过用武力征服夜郎的考虑。“南越以财物役属夜郎”，汉武帝便让唐蒙带着一支“食重万余人”的团队去与夜郎王联络感情，硬将夜郎从南越的控制下挖过来。在南越被剿灭、且兰君被诛除、夜郎率部入朝时，汉武帝还封夜郎统治者为王，授予王印。

许多事例可以说明，汉成帝以前的西汉政府，对夜郎执行的是一种比较温和开明的政策。在确保封建国家疆域完整的前提下，只要夜郎不公开叛乱，便与其维持和平内属关系不变。尊重夜郎地区的“故俗”，不干预夜郎内部事务，不在夜郎地区征收赋税，不因设置郡县或筑路向当地居民搞摊派，等等，都是上述政策的体现。多同以后的夜郎统治者大都乐于接受这种政策，这正是夜郎与汉之间能维持百余年和睦关系的原因。

作为西南夷地区最大的政治实体，夜郎在周边部族中一直处于领袖地位，加上受到汉王朝的器重，西南各部自然无人敢与之争高下。但世间万物总免不了发生变化，政治格局也是一样。汉昭帝时，与夜郎相邻的句町、漏卧两个侯国的势力不断增长，与夜郎形成比肩之态。句町位于夜郎的西南部，今云南的广南、富宁和广西的西隆、西林、凌云、百色等为其辖地。漏卧位于句町与夜郎之间，今云南罗平县与贵州兴义、兴仁两县西部地区是它的势力范围。

汉昭帝始元五年（前82年）句町侯亡波因出兵帮助汉王朝平叛有功，受到汉政府的封赏，句町的势力随之逐渐强大起来。这让一向在西南夷中处于领袖地位的夜郎王隐隐觉得受到威胁。待到句町与漏卧之间结成联盟，夜郎王兴便再也坐不住了。于是，夜郎王寻找各种借口加剧与句町和漏卧之间的摩擦，最终让局势发展到举兵互攻、争斗不息的地步。

汉成帝虽然昏庸，但毕竟不能容忍一方陷入动荡局面，甚至威胁到自己的统治地位。为了平息争端，他先是派太中大夫张匡前往“持节调解”，尽量把问题消弭在萌芽状态。然而，自高自大而又跋扈的夜郎王兴根本不买他的账，反而让属下用木头刻制汉使形象，立于道旁用箭射击，以表示对西汉政府的蔑视。

兴的所作所为促使汉王朝下了最后的决心。在众臣建议下，成帝决定派临邛人陈立出任牂牁太守，全权负责处置西南夷问题。陈立深知夜郎问题的复杂程度，明白单凭武力不能解决，转而设下一个圈套，只带数十名随从来到夜郎的且同亭，然后通知夜郎王兴前来相见。兴了解到陈立的情况，欣然决定前往。为防不测，他带了一支数千人的护卫队伍，又让几十个邑君陪同去与陈立见面。

陈立用计将夜郎王兴与部下隔离，在单独会见时，历数他的种种罪行，谴责其“大逆不道”，并果断地砍下了他的头。夜郎邑君们对专制跋扈的兴早怀不满，纷纷赞扬陈立“为民除害”，并向随行军士陈明大义，劝喻他们投降。

夜郎王兴被杀后，其子邪务在外祖父翁指的支持下，鼓动余部叛乱。汉成帝命陈立就地招募士卒，与都尉万年联手平叛。翁指等据险顽抗，拒不投降。汉军先断其水道，再“纵反间以诱其众”。夜郎士卒平时深受苦害，眼见汉军势强，纷纷倒戈，于阵前共斩翁指，持其首级请降。历时200余年的夜郎国就此退出了历史舞台。

从秦汉政治形势发展的趋势看来，夜郎之被取缔只是时间早晚的事，但灭在汉成帝这个酒色皇帝当政之际，却不免让人产生一种自取灭亡之感。任何一位统治者，如果不了解前人创业的艰难，不懂得珍惜和平安定的政治局面，陷入盲目自大和权势欲中不能自拔，那么，他离毁灭的日子也就不远了。

# 夜郎有多少解不开的谜团?

我们生活在一个充满了谜的世界里，有自然之谜、历史之谜。

一位科学家说过这样的话：我们所经历的最美妙的事情就是神秘，它是人的主要情感，是真正的艺术和科学的起源。事实正是这样，古往今来，人们都在不停地探索和破解客观世界留下的各种谜团，人类社会也就在这种探索和破解中不断有所收获，不断获得进步。

自然界的奥秘是无穷无尽的，科学家们孜孜不倦地追寻它的答案，至今仍有许多谜未曾解开。历史留给后人的谜团同样多而费解。前些年，有人撰写了一部名为《中国历史之谜》的书，副标题用的竟是“千万个未解之谜”。书中自然不可能真的介绍那么多谜团，作者的意图不过是告诉读者，历史留给我们的悬念不胜枚举，值得我们去了解和探索。

位于祖国西南的贵州，因为不在多民族国家的政治经济中心，故而以封建王朝和中原为记述主体的历史文献，很少记述贵州发生的事情，即使不能不记，也总是几笔带过。这给后世的史学家们造成了许多难题，因为有许多断链，贵州历史的发展脉络总是连贯不起来。即便史书记录过的人和事，寥寥几段文字，也只能给人一种模糊印象。这也许正是贵州诸多历史之谜，至今未获破解的原因。

曾听到一位学者发出这样的感慨：司马迁记述贵州的时候，如果能多写那么几句话，我们今天研究夜郎时就不会这样累了。面对史料的匮缺，学者们的无奈是完全可以理解的。但我们对司马迁的埋怨，也许有些委屈2000余

夜郎石刻

年前的这位史学家。如果掌握有相关资料，司马迁是会将西南夷地区描绘得更详细一些的——他不是不想写，而是无法凭空去写。

贵州能被誉为充满人间传奇的沃土，与它诸多令人神往而又破解不开的历史之谜不无关系。随着人们开发利用文化资源热度的升高，“夜郎”已经成为一块炙手可热的文化品牌。人们从厌恶“夜郎自大”，避之唯恐不及，到抓住夜郎这块牌子不放，竭力往自己身上贴夜郎标签，借以发展文化产业。被历史淘汰了的夜郎国，又以文化资源的形式，在当代人的社会生活中得以复活。

许多炒作夜郎的人并不了解夜郎的历史，甚至不知道夜郎是怎么回事。只要能产生经济效益，能赚到许多钱，对他们来说就已经足够了。从开发利用文化资源和发展经济的视角来看，这应当是无可非议的。但在形成文字，向社会尤其向青少年介绍的时候，至少应该具有起码的科学态度，别让我们的短期行为，将夜郎这个历史上实实在在存在过的古国的历史，搅成一团永远理不顺的乱麻。

打造夜郎文化品牌是非常必要的，否则，别人会笑话我们守着金山哭穷；继续研究夜郎的历史，解开这个神秘古国的诸多历史谜团同样重要，否则，我们会在子孙后代的面前感到汗颜。

落后并非贵州与生俱来的痼疾，夜郎王国曾经拥有的辉煌从一个侧面证明了这一点。但夜郎留下的历史之谜的确太多，研究和破解它们，正是贵州人义不容辞的责任。

夜郎究竟在哪里？这个学术界讨论了多年的问题，因为许多地方都看中了它的开发利用前景，忽然变得尖锐起来，以致历来被定性为“自大”的黔驴，似乎也需要改填籍贯了。一段时间以来，有说夜郎在云南境内的，有说在川南的，更有主张在湖南或桂北的，这让对地方历史知之不多的老百姓如坠五里雾中。

学术界对夜郎方位的看法，迄今意见分歧仍然很大。由于北魏郦道元的《水经注》一书谈到岷江时，曾称犍为郡的武阳县为“故大夜郎国”地，以后的学者论及夜郎境域时，提出了广义夜郎与狭义夜郎的看法：广义夜郎即大夜郎国，其境域应包括今四川彭县以南，广西西北部、云南东部、贵州绝大部分地区；狭义夜郎指的则是夜郎国的本土，有学者将它的地域定位在今黔西南州、六盘水市、安顺市及黔南州东部地区。但无论哪种意见，夜郎的主体在今贵州省境，似乎是无可争议的。

夜郎之所以神秘，正在于它的许多悬念。即使夜郎境域得以明晰，并为多数人认可，但夜郎的中心区域在哪里，国都是哪一座城市，这些同样是无法含混的问题。

关于夜郎中心的讨论，历来分歧就很大。司马迁的《史记》称：“夜郎者，临牂牁江。江广百余步，足以行船。”在记述南越官员回答唐蒙关于枸酱来历的提问时，该书又说：枸酱运到南越是“道西北牂牁江，江广数里，出番禺城下”。有学者分析认为，牂牁江就是今天的北盘江，由此，夜郎的中心地区应在今黔西南州至六盘水一带。但是，这种说法同样是有争议的。近年来关于夜郎中心的观点，至少有十几种，其中的遵义桐梓说、安顺说、六枝说、望谟桑郎说、赫章威宁说等，都能列举出许多让人不易质疑的论据。

其实，人们在研究某个问题的时候，往往容易被自己苦心搜集到的资料所困扰，陷入某种带有主观意向的结论而不能自拔。2000多年前的中国，秦始皇的统一大业尚未完成，七雄之间的争战异常激烈，如西南这样的地区，很难有一个稳定宁静的政权，也难有一片土地长期属于某个政权所固有。即

六枝牂牁江，至今仍滋润着它流经的夜郎故地

使拥有称霸一方实力的夜郎，其领辖的土地也并非固定不变。当我们研究它的区位和管辖范围的时候，是不能单纯以某个时期某部文献的某段文字来下结论的。

夜郎是经历了战国、秦、西汉三个时期的方国政权，分析它的地望和中心区域，自然不能笼统地一概而论。如果我们的研究能更深入细致一些，许多问题也许能够找到共识。

最令人头疼的夜郎之谜，是关于这个王朝的世系和执政者的情况。我们知道的夜郎统治者中，除了传说中的竹王外，第一个见诸文献的是汉武帝时代的多同，其次便是被陈立杀掉的兴，再就是兴的儿子邪务，其曾经追随外祖父翁指反叛。由于历史文献中缺乏记载，要了解其他夜郎统治者的情况，看来是一件非常不容易的事。

既然无从厘清夜郎王的世系，战国以来夜郎统治者的执政情况便成了空白。迄今考古发掘尚不能确定夜郎政治中心的位置，夜郎王族的墓地坐落于何方，也成了无头公案。夜郎王、滇王相继获得了西汉王朝赐给的王印，这是包括《史记》在内的多部历史著作都有明确记载的。滇王印已于1956年在晋宁石寨山的考古发掘中出土，夜郎王印至今不知所终。多年前，贵州省有关负责人曾表示：谁找到夜郎王印及能证明夜郎国遗址的文物，个人奖5万元，单位奖10万元。即使这样的重奖，也未能让那枚弥足珍贵的夜郎王印现身。

关于发现甚至确认是夜郎王印的报道，屡屡见诸报端，每次都会在群众中造成一番热议。但只要稍具历史常识的人便会发现，那些属于新闻炒作的消息是经不起严格的科学检验的，虽然某些报道还拉出某某京城专家做大旗，仍然难掩其急功近利、哗众取宠之嫌。

2000余年前的夜郎给贵州人留下了无数的悬念，但夜郎的价值也许就在于它的神秘，在于它的不可捉摸。如果我们不脚踏实地，不秉持科学的态度去展开研究，刻意要在短期内去破解它、利用它，效果也许只会适得其反。

# 历史上的第一次官方移民

曾看到一部名为《贵州：移民之州》的书，书中说贵州汉族人口的绝大多数是自中原、湘楚、巴蜀、江浙等地迁徙而来，大多数少数民族亦是从四面八方迁徙而至。这个过程始于古史传说时代，至今仍留下许多可以辨析的痕迹。这种提法是有一定道理的。

经常从一些宣传资料上看到这样的表述：贵州是一个多民族的省份，有包括汉族在内的18个世居民族。一些文章，甚至官方文件都有引用这一提法，却没有人对"世居"的概念做出过贴切的解释。从字面上去理解，"世居"似乎便是世世代代都居住在贵州这片土地上的意思。但我们都无法将史前生活在今贵州境内的古人类，与后世的贵州居民联系在一起，这"世居"的概念，就很难说用得恰当了。

历史文献显示，贵州高原是我国古代几大族系迁徙的交汇点，今天贵州的绝大多数居民，都是在不断的民族迁徙中进入贵州，逐渐定居下来的。一些学者曾据此提出贵州是一个移民省，可以说是把握住了贵州的省情特点。

有人分析民族迁徙的原因时说，历史上的民族迁徙总是在各种内因和外因的作用下发生的。生产力的发展、迁出地气候和环境的变迁、战争以及统治者的强迫迁徙政策等，都是民族迁徙的推力因素；统治者采取的怀柔政策、迁入地良好的生活、生产环境和民族认同意识，则属于民族迁徙的拉力因素。

今贵州境内的居民，除回族、蒙古族、满族3个民族是元明清时期从北方陆续迁入居住，不属于古代的南方族群外，其他各族在秦汉以前都分属于古代南方的濮、夷、蛮、越等族系。

先秦时期，生活在贵州境内的主要是百濮人。后来，在各种环境因素的影响下，百濮人逐渐走向衰落，氐羌、苗瑶、百越族人却先后从东、南、西几面向贵州迁徙，使贵州的民族构成发生了根本的改变。经历若干世纪的辛勤开发，各民族相继在贵州这片土地上定居下来，形成了今天大杂居、小聚居，你中有我、我中有你的分布格局，贵州也就成了多彩多姿的民族大家庭。

发生在贵州境内的民族迁徙，大多是在经济、政治、军事因素的作用下自然发生的。但漫长的历史进程中，贵州也出现过几次由官方主导的移民活动，汉武帝的“募豪民，填南夷”之举，正是贵州历史上第一次由官方主导的大规模移民。这次移民活动对贵州经济社会的发展，产生了很大的影响。

汉武帝的移民入黔之举是由修路引起的。

《史记·平准书》记载说：“汉通西南夷道，作者数万人，千里负担馈粮，率十余钟至一石，散币于邛僰以集之。数岁道不通，蛮夷因以数攻，吏发兵诛之。悉巴蜀租赋不足以更之，乃募豪民田南夷，入粟县官，而内受钱于都内。”在汉武帝方面，事先并没有料到在贵州修路会如此困难。数万人在崇山峻岭中筑路，粮食用品都得从千里以外的巴蜀等地征调，运输途中的损耗高达数十倍。工程艰巨、民众不满，加上巴蜀两地的物资已无法满足需要，无奈之下，才决定采取招募豪民到贵州垦种，就地向郡县纳粮，由内府拨钱偿付粮价的措施，以此来解燃眉之急。

西汉年间应募入黔的豪民，大多来自川西和川南等地的汉族。豪民们带着依附于他们的劳动者，成群进入贵州屯垦。他们的居住地大多在郡县治所附近，成了郡县有力的经济支柱。由于豪民们带来了较本土先进的生产技术、劳动工具和大批的劳动力，有力地促进了贵州农业生产的发展，推动了贵州的社会进步。这应该是这场移民给贵州带来的最积极的影响。

移民的辛苦经营既为汉王朝缓解了修路工程的困难，也给自己带来了财富。据《后汉书·南蛮西南夷列传》和《华阳国志·南中志》记载，汉武帝时迁入贵州的豪民主要有龙、傅、尹、董等家族。其中，傅氏的居住地在今贵州的晴隆、六枝一带；尹氏的住地在今黔南州的独山、平塘、荔波与黔西南州的普安、盘县、兴仁一带；董氏居住在黔西南州的兴仁、兴义等地；龙氏的住地可能在今安顺、清镇和平坝一带。贵州近年发掘的汉墓中，有许多出土物与上述几姓豪民有关，这从一个侧面反映了他们当时在贵州的活动。

中国历史上最早实施官方移民的统治者是秦始皇。他在南越地区设置郡县后，为巩固在当地的统治，将50万中原人口迁移到南越地区，与当地人混杂居住。但秦始皇的移民活动并没有涉及贵州。

汉武帝以官方名义实施向贵州移民，他的这一决定拉开了汉民族大规模迁入贵州的序幕。继他之后，历代封建王朝不断派遣官吏到贵州进行统治，这些人也成了新的汉族移民。到贵州屯垦定居的移民，自西汉以后就一直没有中断过。而封建王朝又不停地把一些“罪人”“犯官”“亡命者”遣送来贵州，以示对他们的惩罚。这种放逐也使贵州的移民人口不断上升。

豪民们进入贵州所带来的影响，并不局限于经济。随着这些世家大族经济实力的膨胀，他们在政治上的地位和影响也一天天增加，当中的许多人最终发展成贵州境内叱咤风云的大姓，连封建中央政府委派的郡县官吏，也只能看他们的眼色行事。

大姓们带到贵州来的劳动者，全是他们在原地的依附农民。这些人不但经济上要受主人的剥削，人身也受到严格的束缚。一旦大姓的势力发展到独霸一方的程度，他们便成了大姓的忠实部下，成为大姓集团势力的组成部分。到了东汉晚期，中央王朝失去对政局的控制，各地豪强为在战乱局势下自保，大都将自己属下的佃户按军伍编制起来，作为保境的武装力量，势力大的甚至趁机抢夺地盘，割地称雄。面对这种局势，贵州的大姓势力也纷纷仿效各地豪强的做法，走上以武力独据一方、称王称霸的道路。

从东汉末年到魏晋时期，原西南夷地区的大姓势力持续膨胀。今云南境内的雍闿、吕凯，贵州境内的谢氏、尹氏，都是很有实力的大姓势力。作为汉族移民中的上层，大姓们往往趁管理地方屯政的机会将大批土地据为己有，侵占屯田，开垦私田，拥有大量土地，又利用手中的特权把持盐、铁等紧俏物资，为扩张政治势力奠定物质基础。他们还将大批要求“庇护”的流民或各民族人民变为部曲，充作私家军事武装，为其扩大统治势力而战。不过，豪民们若干年后的这种尾大不掉的情形，是汉武帝当年所始料不及的。

移民这种事，任何时代都在发生。历史发展到今天，移民已经成为一种世界性的政治、经济和文化综合现象。由国家（政府）主导的、有组织大规模非自愿的经济性移民，是人类移民史上很值得研究的课题。像美国这样的国家，无论有多少人对移民的迁入发出质疑，认为移民是一种经济负担，但近代移民是美国这个国家经济繁荣的重要原因，却是任何人都无法否认的。2007年7月10日的联合国网站，刊载了秘书长潘基文关于移民问题的观点。这位秘书长直截了当地指出：“移民们的辛勤劳动使一个又一个家庭和社区脱贫。”“他们在各国间传播思想和知识，将世界编织在一起。他们是不同文化、社会和经济体之间活跃的人类纽带。”

汉武帝对贵州的移民发生在2000多年前，又是在国家内部的地区之间进行的，当然不便用来与当代的国际移民做比较。但从汉武帝组织这次官方移民的动机来看，至少这位生活在2000多年前的统治者，已经意识到通过移民手段，有可能利用发达地区的生产力资源，以解决欠发达地区的某些经济问题。而他的移民之举，也的确起到了推进贵州经济社会发展的作用。

# “汉三贤”质疑

清道光年间，遵义府学教授莫与俦创立“汉三贤祠”，将汉代的尹珍、舍人、盛览三位文化名人列为“三贤”加以纪念。其后，“汉三贤”的提法流行开来，这三位文化名人也被视为代表古代贵州文化的辉煌人物。

从有关史料反映的情况来看，上述三人在文化方面的成就，的确值得后人引以为荣。然而，这三位古代文化名人是否都属于贵州？他们的出生地究竟为何县何地？似乎还有一些问题需要探讨。

文化教育作为一种社会现象，总与一定的社会生产力、生产关系和政治相联。先秦时期，居住在贵州的居民还没有属于自己的文字，生产知识和生活经验的传承，只能通过语言和实践的手段来实现。秦汉以后，随着与中原和周边地区交往的增多和汉文化的传入，早期的学校教育开始在一些经济较发达、交通相对便利的地区出现。

大概因为贵州的居民基本是外来移民，本土文化影响较小，早期汉文化在贵州境内的传播速度很快。在不断滋生出来的文化人中，涌现出了一些影响较大、在历史上享有盛名的人物。被列为“汉三贤”之一的毋敛县人尹珍，就是其中的代表。

贵州的州县地名中，极少有用人名冠名的，位于黔北的道真仡佬族苗族自治县却是一个例外。

今道真县唐代属珍州，元末改“珍”为“真”，明万历年间改为真安州，清雍正时改为正安州，民国初改州为县，设正安县，1941年分正安县东

尹珍像（贵州正安县委、县政府立）

北地设道真县。1943年出版的《贵州名贤传·尹珍传》记载道真县设置缘由时说："尹（珍）先生是贵州文化的开创人，正安是贵州文化的策源地，为纪念这位先贤，特呈准中央政府，将正安县划出一部分，另设一个新县，称为道真县。"

尹珍在发展贵州古代教育方面的卓越贡献当然不容置疑，一些学者将其称为"贵州文化教育的奠基者"也并无不可。《后汉书·南蛮西南夷列传》载："桓帝时，郡人尹珍，自以生于荒裔，不知礼义，乃从汝南许慎、应奉受经书、图、纬，学成，还乡里教授，于是南域始有学焉。珍官至荆州刺史。"

尹珍赴京求学时大约20岁，曾拜在经学家许慎门下，研习五经文字。返回故里后建草堂三楹，开馆教学。因从事地方教育，声誉渐著，朝廷从地方选举孝廉时，地方官以其精通经学，选入文学科目，向朝廷举荐。汉桓帝时，学者应奉任武陵郡太守，尹珍就近前往拜应奉为师，学习图纬，通三才，师生并显一时。尹珍年老辞官还乡后，将原学馆改名为"务本堂"，矢志育人，直至病逝。

尹珍在贵州文化史上留下的影响很大，明、清两代曾多次重修他手创的"务本堂"。明代中叶，贵州的3个书院先后修建尹珍专祠；清代，在贵阳扶风山王阳明祠旁建尹道真祠。省内印江、铜仁、独山等地都相继建有尹公祠，甚至省外的南川、綦江等县也建有尹子祠。清人莫与俦在黔北传播汉学时，曾把尹珍之学称为“毋敛学”，称自己为“毋敛学”的传人。黔北巨儒郑珍形容尹珍的影响时说：“凡属牂牁旧县，无地不称先师，食乡社。”尹珍的历史地位由此可见一斑。

作为贵州古代著名学者、文学家、教育家和书法家，尹珍在传播文化、发展地方教育、促进贵州地区与中原的文化交流方面做出了重要贡献。他因擅长经术，受到东汉朝廷的高度重视，历任尚书承郎、荆州刺史等职。如今，尹珍的求学经历、教育活动、学术成就和他在历史上留下的影响，已成为重要的历史文化资源，不少地区都在关注和开发利用它。于是尹珍究竟乃何许人也的问题，又被摆在了桌面上。

最早记述尹珍事迹的史书是《后汉书》，其后，《华阳国志》亦记述说：“明章之世，毋敛人尹珍，字道真，以生遐裔，未渐庠序，乃远从汝南许叔重受五经，又师事应世叔学图、纬，通三才，还以教授，于是南域始有学焉。珍以经术选用，历上书承郎、荆州刺史，而世叔为司隶校尉，师生并显。”就这段文字来看，尹珍出生于东汉时的毋敛县，应该没有问题。但因为对汉代的毋敛县究竟是今天的哪里有不同看法，便出现了尹珍的籍贯时而在黔北正安，时而被说成在黔南独山一带的怪事。

贵州正安县的资料介绍尹珍时这样写道：“尹珍（79—162年），字道真，东汉牂牁郡毋敛（今正安县）人，今正安县新州镇的古毋敛坝，是尹珍居家、讲学、墓葬之地。”黔南州的有关文章则称：“尹珍出生于文化教育十分落后的毋敛县（今贵州独山、荔波、三都一带）。从小生性好学的尹珍，刚过18岁就千里迢迢奔向文化教育发达的中原求学，经过数年的寒窗苦读，进步很快，成绩优异。学成之后，返回贵州，在今绥阳、正安一带创办官学，招收学生、从事教育。”

尹珍出生的毋敛县究竟是今天的哪里呢？汉武帝元鼎六年（前111年）设置的牂牁郡辖有17县，毋敛县是其中之一。《汉书・地理志》说：“毋敛，刚水东至潭中入潭。”看来，这条刚水和它所流入的潭，与弄清毋敛县的位置关系很大。

因为《汉书·地理志》对刚水没有进行解释，《水经注》的记载也极简单，后世研究者在考证汉代牂牁郡时，提出了一些不同看法。云南方国瑜先生在《汉牂牁郡地理考释》中提出：毋敛刚水即独山江，一名都江，经古州入广西，至柳城县流入柳江，柳江即古潭水。这种看法与清人郑珍的考证相一致，应是比较严谨的解释。据此分析，位于刚水上源的汉代毋敛县，应为今独山、荔波、三都等地。尹珍的出生地也应该在上述地区。

当然，不同的意见在清代就已经出现。清代有学者提出："今之正安即唐之珍州，唐之珍州即汉之毋敛，然则先生汉毋敛今正安州人也。"当时的正安州官员修建"尹先生务本堂碑"时，还特意刻上"即以尹先生之故里论，虽三尺童子，皆知为今正安州某乡人"一类的话。不过，为什么唐朝的珍州就是汉代的毋敛，却很少看到相关的文献考证。尹珍学成返归后的活动集中在黔北地区，正安、道真等县有许多关于他的遗迹都是事实，但正安县新洲镇毋敛坝是否就是尹珍的出生地，这是需要通过研究来印证的。

"汉三贤"中的舍人，是一个更加令人难以捉摸的人物。"舍人"一词本是古代的官称，原为贵族家里的门客，后来发展为官职，前面再冠以头衔，名称不同，职权也不同。例如秦汉时期设置太子舍人，魏晋以后有中书舍人等。

贵州文献中谈到的舍人，指的是西汉武帝时期的一位学者，认为他是"犍为郡文学卒史"，在汉武帝时曾作待诏，著有《尔雅注》三卷。相关文章提出，汉武帝所设犍为郡的郡治在鳖县，即今遵义境内。舍人对《尔雅》作注，是"汉儒释经之始"，具有相当高的学术价值。清道光《遵义府志》说："南中若奠先师，断推（舍人为）文学鼻祖。"

能对《尔雅》作注的人，学术成就和地位当然很高，作为贵州古代辉煌文化的一页，舍人和他的学术成果已成为今天贵州重要的文化遗产。然而，我们迄今对这位名贤的了解实在太少，还有许多悬疑找不到答案。

《隋书·经籍志》说："梁有汉犍为文学《尔雅》三卷亡。"那么，写《尔雅》三卷的犍为文学与舍人是不是一个人呢？有文献说是一个人，又有文献说是两个不同的人，该如何认定才是？舍人既是官称，我们却将其视为人名，孰是孰非，至今仍旧无法定论。有人解释说：著《尔雅》三卷的这位先生，本来是犍为郡文学卒史，后来受任为舍人，名则不可考。但也有学者指出《广雅》中有“舍”姓，因此舍人应是名字。至于有人认为舍人姓郭，那是将我们说的舍人与汉武帝宠信的戏子郭舍人混为一谈，实在让人难以附和。

即便上述问题达成了共识，舍人的籍贯同样还有争议。犍为郡管辖的范围很广，有人提出四川嘉定县的尔雅台是舍人撰写《尔雅注》的遗迹。这样一来，舍人便不属于贵州古代的文化名人了。

生活在公元前2世纪的“牂牁名士”盛览，字长通，据说是著名辞赋家司马相如的好友。司马相如奉命入西南夷，盛览专程前往请教作赋之法。司马相如答称：“合纂组以成文，列锦绣以为质，一经一纬，一宫一商，此赋之迹也。赋家之心，包括宇宙，总览人物，斯乃得之于内，不可得而传。”盛览听罢司马相如的宏论，茅塞顿开，“乃作《合组歌》《列锦赋》而退”。此事在《汉书》等历史文献中都有记载。盛览返回后在乡里授徒，开启了地方文教之门，又著有《赋心》四卷，成为一代文化名人。

近年来，盛览的籍贯也成了一个争论焦点。贵州遵义市将其列为该地区的文化名人，作为“汉三贤”中的一员。《遵义》（《遵义》编委会编，中国建筑工业出版社1984年版）一书载：“盛览，字长通，汉武帝牂牁郡北部（今遵义地区）人。” 云南大理方面则根据《（万历）云南通志·大理府·人物》中“盛览，字长通，叶榆人”的记载，认为盛览是大理人。

我们无法解析历史文献的记载为什么会有如此大的差异，但既然客观上已经存在不同的认识，在挖掘、开发、利用历史文化资源的过程中，就不能不时刻要求自己坚持实事求是和科学的态度，毕竟不应因我们这一代人的急功近利，而让后世的人陷入迷茫。“汉三贤”问题上各说各话的现象，说明在发展文化产业的今天，资源的整合与协调已经到必须提上议事日程的时候了。

# 诸葛亮和他的“不留兵”“不运粮”

10多年前，关于诸葛亮的话题忽然多了起来。喜欢标新立异的先生们，给生活在1700多年前的这位古人新做了许多顶帽子。有人说他“不像军师，倒像管家”；有人说他是“伪智慧”“假忠心”，是“中国史上最虚伪的男人”；还有人拿他与贾诩做比较，认为其给后人的价值不如贾诩大；等等。别人的看法我们不便妄加评论，但诸葛亮在贵州的影响和他对贵州人的贡献，却是无法被随意抹杀的。

战国时期的庄蹻和西汉年间的唐蒙，都是进入贵州的重量级人物。庄蹻的身份是楚将军，唐蒙的身份是郎中将，虽然官阶都不算低，却都称不上政治家。真正以政治家身份进入贵州境内的，是三国时期的蜀汉丞相诸葛亮。

夜郎王兴被诛除后，贵州的政治局势一度显得比较平静。但到王莽建立新朝，为了附会符命，随意更改郡县名称，恣意贬低少数民族侯王的等级，无缘无故地将句町王贬为侯。这种倒行逆施激化了边疆民族地区的阶级矛盾和民族矛盾。句町王“怨怒不附”起兵反叛，周围各部纷纷响应，贵州的政局由此陷入动荡。

东汉以后，中央政府分崩离析，贵州境内的大姓势力趁机扩充实力，地方社会秩序时而平静，时而纷扰。尤其到了东汉末年，外戚宦官交替专政，政治极度腐败，下层百姓纷纷揭竿而起，豪强势力更是抓紧时机割地称雄。

公元196年，曹操迎汉献帝迁都许昌。221年，刘备在成都称帝，建立蜀汉政权。蜀汉是在曹魏和孙吴夹缝中生存的小国，实力远较魏、吴为弱。对于这个政权来说，南中地区能否安定和臣服，直接关系到蜀汉能否消除后顾之忧北上与曹魏争夺天下的大计。

担任蜀汉丞相的诸葛亮，未出茅庐就做出了“三分天下”的预测。他曾明确向刘备提出政策建议，主张“西和诸戎，南抚夷越，外结好孙权，内修政理。天下有变，则命一上将将荆州之军以向宛、洛，将军身率益州之众出于秦川，百姓孰敢不箪食壶浆，以迎将军者乎？诚如是，则霸业可成，汉室可兴矣”。诸葛亮这番议论的精辟与正确，为后来的局势发展所印证。

初创时期的蜀汉政权，没有力量控制南中地区的局势，只能眼睁睁地看着大姓们胡作非为。刘备虽然任命费诗为牂牁太守，派李恢到毕节、大方一带屯兵，做庲降都督，仍然遏制不了大姓势力的膨胀。待到223年刘备死，刘禅继位，早已按捺不住的大姓们，终于公开扯起叛旗，同蜀汉政权展开了争夺地盘的较量。

魏晋时期，南中地区的大姓势力和夷帅左右着当地的局势。夷帅又称为“叟帅”，是当地少数民族中拥有一定实力的贵族，由君长、侯、王等发展而来。如越嶲郡夷帅高定据有越嶲郡，拥有大量私人武装，朱提郡夷帅于陵承也有很大势力。南中大姓在西汉末年已经显现出尾大不掉之势，到了东汉末年，势力更是急剧膨胀。当时，建宁、云南、兴古、牂牁四郡的焦、雍、娄、爨、孟、量（董）、毛、李等大姓都很跋扈，尤以其中的爨、孟两姓的势力最大。

率先与蜀国对立的大姓是益州郡的雍闿。他乘蜀汉新败于夷陵，刘备病死，蜀国自顾不暇之机，公开投向东吴，并宣称自己投吴的理由是：“天无二日，土无二王。今天下派分，正朔有三，远人惶惑，不知所归。”为换取孙权的支持，雍闿捕杀了蜀国益州太守正昂，又将继任太守张裔捆缚到东吴，孙权随即任命他为永昌太守。

在雍闿的利诱下，永昌郡人孟获到各地煽动反蜀，身为牂牁郡丞的朱提大姓朱褒，越嶲郡夷帅高定相继起兵响应。一时间，除永昌郡的吕凯、王伉等闭境自固，坚持拥蜀外，其他各郡“并皆叛乱”。蜀汉在南中的统治陷入岌岌可危状态。

三国时的南中，指的是蜀汉南部的越嶲、益州、永昌、牂牁四郡，即今大渡河以南的云贵广大地区。雍闿叛乱之初，势力并不太强大，但他不断在民族地区散布谣言说："蜀汉朝廷要大家交纳胸前全黑的乌狗三百头，螨脑三斗，三丈长的斫木三千根，你们能拿得出来吗？"经过他的不断威逼挑拨，叛乱活动逐渐扩展到整个南中地区，对蜀国后方形成严重威胁。

对待雍闿等人的这场叛乱，诸葛亮坚持安抚南夷稳定后方的既定政策，曾通过下书劝降，继续委派官吏赴任等办法化解矛盾，但都没有收到效果。为确保后方稳定，诸葛亮在与东吴结好，切断雍闿与东吴的联系后，经过两年多的准备，决定率军平定南中。

蜀汉建兴三年（225年），蜀军兵分三路展开平定南中之战。左路军由门下督马忠率领进攻牂牁朱褒部；中路军以庲降都督李恢为主帅，出今贵州毕节向益州郡进击；诸葛亮本人亲率主力右路军进攻越嶲郡。在这场战役中，诸葛亮采纳越嶲太守马谡"攻心为上，攻城为下，心战为上，兵战为下"的建议，出发前向全军发布《南征教》，强调心战为主和宽容的作战方针。蜀军首先攻克越嶲，杀叛首高定。当时，雍闿已被高定部下所杀，蜀军利用有利局势，渡过泸水，追击继续顽抗的孟获，最终以七擒七纵之法令其降服。马忠一军在牂牁也取得了决定性胜利，击败盘踞在且兰的朱褒军，斩杀了朱褒。

历时半年多的南中之战，以蜀军的完全胜利而告终。进军过程中，诸葛亮并没有进入今贵州境内。他的右路军由成都南下，先抵达僰道（今四川宜宾），经安上进击越嶲的高定，之后，又于五月渡过泸水接应李恢军。但他的回军路线却是由今云南晋宁，过曲靖进入贵州，经过黔西北的威宁、赫章，再北上返回僰道的蜀军大本营。文献记载诸葛亮进入贵州的时间，大约在公元225年的岁末。史籍中有"丞相亮南征，济火积粮通道，佐丞相擒孟获，命世为罗甸君长"的记述。济火被封罗甸国王的事，便发生在诸葛亮回师途经贵州期间。

诸葛亮是历史上第一位进入贵州的政治家。他在贵州推行的各项政治和经济政策，充分展示了他的管理才能。

南中平定后，诸葛亮将原来的南中五郡改设为七郡。当时，部下看见他继续重用当地夷帅，表示不理解。诸葛亮用这样一番话道出了良苦用心：“若留外人，则当留兵，兵留则无所食，一不易也；加夷新伤破，父兄死丧，留外人而无兵者，必成祸患，二不易也；又夷累有废杀之罪，自嫌衅重，若留外人，终不相信，三不易也；今吾欲使不留兵，不运粮，而纲纪粗定，夷、汉粗安故耳。”

其后，“不留兵，不运粮”，实行“夷汉分治”，成了南中战后诸葛亮统治政策的中心内容。他在今贵州西南置兴古郡，治宛温（今兴义）；分牂牁郡的一部分归建宁郡，又以马忠为牂牁太守。马忠“处事能断，恩威并之，是以蛮夷畏而爱之”，死后被当地民众立庙祭祀。由于诸葛亮执行“以夷治夷”政策，降服后的孟获曾官至御史中丞，朱提郡的孟琰也被授予辅汉将军职。

举秀才贤良以补人才之不足，是诸葛亮在贵州等地推行的又一项政策，他还要求蜀汉官员尽量不介入当地少数民族事务。这些措施，既给少数民族提供了宽容的自治空间，又不以丧失蜀汉政府对当地的统治为代价，可谓刚柔相济，既得人心，又两相受益。

配合政治上的“抚和”政策，诸葛亮在贵州等地区发展生产，传授百工技艺，帮助当地改变落后的生产和生活方式。内地先进的生产技术和铁犁、牛耕等，开始在贫困山区出现，一些地区种上了稻谷，冶铁、织锦技艺也得到了推广。诸葛亮还大力提倡和传播内地文化，以图谱形式在少数民族中进行封建文化宣传。这些措施，对贵州等民族地区的经济社会生活，都产生了较大的影响。

南中战后，巴蜀与南中地区的产品交换日益频繁。南中的金、银、漆、朱砂、牛马、犀革、麝香等不断运往内地。蜀国的货币也大量流入贵州。《贵州通志·金石志》载：“直百五铢，今黔地多有出土者，有钱背左有直书为字。”这是一种经济繁荣和商业交往频繁的反映。

当然，南中经济发展的最大受益者是蜀汉政权。经济发展了，各族群众为蜀国提供的物资也就多了。战后，南中的民众不仅要向蜀国“输租赋”，还要缴“金银、丹、漆、耕牛、战马，供军国之需”。《华阳国志》说：“南中平，军资所出，国以富饶。”这实在是对南中之战结局的最好注脚。

“不留兵”“不运粮”的决策，使蜀国从南中地区得到了实惠，更显示了诸葛亮的政治家风范，使他在贵州各族群众中留下了深刻的影响。尽管诸葛亮本人只到过贵州的西北地区，但他的威望和影响却遍及整个贵州。在贵州，不仅许多县市有“诸葛营”“诸葛寨”“诸葛井”“诸葛碑”“诸葛庙”一类与他有关的地名或建筑，民间还保留着施放“孔明灯”、敲打“诸葛鼓”的习俗。据不完全统计，贵州各地修建的“武侯祠”就有10余个。

诸葛亮的统治政策和他对贵州的经营，是他在贵州各族群众中长期享有崇高威望的原因。迄今为止，我们还未看到哪一个古代历史人物，受到如诸葛亮这样的敬仰、崇拜和爱戴。

# 谁种下了落后的种子?

许多事实告诉我们，无论哪个民族、哪个地区、哪个国家，只要勇于探索，崇尚创新，就能获得快速发展，就会给自己带来繁荣昌盛。贵州人是敢于创新和积极探索的，代表中国南方旧石器时代文化主体特征的“锐棱砸击法”，就是水城硝灰洞人的发明。

然而，贵州史前文化的辉煌并未传递到文明时代。魏晋以后，贵州与中原和周边各省的差距越拉越大，以至成了典型的落后地区。落后虽然并非贵州与生俱来的痼疾，但这落后的种子是什么时候种下的？又是谁种下的呢？

客观地说，秦汉时期的贵州，尽管没有那些处于政治经济中心的地区先进，但至少不次于其他南方边远郡县，有着一番自己的繁荣景象。汉武帝的“移民实边”政策，主观上虽然是为解决筑路的粮食供应，却为贵州带来了大批劳动力、先进生产工具和生产技术，使大量的土地被开垦出来。自那以后，崇山峻岭的贵州，也有了如同内地的农业、手工业和较为接近的生活方式。

在贵州还属于西南夷的时代，境内绝大多数居民是少数民族。濮人居住在中西部，往南是越人的居住区，居住在东面的是被统称为“南蛮”的族群。那时候的贵州社会，总体上属于一种低效益但相对均衡的一元结构社会。随着大批移民的到来，他们以先进得多的手段从事劳作，又有着“入粟县官，而内受钱于都内”的有利条件，自然占据着经济上的优势。如此一来，境内开始出现了先进与落后的区别，原先均衡的一元结构，变成了不均衡的二元结构，贵州的社会也就不免因之发生变化。

在贵州古代社会的发展进程中，环境的影响和制约作用至关重要。可耕地面积的严重稀缺，对自然经济下的农业生产本来就极为不利，再加上崎岖起伏的地形，连峰际天的大山，阻碍着各种先进生产要素向四周辐射；互不统属的部族分布状态，使地区之间的经济文化交流变得十分困难；大姓势力的扩张野心和族际间的文化隔膜，导致人们滋生出严重的封闭心态。所有这些不利于生产力发展的因素，到魏晋时期，都因战乱和地方势力的割据称雄而被放大，从而大大减缓了贵州经济社会前进的步伐。

魏晋南北朝时期是中国历史上的民族大融合时期，在这一时期里，长期居住在西南夷地区的濮人，被分割成许多互不联系的群团，只能投靠中央政府或地方民族统治者以求自保。伴随着濮人的衰落，贵州境内出现了几次大的民族迁徙。

从三国到两晋，封建统治者出于战争的需要，强行将僚人从原居住地迁出，导演了一场僚人大搬家。先是蜀汉建兴九年（231年），蜀将张嶷在以武力镇压牂牁和兴古郡的僚人起义后，将招降的2000余名僚人全部迁往汉中。到成汉李氏政权统治时，又以“郊甸未实，都邑空虚”为由，再将大批僚人从牂牁郡迁入蜀境。其后，一部分僚人又自行北迁，以至迁入蜀地的僚人总数达“十余万家”之多。《水经注》形容僚人的迁徙时说：“李势之时，僚人自牂牁北入，所在诸郡，布满山谷。”这场政治强迫下的僚人迁徙，是南北朝时期贵州规模最大的一次族群流动。

同一时期，夷人中的一些支系东迁进入贵州西北部，逐渐取代了濮人，其中的爨氏势力强大，成为雄踞一方的霸主。诸葛亮平南中时，爨氏曾向蜀军提供帮助，受到蜀汉政府的嘉奖。南北朝时期，政局动荡不稳，中央政府派到贵州任职的官员多数不能到任。豪强大姓趁机站出来发号施令，甚至打着封建王朝的旗号充任地方首领。爨氏也利用这一时机扩充势力，自领其地，自封官爵，进而发展到整个宁州都是爨氏的天下。

百越是南方分布地域很广的一个族系，其中名为骆越的一支不断北上，魏晋时期已活动在广西北部和贵州南部地区。秦汉两代对越人大规模用兵，打得都十分激烈。秦始皇的军队将越人逼得“皆入丛薄中”，越人依然不降，“莫肯为秦虏”。直到秦始皇开通灵渠，解决了秦军的粮食供应，才将越人打败。汉武帝更是四路兵南下，才迫使南越臣服。其间，因为且兰君抗命不从，贵州的军队未赶上平越之战，贵州也就成了相对平静的、骆越人北迁的理想之地。

包括大部分“苗人”在内的“五溪蛮”，魏晋时期已经活动在湘黔交界地区。两晋南北朝时，封建中央政府特别设置“南蛮校尉”对“五溪蛮”进行管理。封建政府不仅在“五溪蛮”地区苛勒重赋，不时以讨叛为名大发兵力，还“禁五溪鱼盐”，让少数民族群众无法安生。在封建政府的残酷镇压下，“五溪蛮”被迫不断向边远的贵州迁徙，其中的一部分最后在贵州定居下来。

魏晋南北朝时期发生在贵州的民族迁徙，几乎都是在统治者的严酷政治压迫和军事围剿下发生的。恐怖的战争与频繁的迁徙，使历尽艰辛的各族群众根本无法安定下来解决衣食问题，更不用说致力于发展生产。理论上说来，民族之间的迁徙，固然在某种意义上会有利于各民族经济文化的交流，但从魏晋南北朝时期的贵州历史实际来看，这种战乱中的被迫背井离乡，只会徒然增加人民的痛苦，导致经济的凋敝。因此，在某种意义上，魏晋南北朝时期，应该是贵州经济从并不落后走向落后的一个转折点。

迁入贵州境内的各族，在大山的阻隔下，过着本民族习以为常的日子。平畴坝子几乎都在地方豪强和大姓们的控制下，留给他们的居住地只能是荒山野岭和穷乡僻壤。那里的生产、生活条件极为恶劣，只能靠自己发挥本民族吃苦耐劳的传统，向自然索取最基本的生活资料。为了躲避战争，人们轻易不敢外出；险峻的山道，阻碍了他们与外界的交往；相对陌生的环境和封建统治者的威胁，更使他们无法接受外来事物。于是，固有而哪怕是落后的传统，便在民族群体中保存和延续下来，历数十年甚至数百年而不变。

封闭与落后像是一对孪生兄弟。贵州封闭的造成，既有自然的因素，也有社会和历史的因素。历代封建统治者的横征暴敛与残酷镇压，是贵州形成封闭的主要原因。越是贫穷的地区，剥削和压迫越重——这个阶级社会的怪圈，使贵州人祖祖辈辈觉得自己穷，自己低人一等，不敢生出赶超先进地区的奢望。环境因素和战争动乱造成的二元社会结构，加剧了省内地区之间发展的不平衡。

先进与落后的二元结构，往往形成先进与落后的相互封闭，甚至相互排斥。即使在社会主义市场经济已经建立、世界经济一体化已形成潮流的今天，在贵州这种多民族的高原山地省，先进要素与落后要素之间的结构性、机制性的矛盾，依然不可避免地存在，并且在很大程度上制约着我们前进的步伐。要解决落后对先进的消化不良和先进对落后的水土不服，除了制定出切实可行的战略发展规划，落实相关的各项措施之外，读懂贵州省情，了解贵州如何从不落后到落后的历史，也是十分重要的。

Guizhou
Lishi
Biji

# 肆 —— 两种管理制度并存的时代

# 隋王朝对贵州的“忽略”

从杨坚夺取北周政权到杨侑禅位给李渊，隋朝的历史延续了38年，比起秦王朝多了20来年，但它仍然是中国历史上较短命的中央王朝之一，也是最后一个两世亡国的封建朝廷。

隋朝统一的最大历史功绩是结束了国家长期分裂的局面，使社会得以安定，南北经济文化又得到了交流。隋文帝杨坚是一个很有作为的皇帝，统一全国后在位时间虽然只有16年，却展开了许多影响至深的大动作。他所确立的三省六部制不仅为唐朝所承袭，也是日本大化改新学习的主要内容；科举制度的创建，为历代通过考试选拔官吏提供了一个蓝本，一直沿用了1300多年；经济上的整顿户籍，清查人口，推行均田制，调整赋役等，在促进社会生产的恢复和发展上，都产生了显著作用。

隋王朝的新举措的确令人眼花缭乱，但这些举措对当时贵州的影响却微乎其微。秦汉两代和蜀汉时期备受关注的贵州地区，在隋王朝时，似乎完全被当权者冷落在一边。

杨坚是推翻北周政权后当上皇帝的，即便统一了全国，北方仍然是他主要的政治基础。为改变北周时因地域狭促“民少官多，十羊九牧”的现象，杨坚决定按“存要去闲，并小为大”原则改革地方官制。他将原来比较混乱的州、郡、县精简为州、县两级，将一些郡县合并。同时，下令九品以上的官员一律由中央任免，每年由吏部进行考核，又实行三年任期制，规定刺史、县令任满三年后，轮换到异地做官，防止形成地方割据势力。

也许需要处理的问题太多、太杂，隋文帝当政时期对贵州的管理反而不如秦汉时期。隋朝的郡县虽然也设到了贵州境内，但这些郡县大多不太稳定，变更还很频繁。隋朝时贵州地区的行政区划大体是：今贵州施秉、黄平、开阳、息烽等地属隋文帝开皇元年（581年）设置的牂牁县管辖，位于今省境中部的福泉、荔波、长顺、凯里等地在当时的宾化县辖境内，省境东北部地区分属辰溪、彭水、涪川等县，绥阳等五县管辖今遵义地区，合江县管辖有赤水、习水、仁怀的一部分，黔东南的从江和黎平的东南部属广西境内的义熙县管辖。

从郡县设置的情况可以看出，隋王朝在贵州所能控制的地区，局限于乌江以北，对于乌江以南的广大地区，政府既鞭长难及，只好听任土著首领自行其是。

隋文帝虽然是一个励精图治的皇帝，但在他和隋炀帝统治的38年中，隋朝政府在贵州地区几乎没有什么作为。除了开皇十七年（597年）任命史万岁为行军总管，率军平定爨氏之乱外，隋朝再也没有针对贵州采取任何重大行动，贵州这片地区就像完全不在统治者的决策视野内，成了被忽略的一方土地。

史万岁的平爨之战，其实也是北周时期的遗留问题。

历经几百年苦心经营的爨氏，到南北朝时期已经成为南中地区最强大的地方势力。北周建立之初，曾任命爨氏首领爨瓒为南宁州刺史，允许子孙承袭。爨瓒死后，其子爨震、爨玩各霸一方，将统治地域分割为东爨和西爨。北周末年，大将军梁睿率军攻占益州时，“夷僚”纷纷归附，只有爨震“恃远不宾”，严重干扰北周政权统一全国的军事计划。当时，梁睿曾上书朝廷，历数爨震“臣礼多亏，贡赋不入”等不是，请求发兵征讨。那时候，杨坚正担任北周丞相，他虽然赏识梁睿的建议，但觉得当务之急是把政权从北周幼帝的手里夺过来，因此未采纳梁睿的建议对爨氏用兵。

国家统一前的隋文帝忙于征战，统一后又忙着在全国推行自己的革新举措，自然没有余力考虑西南地区的事。结果，爨氏的问题一搁置就是10多年，中间虽然曾派人从始、益二州召集石匠去开凿石门关，为将来打击爨氏做准备，但两件事情并未连在一起进行，开凿石门道与军事行动之间，相隔了整整12年。

石门关是从川南经黔西北进入滇东地区的要冲。文献记载：“开皇五年（585年）十月二十五日，法曹黄荣领始、益二州石匠凿石四孔，各深一丈，造成编梁桥阁，通越析州、津州。”文献只说益州法曹黄荣带领石匠凿了四个各深一丈的石孔，建造了编梁桥阁，并没有关于开山、垒石、筑路之类的记载。

1994年出版的《威宁彝族回族苗族自治县志》交通篇的古道部分这样记载：“隋开皇五年（585年），益州法曹黄荣率兵2000余人征派始、益二州石工，凿通自戎州（今宜宾）经今威宁、云南曲靖至昆明的道路，即石门道。”若按这个说法，黄荣改造的这条路，似乎与八百年前秦始皇所修建的那条“五尺道”，在走向上大体是一致的。而隋文帝所做的，不过是在古已有之的那条路的基础上，对其进行一番修整而已。

开皇十七年（597年），爨震、爨玩以南宁州总管韦世冲之侄韦伯仁“随冲在府，掠人之妻，士卒纵暴，边人失望”为由，举兵造反，迫使隋文帝不得不将平爨问题提上议事日程。同年，隋文帝任命太平公史万岁为行军总管前往平定爨氏之乱。隋军长途跋涉千余里，攻破爨氏手下的30余部，虏获男女2万余人。史万岁因功被封为柱国。时隔一年，爨玩再度起兵反叛，隋文帝再派大将征讨，终于将爨玩与其子捕获，一起押回到长安。直到这个时候，爨氏的问题才算得到了最终解决。

只活了50岁的隋炀帝杨广，是中国历史上一个具有双重人格的皇帝。在隋文帝杨坚致力于国家统一，尤其在南下灭陈和抵御北方突厥的战争中，杨广立下了汗马功劳。继位以后，他创立科举制度，尤其是进士科的建立，为选拔下层优秀知识分子提供了极好的机会。他还继承乃父杨坚的未竟事业，完成了大运河的修建工程。但他同时又是中国历史上著名的暴君，他杀死父兄谋夺政权，荒淫奢侈，急功好利，横征暴敛，远征高句丽，终致激乱败国，死于部下之手。在隋炀帝统治的14年中，隋王朝几乎没有过问贵州，甚至西南地区的事务。

除了上述所举的一些例子外，我们从可见的历史文献中，几乎再也找不到有关隋王朝在今贵州地区的活动，更不用说为推进贵州经济社会发展所进行的开拓。隋代以后，黔西北乌蛮各部纷纷自立，今威宁、赫章一带成了乌撒家的天下。黔西北的阿者家征服了当地的仡佬族，建立起罗氏鬼国；黔中的安顺一带出现了罗殿国，黔西南的普安、盘县一带形成了自杞国。这种局面的出现，不能说与隋王朝对今贵州地区的忽视没有关系。

# “黔”字简称的追本溯源

贵州省简称“黔”。这个简称，既使许多人弄不明白，又因“黔驴技穷”的成语，让贵州人觉得心里郁闷。

一些资料在解释“黔”这个简称由来的时候这样说：今天贵州沿河到榕江一线以东，包括铜仁地区和黔东南的一部分县，战国时属于楚国的黔中地，秦朝统一后在那里设立黔中郡。唐朝时，在今贵州设黔中道，建黔州郡和黔州都督府。贵州的历史总离不开一个“黔”字，直到贵州建省，因此贵州简称为“黔”。近年出版的许多著作，基本都沿用此说，只在文字表述上有些差异。

这种解释，将贵州“黔”字简称的由来追溯到战国时的黔中地，久远固然久远，却有一些地方让人困惑不解。战国时的黔中地在哪里？它与今贵州的关系究竟如何？这是首先必须搞清楚的问题。

为了争夺被称为黔中的这片土地，战国时的楚、秦两国没少发生战争。《史记·秦本纪》记秦孝公元年（公元前361年）的事时说，“楚自汉中有巴、黔中”，说明战国初期黔中为楚国占有。但这个时候的黔中是什么建置，文献并没有记载，所以一些书只好将它称为“黔中地”。

黔中郡设置的具体时间，迄今并没有准确的考证结论，但楚威王执政时，纵横家苏秦向他下说词，曾提到“楚地西有黔中、巫郡……地方五千里”，可见，楚威王时，黔中郡应该已经设立了。

战国时黔中郡的治所及管辖范围，学术界一向有不同意见。一般认为，所谓的古黔中，指的应是今天湘西的沅水、澧水流域地区，郡的治所最早在沅陵。秦昭襄王三十年（前277年），秦国大将白起率军攻取楚国的巫郡和黔中郡，设置秦国的黔中郡。次年，楚国发起反击，收回了江南15邑，黔中郡又回归楚国管辖。此后的黔中郡治所在溆浦，管辖范围大致包括今洞庭湖周边地区、重庆巴中、湘西、怀化及今贵州东部地区。

秦始皇统一全国后重新设置的黔中郡，面积不如楚黔中郡大。今贵州铜仁、江口及印江以东地区，在当时秦黔中郡的辖境内。

西汉建立后，将秦朝的黔中郡改为武陵郡。三国时，武陵郡一度归吴国所有。从魏晋到南北朝，作为地名的“黔”字出现很少，个别带有“黔”字的地名，如青州所属的黔陬县在山东境内，与贵州完全没有联系。直到北周武帝建德三年（574年）改奉州为黔州，隋开皇十三年（593年）将新设置的彭水县作为黔州的治所，“黔”字作为地名，才又在贵州的相邻地区出现，而此时与秦朝已经相隔了700多年。

由此看来，无论楚国设置的黔中郡还是秦朝设置的黔中郡，管辖地的主体都不在贵州，郡的治所更不在今贵州境内。如果硬将贵州简称的由来追溯到战国时的黔中郡，不仅显得有些牵强，也缺乏说服力。

唐朝以后“黔”字作为地名频繁出现。唐高祖武德元年（618年），将隋炀帝时设的黔州郡恢复为隋文帝时设置的黔州。唐太宗贞观元年（627年），将全国划分为15道，黔州属江南道。天宝元年（742年）一度将黔州改名为黔州郡，并设都督府。《新唐书·志三十一》记载：“黔州黔中郡，下都督府。本黔安郡，天宝元年更名。”唐肃宗乾元元年（758年）又将黔中郡恢复为黔州。但直到此时，黔州所管辖的6个县中，只有洋水县在今贵州务川、沿河两县之间，都濡县在今务川县境内，彭水县的辖地包括今贵州沿河县的北部地区。这就是说，直到唐朝建立后的100多年，贵州与“黔”字沾边的仍只有北部一片不大的地区。

黔州都督府设置于唐太宗贞观四年（630年），下辖施、牂、充、务等九州。都督府是在北周以来总管府的基础上演变而来的，一般置于“缘边镇守及襟带之地”。唐初规定，管十州以上的为大都督府，不满十州称都督府。

这种都督府有些类似于“道”一级建制的派出机构，都督、刺史皆得世袭。虽有贡赋，入版籍，但多不上户部。黔州都督府初设置时属江南道，先是负责监督黔州等经制州，唐政府在边远欠发达民族地区设置羁縻州后，又统领今贵州境内乌江以南的所有羁縻州。

唐玄宗天宝十年（751年），南诏王阁罗凤叛乱，充州（今思南、石阡以东，镇远以北，铜仁以西地区）人赵国珍因长于军事谋略，熟悉南方地形，被任命为黔中都督。《新唐书》称：赵国珍屡败南诏军，“守护五溪十余年，天下方乱，其部独守”。南诏之战后，赵国珍因功勋显著，以黔州观察使身份赴京城长安，后被擢升为工部尚书。这位赵国珍是唐朝时唯一在中央政府做高官的贵州人，赵氏几代出任黔中都督，成为黔中地区最高军事长官，这在增强“黔”字与贵州的联系方面，自然起到了关键作用。

从郡县制开始萌生的战国，中经秦汉、魏晋南北朝再到隋唐，历代地方行政建置中，真正能管辖今贵州大部分地区的机构，是唐贞观初年设置的黔州都督府。由此可见，“黔”作为贵州简称的肇端应该在唐代黔中都督府的设置。

唐玄宗开元二十一年（733年），将全国由10道增设为15道。黔州原来所属的江南道被分解为江南东道、江南西道和黔中道。黔中道仍以黔州都督府为军事依托，兼领50个羁縻州。与秦朝设置的黔中郡相比，东境减少了今湖南部分地区，西则包括有今贵州大部。黔中道虽然仍以今四川彭水为治所，但其管辖的主体却是今贵州地区。这是正式由中央政府建立的、以管辖今贵州地区为主的第一个地方行政建置，也是后世以“黔”为贵州别称的由来。

道的建置从唐朝沿用到五代，到了宋朝被路、府（州）、县三级建置取代。元、明两代，行省制度逐渐确立和完善，但在省以下、府以上仍设有道一级机构。明朝时，由于布政司、按察司辖区大而事繁，于是在布政司设左右参政、参议，分理钱谷事宜，称为分守道；按察司设副使、佥事分理刑名，称为分巡道。这时虽有道的名称，但不属地方行政建置机构。清乾隆年间下令裁去参政、参议、副使、佥事等职，专设分守道、分巡道、兵备道、盐法道、粮储道等职司管辖相关事务。一些道负有管理地方的责任，类似省以下，府、州以上的行政机构。

民国初年实行省、道、县三级制，贵州也经历了一番道的设置与废止。民国二年（1913年）在省与县之间恢复道的建置，贵州全省被划分为3道，即黔中道、黔东道和黔西道。黔中道辖30县，治所在贵阳；黔东道辖27县，治所在镇远；黔西道辖23县，治所在安顺。民国九年（1920年）开始废除道一级设置。贵阳道首先被废，所辖的30县直属于省。民国十二年（1923年），黔东、黔西二道被废，全省81县全部由省直辖。虽然1923年后再没有道一级建置出现，但从民国设置的3个道的名称都以“黔”字冠首来看，民国以前，“黔”成为贵州的简称应该相沿已久。

“黔”作为贵州的简称可以追溯到唐朝。唐朝之前，贵州这片土地又被称作什么呢？这是我们目前，或许永远都无法知道的。简称之于地区，毕竟只能用于概念相对明确的地域。唐朝之前的今贵州地区，大部分曾在夜郎国版域内，但人们并未用“夜”或“郎”来作为它的简称。其后，今省境大部都属牂牁郡管辖，人们还考证认为牂牁江即今贵州境内的北盘江，但贵州的简称也未与古时的牂牁二字有任何联系。如此看来，今贵州地区朝着一个具有共性实体的聚合，大约是在唐代以后才发生的。

贵州虽然简称为黔，但“黔”字的含义是今天许多人不愿意深究的。撇开柳宗元的“黔驴技穷”不说，许慎《说文解字》在“黔”字之下的注解是：“黔，黎也。秦谓民为黔首，谓黑色也。”大概因为老百姓要在太阳下劳动，总是晒得很黑，秦朝统治者便发明了“黔首”一词来称呼他们，以表达对他们的鄙视，以致“黔口”“黔丑”“黔愚”之类的衍生词接踵而出，而这些词一律都带有贬义。

唐朝设黔中府和黔中道，既有承袭历史称谓的因素，亦有地域歧视的成分。唐朝人不仅地域观念强，而且还特别注意地域差异。唐朝的许多文学作品喜欢将“塞北”和“江南”拿来进行对比就是一例。提到塞北，总让人想起恶劣的自然环境，如寒冷、风沙、荒漠，以及残酷的战争，而江南在人们心目中，则是花团锦簇、鱼米之乡、人间天堂。据说，贵为天子的唐太宗也不时流露出地域偏见。当时，山东与关中两地人经常相互取笑和斗气，唐太宗不以为意，还在宴席上谈起山东人、关中人如何如何，言辞间颇有“同异”，直至大臣跪谏说“天子以四海为家，不当以东西为限”，才猛然醒悟。

唐统治者心目中的西南地区，总是与荒芜、落后和野蛮联系在一起的。正因为这样，有唐一代，被贬斥发配到今贵州地区者大有人在。唐高宗显庆四年（659年），开国功臣长孙无忌因反对立武则天为后，被诬构罪名，削爵流黔州，最终自缢而死。第二年，房州刺史梁王忠获罪被废为庶人，流放地同样是黔州。以后被贬谪流放到黔州的犯事者络绎不绝，甚至诗仙李白因永王李璘谋逆案被牵连，也被长流夜郎。那时候的贵州，真正成了唐王朝专门用于贬谪罪臣和发配囚犯的理想场所。

贵州这方土地在唐统治者眼中既然是蛮荒边苦之地，只宜用来惩治罪囚，那么，用“黔”来作为贵州的称谓也就是顺理成章的事了。由此，我们也终于可以明白，为什么生活于唐代的柳宗元，在《黔之驴》一文中，要把那头并不属于贵州，只会虚张声势而没有任何真实本领的驴子，硬与贵州拉上关系了。

# 羁縻州开始的新时代

唐太宗这个出身于关陇军事贵族的皇帝，的确有许多过人之处。他不仅继秦皇汉武之后，将中国的封建社会推向了鼎盛高峰，还在总结前人经验的基础上，创造出了一套治理边疆民族地区的行政管理体制——羁縻州制。《新唐书》赞扬这位"帝王楷模"时说："其除隋之乱，比迹汤、武；致治之美，庶几成、康。自古功德兼隆，由汉以来未之有也。"评价之高，已到无以复加的程度。

羁縻州制是唐朝创建的一种特殊行政区划，是以往历代官府未曾实行过的新政策。就字面而言，"羁"字的原义是指马络头，"縻"字原义为牛靷。"羁縻"，喻牵制联系之意，借以形容天子与边疆四裔的关系，羁縻不绝。

唐朝立国之初，周边少数族内附以后，中央政府在其原住地设置一些不同于内地的特殊行政建置，有都护府、都督府、州、县4级。4种建置中，羁縻州是主体，只有极小的部落地区才设置为县。在管理上，州属于都督府，都督府属于都护府，都护府属于边疆的道。羁縻府州的都督、刺史、县令都是原来的地方首领，辖境也是其原来控制的领域。羁縻州首领由朝廷颁发印信，保持原有的称号与权力，自理内部事务，职位可以世袭，而"都督""刺史"则只是唐朝所授予的一个称号。到唐太宗时，正式把它明确为一种有别于内地的管理制度，这就是羁縻州制。

一些文章分析羁縻州制形成的原因时认为，唐高祖、唐太宗父子，俱胸襟豁达宽仁，夷夏观念极为淡薄，对于边疆四裔，都爱之一如华夏，待以恩德，所以特别创设羁縻州来管理民族地区。其实，唐王朝虽然空前强大，但鉴于疆域的辽阔，不同地区经济社会发展水平存在差异，加上受封建时代交通、通信等条件的制约，不能不对边远民族地区因地制宜地进行管理。当然，在总结历代羁縻政策基础上，将其具体化为一种制度，则是行政管理上的一个进步，也是唐统治者的明智选择。

因为有了羁縻州，唐代原来的普通州习惯上被称为“正州”，又称“经制州”。据有关学者考证，唐代有名可考的羁縻府州近千个，远比正州的数量为多。

贵州是唐代最早设置羁縻州的地区。《新唐书·卷四十三》载：“牂州，武德三年（620年）以牂牁首领谢龙羽地置。四年，更名柯州，后复故名。”设置于唐高祖时的牂州，是唐代见于文献记载的第一个羁縻州，在这之前，西北地区虽也有类似的设置，但只是县一级机构。不过，牂州设置时，政府并未将它与内地其他州郡加以区别。唐太宗将羁縻州确立为制度后，陆续在今贵州境内设置了许多羁縻州，总数之多，超过了今贵州乌江以南的县级设置。

以羁縻政策治理边疆民族地区，并不是唐太宗的发明创造。汉代在西域设置都护一职，增设17郡统辖四周各民族，又对所利用的土著贵族封以“王”“侯”“邑长”，让他们世代相袭，按照本地区行之有效的方式进行统治。这种办法，其实就是以“附则受而不逆，叛则弃而不追”为指导思想的一种羁縻政策。由于汉王朝对边疆民族地区的控制力有限，只能认可已经以国君自命的地方势力的现状。这样，汉晋以后的贵州，也就一直保持着中央政府设立的郡县与郡国并存的局面。

唐朝前期国力强盛，政治清明，赋役较轻，经济文化呈现繁荣昌盛景象，相继出现了历史上称道的“贞观之治”和“开元之治”，成为当时居世界前列的文明国家。在这样的国度里，自然不能像汉朝那样，让许多以国君自居的地方政权继续保留下去。羁縻州制的创立，便是一种让昔日民族地区的统治者既能享有权力，又受制于唐王朝一统天下的妥善之策。因此，唐代的羁縻州制，既是秦汉以来羁縻政策的继续，又是唐太宗李世民治理边疆民族地区的一个创举。

对于中国这样一个地域辽阔的多民族国家，如何妥善处理内地与边疆民族地区的关系，如何在维护国家统一和民族和睦的前提下加强对边远地区的管理，是历代统治者都无法回避的问题。从秦汉统治者的羁縻政策，到唐太宗的羁縻州制，这种演变与中国封建社会的发展过程是相对应的，只有在封建制度日趋成熟的前提下，封建的管理制度才有可能逐渐完善。

羁縻州制对贵州社会发展进程的最大影响，在于它结束了战国秦汉以来，贵州地区郡县与郡国并存的历史，开始了统属于中央王朝之下的经制州与羁縻州并存的时代。

秦汉之际，中央政府虽在今贵州地区推行了郡县制，但境内方国林立，形成为数不多的郡县与方国并存的格局。汉代设置的郡中，涉及贵州的有牂牁、武陵、巴、犍为等郡，但只有牂牁郡管辖的故且兰、鳖、平夷、谈指、夜郎、毋敛6县在贵州境内，其他各郡的辖县，只有一部分涉及贵州。汉代在贵州虽有郡县设置，但都属于“边郡”，治所稀疏，疆域辽阔，郡县之间的界线也不甚清晰。这种郡县设置，并未影响到方国的生存。如夜郎县设置后，夜郎国依然存在，而且领地就在夜郎县的辖地范围内。

入唐以后，今贵州境内虽仍有大姓时期遗留下来的几个少数民族政权，如阿者部、播勒部、于矢部、乌撒部等，但多集中于西部地区，对整个地区格局的影响并不大。

羁縻州制确立后的贵州，形成了以乌江为界的两片不同管理区。唐朝在乌江以北设置的，都是由中央政府直接任命官吏来进行有效管理的正州，其中管辖地涉及贵州的有黔中、宁夷、卢阳、龙溪、潭阳、涪川、义泉、播川、溱溪、南川10郡。乌江以南设置的羁縻州多达50个，其中势力较强、管辖面较宽的有充、牂、琰、蛮、矩、庄、应7个州。乌江以南的所有羁縻州，统归黔中都督府管辖。

如同贵州的气候多变一样，唐朝在贵州的州郡设置也时常发生变化。一些性质为正州的建置，过了一段时间，发现维持不下去了，只好将其降为羁

今乌江化屋风光

縻州。这种情况在当时的贵州还不少，充州、牂州、琰州、矩州、应州都有过这样的经历。不过，这也说明，唐朝统治者对贵州地区情况的了解是逐渐加深的。

唐太宗是继汉武帝、诸葛亮之后，对贵州社会发展影响最大的历史人物。他施行的羁縻州制，对贵州经济社会的发展产生了不小的影响。

先秦时期，黔北地区因与巴蜀相邻，经济发展水平本来就超过南部地区。汉武帝的官方移民政策，又给这一地区注入了新的活力。来自巴蜀地区的豪民，大都进入黔北和黔西北的交通要道和平坝地带，利用那一带土质肥美、耕作条件好、宜于垦殖的优势进行开发。这样一来，此前就已相对发达的乌江以北地区，更将南部山区远远地抛在了后面。

唐太宗施行的羁縻州制，从政策上对乌江以南地区给予了必要的支持。按照当时的政策，羁縻州只是名义上的行政区划，其版籍并不向唐朝呈报，也不承担额定贡赋。虽然少数羁縻州的版籍要上报户部，或因“愿纳赋税”而有少量负担，但这类临时性的负担与正州向户部交纳的赋税不同，远比正州要轻，也不一定有定额。这种政策，为实行羁縻州制的地区提供了相对宽松的生产与生活环境，对贵州南部地区经济的发展起了推动作用。

如果说汉武帝时“通夜郎”和“募豪民填南夷”，率先打破了贵州高原的封闭状态，那么，唐太宗施行的羁縻州制则开始了贵州地区政治生活的一个新时代。较之以王、侯自诩，拥有独立武装的郡国，羁縻州郡与封建国家的联系更为紧密，与周边地区的交往也更为便利，这对经济的发展和社会的交融，当然是有积极意义的。

# 谁来为播州文化呐喊?

都说“一方水土养一方人”，生活在不同地区的人们，物质生活、风俗习惯往往有很多不同。学者们根据这种现象，提出了地域文化这个概念，并解释说，地域文化是指特定区域内源远流长、独具特色，传承至今仍发挥作用的文化传统。

贵州因为地貌多样，地形崎岖，民族众多，有着物种种类远比其他地区为多、特色远比其他地区浓郁的地域文化。这是天公的恩赐，是推也推不掉的。不过，毕竟不能把文化当作一个筐，什么都往里面装。当我们打算命名某种文化的时候，至少自己首先得搞清楚，你心目中这种文化的内涵是什么，它有哪些独到的特征。随心所欲地给某些东西戴上文化头衔，过不了多久就会褪色，就会被人遗忘。

黔北地区有着深厚的历史文化积淀，这是为世人所公认的。从战国、秦汉到唐宋，历经2000多年的积累，在以今遵义市为中心的贵州乌江以北地区，形成了一个受巴蜀、荆楚文化影响较深的独特文化圈。这个文化圈里的文化，是介于长江上、中游之间，即巴蜀文化与楚湘文化交汇地区的一种独特的地域文化。播州文化正是这种地域文化的代表。

播州文化的前身，是秦汉时期的黔北土著文化和移民带来的汉文化。这种文化在经历唐宋时期的形成与发展后，元明时期得到进一步的充实和丰富。即使到了明清，播州作为行政建置被撤销，也并未减弱播州文化的生命力。

明清以前，贵州境内的居民以少数民族为主。汉族进入贵州的时间较晚，而且直到明代贵州建省，境内汉族的人口仍然没有超过少数民族。由于汉族大多是从北部巴蜀地区进入贵州的，故而最早的居住地集中在乌江以北，随着汉武帝对南夷的开发和大姓势力的膨胀，汉族才逐渐分布到牂牁郡各地。

经过若干代人的努力，汉文化不仅在黔北地区扎下了根，还不断吸收当地土著文化来丰富自己的内涵，进而在当地形成了独具特色、世代传承的地域文化。这种文化的中心区域，正是在唐贞观十三年（639年）设置的播州。

播州作为行政区划，历经唐、五代十国、宋、元、明几个时期。南宋理宗嘉熙三年（1239年）设播州安抚司，元至元二十八年（1291年）改播州为播州宣抚司，明洪武六年（1373年）升为播州宣慰司，直至明神宗万历二十八年（1600年）杨应龙被明军剿灭，前后长达962年。

在贵州这片土地上，汉文化与土著文化的碰撞与交融，最早发生在紧邻巴蜀的黔北地区，两者结合后衍生出来的地域文化再与其后进入这一地区的民族文化相互浸润、交流与融合，最终形成了具有历史延续性和连续表现形式的新文化。以播州为代表的、极富地域特色的文化，不仅顺理成章，也较为容易得到认同。

播州文化不仅经历了上下2000多年的发生发展过程，而且有着广阔的活动空间。

元代设置的播州宣抚司，初隶属于四川行省，曾一度划归湖广行省。播州宣抚司的统辖地包括黄平府、南平綦江、珍州思宁、旧州草塘等19个长官司和若干峒寨。其范围大致相当于今贵州遵义市、瓮安、黄平、凯里、湄潭、余庆、金沙、仁怀、习水、赤水、桐梓、绥阳、正安、道真，以及四川綦江等县地，影响所及，几乎达今贵州全省的1/2。

有一定的时间跨度和地域空间，只是地域文化的一部分特征，提出一种文化概念，是需要对所提的这种文化进行定位的。那么，播州文化应该如何进行定位呢?

播州文化是以历史上的播州（今遵义市）为依托，延伸涉及黔东、黔西北、黔中部分地区的一种具有历史延续性和连续表现形式的地域文化。它不仅是汉文化与黔北地区土著文化结合产生的一种地域文化，也是包含若干巴蜀文化、荆楚文化因子的一种特色文化，是源远流长的长江文化圈的组成部分。

作为长江上游支流的乌江，自乌蒙山奔腾而下，经息烽县穿越贵州北部，由重庆东南的涪陵汇入长江。这条贵州人眼中的母亲河，正是播州文化的孕育者。桐梓岩灰洞旧石器时代文化遗址证明还在人类起源时代，播州地区就已经充满了生机与活力，人类既然能在这里创造出辉煌的史前文明，自然也能创造和培育出独具特色、充满生命力的地域文化。今天我们在黔北许多地区，依然可以看到悠长的青石板街、临江而建的吊脚楼和古韵犹存的小镇，以及坐落在遵义县龙坪永安乡的杨粲墓、据称始建于唐朝的中世纪军事屯堡——海龙屯，它们都是播州文化传承给后人的无字史书。

深受巴蜀文化影响的播州文化，在物质层面上是一种以农耕文明为主的地域文化。今遵义地区仍被称为黔北粮仓，它的基础是在播州文化的兴盛时

空中看海龙屯遗址

期奠定下来的。桐梓岩灰洞发现的炭屑和烧骨化石，是华南地区最早的用火证据。迄今为止，我们虽然没有在当地找到原始聚落的集聚遗存，还不能像描述巴蜀文化那样勾勒出古黔北人的社会生活场景，但秦汉之际的黔北早已过上了“耕田，有邑聚”的农业生活是确定无疑的。

在唐代，遵义已开始兴修水塘库堰，乌江以北地区出现稻田两熟制。遵义大水田堰周十余里，可灌田万亩，千余年后依旧发挥作用。进入宋代以后，播州的农业生产水平越来越接近川东地区，“夏供茶蜡，秋输米粮”，“生黄茶”成为当地特产。明初广设卫所，大兴屯田，加上汉族移民的大批到来，有力推进了播州地区经济的发展。率军平播的李化龙在《播州善后事宜疏》中称：“环播州幅员千里，田地无虚数千万亩”“白田坝沃壤数百里，其地方殷富，人物颇华”。

播州地处川黔要冲，历来是巴蜀南下、荆楚西进的必经之道。汉晋时期由巴蜀南下贵州的通道有两条：一是沿秦始皇所修的五尺道，经黔西北入云南；另一条则是从符关，沿赤水河谷，经今桐梓、遵义南下，进入黔中。虽然后者赤水河谷一段比较险峻，但因相对近捷，仍是许多人的首选。唐蒙通夜郎时走的是这条路，元代修建川黔驿道选择的也是这条线路。历史总是在变化中向前推进的，这条缘于军事目的而出现的道路，后来发展成为西南地区的商旅大道，成为滋养播州文化的大动脉，这是汉武帝等人所未料到的。

精神层面上的播州文化，是一种多元多彩，具有较强兼容性、开放性、延续性的地域文化。

在贵州这个多彩多姿的文化百花园里，源远流长的播州文化显现出它多元的个性。黔北是贵州汉族人口最集中的地区，汉族人口比例高，居住集中。汉晋以后陆续由各地迁来的汉族移民，虽然生活在土著民族文化的包围中，但由于汉文化极强的生命力，他们的文化传统尽管不免发生变异，主要的东西却保存和延续了下来。而经历2000多年历史岁月洗礼的少数民族文化，同样没有被汉文化所淹没，反而在保持原生性的基础上世代传承，至今仍大放异彩。

播州文化的多元，不止表现在拥有多种民族文化方面，更表现在文化类别的多样上。以乌江、赤水河为依托的农耕文化，以川黔驿道为主轴的通道文化，具有悠久历史的酒文化，以湄潭、凤冈为代表的茶文化，以杨粲墓及黔北民居为代表的建筑文化，以中世纪城堡海龙屯为代表的军事建筑文化，以及播州土司文化等，都是播州文化的子文化。

播州文化有着善于容纳和集结的开放性体系。巴蜀文化的南下、荆楚文化的西进，在今黔北地区与当地的土著文化相遇，在彼此的交流与融合中，形成新质文化因素，而各自又保持着自己民族和族群的文化特质和文化风格。汉晋以后进入黔北地区的民族文化，同样能在这片土地上立足生根，形成自己的文化圈。集中分布在道真、正安两县的仡佬族，是播州地区的土著民族。除仡佬族外，今遵义市仍有30多个少数民族，桐梓、余庆等县（市）都有苗族自治乡。充满勃勃生机的遵义市播州区平正乡仡佬族“吃新节”、

仡佬族“吃新节”

习水正月初三赶苗场

仁怀市后山乡“六月六夯彩苗寨风情节”、习水正月初三的赶苗场等，都是民族传统文化的现代展现。

延续性和整体性是播州文化的又一个重要特征。一种文化能延续近千年，是需要顽强生命力的，播州文化正是这样一种文化。从西汉政府的官方移民开始，汉文化在播州地区逐渐传播和扩展。舍人、盛览和尹珍的文化教育活动虽然还有一些争议，却是汉文化在黔北传播的有力证明。蜀汉政权的南中之战、大姓势力的崛起，进一步为播州文化的形成起了奠基作用。唐宋元明时期的繁荣与发展，丰富了播州文化的内涵，播州在行政建置不复存在后，作为一种文化仍得以延续并继续产生影响。清代前期的改土归流，加速了播州文化向周边地区的扩散；康、雍、乾时期封建经济的繁荣，为播州文化进一步向深度和广度延伸提供了机会，以至涌现出一批享誉省内外的学者，号称“西南三儒”的郑（珍）、莫（友芝）、黎（庶昌）等人，就是其中的杰出代表。

作为黔北地域文化代表的播州文化，是贵州多元文化的重要组成部分，是黔北地区各族人民的重要文化财富。对播州文化开展深入系统的研究，重新对它进行科学的历史定位和价值评估，将有助于我们对黔北地区，尤其是遵义市文化资源的整合，有助于推进贵州经济社会的发展。

是到了该为播州文化大声呐喊的时候了。

# 说不清的夜郎故地

从长期备受冷落到近乎狂热的开发利用，传统文化命运的峰回路转，既给人以喜，又令人生忧。为一个“牛郎织女”传说，五六个省可以争得面红耳赤；谁是正宗的“梁祝故里”，十几个城市互不相让。这种争夺战也祸延到了贵州。昔日因“自大”恶名而让人避之唯恐不及的夜郎，在文化遗产被大量“贴现”换取经济利益的今天，也成了省内、省外众多地区角逐的对象。

夜郎问题的争论已经发展到了这样一种地步——似乎谁能将夜郎定格在自己这片地区，谁就可以为自己开发出若干旅游景点，进而带来可观的经济收入。

文化遗产无论物质的或非物质的，都必然具有相应的经济价值。对文化遗产中经济价值的提取，是一种正常合理的行为，自然不应该受到责难，但有一项原则却是不能违背的，那就是必须坚持最起码的科学态度。

记得在20世纪80年代，贵州省的一些单位曾联合召开过几次关于夜郎问题的学术讨论会。那时的学者们，虽然在古夜郎国的地望、族属、中心区域等问题上争论得也很激烈，但似乎并没有点滴私念掺杂其间。他们依据相关历史文献和考古发掘报告进行严肃论证，力求通过自己的研究解开夜郎千古之谜，还历史本来面目。尤其令人记忆深刻的是，待到会议闭幕，准备将学者们的研究成果结集出版时，很长一段时间，编辑出版费依然难以筹措。

现在的情况已非昔日可比。对拥有文化遗产的地方，政府往往会加大宣传，提升知名度，还要出资开学术会、研讨会、论证会，提高文化品位，有些甚至等不及把问题搞清楚，便先开辟旅游线路，以刺激旅游业的发展。这种急功近利的做法，必然助长学术上的浮躁。于是才会有你这里是夜郎故地，我这里也是夜郎故地；夜郎的国都今天还在贵州，明天便搬到了省外；考古工作者寻寻觅觅几十年都没有找到的夜郎王印，一两年内民间就发现了好几枚的现象。

“夜郎热”的现象，反映出人们对文化遗产的重视，这是非常值得欣慰的。但某些地区为争抢夜郎品牌表现出的“文化激情”，显露的却是背后的利益驱动，并不能代表民族文化自觉与文物保护意识的增强，而这种自觉与意识正是今天的我们需要大声疾呼和努力追求的。

夜郎问题的讨论已经延续了几十年，一下子要达成共识的确很难，许多悬疑都只能期待考古发掘来解开。考古学通常以发掘出土的物质文化来划分文化体系，多以遗存的出土地点来作命名，如“仰韶文化”“龙山文化”等，滇文化就是因为出土了滇王金印才予确认的。夜郎文化的确认也必须仰赖于可靠的实物证据，这绝不是靠几个知名专家的发言就能定案的。

大概因为古夜郎国太过于神秘，近年来关于夜郎的争执又逐渐转向了后夜郎时代。西汉成帝以武力荡平夜郎国后，作为方国的夜郎退出了历史舞台，但夜郎这个称谓却一直断断续续见于文献，一直到北宋宣和二年（1120年）废夜郎县、隶于南平军为止。于是，一些地方的热情又转向了魏晋以后设置的夜郎县，以夜郎故地自居。

其实，汉以后的夜郎与古夜郎国和夜郎文化已经搭不上界，唯一相同的只是作为符号的“夜郎”这个称谓，但却有不少人硬要将它们捏合在一起，有的称自己的所在地是“古夜郎文明的传承发祥地”，有的则断言拥有“夜郎品牌正宗地位”，更有开设夜郎网站，准备在地区入口高置“欢迎进入夜郎古国某某（地名）”标牌的。

夜郎这块招牌在旅游及文化上的含金量的确太过于诱人，才引发了不同地区之间势同水火的争论。即便如此，对传统文化的尊重还是需要的。笔者曾在某位记者的文章中看到这样一段话：“新晃县于2002年下半年邀请北京大学的××教授、全国古籍研究专家××等50多名专家进行论证，结论是历史上的‘夜郎’就在今天的新晃境内。”这就实在有些让人摸不着头脑了。

历史上的古夜郎国是不可能“就在今天的新晃境内”的，这一点无论哪里的专家想必都不会持异议。那么，汉以后的夜郎（郡或县），是否“就在今天的新晃境内”呢？恐怕也没有人敢公然违背历史文献的记载下这种结论。

汉以后的夜郎县设置，最早在晋怀帝永嘉五年（311年）。是年，将原来的牂牁郡一分为二，设置平夷、夜郎二郡。夜郎郡管辖的4个县中，有一个即是夜郎县，位置在北盘江上游今贞丰县一带。这个夜郎县一直维持到南北朝，梁朝简文帝时被东爨势力占据，以后便不复存在。

唐代的夜郎县有3个。唐高祖武德四年（621年），将隋炀帝原设的明阳郡废弃，改置夷州。这个夷州管辖的13个县中，有一个就是在今石阡县境内的夜郎县。这个夜郎县存在了6年，到唐太宗贞观元年（627年）被撤废。时隔8年，唐政府在分辰州龙标县设置巫州时，设置了一个夜郎县，归巫州管辖。关于这个夜郎县，迄今仍有一些不同看法，有说在今贵州岑巩县一带的，有认为在今湘西新晃的。按照《旧唐书·地理志》的记载：贞观八年（634年）分辰州龙标县置巫州，同年置夜郎、渭溪、思徵三县。如此看来，这个属巫州管辖的夜郎县，应当在今湘西一带。

贞观十六年（642年），唐太宗设置珍、溱二州时，又有一个夜郎县出现。唐人李吉甫的《元和郡县志》称：“珍州，管县三：夜郎、丽皋、乐源……三县并在州侧，近或十里，或二十里。”而唐代珍州的辖境在今正安、桐梓一带，那么这个夜郎县当然也只能在这个范围之内。

唐代夜郎县的设置一是比较乱，二是存废时间不尽相同。客观地说，只要历史上曾一度为夜郎县所在地的，称为夜郎故地（严格说来应为“夜郎县故地”）都没有什么错。但如果省掉“县”字的目的是刻意将其与古夜郎国相混淆，将本不属于己的历史文化硬拉来贴在自己身上，那就难免有误导后人之嫌了。

如果仅仅作为历史上一个县的故地，那是没有多少东西可以炒作的，除非能与某些影响重大的事件搭上关系。由于大多数人对夜郎古国的历史并不了解，不明白夜郎县与夜郎国之间有什么区别，于是就有了沾上“夜郎”二字，便可大打夜郎文化牌的空间，也才会出现明知此夜郎非彼夜郎，仍千方百计将其混为一谈的炒作，以致某些对黔湘地方史研究不多的专家也受到蒙蔽。

关于夜郎故地的争论还在继续，在各地竞相致力于发展文化产业的今天，由于历史文化资源的重要现实价值，这种争论只会愈演愈烈。不过，我们在议论某些地区对待历史文化的态度欠严肃的同时，却不能不折服于他们挖掘和利用文化资源时所抱的那种积极而开放的心态。

积极与开放的态度是文化发展的关键，世界上有许多这样的例子。美国的历史并不长，却能成为世界上数一数二的文化大国，原因就在于这个国家非常善于借鉴和利用他人的文化资源，无论西方的或东方的，古代的或近代的，全球的文化资源它都可以加以利用，都能用当代人的语境去进行阐释和创新。国内许多在文化产业发展上取得成功的省区，走的也正是这样一种道路。

贵州的一些地区，虽然已经从自己的历史中发现了夜郎这一文化名牌，也能在对外宣传中如数家珍地娓娓道来，却缺少具有战略眼光的开发计划，缺少“坐而言，立而行”的精神。如果自己一味“守着金山哭穷”，眼睁睁看着其他地区在“夜郎”的开发利用上形成气候，那就不便过多地去责怪他人了。

# 关于李白流放的争论

李白这位诗仙，一生都在以赤子之心讴歌理想的人生，以满腔热情去拥抱整个世界。然而，他自己的人生之路并不平坦。因永王李璘谋逆案受牵连，被流放到夜郎，便是其61年人生中一段最不幸的经历。

造就开元盛世的唐玄宗，早年励精图治，任用贤能，发展经济，提倡文教，将中国封建社会推向了顶峰，但这位被颂为“英武有才略”的皇帝，到了后期却有些晚节不保。其不但满足于已取得的政绩，沉溺于享乐之中，还排挤、压制正直官员，任用小人掌权，弄得政治十分黑暗，终于引发了安史之乱。

动乱对老百姓而言是坏事，却为野心家们提供了图谋一逞的机会。

天宝十五载（756年），因安史之乱逃离长安的太子李亨于灵武城即帝位，是为唐肃宗。李亨的弟弟永王李璘，奉唐玄宗之命领四道节度使出镇江陵。李璘不服兄长李亨继帝位，决定在江陵起兵，割据江南进行对抗。

李璘率部途经浔阳时，得知李白正在庐山隐居，决定将这位誉满天下的名士罗致旗下，以壮声威，于是以平定安史之乱、复兴大业的名义，力邀李白参加他的幕府。满以为自己可以在政治上有一番作为的李白，慨然接受了李璘的聘请，下庐山入永王军为僚，却没料到这次应聘将给自己带来灾难。李璘兵败被杀后，李白先是亡走彭泽，后被捕下在浔阳监狱。其间虽有郭子仪等为之奔走营救，“表荐其才可用”，最终还是未能幸免于罪，被“按律”处予“长流夜郎”。这段经历大概是这位诗人毕生最大的一场坎坷。

名人所到之处总会留下许多遗迹和故事，为当地带来价值不菲的名人效

茅台文化城中的李白塑像

应，加上李白又是一位空前绝后，集儒家、道家和游侠三种思想于一身的盛唐“诗仙”，醉心于夜郎文化开发的人们，自然不会放过这件极具炒作价值的史事。但某些以夜郎故地自居的地区，虽有炒作“李白长流夜郎”之心，却苦于没有与李白相关的文化遗存，勉强凑合一些传说故事之类的东西，很难令人信服。

如同夜郎的扑朔迷离一样，李白长流夜郎这件事也有许多无法解开的悬疑。迄今人们还说不准处分李白的诏书是何时下达的，李白是什么时候起程前往夜郎，他所行走的又是哪条路线；其“遇赦”时身在何处，流放地是哪一个夜郎，在那里居住了多久、情况如何？有关这些问题的争论宋朝就已开始，讨论了几百年也未能形成共识，至今仍不时有文章见诸报刊。

李白以诗人之心，不能洞察李氏兄弟争夺皇位、骨肉相残的居心，终致酿成长流夜郎的悲剧，这已是不争的事实。他自己的诗作中就有很多谈到流放夜郎的事，好友杜甫及同时代人也有不少诗文相应和。李白在《流夜郎赠辛判官》中叹息“我愁远谪夜郎去，何日金鸡放赦回”的苦恼，在《赠刘都使》中抒发“而我谢明主，衔哀投夜郎”的凄凉，在《赠易秀才》中描述“蹉跎君自惜，窜逐我因谁？地远虞翻老，秋深宋玉悲”的行程悲苦，但这几首诗作，都不能作为李白的确到达了夜郎的明证。

李白另外两首诗说得要具体一些。《江上赠窦长史》一诗中有“万里南迁夜郎国，三年归及长风沙”。这两句诗中的“三年”，应该包括李白从开始被流放到遇赦而归的时间。在《忆秋浦桃花旧游时窜夜郎》中，李白也提到了“三年”这个时间概念。其诗云：“三载夜郎还，于兹炼金骨。”这样看来，从被定罪到流放而还，李白实实在在经历了三年的磨难。结合他在《经乱离后天恩流夜郎，忆旧游书怀赠江夏韦太守良宰》中写的“夜郎万里道，西上令人老。扫荡六合清，仍为负霜草”，“传闻赦书至，却放夜郎回”等句，可知李白应该到了流放地夜郎，并在那里度过了一段服刑期。

认为李白虽被处长流夜郎，但中途遇赦得返，并未到过夜郎的观点，最早见于北宋人曾巩所写的《李白集三十卷序》。曾巩根据李白的诗、书自叙分析李白遭流放后，“上峡江，至巫山，以赦得释”，并未到达夜郎。这个观点被后世很多人沿用，几乎成为定案。郭沫若的《李白与杜甫》在褒扬李白性格中天真脱俗一面的同时，也判定李白“巫峡遇赦，东下江陵，在江夏、潇湘等地还流连了一年多”。这种说法，离谱就有些远了。

主张李白“未至夜郎”的一个主要依据是李白本人有《流夜郎半道承恩放还》一诗。这个“半道”成了后人心目中的“半路”，再演变就成了“巫山”“白帝城”一类的具体地点。按这样来理解和推断，李白自然就没有到达夜郎了。

在李白“未至夜郎说”一统天下数百年之后，清人程恩泽、黎庶昌、张澍等提出“确至”说。黎庶昌解释李白诗“半道承恩放还”时指出：“半道犹言中间也，盖白本是长流不赦之人，今中间得释。”但这有助于拓宽视野的见解，并未受到重视。直到20世纪80年代，才陆续有人打破沉寂，发表赞同“确至说”的文章。

单纯依靠对历史文献的分析，很难将李白长流夜郎这件史事考证清楚，就连《新唐书》也会出现“有诏长流夜郎，会赦还浔阳，坐事下狱”这种将前后事情颠倒混淆的情况。因此，对李白长流夜郎问题的研究，除借助历史文献记载外，还需联系前后相关的事情及他本人的诗作进行分析，尤其要多关注历史文化遗存提供的信息，才有可能做出较为符合历史实际的解读。

要确定李白是否真的到达了夜郎，首先必须把这样几个问题搞清楚：一是李白流放的路线，以及流放途中所花费的时间；二是从李白本人的诗作中所透露的信息，看他究竟有没有到夜郎；第三，像李白这样的名人，所至之处不可能完全没有留下历史遗迹，这样的历史遗迹有没有，有的话都在哪里，且是否充分？破解这些疑团，既需要历史文献的佐证，更需要通过纵贯古今的考察与调研。单纯依靠文字推理得出的结论，是很难令人信服的。

一些学者认为，李白获判决通知的时间应在乾元元年（758年）三月，五月上道服刑，十一月到达夜郎贬所，途中走了六个月，于第二年五六月间遇赦获释。根据这种分析，李白诗作中的许多句子，都能得到较为合理的解释。

乾元元年（758年），唐政府将黔中郡恢复设为黔中都督府，将原夜郎郡恢复设为夜郎州，李白被判长流夜郎的时间正是在这一年。主张“确至说”的学者分析认为，李白不仅到了夜郎，而且在夜郎老老实实地遵从唐王朝的律令，服刑认罚，当了一段时间的罪囚。而他服刑的处所，正是唐贞观十六年（642年）设置的夜郎县，乾元元年恢复设置的夜郎州，即今贵州桐梓县一带。

李白自浔阳出发前往夜郎，行至江夏，与长史叔及薛明府宴兴德寺南阁，在汉口又与诸友饯别流连，之后向西南，过洞庭，溯沅水而上，由今湖南境进入播州、珍州，抵达目的地夜郎。按照这条路线，李白当然不可能走到巫山时遇赦而回。

李白的诗作中有许多关于流放夜郎的吟唱，持不同观点的学者们，往往从有利于自己的角度去进行解读，得出的结论自然相悖。例如，《流夜郎半道承恩放还兼欣克复之美书怀示息秀才》诗中的“半道雪屯蒙，旷如鸟出笼”一句，被认定为是走到一半路程。这种直读式的解释，未免狭隘。在诗人的“长流”生涯中，服了数月刑遇赦免，这种中途获得自由的感觉，用诗的语言“半道”来表达，是包含着很多复杂心境信息的。再说，如果李白只是走到半路，没有饱尝夜郎流放之苦，又怎会在诗中发出“旷如鸟出笼”的感叹呢？

又如《自汉阳酒归寄王明府》诗中的“去岁左迁夜郎道，琉璃砚水常枯槁，今年敕放巫山阳，蛟龙笔翰生辉光”句，一个“去岁”，一个“今年”，无论法律对李白的约束如何宽松，都不可能让一个罪囚逍逍遥遥地在发配途中漫游一年多。而“夜郎道”是不可能用来指江汉或巴蜀地区道路的。对夜郎地区山岭之崎岖，道路之难行，李白有着切身体会，才写出“夜郎万里道，西上令人老”这样的诗句来。

唐代的夜郎虽是偏僻苦寒之地，是李白接受惩罚和磨难的场所，但这位诗仙却将自己的诗情，洒向脚下这片囚困自己的土地，为自己也为当地留下了众多的眷念。

李白流放夜郎时期的诗歌多达30余首，其中的一些诗，充满了对夜郎流放生活的回忆，散发出浓浓的夜郎情结。如《忆秋浦桃花旧游时窜夜郎》：“桃花春水生，白石今出没。摇荡女萝枝，半挂青天月。不知旧行径，初拳几枝蕨。三载夜郎还，于兹炼金骨。”《南流夜郎寄内》：“夜郎天外怨离居，明月楼中音信疏。北雁春归看欲尽，南来不得豫章书。”此类作品，在桐梓等地已至耳熟能详的程度。

今贵州桐梓县境内，横跨松坎河有太白桥，位于石板溪古桥不远处有太白泉，新站镇及附近更有太白听莺处、太白故宅、太白望月台、太白寺等众

位于桐梓县夜郎街附近的“太白听莺处”，相传李白常于此赏听黄莺鸣唱

多与李白有关的名胜古迹。这些与李白流放夜郎有关的文化遗存，虽然有一部分属于后世为纪念这位诗人所修建，但如果李白根本未曾到过夜郎，没有在这一带停留过，历代的官员和文人墨客，大概也不大可能做此无聊之举。

李白长流夜郎问题的争论无疑还会继续下去，但与这位诗仙有关的历史文化遗存，却是不可多得的历史文化资源，这是需要予以高度关注的。我们自然不能坐等学术争论得出某种结论后再去考虑这一文化资源的开发利用，更不能听任一些与此不着边际的地区，像抢注商标一样捷足先登。

# 宋太祖搞错地名了吗?

一种流传甚广的说法认为，“贵州”这个名称是因为宋太祖赵匡胤听不懂方言闹出来的。

据说，宋太祖开宝七年（974年），居住在今贵阳一带的土著首领普贵，以其控制的矩州归顺北宋朝廷。普贵是石人部落王子罗氏若藏的儿子，操着一口南方话向赵匡胤报告自己来自矩州。因土语“矩”“贵”同音，皇帝没听明白，便在《赐普贵敕》中写下了“予以义正邦，华夏、蛮貊罔不率服，惟尔贵州，远在要荒……”的话，“贵州”这个名称由此不断出现在文献中，最后变成了省的称谓。

最早做出这个推论的据说是清代学者。道光《贵阳府志》说：“矩州治今贵阳府城，贵州为矩州之音转。”又说：“罗甸王之支属有普贵者，北据矩州，宋太祖初纳款，土人讹矩为贵，太祖因就其所称者为贵州之长，贵州之名于是起矣。”

这个说法提出以后，竟然得到许多人的认可，流传了几百年。至今，只要谈到贵州省名的由来，人们大都会联想到那个听不懂西南方言的宋太祖，不知是感激他为我们起了一个好省名呢，还是觉得此翁糊涂得有些可笑。

作为一代君王，会因将矩州误听为贵州，便令臣下照此草拟“敕书”吗？这样的事也许会发生在民间，但对于极富政治、军事才能的赵匡胤是绝无可能的。为弄清事实真相，有必要看看《赐普贵敕》的全文。其文曰：

“予以义正邦，华夏、蛮貊罔不率服，惟尔贵州，远在要荒。先王之制，要服者来贡，荒服者来享。不贡，有征伐之兵、攻讨之典。予往年为扶播南杨氏之弱，劳我王师，罪人斯得。想亦闻之。有司因请进兵尔土，惩问不贡。予曰：‘远人不服，则修文德以来之，穷兵黩武，予所不忍。’寻乃班师。近得尔父子状，知欲向化，乃布兹文告之：尔若挈土来庭，爵土人民，世守如旧。故兹制旨，想宜知悉。”①

读罢这篇敕文，忽然觉得宋太祖对今贵州这块土地的情况还是有一些了解的，不至于连矩州、贵州都分不清楚。

“要荒”是古时的人们对王畿以外极远之地的称呼，距王城1500里至2000里者称“要服”，2500里以上则称“荒服”。赵匡胤以“惟尔贵州，远在要荒”来形容矩州的遥远，足见对该地区的情况并非一无所知。事实上，普贵归附之前，宋王朝的军队已经深入过播州，在那里打了胜仗。有关部门还曾建议借助当时的得胜局势，对矩州用兵，以惩治其不朝贡之罪。只是由于赵匡胤一心想以“文德”收买人心，不愿使用武力征服手段，才避免了爆发战事。

从《赐普贵敕》的内容来看，这份敕书的颁发，应该在普贵朝见宋太祖之前，而非其后。其中的“近得耳父子状，知欲向化，乃布之文告”，清楚说明敕书是在得悉普贵有“向化”之心后颁发的，赵匡胤还在敕书中做出明确的政策宣示，承诺“尔若挈土来廷，爵土人民，世守如旧”。如果普贵已经率土归附，在京城面见了皇帝，赵匡胤还唠叨什么“你如果率土归附朝

① 本文引《赐普贵敕》出自道光《大定府志》。2005年7月出版的道光《贵阳府志》点校本（贵阳市地方志办公室校注）卷一校勘、注释中，亦录有敕书全文（参见该书第45页），部分文句与此处所引有出入。兹赘录如下：“予以正义邦华夏，蛮貊罔不率服，惟尔贵州，远在要服。先王之制，要服者来贡，荒服者来享，不贡故我伐之。予往年为扶播南杨氏之弱，劳我王师，罪人斯得，想亦闻之。有司因请进兵尔土，惩问不贡。予曰：‘远人不服，则修文德以来之，穷兵黩武，予所不忍。’寻乃班师。得耳母子状，知欲向化，乃布兹文告之辞。尔若挈土来廷，爵禄、土地、人民世守如归，予不食言，故兹制旨，想宜知悉。”

廷，我就给你封爵，让你继续拥有土地，世世代代统治人民，一切如同旧例”，那就纯粹是多余的话了。

普贵入朝这件事，虽然《宋史》中没有记载，但明代官修的地理总志《寰宇通志》、明英宗时编修的《大明一统志》，对这件事都有记述，并录有《赐普贵敕》全文。清道光《贵阳府志》“大事记”将普贵内附的时间记在乾德七年，而乾德这个年号只有六年，显然是把开宝的年号误作了乾德。

既然《赐普贵敕》中出现了“惟尔贵州，远在要荒”这样的话，赵匡胤给予普贵的官职为什么仍是矩州刺史呢？这恐怕与听不懂方言就靠不上边了。民国《贵州通志·前事志》载：“普贵纳土，太祖嘉之，封以王爵，命为矩州刺史。”封的官与敕文中的地名不一致是很少见的，宋朝皇帝的这种处置，的确让人有些费解。比较能说得通的解释是，敕书是普贵入京前颁发的，直到给普贵授职时，当局仍未就矩州的更名做出最后决定。

普贵并不是第一个与宋王朝打交道的矩州首领。

矩州这片地区，从西汉末年开始就被牂牁大姓谢氏所把持。唐高祖武德四年（621年）设置矩州，据说，因为该地区的南面有水呈方形，其状如矩，所以取了矩州这个名字。矩州初设时为正州，大概因为过于遥远，不利治理，唐玄宗天宝三载（744年），将其降为羁縻州。唐高宗显庆元年（656年），当地人谢元灵起兵反叛，被黔州都督李子和镇压下去。龙朔三年（663年），刺史谢法成招慰土民七千余户内附，维持了与唐政府的关系。

到五代十国后期，居于矩州西北一带的乌蛮首领主色侵入矩州，驱逐矩州首领谢氏，毁其城垣，改名黑羊箐。主色驻扎石人山一带，号称石人部落。后来，主色退回黔西北，其子若藏继续管理矩州事务，曾于宋太祖乾德五年（967年）向朝廷纳贡。《宋史》记载，若藏的朝贡得到宋太祖的嘉奖，与一批土著首领同时被授予归德司戈职。归德司戈属于从八品下职官，职位虽不高，却掌有一定军权。若藏进贡发生在普贵入朝之前，宋太祖既然已经给普贵的父亲封过官，应该不会因方言问题而将矩州和贵州搞错。

赵匡胤颁发《赐普贵敕》之前，“贵州”这个地名就已经有了，不过，那时候的“贵州”在今广西境内。据《新唐书》载，贞观九年（635年），唐政府将原置的南尹州改名为贵州，原南尹州总管府所辖的玉林、怀泽、义山、潮水4县，仍归其领辖。这个贵州，从唐太宗设置开始，历经五代和宋元，一直保持到明初，直到明洪武二年（1369年），才被明政府降为贵县，贵州之名也才与广西分离。

身为大宋王朝的皇帝，赵匡胤对广西境内有贵州这个建置是应该知道的，但他在接受普贵归附之后，竟有意将“矩州”称为“贵州”，只能说明在这位统治者的心目中，矩州这个地区有着较重的分量，脑子里已有了为之更名的想法。而“矩”、“贵”的土语发音既然相近，因其音更名也就成了顺理成章之事。

一些文章和资料提出贵州省名来源于贵山的观点，并如此解释说：“贵州，以贵山得名。唐为黔中道；宋属夔州路；元属湖广行省；明置贵州土司，是为贵州得名的开始，后置贵州布政使司；清改贵州省，省名至今未变。”此说大概来源于道光《贵阳府志》，其志云：“（贵山）去城十二里，锐峰岌嶪，秀插层霄。相传贵州得名以此。山腹有洞，麓有九十九泉。”

这种看法，将贵州与贵阳混为一谈，不禁让人想起前些年听到的一则笑话：一位外省的先生给远在贵州的朋友写信，信写好了，填写地址时却很踌躇，到底是“云南贵州”，还是“贵阳贵州”呢？猛然灵光一闪，忆起朋友曾言及家乡有座贵山，于是断然填上“贵阳贵州XX街巷”后将信发了出去。被弄得一头雾水的邮递员最终千方百计地将信件送到了收件人手里。若闹不清贵阳与贵州关系的人多了，邮递员受的罪可就大了。

贵阳附近是有一座贵山的，位置在城北一带。明弘治《贵州图经新志》谈到贵山时说：“（贵山）在治城北二里，孤峰峭拔，兀出群山，鸦关在其后，郡之得名以此。”后世学者研究认为，古人多以山水阴阳、地形地貌来为地方命名，山之南为阳，山之北为阴，贵阳因在贵山南面，故得名贵阳。这种解释较为符合实际，得到普遍赞同。

不过，贵阳地名诞生以前，这座城市也曾经有过其他一些名字，如宋代称为“贵州城”，元代更名为“顺元城”，还有“大万谷落总管府”“黑羊箐”等别称。

“顺元城”之名是元王朝改的，明朝建立后，那个寓有“顺服元朝”之意的城名当然不能再用。但明洪武十五年（1382年）已经按行省一级建制标准设立了贵州都指挥使司，再将城名改回来叫“贵州”显然不大妥当。这样一来，这座城市既不能叫“顺元城”，恢复“贵州城”的称谓似乎也不可能，只有另觅称谓一途了。

贵阳作为地名出现于官方文献，最早在明太祖洪武二十二年（1389年）。这年三月，朱元璋命征南将军傅友德还军分驻湖广、四川卫所进行操练，命令中有“延安侯唐胜宗驻黄平，都督张铨、王诚、孙彦驻贵阳”等语。此后，“贵阳”之名渐成官称，并为民间广泛使用。明穆宗隆庆二年（1568年），将治所设在今惠水县的程番府迁至贵阳城，第二年改程番府为贵阳府，此后，“贵阳”这个名称历代沿用，一直持续到今天。

历史沉淀下来的东西，总有很强的惯性。尽管宋太祖赵匡胤已经说过“惟尔贵州，远在要荒”，宋徽宗在宣和年间也已给土著首领田祐恭加授了贵州防御使头衔，但“贵州”作为城市名仍然一直在民间使用。甚至到明朝末年，徐霞客游历到黔中时，在他的游记中依然把贵阳城称作“贵州城”。

既然“贵州”这个名称历史上曾被交错用于城市名和省级建置名，那么，无论是填写出“贵阳贵州”的地址也好，认为“贵州”之名源于贵山也好，看来都是情有可原的。

# 桐梓宋墓的联想

在贵州，你想不关注桐梓这个地方都不行。从十几万年前桐梓猿人居住的岩灰洞遗址，到革命战争时期毛泽东慷慨吟唱“苍山如海，残阳如血”的娄山关，在贵州历史发展的长河中，几乎每一个阶段，桐梓这片土地都会在史册上落下重重一笔。

一则新闻报道，又把人们的目光引向了这里。

2007年7月17日，在修建中的习（水）新（站）公路夜郎镇工地，一台挖掘机挖出了几块样式奇异的大石头，几位见多识广的工人辨认后，怀疑下面有古墓，当即向镇政府报告。经贵州省考古研究所及文保中心专家的现场踏勘，确认这些石头为宋墓壁石。经进一步勘测，又在附近发现宋墓3座。加上20世纪后期当地发现并已确认的3座宋墓，这个名为“杨坝”的地方，先后发现的宋墓已有7座。难怪老一辈人把杨坝叫作“杨八坟”——如今看来是有一定依据的，那最后一座宋墓，或许不久就会露面了。

桐梓这次发掘清理的宋墓有8座，获得各类精美石刻160余幅、瓷器12件、铜镜3面，以及少量铜、铁币，大量铁棺钉、棺环和桐籽等。记得1957年杨粲墓发掘时，墓中发现的190幅石刻，曾引起社会各界的惊叹，杨粲墓因此被誉为“西南地区古代石刻艺术宝库”。此次在桐梓发现的石刻，画面直观，涉及人物、瑞兽、花草、仿木构建、家具等内容。这批以浮雕、线刻手法完成的艺术品，蕴含丰富的历史信息，不知储存着多少我们尚不可知的历史故事。

杨粲墓室雕刻

当时，桐梓宋墓的考古发掘报告还没有发表，各种各样的解读已见之于报端。一些报刊以《唐宋夜郎古城若隐若现》为题进行了报道，并从墓葬的位置推断认为，桐梓夜郎坝宋墓的出现“应与夜郎县的设置有着不可分割的联系。墓之豪华者，可能为废县后百余年间仍居此地的巨族的坟冢。夜郎境内宋墓的集中分布，是夜郎曾为县治的直接结果，反之，亦是夜郎曾为县治的有力证据”。

另外的报道则通过对出土石刻的观察，“认为这批墓葬是在杨氏统领播州的大历史背景下出现的”，“再现了黔北宋代的繁荣”，“为研究黔北地区宋代的历史、文化、艺术和丧葬习俗及川、黔经济、文化的交流提供了重要的实物资料”。

还有一些报道援引当地人介绍的情况，谈到墓葬早在数十年前就暴露于外，附近居民称其为“杨八坟”，传说杨八郎即战死在此。

新闻界对历史文化的关注的确让人感到高兴。往昔备受冷落，连高考学子都不大愿意填报的考古专业，竟成了记者们热捧的对象，这足以证明历史文化遗产在人们心目中的地位正在迅速攀升。记者们的敏锐洞察，正激起读者的思古热情，引导人们去遥想那些深埋了千余年的往事。

桐梓这个地方为什么会发现如此多的宋墓？贵州其他地区是否还有类似桐梓这样的宋墓群？两宋时期的贵州景况如何？这正是由桐梓宋墓群带出来的、让人迫切想了解的问题。

2007年在桐梓夜郎镇周边5千米范围内发现的宋墓多达18座，这实在是一个很可观的数目，且至少说明，被称为“夜郎坝”的这片地区，宋朝时经历过一段繁华的岁月，俗称为“杨八墓”的规模和奢华程度即印证了这一点。“杨八墓”中规模最大的三号墓，可容纳10多人同时在墓室里开展工作，墓中石刻精美，一幅背印牵马出行的石刻显示出墓主的身份非比寻常。

其实，桐梓并不是黔北发现宋墓的唯一地区。黔北各县几乎都发现了宋代墓葬，已经发掘的就有：被列为全国重点文物保护单位的遵义杨粲墓，鸭溪镇花桥村、理智村和刀靶水的宋墓，仁怀市两岔河的宋墓群，赤水市官渡宋墓及务川、湄潭、凤冈等县的宋墓等。

宋墓在贵州的分布并不局限于黔北。早在20世纪50年代末，贵州省博物馆在清镇、平坝两县交界处便发现了多达91座宋墓。经发掘清理，从中获得陶器、铁器、剑、镖枪头、鼎、锅等遗物，并有用于殉葬的咸平元宝、元祐通宝等23种北宋古钱币。黔东北德江县煎茶溪宋墓中出土的石刻，内容和形制虽比黔北宋墓简略，总体风格却十分接近。此外，考古工作者在黔西南的兴义市万屯镇，也发现了属于宋明时期的墓葬。

墓葬既是人生命的最后归宿，又是后人缅怀先辈、寄托哀思的对象。无论属于哪一个时期的哪一座墓葬，必定或多或少藏埋有某个人或某些人的人生经历信息。而大量同一历史时期墓葬的发现，包含的信息自然也就超出了人的个体，墓葬本身也变成了反映一定时代历史的遗迹。

桐梓宋墓给我们带来的不仅是精美石刻的艺术享受，它还从一个侧面揭示了两宋时期贵州经济社会生活的面貌，这一意义是非同寻常的。崇山峻岭造成的封闭环境长期阻隔着贵州与外部世界的交流。汉武帝虽然下令“募豪民，填南夷”，搞了一场声势不小的移民活动，但并未能改变贵州地区的民族结构。从两汉到两宋，虽然经历数百年风风雨雨，汉族在贵州却仍然居于少数。这也正是魏晋以至隋唐，所有统治者都离不开羁縻政策的原因。

两宋王朝在贵州的统治，依然秉承历代直接与间接管理并用的手法。这自然是鉴于西南地区的社会现状和政治格局而不能不如此措置，但也不能说与赵匡胤谋得政权的特殊途径没有关系。

对赵匡胤的评价是有许多争议的。有人说他是中国历史上成功的政治家之一。这个结论也许有它的依据，但历史却常给伟人们开点不大不小的玩笑。这位宋太祖结束了五代十国的分裂割据局面，却无力建立起一个强大的中央集权封建帝国。经历19年征战一统天下的宋王朝，因为没有了长城的保护，根本无法应对群强崛起的局势，北方契丹族的辽、西北党项族的夏和后来东北女真族的金，再加上蒙古族军队的长驱直入，一直都是北宋政权的极大威胁，以致才160多年，赵氏子孙便不得不舍弃中原，跑到南方的杭州去过那种偏安一隅、苟且偷生的日子。

赵氏靠军人力量发动政变获得天下，对骄兵悍将有着根深蒂固的防范心理，执政后将崇文抑武定为国策，就注定了北宋王朝在西南地区只能采取安抚与维持现状的方针。灭掉后蜀以后，西南一带已经没有了如同唐朝时南诏那样强大到足以与中央政府抗衡的地方势力，这就使得北宋政府有了在贵州等地区营造宽松环境的基础。有宋一代，贵州境内几乎没有发生过大的战事，地方与中央政府往来密切，朝贡者络绎于途。

贵州地方各部献给北宋政府的贡物，侧面展现了当时贵州经济社会的发展水平。当时上贡的物品主要是水银、丹砂、马匹、药材、布帛、石英等。据《宋史》载，仅开宝八年（975年），一次上贡的物品就有马160匹，丹砂千两，随贡品入京的人数达377人。咸平五年（1002年）的一支进贡队伍更多达1600人，马460匹。有关文献描述当时黔北地区的社会情况时说：“地产朱砂、水银、金、布、黄蜡，良田数千顷。”黔北地区的这种生产力水平，即使与周边各省相比，也未必就见落后。

到了南宋，因为江山大面积缩水，再不可能得到富饶的中原的供应，社会和军事急需的物资和马匹，很大一部分必须通过贵州这条通道运抵临安。封建王朝更加需要维持贵州政局的稳定，以确保后勤运输线不至中断。这样一来，也就为贵州经济社会的发展和与周边各省的经济文化交流，提供了一个难得的契机。

各地发现的宋墓，印证了两宋时期贵州经济社会发展的情况。

桐梓夜郎坝宋墓出土的石刻从风俗、服饰、艺术、信仰等多层面展示了黔北宋代的人文风情。如果没有经济发展、文教昌明的基础，即便是达官贵人的墓葬，也很难达到如此精美和奢华的程度。联系到1957年清理发掘的杨粲墓，那墓中栩栩如生的文官武士、人物花卉、龙床龙椅等石刻，其精湛程度在同时期宋墓中亦属罕见。

很长一段时间里，我们已经习惯于谈贵州历史文化必称夜郎，以致很多人产生这样的错觉：悠悠几千年的贵州历史，前人给我们留下的只有夜郎这唯一的历史遗产。甚至桐梓宋墓如此重要的宋代文化遗存的发现，也被莫名其妙地和唐宋夜郎黏合在一起。而桐梓宋墓所展示的两宋时期贵州经济社会发展水平、那一历史阶段贵州与中央王朝的关系、历经五代十国动荡分裂之后贵州各民族之间的文化交融等诸多珍贵信息，反而被忽略和受到冷落，这的确很让人费解。

夜郎固然是贵州历史上不可多得的一个文化品牌，但它只是秦汉之际以今贵州为主体，活跃在西南地区的一个地方政权。西汉成帝河平年间（前28—前25年），随着夜郎王兴被杀，翁指、邪务残部被剿灭，这个称雄200余年的方国便彻底退出了历史舞台，甚至连一点余波都没有了。

夜郎县于五代时被撤废，北宋大观二年（1108年）重置，至宣和二年（1120年）再被废，前后仅仅维持了12年，只不过是一个沿用旧称谓的符号而已。利用桐梓宋墓的发现和发掘来炒作它，除了徒增人们思想的混乱之外，大概是不会有什么收益的。宋墓里的逝者如果有知，说不定也会笑话我们。

# 路即路　路非省

“做学问”这个词是谁发明的？查了很久也没有找到确切的答案，倒是见到不少谈如何做学问和应该怎样去做学问的文章。学问的内容应该是很宽泛的，世间所有的知识大概都可以视为学问，不过知识必须是系统的，点点滴滴的知识大概仍然算不得学问。

学问既然是系统的知识，去做它时就必须潜心和执着，扎扎实实地打好基础，来不得半点浮躁。但在当今社会，哗众取宠、急功近利、唯名是图的现象比比皆是，以致一些貌似学术论文，实际连基本概念都弄错了的东西，也能堂而皇之地见诸报刊，被认可为“一家之言”，甚至被奉为新观点、新见解。

笔者曾读到过一篇谈贵州建省的文章，该文章提出贵州建省已有900年历史的观点。文章认为以明朝永乐十一年（1413年），明成祖以军事手段将思南田宗鼎、思州田琛逮赴京师处斩，分其地为八府四州，设贵州布政使司为贵州建省之始的结论未见准确。“北宋末年，宋徽宗为开化黔中以南消灭羁縻州而置黔南路，此应为贵州建省之始。”文章阐述其理由称：大观元年（1107年），田祐恭以南征之战占领了位于乌江河畔最大的羁縻州地时，他以其先世传承的“思”字，并结合徽宗御敕的黔南路的“南”字，集“思”与“南”而形成了以“思南州”署名的称谓。凭借乌江的漕运优势，开源贵州的文化、开启贵州的文明，思南州必然成为北宋徽宗时期建造的贵州省署的最佳选择。此史实再次证明，到公元2019年，贵州建省当有900年了。

关于将贵州单独设置为一个大行政区，也就是今天我们所说的“贵州建省”的时间，历来都习惯于以明代地方三司机构中承宣布政使司的设置为标志。有人对此不予赞同，提出新的看法，这有助于研究的深入，是一件好事。

对某种长期被公认的观点表示质疑，需要相当大的勇气。许多学术上的创见，也常常是在不从众、不跟风，大胆质疑前人结论的同时提出来的。不过，无论提出什么样的看法，都必须以科学的态度为前提，以基本史实为依据，为了得出某个结论而去推断历史，在学术研究中是不宜提倡的。

中国划省而治的这一套办法，是入主中原的蒙古统治者发明的。元朝统一以前，地方政区管理制度一直在变化，先是秦汉时期的郡（国）县制，然后是魏晋南北朝时期的州郡县三级制，再后是唐和两宋时期的道府路制。元王朝疆域辽阔，战争频繁，为了巩固胜利成果，强化管理，在中央设置中书省，将全国划分成10个大的地方行政区，设行中书省，简称为行省或省。行省制度的建立，是中国行政制度的一大变革，对后世产生了很大的影响，且一直沿用至今。

行省一级机构的建立具有划时代意义。“省”的本意为王宫禁地，《汉书·昭帝纪》：“帝姊鄂邑公主，益汤沐邑，为长公主，共养省中。”后引申为中枢机要，也泛指官署衙门。最早的行省是一种临时性的中央派出机构，代表中央行使权力，魏晋南北朝、隋朝、唐初，以及金初短期出现过的“行台省”便属于这一类。行省在历史上成为固定和常设的地方大行政区，是在元世祖忽必烈统治的后期，此前，中国是没有“省”这样一个常设地方行政区建置的。

迄今为止，我们始终没有看到哪一个省将建省时间定在元朝以前，道理十分简单，行省制度既未诞生，建省从何谈起？断言“北宋末年，宋徽宗为开化黔中以南消灭羁縻州而置黔南路，此应为贵州建省之始”，实在有点让人莫名其妙。

元朝行省辖区广阔，权力集中，地方军、政、财权无所不统。《元史·百官志》记载省的职能时说：“掌国庶务，统郡县，镇边鄙，与都省为表里，……凡钱粮、兵甲、屯种、漕运，军国重事，无不领之。”这种行省，与宋朝分割地方权力的体制有着明显的差异。

从强化中央集权的角度来看，隋唐以前，封建王朝搞的都是州郡县三级管理，隋唐以后，尤其到了宋代，赵匡胤为了强化中央集权制度，将三级行政变为两级行政，由中央直接控制到郡，减少了中间环节，也就减少了出乱子的可能。两宋王朝设置的“路”是一种特殊机构，既不是地方一级行政区，更不能等同于元、明、清时期的省。

把宋朝的“路”视为一级地方行政区，显然是不恰当的。

首先，路的前身是乾德年间（963—968年）设置的转运使，专门负责水陆两路财赋收运。至宋太宗太平兴国年间（976—984年）职能才扩大到边防、盗贼、金谷、按廉等方面。这种路称为转运司路，同时设置的还有提点刑狱司路、安抚司路、提举常平司路等。南宋时战争不断，主要以安抚司路为主，黔南路便属于这一类。总之，两宋路的职能，与西汉时的州和唐朝的道相类似，本质上是一种监察区，与魏晋南北朝时的州不同，与元朝开始创设，明、清两代沿用的省一级地方区划更不是一回事。

其次，黔南路是否是“宋徽宗为开化黔中以南消灭羁縻州”而决定设置的，并因此而应定为“贵州建省之始”呢？遍查与黔南路设置有关的文献，都无法找到这方面的佐证。《宋史·卷八十五·地理一》是这样记述的：“大观元年，别置黔南路。三年，并黔南入广西，以广西黔南为名。四年仍旧为广南西路。”而在《宋史》“本纪”中，根本没有关于黔南路设置的记载，唯《宋史·卷二十·本纪》中有“（大观三年三月）壬戌，并黔南入广西路”的记录。既然这个黔南路只设置了三年便被撤并，其后连名称也未再出现，为什么还要生拉活扯地把它当作“贵州建省之始”呢？

如果黔南路的设置，真是宋徽宗为开化黔南消灭羁縻州的举措，那么，涉及的就不仅仅是贵州建省的时间问题，还关乎谁揭开了贵州改土归流的序幕。这个假设如果成立，不但贵州的改土归流问题需要重新审视，宋徽宗这个人也有重新评价的必要了。

宋徽宗当了二十五年皇帝（1101—1125年），他统治的时期，是北宋政治最黑暗的时期。这个死后被谥为“体神合道骏烈逊功圣文仁德宪慈显孝皇帝”的统治者，极尽荒淫腐朽。他最宠信的官僚是被称为“六贼”的蔡京、王黼、童贯、梁师成、李彦、朱勔，以及杨戬、高俅等人，他们骄奢淫逸，无恶不作，想方设法增加剥削，引发了方腊、宋江等领导的起义。这样一个艺术智商颇高，却治国无能，最终被俘死于他乡的昏君，会为了开化黔南而断然决定改土归流，以设置黔南路的方式来开设一个“省”级行政区吗？

设置于大观元年（1107年）十二月的黔南路，虽只如昙花一现，毕竟有它设置和撤废的原因。但这个原因，与所谓的“开化黔中以南消灭羁縻州”丝毫攀扯不上关系。

据有关文献记载，宋徽宗时设置的黔南路，是割融、柳、宜及平、允、从、庭、孚、观九州组合而成。此前，南丹州及宜州等地，一直是土著莫氏的居属地，宋政府派驻当地的官员知桂州王祖道，为了邀功，诬指土著首领莫公佞断绝交通，阻挠各地纳土内附，发兵攻讨，抓捕莫公佞，将南丹州改为观州。莫公佞的弟弟莫公晟团结各溪洞武装抗暴，攻城杀吏，严重威胁到北宋政府在当地的统治。权奸蔡京隐情不向宋徽宗报告，擅自决定设置黔南路，企图以改变建置来平息动乱。结果蔡京以功加了太尉，王祖道也升了兵部尚书。

这件事情从头至尾，宋徽宗都一直被蒙在鼓里，与他想要“开化黔中以南消灭羁縻州”，当然也完全搭不上边。

至于田祐恭，的确是贵州历史上影响很大的人物。《务川仡佬族苗族自治县志·人物传》（贵州人民出版社2001年版）介绍其人说：“多次奉令出征平乱并抗击金人入侵。身经百战，屡建奇功，颇得朝廷信任。曾三次被召入京。”先后受封为泸州兵马钤辖，加忠州团练使，再加贵州（今广西贵县）防御史，充成都府路兵马都监。绍兴元年（1131年）授夔州路兵马钤辖，迁中亮大夫；同年，知思州军州事兼务川县事，因保蜀有功，加华州观察使。以后又迁通侍大夫，奉宁军承宣使，加边郡承宣使，仍领思州事。但从上述史志记载中，却看不出田祐恭的经历与“开源贵州的文化、开启贵州的文明，思南州必然成为北宋徽宗时期建造的贵州省署的最佳选择”这一结论之间，有什么必然的联系。

“学风建设”和“学术打假”多年来就是热门话题，学风建设一般出现在官方语言环境，学术打假却是民间的强烈要求。可惜喊了很多年，一步一个脚印扎实工作的人仍然太少，学术不端的情况仍旧屡见不鲜。当今社会，浮躁的确成了一种通病，在浮躁的年代里做学问难，在浮躁的年代里做好学问更是难上加难。但学问总得继续做下去，而且应该越做越好，那样学术研究才有希望。

宋代的“路”就是“路”，不能等同于行省制度下的“省”。这一点，是不能也不应该为确立自己的某种观点，去人为地混淆的。一味固执己见，只会贻害子孙。

# 谁折断了上帝的鞭子?

公元1258年发生在重庆合江境内的一场战争，挽救了濒临灭亡的南宋王朝，也阻滞了蒙古大军在欧洲的疯狂攻势。那些闻蒙古大军而色变的欧洲人，听到蒙古大汗蒙哥死于中国四川合州城下的消息，禁不住奔走相告：“上帝的鞭子断了！”

位于嘉陵江、渠江、涪江交汇处的合川，是重庆市的北大门。这个曾做过古巴国别都的城市，虽然扼控着重庆通往四川、陕西、甘肃的通道，但在历史上的名气却并不怎么大。直到南宋末年的一场血战之后，才一下声名大噪，成为举世关注的焦点。

合川城东5公里的群山中，有一处名为钓鱼城的古迹。这里原先只是一座突兀于诸峰中的山头，并没有多少建筑物。传说上古之际，一位天神曾到此甩竿钓鱼，将钓得的鱼儿分送给上山躲避洪水的老百姓，帮他们度过饥荒。自那以后，这座山便有了“钓鱼山”的名称。

钓鱼山变成钓鱼城是南宋理宗年间的事。

蒙古贵族发动的大规模征服战争，是公元13世纪世界史上发生的重大历史事件。近百年时间里，蒙军的铁蹄踏遍了欧亚两洲的大部分地区。总数不到40万人的蒙古军队，先后灭亡了40多个国家，征服了720多个民族，建立了人类历史上版图最大的军事帝国。

南宋理宗端平二年（1235年），蒙军分三路侵宋，四川、荆襄、两淮成为宋蒙战争的三大战场。经过七八年的战争，整个四川变得残破不堪，而蒙军的攻势一浪高过一浪。淳祐二年（1242年），宋理宗以四川主帅“委寄非人”，派余玠出任四川安抚制置使兼知重庆府，主持四川防务。余玠是个十分自负的人，赴任前曾向宋理宗夸下“手执全蜀还本朝”的海口。到达任上后，他雷厉风行地整饬军务，恢复经济，修学养士，延纳贤才，的确让四川出现了一番往昔不曾有过的新气象。

一些资料这样记述余玠在四川的情况：“余抵重庆后，广纳贤才，修筑工事，恢复经济，安抚民心，统率十万军民到合州修筑钓鱼山城；又在三江沿岸山险处筑十余城。各城皆因山为垒，棋布星分，屯兵聚粮，形成坚固的山城防御体系。” 余玠后来虽受谗言困扰，最终愤懑成疾，不得已服毒自尽，但他仍然深受四川百姓的崇敬。

南宋理宗宝祐六年（1258年）秋，已登上大汗位的蒙哥亲率蒙军分三路入蜀，陆续占据剑门苦竹隘、长宁山城、蓬州运山、阆州大获及广安大良等地，迫近合州。开庆元年（1259年）二月，蒙哥亲自率军渡渠江，进抵钓鱼城下。这时余玠已死，合州守将王坚率部下与蒙军展开激战。从二月到五月，两军在钓鱼城反复展开攻防战，战斗异常惨烈，将士死伤枕藉，蒙军先锋汪德臣也在此役中毙命。

钓鱼城守军在主将王坚及副将张珏的协力指挥下，粉碎了蒙军一次又一次的进攻。面对久攻不下的钓鱼城，蒙哥召集军事会议商讨对策。部将术速忽里提出：“蜀地岩险，重庆、合川又其藩屏，皆新筑之城，依险为固，今顿兵坚城之下，未见其利。”主张留部分精兵继续困扰，主力沿长江水路东下，与忽必烈等军会师，一举灭掉南宋。但这一建议未被骄横自负的蒙哥所接受，在一批好胜心切的将领的鼓动下，他依然指挥蒙军对钓鱼城发起强攻。一次激战中，蒙哥意外地被宋军发射的飞石击中，伤重不治身亡。蒙军的攻城之役，最后以蒙哥身亡，丧师失败告终。

欧洲人把打败蒙军的合江钓鱼城视为折断上帝鞭子的地方，怀着崇敬的心情将它喻为“东方的麦迦城”。那么，是谁折断了欧洲人心目中的“上帝惩罚之鞭”？是谁将此前并不起眼的钓鱼山改造成一座具有完整、坚固防御体系，攻不破、打不烂的中世纪城堡呢？当然，《宋史》为之立传的余玠有主持防务之功，亲率士卒与蒙军鏖战的宋将王坚和张珏也功不可没。但南宋王朝并不乏如余玠那样励精图治，如张珏那样奋勇杀敌的贤臣良将，何以蒙军铁蹄所至，防线屡屡不堪一击，丢城失地之事层出不穷？钓鱼城之战获胜的关键，在于那固若金汤的城防体系，而它则是贵州的冉琎、冉璞兄弟的军事杰作。

说起冉氏兄弟入幕于合州，其间还有一段趣事。

出身于播州绥阳县青山平木台的冉琎和冉璞，是一对同父异母兄弟。这对兄弟情义甚笃，而又都沉默少言，唯一的爱好是游览名山大川和关隘重镇。据说，有一次二人前往贵阳游历，迢迢几百里路程，不但不轻装简从，反而带上许多书籍。到了贵阳，他们既不串街走巷，亦不寻胜探幽，专到荒郊野外与古战场考察，商谈各种情况下的用兵要略。时人并不了解他们何以有此怪癖，但在二人心中，早因目睹北敌咄咄逼人的攻势与南宋朝廷的腐朽不堪，蓄下了以己所学报效国家的大志。播州杨氏闻其才，多次敦请二人出山辅治，都被他们婉言谢绝。

余玠被任命为兵部侍郎四川安抚制置使兼重庆知府，前往合州赴任后，设招贤馆延聘天下人才，共商抗蒙救蜀之计。冉氏兄弟闻讯，相率往谒，余玠像对待其他应聘而来的贤士一样接待了他们。

居馆数月，其他人都提出了各种各样的拒敌方略，唯冉氏兄弟终无所言。一日，余玠设宴会宾客，座上客人纷纷竞言所长，冉氏兄弟依然默无一言，唯饮食而已。这使余玠感到十分诧异，决定另以优裕条件款待二人，以动其心。

冉琎和冉璞被搬到了单独的馆舍，得到了优于其他人的服务，却并未因此感恩戴德，向余玠提出什么有价值的建议。余玠十分不解，私下观察其动静，但见兄弟二人，只是面对面蹲着，用白色泥土于地上画山川城池之形，一旦起身随即擦去。如是者十余日，兄弟二人才去会见余玠，说：我们兄弟辱公礼遇，思有以少裨益，只是不想随声附和那些未必正确的见解而已。为今之计，要保住合州，只有将防御的中心迁到形势对我有利的钓鱼山，构筑坚固、完善的防御堡垒，如果任用得人，积众以守之，远胜十万军队。

余玠听后，茅塞顿开，欣然从其计，立即将二冉之谋向南宋朝廷报告，得到宋理宗等人的认可。不久廷命下来，冉琎被任命为承事郎，权知合州；冉璞封承务郎，权合州通判事。迁徙合州城之事，全权由兄弟二人负责。那以后，兄弟二人尽心竭力操劳迁城及建造钓鱼城防御工事。他们“依山为垒，棋布星分，筑青居、大获、钓鱼、云顶、天生等几十余城垒，以护蜀口”。这些城池如臂使指，气势相连，成为坚守抗蒙的牢固堡垒。

虽然中世纪的攻防战与现代敌我双方的军事较量早已不是一回事，但即使在21世纪的今天，到过合川钓鱼城的人，依然为冉氏兄弟的军事杰作所倾倒。在不到2.5平方公里的面积里，出生于黔北的这两位军事家，竟能以非凡的天赋，营造出改变中国数十年政治格局，甚至影响到世界历史进程的钓鱼城军事城堡，这本身就是一个历史的奇迹。

钓鱼山的位置在涪江以北、渠江以西、嘉陵江以南。清代一位诗人感慨钓鱼城地势之险峻，曾写下这样的诗句：“倚天拔地势嶙嶒，岳缙巴渝一气吞。雁集金沙排万字，佛从石壁显千尊。咽喉此处当东道，锁钥何人在北门？我是阮乎携蜡屐，飞身绝顶望中京。”将合川城防迁移到这里，无疑可扼险而制敌以胜，有“一夫当关，万夫莫开”的优势。

三面环水，一面靠山的钓鱼山，经冉氏兄弟改造后，形成了一套复杂、完整的山城防御体系，既有构筑在陡峭悬崖上的内外两道防线，又有纵向延伸的水军码头。在城中，有制造火器的作坊和视野开阔的瞭望台，暗道机关四通八达。城内还有与一字城墙相连接的给养补给通道，有天池泉井、水洞门为代表的给排水系统。城中的梯级田土，可供守城军民自种自给，维系钓鱼城的生存。无怪乎有人将其称为中国古代战争史上山地防御体系的典范。

蒙哥死后，继承大位的忽必烈改变了唯利剽掠的政策，转而采取屯田积粮，恃险筑寨，步步进逼的战略，四川境内的战斗依然十分激烈。钓鱼城宋军依靠坚固的防御工事，以“弹丸之地”同蒙军殊死搏斗30余年，直到元世祖至元十六年（1279年），在外援无望、弹尽粮绝的情况下，守将王立为保全城军民开城投降，历时36年的钓鱼城保卫战才落下帷幕。

钓鱼城是“上帝断鞭之处”，折断“上帝之鞭”的是南宋合川军民，但抗元军民赖以折断“上帝之鞭”的利器，则是冉氏兄弟精心打造的钓鱼城山地防御体系。万历《合州志》中记有明人邹智的一段话：“向使无钓鱼城，则无蜀久矣。无蜀，则无江南久矣。宋之宗社，岂待崖山而亡哉？”这段话，既可说明钓鱼城之战在导致蒙哥领导的那场灭宋战争全面瓦解，促使南宋政权得以延续二十余年这方面的重要地位，也足以证明冉氏兄弟在这场关乎南宋王朝生死存亡，甚至对蒙军西征欧洲产生了巨大影响的战争中所做出的不容忽视的贡献。

冉琎、冉璞是受余玠之聘而到合州去的，余玠因受谗害去职后，兄弟二人也回到了乡间。冉琎在钓鱼城之战尚未开始的宝祐元年（1253年）即病死于家中，冉璞则是获悉蒙军大败于钓鱼城之后，狂欢过度而卒。

以前看到过一则向世界推介钓鱼城的策划方案已经出台的报道，当时，虽然方案还在讨论之中，却让人感到重庆人并不将列为国家级文保单位作为认识和理解钓鱼城的终点，仍以高度的热情致力于这一历史文化资源的保护与开发。而在贵州，据到过绥阳县的同志介绍，二冉的故居祠宇已毁坏无存，残存的冉琎墓室亦无踪无影，这就让人感到十分遗憾了。

GUIZHOU
LISHI
BIJI

# 伍 土司制度——代表着一种文化

# 中国最后的世袭官制

人类自从由原始社会跨入阶级社会，为了维系一定的社会秩序，便开始了设官分治。因此，官制既是文明社会的一种标志，也是统治阶级确保社会稳定、维护自身统治地位的一种需要。有了官制，自然就必须有官员，甲骨文中“尹”“史”“宰”之类的人，便是夏商时期分掌不同职司的官员。

中国古代的官制非常复杂，研究它的人也非常多，但人们往往热衷于对主流官制的探索、分析与评价，如春秋战国时期的“卿、大夫、士”三级官制，秦朝时以三公九卿为主体的官制，隋唐时期的三省六部制等。地方官制的研究，也偏重对中央政府直接掌管的官制体制的讨论，而对荒僻边远、中央王朝力有不逮地区的管理体制，如羁縻州制、土司制的研究和重视的程度就显得很不够。

20世纪50年代以前，研究历史上羁縻政策、土司制度的文章是很少的，因为那时还没有民族区域自治这样的概念和政策。新中国成立以后，随着民族平等、民族团结原则的贯彻，民族区域自治制度的确立，学术界对历史上民族地区管理制度的关注大为增加，但许多研究文章并没有跳出传统研究视野，几乎众口一词，将实施于民族地区的官制视为中央王朝针对边远民族地区的一种特殊的统治制度，似乎那些制度不过是一种权宜之计。像这样一开始便将民族地区官制作为附属管理制度来进行观察，不利于研究的深入，也很难对中国古代并行不悖的两种管理制度做出公允的评价。

在我们这个世界上，单一民族的国家是有的，但它们只是极少数，大量的是由几个、几十个民族组成的多民族国家。一个国家里既然有若干个居住于不同地区的民族，治理上就不能不因地、因民族的不同而有所差别，这一点，古今中外都概莫能外。

中国既然是有着悠久历史的统一的多民族国家，那么，从第一个完成大一统的秦王朝开始，就必须面对如何统治中心区域与边远民族地区的问题。秦帝国疆域辽阔，但除华夏族外，今广西、云南等地仍居住着众多少数民族，对这些少数民族，秦政府虽然设郡县加以统治，但“颇置吏焉”，由派驻的官吏负责监护少数民族首领治理地方。这种管理虽然在当时还未形成系统完整的制度，但实际上已经隐含有民族地区“自治”的理念。

汉朝对民族地区管理的主导思想是因地制宜，形制上要比秦朝复杂、成熟得多。汉朝既在西南夷地区增设郡县，又强调“因其故俗以治之”，同时向夜郎、滇等方国授王印，承认他们既有的统治地位。对北方内迁的少数民族则设“属国都尉”加以管辖。在西北地区又设置西域都护府，负责守境安民，维护当地的社会秩序。都护由中央政府派驻，“秩比二千石”，有了薪俸，也有一定的级别，但他管辖下的各城国，王、侯、将、相虽然挂着汉朝的印绶，却都由当地人充任，实际上还是自己管理自己。

唐代创建的羁縻州制，是与经制州（时称“正州”）并行的两套管理制度。唐代的州和县，由于战略地位不同、人口多少有别，州又分为七等，县分为八等。唐朝也设置有道，但并非行政区。至于唐代的府，则是与州相当的一级机构。有唐一代，州改郡、郡复州的现象时有发生。安史之乱后，军人跋扈，节度使统辖的地盘又称为“镇”。唐宪宗时，天下的方镇达48个之多，但终唐之世，州、县两级仍然是唐代的主要行政区。而与州县制并行的羁縻州制，才是唐代至关重要的另一套统治制度。这种制度一直延续到了宋末。

元朝统治中国的时间虽然不长，在通过行政制度管理国家方面却很有创意，且功不可没。人们对元朝人创立的行省制度赞扬有加，认为它开创了以省为单位管理国家的先河。经过元初的摸索，到元英宗时，将全境分为13个大的行政区，其中包括11个行中书省、1个宣政院辖地、1个中书省直辖地

（即京城大都所在的“腹里”）。行中书省简称为“行省”，也就是今天我们所说的“省”。这种行省制度，经过明、清两代的完善，一直沿用至今，因而备受推崇。

元代是一个民族不平等的社会。它将全国百姓划分为四等，具有特殊权力的达鲁花赤（蒙语“镇守者”），只能由划为第一等的蒙古人，或处于第二等的色目人中上等出身者担任，处于底层的汉人、南人，永远是被压迫、被奴役的对象。但在西南民族地区，元统治者却在总结历代民族管理制度的基础上创造出了延续数百年的土司制度。土司制度的推行，不仅给西南民族地区的经济社会发展带来了深刻的影响，而且在中国制度文化史上也落下了浓墨重彩的一笔。

也许因为元朝统治者以少数民族入主中原，对如何治理民族地区特别有心得，才能集秦汉以来历朝历代民族政策之大成，创造出一种既与民族地区经济社会发展水平相适应，又能有效安定边远民族地区社会秩序，维护国家统一局面的行政管理制度——土司制度。

元朝的土司制有宣慰使司、宣抚使司、安抚使司、招讨使司、长官司等职级，主要根据各少数民族首领所辖地区的大小、人口的多少来选择设置。《元史·百官志》载：“宣慰司，掌军民之务，分道以总郡县，行省有政令则布于下，郡县有请则为达于省。有边陲军旅之事，则兼都元帅府，其次则只为元帅府。其在远服，又有招讨、安抚、宣抚等使，品秩品数，各有差等。”可见，这种制度在性质、职责、权限、等次上都是比较明确的。

土司制度作为元代中央政府行政管理制度之一，对各级土司的品级都有明确规定，而且级别并不低。宣慰司一级，最高级别土司“秩从二品”，以下分别为从三品、正四品、从六品、从七品，直到最低一级的正九品。宣抚司、安抚司、招讨司的级别比宣慰司稍低，为“秩正三品”。蛮夷长官司的级别则与内地的下州相同。

元朝的土司制度主要以西南地区为对象，而四川、云南、湖广后来都设立了行中书省，作为三省接合部的今贵州地区，便成了推行土司制度的重点。全国统一后，元政府一度要将唐宋以来的羁縻州内地化，“以汉故事，以西南夷悉为郡县”。但至元十七年（1280年）罗甸国主阿察声势浩大的反叛，给头脑膨胀的统治者注射了一针清醒剂，令他们逐渐认识到西南民族地区的特殊性。面对“大姓相嬗，世积威约”“自相雄长”的现实，唯有因势利导，发挥土著首领的作用，才能确保元王朝在当地的统治地位。于是，在“能率所部来归者，官不失职，民不失业”的号召下，各地少数民族相继表示归附。

有元一代，贵州地区几乎都在土司制度的统治下。黔中地区有八番顺元宣慰司都元帅府，治所设于今贵阳，下辖万户府1、安抚司10；黔北地区置有播州军民安抚司，治所设今遵义，下辖府1、长官司32；新添葛蛮安抚司，治所设于今贵州省贵定县，下辖州8、县1、蛮夷长官司120；黔西北地区设置有乌撒乌蒙宣慰司、亦奚不薛宣慰司，这两个宣慰司的领地，除今贵阳以西的黔西北地区外，一部分在云南省境内。

元代的土司制度并不太完善，但已经是一套与行省制度并行的行政管理制度。《元史・卷九十一》记述元朝的官制时，先记行中书省的品秩、职责及其下各级设置，接着即记宣慰司的品秩、职责、其下各级设置，之后才记述儒学提举司、官医提举司等机构设置，最后记述西南诸溪洞设置的长官司。应该说，在当时统治者的眼里，内地的管理与边疆民族地区的管理是同等重要的，两种制度都是国家推行的行政管理制度，不可缺其一。

明王朝建立伊始，各地土司为巩固自己的既有特权，纷纷归附输诚。朱元璋根据这些归附者“有土有民”的情况，决定“踵元故事”，“凡西南夷来归者，即用原官授之”。同时，陆续制定出一套关于土司承袭贡赋的规定，使元代开始的土司制度得以进一步推广和完善。明代的土司职衔分为文职与武职两种，品级普遍低于元代。土官一经除授，朝廷即赐予印章、冠带及诰敕。到永乐年间（1403—1424年），西南民族地区土司密布，仅贵州境内的土司就有数百个之多。

土司制度虽然是由元统治者率先推行的，本质上却是西南各族封建领主制形成与发展过程中的产物。各级土司实际上是大大小小的封建领主。这些封建主依赖世袭特权，霸占着辖区里的土地，通过人身依附关系，将劳动者牢牢地束缚在土地上。土民不仅要无偿为封建主耕种“印田”“公田”，接受各种超经济强制，战时还得为领主们打仗。元代的土司制度适应了西南民族地区农奴制的生产关系，因而在当时的历史背景下，是一种进步的管理制度。

土司制度是中国历史上的最后一个世袭官制。中国历史上“择有德者居之”的禅让制，曾经是人们颂扬的对象。但在夏禹死后，他的儿子启不依规矩，强行继承乃父的王位，世袭制便取代禅让制，成为统治权传承的主要制度。以后，除了改朝换代，历朝历代最高统治权的转换都是在家族中进行的。不过，这种世袭权，只有皇帝、诸侯王、方国君主，以及少数民族地区的土著首领才享有。历史上的职官虽然也有可以世袭的，如春秋时期的“世卿世禄”，但到秦汉以后，随着以军功录用和察举制的出现，职官中的世袭便不复存在。

唐宋科举制度盛行，考试成了做官的主要途径，世袭制只在羁縻州郡和少数边远地区的方国中得以保留。明清以后，随着中央政府势力的强大，方国政权逐渐消失，土司制度成了唯一也是最后的世袭官制。元政府规定：土官一经授职皆为世袭，承袭顺序是先子后侄、兄弟，无子侄兄弟者则妻亦可承袭。为了防止世袭中发生冒袭、错袭之事，还制定了许多相关规定。

产生于西南各民族封建化过程中的土司制度，有着极其丰富的文化内涵。它既是元明之际西南各族经济社会生活在上层建筑中的制度化反映，又是历代封建王朝民族政策集大成的产物，同时还是世袭制在中国历史上从盛行到萎缩没落的透视镜。

在人类进步的过程中，任何一种管理制度都是有一定生存期限的。随着明清之际民族地区生产力水平的提高，作为最后一种世袭官制的土司制度，逐渐失去了它存在的社会基础。明成祖永乐年间废思南、思州两宣慰司，改设八府四州，揭开了改土归流的序幕，经过清雍正年间（1723—1735年）急风暴雨式的改土归流，维系了几百年的土司制度才退出历史舞台。即便如此，由于中国地域辽阔，各地经济社会发展水平极不平衡，在一些边远民族地区，没有了土司制度的土司依然长期存在，有的甚至保持到了民主改革时期。

# 被冷落了的水东宋氏

汉民族与西南少数民族交融而生成的特质土司文化，伴随贵州这片土地走过了漫长的历史。自清代前期急风暴雨式的改土归流之后，土司制度距离我们已经越来越遥远了。如今在贵州，能够反映土司时代文化特征的，除了有限的历史文献、浸润于少数民族社会生活中的某些习俗外，便只剩下开阳县马头寨宋氏土司遗址这样一些为数不多的文化遗存了。

马头寨是贵州开阳县禾丰乡的一个村子，这个距省城贵阳仅58公里的古寨，很长一段时间不为人们所重视。直到2006年，这里的古建筑群被国务院核定公布为第六批全国重点文物保护单位之一，对它的关注才逐渐多起来。

马头寨旧名杨黄寨，是一座依山而建的古老民族村寨。一些人推断马头寨的历史为700年左右，大概是将元世祖至元十六年（1279年）在此置底窝紫江等处土司作为起始点。这是把马头寨的历史大大缩短了。

位于黔中腹地的开阳，是贵州屈指可数的几个开发较早的地区。距马头寨不远的哨上乡打儿窝史前文化遗址，揭示出至少距今1万年前，已经有人类在这片地区劳作与生活。即使就行政建置而言，开阳也是贵州境内较早设官建制的地区之一。

撇开先秦之际的辖属关系不论，唐贞观四年（630年）在今开阳境设蛮州时，今省境内的大部分地区还相当荒芜。唐朝蛮州的治所在巴江，这个巴江，就是今天的开阳县。

坐落于清龙河畔的马头寨，前临底窝大坝。寨内古树参天，道路、民居依山就势而建。除规模最大的底窝总管府遗址外，寨内现存的明清民居建筑多达90余处。这些民居多为干栏式四合院、三合院，一般为穿斗抬梁式木结构，也有个别为砖混结构，院房由一正两厢加对厅（或照壁）组成，正房则有3间、5间、7间不等。

如今的马头寨，有居民208户，计1126人，均以务农为生，宋氏在居民中占60%以上。禾丰乡是一个以农业为主的民族乡，全乡辖6个村1个居委会，布依族、苗族等少数民族人口占总人口的36%。马头寨的宋氏居民据说都是汉族，但关于他们的族群，却有元明两朝直至清代宋氏都是布依族，清末到民国年间才改为汉族的说法。宋氏是布依族与宋氏先祖“原籍真定（今河北正定）”的说法显然是相抵触的。

作为百越族系骆越后裔的布依族，不可能在隋唐之际由北方迁入贵州，唯一可能的解释是，宋氏长期居住的贵阳以东及龙里、惠水、贵定等地区，这一带是布依族先民的广泛聚居区，在漫长的历史岁月中，通过包括通婚在内的文化认同，宋氏家族逐渐融入布依族的群体社会生活，事实上已经成为布依族的成员。

马头寨的土司文化遗存是独具特色的：它既显示出典型的元明土司署衙建筑特征，又散发出浓郁的布依族文化气息。

在马头寨，最宏大的建筑是至今仍保留下来的元代底窝紫江总管府遗

马头寨底窝总管府遗址处遗存“寿”字龙纹石雕

址。遗址位于寨西山腰，占地600余平方米，内有石照壁30多米、石天井2个、变形寿字石雕图案1个，保存完好的清代木结构建筑200多平方米。遗址前还有象征权力的72级石梯，与寨中石面古道相连。底窝总管府虽只是水东十二马头之一，经调查发现的各种文物，包括地契、宋氏神祖牌、墓葬出土物等，却都证明这里正是当年宋氏家族活动的中心。

马头寨土司文化具有典型的布依族文化的习性，寨内民风淳朴，村民热情好客，遇人热情招呼，邀至家中以茶饭招待，至今仍保持着古老的坐夜宴和“六月六”对歌等民间习俗。一年一度的“六月六”歌节是当地各族群众的盛会，附近布依族同胞都会身着节日盛装前来对歌，规模大时达万余人，传统的斗鸡、斗鸟、打陀螺、扭扁担、跳芦笙、演地戏等活动，无一不是布依族传统文化的展示。

水东宋氏在今贵州地区的历史可追溯至唐朝。据《新唐书·卷二二〇·南蛮》载：建中三年（782年），蛮州长史宋鼎要求如觐朝贺。当时，刚即位不久的德宗皇帝，大概还没有从安史之乱中缓过神来，既刚愎自用，又对臣下心怀猜忌，竟以蛮州太小为由，不予批准。宋鼎无奈，只好诉求于黔中观察使王础。对蛮州情况掌握较多的王础虽然不敢讥笑皇上的无知，却在报告中不客气地写道：“牂、蛮二州，户繁力强，为邻番所惮，请许三年一朝。”唐德宗虽喜自以为是但并不昏庸，得知实情后，也就“诏许之”了。

历代水东宋氏都不乏才干胆识超群之人。北宋初年的宋景阳，以军功授宁远军节度使、蛮州总管府总管，控制着以今贵阳为中心的矩州地区，设大万谷落总管府，死后获赠太尉。出生于水东哪平司的宋永高，是南宋时期一名敢作敢为的土司头目，他仗恃手中强大的兵力，擅改巴江县为平蛮军，迁治所于小谷龙，又于南宋宁宗嘉泰元年（1201年），发兵攻占麦新地，改麦新为新添（今贵州省贵定县）军，由其子宋胜驻守。嘉定二年（1209年），面对宋永高已移驻贵州城的事实，势穷力竭的南宋朝廷只得顺水推舟，任命他为贵州经略安抚使。

元、明、清三代，贵州境内土司林立。在贵州土司这个群体中，水东宋氏是与播州杨氏、水西安氏、思州田氏并列的四大土司之一。从唐朝宋鼎封“西南番大酋长、正议大夫、检校蛮州长史、继袭蛮州刺史、资阳郡开国公、赐紫金鱼袋”以后，作为地方大姓的宋氏，一直是贵州鸭池河以东地区的强势集团。

朱元璋荡平元军，建立大明王朝以后，各地土司纷纷顺应时势，向明政府输诚归附，都得到了相应的封号。明政府在安氏、宋氏统治区设贵州宣慰司，以安氏为宣慰使，宋氏为宣慰同知；播州地区仍设播州宣慰司，由杨氏续任宣慰使；黔东北一带则分设两宣慰司，思州宣慰司由田仁厚任宣慰使，思南宣慰司由田仁智任宣慰使。

四大土司中，水西安氏由于历史最悠久、延续时间最长，加上爱国女土司奢香芳名远播，一向是学者们研究的对象。播州杨氏因杨应龙之乱被视为万历年间（1573—1620年）全国三大战事之一，后又因杨粲墓的发现和海龙屯的宣传而声名大噪；思州田氏是最早经历改土归流的土司，涉及贵州建省等问题，都成为史家们关注的热点。而拥有大量土司文化遗存，在贵州社会进程中产生过不小影响的水东宋氏，却很少有人去研究它。

水东宋氏的被冷落，当然不会是学者们趋易避难造成的结果，但目前尚难找到一个合理的解释。《贵州通史》（当代中国出版社2003年版）中说，明正统间，任宣慰同知的宋然贪淫，科害洪边十二马头苗民，激起民变，宋然所居的大羊场被攻陷。自此以后，“宋氏亦遂衰，子孙守世官，衣租食税，听征调而已”。似乎明英宗以后，水东宋氏已名存实亡，失去了影响。水东问题研究的趋冷，是否与这段史料有关呢?

宋然遭到民众武装反抗，既有其自身贪吝暴虐的因素，还有程番宣慰使安贵荣图谋兼并水东，故意挑起事端的外因。关于这个事件，《明武宗正德实录·卷一〇一》是这样记述的：“先是，贵荣欲并（宋）然地，故诱阿杂等，复屡以然激变状上，冀令己抚安之。会阿杂党泄其情，官军进讨，贵荣惧，自率所部为之助。及贼平，贵荣已死，以赏有功准赎罪。”事情的结果是，安贵荣虽死，仍被追夺参政职衔，宋然则受到纳米谷赎罪，革去冠带为民的处罚。

事实上，宋然的被免职，并未动摇宋氏在水东地区的统治地位。当时，想借机废除宋氏土司的官吏是有的。巡抚贵州都御史沈林就曾提出“宜将贵行（竹）、平罚（伐）等七长官司并洪边十二马头地方、金筑安抚二司总设为府，洪边、贵竹各设县，皆以流官抚理”的建议，却因“各长官司夷民不愿开设府县”而被否决。结果，宋氏子侄“仍袭原职”，只是被严责“用心管束夷民，毋得科害激变”。

据有关文献记载，直到明末天启二年（1622年）奢崇明、安邦彦举兵反明招宋万化为助以前，水东宋氏与明王朝都保持着相对和谐的关系。其间，宋氏派赴京师的朝贡使者络绎不绝。宋然死后，见于记载的朝贡就有嘉靖四年（1525年）、七年（1528年）、九年（1530年）、二十四年（1545年）、二十七年（1548年）、四十四年（1565年），隆庆二年（1568年）等若干次，直到万历十年（1582年），仍然有“贵州宣慰使司宣慰使宋德懋贡马，赏钞币如例”的记录。

水东宋氏是与播州杨氏同样源远流长的地方势力。如果从唐朝德宗年间（779—805年）算起，到明末宋万化被官军剿平，崇祯四年（1631年）下令革除宋氏土司职，以其所辖水东十二马头地置开州（今开阳县），宋氏雄踞水东地区长达800余年。

水东宋氏势力最强盛时，控制的地区包括今贵阳市大部及黔南州的龙里、贵定等地，成为与水西安氏并列的贵州两宣慰使司之一。与水东宋氏相关的一些历史事件，曾对元明之际的贵州社会产生过深刻的影响。

元大德年间（1297—1307年）由雍真葛蛮土官宋隆济领导的“反派夫”斗争，是贵州古代史上规模最大的一场抗暴起义。大德四年（1300年），元成宗下令调湖广、江西等五省兵力征讨位于今缅甸东部的“八百媳妇国”。进入贵州的元军，强令雍真葛蛮、乖西等部出人夫马匹。宋隆济以“反派夫”相号召，率各族群众起义。义军攻占杨黄寨，烧雍真总管府，进围顺元城（今贵阳），杀知州张怀德，迫使元政府以“丧师罪”处死率军征讨的湖广右丞刘深以平民愤。这场持续3年之久的抗暴斗争，成为元朝前期声势最大的农民起义。

明太祖朱元璋设置贵州宣慰司时，设司署于贵阳。以水西霭翠为贵州宣慰使，任命水东宋钦（宋蒙古歹）为宣慰同知。宣慰司的印信虽由安氏执掌，但各领其地。宋钦死后，其妻刘淑贞代袭职。在那场关系到西南一方安宁的“马烨欲逼反水西”事件中，刘淑贞以女政治家的气魄，力劝奢香戒急用忍，卷裙走马数千里，亲赴京城向朱元璋报告马烨弄权误国、扰乱地方、辱挞奢香、欲逼民反等情状。一场事关国家统一和民族团结的政治危机，因水东刘氏立场鲜明，不辞辛劳地奔波，才得以化干戈为玉帛。

作为贵州四大土司之一的水东宋氏，对唐宋直至明末的贵州历史有着深刻的影响，无论探讨中国土司制度或是研究贵州历史，都不能忽略它。水东宋氏的被冷落，原因或许很多，但就学术研究而言，不能说不是一个遗憾。

# 奢香的重诺与朱元璋的背信

仰赖“高筑墙、广积粮、缓称王”9字方针夺得天下的朱元璋，是中国历史上一个励精图治的皇帝。有人将他的治国理念归结为这样32个字：“发展生产，阜民之财；节约开支，省民财力；节省工役，减轻负担；宣传教化，加强法治”。从他在贵州的所作所为来看，这32个字的概括还是当得起的。不过，在处置与贵州宣慰使安氏关系的问题上，这位明太祖却有些过于玩弄权谋，显得不够光彩。

朱元璋是一个政治、军事天赋都很高的人。从一个穷愁潦倒的和尚，到加入郭子兴的部队，后成为小明王韩林儿的左副元帅，以战功连续升迁，最后击败陈友谅、张士诚等竞争对手，统一全国，成为大明王朝的开国皇帝，没有坚忍的毅力和顽强的斗志，决不可能走到这一步。艰苦的奋斗历程，练就了朱元璋圆滑的政治手腕和敏锐的军事眼光，也形成了他无端猜疑，对谁都不信任的心态。

自古以来“将在外，君命有所不受”，是因为战场格局瞬息万变，将兵者必须审时度势，灵活应变，方能克敌制胜。但这句千古流行的军事俗语，在朱元璋这里却不管用。

征南将军傅友德是朱元璋赖以平定西南的军事干将，但傅友德的军事行动，无不出自朱元璋的事先部署。洪武十四年（1381年），傅友德奉命出征云南，临行，朱元璋先是嘱咐他：云南僻在遐荒，行师之际，一定要注意山川形势。然后，对战争怎么打，走哪条路，用哪支部队，他都做了详细安排。他要傅友德从永宁派一支精锐部队向乌撒进军，自率大军从辰、沅进入贵州普定，先分据各处要害，再出奇制胜拿下曲靖，与乌撒永宁的军队会合后，再直捣云南。

对傅友德来说，皇上的这番布置，不过是进攻云南时必须遵循的军事行动计划，只需照办即可，却不知其中隐含着朱元璋扼控贵州局势，钳制水西安氏土司的深刻用心。

贵州战略地位的重要，战国、秦、汉以来的一些统治者早已经意识到了。楚顷襄王派庄蹻经夜郎入滇，秦始皇修五尺道，汉武帝派唐蒙通夜郎，诸葛亮发动南中之战，无一不是想将贵州这块战略要地收入囊中。但明代以前的执政者，没有谁对贵州战略价值的认识有朱元璋这样到位。

洪武十五年（1382年）初，明军攻克云南的捷报传来，朱元璋专门遣使到前线，告诫傅友德："区画布置尚烦计虑"，"如霭翠辈不尽服之，虽有云南，亦难守也"。仅这一句话，便道出了在朱元璋心目中，贵州在稳定西南政局上至关重要的战略地位。

或许由于太看重贵州的军事价值，对洪武初年便率众归附，并"贡马及方物"以表忠诚的贵州土司，朱元璋始终抱着一种不信任和防范的心理。《明实录·卷七五》记载有这样一件事：洪武五年（1372年），已经被任命为贵州宣慰使的霭翠请求发兵征讨负险阻兵以拒官府的陇居部落。霭翠的一番忠诚，在朱元璋的眼里，变成了"蛮夷多诈，不足信也，中国之兵，岂外夷报怨之具耶"。因为怀疑陇居之反是"霭翠所激"，不但"霭翠所请不从"，还令当地驻军慎守边境，防止霭翠借机生事启衅。

水西安氏在贵州有着十分久远的历史，其先祖是蜀汉时期助诸葛亮平南中，"积粮通道，佐丞相擒孟获"被封为罗甸国王的济火。济火之后，唐朝时的阿珮、北宋时的普贵、元代的阿画，都在开国时纳土袭爵，继续执掌水西统治权。尽管有着长期雄踞一方的实力，在千余年的朝代更替中，水西安氏却总是率先纳土内附，足见其识大体、顾大局，有着浓厚的国家一统观念。

霭翠于元末袭顺元路宣抚使，八番顺元沿边宣慰使，领水西四十八目。

洪武四年（1371年），霭翠与水东宋蒙古歹等率土归附，朱元璋下令“以原官世袭”，“税听其输纳”，并赐霭翠安姓以示笼络。次年，明政府下令将水东、水西合并，设贵州宣慰司，以霭翠为宣慰使，水东宋氏为宣慰同知，宣慰司印由安氏执掌，遇事则共同商议。洪武六年（1373年），朱元璋又特别下诏，明确“贵州宣慰使霭翠位居各宣慰之上”。

朱元璋的这番荣宠，换来了水西各部的忠心回报。明军进攻云南时，水西拿出马1万匹，毡1万领，牛羊、弓弩各1万以助军需。平定云南的当年，霭翠还亲往朝觐，贡马27匹及毡、衫、环刀等物。其后，水西的进贡几乎没有中断过。当然，每次也都得到了封建王朝例行的赏赐。

但是，表面上的平静与和谐，并不能改变朱元璋骨子里对贵州各族的偏见。就在一方不停敬献方物，另一方慷慨回赏嘉勉的同时，朱元璋控制水西的军事部署也在紧锣密鼓地进行。从这一时期朱元璋的言行可以看出，表面上的拉拢和抚慰，绝不是这位皇帝治黔的基本政策，长期保持高压与钳制，随时准备清除土司势力，才是其所追寻的终极目标。

就在水西为征南大军提供大批军需物资，促成明军全面胜利的第二年，朱元璋已向傅友德、蓝玉、沐英等将领密授机宜。为防止“大军既回，诸蛮亦复啸聚”，令将乌撒、乌蒙、东川、芒部土酋悉送入朝，“霭翠夫妇亦如之”。同年八月，又在毕节、赤水、七星关、黑张（赫章）、瓦店等地设卫之际，令傅友德以大量兵力控制水西，称“霭翠之地，必以十万众乃可定也”。

对于封建统治者来说，像安氏这种边远贫困地区的地方首领，无论如何输诚，都无法改变其消灭地方割据势力，集大权于手中的决心。正因为如此，发生于洪武十七年（1384年）的奢香事件，与其说是都指挥使马烨的一意孤行所酿成，不如说是朱元璋对水西各部玩弄权术的产物。

《明史·卷三一六·贵州土司》记载有这样一件事：“霭翠每年贡方物与马，帝赐锦绮钞币有加。（洪武）十四年……，时霭翠亦死，妻奢香代袭。都督马晔（烨）欲尽灭诸罗，代以流官，故以事挞香，激为兵端。诸罗果怒，欲反。刘淑贞闻止之，为走诉京师。帝既召问，命淑贞归，招香，赐以绮钞。十七年，奢香率所属来朝，并诉晔激变状，且愿效力开西鄙，世世保境。帝悦，赐香锦绮、珠翠、如意冠、金环、袭衣，而召晔还，罪之。”

这是一个许多人都已经熟知的故事。人们钦佩于奢香的凛然大义，为她能在极度复杂的政治环境下，镇定自若，维护大局，化干戈为玉帛，制止一场有害于国家统一和民族团结的战争而赞叹不已。而对马烨的暴虐，对其为邀功不惜挑起战争的图谋，表示出极大的鄙视。然而，如果对明初的政治局势和朱元璋的一贯行事风格多做一些分析，不难发现，这件事有许多地方值得深思。

因为《明史》中没有为马烨立传，马烨的前期经历和他以什么样的军功升到贵州都指挥同知这样高的职位，便无从了解。但有一点是许多史籍都提到了的，那就是马烨是朱元璋结发妻子马皇后的侄儿。作为研究明朝基本史籍的《明实录》没有提到过马烨这个人，《明史》中只用“罪之”一笔带过了马烨的下场，究竟怎么个“罪”法，并未写出来。

近年来有学者撰文提出，“马烨鞭挞奢香事件并非历史事实，而是史籍误载”。文章结论虽然失之偏颇，但作者质疑：在朱元璋高度集权的体制下，“地方军事长官怎能随意处置地位崇高的宣慰使奢香”？这样的问题，提得还是有一定道理的。

从血流成河的战场中走过来的朱元璋，对敢于公然违命之人，从来都是杀无赦，决不心慈手软。朱元璋的严酷，明以前的统治者都不能与之相比。他十分重视吏治的整顿，严禁官吏玩忽职守，庸政害民。高级官员必须接受御史监督，中下级官员必须定期考核，品德恶劣者罢官为民，凡贪污达到60两纹银的，一律处死，严重者还要被剥皮。面对他的严刑峻法，朝野官员噤若寒蝉。

按明朝的官制，都指挥使司掌一方之军政，与布政使司、按察使司合称为“三司”。都指挥使司设都指挥使一人，正二品；设都指挥同知二人，从二品。土司当中，宣慰使司为从三品，宣慰同知为正四品。马烨当时的头衔是贵州都指挥同知，级别比奢香稍高。即便如此，在上有都指挥使，水西地位又在各宣慰之上的情况下，无论急功之心强到何种程度，马烨也决不敢擅

传奇女子奢香塑像

自启衅，用裸挞奢香的手段来制造事端。唯一可能的解释是，这位与宫廷有着内线联系的官员，揣摩或了解到了朱元璋的内心想法。

朱元璋对水西安氏的不信任是根深蒂固的。他不仅将贵州都指挥使司设于贵州城（今贵阳）内，加强对两宣慰使的监控，还严格规定：水西安氏“非有公事，不得擅还水西”；如有事需回水西，必须报请批准，并将宣慰司印交任宣慰同知的水东宋氏代管。其目的显然是将霭翠圈控在贵阳，削弱其与水西各属的联系。

尽管水西出了大力，帮助朝廷打赢了征南之战，朱元璋也丝毫没有放松对霭翠的防范。换句话说，找一点水西的岔子，为政治严控甚至军事打击制造借口的想法，一直活跃在朱元璋的脑子里。如果他对西南地区的政策真正是抚绥安缉，坚持以维持现状，力求稳定为宗旨，马烨虽有马皇后这座靠山，也绝不敢冒杀头风险去邀功生事。

历来的史书都有“为尊者讳”的传统，像朱元璋这样对水西安氏玩弄两手的做法，《明实录》之类的文献自然不会留下痕迹。我们不能凭空猜测奢香事件中，马烨是否得到了朱元璋的授意，但从事件发生后这位皇帝的态度和处置方式中，仍旧能看出一些端倪。

第一个将水西事件向朝廷报告的人，是水东的刘淑贞。按理，朱元璋听到这关乎一方安危的重大事件，应有强烈反应，至少会让刘淑贞带回上谕之类的文书，对奢香进行安抚，或派人随同刘氏一起到贵州进行调查。但这位以雷厉风行著称的明太祖并没有这样做，他只是让刘氏去见马皇后，由马皇后问她：“你能为我把奢香召来京师吗？”然后，皇帝本人就坐在京城等着奢香去朝见。从贵阳到京师，往返至少需数月。面对“诸罗果勃勃欲反”的严峻局势，朱元璋居然如此好整以暇，一点儿也不着急，不能说不是一种反常。

其后接见过程中，朱元璋与奢香的一番对话更加耐人寻味。朱元璋首先问奢香道：“马烨给你们制造了很多痛苦，我准备为你们除掉他，你拿什么来回报我呢？”奢香答：“愿世世代代约束部属，保持地方安宁。”朱元璋道：“那是你的职责啊，怎么说得上是报答呢？”奢香答：“贵州东北有道路可通四川，但久已梗塞，我愿为陛下凿山通道，开设驿传，以供往来。”听到这里，朱元璋龙颜大悦，当即下令给奢香以厚赐，召马烨还京问罪。

重义轻利的奢香返回贵州后，信守对朱元璋的承诺，亲率众族人开山辟岭，掘土筑路，开辟出以偏桥（今施秉县境）为中心的两条驿道：一条经水东、乌撒，抵达乌蒙；一条经草塘、陆广、谷里，抵毕节。驿道沿途设置龙场、陆广、谷里、水西、奢香、金鸡、阁鸦、归化、毕节9个驿站。这9个驿站，即历史上所称的“龙场九驿”。

与奢香的重诺形成对照的是，朱元璋对事件的处置显得既无雷声，也无雨点。处置马烨是朱元璋亲口对奢香许下的承诺，据马烨所犯罪行的严重程度，斩首应该是最轻的，再不济也要撤职查办。一些文献，如田汝成的《炎徼纪闻》、谷应泰的《明史纪事本末》中，虽有“太祖怒，立斩之”，“召烨，数其罪，斩之”一类记载，但毕竟不是正史，因此，马烨的生死结局仍是一个谜。

如果朱元璋真的“不惜舍一人以安一方”，将自己的内侄马烨处以死刑，这种不避亲、不徇私的政治风范，是值得大加称颂的。这样有利于皇上的资料，御用文人们哪会轻易放过，《明实录》和《明史》一类的官修史书也绝不可能漏记。但马烨之死，偏偏只见于明、清两朝的私家著述和后世所修的地方志。这就让人对马烨的被处决，不能不产生出许多疑问。

朱元璋在与马皇后谈到马烨的时候，虽然有“吾知马烨忠无他肠，然何惜一人，不以安一方也”的话，但也没有明白说一定要杀掉他。事实上，即便马烨在贵州的行为没有朱元璋的授意，朱元璋是否会因奢香事件杀掉马烨，也还是一个未知数。

朱元璋是靠投身于郭子兴起家的，马皇后是郭子兴的义女。在朱元璋创建帝业的岁月里，马皇后与之患难与共，给了他很大的帮助。朱元璋被郭子兴猜忌时，靠马皇后拍郭子兴老婆的马屁，才得以免祸。有一年军中粮食不足，朱元璋打仗回来没有捞到饭吃，马皇后从养父那里偷来刚出锅的炊饼，藏在怀里给朱元璋吃，据说热饼将她胸部的肉都烫伤了。面对这样一个让自己铭感五内的妻子，朱元璋会断然下令杀她的侄儿吗?

马皇后是一个孤儿，每说到父母早逝就痛哭流涕，对亲戚比较回护。有一次，朱元璋自己的侄儿朱文正在对陈友谅的战争中立了功，因叔父未及时赏赐而表现出不满。朱元璋得知后，杀了朱文正身边的亲信，当他要治朱文正的罪时，马皇后当即劝道：文正这孩子立了好多战功，守南昌尤其不易，况且只是性急要强，并不是反叛，不要追究了。结果，朱文正只受到了免官处分。由这件事来推断，马烨这个外侄的结局，可能与朱文正那个内侄差不多。有学者分析马烨事后没有被杀，而是易地做官，被派到西北一带继续统率军队，这个结局完全是有可能的。

# 海龙屯：何时不再孤芳自赏？

历史总是喜欢给人开玩笑的。它往往在人们不经意间，或最不重视的地方，忽然冒出一两件令人意想不到的东西，让你瞠目结舌。

历史文化资源开发利用的热潮，将沉寂400余年的海龙屯推上了当今社会舞台。早些年，一提到遵义地区的历史文化，人们很自然地首先想到享誉中外的遵义会议会址，其次就是出过一些贵州文化名人的沙滩和杨粲墓。而孤峰一蒂，陡峭雄奇，面积达1.5平方公里，距遵义市区仅30公里的海龙屯，却很少有人去游览。

1999年《贵州省志·文物志》审定时，海龙屯还没有引起大家太多的重视，后来出版的志书也只登载了一幅图片和两页多文字说明。2001年6月被国务院公布为全国重点文物保护单位后，昔日鲜为人知的海龙屯，一夜之间身价上涨百倍，成为社会各界关注的热点，不仅慕名前来游览的人络绎不绝，研究播州土司和海龙屯历史文化的文章，也频频见诸报刊。

海龙屯地位提升之快，实在超出一般人的想象。往昔冷落破败的一片土司城垣残迹，经过富于想象的学者们的一番考证，成了“我国目前已知的历史最悠久、地势最险要、建筑最坚固、保存最完整的古代军事城堡，是土司城堡的集大成者”。这一结论虽下得有点过了，但毕竟还是有它的依据的。

关于中国古代的军事城堡，自诩为“最完整”“规模最大”“保存最好”“设施最完善”的就有若干处。始建于公元6世纪的西安，被认为“是中国古代城垣建筑至今保存最完整的一处，也是世界上现存规模最大、最完整的古代军事城堡设施”；有着三重城廓，多道防线，城内有城，城外有壕的嘉峪关，被一些人称为“保存得最为完好，规模最为壮观的古代军事城堡”；修建于清雍正年间的福建长乐琴江水师营基地，也被宣传为“一座体现了中国古代军事思想、立足于巷战、军事设施完善的军事城堡”……如果来一次所有军事城堡都参加的“华山论剑”，恐怕很难分出谁是真正的天下第一。

始建于南宋宝祐五年（1257年）的海龙屯，位于遵义县高坪镇的龙岩山上，深处万山丛中。南宋末年，蒙古军由云南挥师东进，抵罗氏鬼国境，直逼播州。土官杨文动员军民伐木通道，在龙岩山修建营垒、关隘、楼宇，储备粮草和军需，以求自保。宋亡后，杨氏归附元王朝，元世祖授杨邦宪播州宣慰使。明初，宣慰使杨铿与同知罗琛，纳元所授印符归顺，明太祖以原官封授，播州宣慰司仍隶四川。直到嘉靖以前，播州地区与明王朝都保持着良好的隶属关系。

到了明神宗万历年间，土司杨应龙与明王朝的矛盾日渐深化。先是杨应龙“残害多命，纵欲欺罔”，“间有据蜀志，间出剽州县”。之后是贵州巡抚叶梦熊历数杨应龙24大罪，“赴阙上书，请讨应龙”。万历二十年（1592年），明王朝“檄杨应龙至重庆听勘，拘留之”，“坐法当斩”。杨应龙表示“愿将五千兵征倭自赎”而获释。不久，杨应龙又被处以革职，儿子杨可栋被押至重庆追赎，并死于重庆。杨应龙极度痛恨明王朝，终于在万历二十四年（1596年）公开起兵反明。

杨应龙与明王朝的战争打了十几年。声势最大时，他的军队曾袭掠余庆、都坝，焚劫草塘二司及兴隆、都匀各卫，围黄平，戮重安长官，还曾劫掠四川江津、南川诸邑，袭击贵州洪头、高坪、新村诸屯，侵扰湖广48屯，搞得明朝廷上下震动。明政府从陕西、甘肃、浙江等8省调军队到贵州增援，费了九牛二虎之力，才将这场叛乱镇压下去。

在与明军对抗的过程中，杨应龙为作长久计，从万历二十四年（1596年）开始，调集役夫工匠大规模扩建海龙屯。其先将原有的城堡、宫室加以扩充加固，又筑前后9关作为抵御明军的防线，再于城堡外围5公里处修建土城和三重月城，延伸防守范围。城堡内则修建楼房、家庙、仓库、兵营和水牢。经过他的这一番经营，海龙屯成了一个设施齐备、粮草充足的军事堡垒。在杨应龙的心目中，播州即使为明军完全控制，凭借海龙屯固若金汤的防御工事，他也能与明军展开消耗对峙，直到把明军拖到兵疲将怠，不得不畏难而退。

不可否认，杨应龙的确是一个习文讲武，通谋略，知战阵的军事人才。他自己对此也很得意，海龙屯上的一副石刻对联，很能证明他的勃勃野心。其联云："养马城中，百万雄师擎日月；海龙屯上，半朝天子镇乾坤。"养马城始建于唐末，位于海龙屯东面。清人顾祖禹的《读史方舆纪要》载："海龙屯东之山顶，建养马城，周五里，墙高丈余，可容马数万。"但这一次杨应龙的如意算盘却落了空，即使如养马城、海龙屯之坚固，仍难以抵御数十万明军夜以继日的猛烈进攻。

万历二十八年（1600年）三月，从贵州、湖广调集的明军，攻下播州军固守的乌江一线，接着，"一夫当关，万夫莫开"的娄山关也被从四川调集而来的明军攻占。四月，八路明军将海龙屯团团围困。杨应龙苦心修建的

海龙屯遗址——历史上有名的"平播之役"的主战场，就在这里

城堡虽然牢固，毕竟经不住占有绝对优势的明军的轮番进攻。五月中旬，明军围屯三匝，反复向屯堡发起冲击。率军主帅李化龙见前屯不易攻破，一面下令断绝播州军“樵汲之路”，一面将主力调至后屯。六月五日，后屯土、月二城被明军攻破。杨应龙感到战况危急，又无力扭转局势，与其子相抱痛哭。次日，明军分六路大举而上，播州兵溃不成军。杨应龙自感末日来临，走投无路之下，先纵火焚烧宫室，然后与两爱妾同室自缢而死。

经过114天的激烈战斗，明神宗万历年间“全国三大战事”之一的播州之战，以明军的彻底胜利告终。万历二十九年（1601年），明政府下令革除播州宣慰司，在其地分设遵义、平越二军民府，遵义军民府属四川布政司，平越军民府属贵州布政司。雄踞播州700余年的播州杨氏，从此一蹶不振。杨应龙苦心经营5年之久，寄望赖以保住“杨氏小朝廷”千年不朽的海龙屯，也在这场战火中灰飞烟灭，只留下不多的断垣残壁。

海龙屯是播州杨氏历史终结的见证。这座城堡的建设，耗费了宋、明两朝播州劳动者的心血。其设计构思之奇巧，建筑工艺之精湛，设施配置之齐备，即使用今天的眼光来观察，也令人赞叹不已。在方圆2平方公里的面积内，从屯前复杂的防御体系，到屯顶规模宏大的“新王宫”，所有建筑既围绕战争需要设计，又无处不在显示杨氏的富足充裕和强大的军力。

杨应龙修建海龙屯的目的，在他亲撰的《骠骑将军示谕龙岩囤严禁碑》中说得十分明白：自古“王公设险，以守其国”，所以他要修建海龙屯，“以为子孙万代之基，保固之根本”。既然出发点是军事防御，那么，一切设施都必须服从战争需要。其利用海龙屯四面陡绝，冈峦盘曲，怪石危岩，只有山后一条窄径可以攀援的险峻地形，依山而建铜柱、铁柱、飞虎、飞龙、飞凤、朝天、万安和西、后等九关，各关均以巨石垒砌，建于悬崖之巅，并有城墙、瞭望台、石壕、箭楼等配套设施。

毫无疑问，海龙屯是一座为军事目的而建造的城堡，因为它建于16世纪末，我们称之为中世纪的军事城堡，自然也没有错，但是否一定要将这个历史遗存定位在“我国目前已知的历史最悠久、地势最险要、建筑最坚固、保存最完整的古代军事城堡”，才能体现它的价值呢？恰恰相反，过多地在

“最悠久、最险要、最坚固、最完整”的军事城堡上去做文章，只会削弱这一历史文化遗存的地位。

历史上，贵州地区的战事固然比较频繁，但若与群雄竞相角逐的中原比起来，发展的历程相对就要平静得多了。作为边远民族地区历史遗存的海龙屯，自有它本身无法低估的历史文化价值，是不必也不需要硬去争那个“最最什么”之类军事城堡的。

杨应龙建造城堡的目的是与明军对抗，建成后的海龙屯却大大超越了杨氏土司的初衷。龙岩山的雄奇加上巍峨壮观的建筑，这种高高在上，古朴、沉静、肃穆、清新的景观，只有在贵州高原这样的环境里才能被打造出来。海龙屯实际上是播州土司的大本营，是贵州历史上特色土司文化在军事领域的物化表现。

在贵州，人们习惯将人群聚居的地方称为村子或寨子，屯一类的地名，大多是由屯军驻扎以后流传下来的，海龙屯当然也不能例外。宋代以前并没有海龙屯这个名称，当地人将这座矗立在大娄山脉中段的方形孤山称为“龙岩山”。

南宋理宗时，杨粲之孙杨文袭播州沿边安抚使，与湖南沅、靖二州节度使吕文德共商抵御蒙军进攻之策，决定利用播州险要地形，修筑龙岩新城，“以为播州根本”。自唐代据有播州地以后，来源于北方的杨氏，世代仿效汉晋以来利用士兵和农民垦荒种地以取得供养和税粮的办法，用“务农练兵”“寓兵于农”来支撑在播州的统治。因而，朱元璋在贵州广设卫所，大兴屯田以前，黔北播州地区已经有了杨氏自己的屯卫。据《遵义县志》（贵州人民出版社1992年版）记载，仅该县高坪镇就有若干个以屯相称的地名。只因海龙屯是杨文作为“播州根本”来打造的，杨应龙又将其当作与明军抗衡的最后根据地，倾全力进行营建，故而成了规模最宏大的城堡。

展现海龙屯的价值，如果只局限于军事建筑一项，那显然是大题小作了。支撑这一古代军事建筑的，是源远流长的播州土司文化；让海龙屯保持无限独特魅力的，是群峰逶迤，谷深山高，有如鬼斧神工的黔北锦绣山川；与海龙屯相辅相成，互映成趣，如闻播州千余年历史吟唱的，是散布各地的播州土司庄园、包括杨粲墓在内的杨氏土司墓群和不断引起考古学界惊叹的黔北宋墓。

对贵州省而言，海龙屯无疑是不可多得的历史文化资源，也可说是一笔潜在的巨额财富。如何保护和开发好这一前人留下的资源，最大限度地将潜在财富转变为现实财富，是一个需要认真思索的问题。

以前看到过一则关于海龙屯开发问题的报道，报道称，由陕西古建设计研究所编制的“遵义海龙屯保护规划”已获有关方面评审通过。这是一件让人非常振奋的事。有了明确具体的保护规划，相信这处经历400余年时间剥蚀的文化遗产，会从衰败中恢复它的生机与活力。

多年前，笔者曾听闻地方招商局将海龙屯开发作为重点项目积极对外招商引资，与某外资公司就合作开发海龙屯达成共识，签订了合作开发海龙屯的协议。虽无缘目睹相关的开发计划，但从有关文章透露的情况中，笔者了解到计划中建造的一些项目，如海龙屯旅游景区的公路、步道、水库、停车场、古迹清理维修加固、供水供电、通信、旅游服务接待、绿化及环保设施，其他的一些建筑还包括环城马道、可接待600人的接待站、上山便道、蓄水池、土司文化博物馆等。由此看来，该计划似乎并没有跳出孤芳自赏的单一旅游景点的设计思路。

发展旅游文化产业是一个大趋势，如何把握好这个趋势却很有讲究。这方面积累的经验很多，落下的教训也不少。

重庆合川区的钓鱼城既是国家级重点文物保护单位，又是国家重点风景名胜区，这些年来，在保护与开发问题上，就曾遇到过不少尴尬。先是某投资商买断了经营权，成立“XX钓鱼城旅游发展有限公司”，仅仅1年，出于资金不到位等原因，投资方被开除出局。其后，不断有钓鱼城开发的方案出笼，较大的手笔是2007年末，某集团计划出资百亿元建设钓鱼城。这家财大气粗的投资商，对钓鱼城的认识确实有一定的深度。其开发的内容包括至少一家五星级酒店，以及体育公园、会议中心、古战场再现的主题公园、历史博物馆、温泉度假区、特色餐饮一条街等，建筑风格风貌力求与钓鱼城景区协调，与合川文脉和三江文化相承，并拍摄一部反映钓鱼城历史文化的电影或电视剧。尽管这已经属于综合文化旅游开发方案，但仍有不少学者对此抱有某种疑虑。

一位记者为观察钓鱼城的情况，亲赴当地进行过调查，最明显的感受是一片冷清。即便是周末，也仅有3位当地导游带团游览，每个团都在10人以下。如此门可罗雀的景况，让这位记者想起了《瞭望新闻周刊》对钓鱼城旅游现状的一番感叹。该周刊的文章说："这个闻名国内外的景区，一年游客接待量还不如当地一个古镇黄金周一天的接待量。"

这位记者还记述了他亲见的一段趣事：进入钓鱼城的护国门附近古炮台遗迹下，一位游客指着城墙上的一处树洞调侃，"如果在这里编一个士兵夜晚守城幽会的故事，那就有看头了"。这位游客显然对钓鱼城的历史并不感兴趣，而导游只是尴尬地一笑，没有解释。

合川区旅游局某副局长的一段话，显然是从钓鱼城开发利用的经历中总结出来的。这位副局长说：钓鱼城是个古战场遗址，也是废墟文化，其旅游受众面窄；而要把旅游产业做大，则需要大众游客来推动。目前钓鱼城从宣传包装到硬件设施都还做得不够，一是大众游客觉得没得看，二是讲解员觉得没得讲。

与合川钓鱼城相比较，海龙屯在军事上的影响显然要小得多。人们将钓鱼城称为"迄今我国保存最为完好"的古战场遗址，称为"东方的麦迦城""上帝折鞭处"。虽然也有人声称"海龙屯的存在保护了欧洲的文明"，并以南宋年间，由海龙屯—钓鱼城构建的军事防线阻碍了蒙古铁骑从西南进入江南作为理由，然而，在进攻南宋政权的过程中，蒙军并没有进入播州，海龙屯也没有发生战事。这种结论形同对历史的嘲弄，根本不值得重视。

海龙屯的开发，必须立足在对这一历史文化遗存深入研究的基础上，必须走出孤芳自赏的误区。如果能将海龙屯这一封建军事建筑遗址，置于它所展示的黔北独特景观文化、宋明之际遵义地区高水平的建筑文化、上下700余年的播州土司文化当中来思考，则海龙屯的开发利用，必能做出自己的特色，走出一条创新之路。

海龙屯，何时不再顾影自怜，何时不再孤芳自赏？

# 改土归流的成功与失败

杨应龙被剿灭以后，如何处置播州这片土地，很让明政府费了一番思量。从地理位置上看，播州紧邻永乐年间（1403—1425年）新设置的贵州行省，应划归贵州管辖。但贵州又是一片“瘠壤地”，无力承担诸多缔造、劳务费用；如果仍留归四川辖制，又未必有利于中央政府对这片地区的扼控。想来想去，还是决定将播州一分为二，撤消杨家的土司头衔，改设遵义、平越两军民府，遵义军民府继续由四川管，平越军民府划属贵州。

播州土司的被废除，终结了杨氏在这一地区长达700余年的统治，也宣告了黔北地区土流并治局面的结束。这种撤废土司、改由中央政府委任的流官进行统治的举措，历史上称为“改土归流”。

明神宗并不是第一个在贵州推行改土归流的统治者，比他早了将近200年的明成祖，才是最早取缔土司统治、设置流官政权的皇帝。永乐十一年（1413年），明成祖将四大土司之一的思南、思州两土司裁废，杀掉了思州宣慰使田琛和思南宣慰使田宗鼎，在两宣慰司地设置八府四州，又以此为基础设置贵州承宣布政使司，使贵州这片长期分属四川、云南、湖广几省的地区，成为独立的省一级行政区。原先作为地方实际统治者的土司和土官被废，由中央政府直接委派官吏的流官政权则建立起来了。明成祖此举既是贵州改土归流的起点，也是贵州作为省一级行政区划历史的起点。

中国的土司制度不是从天上掉下来的，它是封建王朝为适应对西南民族地区管理的需要而创造出来的一种既符合中央政府的意图，又为民族地区实际统治者所能接受的行政体制。同样的道理，随着民族地区经济社会的发展和封建中央集权的加强，改土归流也成了势所必然的潮流，任何一种力量都无法阻止它的发生。

没有在民族地区生活过的人，或许对于什么是“土”、什么是“流”不怎么闹得明白。但有一点必须知道，那就是改土归流中的“土”和“流”指的都是封建时代的职官。那些世代相袭，长期掌握着本地统治权的土著首领，朝廷既无力摆布他们，又不愿让他们成为对抗力量，往往授予一定的头衔或职位，这一类可以世袭的官员即史籍中所谓的“土官”。而直接由政府委任，随时可以调整、调动，晋升或免职的官吏，在官方文献中则称为“流官”。

土官的存在远比土司制度为早。唐代推行羁縻州制时的那些羁縻州刺史、都督府的都督、羁縻州下属县的县令等，实际上都是土官。有唐一代，随着政府军事控制能力的强弱和民族地区经济社会情况的变化，羁縻州改成经制州，经制州降为羁縻州的事时有发生。换句话说，自从有了土、流两种官制，改土归流或改流为土的现象，就已经存在了，只不过史家们从来没有用“改土归流”这个词来概括它，而那时的这种改变，也是可逆的。

“改土归流”这个专用词最早见于何种文献？从现有的一些资料看来，似乎起于清初。这之前的官吏奏疏或政府议复中，虽有撤废某某土司，改设某某县等语句，却并无“改土归流”之说。康熙元年（1662年）云南总督赵廷臣的奏疏中，出现了“曹滴司改土为流，请令黎平府经历管理”的说法。康熙四十五年（1706年）兵部议复贵州巡抚陈诜的奏疏时，有了“前抚臣王燕参劾清平县凯里土司杨兴国贪婪各款，业经督臣贝和诺审明具题。兹土、苗人民俱愿改土归流，应如所请”的文字。以后的官方文书中，“改土归流”一语开始频繁出现。由此看来，改土归流成为封建王朝明确的政策思路，应该在这一段时期。

魏源《圣武记》中有一篇文章专记清代前期西南改土归流的事，题为《雍正西南夷改流记》。其中有“三藩之乱，重陷土司兵为助。及叛藩勘定，余威震于殊俗。至雍正初，而有改土归流之议”一语。这是明清著作中，第一个将“改土归流”视为一种政策的私家论著。后世关于明清时期废除土司，改设流官问题的论著，沿用了这一提法，进而形成了学术上的一个研究专题。

土司制度既然是与流官制度并行的两套管理制度之一，对改土归流问题的研究，便有着不容忽视和低估的价值。

改土归流是一种顺乎历史潮流的举措，这是已为学术界认同的结论。在土司制度下，各地的土司和土目都是大大小小的封建领主，他们依靠世袭特权，成为土地无可争议的拥有者，于是“租佃土司田地民人，即为土司所有”，被迫接受各种超经济强制。土司的一切“食米、烟火、丧葬、娶嫁、夫马供之费，无不取之苗民”，甚至“土司一娶子妇，则土民三载不敢婚，土民有罪被杀，其亲属尚出垫刀钱数百金，终身无见天日之期”。

对封建中央政府而言，在各地政治局势还未稳定，国家军力尚不足以控制边疆地区时，可以借助土司的称臣内附保持一方安宁。一旦四围边陲稳定，中央集权加强以后，土司制度的存在，便成了执政者统一国家行政区划的障碍。

明清之际，土司制度的各种弊端显露无遗。职衔承袭时往往因“私相传接，支系不明，争夺由起，遂至酿成变乱”。加上土司上层手握重权，既无追赃抵命之忧，又无革职削地之罚，可以有恃无恐地为所欲为，以致发展到“云贵川广恒以土司为治乱”的程度。事情演变到这一步，从根本上铲除土司，将其辖地纳入直接统治，便成了封建王朝势在必行的选择。

从社会发展的角度来看，改土归流无疑是进步的。斯大林曾经说过：“如果不能摆脱封建分散和诸侯割据混乱的状态，世界上任何一个国家都不能指望保持自己的独立和真正发展经济和文化。”改土归流结束了土司长期霸占一方，国家行政事权无法统一的问题，又通过剥夺土司的世袭统治权，敲响了民族地区农奴制的丧钟，为封建地主土地所有制创造了发展的空间。这对促进民族地区社会生产力的发展，加强地区之间的经济文化交流，都有着积极的作用。

魏源在《圣武记》中对清初首倡改土归流的鄂尔泰称赞有加，称“鄂尔泰受世宗旷世之知，功在西南，至今百年享其利”，并用“一时之创夷，百世之恬熙”来为清军以残酷的军事手段在黔东南地区疯狂焚掠，给当地少数民族群众带来极大痛苦的行径做辩护。这就与改土归流的实际情况有些不大相符了。

贵州的改土归流是一个比较长的历史过程。自从元朝推行土司制度以来，贵州是分封土司最多的地区，土司制度延续的时间长，改土归流启动得比其他省区早。如果把明成祖废思南、思州宣慰司，设贵州布政使司作为改土归流的起点，到清雍正年间鄂尔泰提议大规模剪除土司，改设流官为止，这场变革前后经历了300多年。

贵州几大土司的改土归流是在明代完成的。继1413年思州田氏被杀后，万历年间播州土司被明神宗革除。天启至崇祯间（1621—1638年），贵州宣慰同知安邦彦与四川永宁宣抚使奢崇明联合反明，这场战争将水西、水东两大土司都卷了进去。战乱平息后，明廷以水东宋氏参与叛乱为由，撤废了宋氏的水东土司职，在原宋氏亲辖地十二马头置开州。水西安氏虽然得以保留下来，但失掉了水外六目之地，势力已经大不如前。

清雍正四年（1726年），云贵总督鄂尔泰提出全面改土归流建议，理由是“若不铲蔓塞源，纵兵刑财赋事事整饬，皆治标而非治本”。这一主张提出来时，群臣尽皆失色，唯独得到雍正帝的全力支持。按照鄂尔泰的建议，清政府通过军事手段，从雍正四年（1726年）开始，大规模裁革土司。对既无土司又无流官的黔东南地区，则以野蛮的武力征服方式，强行设置起清江（今剑河）、台拱（今台江）、丹江（今雷山）、八寨（今丹寨）、古州（今榕江）和都江（今三都）六厅。

从思南、思州的被撤废到苗疆六厅的设置，改土归流大都是伴随着血与火进行的。研究者们之所以评价它是一种进步的举措，是因为这场变革顺应了民族地区社会发展的趋势，有利于生产力的提高和经济的发展。但如果把改土归流的成果，全部归功于以明成祖、雍正帝为首的封建统治者，也是不尽恰当的。

始创于元朝的土司制度，其所以能风行数百年，是因为它与西南民族地区的经济社会发展水平相适应。随着民族地区社会生产力的发展，封建地主经济逐渐取代了领主经济，到了明清之交，“主仆之分最严”的土司制度，已经成为广大劳动者改善自身地位的障碍。当劳役地租逐渐被实物地租取代，连一些土司也在出卖田土的时候，土司制度便失去了自身存在的社会基础，走上了瓦解的末路。《清实录》中就有不少“土、苗人民俱愿改土归流”的记载。

改土归流是一种历史的选择，但这场变革虽在总体上获得肯定，也未必是完全成功之举。事实上，一个统一的多民族国家的行政管理，是不可能完全按照一种模式来施行的。一概置民族地区的实际不顾，以为适用于中原和发达地区的管理办法，也同样能在民族地区生效，结果必然事与愿违。

明清之际的改土归流是一场不彻底的改革。急风暴雨式的改土归流过去以后，表面上大的土司是不复存在了，需要设置的府、州、县也按皇上的意志建了起来，但土司制度并没有被完全根除。其中的一个重要原因就在于，它脱离了民族地区的实际，强制性地将所有土司裁废代之以流官政权，而这根本就是一条行不通的路。这一点，就连首倡大规模改土归流的鄂尔泰本人后来都意识到了。《清会典·职官》中记载有鄂尔泰的这样一段话：“若不论有无过犯，一概勒令改流，无论不足以服人，兼恐无以善后。如果相安，在土无异于在流，如不相安，在流亦无异于在土。”

事实上，除了声名显赫的那些大土司外，在许多中小土司统治的地区，急风暴雨式的改土归流之后，又不得不恢复土司的统治。四川清溪县大田土司改流后，马溶原管的各彝寨黑骨头、白骨头之间语言不通，不服从清溪管辖，尤其在马溶夫妇死后，地方更不安宁，清政府最终不得不在当地恢复土司治理，由其女神姐管理寨务。类似的事贵州更多，即以水西安氏为例，康熙五年（1666年），将水西地改流，“以土司安坤故地比喇为平远府，大方为大定府，水西为黔西府；改比喇镇为平远镇”。但到康熙二十一年（1682年）又有“平越、黔西、威宁、大定四府原属苗蛮，与民不同，以土司专辖，方为至便”的谕旨。足见，即使是中央政府的最高决策者，在民族地区是否撤废土司的问题上，心中也未必完全有数。

另一个能证明改土归流不彻底的事实是，尽管改土归流的声势很大，云贵川地区的土司并没有完全被根除。据一些学者统计，在雍正、乾隆、嘉庆、道光四朝大量裁汰土司之后，贵州仍然有为数不少的土司保留了下来，仅长官司就有65个。

中国自从秦王朝开始就是一个统一的多民族国家，如何有效地治理好这样一个地域辽阔、族群众多、地区经济社会发展极不平衡的大国，实在不是一件易事。我们不能超越历史去苛求古人，让明、清两代的当权者去制定一种如同今天这样的科学管理制度，但也不宜对历史上那场以血和火为代价的改土归流，赋予过多的溢美之词。改土归流是顺应历史潮流的举措，它是成功的，但在某种意义上又有失败的一面，这是我们不能忽视的。

GUIZHOU
LISHI
BIJI

# 陆 —— 第十三个行省是贵州

# 六百年积淀的文化品牌

当今社会，旅游成了各类人群共同的消遣方式，成为人人渴望参与的休闲活动。随着单纯自然景观对游客吸引力的不断下降，人们开始越来越多地往旅游产品中注入文化内涵，于是，各种假名胜、假古迹、假习俗之类的东西应运而生，让你在花了钱的浏览中，分不清哪些东西是原生传承下来的，哪些东西是能工巧匠在地方官员授意下精心炮制出来的赝品。造假竟成了当代旅游产业一道独特的风景，这岂非对当代文化旅游业的一种嘲讽？

贵州这样的地方搞旅游是不需要造假的。胜过鬼斧神工的独特自然山水、多彩奇异的民族民间文化、源远流长而又朦胧神秘的历史故事，都是客观世界的赐予和漫长岁月积累下来的资源。但贵州人在发展旅游产业时，依然免不了受到追风潮的感染。

为增添旅游活动的内容，编造一些本不存在或早已消失的民风民俗；修建一些不伦不类，连自己也无法断代的仿古建筑；附会一些与本乡本土拉不上关系的传说故事；千方百计与历史上的名人大事攀附关系以提升本地区的知名度等，类似现象在生活中并不少见。

大概因为明朝初年贵州才划为行省，明清时期的人和事在贵州被炒作得也就特别多。前些年曾听到关于明太祖朱元璋的祖籍并非淮西，而在贵阳附近某地的惊人发现，不久又有好几个县相继传出发现吴三桂的宠妾陈圆圆墓的消息，更有某县找到了吴三桂的军事城堡，已由来自京城的专家认定的新闻见诸报端。

在文化越来越多地展现出它的经济功能，经济的发展越来越多地表现出文化取向的今天，懂得历史文化资源在经济发展中的价值，渴望在逝去的岁月中挖掘到更多的财富，是完全可以理解也很值得欣慰的，但我们必须清醒地认识到：贵州独特的自然环境孕育了独特的历史文化与民族文化，我们所拥有的东西，是其他任何地区难以比肩也无法取代的。作为贵州人，大可不必眼红那些被他人炒得很热，已经耳熟能详的古人和旧事。一味去钻那样的牛角尖，只能说明对自己的历史文化资源缺乏自信。

元末明初有一个很会生财的江南人，叫沈万三。这个民间传说多过历史记载的人物，据说因为富到让皇帝流口水的程度，而被朱元璋放逐到了云南，最终在西南荒僻之地度过余生。沈万三本名叫沈富，“万三”只是他的俗名。一些学者解释说，“万三”是万户之中三秀的意思，所以又称沈三

位于天龙镇的“财神爷”沈万三故居

秀，作为巨富的别号。

在“以阶级斗争为纲”的年代，是没有人愿与大地主兼商人的沈万三沾上关系的，那会惹来许多麻烦。但如今以富为荣，发展文化旅游产业又是大势所趋，于是，这个被称为江南首富，又是唯一敢跟皇帝较劲的封建富商沈万三，一下被拔得很高。凡是他曾经到过或能与他沾上一点关系的地方，都在想方设法贴上与沈万三有关的标签。

位于上海、苏州之间江南水乡腹地的周庄，已经有了“中国第一水乡”的美称，仍觉得不满足。周庄人宣称周庄是沈万三的立业之地，大打“沈万三牌”，并举出《周庄镇志》中“万三住宅在蕉西北半里许，即东庄地及银子浜、仓库、园亭与住宅互相联络”为证。南京人因为沈万三的诸多传说，都以南京为背景，不遗余力地渲染沈万三曾在南京长期居住，还指证说沈万三在城南有九十九间半大房子，白鹭洲是他们家的花园，现在的堆草巷和马道街就是沈家堆草、放马的地方；还引述明人郎瑛的《七修类稿》，指明南京会同馆是沈万三的故宅，玄武湖是沈家的后花园；等等。云南则在沈万三流放后的经历上做文章，称沈万三是获沐英的帮助才得以到云南，后来拜云游至滇的张三丰为师，隐居大理附近的西山，于是丽江也有了与沈氏有关的沈家村和各种建筑遗迹。

贵州是什么时候与江南首富沈万三扯上关系的？1996年春，一本内部编辑的《沈氏族谱》记载说，沈万三的次子沈茂当年因避难而藏身贵州，并繁衍留下了后代。某位来自南京的民俗学家，经过一番调查，得出了“出于保护自己子孙考虑，沈万三将后代裹挟在沐英的大军中南下滇黔一带，在沐英派出的陈、郑等军官的照顾下，沈万三的后人及其庞大家族隐姓埋名在屯堡”的推论，并认为这个沈万三的后裔可能就是他的次子沈茂，因为长子沈旺及其后人先后遭到了朝廷的算计，而唯独历史对沈茂没有任何记载。

没有记载成了最好的记载。“沈万三后裔在贵州”，结论一出，“贵州省平坝县天龙屯堡发现明朝首富沈万三长子沈茂的后裔”一类的消息不胫而走，并有了天龙屯堡沈氏族长一行11人，在南京秦淮土地上的寻根之举。

新闻界对这趟沈氏寻根之旅给予了高度重视，详细报道了“寻根团”的行程。报载：寻根团寻访了沈万三在南京的有关遗址、遗迹、街巷，如箍桶巷、木匠营、赛公桥等，特别是南京明代的聚宝门（现中华门城堡）及南京城南的高大城墙使他们为先祖而骄傲，这是他们的先祖沈万三留存于世的、最杰出的建筑遗址。600多年后，他们虽然成了贵州人，但在屯堡文化中，他们依然保存了在南京已经消失了的语言、古曲、习俗、服饰等。

然而，出生于吴兴南浔的沈万三并没有在南京居住过。他与其弟沈万四先后迁居长洲东蔡村、北周庄、周庄，在周庄客居的时间最长，直至获罪被流放云南为止。南京马道街的沈万三故居也不过是沈万三后人移居南京后的住所，与其本人并无关系。沈万三从来没有在南京居住，这已经是学术界的公论。

屯堡文化是贵州神奇大地历经600多年历史积淀保有的一块文化品牌，早在《沈氏族谱》编制完成前，它已经享誉国内外。

100多年前，一位来自西方的传教士发现了贵州屯堡令人惊叹的文化现象，为居住在屯堡里的人们拍摄了一些照片，将屯堡人称为“屯田凤头”。20世纪初，日本学者鸟居龙藏、伊东中太等先后来到安顺考察，他们听到当地人将屯堡里的居民称为“凤头鸡”“凤头苗”，于是，有了屯堡人是贵州一种少数民族的误解。有的人甚至把他们有着明代遗风的长袍大袖、围裙、腰带当作少数民族服装，连他们所保持的中原音韵也被当作少数民族语言。其后，国内社会学家们也展开了对屯堡现象的研究，最终认定这群与众不同者属汉族，是明代屯军的后裔，又因为他们生活在屯堡内，学术上将其命名为“屯堡人”。

凡到过贵州安顺一带屯堡的人，无不陶醉于那充满大明遗风的文化氛围。那里的民居、语言、服饰、饮食乃至娱乐方式，处处透着奇特与神秘，令人产生无尽的历史追思。

在安顺的屯堡，从寨墙、院墙到住房，清一色由石头修砌而成，让人领略到一种耕战结合的强烈自我保护意识。屯堡人以农耕为主要经济来源，日常生活处处显现出稻作文化的特点。男人们内穿白色对襟汗褂，宽脚长裤，外罩青布斜襟长衫。这套装扮，行走坐地时，给人一种充满翩翩气度的感觉，下田劳作时，只须下襟往腰间一挽，裤脚高卷，即可放开手脚干活。屯堡妇女的衣服同样是宽袍大袖，常见的装束为青布宽袖镶边大襟衣，配以黑布围裙，滚边绣花长筒凤头鞋。据说屯堡妇女的这套服饰，也是明朝时江南一带盛行的打扮。

屯堡人在生活中保留了较多古代习俗。每个家庭都会做粑粑、腊肉、香肠、血豆腐、干菜，这些东西经过烟熏火烤和腌制，成为既便于储存，又容易携带的食品。屯堡人保留着已经很少见的正月花灯社火和七月放水灯习俗。还有那独具一格的屯堡地戏，那种面挂青纱、头顶面具，以征战沙场忠君报国为题材，高亢悲凉的演唱，犹如向观众展示屯堡人遥远的过去，诉说他们数百年生活的艰辛。

安顺屯堡文化现象不唯在中国，即使在世界上也属罕见。在一个有着数十个民族居住的省区，在受独特自然生境与社会生境作用形成的大杂居、小

安顺屯堡地戏

聚居民族分布格局下，一个族群竟能经受长达数百年的岁月侵蚀，在与周边各族的日常交往中，既满足族际往来的需要，维持族群的生产与生活，又近乎完整地守持住自己的文化基因。许多解释把屯堡文化归结为明代屯军后裔“自我封闭”固守原籍传统文化的结果，这似乎把屯堡文化简单化了。

贵州是一个移民之省。2000多年前汉武帝搞“募豪民，田南夷”时，成批的汉族移民便进入了贵州高原。唐朝时杨端率兵入播州，同样也是一场以军事为目的的移民活动。经过不断的民族迁徙、交流与融合，历史上迁入的汉族移民大多融入了贵州高原的社会生活，其中一些人继续保持着汉民族身份，一些人则转变成所在地民族社会成员。在贵州，改变民族成分的汉人比比皆是。不仅由巴蜀迁入的南中大姓很少保留汉族成分，来自太原的杨氏宗族，也被一些学者们认定为少数民族。唯独明初随军由江南来贵州屯戍的屯堡人，经历数百年的历史洗礼之后，竟然依旧守持着固有的民风习俗，仿佛成了一支完全跨越时空的队伍，这岂非成了一种特例?

屯堡在中国封建社会并不少见。自从西汉王朝发明强制农民或士兵耕种国有土地，由国家征收一定数额田租这一套办法，屯田制便开始大行其道。到曹魏时，屯田制发展得更加完整，有了民屯和军屯之分。军屯以士兵为屯力，60人为一营，一边戍守，一边屯田。朱元璋虽然不是屯田制的首创者，但在他的心目中“养兵而不病于农者，莫如屯田”。因此，实施屯田是明朝解决军需的主要手段。按照明朝的军籍制，打仗的时候，军士必须带着家属一起走，在哪里戍守，便在哪里屯田。于是明军所至之处，便有了大小小的屯堡，贵州有，湖北有，湖南也有。

湖北施州是卫所屯堡较为集中的地区，恩施、利川、咸丰等地都有相关的文化遗存。《湖北省利川县地名志》（内部资料，利川县印刷厂1984年版）中，记录有屯卫文化遗存的就达30余处。但湖北的屯卫并没有如贵州安顺这样形成独特的屯堡文化景观，屯军多与当地各少数民族混居，经过数百年的文化交融，屯军或屯民后裔中的许多人已融合于当地的少数民族，成为少数民族的成员。

湘西的凤凰古城堡，是国务院核定的第六批“国保”单位，虽被宣传为

“屯堡文化的中国记忆”，但它所表现的是古堡寨的军事防御体系和遗存的军事设防功能、行政机构、官职、驻兵配置等，其价值主要在于对古代军事文化史的研究方面，与贵州屯堡文化是两个完全不同的概念。

后人往往依据所见所闻的文化表象去追寻和推断某些文化的源头，思路虽无可非议，结论却未必靠得住。遗传是人类社会生活中的普遍现象。无论个体或群体的人，都不免带上祖宗形形色色的遗传基因。生物的遗传基因是很难更改的，社会生活中的文化遗传（学术上常常将其称为传承）基因，则很容易受到社会环境变迁的影响，时间越长变化越大，许多文化基因会变得面目全非，有的甚至随着时光的流逝而消失。

人们从屯堡人集中居住于屯堡内，而认定安顺地区的屯堡人是明代屯军的后裔。因为持这种看法的人比较多，连屯堡人自己也沿着这条线去回忆祖先的历史足迹，于是他们生活中的许多东西，被解释为“回忆祖先的显赫军功，思念着江南故土的清风明月；不改乡音，不改服饰，不改祖先崇拜的心理，不改生死歌哭的仪式。在大山的封存中，守持着固有的文化传统”。

有学者对这一结论提出了异议，并明确指出“屯堡人的形成和明初中央政府在西南地区的军事行动有直接的关系。但是，绝不能据此而认定屯堡人就是明朝屯军的后裔”。这是一个值得重视的观点。

卫所制度是明王朝废除元代军事制度的产物。洪武年间是卫所发展的全盛时期，贵州境内的卫所大多是那一时期设立的。明政府虽然自京师以达各地都遍设卫所，但不同地区的卫所，在职能上是有区别的。按照明政府的规定，凡有卫所的地区都必须屯田，但“临边险要者，守多于屯；在内偏僻或地虽险要而运输艰至者，皆屯多于守”。贵州复杂险峻的地理环境，使它成了以屯田为主的地区，屯垦和发展生产成了贵州屯军的第一要务。

朱元璋非常看重贵州的战略地位，因此在贵州设置的卫所也就特别多。“诸卫错布于州县，千屯遍列于原野”是人们对贵州卫所密度的极好概括。整个明代，贵州设置了30卫、140余所，这些卫所绝大多数设于洪武年间。卫所多，屯军就多，明朝在贵州的屯军最多时达20万户，近百万人。拖家带口的屯军们实际上成了一批拿着武器的屯田农民，他们以最廉价的方式为中央王朝从事农业生产，提供各种军需。

但必须看到，屯军毕竟是从属于封建王朝的武装，明朝的屯军只服务于明王朝，到了清朝便不可能继续为统治者所接受。很难想象，当清王朝对贵州的统治确立以后，当权者仍然会眼睁睁地看着数以万计的亡明军队后裔聚集在处于军事要冲的屯堡里，让他们无所顾忌地保留各种明朝的生活习俗和仪式，听任他们洋洋自得地固守着祖宗过去的荣耀。

即使在明朝长达200余年的统治中，屯军必须带家口是有规定的，但却没有屯军永不换防的规定。一支驻军从明初一直到明末，200多年都驻扎在同一个地方，这种情况也让人觉得不可思议。

距平坝县城13公里的天龙屯堡是全国重点文物保护单位，居住在这里的屯堡人，堪称安顺屯堡文化的代表。在旅游宣传中，将他们介绍为明朝屯军的后裔，说他们的祖先于明初应征入黔屯田戍边，“今天的屯堡人仍旧身穿大明朝的长衣大袖，仍旧跳着大明朝的军傩（地戏），仍旧沉湎于老祖宗‘插标为界，跑马圈地’的荣耀之中”，等等，都是无可非议的。在当代五光十色的社会生活中，屯堡人的确是600多年凝聚的一个谜，值得人们去了解，去寻访答案。

然而，天龙屯堡的居民们，是否就是洪武年间南征明军的后裔，就很有

天龙屯堡的斜巷

进一步研究的必要了。平坝卫初置于洪武二十三年（1390年），卫治设于今平坝县城。这里是湖广经贵州通往云南的交通要冲，素有“黔之腹，滇之喉”之称，明、清两朝统治者都高度重视它的战略地位。明初平坝卫的屯军约5400户，分置5个千户所，列50屯堡，一部分属南征留守军，另一部分则是明政府特准从长沙等地三户抽一编为屯军，派到平坝卫屯戍的军人。因此，天龙屯堡人的先祖，并不一定都是原籍江南一带的南征明军。他们保留的习俗，也未必都是源于江南一带的“大明遗风”。

平坝卫的建置虽然沿袭到了清代前期，但其间变化很多。万历三十年（1602年），安顺州改为安顺军民府。崇祯十六年（1643年），设驻平坝卫的安顺军民府同知一员。清顺治年间，卫的设置继续保留，但行政、军政分设。卫世袭掌印指挥被撤销，改由守备管军；世袭的千户也改由非世袭的千总接任；镇、协、营、汛自成系统，取代了原来的军屯。清康熙二十六年（1687年），改平坝卫为安平县。至此，明朝在平坝地区设卫设堡的最后一点痕迹也被清除。以后，文职知县总揽了县的一切行政事务，原设的职官和驻军都发生了很大变化，驻安平汛的清军共4营，统由千总管理。

明清之际，安顺、平坝一带经历过多次战乱。先是明宣德年间水西阿闲的起义，接着是天启年间安邦彦的围城，清顺治年间孙可望一度占据平坝，吴三桂反清时，更是将安顺、平坝作为进军和运输粮饷的通道。面对数不清的战乱，动荡不定的局势，清朝统治者当然要大大强化对这一重要战略地区的控制。

顺治十七年（1660年），清廷决定设置云贵总督，同时规定云贵总督必须半年驻安顺，半年驻曲靖。第二年，为加强对黔中腹地的扼控，又下令贵州提督驻防安顺。康熙元年（1662年）废除云贵总督、改设贵州总督时，规定总督衙门仍设于安顺城内。在如此严密的统治下，如果屯堡人确属明朝屯军的后裔，任何一位清朝统治者，都很难让他们照常平静地生活在带有军事防御功能的屯堡里吧？

除了作为明军后裔能否拥有数百年不变的社会生境之外，屯堡人生活习俗中的许多东西，是否真是从江南移植过来的，也有不少值得考察和研究的地方。

当我们用“屯堡是明代耕战经济在贵州安顺的历史遗存”来宣传屯堡文化，将它概括为“明代古风，江淮余韵”的时候，很容易忽略对安顺地区乡土历史文化的关注。对贵州屯堡文化的解读，如果一味在时间上与明朝、地域上与江淮攀靠，不仅极易造成视觉上的局限，还有可能把自己搞迷糊。

根据有关文献的记载，民国以前，安顺地区通行的男人服饰为大襟长袍和对襟短衣。汉族妇女则多穿青、蓝、浅蓝色上衣，“袖子短而袖口宽大，长、宽各有尺余”，系丝头腰带和围腰，穿尖头绣花鞋。未婚少女垂长辫于后，两耳上方流发呈半圆；结婚后则挽成发髻，戴发网，包青色或白色头帕。这种服饰与屯堡人的服饰之间有许多相同的文化因素，极有可能是本地区民族文化长期交流的产物。

“安顺一大怪，石板当瓦盖。”石板房是黔中安顺一带民居的特色。由

屯堡文化之乡——安顺鲍屯石板房

于当地石板资源丰富，就地取材修筑房屋成为传统。安顺民居一般选择有水源且依山之处修建，常由三至五间正房和厢房组成院落，以块石作墙，石板作楼层及板壁，配以石木雕刻装饰，临街窗下砌成台面或铺面，用于经商做买卖。如天龙屯堡那样的建筑结构，正是在充分吸取当地建筑文化的基础上建造出来的，而不是从江南移植过来的建筑艺术。

至于地戏，则是长期流传于安顺地区的古老民间剧种。《续修安顺府志》载："时当正月，跳神的村寨锣鼓喧天，极为热闹。跳神者头戴青巾，腰围战裙，额戴假面，手持刀矛，且唱且舞。所唱戏文或为东周列国故事，或为仁贵征东、丁山征西、狄青平南、说唐、杨家将故事，都属武戏。"地戏多在露天演出，演员全由男性担任，角色分生、旦、净、丑。出场角色头戴面具，面罩青纱。面具称为"脸子"，分文将、武将、老将、少将、女将，俗称"五色相"。据贵州人民出版社1995年出版的《安顺市志》统计，

安顺屯堡地戏

仅当时的安顺市城乡，就有地戏班子184堂。我们所看到的屯堡地戏，实际上正是广泛流行于安顺地区的民间“跳神”。同样是民族文化交流的结晶，那种认为“屯堡地戏就是由军队带入贵州并逐步发展起来的”的观点也很值得商榷。

屯堡文化是贵州历史积淀下来的重要文化遗产，它的原生性、独特性、神秘性、完整性都是无可替代的。许多事实说明，屯堡文化并非明初屯军后裔“自我封闭的产物”，更不是长期缺乏族际交流形成的所谓“文化孤岛”现象。屯堡文化自有本身无可比拟的历史价值、文化价值、学术价值和社会价值。它无需攀附其他历史事件或历史人物，同样可以大放光芒，同样可以引起国内外的强烈兴趣和高度关注。屯堡文化的诱惑力，正在于它有着诸多迄今无法驱散的迷雾。

无论是平坝天龙屯堡，抑或是位于安顺市西秀区七眼桥镇以云山、本寨、雷屯为主的云峰屯堡，都是贵州屯堡文化的组成部分，都是弥足珍贵的文化财富。在深入研究的基础上，进一步揭开屯堡文化的神秘面纱，在合理保护与传承的前提下开发和利用它，才是我们对待屯堡文化的正确选择。

# 贵州的建文遗踪

明朝有一件让人看不明白的事。

太祖皇帝朱元璋于1368年在应天（今南京）称帝，定国号为大明，建元洪武。1398年闰五月，这个自诩“忧危积心，日勤不怠”的明太祖死在病床上，前后在位31年，因此，洪武这个年号也应该只有31年。但在《明实录》中，却有许多洪武三十五年（1402年）的记事。逝者的年号还用在纪年，这在中国历史上恐怕只此一家。

有一种说法，朱元璋命中是该当35年皇帝的。善观天象、神机妙算的刘伯温曾为他算过，预测他能活到76岁，在位至少35年，只不过其中有5年好像是虚的。这当然只是一种戏说。事实是朱元璋死后，他的孙子朱允炆遵照“太祖遗诏”继承大位，改元建文。1399年应该是明惠帝建文元年，洪武三十五年（1402年）则是建文四年。

之所以建文这几年在明初的官方文献中很少见到，被应该已经结束了的洪武纪年所取代，一些文书中虽加有括号注明，也总是遮遮掩掩，原因在于明成祖的臣子们，生怕触怒从侄儿手中抢得皇位的永乐皇帝。明成祖自己虽然觉得这种做法有点掩耳盗铃，但世人少提到一点那个不知所终的建文皇帝，自己心里多少能安宁一些，也就默许和容忍了这种年号使用上的混乱。

朱元璋是个多产皇帝，有26个儿子、16个女儿。儿子多了，难免会发生争夺继承权的事，这在中国历史上屡见不鲜。为防患于未然，朱元璋按嫡长子继承的惯例，早早将大儿子朱标立为太子。朱标是那个跟随朱元璋打天下的马皇后生的儿子，自幼便跟随朱元璋，经历过战争磨炼，积累了不少处理政事的经验，因为谦恭待人，和大臣们的关系也很不错。可惜这个各方面都比较理想的继承人天不假寿，洪武二十五年（1392年）便早于朱元璋逝去，这一来，便搅乱了朱元璋安排好的接班计划。

朱允炆是朱标的次子，在明朝宫廷里长大的他，算得上一个饱读诗书又很聪明的人。朱标去世后，朱元璋决定绕过其他23个儿子（朱元璋的第9子和第26子早逝）将皇位直接传给他。就在朱标死去的当年，朱允炆被立为皇太孙，踏上了通往明朝皇位的旅程。

朱允炆登基时只有21岁，这位年轻皇帝生性宽厚，因为长期生活在宫中，多了些书生气息和温文尔雅的气质，少了乃祖乃叔们那种雄才大略及草莽习气。即位之后，他虽然在缓和社会矛盾方面做了一些事，如免除各地拖欠的租税，赈灾济民，令官府为民间卖子为奴者赎身，限制僧道的占田数量，将余田均与平民等，但却在近臣们的怂恿下，操之过急地进行削藩，惹恼了诸藩王，最终被从皇位上赶了下来。

建文元年（1399年），燕王朱棣以“清君侧”，讨伐朱允炆身边的齐秦、黄子澄等人为名，打着“靖难”旗号在北平起兵，发动了一场叔侄间的争夺帝位之战。战争打了4年，建文四年（1402年）六月，燕军渡过长江，攻陷南京城。战乱中，宫中燃起大火，建文帝从此失去了踪影。

朱棣发动的这场“靖难”之役，引出了建文皇帝归宿的历史谜案。这个数百年未解的明朝第一谜案，又将贵州这片边远地区牵进了明朝宫廷政治生活的旋涡。

关于南京城陷后明惠帝朱允炆的下落，历史文献的记载相互矛盾。归纳起来，大体有3种说法：一是《明史·恭闵帝纪》所载，“宫中火起，帝不知所终”；二是《明实录·太宗实录》中载，建文帝葬身火海，“中史出其尸于火中，还白上”，明成祖“备礼葬建文君，遣官致祭，辍朝三日”；三是《明史纪事本末》等书所说，南京城破后，建文帝见大势已去，剃发扮成和尚从地道出逃，带了一帮人去了云贵川地区。后来，更有人分析提出，建文帝出逃后，辗转来到泉州，流落到海外，明成祖几番派郑和下西洋，就是为了寻找他的下落。

几百年来，破解建文帝下落的文章很多，提出的答案不少，却都难以达成共识。究其原因，恐怕在于过分拘泥于历史文献的记载。

燕王朱棣虽然打着“清君侧”的旗号成就了帝业，但长辈从小辈的手里抢去皇位，毕竟不是什么光彩的事。有明一代，从明成祖开始，朝廷上下大都不敢和不愿提及那个被赶下台的明惠帝。在明成祖是因为内心有愧，毕竟侄儿朱允炆是奉了太祖朱元璋的遗诏登上大位的。在群臣则是畏于一片肃杀的政治气氛，不得不谨言慎行。因此才出现朱允炆在位期间的纪年混乱，才出现关于建文帝下落的诸多语言含混、版本各异的记录。

历史是最怕被人篡改的。当记载帝王生活起居的“实录”已经不实的时候，仍一味想从它的字里行间找寻答案，只会徒劳无功。但建文帝下落是否由于真实历史文献的欠缺，便成了永远无法破解的历史之谜呢？恐怕也未必。

人类社会生活中固然有许多未解之谜，属于自然科学方面的，限于我们对未知世界认识的局限，若干问题尚需假以时日，有待科学的进步来做出回答。但那些影响较大的历史事件和历史人物，无论经历多少沉沦或当事人做了多少刻意的伪饰，终归有水落石出、还其本来面目的一天。否则善者不能彰其优，恶者不能惩其劣，暴虐残忍、奸伪狡诈之辈，岂非可以恣意妄为，肆无忌惮，永远无需害怕受到谴责？

建文帝执政的时间虽然只有短短4年，但他毕竟是明王朝的第二代君主，如此地位显赫的历史人物，怎么可能被赶下台后便渺无踪影？以现有文献为基础，结合明初政治局势及宫廷斗争实际，对各种说法进行比较分析，应当能够找到一个既合情合理，又比较接近历史真实的结论。

建文帝不可能在南京城破后，走投无路之下投火自尽，《明实录》中关于他与皇后一起被烧死的记录完全靠不住。一些官方的文献说什么城陷后，他原准备去迎接燕王，又觉得没面目相见，羞愧交加之下只好自杀，这纯系永乐一帮人为给篡位正名，在往自己脸上贴金。事实上火烬中找到的那具焦尸已经面目全非，根本连男女都分不出来，认定他就是建文帝，不过是朱棣必须造成这样一个事实：现任皇帝死了，天下不可一日无君，我这个本是“清君侧”来帮皇帝忙的人，只好来当皇帝了。

“靖难之役”从建文元年一直进行到建文四年（1399—1402年），打得非常激烈。在这样长的时间里，作为一国之君的建文帝，不可能不对战争的各种结局进行思考。首先，明惠帝是奉了太祖皇帝遗诏继位的名正言顺的皇帝，叔父朱棣无论打着什么旗号都属于以下犯上，愧于相见的应该是朱棣，不会反而是朱允炆。再者，燕王军力的优势在北方，双方3年的战争常呈拉锯状态，朱棣虽然拿下了京城，江南、西北、西南、东南等大部分地区却并不属于燕军所有。南京城破后，建文帝并未陷入四面楚歌的境地，完全没有必要坐等篡位的叔父进了城，再惊惶失措地拉着一家人走自焚这条绝路。

已有的研究很少注意到这样一个问题：让失势的皇帝离开权位中心南京出走，极有可能是朱棣和朱允炆叔侄都能接受的结局，其中或许还有一些未曾揭开的历史内幕。

如果建文帝死了，朱棣会背上以叔害侄，谋逆篡位的恶名，坐在皇位上会终日不得安宁；建文帝如果留在南京表示降顺，即使沿袭古例给他一个虚假的封号，朱棣同样会终日觉得如芒在背。而对20余年深居宫中，满腹诗书，为人宽厚的朱允炆来说，在无力回天的情况下，舍却荣华富贵到山水间去潇洒走一回，却不失为一种最佳善后。由此看来，放弃帝位远走他乡这种安排，即便不是他们两人间私下达成的妥协，也是朱棣有意网开一面，睁一只眼闭一只眼，故意让这个侄子逃脱，从皇帝变成流浪汉。

既然建文帝没有死于宫中大火，那么出宫之后他到哪里去了呢？从当时的政治局势来看，云贵地区应该是朱允炆最好的选择。

在明朝统一全国的战争中，湖广、四川平定后，云南仍在元朝梁王把匝喇瓦尔密的盘踞之下，成了元朝残存势力的最后一块根据地。洪武中期以后，朱元璋经过精心准备，于洪武十四年（1381年）派大军将云南平定。鉴于云贵地区极其重要的战略地位，朱元璋在随后的10多年里，用很大的精力加强对这一带的统治，不仅设置云南布政司，调整府、州、县辖属，还加强军事部署，广设卫所，大兴屯田，建贵州都指挥使司于安顺。经过朱元璋的一番苦心经营，云贵一带成了明王朝控制得最严密的地区。

明朝在云贵的驻军，多系洪武年间的南征部队和从湖广等地征调而来的屯军，与驻守北方的燕军没有丝毫瓜葛，这是建文帝能够放心前往的原因之一。加上继位之后的建文帝，如祖父朱元璋一样，对云贵事务给予了特别关注，上台之初，即有“置苗民长官司”“废铜鼓卫”等举措，后来又召镇守总兵官顾成进京，升任为左军都督。这一切，为后来他游历贵州时的安全奠定了基础。

谷应泰的《明史纪事本末》虽有对明满关系刻意回避、纪事上采用了较多野史传闻等不足，却仍是了解明朝史实，研究明史的重要资料。出任浙江提学的谷应泰，长期生活在洪武、建文两朝的京城地区，这为他搜集文献资料，探访明朝前期旧事创造了有利条件。《明史纪事本末》中，对建文帝行踪的记述特别详尽，与此应有一定关系。

按照《明史纪事本末》的记述，建文帝离京后，先“附舟至京口，过六合，陆行至襄阳”，十月，“决意往滇”。次年元月，抵达云南永嘉寺。以后便开始了他在云贵川地区的游历，间或进入湖广一带，成了一个为避祸而不得不在山水间游荡的旅行者。

建文帝离开襄阳进入云南的经历，谷应泰的书中没有记载，但贵州肯定是他的必经之地。明朝时贵州通往省外的驿道有好几条，由湖广通往贵阳的湘黔驿道和由贵阳通往云南的滇黔驿道，是其中的两条干线驿道。这两条驿道元朝时就已经开通，明太祖朱元璋时为加强对云贵地区的控制，进一步进行了修整。趁着明成祖朱棣的势力尚未深入滇黔，建文帝完全可以坦坦然然地由湖广经贵州去云南，无需担心被原来的部下发现后，扭送到南京请功。

建文帝出逃后不止一次进入贵州。当年湘黔、黔滇驿道所经之地，至今仍有许多与建文帝有关的遗迹和传说。

距长顺县城40公里的白云寺，是一座绿树掩映，鼓磬悠悠，梵音缭绕的寺院。明朝中期以后，不辞辛劳前往游览的文人墨客、佛家子弟络绎不绝。究其原因，即人们确认它是当年建文帝的遁迹之处。《徐霞客游记》中说：“白云山初名螺拥山，以建文君望白云而登，为开山之祖，遂以白云名之。”白云山山口南面两株高耸入云的巨杉，相传为建文帝亲手所植。白云寺侧的天然石穴，因建文帝常在洞内思念京城而得名“望天洞”。白云山上的天子洞、跪井、白螺坟、白马洞、大龙潭和诸多已毁损的古迹都与建文帝有关。明末贵州巡抚胡平曾作有《题建文帝阁碑记》。建文帝在白云山留诗10余首，谷应泰书中记载的其中一首云：“风尘一夕忽南侵，天命潜移四海心。凤返丹山红日远，龙归沧海碧云深。紫微有象星还拱，玉漏无声水自沉。遥想禁城今夜月，六宫犹望翠华临。”

建文帝在贵州不止停留白云山一地。贵阳朱昌茶饭寨的寨名据说就是他所赐。位于当地中十村的灵永寺，仍保留有一块残碑，其中“皇太孙建文帝避难此间”的碑文，仍然清晰可见。类似灵永寺之类的遗迹和传说在贵州还很多。例如贵阳的一宿庵，据说是因建文帝在这里住了一夜而获名；开阳的永兴寺是因建文帝住宿过而兴旺；福泉观音寺后石壁上的“天削芙蓉”四字为建文帝所题。其他如遵义的福源寺，绥阳的长礤寺，清镇的耸翠山、华盖洞，普定的老青山，平坝的玉龙洞，黄平的米宝寺等，都有与建文帝有关的传说。

平坝高峰山寺悬壁处的石刻

贵州虽然不是建文帝出逃时的目的地和最后的归宿地，却是这位才华横溢、败在政治角逐中的明朝第二代皇帝留下遗迹最多的地方。失去皇位后的朱允炆，既无须担心叔父朱棣的追杀，又有旧臣们的时时接济，沉迷在山水间的他，每到一处都因当年实施宽刑惠政得到百姓的关照，可以尽情领略风景名胜和吟诗抒怀，俨然成了一个旅行家。只可惜因为身份特殊，这位被废黜的皇帝不能像徐霞客那样留下一部游记，否则的话，今天的人也就用不着为他的归宿问题费那么多脑筋了。

离开京城后的建文帝，早已失却了重振河山的野心，因此也不可能在关岭县的红岩山上，肆无忌惮地书写那篇没有人能认得出来的“讨燕檄文”。但他在贵州留下的许多遗迹，却是不应该轻率地加以否定的。曾看到一本记述长顺白云山的志书，该书先是叙述了白云山与建文帝的传说，接着又援引《明史》中的记录断言：“由此看，建文帝遁迹白云山，可能系后人伪托。”这就显得有些武断和偏狭了。

“尽信书不如无书。”我们了解历史，固然不得不依靠那些用文字记载往事的史书，但中国既然有“为尊者讳”的传统，在专制主义中央集权的封建时代，得罪皇上深了，灭族的命运便会降临头上，史官中有多少人真正敢于秉笔直书，实在值得怀疑。近世研究历史问题的学者，在广泛查阅历史文献的基础上，开始重视口述历史的价值，这是一种视野的拓展。口述历史虽然不免掺杂进一些个人的情感和爱恶，口耳相传中还会发生走样、加工或渲染，却能把那些当世人不敢说或不愿说的人和事讲出来，为我们提供文献中找不到的线索。这是在分析和研究历史问题时不可忽视的。

# 跳出贵州看建省

2013年，贵州被列为省一级行政区整整600年。对贵州高原这17万多平方公里国土来说，建省600年来的发展速度，远远快于此前的任何一个历史时期，这是毋庸置疑的事实。

从分属于湖广、四川、云南三省管辖，被视为三省的边荒之地，到设置为独立的省级行政区，成为全国十三个行省之一，这种变化，对贵州的意义非比寻常，对明朝前期的全国政局也有着不容忽视的影响。有人说，贵州建省不过是行政区划上的一种设置，算不了什么大事，没必要太过于去关注和研究它。这恐怕是因为对贵州这片土地和明朝的历史不甚了解。

贵州这块土地，2000多年前的中原统治者就已经注意到了。这片隆起于四川盆地和广西丘陵之间的高原山地，虽然远在要荒，山峦起伏，地形崎岖，却处于西南地区的中心位置，扼控着川陕、两湖、两广和云南的交通命脉。只因受封建时代经济发展水平的制约，从战国秦汉到隋唐宋元的统治者，既看重它，又因鞭长莫及而无力驾驭它。于是，便有了秦汉之际“附则受而不逆，叛则弃而不追”的若即若离的关系，有了唐宋时期的羁縻州郡，有了元朝进行特殊管理的土司制度。

开始将贵州作为省一级区划来进行思考的是朱元璋。他是从元朝残余势力竟能在云南盘踞10多年与他的大明王朝对抗中，悟出云贵高原东半块的重要战略地位的。正是贵州险峻的地形、复杂的民族结构、崎岖难行的道路，成了云南的天然屏障，元朝梁王把匝剌瓦尔密才会觉得自己待在云南，如同坐在保险柜中一样安全。这也使朱元璋不得不费很大的精力，足足做了十几年的准备，才启动平定云南之役。

贵州的问题如果处理不好，即使拿下了云南也守不住。这一点，富于军事谋略的朱元璋心里十分清楚。云南平定后，他在告诫征南大将傅友德必须采取措施让霭翠辈心悦诚服的同时，断然决定设置贵州都指挥使司，作为云贵地区的军事中枢。这一年，是洪武十五年（1382年），云南残余的蒙古势力才刚刚被消灭。

在一个没有省一级行政建置的地区，设置省一级军事机构，这在朱元璋虽是出于对云南的钳制不得不为，却也显示了贵州这片土地作为省级政区的必要性。明代的省级建置，包括军事上的都指挥使司、行政上的布政使司和刑狱方面的提刑按察使司。朱元璋完成了贵州三司之一的设置，算是为贵州建省这项工程剪了彩。

沿着朱元璋的思路，明成祖朱棣完成了贵州的建省过程。

思南和思州是归顺明王朝较早的两大土司。还在元朝至正二十五年（1365年），思南宣慰使田仁智、思州宣慰使田仁厚便相继遣使向朱元璋输诚。尚未称帝的朱元璋以其“能识天命率先来归，可嘉也”，答应以原官相授。这以后二田朝贡不绝，也常获得明朝的封赏。

到永乐初年，思州、思南宣慰使的职务分别传给了田琛和田宗鼎。这两个人远不如他们的祖辈那么安分，经常因争夺土地和财富起纷争。明成祖派行人蒋廷瓒前往调查。明朝的“行人”是行人司这个机构的官吏，行人司是中央的直属机构，专门负责“捧节奉使”之事。田琛在思州见到蒋廷瓒，觉得是一个机会，趁机同这位朝廷的使臣一起返京向皇帝诉苦，声称思南原来就属于思州，现在应该归还给他，结果遭到明成祖的一顿严厉呵斥。田琛没有把明成祖的斥责当回事，归来后继续与田宗鼎仇杀如故，最终双双被逮到京城处死。

奉命逮捕田琛和田宗鼎的是镇远侯顾成。他以5万精兵为后盾，亲自带数名精干士卒潜入二田辖地，神不知鬼不觉地将二人抓走，然后对二田的部下说：“荼苦百姓的首恶被绳之以法了，其余的人一概不予追究，有敢于领头闹事者，将遭到诛族。”

永乐十一年（1413年），明成祖以“思州、思南苦田氏久矣，不可令遗孽复踵为乱”，决定废除两田氏土司，改思州宣慰司为思州府、思南宣慰司为思南府，设贵州布政使司于贵州宣慰司城（今贵阳）。据《明史·卷四十六·地理》载：贵州等处承宣布政使司初设置时“领府八、州一、县一、宣慰司一、长官司三十九”，到了后来，发展到“领府十、州九、县十四、宣慰司一、长官司七十六”。

随着贵州布政使司的设立，继都指挥使司之后，贵州有了专管行政的省一级机构。到永乐十四年（1416年），贵州提刑按察使司设立，明代省一级建置的三司机构贵州都已经齐备，界于湖广、四川、云南之间的一个新的行省也就正式诞生了。

元朝创立行省制度时，全国只有12个行中书省。按说，明朝初年战乱初平，等着要办的事很多，明成祖何以要在贵州这种边远荒芜之区设省建制，将其作为第13个行省来管理经营呢？明成祖的这个决策，既让当时的朝中诸臣困惑，也令后世的史家们觉得颇费思量。当然也因为这件事有些超乎寻常，明代贵州建省的原因才成为学者们研究的热点。

要将一个地区设置为省级行政区，是需要相应基础条件的。一些学者突破了往昔单纯将贵州建省视为统治者决策的看法，综合分析贵州建省的历史条件，从确保云南边防的巩固和西南政局的稳定，从元明以来贵州交通的改善，从明朝在贵州的开发为建省准备了物质条件，从土司统治经济基础的动摇等方面展开论述，把贵州建省这样一个历史事件，归结为地区经济社会发展到一定阶段的必然产物。这种放宽了视野后得出的研究结论，是较为令人信服的。更有一种观点，将贵州建省视为“明初中国政治大棋局中带战略性的一着棋”，提到“15世纪中国一次地方政制改革”的高度来认识，也很有新意。

若干史事说明，明代贵州建省，不只是将贵州简单地列为省级行政区这样一件事，其中牵涉许多关乎整个西南乃至国家全局的军事、政治、经济、文化等问题。

明成祖是一个很有争议的历史人物，关于他，至今还有许多相互对立的评价。《明史》中说他“貌奇伟，美髯髯，智勇有大略”，又说他“知人善任，表里洞达，雄武之略，同符高祖”云云。这些当然是后世文人的溢美之词，未可全信，但他上台以后采取的许多措施，的确展示了一个敢作敢为、治国平天下的皇帝的雄才大略。1413年的贵州建省便是体现其雄才大略的举措之一。

要全面评价朱棣这个历史人物的确不大容易。我们从他在位期间的主要举措来观察他，却可以得出一个初步的印象。对外方面，明成祖在位的10余年几乎是四面出击。他五征漠北，先后击败瓦剌和鞑靼诸部；在西北方向设“关西七卫”；在西南地区增设贵州布政司，还将势力延伸到中南半岛，在安南设交趾布政司；又于1405年派郑和下西洋。对内方面，以发展经济，休养生息为主，使国家岁粮收入大幅增加；同时剥夺藩王实权，进一步加强中央集权。文化方面，他授命臣下编纂《永乐大典》，虽然后世认为此举是为了给他自己歌功颂德和篡改史实，但这部世界上最早的大百科全书，多达3.7亿字，比18世纪中叶出版的《大英百科全书》和《法国百科全书》都要早好几百年，其对历史文献进行系统整理和编纂的功绩，是无法抹杀的。

贵州的建省是明王朝总体发展计划的一部分。虽然它并非朱棣即位后的创意，却是其秉承乃父朱元璋遗愿的产物。如果仍是性格温顺，诸事缓缓而行的建文帝执政，这项事关西南大局的决策，未必能在这个开国才40余年的时刻得以推行。

15世纪初的大明王朝，无论政治成熟程度、经济发展水平、科技创造能力和文化艺术成就，在世界上都处于领先地位。那时候的欧洲，英、法之间正忙着百年战争，西班牙还没有颁布废除农奴制的“瓜达路普诏谕”，莫斯科大公伊凡三世还在为摆脱蒙古的羁绊而苦苦挣扎。这当儿，远在中国江苏太仓的刘家港，郑和已经带着明成祖的期望，率领他的航海队扬帆远行，开始了历史上第一个航行跨越亚洲大陆，直抵非洲东海岸的航海壮举。

大概因为明成祖取得政权的手段不为封建传统观念所认可，后世史家对他的为人和品性一向多有微辞。实事求是而论，明成祖这个人的确善用心机，也十分残暴。最典型的莫过于方孝儒案。有关文献载：南京城破时，建文朝的侍讲学士方孝儒，因不愿降顺新主，拒绝为朱棣草拟即位诏书，不但被磔之于聚宝门外，还被诛十族，行刑7日方止，死者多达873人。就连谷应泰在《明史纪事本末》中也感叹说："暴秦之法，罪止三族，强汉之律，不过五宗"，认为这种处置太过于残暴，因此对明成祖发出了"世谓天道好还，而人命至重，遂可灭绝至此呼"的谴责。

历史文献对明成祖的评价也是有褒有贬的。《明史》中既赞他"威德遐被，四方宾服，受朝命入贡者殆三十国，幅员之广，远迈汉、唐"，同时又批评他"成功骏烈，卓乎盛矣。然而革除之际，倒行逆施，惭德亦易可掩"。历史上的是非功过，既不能以瑜掩瑕，同样也不能简单地因瑕废瑜。

在开设贵州这个问题上，明成祖的功绩远远超出了贵州一省的范围。它解决了自秦汉以来历代封建统治者想解决而解决不了的问题，结束了历时2000余年中央王朝对贵州的间接统治局面，将贵州高原各族居民纳入了统一多民族国家的经济社会生活，揭开了贵州历史发展的新篇章。人们在总结贵州建省历史意义的时候，至少总结出了以下几个方面。

一是贵州行省的建立，从政治体制上实现了中央政府对这一地区的直接统治。这无论是对于统一的多民族封建国家的巩固，还是对于加强贵州与中

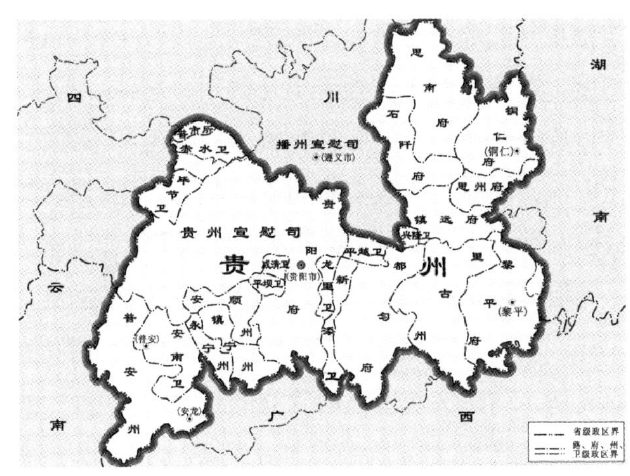

明代贵州省图

央政府的联系，促进贵州与内地其他地区的经济文化交流都非常有利。

二是建省促进了贵州经济社会结构发生重大变化。从元朝到明初，贵州地区基本上是土司统治。土司制度是适应封建领主经济而出现的，随着明初经济的发展，这种制度已经成为经济发展和社会进步的障碍。设立贵州行省，废除思南、思州土司，改设由中央政府直接委派官吏的府州，不仅揭开了贵州改土归流的序幕，促进了封建地主经济的确立，加速了土司制度的崩溃，也促进了贵州的经济社会结构发生重大变化。

贵州建省的直接效果是加快了贵州经济社会发展的步伐。明代贵州建省以后，随着交通的改善，移民、商人、工匠纷至沓来，大大促进了贵州与中原和其他省区之间的经济文化交流，提高了贵州的社会生产力，进而形成了贵州历史上的第一次大开发。有关历史文献显示，建省以后，不仅贵州的经济显得十分活跃，中原文化的传播也非常迅速。由于明朝政府下令府州县和卫所都要兴办官学，各地又纷纷创办书院、社学和义学，贵州的教育在明代以后得到了迅速发展。

贵州建省是一个值得认真关注和研究的课题。以往的研究不是多了，而是尚有若干不足。历史就是这样，你越是读它，就越是能发现对它的了解并不太深。

1413年的贵州建省，是在废除思南、思州两土司的基础上完成的。大家都说贵州建省揭开了改土归流的序幕，却很少有人把明成祖的这场改土归流与雍正年间那场急风暴雨式的大规模改土归流进行比较。始创于元朝的土司制度，在明朝初年还处于上升时期，总体上与土司辖区里的封建领主制还比较适应，它所固有的各种弊端暴露得也并不怎么充分。在这种情况下实施改土归流，既需要为政者有超常的魄力，还必须有稳定的政治局势作后盾。明成祖圆满完成了这场试点改革，展示了他作为一个政治家的智慧与决断。

相比明成祖的时代，300年后雍正年间的改土归流条件要成熟多了。经历了元、明和清初几个时期，代表着封建领主制的落后土司制度，各种弊端暴露无遗，与民族地区逐渐确立的封建地主经济之间的矛盾发展得十分尖锐，改土归流已成大势所趋。加上有明一代，大规模的改土归流已经进行过多次，贵州境内的大土司所剩无几，余下的中小土司势力都不甚强，按理事情办起来会简单和容易一些，但实际情况却恰恰相反。

一般认为“万事开头难”，第一个搞改土归流的明成祖，遇到的阻力应该最大，困难会更多，但他却在不动刀枪、不伤百姓的情况下，近乎平静地革除了思南、思州两大土司，并在两土司领地设置八府、四州，建立起贵州布政使司，完成了贵州作为省一级区划的行政建制。而雍正年间的改土归流，却是在血雨腥风中进行的，“首尾用兵凡五六载，终于古州，而始于广顺州之长寨”。清军所至之处“伐山通道，穷搜窟宅”，杀人如麻。在这种对比反差中，有一些东西是很值得寻味的。

贵州建省是明初不可忽略的一件大事，其所以过去未受到足够的重视，与长期以来人们对明王朝的评价偏低不无关系。

在一次明史国际学术讨论会上，香港的一位学者提出：“反顾中国古代史，似乎没有哪个王朝像明代那样被众多的误解所扭曲”，“在人们的心目中，明朝逐渐沦为一个灰暗的历史阶段——可能不乏亮点，但那却无足轻重”。这个观点很有思考价值。

谈到15世纪以来的中国，人们最津津乐道的是康乾盛世，学术界是这样，文艺界也是这样。清代几朝帝王的事绩许多人都耳熟能详了，荧屏上还在不停地播映许多带有戏说成分的大清故事，这似乎有点不够公允。如果将明、清两朝前期的历史进行比较研究，全面剖析两个封建王朝这一时期的政治、经济、军事、文化、社会状况及其在世界上所处的地位，我们或许能获得一些不同的感受。

当被忽略了的明朝历史重新受到重视的时候，人们对贵州建省这件事的认识，大概也会产生一种新的视角。

# 别忘了黔中大地对王阳明的滋养

王阳明被贬谪到贵州在明代的确是一件引人瞩目的事。

这个被誉为哲学家、教育家、政治家、军事家，“心学”创始者的古代名人，因为上书为别人鸣不平，得罪了宦官刘瑾，被廷杖四十，发配到贵州龙场当驿臣。从歌舞升平聚落万户千家的都城，贬谪到闭塞荒凉的边远山区，有如从天堂一下落到了地面。

王阳明这个人非常有天赋，也很聪明。《明史・王守仁传》说他：“娠十四月而生。祖母梦神人自云中送儿下，因名云。五岁不能言，异人拊之，更名守仁，乃言。年十五，访客居庸、山海关。时阑出塞，纵观山川形胜。弱冠举乡试，学大进。顾益好言兵，且善射。登弘治十二年进士。”

王阳明的父亲王华也是进士出身，成化十七年（1481年）中状元，官至礼部左侍郎。王阳明出生在这样一个书香仕宦家庭，继承了一定的家学渊源，27岁考上进士，应该是顺理成章的事。

也许越是聪明的孩子越是心有旁骛，幼年时候的王阳明爱好十分广泛，既喜欢骑马射箭，又酷好下棋，以致20岁中举后，两次参加会考都落了第。其父以为下棋耽误功课，又屡责之不稍改，盛怒之下，竟将他的象棋投入河中。王阳明的一首诗，记述了这件儿时趣事。其诗云：“象棋终日乐悠悠，苦被严亲一旦丢。兵卒坠河皆不救，将军溺水一齐休。马行千里随波去，象入三川逐浪游。炮响一声天地震，忽然惊起卧龙愁。”

游玩与下棋当然并不是少年王阳明的主要嗜好。他是一个非常有独立个

王阳明先生造像

性和远大抱负的人，这从他12岁时写的一首四言绝句就可以看出来。该诗写道："山近月远觉月小，便道此山大于月。若人有眼大如天，还见山小月更阔。"能判断月亮比山大，倒并非王阳明已经有了现代科技知识，诗中所抒发的，是他幼小心灵中的豪迈。

王阳明文武兼资，是明清学者中的第一流人物。他所创立的"心学"，在明代中期的思想界犹如一声惊雷，震动了一统天下的宋明理学。其影响从明清一直延续到近代，从中国一直远播到了朝鲜、日本和欧美。有人称他为世界级的思想家，一点也不过分。

曾看到一则报道，某电视台的一位资深评论家称："在中国的大思想家中，王阳明是最接近我们的人物。他在中国思想史上有承先启后的作用，影响深远。清末的曾国藩、李鸿章等洋务派领袖，其思想源头都是王阳明哲学。蒋介石先生也很推崇阳明学。也许正是因为这个缘故，阳明学在大陆长期得不到应有的重视，这是很可惜的。”读到这段文字，不免有些迷惑。

对王阳明这个有着很高学术地位和非凡个人魅力的先贤，古今学者都有很高的评价。梁启超称赞他“在近代学术界中，极其伟大，军事上政治上亦有很大的勋业”；国学大师钱穆将他誉为“明代学者的重镇、宋明理学的高峰”，认为他“道德、功业、文章均已冠绝当代，卓立千古，而所至又汲汲以聚徒讲学为性命，若饥渴之不能一刻耐，故其学风淹被之广，渐渍之深，在宋明学者中，乃莫与伦比”；明朝学者李贽认为他是“勋封名臣”“儒学名臣”；清朝的乾隆皇帝为之御题了“名世真才”匾额；当代学者更是将王阳明称为“中国哲学史乃至中国思想史上一颗璀璨的明星，不仅使心学运动迅速展开，取代程朱理学而成为一代思潮，而且深刻影响了中国社会历史文化的风貌与进程”。

反观近30余年的中国学术界，似乎找不到“阳明学在大陆长期得不到应有的重视”的情况。倒是随着“王阳明热”的不断升温，这位500年前的哲人大有被神化的趋势。在一些人的渲染下，王阳明仿佛成了一座金光灿灿的古佛，只要降临哪里，哪里就可沾上佛光。在一些人的笔下，阳明心学甚至成了包治百病的灵药。

中国改革开放以来经历了几次“文化热”。20世纪80年代，传统文化在社会发展中的作用逐渐受到重视，但那个时期的文化热点并不在国内，人们较多地把目光投向西方，传统文化是作为衬托西方文化的优点的对立面出现的。随着经济发展、社会安定大环境的形成，越来越多的人逐渐心平气和地看待自己的传统文化，对传统文化的态度慢慢趋向于客观理性。于是弘扬国学的呼声有了，宣扬王阳明心学的人也有了。阳明心学渐次成为学术界研究的热门选题，“阳明文化”也成了许多地方为提升自身知名度而争相追逐的对象。

迄今没有人统计过国内究竟有多少王阳明研究会、阳明文化研究会、王学研究会一类的组织，但各地举办的学术文化活动的确让人眼花缭乱，涉及王阳明学说的研究成果也频频问世。就连房地产业似乎也沾上了光。据说杭州阳明谷修建的别墅十分热销，甚至有人探讨这种现象所包含的文化因素。

贵州修文县的国际阳明文化节已经举办了6届，2018年以“良知之光 共建共享”为主题，举办戊戌年祭祀王阳明典礼、“龙场论坛”、主宾市（余姚市）专场活动等。浙江余姚则曾经举办过“中国余姚·王阳明国际文化活动周”，在活动周期间组织了王阳明学术思想国际研讨会，搞了浙赣黔三省王阳明纪念地旅游促进会成立仪式、全国王阳明纪念地旅游景点广场宣传日、电视艺术片《王阳明》首播式等活动。

人们在将阳明心学作为国学组成部分来研讨的时候，也很重视对王阳明这个人的研究，尤其对他一生从科举任官，因谏诤而被廷杖，由贬谪到复职，以及从平叛建功晋爵到辞官病老的传奇经历，充满了研究兴趣。已经见诸报刊的文章的确不乏真知灼见，将对王阳明和阳明心学的研究推向深入。不过，王阳明研究中的一些通行提法却很有商榷的余地。

一些研究王阳明的人习惯于把他贬谪到贵州龙场，看作王阳明人生经历中的不幸和最大的坎坷，似乎如果是在水乡泽国的故土，王阳明会更早提出他的学说，取得更多更大的学术成就。不少文章描述王阳明如何在贵州开办书院，启迪民智，发展文化教育，这当然是应该宣扬的。但若认为“偏僻、荒索、冷漠”的贵州因王阳明的到来，便得到了文化，得到了荣誉，得到了过去所没有的许多东西，犹如天上掉下了馅饼，这就有些不大公平了。

贵州是一片神奇的沃土，正是这片沃土和它的人民滋养了王阳明，孕育了阳明心学，促生了一个惊世骇俗的伟大哲人和他的学术体系。没有龙场的3年悟道，就不会有王阳明以后的积功和成就，就不会有阳明心学。这个基本的历史事实应该受到起码的尊重。

王阳明贬谪到贵州龙场以前的官职并不高，尽管他恪守着一个官员兢兢业业的本分，却从未受到重用。他最初的职务是刑部云南清吏司主事，后来才改任兵部主事。按照明代职官品级，兵部主事为正六品，只比知县略高一点。除了官当得不大外，在京城任职的这段时间里，王阳明也与常人无异，学术上并没有什么大的成就。

明代的读书人大多信奉宋明理学，青年时代的王阳明也和他们一样，对朱熹等人所提倡的格物穷理的道理深信不疑，相信“一草一木，皆涵至理”。直到21岁，他对程朱的理论仍然十分执着，曾经面对着家里的竹子冥思苦想了七天七夜，想从当中“格”出所希望的“理”来。结果，不但“理”没有格出来，人还生了一场大病。以后的大部分时间，他都在忙着参加会考。这个时期的王阳明，既对程朱理学深信不疑，又一度信佛信道，实际上还没有属于自己的思想体系。王阳明37岁以前的文墨中并未发现关于心学的论述，足以说明这一点。

为了突出王阳明在贵州处境的艰苦，渲染他在逆境中的奋斗，一些人总是把明代中叶的龙场描述得非常荒凉和破败。王阳明自己在《瘗旅文》中也宣扬龙场的环境：“连峰际天兮，飞鸟不通”，称自己“历瘴毒而苟能自全，以吾未尝一日之戚戚也”，整个将黔中的龙场形容成一处不宜人居的恐怖之地。这不仅过于夸大其词，也与黔中龙场的实际情况不符。

王阳明的贬谪地龙场，即今修文县治所在地龙冈镇。修文县位于省城贵阳北40公里，唐为羁縻功州地，宋朝时为功州、清州两羁縻州之间地，领属于绍庆府。是时，当地集市贸易已较为活跃，因习惯于辰戌日赶场，故名龙场。元代在今修文地区置六广、底寨、养龙坑、青山等处，属顺元宣抚司。明洪武五年（1372年）置底寨、养龙坑、青山三长官司，属贵州宣慰司。同时置黄沙渡、六广河两巡检司，属贵县。洪武十七年（1384年），贵州宣慰

阳明洞与何陋轩

使奢香劈山筑路开设九驿时，龙场为其中首驿。至后，这里一直是川黔交通的要冲，是几条古道的交汇点。王阳明受贬谪的时间虽然离奢香建龙场驿有124年，但其间这一带并无大的战乱，昔日昌盛的集市，绝不可能破败到不堪人居，变成某些文章所描述的“蛮烟瘴雨的荒山绝域”。

到过修文的人都知道，位于黔中地区的龙场镇，并不是一座山城。尽管从省城贵阳前往修文，需要穿越崇山峻岭，但只要一过三足山，眼前便是一片开阔地势。如今繁华的街道和林立的高楼虽然占据了主要空间，但阡陌纵横，田畴绵延的景象依然可见。2003年，笔者曾随纪念贵州建省590周年学术讨论会的代表到一代文化巨匠王阳明先生的悟道之地龙场参观，发现历经500年沧桑后的龙冈山，依然绿树掩映，郁郁葱葱，显得那么宁静，而在万山会聚的贵州，它只能算是一座小山包，并没有某些文章所形容的那种险峰峭壁，也没有当年王阳明那种冷漠与荒索的感觉。

在中国的省市自治区中，贵州占有得天独厚的气候优势。地处黔中的修文县属北亚热带和南温带季风气候，雨量充沛、气候温和湿润、雨热同季、四季分明，盛夏无酷热、隆冬无严寒，气候宜人。即使退回去几百年，气候条件的变化也不会很大。

或许是王阳明从歌舞升平的京城，一下来到几千里以外的异域他乡，觉得极不适应；或许是后人为了衬托这位哲人治学环境的艰苦，刻意用了夸张的手法。总之，王阳明悟道的龙场，在一些人的笔下成了让人闻之色变的穷山恶水。这与历史上某些带有偏见的人，爱将山清水秀的贵州形容为瘴疠之乡的做法，颇有点一脉相承的味道。

王阳明在贵州的确做了不少事。他创办龙冈书院，开课授徒，又应贵州提学副使毛科及其继任者席书的邀请，到省城贵阳的文明书院讲学，为贵州培养了众多人才。他提出的“立志”“勤学”“改过”“责善”四条规定，开创了贵州一代新的学风。所有这些，贵州人自然都不会忘记。

然而，被贬谪的这3年，贵州这片土地给予王阳明的，也同样十分丰厚。他在贵州既得到从官吏到平民百姓的尊重，也得到了各族群众的热情帮助。王阳明虽然带了一群仆从到贵州来，但面对从未体味过的陌生环境，仍然感到无所适从，在他最困难的时候，是当地苗、僚人民帮助他在龙冈山腰建起了几间茅屋，使他得以安身。当身处逆境的他万念俱灰，唯有生死一念，对着石墩自誓“吾惟俟命而已！”的时候，正是当地各族群众的质朴、善良、助人为乐感动了他，使他重新焕发出昂扬斗志。

王阳明是正德三年（1508年）农历三月抵达龙场的，在贵州前后待了三个年头。正德五年（1510年）初，谪戍期满，三月，复官任庐陵县（今江西吉安）知县。是年八月，刘瑾因谋反被下狱遭凌迟而死，王阳明头上的阴霾一扫而空，从此官运亨通。其先被任命为南京刑部主事，不数月即改任吏部主事。正德七年（1512年）三月，升考功清吏司郎中。人风光了，求教的人也猛然多了起来。就在这一年，不少学子拜在王阳明的门下，其中的一些人后来还成了著名学者。同年底，王阳明被擢升为南京太仆少卿，十二月又升南京刑部四川清吏司主事。

正德十四年（1519年）的平定宁王之叛，是王阳明学说传播的转机。这场功劳大大提升了他的人气，人们开始用新的眼光来审视他的学说，其语录《传习录》也在弟子徐爱的资助下得以面世流行。而他自己则在赣州讲学的时候，正式提出了“致良知”之说。从此，“致良知”这三个字成了王阳明讲学的宗旨，王阳明也就成了自孟子、程颢、陆九渊之后正式提出“心学”的古代哲人。

王阳明的龙场悟道使贵州成为阳明心学的孕育地，成为阳明心学走向全国和世界的始发点，成为贵州人引以为荣的重要历史文化资源，这是毫无疑问的。但也正是贵州的山川大地和各族人民所组成的自然与社会生境，促成了阳明心学的诞生，对此，却不可不给予足够的重视。

# 永历皇帝的穷途末路

明朝这个时代与贵州很有渊源，在这个王朝统治的270多年里，许多事都与贵州脱离不了关系。从第一代皇帝朱元璋攻打云南设置贵州都指挥使司开始，几乎每隔几十年，就有一桩大事与贵州这片土地相关。好些时候，一向未被中央权贵们看在眼里的贵州，还真在明帝国扮演了一阵子举足轻重的角色。

到了明末，穷途末路的朱由榔被孙可望从广西接到黔西南的安隆，在那里继续过着残明皇帝的凄苦生活。鲜为人知的安隆所摇身一变成了永历王朝的都城。永历皇帝在安龙待的时间虽然只有4年，却让贵州第一次，也是唯一一次做了封建王朝的皇都。

永历王朝是明亡以后残存时间最长的一个南明政权。

还在闯王李自成称帝于北京之时，明朝的凤阳总督马士英和阮大铖等一帮人，就在南京将从洛阳逃命出来的福王朱由崧拥立为皇帝，建立了一个弘光政权。朱由崧是明神宗朱翊钧的孙子，其父朱常洵在皇位之争中失败后，被封到洛阳当福王，结果因为生性残暴、胡作非为，于崇祯十四年（1641年），被攻城的农民军抓住后处决。

继承王位的朱由崧继承了乃父荒淫无道和暴虐的秉性，因为曾叫部属为他捉蛤蟆做春药，被南京老百姓知道后，戏称其为“蛤蟆天子”。朱由崧有句名言：“万事不如杯在手，一生几回月当头。”在这位酒色皇帝的统率下，弘光政权不仅没有振作起来，反而在腐败、内讧、争权夺利上比崇祯朝走得更远。维持不过一年，南京即被清军攻陷，逃至芜湖的朱由崧连同爱妃一起被部属捆绑了送与清军邀功，次年被杀于北京宣武门外的柴市。

弘光政权覆灭后，明朝浙江残部在绍兴拥立鲁王朱以海为监国。这个鲁王监国也只维持不久便被清军赶到海里去漂泊，走投无路之下投靠郑成功，最后死在了金门。差不多和他同时，唐王朱聿键也在福州称帝，建号为隆武。隆武政权曾经一度有些作为，占领过福建、两广、云贵等省和湖北、江西、安徽的一部分地区，可惜支撑一年零三个月后，还是败在清军的手下。朱聿键最终在福建汀州被俘，绝食而死。他的弟弟朱聿𨮁虽在一批明将的拥戴下建立了一个绍武政权，但只做了40天的皇帝就被活捉，只好学哥哥绝食自杀。

永历皇帝朱由榔的父亲朱常瀛是明神宗的第七个儿子，早年封在湖南衡阳当桂王，清顺治元年（1644年）十一月死在广西梧州。唐王政权失败后，两广总督丁魁楚、广西巡抚瞿式耜等拥戴朱由榔在肇庆称帝，建立起最后一个南明政权——永历王朝，以次年（1647年）为永历元年。

生在王侯之家的朱由榔既懦弱寡断、昏庸无能，又很贪生怕死。瞿式耜等让这样一个人来当皇帝，一开始便注定不会有什么好结局。不过，因为永历政权本质上是西南地主阶级抗清派与李自成、张献忠农民军余部的联合体，得到大批亡明将士和农民起义军的支持，有着广泛的群众基础，故此它的寿命要比其他几个南明政权长得多，居然前前后后延续了16年之久。

背着一个皇帝的名，却没有过上一天安生日子，从登基的那一刻起，朱由榔过的就是亡命生涯。他于顺治三年（1646年）十月即位，十二月闻听清军已进入广州，便慌忙“避敌幸梧州”，接着又先后逃往桂林、全州、柳州、安龙、昆明，最后从昆明逃到缅甸。有人为他做过统计，仅从顺治三年到顺治八年（1646—1651年），短短5年时间，这位南明皇帝就逃亡了16次。

正当永历王朝被清军追得东逃西窜之时，一支几万人的大西军余部在孙可望、李定国、刘文秀等人的率领下南进贵州，占领了省城贵阳。初入贵州的大西军仍然保留着农民起义军的一些优良传统，曾推行过一些革命措施，如下令“自今非决斗，不得杀人”等。势力扩展以后，孙可望一帮人发生了质的变化，在“共襄勤王，恢复大明天下”的口号下，不但出兵占据了云南，还纷纷称王，孙可望本人更称起了“国主”。

当年张献忠称雄四川时，孙可望、李定国和刘文秀都是他养的义子，分别被封为平东、安西和抚南将军，3个人在大西军中的地位不分伯仲。南下以后，孙可望的私欲极度膨胀，昔日的战友被他视为实现个人野心的障碍。孙可望对李定国的功高名重尤为忌妒，李定国对孙可望擅称“国主”的做法也多有不满。在咄咄逼人的清军攻势面前，两位农民军领导人不是协力同心，而是明争暗斗，矛盾不断加剧。

在明末清初多重矛盾交织的岁月里，张献忠算得上一个深明大义的义军领袖。他不但以凛然正气顶住了清军若“率众来归，自当优加擢叙，世世子孙，永享富贵”，“倘稽延观望，不早迎降，大军既至，悔之无及”的利诱威逼，还叮嘱孙可望等人：“我死，尔急归明，毋为不义”。进入云贵后的大西军，其所以频繁派人到广西与永历王朝联系，执行的正是张献忠的抗清遗愿。

在与永历王朝的往来中，孙可望的野心暴露无遗。永历帝为了笼络这支数十万人的抗清队伍，答应封孙可望为景国公，封李定国为侯，实际已将孙的地位置于李定国之上。但孙可望并不领这个情，他要的是渴望已久的秦王封爵。经过云南佥事杨畏知的几番讨价还价，永历帝只得让步，于顺治八年（1651年）三月授予他秦王封号。于是，孙可望开始肆无忌惮地在贵阳大兴土木，“设行宫官署及府州县卫所等官”。

朱由榔的永历小朝廷就像他本人一样懦弱无能。从肇庆逃到广西后的一段时间里，因为得到抗清名将何腾蛟和李自成大顺农民军余部的支持，曾取得过全州大捷，遏止了清军的攻势，出现过一番“群臣复出仕”，“弹冠者遍地”的热闹场面。可惜好景不长，由于朝廷内激烈的党争和军事上的失利，这位亡命天子又不得不从梧州而桂林，由桂林奔南宁，最后在清军的紧追不放下，一直仓皇逃到广西濑湍。

在逃往濑湍的路上，永历小王朝已呈鸟兽散状，一部分随从人员不告而别。这时候的永历皇帝，既不愿接受大臣们的建议跑到云南去寄人篱下，又不甘束手为清军所擒。孙可望看准永历君臣走投无路的窘境，趁势派人敦促他移驾贵州。这时，永历帝身边除了一群只会清谈、手无缚鸡之力的文臣外，真正能保护他的武士不足百人，想不听孙可望的安排都不行，只好于清顺治八年（1651年）十二月，带着为数不多的随驾人员，开始了前往贵州的凄风苦雨之行。

永历帝对孙可望的屈从是有背景的。在此之前，孙可望已经凭借武力从精神上掌控了永历君臣。有关文献载："三月，孙可望使其伪将吴都督至南宁，劫上求册宝专制，大学士严起恒死之，并杀给事中吴霖等十余人。上出御衣葬起恒，亲临哭之。"身为皇上，眼睁睁地看着忠臣被杀，却只有哭着脱衣服去安埋的份儿，这样怯懦的统治者，何曾像一国之主？

永历一行人先抵云南广南府，在那里稍事停留，接受土官侬用智等人的供奉。孙可望发现永历帝在广南徘徊不前，生恐这帮人忽然改变主意，立即派总兵王爱秀前往促驾，还带去了他给永历帝的奏章。孙可望在奏章中反复强调："广南虽云内地，界邻交趾，尚恐夷情叵测。臣再思维，唯安隆所为滇黔粤三省会区，行宫修葺，一切粮储可以朝发夕至，莫此为宜。"

这件事说明，永历帝进入贵州安龙并非出于自身意愿，而是被孙可望以"迎驾"名义强逼而来的。皇帝行止未定，哪有臣下把"王宫修葺"和"一切粮储"都预谋策划好了的道理？王夫之在他所著的《永历实录》一书中有这样一段话："冬，孙可望遣兵胁上居兴隆，百官扈卫死亡溃散，从上者百余人。"这段话明白记录了永历帝遭胁迫，不得已而迁贵州安龙的事实。

明末清初启蒙思想家王夫之，19岁时曾在长沙的岳麓书院读书。明朝灭亡，王夫之悲愤欲绝，曾在衡阳举兵抗清，后又在桂王政权中担任过行人司行人职务，桂林陷落后才决心隐遁，辗转回到家乡衡阳潜心治学。孤高耿介的王夫之编纂的《永历实录》，在研究南明永历王朝历史时，应该是比较可信的文献。

《永历实录》一书的史料价值极高，但岳麓书社1982年出版的《永历实录》在注释兴隆地名时却出现了差错。该书卷一《大行皇帝纪》的注释116条写道："兴隆：地名，应作安龙。原名安笼所，孙可望迎永历帝朱由榔居此，改为安龙府。清改为安隆。在今安龙布依族苗族自治县。"这个解释是把安龙地名的原委，整个儿弄颠倒了。

《永历实录》中的兴隆即今之贵州安龙，因附近有安隆洞而得名。元致和年间（1328年），置安隆州于今县境南，未几，改州为寨，隶于广西泗城州。明洪武二十三年（1390年）置安隆千户所，隶贵州都指挥使司，安隆之名一直沿用到明末。永历王朝由广西移居安隆后，孙可望为了迎合朱由榔的皇帝身份，改安隆为安龙，由卫升格为府。顺治十五年（1658年），清将卓布泰攻陷安龙，将安龙改为安笼，降还为所。康熙时合安南、安隆二所，设南笼厅，雍正时升南笼厅为南笼府。民国十一年（1922年）改南笼县为安龙县，以后便结束了安笼、南笼等带有贬义地名的使用。

孙可望将朱由榔从广西濑湍接到贵州安隆，虽然将原来的安隆卫改为安龙府，还特意为他修建了一座行宫，但朱由榔并没有过上真龙天子的舒适生活，唯一的好处是暂别了时刻东逃西窜的流浪。而孙可望则效法起"挟天子以令诸侯"的故事。他让谄事于己的马吉翔、庞天寿等人负责朝中军政，又派督捕张应科出任总理提督，范应旭任安龙知府。这帮人唯知有秦王孙可望，根本不将永历帝放在眼里。马吉翔的门生甚至对主事胡士瑞说："今上困处安龙，大势已去"，"揣时观变，当归秦王"。这时候的永历政权早已没有一丝王朝气象，不过是孙可望手中的一件玩物和一块装点门面的招牌而已。

口头上称孤道寡的朱由榔，终日过的是寄人篱下的凄苦日子，不仅"宫室卑陋，服御粗恶"，还连一点物品的支配权都没有。据说有一次永历帝因窗墙颓坏，欲求一蒲席遮挡风雨，找到知府范应旭，竟因未奉孙可望之令碰了钉子。历朝历代的皇帝恐怕没有人受过这样的气，但这类事在永历帝则成了家常便饭。没有稳定的统治区域，没有赋税收入和其他财政来源，整个小王朝全赖孙可望的施舍度日，自然只能忍气吞声看别人的脸色。

在安龙的几年，永历王朝每年可支用的钱和物资为“膳羞银二千两，食米六百石”，这就是孙可望供给永历王室和百官的全部用度。这些东西是不能随意使用的，每用一项都必须做详细记录。安龙知府上报给孙可望的账册上，明明白白地写着：皇帝一员、后妃总若干口、皇子宗室总若干口、从官大学士以下总若干口，每月支银若干两一类的话。做皇帝做到这个份上，算是可悲到了极点。

身陷这样的处境，永历帝也不是毫无挣扎。在一部分朝臣的怂恿下，他曾经利用李定国与孙可望之间的矛盾，派人化装由小路驰入广西，向李定国“密下敕，令统兵入卫”。李定国奉敕后，感激涕零，表示一待两广平定即赴安龙护驾。永历帝得到回报，欣喜之情溢于言表，一面让大学士吴贞毓草诏，发黄金30两，铸“屏翰亲臣”印赐给李定国，一面开始考虑选派官员到闽、浙赴任，还以“资深俸久”为名，给一批忠心臣僚加秩升职。

然而，还没等到李定国的护驾队伍到来，坐镇贵阳的孙可望已经从马吉翔等人处获得了情报。顺治十一年（1654年）春，孙可望派部将郑国到安龙质问永历帝。郑国抓着吴贞毓直入文华殿，胁迫永历帝说出事件主谋。身为皇上的永历帝，面对下属的一名部将，竟然吓得浑身发抖，既不敢直斥其犯上，又不敢承认是自己的主意，只好含糊其辞解释称：“朝廷播迁，此事定是外人盗敕宝所为。”这一来，却把一批忠于自己的大臣送上了刀口。

永历帝欲招李定国入黔这件事，给孙可望提供了一个造反的口实。在这之前，他一直想搞一个“后明”政权取朱由榔而代之，也已经在贵阳大修宫室，准备“典章制度”，建“太庙”，拼凑官僚班子。今贵阳市的忠烈街老名称叫“皇殿上”，文笔街旧名“皇宫卡”，据说都与当年孙可望在那里修建宫室有关。但这时的孙可望似乎觉得时机尚未成熟，并没有公开登上“九五”大位，只是以“盗用玉玺”“假称勤王”的罪名，将参与其事的宰相吴贞毓，朝臣张镌，太监张福禄、全为国等十八人尽行处死，以解心头之恨。

吴贞毓等人与永历帝合谋，欲借李定国之力除去专横跋扈的孙可望，壮

明十八先生墓

志未酬却被同谋的皇帝下诏处死，类似这样的事在中国历史上并不少见。在天下为一姓之私产的封建时代，忠君即是爱国成为许多人的信念。尽管眼睁睁地看着王朝在没落，明知大厦已倾再扶也是枉然，仍有不少人执着地忠于某姓君主，走完自己的人生之路。死于安龙的十八先生便是这样一批人。

吴贞毓等人被杀后，后人在他们殉难的安龙城西天榜山下建造了明十八先生墓，经过历代扩建，现有墓区、祠堂、摩崖等建筑，已被列为贵州省文保单位，成为黔西南州一处著名的旅游景点。

对于吴贞毓等十八人之死，闻者褒贬不一，赞其忠者引之为楷模；笑其痴者，斥之为愚忠。不过，站在今人的立场上去评价古人，总是比较容易和轻松的。倒回去几百年，在“君君、臣臣、父父、子子”一整套纲理伦常的笼罩下，作为明朝旧臣的吴贞毓、张镌、全为国等人，不惜以死明其志，应该说也是一种难能可贵、值得称道的气节。如果强用今天的眼光去苛求古人，要他们明白经历了200余年的明王朝已彻底腐朽，成了社会生产力发展的障碍，清朝的入主中原摧毁了腐朽的明政权，有利于生产的发展，等等，那就未免显得过于迂腐了。

孙可望没有被除掉，永历帝在安龙的日子如坐针毡。不久，李定国获悉孙可望要将永历帝挟持到贵阳，从广西兼程赶到安龙面见永历帝，“发骑卒，前导三千，后卫三千”，亲自将朱由榔护送到了云南昆明。朱由榔一离开安龙，永历王朝在贵州这段凄风苦雨的历史也就落下了帷幕。

# 柒——一个剧烈变革的时代

# 社会大变革的奠基战

清朝统治的267年，是贵州历史上变革剧烈的时期。这种变革从行政管理制度的兴废、省际疆域的调整、生产方式的革新、社会生活的进步，一直到人的视野与思维方式的变化，几乎涵盖了政治与经济生活的方方面面。17世纪中叶至20世纪初的两个多世纪，贵州似乎在启动和完成着一次历史性跨越。

因为变革的剧烈，在清朝统治的这段时期，贵州的社会矛盾远比其他省区复杂和尖锐，人民起义和各种战乱层出不穷，以致人们在观察和研究清代贵州时，往往将目光放在一些影响较大的具体历史事件上，社会发展这根主线反而被忽略了。

清代贵州的社会变革是在平定“三藩”之乱后揭开帷幕的。

清朝前期的几个皇帝都比较有作为。6岁即位的顺治皇帝虽然是个少年天子，但他的叔父多尔衮却是个厉害人物，不仅统兵入关打败了李自成的农民军，还完成了迁都北京和开国创制的大举。接下来的康熙则被公认为是“封建社会末期最杰出的帝王”，他当政的61年与后来的雍正、乾隆两朝一起被称为“康乾盛世”。正是这一时期的一系列政策，开启了清代贵州社会变革之门。

康熙皇帝8岁登基，16岁以巧计杀掉鳌拜亲政，之后着力复苏社会生产，安定社会秩序。在这位年轻皇帝的治国计划中，“三藩”、河务、漕运是三大要务，他“夙夜廑念，曾书而悬之宫中柱上”。康熙十二年（1673年），清政府正式下达撤藩令，开始了和以吴三桂为首的“三藩”势力的一场殊死较量。这场平定“三藩”之战，主要在当时的中央政府和吴三桂之间进行，前前后后打了8年。平定吴三桂叛乱，就全国来说巩固了清王朝的统治，避免了一场大分裂；对贵州而言，则起到了清除割据势力，稳定政治局势，为后来的一系列社会变革奠定基础的作用。

对吴三桂这个人，贵州人是没有什么好印象的。这位“冲冠一怒为红颜”的明末辽东总兵官，从抗清、降清到反清，走了一段与众不同的迂回人生路，说来说去无非是围着“权”和“利”二字打转。

李自成的农民军追近北京时，崇祯帝曾飞檄令吴三桂入卫京师，并起用他的父亲吴襄提督京营。吴三桂一路“迁延不急行”，等着看局势如何演变。农民军攻陷北京后，李自成多次招他归降，他依然犹豫再三。但在得知爱妾陈圆圆被李自成部将掠去，其父也被拘押的消息后，吴三桂勃然大怒，毫不犹豫地投向清军，上书多尔衮，请求清兵入关灭“贼”。其实，只要分析一下吴三桂的政治取向就可以发现，“为红颜”而降清，不过是蒙骗世人的一个借口，选择这条路的真正原因，是他从农民军进入北京后的表现判断，这支队伍最终成不了事，早晚会败在清军手下。

降清之后的吴三桂，与清军携手在一片石打败了李自成的农民军，受封为平西王。顺治十四年（1657年）十二月，吴三桂正式挂上平西大将军印进军陕川，扫荡李自成农民军的余部，围剿张献忠的农民政权。接着，他又马不停蹄地会同清军多尼等向云贵地区的南明永历政权发起进攻。顺治十五年（1658年）春，吴三桂由重庆出兵攻占遵义，次年正月进入云南昆明，将南明永历帝赶到了缅甸。

永历政权被消灭后，云贵地区被纳入清王朝的统治之下。但这时候清政府在贵州所面临的，却是一种政治上动荡不宁、经济上闭塞落后，各种社会矛盾尖锐交织的残破局面。为了确立中央王朝的统治地位，安定西南边疆，清初的统治者不得不认真考虑一套有别于内地的治理方略，推行一系列相应的治黔措施。

要治理云贵就必须有人来负责，在这件事上，当年的顺治和康熙两个皇帝却办了件错事。他们没有从朝中另择熟悉西南地区情况的能员到云贵掌控局势，而是就近让吴三桂统率全局，终至酿成大患。

《清实录》中有一段记载清廷决定重用吴三桂的文字，是顺治皇帝下给吏、兵二部的谕旨。该旨称：云南新经平定，“至统辖文武军民，尤不可以乏人。前已有旨，命平西王吴三桂移镇云南，今思该藩忠勤素著，练达有为，足胜此任。当兹地方初定之时，凡该省文武官贤否甄别举劾，民间利病因革兴除及兵马、钱粮一切事务，俱暂着该藩总管”。这道谕旨将云、贵两省无所不包的大权授予了吴三桂，最后虽然加了一句“暂着该藩管理”，表明这只是临时的权宜之计，以后再行定夺，但这个“以后”不仅一直没有了下文，到康熙元年（1662年）反而增加了一道“贵州接壤云南，皆系岩疆要地，苗蛮杂居无二，其一切文武官员兵民各项事务，俱照云南例，着平西王管理”的委任，给吴三桂来了个锦上添花，让他的权力翻了一倍。

让挟平西战争胜利之威、手握重兵的吴三桂“移镇云南”，本身就是一个错误，再授之以总管“一切事务”的大权，这无异于给野心勃勃的吴三桂提供了拥兵自重、独霸一方的机会，以致酿成了后来延时8年、祸及10省的战争。就这一点说来，清初的“三藩之乱”，实际上是顺治时期对吴三桂、尚可喜、耿仲明等一批明朝降将处理失误埋下的祸患。

虎踞云贵的吴三桂视清廷如无物。虽然身居平西亲王位，统辖着云贵两省，他仍旧觉得不满足，进而要求云贵两省的总督、巡抚统统“听王节制”。他的专横跋扈发展到“用人，吏部不得掣肘；用财，户部不得稽迟”。盘踞云贵期间，吴三桂大肆扩充军力，安插亲信，每年除了向清廷索取数以千万计的军费外，又不断向云贵土司勒收金银财货。贵州的水西地区因为紧邻云南第一个遭了殃，成了吴三桂劫掠的主要对象。

在清初的贵州土司中，水西宣慰使安坤不仅是归降清廷最早的土司之一，在清军三路进军云贵时，还立下了不小的功劳。《大定府志·水西安氏本末》载：“顺治十五年（1658年）经略洪承畴率师至沅州，分为三路进讨永明王（即永历帝），伪晋王李定国遣兵扼之，中路兵不得进。承畴遣使召坤，许以阿画、霭翠故事，坤大喜。俄而中路兵进取镇远、平越至贵阳，惟西路平西大将军吴三桂兵尚未进。坤遣汉把曾经、熊彦圣缴印投降于三桂。五月遂导之取开州，降修文、广顺。”吴三桂进军云南时，“明将白文选守七星关。关临江岸，峭壁数十仞，三桂至天生桥，惮其险不敢攻。坤令人导之，取道俄波，出乌撒至沾益，出其背，断文选粮道，文选闻之惧”。可以说，在进军云贵的过程中，安坤帮了清军和吴三桂的大忙。如果没有安坤的全力协助，清军在云贵地区的军事行动绝不可能如此顺利。

立了那么大的功劳自然应该有所回报，顺治十六年（1659年），清廷命安坤袭水西宣慰使职，并“赐袍帽、靴带并采币二十匹，加都督佥事”。获封号后的安坤更加忠诚于中央政府，多次抵制了残明势力的诱惑，始终保持与清廷的良好关系，在维护贵州政局稳定上发挥着积极作用。对于这样一支以大局为重的地方力量，吴三桂却“因需索水西，不遂贪欲，捏奏水西反叛，竟自发兵剿灭”，效法明初的贵州都督马烨，自导自演了一场逼反水西土司的闹剧。

康熙三年（1664年），吴三桂统领10镇大军由毕节七星关进入水西地区，向安坤所部发起进攻。在吴军咄咄逼人的攻势下，水西兵连败于归集、米裸。安坤审时度势，放弃一味死守、与敌正面硬拼的战法，改为分守要害，据屯不出。结果总兵刘安邦带领的一支吴军在猴儿关被水西军伏击，千余人的队伍仅数十人逃得性命。

安坤的聪明在于充分利用熟悉地利的优势，不与兵多将广的吴三桂军进行主力交锋，率领部下不断奔走佯败，将吴军一步步诱入陷阱。吴三桂果然中计，率部穷追不舍，最后在果勇底城落入10万水西军的包围，3万人马“不能进退两月，食将绝而外援不至”，成了笼中困兽。不幸的是水西内部出了奸细，一个名叫叉戛那的亲信投向吴三桂，关键时刻千方百计阻止水西军发动攻击，又暗助敌兵将粮食运入果勇底，接济城内饥疲不堪的吴军将士，以致敌人援军大至后，水西军苦战不利，遭到惨败后被迫退走织金以那。

同年十二月，吴三桂率大军攻克水西最后据点木弄箐，安坤不得不逃往岳父母家所在地乌蒙以避其锋。不久，吴军由乌撒追至乌蒙。安坤行踪既露，只得复返水西。途中与吴军总兵马宁部遭遇，不幸被俘，惨遭杀害。吴三桂利用军事获胜之机，废除水西宣慰司，将水西的一些则溪归并，设黔西、平远和大定府，又改乌撒土府为威宁府，各府官员自然都由吴三桂选任，并且都属贵州布政司管辖。

撤废水西土司改设4府，表面看来吴三桂似乎是在搞“改土归流”，但他的这场“改土归流”，既不在当时康熙治理云贵的计划中，进兵水西的理由也是由他捏造出来的。身居云南的吴三桂很清楚，“水西、马乃为用兵要路，未可容其窥伺梗阻”。既然一心一意要把水西控制在手，即使没有事，吴三桂也要生出事来，因为有了借口，朝廷才会同意他进兵征剿。

曾经有一些人为吴三桂大鸣不平，认为古今论者很少有人对吴三桂做出公允的评价，“致使他潜心开发云南、贵州的历史功绩，也被淹没在一片咒骂声中”。文章以吴三桂征讨水西为例，认为这场战争“平定土司叛乱，维护了云贵地区的安宁，对于巩固边疆，巩固统一具有不可低估的意义”，而吴三桂攻水西，杀安坤，废水西宣慰司之举，证明他是“清朝大规模改土归流的先驱”。这种根据历史表象做出来的结论，未免离事实太远。

清军占领云、贵两省后，朝中大臣认为战事已平，建议削减吴三桂的军队。顺治十七年（1660年），都察院根据皇帝的谕令提出“云南大兵粮饷不足，请以一半暂驻，一半撤回，可省军需数万”的建议。这条建议虽然被搁置，却让吴三桂着实惊恐了一阵。看来没有战事，不但手下的军队保不住，连这个“平西亲王”的爵位也有些危险。当时，永历政权已土崩瓦解，朱由榔也从缅甸被抓回来杀了，再用南明的事做文章已经不可能。前思后想下来，只有拿水西的安坤来开刀，才能挑起一场大规模的战事。

安坤自从归附清廷，一直奉公守法，注意维护地方安宁，这一点吴三桂是深知的。但既要制造事端，也就顾不了那么多。于是，水西民族习俗中的“刑牲祭鬼”，便成了“贵州水西土司安坤久蓄异谋”“将为不轨”的证据，成了吴三桂向朝廷请求“臣欲为先发制人之策，趁其未动，早为剿平，以清肘腋之患”的理由。当时的朝中诸臣也不是不明白吴三桂的居心所在，只是云贵远在万里之外，朝廷对吴三桂鞭长莫及，唯有听任他去胡作非为。

《水西安氏本末》对清初水西安氏与清政府的关系有着详尽的记载，这些记载清楚说明，归附清王朝以后的安坤，从未有过反清或与中央政府对抗的念头。

> 明将吕宏炀为乱于水西……潜谋起兵取贵阳，以应李定国……坤觉之，以告巡抚卞三元，密遣兵破之，擒宏炀等五人。

> 明故将刘鼎勾结丹平土官莫之廉，为乱于定番，为官兵所败，之廉伏诛，鼎走水西。康熙二年七月，坤获鼎，送至贵阳杀之。

> （康熙）三年正月上元，常金印自广西走水西，自称明开平王常遇春之后，与明故元江总兵匡国公皮熊谋逆……潜遣人招诸土府，令一时俱起。旋为同谋陈太所首，诸人先后就擒，惟皮熊逃免。坤自归附以后，数擒叛将有功。皮熊（明元江总兵）藏匿山谷，屡遣人说坤，坤亦不从。

综观顺治十五年到康熙三年（1658—1664年）水西与清王朝之间的关系，不但找不到一点安坤与清廷对抗的事例，倒有不少他竭力帮助清王朝打击明朝残余势力、稳定贵州局势的记录。直到康熙三年（1664年）元月，安坤明明还在抵制常金印和皮熊的反清密谋，吴三桂却一定要将他拉扯进那场未遂叛乱，并在常金印被擒后故意放出要抓捕他的口风，将安坤逼到无路可走的地步。

中国有句老话叫“欲加之罪，何患无辞”，吴三桂对安坤玩的正是这一手。江苏镇江人张玉书与吴三桂是同一时代人，顺治十八年（1661年）中进士，官至文华殿大学士，他就认为“顺治十五年，王师既下贵州，水西宣慰使安坤慑服天威，俯首输贡，初实无叛志”（《张文贞集·纪平水西事》）。这场战事的根子是吴三桂“倡缅甸、水西之役以自固”。由此可见，将清初贵州境内的这场战事当作是吴三桂在为清廷平叛，在搞改土归流，在为开发云贵做准备，等等，显然都与当时的实际相悖。事实上，进攻水西的过程中，吴三桂的脑子里根本就没有改土归流这回事。他在接受安坤亲信叉戛那投降时，就曾有过“事平后我让你袭任宣慰使之职”的许诺。

从康熙元年（1662年）清政府“照云南例”将贵州交给吴三桂管理，到康熙二十年（1681年）吴三桂之乱被平定，吴三桂统治贵州达20年之久。这20年中，贵州境内战乱连年，各族人民几乎没有过上一天平静的日子。他的割据称雄，给贵州各族人民带来了深重的苦难，延缓了贵州社会变革的时间和步伐。直到康熙二十年（1681年），清军在以水西为主的各族人民配合下从吴三桂叛军手里收复贵州，清王朝治理和开发贵州的计划才有了实施的可能。可见，吴三桂不仅不是清初贵州安宁的缔造者，反而恰是贵州动乱的制造者。

康熙年间的平定“三藩”之乱，是一场贵州社会变革前的奠基战。这场战争荡平了吴三桂这支分裂割据势力，为清代的贵州社会变革扫除了障碍。从康熙到乾隆，清政府在贵州采取了一系列安民兴利、变革社会的措施。这些措施归纳起来大体集中在统一行政区划、推行“抚绥”政策、实施改土归流、鼓励发展生产等几个方面。

贵州是明朝永乐年间才设置的行省，由于“土”“流”并存，事权分散，行政区划十分混乱，极易引发政局动荡。历朝统治者虽然也意识到了这一点，但因为不具备进行区划调整的政治环境，办起来感到非常棘手。“疆臣虽屡有调整之请，枢臣动诿勘报，弥年无成画。”吴三桂之乱平定后，从康熙十年（1671年）开始，清廷不断对贵州省内的卫、府、州、县和省际疆界进行调整，先后将一些原辖于邻省的卫、县及府辖地划隶贵州，这样，到雍正时贵州的省境便基本固定了下来。

清初的“抚绥”政策，主旨在“绥以恩德，不宜生事”八个字。康熙四年（1665年），贵州总督杨茂勋给皇帝上疏时曾经说过一段话，他认为“贵州一省在万山丛中，苗蛮穴处，言语不通……治之之道，不得不与中土异”。这段话成了清廷拟定治黔方略的出发点，康熙本人就曾反复告诫臣下说：“朕思从来控制苗蛮，惟在绥以恩德，不宜生事骚扰……盖因土司地方所产金帛异物颇多，不肖之辈苛求剥削，苟不遂所欲，辄以为抗拒反叛，请兵征剿。在地方官则杀少报多，希冒军功；在土官则动生疑惧，携志寒心，此适足启衅耳。”一些利欲心太强的官员，没有把这一政策的主旨放在心上，结果断送了自己的前程。

在因违背“抚绥”政策被查处的地方官员中，云贵总督蔡毓荣和贵州巡抚卫既齐是官阶最高的两人。康熙二十一年（1682年）上任的蔡毓荣，为了一展个人的管理才能，刚一到任便提出“禁民人及土司携藏兵器，并不准汉人将铅硝硫磺货与夷人”的建议，遭到朝廷呵斥后，不吸取教训，又奏请对土司进行征剿，最终惹得龙颜大怒，被康熙质问：“身为督府，不思安静抚绥，惟诛求不已，是何理也？”虽然最后躲过了“问斩”和“籍没”的下场，但还是丢了官，和儿子一起被发配到了黑龙江。

卫既齐则是因黎平府役需索高洞苗民，引起“激变拒捕”事件，未将实情查明，“遽发兵往剿”获罪，同样被贬送到黑龙江。总督范承勋受同一案件牵连，也受到了贬四级调用的处分。

在清朝前期的几个皇帝中，雍正是在位时间最短，留下悬疑最多的一个。他于1722年登基，1735年因过于迷信道士，服用大量丹药而死于圆明园，主政时间只有13年。但这个雍正帝却是一个勤政务实的统治者，就在短短的13年中，他在政治、经济方面完成了一系列很有影响的改革，改土归流便是其中之一。

贵州的改土归流其实在明初就已经开始了，永乐年间建省时的八府四州，便是设在思南、思州两宣慰司的领地上。以后，局部地区的改土归流一直都在进行。康熙平定吴三桂之乱后，鉴于安坤之子安胜祖在平吴三桂时“著有勤劳”，决定“水西宣慰使仍以胜祖承袭”，但“不得擅预军民事”。到康熙三十七年（1698年）安胜祖病死后，因无子嗣，清廷便终止了水西土司的世袭，将水西所属的领地分别划归大定、平远、黔西三州管辖。至此，水西地区的改土归流在总体上算是完成了。

雍正继位之后，一面秉承前朝的抚绥宗旨，对少数民族上层尽量进行笼络，常把尔等“皆系朕之赤子”，朕决无“偏党之心，亦无依违之见”一类的话挂在嘴上，但政策实际上已开始向威慑方面倾斜。雍正四年（1726年）

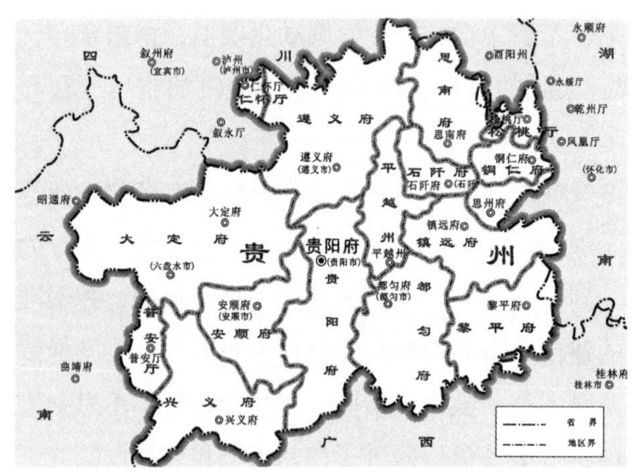

清代贵州省图

鄂尔泰提出改土归流之策时，主张“计擒为上，兵剿次之；令其自首为上，勒献次之”。这个主张很合雍正本人的想法，很快得到了批准。结果“首尾用兵凡五六载”，主要还是依靠军事征服完成了贵州境内的这一变革。至于苗疆六厅的设置，更浸透了血腥，大小30余战，数不清的村寨毁于战火，数以千计的群众被屠杀。顺、康时期的“抚绥”政策在这一过程中受到了严重冲击。

改土归流从政治上肯定和加速了土司地区从封建领主制向地主制的过渡，这项变革伴随着轻徭薄赋、鼓励发展生产的政策，对清初贵州经济的发展起了积极的推动作用。

清初的几代帝王，本着贵州一地“昔年为贼窃据，民遭苦累，今虽获有宁宇，更宜培养以厚民生”，“育民之道，无如宽赋”的宗旨，屡次在贵州减免钱粮，调整税收。顺治时，认为“滇黔田土荒芜，当亟开垦”，下令“将有主荒田令本主开垦，无主荒田招民垦种，俱三年起科，该州县给予印信，永为己业”。到康熙主政，认为顺治时的这个规定还是过严了，“黔省新造之地，哀鸿初集，田多荒废，粮无由办”，把原先的“三年起科”，改为“不立年限，尽民力次第垦荒，酌量起科”。

人总是喜欢在宽缓的环境中生活，被压逼得喘不过气来的政策所笼罩是不会有生产积极性的。清代前期的一系列举措，的确大大推动了贵州经济的恢复和发展，顺、康、雍、乾四朝，贵州大量荒地被开垦出来就很能说明这一点。康熙主政的前十年（1662—1671年）贵州年均新垦田2.13万亩，雍正三年（1725年）的垦田数为1.45万亩，乾隆三十一年（1766年）为2.67万亩。以后，随着易开垦地不断减少，垦田数逐渐下降，但直到嘉庆二十三年（1818年），黔北的湄潭县都还有新垦荒地的记载。

对贵州这个多种生产关系并存的民族地区来说，清代前期的一系列治黔举措影响巨大。它不仅从政治上结束了明末以来的政局动荡，统一和完善了全省范围内的政治管理体系，推进了生产关系的变革，在许多地区实现了封建领主制向地主制的过渡，还通过宽缓的抚绥政策和各种发展生产的措施，显著提高了贵州的农业生产水平。后来的百余年，贵州发生了许多影响深远的大事，在思想和文化领域一直走在国内前列，甚至近代化进程的启动比内地许多省区为早，这一切，都与清代前期的社会变革有着极为密切的联系。

# 沙滩现象与“沙滩文化”

1985年谢世的张其昀先生既是浙江文化名人，又是民国年间著名的地理学家和历史学家。后人在评介张先生学术成就的时候称他为“中国现代人文地理学的开创人，也是历史地理学的鼻祖”。这个评价应该是比较中肯的。人们还提到张其昀在方志学领域的成就，称“他主编的《遵义新志》，在地方志中占有重要地位，其中开创了中国人进行土地利用调查研究的先河”。事实也确实如此，今天从事地方志工作的人，在查阅遵义地方历史文献时，除道光年间编修的《遵义府志》，民国二十六年（1937年）刊行的《续遵义府志》外，张其昀先生主编的《遵义新志》仍然是首选。

1937年11月，日军在距杭州100多公里的全公亭登陆，浙江大学被迫搬迁。战争初期，内地大部分仍在国民政府手中，可供浙大选择的搬迁地很多，但时任校长竺可桢认为不应迁到内迁大学过于集中的大城市，如武汉、长沙、重庆等地，而要搬到那些从未接触过大学生活的城镇或农村，使大学的内迁与内地的开发得到结合。1939年12月，历经6次搬迁的浙大，最终从广西宜山迁到了贵州的遵义和湄潭，在黔北度过了7年的办学岁月。

《遵义新志》是浙大内迁贵州时期的重要学术成果。这部由张其昀先生主编的方志，虽篇幅只有17万余字，却从地质、气候、地形、相对地势、土壤、土地利用、产业与资源、聚落、区域地理、历史地理10个方面，对遵义的地理历史面貌做了全面而准确的描述。其中的历史地理部分，由张其昀先生亲自执笔，极有创意地将2000余年遵义发展的历史分为夜郎期、牂牁期、播州期、杨保前期（白锦堡期）、杨保中期（穆家川期）、杨保后期（海龙屯期）、老城期、沙滩期、新城期9个时期。这种分期，显示从东南沿海流寓来贵州的张先生，在不长的几年中对黔北历史的洞悉和研究之深。

《遵义新志》中提到的沙滩，即今遵义市东40余公里处的新舟镇沙滩村，因其地滨乌江支流的乐安江畔，江中有长约半里的沙洲而得名。沙洲的形状很像一把古琴，有时人们又将它称为“琴洲”。这个方圆十余里的小山村，虽然有着江水蜿蜒、绿竹屏绕、松柏丛立的秀丽景色，但直到明朝末年，熟悉它的人也并不多。杨应龙兵败以前的沙滩，不过是杨氏土司官庄的一部分。村里的住户耕种着官家的土地，向土司纳粮服役，年复一年地过着黔北农村最普通不过的乡村生活。

明万历二十九年（1601年），一个叫黎朝邦的人从四川广安迁来沙滩居住。黎朝邦有三个儿子，长子怀仁、次子怀义、三子怀智。三个儿子都读过书，但仕途都不发达，只有黎怀智做了一小段时间的知县，最后也因伤感明朝亡国之痛，落发去当了和尚。清朝初年，黎氏一家人谨守祖训，以耕读为业，不参加科举考试。这种情况经历了三四代人才发生变化。乾隆年间，黎怀仁的四世孙黎安理考中举人，以后又出任了山东长山县知县，黎家的门第才一下子辉煌起来，沙滩的名声当然也相应得到了提升。

黎家是有一些家学渊源的，黎安理能中举便是得益于家学的熏陶，他本人也有《锄经堂诗文集》传世。黎安理有两个儿子，长子黎恂（字雪楼）青出于蓝，比乃父更有出息，29岁便中了进士，出任浙江桐乡县知县，那一年是清嘉庆十九年（1814年）。有人说，黎恂在浙江当官的7年获益匪浅。一是有机会与吴越名士交往切磋，二是读到了在荒僻老家难以读到的许多书籍，再加上道光元年（1821年）返乡时，带了数十箧图书回家，这番经历不但对他本人，对沙滩的变化都产生了重大影响。

黎恂是丁父忧回到沙滩的，回乡后不愿再混迹于官场，称病在家读书做学问。在家期间，黎恂在禹门寺开馆授徒，族人与乡邻子弟纷纷前来听课，多的时候达百余人。据说，被称为清代“西南巨儒”的郑珍、莫友芝等都曾到他的馆舍求教。黎恂之后，又有来自绥阳的杨实田在设于禹门寺的这个黎氏家塾执教，培养了包括黎庶昌在内的一大批黎氏子弟。沙滩地区浓烈文化氛围的形成，与此应该有着密切的关系。

继黎安理、黎恂之后，沙滩出了一批学有所长、具有较高知名度的文化名人，其中包括黎氏家族的黎恺、黎兆勋、黎庶昌、黎汝谦，黎恂的外侄郑珍，郑珍之子郑知同、女儿郑淑昭，随父到遵义赴任的莫友芝、莫庭芝、莫瑶芝等。一大批文人学士的涌现，使沙滩呈现群星灿烂之势。这些人，如黎恂者避官设馆授徒，启迪后学；如郑珍者治经析理，“经术所不能尽者，发为诗古文辞以昌大之”；如莫友芝者一生未入公门，游历交友，学术艺术皆有成就；如黎庶昌者勤政体民，廉洁励学，积极将西方国家情况介绍到国内，以推进中国之进步。正是由于他们在学术文化领域的活动及影响，张其昀主编的《遵义新志》才在叙述历史地理时，将沙滩文化人活跃的百余年，定为遵义历史发展的第8个时期，即“沙滩期”。

客观地说，《遵义新志》对秦汉以来遵义历史的分期是不大科学的，既没有一个统一的分期标准，对各时期的描述又有些浮光掠影。但这本志书能在高度评价沙滩郑、莫、黎三氏文化成就的基础上，将这些人活动的百余年作为遵义的一个发展时期，却是一种大胆着笔。这种分期法，在文化专史或学术思想史的分期中并不少见，但拿来代表一个地区的历史时期，在其他方志中还没有出现过。

《遵义新志》写到沙滩文化人时说：“沙滩黎氏为遵义望族，先世自四川广安县迁来，自清乾隆以后，世有贤才。”但其所列举的黎氏族人，仅黎恂、黎庶昌二人。

关于黎恂，新志称：“黎恂字雪楼，于嘉庆十九年（1814年）举进士，官浙江桐乡县知县。浙江素为人文渊薮，颇广见闻，尝曰‘人以进士为读书之终，我以进士为读书之始’。归黔后以廉俸万金，购置书籍。”对黎庶昌，《遵义新志》则只有“侄庶昌（字莼斋）师事曾文正公，从事经世之学”一句话。

关于郑珍和莫友芝，新志的介绍要多一些：“郑珍（字子尹）以甥行，莫友芝（字子偲）以年家子（其父以侍，字犹人，为遵义府学教授，遂自

郑珍

莫友芝

独山移家于此），皆从恂治朴学，其后珍、友芝蔚为一时宗匠，号称西南大师。”除了对郑、莫二人的综合介绍外，新志还单独对郑珍做了一番评价，称：“子尹故居在子午山，曰望山堂，抱道隐居，屡征不就，学业志行，颇类康成。其治经宗汉，析理尊宋，专精三礼，经术所不能尽者，发为诗古文辞以昌大之。著书十余种，《遵义府志》与《播雅》二书尤为是邦文献所系。”

《遵义新志》认为：“郑莫黎三家，互为婚姻，衡宇相望，流风余韵，沾溉百年。”出于这个原因，沙滩“不特为播东名胜，有清中叶曾为一全国知名文化区”。在这之前，涉及遵义的历史文献，还从来没有对沙滩的文化兴旺现象做过这样的概括。

道光《遵义府志》出自郑珍、莫友芝之手，自然不会在书中自称自赞。杨恩元主纂的《续遵义府志》，开始对沙滩文化人的活动给予关注，并做了一些评价，该志《列传·黎恂》称：“遵义方僻陋，至明至今，文人可著录者甚少。至是，郑珍以甥行，莫友芝以年家子，皆从恂发箧陈书大肆，力于学。厥后，珍、友芝名满东南，称经学大师。子兆勋，侄庶蕃、庶焘、庶昌，孙汝谦皆以文学知名当世。流风余韵，沾溉百年，而荜缕开先者，恂也。”这番评论与《遵义新志》的表述差不多，但却未像《遵义新志》那样，明确给沙滩以“播东名胜”“全国知名文化区”的定位。

随着《遵义新志》的发行，19世纪20年代到清末这段时间，沙滩文化人的活动及他们的学术成就越来越受到社会各界的重视。人们在赞赏这批黔北学术大家的同时，开始对沙滩文化现象的出现展开理性思索，提出了许多耐人寻味的问题，其中包括：沙滩文化现象产生的社会基础是什么？为什么在长达七八十年的时间里，沙滩文化人会有那么多文化活动和学术成就？应该怎样给以沙滩为中心的这种文化现象定位？等等。

民国年间的不少学者在著述中提到过沙滩和尹珍等人。如梁启超谈到郑珍的诗时，曾说：“时流咸称子尹诗能自辟门户，有清作者举莫及。以余观之，吾乡黎二樵之俦匹耳，立格选辞有独到处，惜意境狭。”郁达夫对郑、莫二人也倍加称道，认为“遵义郑子尹与独山莫友芝齐名，咸丰中人目为黔中二杰，殁于同治三年。治许、郑学，精三礼，故为文有根底，诗近苏、黄，而不规规肖仿古人”。钱锺书则夸赞郑珍的《出沾益出宣威入东川》一诗“写实尽俗，别饶姿致，余读之于心有戚戚焉”。

但是，直到20世纪80年代以前，除了《续遵义府志·列传·郑珍》中有“（郑珍）既卒，子知同整理其余书，亦曰：天下之学在贵州，贵州之学在遵义。识者以为非夸也”这样一段话外，并没有人对沙滩地区的文化现象进行过综合的分析和评价，更没有“沙滩文化”这样一个概念。

1992年贵州人民出版社出版的《遵义县志》在“文化艺术”一章中，设置了“沙滩文化”专节，但却没有给自己提出的“沙滩文化”下一个具体的定义，只是说“黎氏朝邦迁此定居，以耕读为本，勤耕苦读，诗礼传家，泽及亲友，造就数代文化名人”，“道光时有郑珍、莫友芝，世称郑莫。有人评‘郑子尹珍，莫子偲友芝，学究天人，识通古今，著述之宏富，义理之深醇，有清一代之著述界占极重要之位置。天下交称郑莫，江山文藻，蔚为一省之光’。同治、光绪时期出仕的黎庶昌，是著名的外交家，古文诗词，选诣精深，学术上宗桐城派，世人以之与郑、莫并称。黎、郑、莫三家原有姻亲师友关系，后又扩展到县内望族赵、宦、杨、蹇诸家，黎郑家学得以进一步发扬光大。从道光至光绪，前后一百年间，县内形成以郑、莫、黎为代表的庞大文人队伍，或为宦，或为文，都各有成就”。

1998年出版的三卷本《遵义市志》在“文化艺术”篇中设置“沙滩文化”专章，对郑、莫、黎三姓几代人的文化成就做了统计。该志称：“截至民国初年，黎氏专著69种，刊行39种430卷；郑氏专著58种，刊行25种144卷；莫氏专著30种，刊行20种176卷。除去重复，三家合计各类专著153种，刊行80种638卷，约1200万字。”《遵义市志》“沙滩文化”专章的第三节专题介绍了后人对沙滩文化的研究，认为“对沙滩文化的研究，始于19世纪中期，时以序、跋、题识居多。其后以年谱、传记等为主，至20世纪末期，先后有50余人发表论文、专章、专节或专著近100篇（章、册）”。但是，笔者通读这一节的内容，发现并没有列举出一篇以“沙滩文化”为对象的论文，甚至没有一篇文章提到“沙滩文化”这个概念，仅在所列举的关于“沙滩文化”的80年代论著中，有《沙滩文化志》一书。这就不免让人对“沙滩文化”的提法产生一些疑惑。

“文化”这个词这些年被用得很滥，什么东西一旦贴上“文化”标签，顿时耀眼生辉，身价百倍。王阳明是很有学问的历史人物，他创立的阳明心学蜚声海内外，说他是一代宗师，是伟大的世界级的哲学家、思想家，说阳明心学或阳明学派的影响与作用有多大都无不可，但把与王阳明有关的物和事，把因王阳明的影响而形成的历史文化遗存合并在一起称为“阳明文化”，似乎就有些不伦不类了。正如我们从来没有听说过马克思文化、恩格斯文化一样，某个人在一个或某几个领域的学术成就，一批文化人所创造的一段时期的文化辉煌，是不宜也不应该定位为一种文化的。

诞生于19世纪20年代的贵州沙滩文化现象是非常值得研究的。2006年出版的《沙滩文化志》（黄万机著，中国文史出版社出版），是一部成功记述沙滩地区文化的专志，作者对沙滩文化现象的成因进行了深入分析，详尽介绍了沙滩文化人的学术成就。其认为：“就学术而论，郑珍父子的经学和小学，能独树一帜，足以称晚清汉学大师；莫友芝的金石及版本目录学，为近代大家之一。史学著作多种，尤以方志为出色”，“黎、郑、莫三家长于诗词与古文创作，几乎人各有集。郑珍、莫友芝为宋诗派代表作家，郑珍诗被尊为‘同光体’宗祖；黎兆勋、黎庶蕃足以与全国名家相颉颃；黎庶昌为散文名家”。

对清代沙滩文化人的活动，《沙滩文化志》认为其“精神风貌与品格情操，对后世影响尤深。如学术研究上刻苦自励、昂扬奋发的精神，文艺创作上刻意求工、抒发真实感情和勇于揭露黑暗现实的毅力与气概，对黔中后来的作家与艺术家都有无形的启导作用，产生了巨大的鼓舞力量”。作者还明确指出：“郑、莫、黎三家都是儒家正统思想的躬行实践者，坚持以仁为本，以修己为务，以中庸为归，穷理居敬；力行‘敬恕之道’……堪称儒家躬行实践的典范。”这样的分析和评价，是比较恰如其分和经得住推敲的。

研究沙滩文化现象的论著的确不少。笔者曾在某报上看到一篇名为《漫谈遵义沙滩文化及其影响》的文章，既介绍了郑、莫、黎等人的学术成就，又分析了“沙滩文化”的成因，认为“沙滩文化曾经是黔北乃至贵州文化的代表”，“在西南独树一帜，影响及于全国，深受国内外学人景仰”，进而得出沙滩文化“内容丰富、门类众多、影响深远，不但是贵州文化的奇葩，也是中国文化的宝库。他们垂范后世，泽及千秋”的结论。但这篇文章依然没有说明究竟什么是“沙滩文化”；“沙滩文化”的内涵和外延是什么，有哪些基本特征和连续表现形式；作为一种区域性文化，应该怎样给这种文化定位。看来，只有找到这些问题的答案，“沙滩文化”这一命题，方能以科学的面貌确立下来。

沙滩文化现象的出现，为贵州19世纪的历史增添了许多光辉。正如一些文章所说，“一个僻处西南的山村，能培育出众多经世治国之才，五代连绵，学术文章冠冕一代，使中原人士刮目相看”，的确令人惊叹不已。当前的问题在于，对沙滩文化现象的研究不是多了，而是远远不够，还需要加大研究力度，进一步将研究引向深入。不过，在上述问题没有得到明确阐述以前，“沙滩文化”的提法还是慎用为好，不妨先用“沙滩现象”或“沙滩文化现象”来代替眼下广为炒作的“沙滩文化”。如是，才能使我们对沙滩地区那一段辉煌历史的研究和宣传落在实处，获得更多、更广泛人士的认同。

# 家谱中的历史

自从有了家谱，便有了对家谱的研究。但许多人一谈到家谱作为民间文献的价值，便总是皱起眉头，表露出一副疑惑的样子。

古代修家谱的人喜欢说："家之有谱，犹国之有史"，还提出"国之有史，则兴隆；家之有谱，则昌盛"的论断。这当然过于夸大，有点"老王卖瓜"的味道在里面。但仔细想来，家谱的价值这些年的确是被忽略了。

搞历史研究的人写东西，一定要引经据典来证明自己的观点。但凡引文也一定要注明出处，这样才有说服力，人家才会相信。然而，史学家们在著书立说的时候，最喜欢援引的，总是历朝历代的官方文献，如实录、正史之类，认为那才是最权威、最有可信度的资料。其次，各种官修的志书、档案、报刊也常被拿来用于佐证自己的观点。至于家谱，除了那些专门研究谱学的人，或者不得不利用家谱资料来搞研究的课题，如人口研究、移民研究等之外，还是很少有人愿意在自己的论著中，把家谱当作文献来引用的。

"家谱热"的悄然兴起，似乎是故意和学者们过不去。

在市场经济条件下，一些人经过多年的打拼，在事业上取得了不菲的业绩。随着年龄的增大，那些别妻离子、背井离乡的闯荡者们，每每会在夜深人静之时，生出许多对童年、对故乡的温馨回忆。尤其那些年事较高的人，甚至会向自己提出"我是谁？我从哪里来？今后会到哪里去？"这样的问题。而家谱恰恰是最能帮助人们寻根问祖的工具。于是，已有旧谱的，着手修订或续写；没有旧谱的，则忙着准备人手，筹划经费，开始修谱的各种准备。

前些年关于家谱能不能修、允不允许修的问题，曾经在有关层面有过一番争论。因为家谱总是与家族、血缘联结在一起，于是有人就对“家谱热”的出现显得忧心忡忡，表现出许多担心，提出会不会因修家谱“让过去一些陈腐的观念和封建迷信的东西沉渣泛起”，甚至质疑在基层组织软弱无力的偏远落后地区，家族势力盘根错节，心术不正的人会不会借着修家谱的机会，强化家族势力，“傲视政府部门和其他弱势姓氏的群众，影响、干扰基层组织的民主政治建设”。这种担心自然并不多余，事实上持这种看法的人还不少。笔者曾接触过几位热心修谱这一行的人，他们曾打算在贵州成立一个这方面的民间团体，计划报上去以后，一直没有得到批复，估计也是这方面的原因。

改革开放以前，家谱被视作“封资修”的产物，在很长一段时间，国家是不提倡修家谱的。但到20世纪80年代，一些地区有了编修家谱的举动。悄然兴起后演进成了一股热潮，从南到北，从东到西，已经数不清这些年来编修和印刷的家谱到底有多少种，还有多少种正在编撰和准备付印。

伴随着“家谱热”的出现，一些相应的工具书也开始问世。由国家档案局二处、南开大学历史系、中国社科院历史所图书馆合编，中华书局1997年9月出版的《中国家谱综合目录》，收录了全国29个省市区含港澳台的550个姓氏，共14719种家谱。但这部家谱目录书似乎还不是很完整。就在《中国家谱综合目录》出版不久，另一部称“有史以来最齐备，揭示全世界范围内中国家谱收藏信息”的《中国家谱总目》，历经长达7年的编纂，又在上海定稿。据说这部书收集的家谱总数达47000种以上，定稿在1000万字左右，成书摞起来足有半米左右高。尤其让人惊叹的是，这部家谱总目的编纂得到了官方的支持，当时文化部办公厅曾为之下发过《关于协助编好〈中国家谱总目〉的通知》，要求全国各省（市、区）文化厅（局）和图书馆及有关单位协助《中国家谱总目》编委单位做好工作，使《中国家谱总目》这一浩大的文化工程顺利进行。

由民间首发，逐步蔓延开来的修家谱热，影响所及已经由城市发展到农村。有钱的在修，缺钱的也在想办法修。据一些资料介绍，上海热衷于修家谱的人士正逐渐增多，其中有许多是离退休老人，他们为寻根不顾劳累；那些事业有成的白领为了解家族历史，则提供经费支持或委托亲属参与资料调查。即使在一些国家扶贫工作的重点县，修家谱也成了盛事。如江西鄱阳县的部分农村，“出谱”风就很盛行。某些宗族在家谱修成以后，甚至不惜血本地搞什么“开谱大典”。

有人将这股“家谱热”称为“市场经济条件下的亲情回归”，认为“重亲情，重地缘，重血缘”是中华民族的一个传统。其实，世界上哪一个民族又不是如此呢?

因相信家庭是天定的永恒关系而成立的美国犹他家谱学会，已有114年的历史。设在盐湖城的家谱图书馆是犹他家谱学会旗下的家谱总馆，在世界各地有4000多个家谱中心，其中散布在美国各地的就有2000多个。早些年，犹他家谱学会已经建立起全球最大、最完整的华人族谱数据库，同时正在着手建立全世界华人家谱目录，计划让所有华人均能在那里溯本寻根，了解自己家族的历史。1999年12月，犹他家谱学会联合杨伯翰大学、犹他山谷学院，在美国犹他州召开了“中国族谱与地方志研讨会”，来自中国、加拿大、美国等国的学者出席了会议。会后出版的《中国族谱地方志研究》文集，刊载了来自中国天津、上海、广东、香港、四川、贵州，以及美国、加拿大学者的研究中国家谱与地方志的19篇文章。

由此看来，对家谱情有独钟的绝不仅有中国人。

任何一种文化要传承下去，都需要有它的载体，正史、方志之外，家谱也是载体之一。家庭是社会最基本的细胞。家谱作为记载同宗共祖的血缘集团世系人物和事迹等方面情况的历史图籍，反映着人口的繁衍、家族的迁移，记载着家训、族训及本家族史上的杰出人物，同样是一种历史的记述，只不过显得比较微观而已。

中国的家谱在唐代以前是由官府掌控的，宋朝以后，私谱才逐渐盛行起来。宋朝的统治者认为，让私人修家谱可以起到“尊祖重本”的作用，通过“重本”，进而可以管摄天下人心，尊朝廷之势。宋代最负盛名的欧阳修、苏洵两家的家谱，正是在这种背景下出现的。到了明清，修谱之风大盛。不但达官贵人修谱，士农工商修谱，一村一寨只要温饱有余的人家也修谱。“家有谱，县有志，国有史”似乎成了一种定例。家谱的这种发展趋势，其实正是历史记述从宏观走向深入的一种必然。

在“家谱热”升温的过程中，人们也在对家谱的功能展开探讨。一些文章将家谱的社会价值评估得很高，甚至有家谱档案信息资源是“编史修志的助手”“传统文化的载体”“发展经济的工具”“人口资料的来源”“水文地质的资料”“民族团结的纽带”“统一祖国的桥梁”等总结，让人觉得实在是过于夸大了。

我国现存的家谱，主要产生于封建社会，作为一种历史文献自然有它不容忽视的价值。那些时间既早又被保存下来的谱牒，如宋代内府抄本《仙源类谱》，已经是国家级文物，当然十分珍贵。某些编修严谨、记事清晰的家谱不但是重要资料，且具有一定的教化和助人寻根问祖的功能，这些都不应该轻率否定。但旧时的许多家谱，大都在谱序、凡例、族规家法部分露骨宣扬忠孝节义、三从四德、重男轻女、族长专制等封建伦理道德，甚至加入许多封建迷信内容，却不能说不是糟粕。而一些家谱为了光宗耀祖，不惜对族人大加褒扬夸饰，攀附假托，书善隐恶的做法，又无疑降低了家谱自身的价值。

“家谱热”的升温，助推了人们对家谱资源的利用。学术界已有不少人突破了“家谱局限于记述家族历史”的看法，开始从文化、经济、制度等方面探索家谱在社会史研究中的资料价值。这种视野的扩大是非常有益的。事实上，历史在进步，谱学也在发展。明清以来的许多家谱，在记载本族人和事的同时，已经开始触及家族所处的社会环境，寻找不同时期家族境况演变的外部原因。这种变化，使那些超越传统格式的家谱，成了反映社会的一面镜子。

清末名臣黎庶昌主撰的《遵义沙滩黎氏家谱》，正是一部蕴含着丰富历史信息的家谱。这部家谱初修于清光绪二年（1876年），重订于光绪十五年（1889年），刊于日本使署。《黎氏家谱》与其他族谱的不同在于，自高祖

黎庶昌塑像

以上只系本支，高祖以下的子孙则分房并列，“又别揭事实，生卒、娶葬著录于后，世愈近，则愈详”。黎庶昌本人认为，这种做法虽然有些“不尽合于欧（阳修）、苏（洵）大儒之义法，亦与近世族谱稍异”，却是谱学发展的必然。既然是私家的记载，就应该在详和实上着力，“不必强同于古”。

黎庶昌修谱“不必强同于古”的主张，体现了谱学的进步，也使他主修的《黎氏家谱》从一部记述家族世系繁衍的私家谱牒，变成了一部足以从多角度折射明清黔北社会的历史文献。

黎家人世代生活的黔北，是贵州境内开发得比较早的地区，这一带与中原及发达省区的联系和交往，虽然比黔南、黔东南等地区密切，但因受自然环境和交通条件的制约，明清之际，社会生产力水平依然不高。人们日出而作，日没而息，男耕女织，用执着的勤劳弥补生产的落后，过着自给自足的小农业与家庭手工业相结合的日子。《黎氏家谱》通过对家族日常生活的记录，具体而生动地描述了黔北农村的这种自然经济景象。

《黎氏家谱·事实汇记》记载六世祖时这样写道："及先伯祖成名，我祖见门户有庇，乃弃儒业，耕躬自给。产不甚丰，终岁勤动，食指而外家无长物，处之泊如。稼穑之余，亲操丝织，以供常服，布素肃然，终身未尝衣裘帛。夏粗布衫，冬旧絮袄，虽蔽不厌，性不嗜饮，惟喜茶食果品，一切桃、梨、粟、柿、柑、枣、芋、薯、瓜蔬之属，皆植诸家园取给，以为常畦圃艺。""起即操作家务，终日无闲时，耕织之暇，兼及蚕桑，饲家养鱼。尝造长筒吸水以灌田，又善为竹木工，自制几、榻、桌、凳、箱、柜，细至蓑笠、筛箩、筐篮诸器物，一一皆亲手拮据。"《黎氏家谱》的这番记述，直如一幅沙滩田园生活的画卷，通过它完全可以洞见明清之际黔北农村社会的经济状况。

19世纪中期，中国掀起了以太平天国为主的农民起义高潮。黎氏生活的黔北地区，同样被农民起义风暴所席卷。不仅太平军石达开部曾三次在遵义展开激战，当地更有杨龙喜、舒光富、朱明月的起义队伍活动。对于这场农民革命战争，《黎氏家谱》虽然站在统治阶级的立场上予以指斥，但对这一时期发生在黎家周围的各种社会矛盾，对于战争的惨烈和战乱给社会造成的破坏，却做了有声有色的描绘。

《黎氏家谱·萧恭人（十世长房黎兆祺之妻）事略》记载："咸丰末年（1861年），兵革烽起，连乡轨里，扶老弱，鸟集鼠窜，靡有定止。""兵革荒凶，疫病交札，十室九空。迭遭大故，丧葬颠连，百死一生。""居危城村堡中，外有强梁，内无斗积，食指累累数十口，斗粟值钱二千，田荒土芜。"

禹门是咸丰、同治年间农民军沉重打击下官军侥幸守住的几个据点之一。关于禹门的攻防战，《黎氏家谱》也有较为详细的记述。

《黎氏家谱·本身黎庶昌附录片奏》记述道："遵义浮东八十里有禹门寺，……咸丰四年（1854年），桐梓乱起，乡人就寺中设局办理团练，连年征发，迄未停止。同治元年（1862年）正月，湄潭黄白号匪大人，蹂躏臣里，寺为伪朱王所据。经臣兄庶蕃募勇与官军夹攻，将该逆击退。其时，四乡庐宇焚烧几尽，而禹门寺巍然独存。乡人因寺基筑寨固守。臣兄庶蕃、从兄兆祺及现充使署随员刘汉英实主其事。未几，而吴元彪又反，陷据绥阳县城，距寨只五十里。寨当遵义、湄潭、绥阳之中，环三面皆贼。臣兄等苦力战至五年之久，阵亡者三百余人。同治五年（1866年）六月，楚军克绥阳，始解。又年余，百姓始下寨。臣尝论，遵义府城之不失，实此一寨保障捍卫之功为多。”

《黎氏家谱》对禹门寺之战的记述，比许多地方文献都要详细得多。它不仅分析了禹门的地理位置和战略重要性，还对战事发生的时间、战争主客方的领军人物、双方伤亡情况都做了记述，甚至就战争结果对清王朝在黔北统治的影响也做了评价。虽然这些内容是援引黎庶昌本人的片奏，作为“事实汇记”的附录记入家谱，但毕竟是《黎氏家谱》的一部分。而在清以前按传统格式编撰的族谱中，这样的内容是看不到的。可见，中国的家谱不尽是“封资修”的家族纪事，其中蕴含着许多历史。

《黎氏家谱》不但通过记述家族的活动保存了许多黔北的历史，对本族人的观念、文化和行为规范也做了详略不同的记录。以下是对四至十世祖的记载。

四世祖黎跃：“领家政，事亲有道，温情定省，率家人以礼法”；

五世祖黎天明：“生平忠直自处，仁厚待人……庭无闻言……以诗书垂后”；

七世祖黎正训：“坐立必以礼法自闲，外严而内宽，行为而守默……苦志勤学”；

八世长房黎安理：“尤精易学，说义理，直逼大尊钟陵，捷可日二十篇”；

九世长房黎恂：“口吟手披，朱墨并下；经，则以宋五子为准，参以汉魏诸儒；史，折衷于《纲目》；论诗，宗少陵、眉山，而自屈宋至朱王无不含咀也；于文，尚韩、欧阳，而自荀、庄至方、姚，无不权度也。如是者十余年”“生平不苟言笑，立不跛倚，坐必庄，行齐如流”；

十世长房黎兆勋：“诗不专主一格，词者服膺辛、刘、周、秦为多”“外喜宾客，内叔诸昆弟。积苦力行，井井有条理。日夕妆书与子尹子相违，复以诗古文辞闪摩互励，风气大开。久之，群从子弟报习训化，彬彬皆乡文学矣”。

《黎氏家谱》的这些记述说明，从思想文化上维系这个家族的，是由程朱理学和陆王心学构成的宋明理学 ，而且从明中叶到清末，这根思想纽带始终没有发生变化。这种情况正好透射出明清思想文化史上一个不争的事实：作为明王朝官方哲学的宋明理学，随着明王朝的覆灭已经威信扫地，但由于以少数民族入主中原的清王朝，短期内还找不到一套维护自身统治地位的思想体系，只好“清承明制”，将汉族地主阶级尊奉的儒家思想接过来利用，以至宋明理学在清代知识分子中继续拥有一定的市场。

中国的家谱多达数万种，斗转星移中，谱学一直在发展，家谱的编撰也伴随着它所记载的历史在变化，在进步。《黎氏家谱》对黔北社会历史的折射，已经充分证明了这一点。对于家谱这样一笔宏富的文化财富，一味以它的消极面去否定它和限制它是不理智的。前些年，有学者建议建立中国家谱的信息库。《中国家谱总目》的编纂便是这方面的努力成果，这是十分令人欣慰之事。

我们观察一只麻雀，也许达不到了解整个鸟群的目的，但麻雀毕竟是鸟类中的一员，抓一只进行解剖观察，相信可以获得许多飞鸟内部构造及各种器官功能的知识。从这个意义上来说，作为记录社会基本细胞历史的家谱，它的文献价值（当然是在分析鉴别的基础上）是不应该被轻易忽视的。

# 青溪铁厂：一个历史的意外

魏源这个人的经历很有趣。他28岁时便考中了举人，那一年是道光二年（1822年），以后一直用了22年时间，直到道光二十四年（1844年）才考取进士，那时候他已经满50岁。而在参加礼部会试时，虽然中了第19名贡士，却又因试卷不工整，被罚停殿试一年 ，第二年才被批准补行殿试，正式当上进士，随即分发到江苏任东台县知县。51岁才走上仕途，这在同时代知识分子中，似乎显得迟了一点。但后来魏源的作为和成就，却印证了“大器晚成”这个词。

还在考上进士前，魏源已经写了一本记述清朝前期重大军事活动的《圣武记》一书。这部书被誉为“晚清纪事本末体史书的杰作”，至今仍然是研究清代道光以前政治军事问题的重要文献。鸦片战争爆发时，魏源正在浙东沿海，怀着满腔爱国热忱的他，不仅加入了署两江总督裕谦的幕府，参与筹划浙江前线的抗英斗争，还受林则徐的嘱托，在林氏《四洲志》的基础上，广泛参考中外文献，编写出对中国近代产生过重大影响的世界史地巨著《海国图志》。

后人评价《海国图志》时，认为这是一部划时代的著作。魏源在这部书中明确提出“师夷之长技以制夷”的观点。这一主张的提出，打破了夷夏之辨的传统文化价值观，用五大洲、四大洋的科学史地知识取代了“九州八荒、天圆地方、天朝中心”的陈腐观念，拓宽了国人的视野，让中国人在“睁眼看世界”中走出闭关锁国，关注并学习西方先进的科学技术。因为

“善师四夷者，能制四夷；不善师外夷者，外夷制之”，再关起门来妄自尊大，只会永远挨别人的打。

19世纪60年代以后，清政府中的一批重臣，中央以恭亲王奕䜣为代表，地方以曾国藩、左宗棠、李鸿章、张之洞等为代表，掀起了一场以“自强”为口号，采用西方先进生产技术，创办近代军事工业、民用企业和新式学堂的洋务运动。后世学者对洋务运动的研究虽然有许多不同乃至对立的看法，但有一点是大家都无法否认的，那就是：为维新变法“劈山开路”的洋务运动，客观上刺激和推进了近代中国生产力的发展，而它的萌芽则是源于魏源在《海国图志》中提出的“师夷之长技以制夷”。

洋务运动持续了30多年，一直到1898年的戊戌变法才告一段落。1861年曾国藩创设安庆内军械所是洋务运动的开始，以后，洋务派陆续创建了江南制造总局、福州船政局、汉阳铁厂、轮船招商局、天津机器制造局等一批军事和民用企业。洋务运动中创办的这些企业，引进了西方资本主义国家的一些近代科学生产技术，培养了一批科技人员和技术工人，客观上刺激了中国资本主义的发展。1890年7月诞生在贵州的青溪铁厂，便是洋务运动这股潮流影响下的产物。

说起炼铁，中国不仅在世界上是最早的，技术也曾经很先进。春秋时期的人们已经用上了块炼铁技术，炼出了含碳2%以上的液态生铁，并用以铸成工具。到了战国，不但掌握了脱碳、热处理技术，发明了韧性铸铁，还创造出可重复使用的“铁范”。西汉时，更发明了坩埚炼铁法。一直到明代中叶以前，中国的铸铁和生铁炼钢技术都居于世界先进水平。但是，18世纪中叶开始的西方工业革命，将关起门来自我陶醉的东方巨龙远远地抛在了后面。面对侵略者的利炮坚船，清王朝不得不用白花花的银子从西方进口钢铁。据资料统计，1867年进口的钢为8250吨，1885年猛增至9万吨。靠买人家生产的东西来强大自己毕竟不是办法，于是洋务派按魏源“师夷之长技以制夷”的思想，决定创办自己的钢铁企业。这样，也就有了光绪十二年（1886年）创办贵州青溪铁厂的动议。

第一个想到要自己搞钢铁冶炼的是李鸿章。还在同治年间，他便以直隶总督的身份与船政大臣沈葆桢一起，奏请开煤铁以济军需。李鸿章的建议获得了朝廷的同意。直隶磁州煤铁矿还曾经在1875年向英国订购过熔铁机器，虽然因为运道艰远未能成交，但也算是举办新式钢铁事业的一种探索。光绪十一年（1885年）十一月，署贵州巡抚潘霨上《黔省矿产甚多煤铁尤甚可否体察开采片》，得到清政府“着即该署抚详细体察，认真开办，毋得徒托空言”的批复。到这时，中国近代钢铁企业的创办，才正式提上议事日程。

得到朝廷支持的潘霨，紧锣密鼓地开始在贵州青溪筹办铁厂。青溪原名清浪，因㵲阳河流经该处时滩多浪大而得名。元朝时青溪隶于镇远府、金容金达等处，属思州军民安抚司。明初，镇远府降为州，以后由州到卫，由卫到府，又由府到县，行政建置不断在变。清雍正五年（1727年）改清浪卫为青溪县，属思州府，乾隆时改隶镇远府，这以后建置才逐渐稳定下来。

青溪一带盛产铁矿，土法炼铁一直很活跃。咸丰年间，日本人井上到青溪一带搞铁矿调查，提出开采计划。这件事对贵州当局触动很大，在自办洋务图强求富的热潮中，有了潘霨创办青溪铁厂的奏折和后来的开办青溪铁厂之举。

办铁厂首先要资金。潘霨解决资金问题的办法是，先查明煤铁最旺之处，然后竭力招徕，用“商办官销”的形式办厂开采。潘霨的招商办法是从云南人那里学来的。一些文章说建于光绪四年（1878年）的开滦煤矿“是中国近代最早实行股份制经营的企业”，这有些不大符合史实。在它之前5年，云南石屏官商陈和庭与“兴顺和”商号投资开采个旧锡矿。“兴顺和”投资白银15000两，陈和庭投资10000两，其余向省内招股，每股白银10两，总投资8万两。这两家联合成立的“云南锡务公司”，才是见于记载的中国最早股份制企业，它（在成立时间上）与李鸿章在上海成立的轮船招商局相前后。

云南人的成功让潘霨找到了解决资金问题的途径，他决定选派得力人物到上海去募集股份，标准是每百金为一股，认股最多者推为总办，达到100股的可推为帮办。为鼓励商民积极认股，新成立的贵州矿务总局特别拟定《贵州矿务札文》刊于各报，强调“本局系奉谕旨开办，兢兢业业……事事务求实在，处处撙节经费，一切开支用人，慎之又慎”；宣传贵州矿产资源以铁为大宗，青溪县过去就熔炼过铁矿，“若以机器鼓炼，用人少而出铁多，式样与洋铁无异”。四方绅商只要愿意入股，就可以“同沾乐利”，还承诺办铁厂获利之后“再办他矿，为日后扩充之计”。

虽然做了周密的策划和大量宣传，青溪铁厂的募股却不尽如人意，预计的3000股，只募到了1000余股，约银10万余两，与原先设想的30万两之数相去甚远。结果只好拨公款银19.2万两，再“请借洋款三十万两”来解决筹建费用。

钱的问题有了着落后，剩下的事就是由谁来具体办厂了。潘霨心里清楚，“购办机器，相地安置及运销各事宜，局务繁重，非得熟悉情形之明干大员不能肩此巨任”，在与云贵总督岑毓英商量后，决定联合向朝廷推荐上海制造局候选道潘露来兼办贵州矿务。据说潘露“讲求西学三十余年”，曾被左宗棠奏派办理金陵、上海两局的制造事务，是一个“留心时务，洞悉机宜”的干员。潘露本人亲到青溪考察后也很乐观，认为“铁质确系精良，水口亦甚便利，办理得法，可兴百年之利”。于是，青溪铁厂的筹建正式进入实施阶段。

就19世纪的钢铁生产水平而言，青溪铁厂的生产设备是一流的。负责采购机器的潘志俊等人，亲往英国各家工厂考察后，决定订购谛塞德厂的熔矿铁机炉全副，又订购了轧造钢铁条板机床、轧造钢铁条板汽机及各种耐火材料，设备总重达1780余吨。光绪十四年（1888年）初，采购的设备分3批陆续运抵上海，随即由长江溯流而上，经湖北宜昌，换由民船装载后运往贵州。

从计划设厂、募集股本、采购机器到运输安装，青溪铁厂的筹建过程整整耗费了5年时间。光绪十六年（1890年）六月一日，这座中国历史上的第一个近代钢铁工厂，终于点火投产，炼出了它的第一炉铁。数年的艰难创业总算有了成果，这让潘霨等一批官员感到十分欣慰。为了留住这难忘的一刻，他们在第一批出炉的铁锭上打下了“天字一号”的烙印。至今位于镇远县邹氏家祠的镇远县博物馆里，还保存着一块当年生产的长35.5厘米、宽9.5厘

青溪铁厂生产的有“天字一号”烙印的铁锭

米、厚6厘米的铁锭，虽然经历了一个多世纪，拂去铁锭上的尘埃，“天字一号”几个字依然清晰可见。

中国第一座设备和技术都领先的钢铁厂，竟出现在遥远荒僻的贵州青溪，这非常让人惊叹，简直是一种历史的意外。建成后的青溪铁厂占地60余亩，不仅能够炼铁，还能炼钢和轧钢，各种机器设备多达32件。仅炼铁部分，就有大炉1座、汽炉5座、热风炉4座，吊机1台、大风机2台。炼钢和轧钢设备也甚齐备。技术上不仅有由法国人罗克莱带队的5名外籍工程师把关，还有一批来自江浙等地的技师和工匠负责生产。

按照最初设计的生产能力，青溪铁厂可日产生铁25吨、钢48吨。无怪乎铁厂投产后，潘霨会产生“大利将兴，民生有望”的感觉，并兴冲冲地在六月二十六日把青溪铁厂全厂图说和铁样，呈送给中央政府看。

然而，潘霨的兴奋只维持了两个月零几天，一场意想不到的事故无情地粉碎了他的梦想，迫使他不得不于同年八月初三日，向清政府上了一份青溪铁厂请求“退还洋款，暂行停工”的奏疏。这道存于清廷户部档案的奏疏，列举了两条退款和停工的理由：一是主持人潘露因筹建铁厂心力交瘁，积劳病故，以至众商缺望，如果“仍欲开大炉，无人督理”；二是青溪铁厂虽然资金奇缺，但在目前情况下，“欲承领洋款，而无力担当，恐伤信义”。

潘露在青溪铁厂筹建中历尽艰辛，是洋务运动中为数不多的熟悉近代企业的人才，他的死对刚刚投产的青溪铁厂来说，固然是一个沉重打击，潘霨呈述的理由也不能说是凭空编造。但这些并不是青溪铁厂必须紧急叫停的原因。导致铁厂停产的直接原因，是突然发生的塞炉事故。

在钢铁冶炼生产中，塞炉是十分可怕的重大事故，尤其在当时的技术条件下，解决塞炉问题，不仅费时费工，难度也很大。与此同时，投产2个月的青溪铁厂，已经显露出资金、技术、交通运输等诸多方面的难题，潘霨对这些早有觉察，却又无力解决，偏偏这时候作为企业顶梁柱的潘露又忽然死去，面对重重挥之不去的烦恼，除了申请停工，事实上他已经找不出第二条可行之路。

铁厂停办以后，潘霨曾有将机器设备转给湖北的打算。湖北巡抚张之洞对贵州虽然有比较深的感情，但在接手青溪铁厂这件事上却表现得十分慎重，一再致电询问“闻青溪铁厂塞炉停工……望电示公款实欠若干？洋款系何洋行？有无反复？”。潘霨感到张之洞态度消极，打消了将铁厂转给湖北的想法，改向清廷呈请，由贵州候补知府曾彦铨继续接办铁厂。

参与过青溪铁厂筹办的曾彦铨，并不具有让青溪铁厂起死回生的本事。光绪十六年（1890年）十一月接手铁厂以后，经营极不得法，结果领取的4万两公款银，只归还了15000两，剩下的25000两成了烂账。到这个地步他仍然不死心，还想“委员到四川渝城再招股10万两，以便扩充”。到头来，股银没有招到，铁厂反而于当年完全停产。曾彦铨本人也受到了撤职查办的处分。

曾彦铨的“接办”之后，又来了个上海道员陈明远的“承办”。这个陈明远是比较有心计的，一开始便提出了“以五年为期”的要求，在此期间“照汉阳铁厂办法，每出铁一吨，纳银一两”。但在提出的要求获准后，他并没有全力以赴地想法恢复青溪铁厂的生产，而是伙同瑞记洋行经理人戴玛德，将青溪矿务局改为“青溪八寨矿务商局”，把精力放在办铜仁、万山朱砂厂上。到了最后，青溪铁厂的厂房、炼炉、机器设备损失殆尽。光绪三十一年（1905年），陈明远被京官们奏控，也遭到了撤职。经过5年筹办，7年接办，12年承办的青溪铁厂，几番折腾之后，最终仍然没有逃过倒闭的命运。

近几年讨论青溪铁厂的文章逐渐多了起来，人们从各种不同的角度研究青溪铁厂失败的原因，竭力从中总结历史的经验。这种努力是必要而且有益的。“历史总是惊人的相似”，即使在21世纪的今天，类似青溪铁厂那样交昂贵“学费”的事也不是没有。让历史告诉未来，杜绝青溪铁厂一类失误的重演，这或许正是历史研究者的职责所在。

关于青溪铁厂失败的原因，学者们提出的看法很多。笔者曾在某杂志上看到一篇名为《从营销环境看中国近代第一铁厂的破产》的文章，作者虽然只是一位20多岁的青年，却很能抓住问题的症结。文章通过对青溪铁厂所处的自然经济环境、政治文化环境的分析，得出青溪铁厂之所以破产，是由于“贵州当时尚处于自然经济时期，不具备近代化大型企业生存发展的基本条件和营销环境”。这个结论抓住了青溪铁厂失败的主因，是比较有说服力的。

不过，青溪铁厂的失败是若干综合因素作用的结果，仅从营销环境来分析它仍然有些局限。思考青溪铁厂的失败原因时，有些问题是不能忽略的。首先，类似青溪铁厂这种规模和耗资巨大的项目，立项和施行以前必须进行严密的科学论证，但青溪铁厂的筹办者却没有这么做。铁厂的开办，仅凭潘霨等人对贵州的了解和当地曾有土法炼铁的历史，一封奏折上去，急于兴办近代钢铁厂的洋务派便批准了建厂要求。同时，筹办者的大部分精力，都花在筹集资金、考察设备购置和聘请外籍技术人员上了，项目可行性的研究几乎是一片空白。如此匆匆上马的企业，结局可想而知。铁厂一开工，每天要吃掉焦煤40余吨，附近的煤质地脆弱，常堵塞炼炉不能出铁，如从其他地方运煤，又山道险阻且缓不济急。加上青溪僻处黔湘交界，运输成本过高，产品外销不畅，导致投产后资金无法回收，生产难以为继。在这种情况下，破产也就成了早晚的事。

统治当局观念陈旧，以封建主义的心态和管理手段去经营近代企业，是导致青溪铁厂失败的另一个重要原因。作为近代企业的青溪铁厂，任何问题的提出和解决，所遵循的依然是那套烦琐陈旧的封建程序。不仅大事的裁处，甚至人事的任免，都必须听从远在数千里外的朝廷谕旨。这正像民间常说的：等得谕旨下来，“黄花菜都凉了”。青溪铁厂留下的这方面教训，实在很值得我们深思。在长期处于封闭环境的贵州，思想解放尤其是观念的转变，远比其他省区来得重要。

昙花一现的青溪铁厂，犹如流星转瞬间消失在贵州的历史夜空，但它留下的辉煌，却给贵州的经济社会生活带来了深远的影响。

有人因为青溪铁厂是贵州历史上第一个大型近代企业，搞了几年即告破产，便夸大它的消极面，认为经历过这一番挫折，不仅贵州官府对举办近代工业丧失了信心，社会上招收商股也变得更加困难——似乎青溪铁厂给贵州带来的尽是负面影响。当时的舆论中也有贵州“实业界经此挫折，乃多年不能复振”的说法。其实，这样来判断青溪铁厂的历史地位，只看到了问题的一面。

青溪铁厂创办以前，生活在万山丛中的贵州人是没有见过机器生产的。崇山峻岭和急流险滩遮挡了他们的视野，阻碍着他们与外界的经济文化交流，导致了省境的封闭与落后。直到清代，省内社会经济发展的不平衡依然严重地存在着。在一些先进地区，铁制农具已经广泛使用，种耕的方法已经取代了落后的耕作技术，但在那些僻远的山区，粗放的耕作仍然在继续，一些地方甚至还在使用木石工具从事生产。青溪铁厂的创办开了贵州人的眼界，向原始与封建生产方式并存的贵州社会生活注入了近代工业生产和股份制经营的新概念。无论它的生产与经营成功与否，这番轰轰烈烈的举动，对贵州社会变革的促进都是显而易见的。

继青溪铁厂之后，贵州的酿酒、丝织、采矿等行业涌现出了一批民办的手工工场，不久，又有了用机器生产的工厂。到20世纪初，按清政府农商部“凡一户之制造品，有七人以上工作者，均得称工厂”的标准，贵州已有从事各类商品生产的工厂120家，工人1578人。其中，华之鸿创办的文通书局是当时的佼佼者，不但18台印刷机器全系从日本购进，雇用的工人也多达

100余人。从这些情况看来，你能说青溪铁厂的创办，在打破贵州人的传统生活模式，启迪人们朝着先进生产方式迈进方面，一点也没有起作用吗?

青溪铁厂出现在贵州虽说是一个历史的意外，但对贵州而言，它的创办却具有一种划时代意义，将它视为贵州近代化进程的开端，也许从理论上是说得过去的。

# 自治学社：“成也萧何，败也萧何”

1911年11月3日夜，宁静的贵阳夜空响起了一声清脆的枪声。响枪的地方虽然在城郊的南厂新兵营，离市区有好几里，却震撼了山城的每个角落。因为那时候的贵阳城远比现在小得多，以大十字为中心，城区只由7条大街和若干小巷组成。这个椭圆形的城区只局限在今文昌路、环城路以内。城市规模既小，又没有现代工业和交通带来的喧哗，冷不丁的一声枪响，使沉睡中的、做着美梦的人们惊醒过来。

南厂这一枪是一个叫杨树清的新军营士兵打响的。在这之前，受武昌起义的影响，贵州新军营和陆军小学学生，已经在酝酿用革命手段推翻清王朝在贵州的统治。组织和领导这场革命的，便是作为当时贵州资产阶级革命派代表的“贵州自治学社”。

贵州自治学社的领导人是张百麟。这个活跃在清末民初贵州政治舞台上的人物，从小即喜欢混迹社会，少年时代与贵阳哥老会的一帮兄弟们打得很火热。张百麟是随分发贵州当官的父亲从湖南长沙迁来贵阳居住的，其父张翰因晚年得子，很有点宠惯他，对他爱与哥老会人往来的事睁一只眼闭一只眼，但又怕他耽误前程，最后还是用钱给他捐了一个通判，又把他送进官办的法政学堂学习，冀望这个儿子将来成为“佐理新政的人才”。

张翰的一番苦心并没有改变张百麟的志趣，他不但与哥老会交往的热情不减，投身社会活动的时间也愈来愈多。正值20余岁的张百麟，接触过康、梁等人的维新思想后，更加热衷于救亡图存的社会活动，与各种社会组织的往来更加密切，贞丰仁学会、贵阳哥老会组织“同济公”中，都有不少他的朋友。

贵州的哥老会是从四川传过来的，俗称为“袍哥”，据说是清初郑成功领导的反清复明组织“洪门”的一个分支，传入四川后逐渐发展成带有社会互助性质和强烈民族主义色彩的民间秘密结社。“袍哥”之名相传得于《诗经》中“岂曰无衣，与子同袍”之句，意指入会者皆是异姓兄弟，同生共死。清末的袍哥已成为城乡半公开的民间组织，互不统属，自行开山设堂，聚集势力，以兵勇团丁、游民地痞为其主要成员。由于袍哥以义气为重，好打抱不平，能为哥兄老弟们排忧解难，农民、商人等阶层加入寻求庇护的不少。

贵州的哥老会是在自然经济解体、大批失业手工工人和失地农民涌现的情况下发展起来的。哥老会的组织从开立山堂开始，各山堂一般设有高低之分的5个堂口。各个“公口”之间独立发展，同一地区的各个“公口”又可以联合起来相互协调。清末，贵州“公口”林立，几乎遍及各县，农民、失业手工业者、地方士绅、知识分子都纷纷参加“公口”。“童子时即出入秘密会社”的张百麟，积极发动“公口”中的头面人物参加以他为首组织的自治学社，还派这些哥老会成员“分赴各县联络，组织分社的人”。结果，不仅自治学社首批发布的250余人名单中，有不少是哥老会成员，在清末贵州的反清革命力量中，哥老会也成了一支举足轻重的势力。

一头与中华路交汇的市府路，是贵阳知名度很高的一条街道。位于金阳新区（今贵阳市观山湖区）的市级行政中心落成以前，领导着300余万人口的贵阳市人民政府就在这里。每逢工作日，到市政府办事的人和车辆络绎不绝，人们对这条道路上的塞车现象早已司空见惯。如今，市政府迁去了金阳，而这条百年老街又一直没有进行过改造，忽然间变得有些冷清。除了不多的商铺，车辆和人流减少了许多。不过，老贵阳人是不会淡忘市府路这条街的，这并非因为它在20世纪曾是政府的驻地，而是因为那里有着贵阳人难以抹去的历史记忆。

“市府路”这个名称是20世纪80年代才有的，因为清朝时的贵阳知府署设在这条街上，曾被称为“府门口”或“府巷口”，道光年间到民国前期，其中的一段又叫“田家巷”。清末，不知何年何月，田家巷忽然开了一间名叫“镜秋轩”的照相馆。那年月，照相可是一件新鲜事，而且价格不菲，进出的都是一些衣着考究的富绅贵人，一般人只能透过门缝往里面看看稀奇。大概正是这种曲高和寡的冷僻，让张百麟感觉到这里比其他地方安全，遂决定把它作为自治学社的成立地。

光绪三十三年（1907年）十一月，张百麟将30多名青年召集到镜秋轩照相馆，商量组建团体事宜。经过一番讨论，他们决定成立一个名为“自治学社”的团体，并用这个名称向官府申报立案。因为团体是草创，巡抚衙门还没有批准，成立的时候也就没有选谁当社长，只是明确由张鸿藻和张百麟两人负责。以后，随着社员增多，机构逐渐设立，才正式推选张鸿藻担任社长，并制定了《自治学社章程》。

《自治学社章程》一共有6章18条，其中的内容，尤其章程的宗旨，集中反映了张百麟这一批人当时的政治观点和所追求的目标。

《自治学社章程》的第一章说：“本社名为自治学社。凡个人自治、地方自治、国家自治之学理，皆当次第研究之。同仁认定个人自治为单位，务期人人有道德知识，养成善良品德，造成完全人格，以赞地方自治之实行，达国家自治之希望。”章程中也对自治学社的机构如何组织，会员如何联络，社长如何产生等做了相关的规定。

这份《自治学社章程》，在当时一点儿也不先进。1905年8月，孙中山先生在同盟会成立时，就已经将“驱逐鞑虏，恢复中华，创立民国，平均地权”写入了同盟会的总章。而在贵州，张忞、平刚等人组织的科学会，也早已公开宣称该组织的“目的有二：一修学，二革命”，并于1906年12月做过一次武装革命的尝试。时隔数年之后的自治学社，还在成立宗旨中宣扬什么“人人有道德知识，养成善良品德，造成完全人格”，这不但与如火如荼的全国革命形势一点不合拍，还有点给清王朝“帮忙”的味道。

加入自治学社的都是一批激情澎湃的爱国青年，但在国家面临列强瓜分，民族危机空前严重的形势下，他们却找不准救国的方向，反而赞同了自

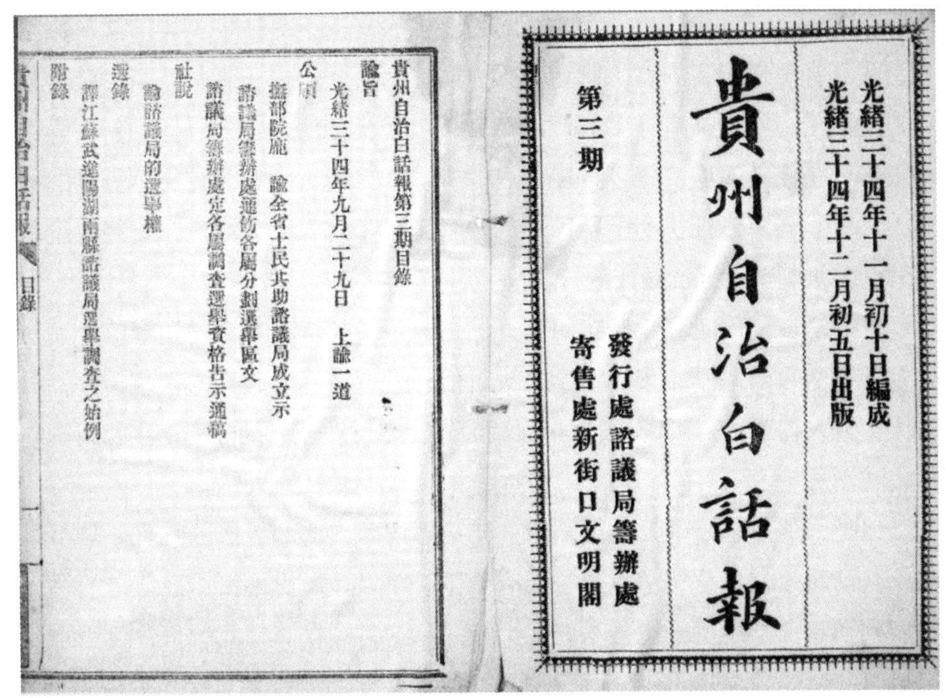
光緒三十四年十一月初十日編成
光緒三十四年十二月初五日出版

貴州自治白話報

第三期

發行處諮議局籌辦處
寄售處新街口文明閣

貴州自治白話報第三期目錄

諭旨

光緒三十四年九月二十九日　上諭一道

公牘

撫部院龐　諭全省士民共助諮議局成立示

諮議局籌辦處通飭各屬分劃選舉區文

諮議局籌辦處定各屬調查選舉資格告示通稿

社說

論諮議局的選舉權

選錄

譯江蘇武進陽湖兩縣諮議局選舉調查之始例

附錄

貴州自治白話報　目錄

自治学社《白话报》第三期

治学社保留清政府，通过自治和立宪来救国的主张。张百麟本人后来写的一篇文章，清楚地表明了自治学社反对以革命手段推翻清王朝的态度。他在《发起自治学社意见书》中明确写道：“今日中国最重要的问题，乃国命死生之问题，非国体改变之问题也。幸而国无暴动，则国内协和，尚可稍缓中国之亡；不幸而竟起暴动，则国内分裂，适足速中国之亡而已。”这便是在公开与孙中山先生领导的革命运动唱反调了。

以张百麟为首的贵州自治学社，在君主立宪的道路了徘徊了十几年，直到宣统二年（1910年）前后，在全国资产阶级革命形势的推动下，才接受了同盟会的主张，由主张君主立宪转向主张革命，并开始联络贵州的各种武装力量，着手拟订自己的起义计划。

搞起义离了武装当然不行，那时候贵州力量最强的武装是新军和陆军小学。新军是清末“新政”的产物，贵州的新军有步兵一标，共三营，每营五百人，计一千五百人；另附有炮兵一队，两百人。由于新军是当时装备最精良的队伍，军中又有许多人倾向革命，自治学社便确定“以运动新军为第一要务”，在新军中安置了许多自己的骨干。打响贵州辛亥首义第一枪的杨树清，就是新军中拥护和支持革命的一名正目。此人十分激进，曾经有过利用开会之机刺杀巡抚沈瑜庆的打算。

杨树清在南厂新军营打响的那一枪，成了贵州辛亥革命的发令信号。在这之前，张百麟刚刚召集自治学社头目们开完商讨武装起义的紧急会议，根据大多数人的意见，决定在11月4日凌晨发难，同时派人到陆军小学和新军中做传达动员。

但是，革命总是不大循规蹈矩，往往不按事先的部署按部就班。陆小学生一获动员令，摩拳擦掌就要去夺取枪械。结果，事机不密，被值星的军官窃听到消息，学生们干脆一哄而起，去捉拿这名军官。如此一来，自治学社4日凌晨起义的计划，便被提前到了3日深夜。

新军营得知陆军小学提前动手的消息，与自治学社联系密切的一帮长官立即吹响了集结号，准备前往救援陆小的兄弟。标统袁义保意图阻拦士兵们的行动，杨树清朝天一枪，将他吓得落荒而逃。满腔革命激情的士兵们原准备推举队官赵德全担任首领，但因教练官杨荩诚表示愿意参加革命，他本身的资望也比较高，最终将他推出来担任起义的指挥。

一场改变历史进程的武装起义就只响了那么一枪，便宣告取得了胜利，“兵不血刃”这种事儿，竟在贵州结束封建专制主义统治的这场斗争中得以发生。

获悉南厂兵变后，巡抚沈瑜庆本想召集卫队保护自己，得到的答复却是：“学生及军人起义，士兵已共表同情，不能战也。”再检查府院内的大炮，连炮闩也已经不翼而飞。无奈之下，沈瑜庆只得拱手将印信交出。天亮以后，贵阳大街小巷挂出许多“汉”字白旗，贵州宣告“反正”，清王朝在贵州的统治就此画上了句号。

砸烂了旧世界，就得赶紧建设新世界。11月4日这天，张百麟通过谭西庚以咨议局的名义召集会议，研究成立新政权的问题。经过讨论，决定成立大汉贵州军政府，委托同盟会贵州分会会长平刚起草军政府大纲。根据后来完成的军政府组织大纲，军政府由都督、枢密院、行政总理组成。人们原想推举张百麟出任都督一职，但因各省的都督都是由军人担任，张百麟觉得自己没有军职，一再推辞不干，最后才将这个职位定给了杨荩诚。张百麟则出任枢密院院长，行政总理由周素园担任。这样，贵州历史上的第一个，也是最后一个资产阶级革命政权——大汉贵州军政府，便在1911年11月6日这一天诞生了。

在推翻清朝在贵州的统治，促成资产阶级革命政权诞生的这场斗争中，自治学社的历史功绩是毋庸置疑的。前些年有论者提出："直接促成贵州独立的主要力量是贵阳的陆军小学和新军中的革命组织和革命士兵，自治学社只是依人成事而已。"这种只计一点，无视全局的分析，不仅有些偏颇，还把自治学社形容得过于投机化了。

贵州辛亥革命的胜利，当然是省内外各种社会力量共同努力的结果。没有以孙中山为首的资产阶级革命党人的浴血奋斗，没有蓬勃高涨的全国革命形势，贵州的任何一个派别和团体，都不可能完成推翻清朝在贵州的统治这样一个历史壮举。

由于历史和自然环境导致的复杂社会结构，辛亥革命时期的贵州，没有哪一个阶级或阶层的力量，强大到足以左右省内局势的程度。严格说来，当时的贵州并没有真正意义上的政党组织。学者们把自治学社称为革命党，那是鉴于它的组织和章程已经反映出比较明确的政治理念和目标，带上了政党的性质。至于宪政预备会，则只是一批士绅和新贵组成的政治团体，他们之间除了政治取向上的一致，并没有严密的组织机构相互联系。用后世的政治概念把自治学社与宪政预备会的斗争称为"两党斗争"，并不符合历史实际。

一位境外的论者认为，"贵州光复，实为两党（自、宪）合作携手的结果"。这种看法是比较有道理的。自治学社的分社虽然遍及全省，号称有十万之众，但毕竟多是一些社会底层人士，远不如宪政预备会那些士绅和新贵们在社会上的影响大。尤其武昌起义爆发后，宪政预备会表现出愿与张百麟等人“牺牲成见，一致动作”，减少了许多革命的阻力。巡抚沈瑜庆正是发现宪政预备会的官绅和新贵们态度转变，不再支持保留清朝政体之后，才在大势已去的情况下，向张百麟等人妥协并交出政权的。

如同一场战役，大家都为最后的胜利出了力，但总有一支部队是战斗中的主力军。贵州辛亥革命中的主力军，当然就是以张百麟为首的自治学社。而自治学社在贵州辛亥革命中的主导作用，则是通过哥老会、新军营、陆军小学等社会力量表现出来的。

哥老会在清末贵州是一支人数众多的社会力量，张百麟和这些人的往来一直很密切，许多哥老会成员在他的鼓动下加入了自治学社，还有相当多的人成了新军士兵。1911年上半年，张百麟便曾召集哥老会中的头面人物在贵阳开会，计划把哥老会改造成自治学社的革命武装。这项工作，是促成全省革命形势高涨的一个重要因素。联络哥老会的同时，自治学社与新军和陆小学生也建立了密切的联系，从一般士兵到中上层军官，自治学社都做了大量工作。新军、陆小革命空气的高涨，以及11月3日夜的武装发难，可以说都是在自治学社事前的策划下发生的。

不仅1909年成立的贵州省咨议局，39名议员中有33人是自治学社社员，1911年11月3日的武装起义，骨干也大多是自治学社成员和受其深刻影响的军人。起义中表现活跃的黄泽霖、胡刚、张泽锦、江务滋等，都是自治学社起义总揽委员会或10人军事委员会的成员。杨树清、胡刚和张泽锦还通过哨官徐耀卿打开弹药库，将事前被巡抚沈瑜庆收缴去的弹药发还给新军士兵。如果没有这些弹药，新军士兵们只能拿着空枪去造反。

武装起义成功了，新的革命政权“大汉贵州军政府”也顺利地挂上了牌子。在响应武昌起义，建立资产阶级革命政权的各省中，时间上贵州仅排在湖南、陕西、江西、云南等省之后，属于行动较早的省份之一。然而，领导起义的自治学社，却不是一支能担负起建设新社会重任的力量。很不容易建立起来的贵州军政府，仅仅存在了3个月便遭到了覆亡，而军政府的这个结局正是自治学社自己造成的。

自治学社由立宪法转向革命的过程是在匆忙中完成的。直到宣统二年（1910年），张百麟等一帮人还在宣传用立宪手段救国，作为自治学社首脑的他，在给《西南日报》撰文时，还在希望与清廷一起“协同救亡”，时隔一年，却一下子成了新政权的执政者。这种角色的转换来得过于突然，让张百麟和他的左右臂多少有些不知所措。这批本来就不具备执政能力的先生们，无法处理好建立政权与巩固政权之间的关系，无可避免地犯下一个又一个的错误，结果，把自己辛辛苦苦争取来的胜利，葬送在自己的手里。

自治学社最严重的错误是胜利之后冷落和抛弃了自己的同盟者。

军政府成立后，被推选为都督的杨荩诚提出招募新军的建议，这个要求被控制着枢密院的张百麟以“应顾念财政艰难，不能率意增募军队”而否决。自治学社领导人既想自己控制新军，又打算用防营制把哥老会收编改成武装，以此削弱新军的地位，弄得杨荩诚在军政府中无法立足，不得不以援鄂的名义率队远去，远离是非之地。而起义中立下汗马功劳的陆小学生军，也在自治学社“散学回家过年”和允许“回籍省亲”的幌子下，不明不白地遭到了遣散。

另一方面，革命胜利了，哥老会的袍哥们没了顾虑，到处开设“公口”，省城内外的“公口”多达数百处。张百麟等人想不出处置这帮哥们的妥善之计，干脆决定在省城开设一个“总公口”，作为统率这帮无头之马的机构，让自治学社的人来充任领导，却没有料到，这样做的结果是身负重任的五路巡防营总统黄泽霖，忽然间变成了龙头大爷，而那些袍哥们有了合法地位，更加肆无忌惮地竞相开设山堂，闹到社会秩序完全失去控制的地步。正是自治学社的一系列错误，让站在对立面的宪政会、耆老会人找到了颠覆革命政权的借口。

1912年2月2日，20多名荷枪实弹的士兵，谎称押解土匪闯入黄泽霖家，不容黄开口便一阵排枪将黄杀死。同一时间，另一群人包围了张百麟的住宅，欲以同样手段杀张。张百麟因如厕侥幸得免，后经安顺逃往贞丰，最后辗转跑到上海。2月27日，应贵州宪政派人、地方官绅和团练势力之请，滇军首领唐继尧率军队开抵贵阳，黔军除少数进行有限抵抗外，大部分投降或溃散。辛亥革命后建立起来的大汉贵州军政府，终因自治学社自身的错误，在反对势力的疯狂反扑下，结束了短暂的生命。

自治学社通过不懈努力完成了推翻清王朝在贵州的统治、建立“大汉贵州军政府”的历史任务，却又因取得胜利后的一系列失误，断送了新生的革命政权。自治学社之于贵州辛亥革命，正所谓“成也萧何，败也萧何”——用这句话来评价自治学社的历史地位，恐怕是再恰如其分不过的了。

GUIZHOU
LISHI
BIJI

# 捌 — 历史总在这里发生转折

# 自己向舞台中心靠拢

贵州这个地方有许多东西值得人们去捉摸。

用军事眼光来衡量贵州，优势当然是明摆着的：对外有云南、广西两省区做屏障；对内距国家统治中心动辄数千里，不大会被外敌选择为重点打击目标；加上千山万壑所增添的安全系数，历代统治者无不从战略的角度对它倍加关注。

但在军事之外的社会生活层面，贵州似乎就不那么受到重视了。虽然秦汉之际便有了开发之举，有了郡县的设置、道路的修建和官方的大规模移民，但其中的动机和部署无不与军事需要相关。站在中央统治者的立场，贵州是那么遥远，既没有一望无涯的平川，又没有黑油油的沃土，人是那么穷，路又那么险，只要不出大的乱子，不危及王朝的稳定，那里的事能不管的就暂时不管，能敷衍的就敷衍一阵子。毕竟国土面积太大了，要办的事那么多，谁都想把精力放在那些能为朝廷提供财富，有益于增强国力的中心地区。久而久之，贵州这方土地被挤出了国家政治舞台的中心表演圈，无形中被边缘化了。

曾看到一位学者的论著这样说："贵州地缘背景先天决定了它在全局中处于边缘化的弱势地位。这种状况，从秦汉起两千多年中，基本上未大变。"笔者很赞同这种对历史的解读，因为它显然是建立在对贵州情况的深刻分析上 。但似乎贵州人也没有坐盼"天上掉馅饼"，没有等着中原文化来与自己的土著文化接轨，等着统治者哪一天心血来潮忽然对自己刮目相看。

自从明成祖以超凡的魄力，将这片土地列为全国第十三个行省之后，这里的居民便有了一种自我激励、自我鞭策的紧迫感，开始通过各种自觉或非自觉的努力，尽情展现贵州高原的人文风采，主动向国家政治经济生活的舞台中心靠拢。那种“贵州不可忽视”，“山里人敢为天下先”的呼喊，在清末至民国前期的许多历史场合中都可以听到。

对推行了1300多年的科举制度做评价，历来是一个见仁见智的问题。称赞它的人认为，唐朝人创立的这个制度用统一的标准来选拔社会上的优秀分子，使之能参与国家的政治。否定它的人，则指斥科举制度“锢智慧”“坏心术”“滋游手”，导致人才破坏，国家贫弱。有人则主张分历史阶段来观察评价它，认为隋唐之际的科举制适应了庶族参政的需求，为繁荣古代文化做出了贡献；明清时期的科举考试则因以八股取士，束缚了知识分子的思想，阻碍了科技文化的发展和新型人才的成长。

其实，作为古代的一种人才选拔制度，考什么，怎么考，是不同时期的当权者根据自己的需要来确定的，与制度本身并没有多大的关系，重要的是通过什么方式、遵循什么样的原则选拔人才。科举制度通过考试的形式公开选拔人才，算得上一种相对公平的竞争，即使用今天的视角来观察，也不是没有可取之处。考生复习同样内容的资料，参加同样试题的考试，在相同的时间里完成答卷，脱颖而出的自然是才思敏捷的佼佼者。如今万众争过独木桥的高考，许多做法又何尝不是从科举制度中借鉴过来的。

考中一个举人或进士是一个家族的荣耀，出了一个状元则成了一方的殊荣。历代都喜欢把中举、出进士、出状元当作衡量地区教育水平、人才资源的标准，虽说不怎么科学，但在社会学理论发育得尚不完善的古代，也是一种无奈的评估办法。

贵州虽然汉代就有了尹珍的办学之举，但教育长期落后于其他省区却是个不争的事实。明初建省以前，贵州的府、州、县学寥若晨星。建省以后，虽然先后建起了府学16所、州学6所、县学11所，省境内却没有开设科举考点。生员要博取功名，只能跋山涉水到邻近的四川、湖广、云南等省去参加考试。各省都能“设乡试考场以抢选俊才”，贵州的考生却只能“望天门于万里，扼腕而叹息，欲言而不得言”。这种不公平待遇，直到嘉靖十四年（1535年）才发生改变。是年，明政府终于决定让云南、贵州分别开设乡试，云南准取40名，贵州25名——而这已经是在贵州建省122年之后。

“开设乡试”的决定虽然来得晚了一些，却让压抑已久的贵州学子有了释放能量、展示自己的机会。有明一代，贵州经过科举考试诞生的举人达1700余人，录取的进士100余人。到了清末，贵州竟出了六千举人、七百进士和三状元一探花。这种人才联袂而出有如井喷的现象，不能不让人惊叹，无怪乎贵州的一位学界前辈要撰写《六千举人七百进士》的专文来表达自己的感慨了。

“六千举人七百进士”不仅是明清之际贵州文化教育的成果，在某种意义上，还是贵州人不甘人后，不满足于总在舞台边缘“跑龙套”，努力向社会证实自己的一种表现。可惜这种表现在当时并没有引起为政者太多的重视。

在分析一个地区文化盛衰的时候，一些人喜欢用科举入选的绝对数字来进行考量，这一比，贵州虽然有成百上千的人中榜，但仍然比江南等地区差了一大截。由于基础不同，地区之间文化积淀的深厚有很大的差别，单纯用数字来排座次显然是有失公允的，它只会让后进地区的人觉得意兴阑珊。同样，拿士子中有多少人当上了宰辅，有多少人入了翰林来判断一个地区文化的价值，也难免片面。古往今来，高层官员中的庸碌之辈并不在少数；如今，顶着教授、专家一类头衔，学识不及青年人的岂非也大有人在？

清初，一位叫陈法的贵州籍进士，曾出仕康、雍、乾三朝，当过顺天乡试同考官、直隶顺德府知府、山东登州府知府，乾隆年间调直隶大名道。据说此翁“居官为政，以教养为先，兴利除弊，力挽颓风，公牍文告皆手治，情词恳款，既久人犹感诵之”。但每读到他《黔论》中“黔人有五病”的一段文字，却总不免让人不快。

在陈法的眼中，“黔处天末，崇山复岭，鸟道羊肠，舟车不通，地狭民贫”，不但来这里当官的人把它视为“畏途”，领略到了外面繁华的贵州人也大多不愿再回乡。陈法总结出贵州人有“五病”：陋、隘、傲、暗、呆，并解释说："闻见不广，陋也；局量褊浅，隘也；任性使气，傲也；不通世务，暗也；不合时宜，呆也"。他认为，这五种毛病中，只有"呆"这一项尚可容忍，因为所谓的"呆"就是"朴实而不知变诈，谨饬而不敢诡随"，这说明贵州人天真——当然不要用巧滑去取代它。

今天的人已经无法揣测陈法写这段文字时的心态，也不知他入仕前到过省境哪些地方，应试之时除了饱读诗书之外了解多少贵州历史上的人和事，又何以用"闻见不广、局量褊浅、任性使气、不通世务、不合时宜"这样的话来将贵州人说得如此不堪。但我们却可以知道，贵州自从被允许开科取士以后，名臣、名家辈出。这些贵州人中的佼佼者，不仅通过他们的活动影响了贵州，更提升着贵州一地在全国的形象，客观上将长期被边缘化的黔省，推向国家政治生活的中心舞台。

王阳明虽然不是贵州人，却是靠贵州的滋养完成"龙场悟道"的，贵州这个"天末"之省正是他"心学大师"之路的始发站。虽然黄宗羲的《明儒学案》没有把黔中王门列入他的王门后学支系，但王阳明在贵州的弟子、再传弟子们，如孙应鳌、李谓、马廷锡等人的学术成就和影响却是无法忽视的。明神宗就曾亲赐孙应鳌"南国躬行君子，中朝理学名臣"的匾额。

明末清初，黔省知识分子的影响更让国人惊叹不已。

贵阳人谢三秀，"天才卓越，博极群书"。其擅长吟咏，曾游楚浙与当世诗人李维桢、汤显祖等诸人相酬唱。时人评价他的诗"格整而不滞，气雄而不亢，旨深而不晦，致清而不薄，辞丽而不浮，治世之余音也"。

出生于新添卫的邱禾嘉，崇祯年间官至兵部职方主事，在抗清斗争中立功甚伟。《（康熙）贵州通志》说他"擅经济才，一时倚为长城"，只是不大善于迎合主将，老受皇帝贬斥，最终抑郁而终。

何腾蛟与马士英都是明末清初对局势影响很大的人物。生于贵阳的马士英属魏忠贤"阉党"一流，被《明史》收入奸臣传。马士英万历年间考取进士，崇祯末年曾为兵部右侍郎，总督庐州、凤阳等处军务。明亡后，其拥立福王监国，进东阁大学士兼兵部尚书，因排斥史可法，援引阮大铖，独断专权，大敌当前仍忙于内斗，葬送了福王政权，最后，他自己的结局也成了一个悬案。

被称为“南天一柱”的何腾蛟是贵州黎平卫人，明天启元年（1621年）举于乡，崇祯中授南阳知县，后迁兵部主事，进员外郎，拜右佥都御史。崇祯十七年（1644年）八月，何腾蛟被福王政权任命为兵部右侍郎，总督湖广、四川、云南、贵州、广西军务。其后又任唐王政权东阁大学士兼兵部尚书，与大顺军余部携手抗清，一度攻克湘阴、腾溪等地。桂王政权立，封武英殿大学士兼兵部尚书。清顺治五年（1648年），率军攻克全州，连下永州、宝庆、衡州、常德诸城，一改抗清斗争低迷局面。清顺治六年（1649年），何腾蛟率众赴湘潭途中为清军所俘，坚强不屈，英勇就义。

与何腾蛟同时代的杨龙友，也是一位从贵州走出去，对后世影响甚大的人物。杨龙友出生于贵阳，万历末年中乡举，崇祯年间曾任江宁知县。福王政权建立后，因与马士英的姻亲关系，出任兵部主事。南京陷落后，在隆武政权任兵部右侍郎兼右佥都御史。清顺治三年（1646年）在浙江抵抗清军，兵败后被俘不屈，全家36人同时遇害。人称杨龙友诗书画三绝，其实杨龙友“少负奇伟，文章剑术兼善其能”。《（康熙）贵州通志》说他“博学能诗文，尤精于书画，虽片纸寸幅，人争宝之”。杨龙友的作品有《山水移》《洵美堂》两集。明辑《崇祯八大家诗选》，列杨龙友为一家。

丁宝桢没有当过宰辅，在翰林院也只谋得了一个庶吉士的短期职位，但他在山东巡抚任上智杀权监安德海，建山东机器局，任四川总督期间创办四川机器局，实施具有早期现代化色彩的盐政改革，遂成一代名臣。

遵义沙滩的郑珍、莫友芝等都没有当上什么大官，但二人的文化成就，却促成了沙滩地区的文化兴旺，乃至抗战时期内迁到贵州的浙大名家们也不能不赞叹：沙滩“不特为播东名胜，有清中叶曾为一全国知名文化区”。

明清之际贵州知识分子的群体崛起，不过是贵州人向国家政治舞台中心靠拢的牛刀小试。到了清代后期，发生于贵州或与贵州息息相关的许多重大历史事件，直接对全国政局产生了深刻的影响，令那些过去不了解贵州、忽略贵州的朝中大员们，不得不重新审视他们对贵州人和贵州这片土地的判断。

嘉庆、道光年间在京为官的贵州人中，杨芳是得到朝廷殊荣最高的一个。出生于松桃县农家的杨芳，读书虽不怎么出众，打仗却很在行。他为清王朝立的功劳很多，有在湘黔、川陕镇压人民起义的，也有平定西北叛乱和抗击外国侵略者的。嘉庆年间，他的画像已经上了紫光阁功臣榜，名列四十功臣第二。道光时，又受封为二等果勇侯，任太子太傅，获准在紫禁城内骑马。道光帝更亲笔为紫光阁杨芳画像题词："黔省之英，自幼知兵，战功久著，谋而后行。"鸦片战争爆发后，被誉为"一时名将之冠"的杨芳，以61岁高龄受任参赞大臣，率军赴广州抗敌。他以"守近不能远攻"的原则，用奇计击毙英军多名，取得战争打响以来清军为数不多的胜利。而在这场抗英战争中，贵州籍的2500名绿营士兵，亦奉命开赴前线参加了广州守卫战。

在中国近代三次革命高潮中，贵州各族人民或以浩大的起义声势，或首举抗击外侮的大旗，或以实实在在的革新作为，促进和推动着时代前进的步伐，展示出贵州人穷则思变、敢为人先、勇猛无畏的奋斗精神。他们用自己的所作所为，在鸦片战争以后的中国政治舞台上扮演着不容他人轻视的角色。

历时14年的太平天国运动，是鸦片战争后一场波澜壮阔的反封建反侵略的农民起义，也是胡绳先生所主张的中国近代史上的第一次革命高潮。太平天国运动期间，各地响应太平天国的起义风起云涌。在全国各地的起义中，论起义队伍支数最多、声势最大、延续时间最长的，却是被称为"咸同起义"的贵州各族人民大起义。这场起义始发生于清咸丰四年（1854年），总数达30余支，百万余人。各族起义军相互配合作战，纵横驰骋于贵州高原，攻克府、厅、州、县50余个，坚持斗争长达18年之久。这场起义不仅严重动摇了清政府在贵州的统治，也为后续的反帝反封建斗争积累了经验。

戊戌变法与义和团运动一起被视为中国近代史上的第二次革命高潮，而在戊戌变法和义和团运动中，僻处西南一隅的贵州，出人意料地挺身在风口浪尖。

戊戌变法虽然最终失败，但毕竟是一场进步的爱国救亡运动。1895年《马关条约》签订以后，齐集北京参与科举会试的18省举人群情激奋。康有为、梁启超趁机写出上皇帝的“万言书”，提出拒和、迁都及变法的主张，当时参加集会的举子有1300多人，最终签名连署的仅600余人，其中贵州举子就有95名，约占签名总人数的16%。这场“公车上书”虽没有什么结果，却开创了国民问政之风，也展现了贵州人不甘人后，敢为天下先的气概。

义和团运动实际上是长期以来遍及全国各地的“反洋教”斗争的总爆发，尽管迄今学术界对义和团运动的评价仍有诸多歧异，但说它导致近代中国社会的剧变，却是无法否认的。19世纪60至90年代，各地教案层出不穷，而发生于同治元年（1862年）的贵州青岩教案和继后的开州教案、遵义教案，正是席卷全国“反洋教”斗争的先声。

清代后期是中国社会转型的剧烈变革时期。在这个时期里，贵州一省不仅政治上走在前列，经济与文化领域也往往有率先垂范之举。青溪铁厂的经营虽然遭到了挫折，但它却是中国第一个官商合办、采用先进生产设备和技术进行生产的钢铁企业，也是中国最早一批以募集股份形式筹资兴办的企业。

被誉为近代中国教育改革先驱的严修，35岁时以翰林院编修出任贵州学政。也就在这一年，严修矢志不渝地走上了维新道路。他在贵州倡设官书局，“捐廉千金以助成”，还亲自为书局开列包括《西学书目表》《读西学书法》等书在内的购书单，协助书局翻译和刻印算学书籍。此举不仅在学界引起了极大震动，而且使贵州成了全国开官书局先河的省份。1897年，严修以贵州学政身份上《奏请设经济专科折》，喊出了国人要求维新变法的第一声。梁启超曾认为，这道奏折的被批准，实质上是维新变法新政的起始点。

1898年创建的京师大学堂是今天北京大学的前身，而首倡开办京师大学堂的人，则是出生于贵阳的清末维新名臣李端棻。李端棻幼岁而孤，跟随叔父赴京城求学，同治元年（1862年）应顺天乡试中举，第二年会试中进士，入翰林院任编修。同治十一年（1872年）出任云南学政，先后做过山西、广东、云南、四川及山东等省乡试主考官，顺天乡试、会试总裁，刑部侍郎，仓场总督及礼部尚书等官。按照梁启超的说法，清末“二品以上大臣言新政者（李端棻）一人而已”。

毕生与教育结缘的李端棻，最大的特点是善于观察和发现人才，而且思想活跃，愈挫愈奋。康有为、梁启超成为戊戌变法中的两个首脑人物，与李端棻有着莫大关系。梁启超是李端棻以内阁大学士身份出任广东乡试主考时发现的。对这个才华横溢的青年，李端棻非常赏识，后来干脆将堂妹嫁给了他。1897年康有为上《上清帝第五书》时，诸臣恐冒犯刑诛，无人敢为代递。李端棻挺身而出，联络不到其他人，不惜一人上折。戊戌变法失败后，李端棻以"大逆不道"罪被充军新疆，途中因病赦归。回到贵阳后，李端棻受聘在贵阳经世学堂主讲，继续向学生传播西方学术思想，以激励后进、培养人才为己任，表现出一名维新斗士不屈不挠的风格。

辛亥革命及民国初期，贵州仍在不断通过努力提高自身的知名度，向国家政治舞台中心靠拢。辛亥革命中，贵州仅仅距武昌起义24天，便完成了推翻封建帝制、将清王朝在贵州的统治扫地出门的壮举，在独立各省中名列前六。护国之役，贵州不仅率先响应云南起义，还派出两路黔军协同云南护国军作战：一路为护国军东路支队，由王文华任司令进击湘西；另一路与滇军合编为滇黔联军右翼军，由戴戡任总司令，向四川进攻。是年北京发生刺杀袁世凯事件，3名牺牲的烈士中，张先培、黄之萌二人都是贵州人。以后发生的护法战争、五四运动、北伐战争，贵州人都没有落伍过。贵州这片土地不仅出了一批民国时期的要员，还涌现出不少新民主主义革命时期的无产阶级革命精英。

旧时代的贵州是落后的，但任何时代的贵州人又是不甘于落后的。历史发展到今天，那种单纯农业经济的优势地位，在许多省区已开始黯然消退，而拥有多种资源优势的贵州才刚刚开始崛起。先辈们不甘居于篱下，用自己的努力向舞台中心靠拢的精神，如果能被今天的贵州人传承下来，发扬光大，昔日被人视为"天末"之省的贵州，一跃而成人见人羡的聚宝盆，也不是完全没有可能的。

# 军绅政权：也不是无所作为

老一辈的人说，贵阳喷水池这个地方原先是有城门的，因为位于城北，习惯上都把它叫作“北门”，门内是城区，门外是郊区。后来，随着城市的发展，中华北路片区变得十分繁华，城内外已经没有多大区别，城门只是象征性地留在那儿。到了民国时期，登上省长宝座的周西成从国外买回来一部汽车，为了让汽车能在城内跑，下令把城门和隔离新老城区的城墙拆除，“北门”这个称呼也就渐渐被淡忘了。

生活在万山丛中的贵州人看到汽车，虽然要比中原和其他省区晚了十几年，但自从发现了这种不需要人力和畜力也能载人装货的工具以后，修建现代公路便成了贵州人社会生活中的一件大事。1926年7月，刚刚当上省长一个

1928年，贵州省政府主席周西成购进了贵州省第一辆轿车——美制雪弗兰小汽车

月的周西成宣布成立贵州路政局。第二年春，贵州历史上的第一份公路建设计划——《全省马路计划大纲》被制订了出来。

周西成主持编制的这份《全省马路计划大纲》将全省的公路等级分为干线和支线两类。干线即由省城贵阳通往湖南、广西、云南、四川周边四省的主要公路；支线除了经干线连接各县的支路外，还包括围绕贵阳修建的内、外环线。这份大纲不仅明确了路线的等级，对修路的程序、测量设计的标准、劳力与资金的筹措、各级机构的组织等也都做了原则性的规定。这样一份即使用今天的眼光来衡量也不算落后的修路规划，竟然是由被称为“土皇帝”的周西成主持制定出来的，这就不能不引出对贵州军阀统治时期一些问题的重新思索。

中国的军阀史研究以20世纪80年代初最为兴旺。那之前，虽然也出版过一些与军阀统治有关的论著，但属于叙述史事、评介人物一类的居多，真正把它作为一个历史时期来进行全面考察的很少。1980年西南军阀史研究会在成都成立后，军阀史研究领域掀起了一个不大不小的热潮。研究会召开的学术讨论会和随后出版的《西南军阀史研究丛刊》，拓展了对军阀这一中国近代特殊群体的研究视野。人们不仅分析和评价川、滇、黔、桂、粤、湘军阀中的代表人物，还对军阀与近代政治，军阀统治时期的社会矛盾、经济生活等问题展开探讨。这就使军阀问题的研究上了一个新的台阶。

在西南军阀史研究红火的那几年，某些问题的研究逐渐趋于理性，但即使后期发表的研究文章，似乎仍没有摆脱以阶级划线，以政治斗争中的态度给军阀人物定位的惯性。直到如今，军阀给人的第一印象总体上仍然是反动的。他们的每个毛孔都充满了掠夺和横征暴敛，他们只关心扩充自己的地盘，满足一己之私，从来不关心更不会重视发展工业、农业、运输和教育。这种近乎定势的看法，很大程度上制约了对军阀统治这一特定历史时期的研究。

所谓军阀，指的是那些拥有武装部队，割据一方，自成派系的人。这种人在东汉末年就已经出现了，黄巾起义以后，东汉王朝名存实亡，各地官僚拥兵自重，国家陷入军阀混战。唐朝安史之乱期间，那些拥有军事、财政和监管州县权的节度使们割据称雄，中国历史上又一次出现军阀混战局面。这些封建时代的军阀们，眼睛盯着的是手中的权力，脑子里想的是如何稳固自己在辖区里的统治地位。由于局势变化很快，他们既无财力，也无时间关注与经济发展有关的问题。

中国的近代军阀政权，加拿大学者陈志让先生将它们称为军绅政权。这种军绅政权的统治者与封建时代的军阀不同。民国年间的军阀，无论北洋军阀、西南军阀，抑或江淮一带的军阀，几乎都是从清朝后期走过来的。当年，清政府为了镇压太平天国起义，让各地官绅举办团练，组织武装，又让地方部队的统帅兼任各省督抚，滋养出一批既握兵权又掌地方大权的实力人物。到辛亥革命爆发，南方各省纷纷宣布脱离清政府，面临灭顶之灾的清廷既退出了权力角逐，软弱的资产阶级革命派又无力掌控他们，军绅政权林立的局面自然无可避免地出现了。

客观地说，军绅政权给各族群众带来的苦难是不能也不应该掩盖的。在军阀肆虐的岁月里，由于连年战争和沉重剥削，庐宇丘墟、十室九空的景象随处可见。但中国又是一个地域辽阔的国家，地区间的差异很大，发迹于不同地区的军阀，对待社会的态度以及他们的统治给本地区造成的影响，也有着很大的差别。更重要的是，19世纪末到20世纪初的中国，正处于社会转型的剧烈变革时期，这股巨大的历史潮流，任何人都不可能无视它，更不可能逆向而动自取灭亡。袁世凯不信这个邪，最终被历史唾弃便是一个证明。

由封建专制和单纯的农业社会向共和民主与近代化发展，是清末民初中国社会发展的总趋势。身处那个时代的人，尤其手握一方大权的统治者，只要有可能，一般不会不思考如何顺应历史的潮流，付出一定的努力来改变地方的经济社会面貌。正是这个原因，民国初年的军绅政权，往往都在地方发展的某些方面有了一些建树。而他们的努力，的确也在清末维新变法的基础上，为地区引入了许多近代因素，一定程度上推动了地区经济社会的发展。

前些年读到过一篇名为《对军阀体制下甘宁青早期现代化进程的再审视》的文章。作者认为："晚发外生型的西北甘宁青早期现代化，是回族军阀在主流社会推动下的非自觉行为，他们在现代化推行过程中发挥了重要而积极的导向作用。”由此，联想到1912年开始一直到1935年仍然统治着贵州的军绅政权，他们为期23年的统治究竟给贵州带来哪些影响？看来这个问题很有讨论的必要。

贵州的军阀分为两个派系，最先掌控贵州政权的是以刘显世为首的兴义系军阀，1926年以后是以周西成为首的桐梓系军阀。1913年10月，北洋政府在贵州搞军政分治，任命戴戡为贵州民政长，刘显世为贵州护军使。刘显世出身于兴义下五屯，祖父靠咸同年间镇压农民起义发迹，成为黔西南一带占地4000余亩的大地主。辛亥革命中，刘显世带500徒手兵到贵阳参加政治角逐，一步步爬上了权力的顶峰。刘显世当上护军使后，兴义系军阀正式取得了在贵州的统治地位。直到1926年以前，把持贵州政坛的人不是刘氏血族姻亲，便是他的门生故吏。

兴义系军阀统治贵州的13年，正值国内发生护国、护法运动。在这两个涉及国家前途的重大历史事件面前，作为军阀的兴义刘氏和他的继任者们，虽然不免经历过徘徊，但最终都还是做出了顺应潮流的决定，站在了护国军和孙中山领导的广州军政府一边。即使在五四运动中，本来应成为群众反帝反封建目标的兴义系首脑人物，也出现了一些超乎寻常的表现。以当时的黔军总司令王文华为首，一批辛亥革命后成长起来的知识分子，成立“少年贵州会”，举办外语、哲学、经济等讲座，组织演出新剧，宣传民主与科学。他们的活动，不自觉地成了贵州新文化运动的一个组成部分。

军阀之所以能独据一方，靠的是手里掌握的武装。没有一个军阀不整天盘算着扩大自己的地盘，也没有一个军阀登台以后不千方百计扩充军力。庞大的军队要钱和物资来供养，这自然必须依靠地方财政，财政不足便向老百姓搜刮。处于军阀统治下的老百姓，本来就饱受战争祸害，自身衣食不足还得为庞大的军费支出买单，痛苦程度可想而知。但地方军阀除了从治下的老百姓身上榨取钱财，一般是没有其他敛财之道的。既欲取之，必先予之。因此，军阀们也不得不鼓励老百姓去发展生产，以便为他们生产出可供掠夺的财富。

辛亥革命以后到北伐战争的10多年，中国的军事政治斗争空前尖锐。

人们往往将注意力放在这一时期的政局变化上，而对社会经济的变化有所忽略。特别像贵州这样的边远省区，很少有人去关注这一阶段的社会生活状况，以致一提到军阀当政时的贵州，浮入脑子里的第一印象便是黑暗。既然是黑暗的时代，社会便不会有什么进步，或许还会倒退。

但事实并非完全如此。地方军阀在贵州政坛上表演了23年，这一时期的贵州，尽管战乱频仍，走马灯似的变换着统治者，社会前进的步伐却并没有停顿。恰恰相反，1912至1935年间的贵州，单一、孤立和封闭的小农业经济开始被打破，社会生活中越来越多地渗进了各种近代工业社会的因素，在某种程度上甚至可以说，贵州近代化进程的准备，正是在20世纪20至30年代完成的。

就政治立场而言，军阀首脑们大多是反动的，但作为一定时期的一方执政者，军绅政权也不是无所作为。

军阀们对地区经济社会的影响，不仅受他们所处环境的制约，也与本人的才能、气魄、社会态度和执政时的局势有着密切的关系。贵州的两支军阀派系，一支发迹于黔西南，另一支则来源于黔北。而这两地都是贵州开发较早，省际经济文化交流比较频繁的地区。兴义刘氏是当地的大地主，刘显世之父刘官礼因办团练镇压回民起义，获得清廷青睐，“以功擢升知府，赏戴花翎”。桐梓系首脑周西成的出身虽不显耀，但亦是当地颇有势力的人家。这两人都经历过辛亥革命的洗礼，有较为开阔的眼界。周西成曾以少尉资格肄业于贵州讲武学堂，并曾随杨荩诚的队伍北上援鄂。

由于受土地资源和自然环境的限制，加上战乱对生产的破坏，军阀统治时期的贵州农业没有发生太大的变化。省内绝大多数地区基本上仍是沿袭旧的一套生产方式，生产技术依然停留在既往水平。唯一明显的改变是经济作物种植面积大幅增加，其中尤以鸦片为大宗。一些军阀以鸦片充作现钱发放军饷，更使这种特殊商品带上“硬通货”的色彩。到民国二十四年（1935年），全省鸦片税收竟高达780万银圆，占全省税收总额的比例高达65%。

但从工商业领域来看，这一时期的贵州，不仅仅是量上有所变化，同时还发生了某些质变。青溪铁厂遭受挫折以后，社会上曾有贵州实业界“多年不能复振”的舆论，其后的情况却证明这种估计错了。辛亥革命之后的20余年间，贵州的工商业不仅有了发展，而且引进了许多先进的技术和设备，越来越多地将长期依附于农业的手工业从家庭生产中剥离出来，形成了虽不发达但基本覆盖了当时所有行业的生产门类。

筹创于1898年的文通书局是贵州近代印刷出版业的代表，该局不仅能印各种书籍、图表、商标、广告，还能装订西式书籍，制作电镀铜模，进行照相放大。随着文通书局的诞生，古老的雕版印刷逐渐退出了历史舞台。1915年创办的永丰造纸厂，每月可生产40镑印刷纸2千令～3千令，产品除满足省内需求外，还销往外地。其他如纺织、印染、火柴、制革、玻璃、陶瓷、酿酒、面粉制造、采矿与冶炼等工业，在这一时期都从无到有或在原基础上有了较大的发展。贵州茅台酒获得巴拿马世界物品展览会“世界白酒第二名”殊荣，都匀毛尖茶获巴拿马万国食品博览会优等奖也正是在这一时期。

最能显示贵州近代化进程启动的，是电力工业的引进和公路网的建设。1917年，当时的贵州省长刘显世计划在贵州建造发电厂，派人到上海购买了2台75千瓦透平发电机及锅炉等设备。设备几经辗转运抵镇远县后，因政局生变，只好搁置在当地。周西成上台以后，于1926年9月成立贵州电气局筹备处，派人将该套设备从镇远运至贵阳，历经2年，电厂终于建成发电。尽管这个电厂的功率不大，只能点亮200盏电灯，且当时只是供官署照明，但它毕竟是贵州历史上的第一个发电厂。它的投产将“电”这个近代社会不可或缺的东西引入了贵州的社会生活，让贵州人第一次领略了电的神奇。

周西成是一个政治上独断专横、唯我独尊的人物，这从他还没有死，便预先定下“群、绍、佩、用”（毛光翔，号群麟；王家烈，号绍武；江国璠，号佩屿；犹国才，号用侬）的继承序位便可以看得出来。但周西成在经济上，尤其在地方建设方面却又颇有建树，这也是许多学者都不能不承认的。

周西成认为，一省的治乱安危系于财政。为了稳固自己的统治地位，他上台以后的第一件事便是大刀阔斧地整顿财政。1926年8月，周西成下令成立财政厅查案委员会，随即开始彻查历届军阀政府财政方面的积弊。针对税收制度的混乱，他宣布裁并各地局卡，将厘、税两项应收之税合并征收。同时废除各种商税的包征办法，修改既有的各类征收及考核章程。在财政监管方面，为防止预算不确，军政、民政费用界限不清，规定各地方经费局必须按月做出预算，一式二份以备查考，以杜绝各县收款未解至省即被当地挪用。这些措施的获益者虽然仍是统治当局，但毕竟在某些方面完善了财经制度，一定程度上为工商业的发展创造了条件。

鉴于贵州山川险阻、工业落后，周西成在修建电厂、建设公路的同时，又举政府之力兴办了官营的造纸厂、造币厂、煤油厂和纺织方面的模范工厂。周西成办的造纸厂设于今贵阳南门外，产品分为高飞、混同、双朱等好几种。造币厂专门生产银圆，以供军需。当时生产的银圆铸有汽车图案，俗称为“汽车大洋”。到1929年5月，该造币厂共铸造汽车大洋5万余枚，但因含银量偏低，在市面上不甚受欢迎。

贵州的有线电报始于清光绪年间，民国以后虽然架了一些线路，通话地区仍然很狭窄。1927年，周西成下令在贵阳城南观风台建无线电台，与南京、广东、广西等地建立起无线电联系，以后又不断扩充，发展到各通都大埠均可连接。1928年，由地方筹款兴建的城乡电话线路建成，各县与省城实现了电信联络。当时，以遵义、安顺两地电话局的设备最完备，线路已可通达四乡。

周西成的建设举措对贵州社会产生了较大影响，但这并非他有任何超人之处，许多实业的兴办是在当时国内形势的裹挟下办起来的。以筑路为例，1922年，中华全国道路协会成立，号召各省大力修建公路。如果没有这种形势的压迫，贵州的公路建设就未必能迅速启动。但也不能不看到，在民国前期的贵州统治者中，如周西成这样的统治人物，在地方建设上又是有所贡献的。他们的表现至少说明，研究中国军阀统治这一特定时期的历史，不能不加区别地把他们的横征暴敛和他们造成的苦难程度无限制地加以夸大，而忽略他们的积极方面，如发展工业、农业、运输和教育等方面的努力。那样会将一个时代完全描黑，既不够客观，也是不可取的。

军绅政权并非完全无所作为。或许正是这个原因，周西成战死后，他的继任者在昔日的北门为他铸造了一个铜像，该地因之得名叫“铜像台”。至今，老一辈贵阳人中，习惯于将今喷水池称为“铜像台”的，依然大有人在。

# 贵州：一九三五

1935年对贵州来说是一个极不平常的年份。

这一年，一向鲜为人知的贵州，忽然成了中国政治舞台的中心，成了举世关注的焦点。不仅数以万计的军队云集贵州高原，展开了决定中国历史命运的生死较量，革命与反革命阵营的首脑人物也频繁进出省境；以蒋介石为首的国民政府，更是利用"追剿"红军的机会，将盘踞贵州20余年的地方军阀一锅端掉，在这个远离南京的西南省区建立起国民党的直接统治；而经中共中央批准，贵州地下党也在这一年建立了省一级的领导机构——中共贵州省工作委员会，贵州的新民主主义革命由此翻开了新的一页。

贵州的政局经历着巨变，贵州人的观念和意识也因经历了革命的洗礼而发生巨变——这就是贵州的1935年。

1935年以前，蒋介石是没有到过贵州的，但他和历代统治者一样，很看重贵州的战略地位。1926年起执掌贵州政权的桐梓系集团，表面上虽然听命于中央政府，头上也顶着国民政府省长、国民革命军军长之类的职衔，实际上却我行我素，把贵州变成了一个针插不进、水泼不进的"独立王国"。就在周西成当上贵州省长的那年12月，国民党中央曾派张道藩、商文立、李益之三人到贵州筹办党务，周西成觉得这帮人来者不善，勒令他们交出密电码本，还将张、李二人拘捕入狱。这种局面，蒋介石岂能容它长期延续?

1934年10月，中共中央机关和中央红军突破敌人封锁，开始浩浩荡荡的战略大转移。这时候的蒋介石，满以为他的五次"围剿"已经奏效，共产党和红军的问题已经基本解决，便开始筹划如何处置川、滇、黔、桂的地方势力。这一年年底，红军进抵湘黔交界，随即西进贵州，蒋介石决定利用这一时机实施一石二鸟之计，趁追击红军除掉贵州的王家烈。他将时任鄂豫皖行营秘书长的李仲公召至面前，要李凭借与王家烈的交情，劝王家烈交出省主席一职，专门管军事，还说这是为抗战做准备，是从西南大局着眼。

就在中央红军进入贵州，计划建立川黔边革命根据地的时候，薛岳、吴奇伟率领的国民党中央军也尾追红军而至，占领了贵州各要塞。1月8日，第二兵团总指挥薛岳进驻全省政治中枢贵阳。2月21日，薛岳被任命为国民党贵州绥靖主任，随同薛岳进贵州的郭思演被任命为贵阳警备司令。未几，蒋介石亲由重庆飞抵贵阳督师，部署“围剿”红军的同时，制定了取缔桐梓系地方势力，在贵州建立国民党直接统治的计划。

在蒋介石的重重压力下，王家烈尽管一万个不愿意，也只能拱手交出政权。4月17日，国民政府下令改组贵州省政府，免去桐梓系头目王家烈贵州省政府委员兼主席的职务，任命吴忠信为贵州省政府主席。不久，蒋介石又下令成立中统贵州特务室，免去王家烈第二路“追剿”军总指挥及国民革命军第二十五军军长职务，调他去当没有实权的中央军事参议院中将参议，还专门让张学良陪他一起飞往武汉。至此，贵州的军政大权全部被蒋介石收入囊中。

出生于安徽合肥的吴忠信是一名老同盟会员，辛亥革命后，曾任国民政府警察总监，后来在日本参加孙中山领导的中华革命党，随孙中山转战粤、桂、闽诸省。此前，吴忠信是安徽省政府主席，蒋介石之所以这么远把他调来贵州，一是两人的私交比较好，二是因吴与广西李宗仁、白崇禧有一些关系，用他便于抵制和联络桂系势力。

吴忠信在贵州任职的时间虽然只有一年，却尽心尽力地为蒋介石办了几件事。吴到贵州时，蒋介石虽然已经解除了王家烈的兵权，将他调离贵州，但桐梓系为期10年统治扎下的根基毕竟很深，吴氏的政令离开贵阳便很难推行。这种情况，对蒋介石“围剿”红军和控制贵州的计划当然极为不利。

为打击盘根错节的军阀残余势力，吴忠信强化了贵州的行政管理，在县级行政机构之上设专员公署和区保安司令部，全省共设11个行政督查专员区，同时又以东南各省抽调入黔的官员为基础，撤换了大批桐梓系官员，从而消除了桐梓系东山再起的机会。

推行和强化保甲制是吴忠信巩固国民党统治地位的重要手段。民国年间的保甲制，强化了“连坐法”和军事职能，远比清朝时严峻得多。吴忠信在他不长的任期内，将贵州全省编制成16721保、161591个甲。这套行政体系，犹如一张严密的统治网，将贵州各族人民牢牢地罩在其中。随着保甲编制的完成，桐梓系在贵州的基层也失去了生存空间。

吴忠信之后，贵州的省主席一职换得非常频繁。先是顾祝同以重庆行营主任兼贵州省主席，西安事变后，顾祝同调任西安行营主任，改由重庆行营办公厅厅长韩德勤代行省主席职。不久韩德勤也调去了西安，省主席一职由滇黔绥署主任薛岳兼任。薛岳的省主席只当了3个月，“八一三”淞沪会战爆发，他被委任为第十九集团军总司令，投入淞沪战场。薛岳一走，贵州省主席一职再度空缺，只好让时任省民政厅长的孙希文代理。由此看来，1935年以后的贵州，国民党虽然实现了从地方军阀手中夺权的计划，但除了政治上加强扼控之外，由于时局的剧变，根本顾及不到贵州的建设与发展。

桐梓系军阀的下台，终结了贵州历史上最后的地方割据。

因为特殊的区位及复杂的地理环境，贵州这片地区的治理，一直是中央政府十分头痛的问题，从秦汉时的羁縻政策，到隋唐时的羁縻州制，再到元明清的土司制度，无一不是针对贵州特殊的地理环境与复杂的民族构成制定出来的。明成祖开设贵州，将贵州的行政管理纳入了国家的统一规范，但大量的土司依然存在，直到雍正年间的大规模改土归流，也没有将其彻底铲除。辛亥革命后的地方军阀，企图继续利用区位及地理上的条件沿袭历史，显然背离了时代节拍，灭亡是必然的。从这个角度来看，国民党当局终结桐梓系在贵州的统治，对贵州地区的发展也不能说一点积极作用都没有。

1935年的贵州，不仅自身的历史进程发生了变化，中国的历史命运也在这片土地上发生了生死攸关的转折。

20世纪30年代，贵州社会继续经历着清末民初以来的社会转型。从维新思想的传播，到近代工矿业与交通邮电的兴办，打破了自给自足的传统经济模式。辛亥革命以后，城市经济社会生活内容不断更新，从专制主义桎梏中摆脱出来的知识分子和市民阶层，接触到越来越多的新生事物，改变贵州面貌的欲望日益增强。但这种变化主要局限于中心城市和相对繁华的城镇，广大农村几乎没有受到多大的触动，那里的人们依然在统治者的压迫下，周而复始地过着极度困苦的生活，看不到前途，也看不到希望。

导致贵州农村发生巨变，促使各族劳苦大众觉醒的，是共产党和红军在贵州的革命活动。

1930年4月，红七军3000余人在张云逸等率领下，由桂北进入黔东南的荔波、榕江一带。这是中国工农红军第一次在贵州境内进行活动。不久，红八军的一个纵队也由广西转战到黔西南的望谟，在蔗香一带休整达半年之久。1932年底，红七军一部到望谟屯驻，在当地建立中共卡法支部。此后一段时间，红军的旗帜一直在贵州境内飘扬。1934年7月，黔东特区建立；8月，贺龙率红三军一部占领印江、思南等地；10月，红三军与红六军团主力在印江木黄会师。

中央红军是1934年12月12日由湖南通道分两路进入贵州的。12月18日，中共中央政治局在黎平召开会议，做出建立川黔边根据地的决定。接着，红

木黄会师纪念馆

军相继攻占黄平、余庆、瓮安等县，于1935年1月突破乌江，攻占黔北重镇遵义。1月15—17日在遵义召开的中共中央政治局扩大会议，集中解决了刻不容缓的一系列军事和组织问题，结束了王明“左”倾错误路线的统治，为确立毛泽东在党内和军内的领导地位奠定了基础，在危急关头挽救了革命，成为中国共产党历史上生死攸关的转折点。

遵义会议之后，红军四渡赤水，摆脱了敌人的围堵和追击。接着，主力挥师南下，再渡乌江，开辟西进云南、北渡金沙江入川的前景。4月，红军佯攻贵阳，蒋介石急令滇军孙渡部星夜开赴镇西卫待命。红军则乘势南下，连克数县后，离开贵州进入云南。中央红军离黔后，红二、红六军团亦从湖南桑植出发，西进占领贵州玉屏、江口、石阡诸县。接着又向西攻占黔西、大方等地，在大方成立了“中华苏维埃共和国川滇黔省革命委员会”。国民党方面集中90个团的兵力于黔西北，企图对红军展开“围剿”，但最终遭到了失败。红军由乌蒙山南下，经盘县进入云南。

从1930年到1936年，中国共产党领导的红军在贵州转战7年之久，将革命红旗插遍了省内67个县的土地，不仅在贵州创建了一批革命根据地，还开辟了31个革命老区。这些革命老区的群众，经过共产党和红军的教育，从因循守旧，日出而作，日没而息，只知种地纳粮，对现实的不公平逆来顺受的状态下解放出来。他们告别了昔日大山封闭所造成的无知与怯懦，走上了为自己，更为天下劳苦大众翻身解放浴血奋斗的道路。

辛亥革命是一场伟大的民主革命，但这场革命最终没有能建立起真正的资产阶级民主政权，毛泽东一针见血地指出：“国民革命需要一个大的农村变动。辛亥革命没有这个变动，所以失败了。”①

贵州的这场农村变动，正是由共产党和红军用长达7年的时间来发动的。语言、文字、图画是红军宣传革命主张和革命道理的主要工具；打土豪、分田地是红军为劳苦大众指明的解放道路；严明的纪律与深得人心的政策，是红军的身教示范。红军长征离开贵州时有那么多人参加革命队伍，爱国青年

① 毛泽东：《湖南农民运动考察报告》，《毛泽东选集》第一卷，北京：人民出版社，1991年，第16页。

宣传抗日救亡在农村得到那么广泛的支持，解放战争时期贵州涌现出那么多革命武装，这一切无不证明，在红军的宣传、教育和鼓动下，生活在社会最底层的贵州贫苦农民觉醒了。他们的觉醒，不唯是对贵州近代化进程的有力推动，也是贵州新民主主义革命取得胜利的重要保证。

1935年也是贵州革命力量从分散、薄弱，开始由组织上走向统一和逐渐成熟的一年。

贵州是中共组织活动比较早的地区。20世纪20年代后期，靠近川南的赤水地区已有党的组织。1933年春，中共赤水特支曾发动赤水兵工厂千余名工人罢工。红军长征进入贵州后，当地党组织又成立“赤合游击队”，配合红军的行动。30年代初活跃于黔桂边区的中共组织有中共蛮瓦支部、卡法支部、丰业支部等。1934年1月，在黔西北素有“一步踏三省”之称的毕节县（今毕节市），成立了中共毕节支部。毕节支部积极团结进步青年，通过革命文艺团体草原艺术研究社开展革命宣传，在当地群众中产生了广泛影响。其后，一部分支部成员和群众骨干向安顺、贵阳和遵义转移，革命活动范围进一步扩大。

中央红军占领遵义期间，贵州地下党组织与党中央取得联系。中央领导听取关于贵州地下党的组织与工作情况后，批准成立中共贵州省工作委员会。中共贵州省工委，是红军长征途中唯一批准建立的省一级地下党领导机构，它的建立极大地推动了贵州革命形势的高涨，成为贵州新民主主义革命的重要里程碑。

省工委建立后，为配合红军在贵州的战斗，迅速组织力量在全省开展各种公开和秘密的斗争。首先是工委书记林青将带回的红军战报在党内传阅，再由各地党员向群众介绍红军在军事上取得的胜利，揭穿反动派“围剿红军胜利”的谎言。接着利用“五四”16周年、“五卅”11周年开展各种纪念活动，通过召开座谈会、讨论会及组织宣传队等形式，回顾“五四”“五卅”运动的斗争历程，激发群众的革命斗志。纪念活动期间，省城贵阳到处可以听到“发扬五四光荣传统”的口号声。不久，贵阳、安顺、遵义等县工委相继成立，省内各县陆续建立起中共支部或地下党小组。

林青烈士（1911—1935年）

面对持续高涨的革命浪潮，国民党当局开始对地下党实施严厉镇压。1935年7月19日，反动政府在贵阳逮捕了中共贵州地下党工委书记林青和工委委员刘茂隆，企图一举捣毁贵州地下党组织。事后，刘茂隆经营救脱险，转赴上海。林青于同年11月被杀害。

国民党制造“七一九”事件的目的，是想借红军西进云南的机会，一举将红军在贵州播下的革命火种扑灭。然而，事态的发展却让他们大失所望。在这次统治当局一手策划的反革命事件中，贵州省工委的活动点只有两处受到破坏，大部分党员和群众骨干事发后都安全隐蔽下来。不久，省工委在贵阳近郊召开会议，研究对敌斗争策略。会议在总结教训的基础上，决定了在城市实行分散隐蔽，将工作重点转向农村，在有条件的地区开展军事工作的方针。

经过一番血与火的革命洗礼，贵州的革命力量不仅得到了壮大，也逐渐走向成熟，而这正是不平凡的1935年所带给贵州的。

# 深河桥：期待着更多的关注

黔南布依族苗族自治州的独山县是贵州省的南大门。由贵阳出发，沿着2000年6月建成通车的贵新高等级公路向南，经龙里县、贵定县、都匀市再行65公里，便可抵达独山县城。

独山的出名首先是由教育引发的。

东汉时首开“南域之学”的尹珍，据说是汉武帝在实施移民时，由川西迁入今黔南独山一带的尹氏后裔。《华阳国志》说：“文学荆州刺史尹珍，字道真，毋敛人。”这个毋敛，就在今天的独山和荔波一带。清朝时的莫与俦系独山兔场人，嘉庆四年（1799年）中进士，曾任翰林院庶吉士、四川盐源知县和贵州遵义府学教授。其子莫友芝以学术文章享誉省内外，被称为“西南巨儒”。《咸同贵州军事史》提到他与郑珍二人时，赞扬说：“郑子尹珍，莫子偲友芝，学究天人，识古通今，著述之宏富，义理之深醇，在清一代之著述界占重要之位置，天下称郑莫，江山文藻，蔚为一省之光。”

从汉代至两宋，独山这个地方似乎没有出现过太引人注目的历史事件。魏晋南北朝以前，今独山县一直属毋敛县地。隋以后毋敛县不复存在，隶属关系不断发生变化。元代置独山州蛮夷军民长官司，尽管长官司并不属于中央政府直接管辖的正州，但这一设置对独山来说却有两重意义。一者，它是独山作为独立行政管辖单位的开始；二来，也是独山作为区划名首次见于文献。有学者认为，独山之名，源于城垣四野广平，唯一山独立于东南，故名。但如果没有行政建置的设立，这个名字或许还不会为更多的人知晓。

明代以后，伴随着大一统政治格局的进程，军事较量在西南地区变得越来越尖锐，独山战略地位的重要性日渐凸显出来。朱元璋时，还只在独山一带设置“九名九姓独山长官司”，到了弘治七年（1494年）则改置为独山州，属都匀府，一下由土司机构变成了等同于内地的建置。万历五年（1577年），知州欧阳辉修建土城。清乾隆十年（1745年），总督张广泗下令改土城为石城，历经4年修建完成。至此，独山作为贵州南部门户的显要地位，被正式确立下来。

谁占领控制了独山，谁就占据了北进都匀，进而争夺省会贵阳的桥头堡。这一点，已经为明末以来的多次战争所证实。

孙可望是秉持张献忠“联明抗清”的遗愿率部进入贵州的。因为有抗清这个旗号，所以能在社会各界支持下，顺利攻占云、贵两省。但是，随着军事上的胜利，孙可望逐渐发生蜕变，成了专谋一己之私的野心家。他在几番逼迫永历帝封自己为秦王未遂后，干脆自己打起秦王的旗号，率兵从云南进入贵州。此前，从贵州进军云南时，孙可望没有留重兵驻守贵阳，前脚一走，原明朝贵州总兵皮熊乘机将贵阳占据。清顺治七年（1650年）九月，孙可望先派兵北攻遵义，迫使朱由榔封的忠国公王祥自杀于道旁，接着挥师强渡乌江，直逼贵阳。皮熊敌不住孙可望的进攻，向黔南方向败退，抵达独山州后，发现距城10余里的深河桥是进入独山的唯一通道，桥下是万丈深渊，两侧尽悬崖峭壁，其断然下令将桥拆毁。孙可望率军追至，无法逾越深涧，唯有长叹而返。

孙可望兵阻独山，使鲜为人知的深河古桥出了名。皮熊这一招，被200余年后的太平军依法炮制了一回，也同样收到了阻敌于对岸的效果。

与广西紧邻的独山，是清代咸丰同治年间各族人民大起义的揭幕地。咸丰四年（1854年）初，广西南丹的一支太平军进到独山境地内活动，给当地群众很大鼓舞。杨元保便在这一年的农历二月举起了义旗。这场起义坚持了2个多月，起义军曾占领下司、平舟和荔波县的羊奉里，一度包围独山州城。清朝统治当局鉴于独山的重要，又唯恐黔桂两省的起义联成一气，急从长寨、凯里、台拱等10余县调集重兵进行镇压。由于敌我力量悬殊，起义军屡战失利，杨元保不幸被俘，押至贵阳后惨遭杀害。

咸丰十年（1860年）四月，石达开所部的一支太平军欲“假黔征蜀”，由南盘江进入贵州，不久占领独山、定番等地。独山、定番一线是北上进省入川的战略通道，经数月转战，太平军控制了以定番为中心，包括独山、长寨、广顺在内的广大地区。但正值有利局面形成之际，太平军内部对入川作战发生了意见分歧，石达开本人心灰意冷，打算返老家归隐山林。内部矛盾极大地削弱了入黔太平军的战斗力，以致终被清军田兴恕部击败。次年十一月，定番失守，太平军分两路后撤，一路向独山南撤，另一路北走安顺转往黔西北。退往独山的太平军余明富部被清军穷追不舍，无奈之下将深河桥炸毁。清军周学桂部追抵桥边，无法逾越天险，只得退兵北归。深河桥又一次在战争中显示了它的军事战略价值。

独山深河桥历史上曾有3次悲壮的倒下，3次都对战局产生过不小的影响。最后一次发生在抗日战争时期，正是这一次舍生取义的轰然一毁，终止

今独山深河桥

了日本侵略者在中国大陆大规模军事进攻的步伐。

日本帝国主义发动的侵华战争，是一场让中国各族人民永远无法淡忘的战争。这场战争给中华民族造成的苦难，已经不能用直接与间接的经济损失折合多少美元，死亡的人数有多少万来权衡，它是中国人民心中永远的痛，是一个国家历史上最大的噩梦。时隔多年，经历过那场战争的老人们对当年所受的屈辱，对家乡和亲人们死去时的惨景，依然记忆犹新。

地处西南内地的独山，在日本侵华战争中遭受了有史以来最大的劫难。2005年8月，一位叫王蓉的记者在《重庆晚报》撰文，介绍采访贵州独山县周锦江老人的情况。周锦江老人谈到1944年黔南之战的亲历亲见时说："从瓮齐到深河桥的路边坎角全是死人。田坝里，到处看见三块石头砌成的简易灶台，旁边锅翻人倒，常常是一家家死在没米下锅的灶台旁。还有的箱子丢在地上，一打开，里面就蜷着一个小孩。"老人告诉这位记者，因为死的人太多，当地人只好把死人像南瓜一样在土里瓮起来，那情景就像做农活时的"瓮瓜堆"。一连好几日，"瓮瓜堆"就一直没有停过，"瓮到后来，无论看到啥子怪相的死人子都麻木了，好像真的在瓮南瓜"。如此悲惨的历史场面，生活在今天的人是很难想象的。

黔南之战民间又称为"黔南事变"，是以独山为中心展开的一场终止日本侵略者军事进攻步伐的阻击战。1943年，美军在太平洋战场上展开反攻，日军节节失利，战争逐渐逼近日本本土。为扭转战场形势的不利局面，日本侵略军决定发动一场豫湘桂战役，借此打通在中国大陆的交通线。从1944年4月开始，日军调集了50余万兵力，展开中日战争爆发以来最大规模的进攻。战争从河南打到湖南，从湖南打到广西，日军在付出重大代价后，于同年11月中旬占领广西宜山，22日攻占南宁，随即发布命令"向独山、八寨追击"。

进入广西境内的日军，企图趁中国军队在贵州的防务部署尚未就绪，进一步扩大战果，分3路向贵州荔波、独山一线推进。11月18日，攻占南丹的日军第13师团104联队及第7师团之一部约步兵3000至4000人、骑兵300余人，携带6门大炮进入独山县境。日军第3师团第6联队3大队步骑兵千余人，为配合进攻独山之敌，从右路攻入荔波，乘虚占领八寨、三合等地。

刚进入贵州境内时，日军的攻势进展得似乎很顺利，除受到美机的射击外，地面未遇到顽强阻击，仅在下司与中国军队发生过激烈交火，在翁榜朗、八寨间遭到过中国军队的伏击。11月30日，日军混夹于难民队伍进抵黑石关。黑石关位于独山与广西南丹之间，是北进贵州的要塞，驻守黑石关的是孙元良手下师长王铁麟统率的一支部队。次日凌晨，日军趁雨夜向黑石关发动进攻，双方激战1个多小时。2日拂晓，从上司赶来的敌援军进至关下，战斗更为激烈。我军为避免陷入被敌前后夹击的不利，被迫向平塘方向转移。转移中，担任掩护任务的少校营长桑振宇壮烈牺牲。

日军在进攻黑石关的同时，另遣部队迂回北犯独山，威逼都匀。2日下午日军进入独山，3日完全占领独山县城。此前，独山县警备队已于两日前撤离，民众业已提前疏散。黔南边区指挥官兼独山、都匀警备司令韩汉英下令焚烧独山县城，作“焦土抗战”。尽管尚有一部分民众继续留了下来，但日军占领的独山，已基本上是一座空城。时任贵州省第二区行政督察专员兼保安司令的张策安在给上级的电文中如此描述独山撤退时的情景：“自撤退启程后，以枪弹数量较多，连同署内公物、职员行旅不下三百余挑。运输困难，行程缓滞。沿途乡镇保甲、民众早避一空。”

孤军深入独山的日军，面对的是一座尚在燃着熊熊大火的城市废墟。士兵们身上穿的衣服，有许多是攻占南丹时从军用仓库里抢来的，还有一些人只穿着夏衣。而黔南的12月已是冷风刺骨、不胜其寒的季节。既缺粮食，又缺衣物的日军，唯有从见到的老百姓身上抢劫衣物来穿，拆卸和焚烧房屋取暖，冒险到乡间觅食。这样既分散了兵力，也将自己暴露在了抗日军民的枪口面前。

1945年1月8日，有记者从马场坪发回一篇题为《黔南战斗经过》的报道。这位记者认为：“黔南的克复，黔石关的大战固然极端紧要，而民力的发挥也收了特别的功效。”这篇载于《黔南之战》（独山黔南文艺社1945年4月出版）一书中的报道，列举了几桩采访到的事例：

第一，敌人攻占独山之时，城区百分之九十八已成灰烬，他占了焦土是毫无用处的，他不能不下乡去寻食，在乡村里真不知有多少痛快的故事。七坡乡的乡长岑越龙因为武装抗敌被子弹打伤了。当敌人到他面前时，他佯装已死，当敌人离开他向前走时，他便举枪击毙两个敌兵。

第二，上道乡某村的绅士石玉森君，痛恨家乡陷敌，决不甘作顺民，乃登高一呼，将全村壮丁武装起来，有组织地打击敌人。一日，敌军到该村搜索，乃与大战一场，终将敌兵杀死十一人。

第三，敌人陷城时，奸淫掳掠，凶暴达于极点。在城郊的一个山谷间，有一大石洞原系我军的弹药库，撤退之时，仓惶未及破坏。一日，敌军百余人，劫持甚多妇女，逼往洞内强奸。有一孕妇行将分娩，求得敌兵的饶恕，允其自寻秘密地点生产。她在洞内徘徊良久，忽然发现此系弹药库的埋藏地，乃默默走出洞外遍寻火柴。忽遇一难胞迎面而来，她遂详告敌兵在洞内的种种兽行，并声明愿借火柴点燃药库与敌兵同归于尽。难胞闻讯，很愤慨，也很感动，遂请孕妇远行，自己亲往点火，霎时爆炸，全山崩溃，而与百余敌兵及大群妇女同时葬身于山洞中。

类似当年这位记者列举的事例，在黔南大地上不胜枚举。布依族爱国人士莫凤楼，率领麻尾、上下司少数民族群众沿公路、铁路打击日军，先后在上司屯脚寨等地击毙日军20余人。他任副司令兼第二支队长的抗日自卫团，还在黑石关一带配合国民党军91师作战，有效遏制了日军的攻势。1997年出版的《荔波县志》记载了日军在荔波境内烧杀劫掠，遭到群众痛击的史事："12月5日，退驻永康的日军抢劫当地群众的牛、猪、粮食，火烧德门村民房20多家，激起群众的愤恨而联合组织自卫队，围击日军于德门村'董给峒'，歼灭日军10多名。8日，洞塘塘边寨青年20多人，围歼日军于洞阿，击毙日军1人，伤多人。"此前，日军1500余人从广西宜北入黔深入九阡一带，在十里长坡遭到当地群众迎头痛击，双方激战数小时之久。日军进犯九阡期间，各族群众奋起抗敌，“九阡人民共杀死日军100多人，伤若干人；夺取日军步枪100支，机枪3挺，骡马数十匹，太阳旗、防毒面具多件”。

各族群众的抵抗，沉重打击了侵略者的嚣张气焰，有效地打乱了敌军的战略部署。抗日军队的正面阻击，从军事上给日军以重创，迫使其孤军深入贵州。后勤供给严重不继的侵略者，占领独山空城以后，不敢再越雷池半步。

抗战时期的贵州是陪都重庆的南面屏障，客观地说，国民政府并非没有意识到贵州的战略重要性。经过豫湘桂几场大的战役，国民党军队的损失的确相当惨重，桂柳之战中又出现了93军擅弃阵地后撤的事件，以致形成日军迅速控制桂北，威胁贵州的局面。《黔南之战》一书发行人何毓昌先生在《桂境黔边战斗经过》一文中称：国民政府统帅部针对这一局势，确定了“以迟滞敌人行动，掩护大军向黔桂、湘黔边境集中，相机反击敌人”的原则。后来的事实证明，当时的部署正是按这个思路安排的。

《贵州省志·军事志》（贵州人民出版社1995年版）记述了当时贵州的战备防御。1944年11月，“蒋介石为确保重庆不受威胁，成立黔桂边总司令部，调派汤恩伯担任总司令，从第1、第6、第8三个战区抽调第87军、29军、98军、9军、13军、57军进驻贵州，陆续在镇远、黄平和贵阳、马场坪、都匀、独山两个区域集结”。这样的部署，不能说不是对贵州战局的高度重视。《独山县志》（贵州人民出版社1996年版）第五篇第二十七章“驻军”一节中，也记载了当局在独山的军事活动：1944年9月，已将待建的“独山飞机场定为西南空军基地”，“年末，国民党中央军将领汤恩伯、张发奎、杨森、谷正伦、张雪中、孙元良、周浑元先后到独山视察防务”。种种情况说明，当时的国民政府，无论如何是不希望看到日军进占贵州，进而威胁陪都重庆安全的。

在保卫黔南的战斗中，中国军队做了非常坚决的抵抗，正是这种抵抗，粉碎了日军北上的企图，使其不得不在独山深河桥边止步，结束其在中国大陆疯狂的军事进攻。

如同桂柳之战中出现的不战而退一样，黔南之战打响以前，国民党内部敌未至便已惊慌失措的官员是有的。一位叫张甦的先生当年就发出过这样的感叹："军队正在苦撑苦打，接近前线的地方保甲就先慌了，甚至连县长也有弃官逃走的，行政长官如此，叫老百姓如何不慌，秩序如何不乱？"11月30日，身为警备司令的韩汉英下令烧城之后，便率领司令部成员、军校官兵及眷属撤离独山，直奔贵阳。独山专员张策安亦借口同韩不能合作，逃往榕江。独山县县长、警察局长也相继出逃，任留下的平民百姓受敌人欺凌。

即便如此，驻防黔南的爱国官兵们却不惜牺牲自己的生命，与来犯日军展开了浴血奋战。时任黔桂边区总司令的汤恩伯在这场战斗中说过这样一段话："这样优良的地形，是我作战十余年来所仅见的。我们布置妥当，我们欢迎敌人来。实在讲，敌人到贵州来，不过是寻取他葬身的坟场。来一个，杀一个，我们可以杀他一个痛快。"

日军对贵州的进攻一共有3个方向。正面进攻的敌军，在黑石关遭到我军的坚决抵抗，无计可施，不得不分兵绕袭独山。另一路攻击荔波黎明关的2000余名日军，遭到97军587团的迎头痛击。日军多次强攻受阻，改为正侧两面夹攻，587团腹背受敌，被迫撤出战斗。此役，日军2名中队长、100多士兵付出了生命的代价。此期间，26军后卫队3000余人，在谭家坳、刘家坳一带构筑工事，与日军激战一昼夜，歼敌40余名，重伤敌军百余人。30日深夜，进抵蒙家坳附近的日军再次遭到中国军队的阻击，双方激战一天一夜，日军伤亡156余人，不得不放弃进攻。

敌军在黔南境内每行一步，都遭到中国军队的坚决抵抗，各族群众又不断发动奇袭，致令日军食不甘味，寝不安席。而这时候国民政府在贵州境内的防御布置已逐渐到位，不仅加强了黔南地区的作战机构，调集了一批军队开赴前线布防，汤恩伯等将领还亲临前线指挥。而在日军方面，面对崇山峻岭、复杂险峭的地形地貌，每前进一步都必须付出沉重代价，距独山县城10公里的深河桥又被美机炸毁，北进黔中的必经之路已经断绝。经历长达8个月的激战，已成强弩之末的日军，事实上已经无力再往贵州腹地深入。12月3日，侵黔日军各部陆续接到师团停止进攻的命令，开始分路回撤。黔南之战以中国军民的最后胜利告终。

黔南之战终结了日本侵略者在中国发动大规模军事进攻的步伐。由于无法扩大军事战果，日军1944年4月发起的豫湘桂战役，虽然打通了大陆交通线，却无力保障大陆交通线的畅通，也未能阻挡美机空袭日本本土。由于将兵力分散在漫长的交通线上，这场战役之后，日军反而与中国军队形成了相持之势，为中国军队的反攻提供了条件。从这个意义来说，黔南之战成了抗日战争军事上的一个转折点，而让日军最后止步的独山深河桥，也就成了这个转折点中有着历史象征意义的纪念遗址。

随着人们对历史文化资源认识的加深，黔南之战的研究开始受到重视，2001年12月，“黔南事变研究会”在独山县成立，会后编辑出版了论文集，这确是一件让人备受鼓舞的事。然而，事隔多年，这方面的研究似乎并没有热络起来。虽然独山县在深河古桥附近耗巨资修建了“深河桥抗日文化园”，该文化园亦被列为贵州省的爱国主义教育基地，但从文化园落成以后

独山深河桥黔南人民抗日纪念碑

的情况来看，人们对它作为旅游景区价值的重视，远远超过了深河桥作为历史遗产价值的重视，这就不能不引起一些深思。

为阻止日军继续前行而被盟军炸毁的深河桥是不平凡的，但怎样才能引起人们对深河桥的关注，却是一个还需要认真思考的问题。一些文章中有“北有卢沟桥，南有深河桥”的提法，这当然没有什么不对。从军事角度来看，卢沟桥事变是日本帝国主义向中国发动大规模军事进攻的开始，深河桥则是日军大规模军事进攻的终结地。“九一八事变”是中国抗日战争的起点，“七七事变”是中华民族全面抗战的开端，成为中国近代史上的重要分期标志；深河桥之毁虽然阻止了日军的进攻，军事上具有从日军疯狂进攻转为双方军事对峙的转折意义，但在历史进程上的影响就要小得多了。因此，仅仅从军事上一处是开始进攻之地，一处是结束日军攻势之地去衡量，或从卢沟桥抗战与深河桥阻击日军都是29军这支英雄部队在浴血奋战，而将两座桥相提并论，甚至误以为经过打造和宣传，就能让深河桥获得与卢沟桥同样的社会关注，显然是不大现实的。

如今的深河桥，期待着更多的关注，但这种关注需要建立在人们对黔南之战的深入研究之上，只有当黔南之战在中国抗战史上的地位得到进一步确认之后，深河桥作为历史遗产的自身价值和社会价值才会得到充分体现。到那时，这座古桥和与它相关联的各种历史文化遗产，在当代黔南地区经济社会发展中，自然会发挥我们所企盼的积极作用。

本书获2021年贵州省出版传媒事业发展专项资金资助

GUIZHOU

# 贵州历史笔记

（下）

LISHI BIJI

范同寿　著

贵州出版集团
贵州人民出版社

**图书在版编目（CIP）数据**

贵州历史笔记. 下册 / 范同寿著. -- 贵阳 : 贵州人民出版社, 2022.3（2025.3重印）
ISBN 978-7-221-16837-5

Ⅰ. ①贵… Ⅱ. ①范… Ⅲ. ①贵州－地方史 Ⅳ. ①K297.3

中国版本图书馆CIP数据核字(2021)第243326号

**贵州历史笔记（下）**

范同寿 **著**

**出 版 人** 王 旭
**责任编辑** 黄蕙心 张 娜
**封面设计** 吕 磊
**版式设计** 刘 津 蒋正伦
**出　　版** 贵州出版集团 贵州人民出版社
**地　　址** 贵阳市观山湖区会展东路SOHO办公区A座
**邮　　编** 550081
**印　　刷** 深圳市新联美术印刷有限公司
**规　　格** 787mm×1092mm 1/16
**印　　张** 20
**字　　数** 318千字
**版　　次** 2022年3月第1版
**印　　次** 2025年3月第3次印刷
**书　　号** ISBN 978-7-221-16837-5
**定　　价** 118.00元（上、下册）

# 目　录

## 下　册

# 贵州：探索历史与文化的主题词

研究贵州的历史与文化，首先需要探讨它的主题词。

明清之际，出身于四川广安的欧阳直写了一部名为《蜀警录》的著作。该书主要追叙他自己生逢乱世，被迫辗转于黔北一带颠沛流离的生涯，故又被称为《蜀乱》或《欧阳遗书》。

说起来欧阳直的一生的确有些不幸：四岁失母，七岁丧父，兄长死后，嫂子又回了娘家，孤贫力学到明崇祯十五年（1642年）才得以补郡庠生员，算是跨进了士大夫阶层的门坎。偏偏遇到明末天下大乱，被执于张献忠骁骑营，押赴成都。好不容易逃脱归家，买舟东下，准备避乱到黔北一带，行至途中又被乱军所执，遭羁押两年，再次逃出后还几乎被饥民缚杀。以后虽做过南明政权的礼部主事、兵部郎中等官，但在永历王朝灭亡后，仍只得以设馆教书为业。

大概因切身体会太深，欧阳直在《蜀警录》中写出了“天下未乱蜀先乱”的感慨，而其逃往黔北避难的选择，却反映出这样一个事实：即使如明末清初改朝换代这样大乱剧变的年月，在许多人的眼中，贵州竟是可以安身立命躲避战祸的首选之地。

其实，贵州历史上的战乱并不少。只是相对而言，由于区位的优势，重峦叠嶂、交通险阻的自然生境，加上多民族大杂居、小聚居、和谐相处的社会环境，较之其他省区，贵州总体上显得相对安宁，较为适合流寓人物避乱生存，于是成了他们心中的“福地”。也正因这样平和与静谧的环境，构成了上下数千年贵州历史的主旋律，今天贵州人引以为傲的独特的山地历史文化，才得以营造出来，历久而不衰。

贵州历史主题词的准确剖析，是一个难度很大的课题，即便是一个长期致力于贵州史研究的人，也难免充满惶恐。毕竟贵州的历史如此悠远，自然生态如此独特，民族如此众多，民风民俗如此异彩纷呈，古往今来又充满着无数令人神往而又至今未解的悬疑。要从远至数十万年或近至数千年的发展历程中，提炼出既能让人信服，又能准确概括贵州历史与文化精髓的词语，绝非一桩易事。

主题词是规范化的检索语言。贵州文化是云贵高原东部锥状喀斯特地貌孕育出来的山地多民族共生文化，历经几千年的充实、发展与演变，形成了它自身独特的地域文化系统。搜索最能表现贵州历史全貌，准确展示贵州文化系统的内涵、外延与基本特征的主题词，首先必须对该文化系统有深入

独具地域特色的白云岩喀斯特地貌

开阳香火岩风景区以典型的喀斯特原生态地貌著名

的全局性把握。尽管要做到这一点的确很不容易，但这件事总还得探索着去做，正如螃蟹能不能吃，只有尝试过了才知道。

由于区位与独特的喀斯特地貌，贵州的历史发展轨迹与许多省区不同，作为地域文化系统的贵州历史文化，内涵极其丰富。因此，属于它的主题词也就不止一个。

“多彩”作为贵州历史文化的主题词当仁不让。

说到“多彩”，这个词往往与多姿或丰富连用。按照有些人的解释，“多姿”是说有很多种形状，“丰富”是形容内容很多，于是，“多彩”似乎便成了很多种颜色的意思。其实，“多彩”这个词的内涵远比“多姿”和“丰富”这两个词要宽泛得多。今天，“多彩贵州”已经成为一块响当当的文化品牌，提到“多彩贵州”的时候，人们一定不会只想到五光十色的色调，而会很自然地联想到远远超出当代人想象力的山水奇境，想到贵州高原绚丽多姿的民族民间文化，还有那些迄今无人能识能辨的文化遗存，等等。

地处云贵高原东半块的贵州，是一片山的世界。历史上那些过惯锦衣玉食生活的达官贵人，总喜欢把山与“穷”字连在一起组成词来用，诸如穷山恶水、山穷水尽之类。其实，换一个角度来看，山应该是大地的恩赐，是财富与美景的化身。山水画不仅是中国画的宠儿，即便那些以人物或室内生活为题材的美术作品，那背景、那室内的墙面饰物与窗外景色，也都离不开山的点缀。

现代科技诞生以前，处于自给自足小农经济下的贵州人，受山峦重叠、交通梗阻、土地瘠薄、可耕地面积不足的制约，对环布身周的大山可谓爱恨交织：为了生存要靠山吃山，但要与外界交往却又举步维艰。然而到了近代，随着工矿业的发展，被深埋于大山底下的各类矿藏，却成了难以估价的财富。尤其到了今天，当人类意识到生态保护在社会生活中的重要性，现代旅游向产业化迈进的时候，大山和它孕育的一切，便转而成为令人生羡的资源。

被誉为明代地理学家、旅行家、文学家的徐霞客，是第一位来自江南广游黔境的旅行者。他所著的《徐霞客游记》，被誉“千古奇书”“世间真文字”，甚至有人称之为“中华地理科学的奠基之作”。这位“以性灵游，以躯命游”的旅行家，于崇祯十一年（1638年）农历三月二十七日由广西南丹进入贵州境，从独山下司起游，先后到过都匀、麻哈（今麻江）、平越（今福泉）、新添（今贵定）、龙里、贵阳、青岩、平坝、安顺、镇宁、关岭、普安等地，于同年十月初一从亦资孔经胜景关出境。其足迹遍及今天的黔南布依族苗族自治州、黔东南苗族侗族自治州、安顺市、贵阳市、黔西南布依族苗族自治州。而他所撰写的《黔游日记一》和《黔游日记二》，翔实记述了在贵州感受到的山水风光与风土人情，是一部系统介绍贵州旅游资源的著述。面对气势磅礴的黄果树大瀑布，徐霞客赞道：“万练飞空，溪上石如莲叶下覆，中剜三门，水由叶上漫顶而下，如鲛绡万幅，横罩门外，直下者不可以丈数计。捣珠崩玉，飞沫反涌，如烟雾腾空，势甚雄厉。所谓‘珠帘钩不卷，匹练挂遥峰’，俱不足以拟其壮也。”这段经典描述，至今仍脍炙

以“梵天净土”得名的世界自然遗产——梵净山

人口。

比起背着包袱行囊徒步旅行的徐霞客，当代的旅游者舒适多了。这些年，贵州的自然景观已令无数乘着飞机、高铁而来的中外游客陶醉。这些人到过贵州以后，无不感叹贵州山地景观之多彩多姿：从气势磅礴的黄果树瀑布，到因“梵天净土”而得名的世界自然遗产梵净山；从以狭长幽谷、原始森林、奇峰溶洞、山谷伏流景观为主，有“地球上的绿宝石”之称的大小七孔，到“赤壁丹崖”广泛发育，有着顶平、身陡、麓缓的方山，石墙、石峰、石柱等奇异形态的赤水丹霞地貌；再有众多遍布省境各地的石峰林、大峡谷、原始森林，以及动如脱兔、静如处子的江河湖光景色，总让人目不暇接，犹如置身于精心培植出来的盆景之中，叹服大自然的鬼斧神工。这种喀斯特山地高原千姿百态的独特美，无疑是贵州多彩与神秘的一个方面。

贵州有包括汉族在内的18个世居民族，其中少数民族占全省总人口的

世界最大的苗族聚居村寨——西江千户苗寨

比例在36%以上，故民族民间文化在贵州历史文化中有着极其重要的影响。“多彩”之所以被公认为贵州民族文化的主要特点，就在于它的内容体现了内涵各异的民族节日文化，有着悠久历史传承的原生性歌舞文化，持续保持各民族自身文化传统，又因大杂居、小聚居分布相互交融形成的民族生活文化等。

有学者在《贵州民族文化传统节日综论》一文中指出：“在贵州的17个世居的少数民族中， 除满族没有保存具有自己鲜明的民族特色的传统节日外，其余的苗族、布依族、侗族等16个世居民族都有自己的具有鲜明的民族特色和深厚的文化积淀的民间传统节日。”而这些丰富多彩的节日，通过各种礼仪活动展示的正是各民族自身的历史、文化、宗教、生产与社会生活。每年多达千余个不同的民族节日，既丰富了少数民族辛勤劳作后的生活情趣，又向外界展示了贵州文化的多彩。

“大节三六九，小节天天有。”生活在山地高原的贵州少数民族，既能吃苦耐劳，又很会通过民族文化的传承享受生活。在他们的心目中，名目繁多的节日主要是为了不忘本民族的纪年方式，祭祀内心深处的神灵和先祖，纪念本民族历史上的杰出人物，强化农业生产时令与技能的记忆，推崇日常生活中的优良传统，等等。

作为一个汉族移民后代，当年为躲飞机轰炸出生于城郊则溪坝（今宅吉社区）的贵阳人，最早留在笔者印象里的少数民族节日莫过于苗族的“四月八”了。

那时候的贵阳城并不大，大十字是中心，上小学时位于“民众教育馆”附近的家，正好在中华路的中段，往北走不远便是北门桥，过了桥便是有着军阀周西成塑像的铜像台（今喷水池）。每年农历四月初八这天，铜像台周边的马路和人行道人如潮涌，男男女女、老老少少，穿着五光十色民族服饰的苗族群众，从四面八方聚集到这里，举行各式各样的活动。现场有唱歌跳舞的，有吹芦笙的，有四处游走呼朋唤友的，还有态度庄严讲故事的，那阵仗感觉比一年一度的春节还热闹。后来听老一辈的人说，他们是在纪念一位本民族的英雄，具体情况老人们却说不清楚，只听说铜像台一带原有这位英雄的坟墓。

如今，“四月八”节日的历史由来、节日活动的主要内容与文化内涵、节日世代传承的情况，都通过苗族群众自身的口述及各种民族文献的挖掘整理变得逐渐清晰。按照苗族自己的传说和学者们的研究，今喷水池一带原是贵阳、惠水、龙里、安顺苗族先民的一个重要聚居区，人们在这里安居乐业，后来却被武力驱赶远走。一位名叫亚努的首领为夺回失去的家园，奋而率众起义，在与敌军的战斗中不幸牺牲，人们将他就地埋葬。以后，人们便将亚努率众起义的四月初八日，作为追忆和纪念这位英雄的民族节日。久而久之，这一起源于祭奠英雄的节日，逐渐演化为包括怀念先祖、唱歌跳舞、吹芦笙、舞龙耍狮、人际交流等内容的、丰富多彩的民族欢聚之日。

其实，在地处山地高原的贵州，“四月八”只是若干少数民族节日之一。单以贵州为主要居住区但又属跨境民族的苗族而言，除了“四月八”

外，就有苗年、龙舟节、吃新节、赶秋节等，其中最隆重的是苗年。而布依族的“六月六”、彝族的火把节、水族的端节、瑶族的盘古王节、仡佬族的八月节、土家族的“过赶年”等，都是少数民族具有代表性的节日。

贵州的民族节日色彩斑斓，内容丰富，文化韵味十足。2017年10月下旬至11月中旬，上海中华文化宫举办了一场以贵州苗族、侗族、彝族、布依族等少数民族传统节日为题材的“多彩和鸣——大山的节日”系列美术作品展。参观者川流不息，不少中外人士看过展览后，先后来到陌生的贵州高原，亲身体验少数民族节日文化的魅力，和当地少数民族群众一起体会民族节日中的庄严肃穆、兴奋欢畅，其中的一些人竟至沉浸于节日的氛围而流连忘返。

“神秘”是贵州历史文化的另一个主题词。

几乎所有到过贵州的游人，都会陶醉于贵州多彩多姿的民族民间文化。人们除了对民族节日的花样繁多津津乐道，滔滔不绝地谈论参与民族节日活动的体会外，还念念不忘深植于脑海中的五彩缤纷的民族歌舞、工艺精湛的服饰、风格各异的习俗。

在倾听导游解说或与少数民族群众交流以前，许多人往往弄不懂苗族妇女头上为什么戴着那么多银饰品，身上的衣服为什么那么堂皇重彩，又是刺绣，又是挑花蜡染；布依族女性的衣服为什么领、肩、襟、袖、衣摆都镶有花边，她们为什么喜欢包头帕、盘围腰；彝族为什么在服饰上特别看重青黑色，喜着长袍、缠包头……其实，即便听了再多的解说与介绍，作为旅客，要真正懂得贵州民族服饰的文化内涵是很难办到的。就连专业从事贵州少数民族文化研究的学者，至今都还没有停止对民族服饰的探讨。贵州少数民族服饰不仅多彩，而且是世代历史文化传承的载体，不同方言区的苗族服饰有着不同的风格，它们都是穿在身上的无字史书。

少数民族文化中多彩与神秘兼而有之的当数歌舞。人们常以歌舞的海洋来形容贵州民族歌舞场面之盛大与如海潮般的氛围。在贵州，无论到任何一个地方、任何一个民族村寨，只要恰逢其时，你都能听到或高亢激昂、热情奔放，或音域宽阔、如泣如诉的歌声；看到或绚丽多姿、飘逸潇洒，或风格

从江县小黄村的千人侗族大歌

纯朴、欢快活泼的舞蹈。尤其意蕴深刻、曲调优美的侗族大歌，不仅是一种音乐艺术，还是侗族社会结构、婚恋关系、文化传承与精神生活的艺术化反映。2011年，贵州侗族大歌团队赴法国参加巴黎国际旅游展活动，无伴奏、无指挥、多声部的演唱引发了震撼性效应。有关媒体报道："法国摄影师跪地拍照，久久不舍站起来。"一位法国青年倾听侗族大歌后，因它超凡的纯真与优美，甚至感动得流泪。

如果有机会到如繁星洒落的贵州各级、各类博物馆参观，有机会浏览关于贵州的历史书籍，更多的人还会惊叹：这个地处大西南喀斯特山地高原的省份，历史发展的轨迹何以如此独特？何以充满那么多如海龙屯那样的神秘文化遗存，有着不胜枚举、至今无人能解，如同古夜郎国之类的历史悬案？贵州历史文化所展现的内容，持续时间长达旧石器时代到迈入文明社会以来数十万年的时空。在漫长的历史岁月中，几乎每一个历史时期，贵州都有着独特的表现，给后人留下了无数引发遐想而又苦思难解的空间，让自己的头脑长久沉浸于神秘的回味之中。

“和谐”在贵州历史文化主题词中占有重要地位。

旧时代，由于交通和通信手段落后，地区之间的交往困难，人们对于自己生活以外的其他地区，尤其是边远偏僻之地了解极少，大多数印象源于有限的文字资料和道听途说。于是，那些没有亲历、目睹贵州的史官、文人，往往带着个人臆想对贵州进行描述，导致“夜郎自大”“黔驴技穷”一类贬义词成了贵州的代名词，似乎不仅贵州是不毛之地，贵州人也成了不知“汉与夜郎孰大”的坐井观天之辈。对此，贵州人一直鸣不平，笔者就曾在人民网上发过一篇《把夜郎自大还给司马迁》的短文。

事实上，古代贵州虽然地处偏远，却是一片生机勃勃、充满和谐的乐土。如果没有这种历史上的和谐，贵州将不会成为中国古代南方四大族系的交汇地，多达几十个的民族也不会相继背井离乡、不辞辛劳、跋涉奔波移民到这里繁衍生息。事实证明：贵州除了山川秀丽、气候宜人外，还有一种历史文化中至美的和谐。

古代关于和谐的认知，中西方在理念上既有共同点又有所不同。国内的有关辞书追溯称：“和谐”一词最早见于汉代郑玄笺注《诗经》“关关雎鸠”时写下的“后妃说乐君子之德，无不和谐”。以后唐人李商隐的《杂纂》中也有“诸妇和谐，不嫌粗辣”的语句。普通人则将和睦谐顺，互相配合协调视为“和谐”的定义。而在西方，“harmony”（名词）、“harmonious”（形容词）大多注重对“和谐”的具象性研究，如古希腊数学家、哲学家毕达哥拉斯就专注于从数字和音乐中去寻找和谐。

在中华民族的历史长河中，和谐是优秀传统文化的重要组成部分。它既指人们对自然和社会变化、发展规律的认识，又是追求美好事物和处事的价值观和方法论。贵州历史上的和谐，几乎体现了中华民族传统和谐文化的方方面面。

中华民族文化犹如一座百花园，贵州山地文化从各方面汇聚了中华民族文化的精粹，类似这样的地域文化在国内并不多见。

在以喀斯特地貌为主的贵州，重峦叠嶂，山高谷深，河流纵横，各族人民便根据地形特点，或依山而居，或傍水生息，形成了大杂居、小聚居的民族分布格局，共同生活在贵州这片山重水复、生存环境千差万别，却又充满诗情画意的土地上。在长期的征服自然、利用自然、维系民族生存的斗争中，各族群众一方面通过艰苦的努力利用和改造着自然，维系民族的生存，维护和传承自身固有的文化传统，另一方面又与毗邻而居的其他民族在生产、生活领域进行频繁的交流，构建出不同民族间和谐相处的特质文化。在此基础上，进而形成了各民族你中有我、我中有你，少数民族离不开汉族、汉族也离不开少数民族的社会氛围。这种生存格局，正是“和而不同，交融共生”传统和谐文化的体现。

在贵州，和谐不仅存在于族际之间、村寨之间、家庭之间、家庭内部，还存在于人与大自然之间。少数民族中广泛流传保存下来的许多神话、童话、寓言、谚语、诗歌，一方面传述着本民族古老的历史，歌颂先辈的勤劳勇敢，另一方面又都充满对后代的期望，教育家庭成员和睦相处、敬老爱幼。不少村落，往往将这种和谐传统具体化作文字并刻为碑记，成为一段时间里乡规民约的内容。

黔西南地区是贵州保存古代乡规民约碑刻最多的地区。当地曾编辑出版过一本《黔西南布依族清代乡规民约碑文选》，其中的许多碑文有较多关于维护社会和谐的内容。如立于册亨县者冲乡岩洞寨的“垂芳千古碑”上，即刻有“人家有规，敬老慈幼，勿忘宾利”“处邻里而和乡党，莫使愧心而昧骗”的内容。立于该县马黑乡的石碑则要求村民“务要出入相友，守望相助，少男当以耕种，女绩纺，庶乎家家盈宁，殷室（安）（居），乐享光天化日”。和谐作为一种美德在贵州各民族中的世代传承，由此可见一斑。

人与自然同根同源的意识，一直是贵州各族传统文化中的主导。生活在万山丛中的人，既然要靠山吃山，就得吃山养山。因此，毁坏林木、破坏生态环境，一直是各民族社会生活中的大忌。这里的人们崇拜和敬畏赖以生息的大自然，相信“万物皆有灵”，痛恨砍伐山林、污损水源的行为。不仅乡规民约中几乎都有对损害生活环境行为的惩罚条款，许多民族还有鼓励、奖励保护环境行为的传统。在驰名省内外的黔东南肇兴侗寨，若家逢喜庆添新人，作为父辈须自觉种植杉苗100株。《黔东南州志·林业志》载有黎平县长春村的禁碑，碑中有“吾村后有青龙山，山林葱茏，四季常青，乃天工造就福地也”“凡我后龙山与笔架山上一草一木，妄不得砍。违者，与血同红、与酒同尽”的条款，足见民间保护环境态度之严肃。

许多初次到贵州的游人，踏入农村的寨门后，总感觉到一股友爱、祥瑞的气息扑面而来，而这种感受是他们在其他旅游地未曾体验过的。直到与当地的群众反复接触后才逐渐明白，这种气氛源于人们始终将“真、善、美”作为社会生活的价值取向。这种价值取向，早已世代扎根于民众的内心。

贵州的各民族，无论历史上的图腾、禁忌，还是日常生活的风俗、礼仪，普遍都以是否合乎“真、善、美”作为尺度来判断是非好坏。凡助人为乐、与人为善、父慈子孝、热情待客，都是善的、好的，值得嘉奖倡导。与之相反者则都是恶的、坏的，必须予以谴责。在贵州各族社会生活中，追求“真、善、美”并不需要过多地靠强力、威胁的手段去督促，而是靠族众的内心信念和社会舆论来维护。当民族内部出现个人与社会、个人与个人之间的矛盾时，“真、善、美”的道德规范便成了一种特殊的调节手段。在社会舆论、风俗习惯、榜样感化等作用下，人们内心的善恶观念、情感和信念，总会自动调适已经出现的矛盾。理想的人格精神是各族群众追求的最高价值美，“真”与“善”则是这种人格精神的具体体现，同时也是安定社会的基础。

“包容”是贵州历史文化中容易被忽视的主题词。

历史上，多种文化在贵州大地并生共荣，其基础就是贵州历史文化的包容性。由于得天独厚的自然生境，先秦时期的贵州土著文化，与其后进入这一地区的汉文化和少数民族文化，在贵州都能找到扎根生存的条件。通过长期的相互交流，各族群取长补短，促进自身的发展，进而形成以今贵州行政区为范围的贵州地域文化。

秦汉以前的贵州属于统称为西南夷地区的一部分，居住的都是少数民族，主要是属于古代百濮族系的仡佬族先民。然而，在人类发展史上，恒久固守一地生息的群体毕竟是极少数。在农耕产生以前，出于生存的需要，以氏族、部落为纽带的人群，往往不得不逐水草而居，生活于移动中。这种群体迁徙很容易导致早期的移民与土著之间的族际争战，而能否避免这一局面，关键在于移民目的地已有的文化是否具备包容性。

贵州高原的民族迁徙始于古史传说时代，至今仍留下许多可以辨析的痕迹。由于贵州山地文化的包容特质，先后从东、南、西几面向贵州迁徙，进入今贵州境内的氐羌、苗瑶、百越族系的先民，都能在这里找到自己的生息之地，与土著民族和其他迁徙而来的民族和睦共处，繁衍子孙，传承文化。汉民族的移民同样如此。

除了自然流动外，历史上的民族迁徙总是在各种内因和外因的作用下发生的，最早的汉族移民便是缘于统治者在西南夷地区设置郡县。当今天的贵州大部分还属于秦楚争夺的黔中地时，已有一些汉族先民零散地进入黔北与黔中一带居住。待到秦灭六国，修筑起于四川宜宾，经贵州威宁，进入滇东北的“五尺道”，往返于道上的商旅、路人，一部分遂进入了黔西北。到汉武帝派唐蒙通夜郎，决定在夜郎境内设置郡县，因开凿夜郎道数岁不通，经费拮据，便产生了从巴蜀迁移富有之民到贵州，既可加强对夜郎地区的管控，又可解决经费难题的想法。于是便有了《汉书·司马相如传》中的“募豪民、田南夷，入粟县官，而内受钱于都内”的举措。这项举措的实施，是贵州历史上第一次官方主导下的大规模移民。

与汉民族一样先后进入贵州的其他各民族，如苗族、布依族、侗族、土家族、彝族、水族等民族，虽然迁徙的内外因各有不同，但在上下几千年里，他们都与贵州高原的土著民族共同生活在一种充满包容的文化氛围中，一起以坚韧不拔、奋勇抗争、不懈进取的精神来面对各种恶劣的客观环境，传承和发展自身的民族文化，打造足下这片秀丽多彩、温馨和谐的山地高原。明清以来贵州经济社会的巨变，中华人民共和国成立70多年尤其是改革开放以来，贵州省翻天覆地的变化，新时代贵州经济建设的后发赶超，21世纪20年代地区生产总值连续8年增速位居全国前列……所有这一切均与贵州历史文化的特质密不可分。

早些年，曾看到过一篇名为《关于贵州文化包容性和地域认同感的思考》的文章，作者认为贵州因为山洞太多，文化有很强的“洞穴”特征。这种“洞穴文化”，导致贵州人缺少对外面世界的向往，缺少积极奋进的精神，甚至形成了“洞里斗”的潜规则。这种云里雾里的表述，让人摸不着头脑。所谓“洞穴文化”贵州是有的，但那是在距今几十万年至一万年前的旧石器时代，是山地贵州史前文化的辉煌篇章，更是贵州成为中国长江以南旧石器时代文化代表的骄傲。作者提到“文化千岛”现象为旅游发展和文化繁荣创造了条件的同时，却认为它导致了地域文化和精神的缺失，这颇让世代生活在贵州或近当代移民贵州的人感到莫名其妙。生活中的我们从来没有听到过所谓“老贵州人”与“新贵州人”一类的提法，因为自秦汉以来，和谐与包容一直是贵州历史文化的主旋律。正是这一文化特质，推动贵州各族群众得以摆脱单纯农业经济下的贫困，在风起云涌的近代奋然崛起，新中国成立后在党的领导下改天换地，完成极度艰巨的脱贫攻坚任务，最终得以实现与全国同步建成全面小康。

“多彩、神秘、和谐、包容”是贵州历史文化的主题词。继承这些历史文化遗产的同时，我们需要深刻领会习近平总书记所指出的“历史发展有其规律，但人在其中不是完全消极被动的”①，我们需要“在对历史的深入思考中汲取智慧、走向未来”②。

认识贵州需要了解贵州的历史，建设贵州更需要洞悉自己足下的这片土地。唯其如此，我们才能增强做贵州人的骨气和底气。

---

① 习近平：《在庆祝改革开放四十周年大会上的讲话（二〇一八年十二月十八日）》，《论坚持全面深化改革》，北京：中央文献出版社，2018年，第502页。

② 《习近平致中国社会科学院中国历史研究院成立的贺信》，新华网2019年1月3日，参见http://www.xinhuanet.com/politics/2019-01/03/c_1123942672.htm。

GUIZHOU
LISHI
BIJI

# 壹 — 山地高原文化的几个问题

# 追寻世居民族的文化源

没有人能离开地理环境的变迁与人口的流动去讲历史，人类的进步只有通过不断交流、相互学习才能实现。

如果没有古代民族的迁徙运动，便不可能有今天伟大的中华民族大家庭，也不会创造出博大精深的中华民族文化。美国著名人类学家博厄斯曾说：“一个社会集团，其文化的重要性往往取决于它是否有机会吸取邻近社会经验。一个社会集团所获得的种种发现可以传播给其他社会集团；彼此之间的交流愈多样化，相互学习的机会也就愈多。”

当今世界，地区之间乃至国家之间的经济文化交流日渐频繁，人口的迁徙与流动也已成为一种社会生活中的常态。但在若干世纪以前，在只有人行之路而无官修大道的洪荒年代，人们却只能靠双脚来完成自己的“旅行”。“行路难”让不同地区的人们，不得不长期生活在自己的小圈子里，恪守着固有的生产与生活方式。

然而，人类的社会生活不会永远停滞在一个层面上。突破种种障碍的人际交流和族群迁徙，随着时间的流逝应运而生。诚如史学大家谭其骧先生在《禹贡》发刊词中所言：“历史好比演剧，地理就是舞台；如果找不到舞台，哪里看得到戏剧！”谭先生所说的舞台，自然不是指某个族群早期生活的小环境，因为那样的演出只能是没有观众的自演自看。

学术界对贵州各民族的源流及其后的迁徙，从不同角度进行了阐述，这些研究成果为探讨各民族的文化源奠定了基础。

从现有的文献与研究来看，仡佬族是贵州的土著，也是贵州高原各族公认的最古老民族，故有“古族”“古老人”一类的别称。早年“蛮夷仡佬，开荒辟草”的民谚，印证了这个民族先民最早生活于贵州的事实。据传，每年“吃新节”期间，仡佬族人若从其他族人的地里采摘作物，不会受到责罚；仡佬人死亡送葬，也不需要如其他族人那样沿途丢“买路钱”。这似乎是出于各民族对仡佬人最早开发足下这片土地的认可。

汉族的文化源研究表述较多，已到耳熟能详的程度。其他贵州世居民族的文化源，则可分别从苗瑶、百越、氐羌等几个古代族系中去追寻。

贵州是苗族聚居最多的省份。苗族历史悠久，又是一个在历史上处于不断迁徙中的民族。近年来，通过对苗族族源与历史的考察，较多的学者认为，苗族的先祖是传说时代的蚩尤。涿鹿之战蚩尤被炎帝、黄帝联合击败后，他领导的九黎部落，开始了多苦多难的迁移。汉代以后被称为“五陵蛮”或“五溪蛮”的苗族先民，一部分迁往黔东北定居下来，成为东部方言区的苗族。由“三危”（今陇西一带）辗转迁移到黔西南地区的苗族先民，成为西部方言区的苗族。中部方言区的苗族主要居住在黔东南地区，少数散居于黔中一带。这部分苗族大多由湘西、桂西北入境。《苗族古歌·溯河西迁》中有“来到方长协，来到洋岔利……来到党故坳，松计是祖地”的歌词便是证明。苗语称榕江为“方协”，“方长协”“洋岔利”即指都柳江两岸；党故坳是今剑河县境内的一座山丘，松计则是距党故坳不远的一处坡地。这两地正是这支苗族先民最早的定居之处，故又被称为“老寨”。后来，其中的一些人迁去了黔西南。

历尽艰辛奔波迁徙的苗族，创造了富于民族特色的文化。传说苗族原有自己的古文字，与汉字同源，因怕本民族迁徙的秘密暴露给敌人，特意不让其流传下来。然而，没有了文字并未妨碍族群历史与文化的传承，苗族大众通过古歌、故事、民俗、歌舞、服饰、生产与生活技能，将本民族友善、和睦、乐观、顽强与进取的文化传统代代相传，一直维系至今。

行进在贵州的山路上，你会偶尔听到一段段尖锐、高昂、动听，却又不知来自何方的歌声，那多半是苗族的飞歌。飞歌这种只属于苗族的歌种，

西江千户苗寨全景

可以说是民族传统文化与山地生态交融的结晶。苗族飞歌独具魅力、充满个性，一旦唱起来，那高亢嘹亮、豪迈奔放的音调，明快、自由的节奏构成的直插云霄的声音回荡于山间，即便隔着几座山头，仍能感受到它的魅力。

飞歌真的会飞，而且飞得很远。这是因为苗族历史上长期处于迁徙中，行进途中只能通过洪亮的声音相互传递信息，于是有了飞歌这种音乐形式。迁徙到山地贵州以后，为适应大山的阻隔，确保族众的交往，苗族大众遂发挥聪明才智，完善了这种适应山地环境的音乐。对飞歌的研究，无疑有助于对苗族文化源的追溯。

同属古代苗瑶族系的瑶族，迁入贵州的时间相较苗族为晚，在贵州分散聚居于黔南、黔东南的一些县境。瑶族支系繁多，关于其族源，存在各种各样的说法，但远古时期属九黎之后却是无疑的。汉以后的“荆蛮”“武陵蛮”是瑶族的先祖；元朝时，大量瑶族先民南迁，进入两广腹地；明清之际，先后转至湘南、赣南、滇东南与黔南、黔东南一带山区居住下来，其中

一部分移住到境外，由东南亚扩散到其他地区，成为跨境民族。

瑶族文化形式多样，内容丰富，具有鲜明的民族特色。古歌是瑶族文化中分量极重的文化遗存，除数量大、类别多外，在民族内部有着较高的历史地位。其中的《盘王歌》，歌词长达300多行，歌名因居住地域不同而称呼各异。与贵州其他少数民族一样，瑶族的音乐、歌舞大多源于日常的生产、生活，并与原始宗教信仰关联。族众擅长的“长鼓舞”“铜鼓舞”均含祭祀盘王的意境，其他反映生产与生活的歌舞，则都有着山地文化的烙印。

生活在贵州的布依族、侗族、水族、壮族等民族都属古代百越族系。从历史上看，“百越”一词，应是古代中原部落对长江以南众多部落的泛称。《汉书·地理志》载，“自交趾至会稽七八千里，百越杂处，各有种姓”，说明古代百越分布之广，居住族群之多。上述几个贵州世居少数民族，都是古越人中居住于今广西中部、北部与贵州南部被称为“骆越”人的后裔。古时将山间谷地中的土地称为雒田，靠耕种雒田为生的族群，便有了“雒越”

的称谓。一些地方的布依族还自称为“勒野”，与“骆越”的语音相近。

贵州的布依族是古骆越人的后裔，这一结论已得到史学界的普遍认同。至于一些学者认为布依族先民源出于古代“濮”“僚”人，与前说并不矛盾，“濮”“僚”本就是古代中原对南方少数民族的泛称。秦汉时期，居住在南盘江、北盘江、红水河流域的少数民族被统称为“蛮越”“夷濮”或“夷僚”，他们当中便包括布依族先民在内。汉以后，这些少数民族又被称为“僚”和“俚”。唐代，居住于今都匀、惠水、盘江流域的少数民族被称为“都匀蛮”“谢蛮”。宋元时期，黔南地区以龙、石、罗、方、张、韦、程、卢为主的几大姓被称为“八番”。元代建立的“八番顺元”土司即来源于此。明清时期，贵州境内的布依族被称为“仲苗”“仲蛮”“青仲”。省外少数人对贵州苗族、布依族分辨不清，多与此有关。

早些年，笔者随同文物部门的同志到黔西南州考察时，曾到当地著名的南龙布依寨参观。一位村民告诉我，他的祖上是随明朝征南大军来到贵州，之后在这里定居下来的。为了证明自己的说法，这位老乡还翻箱倒柜找出了一部手抄复印本的家谱给我看。南龙村这位住民的说法也确有依据，贵阳市

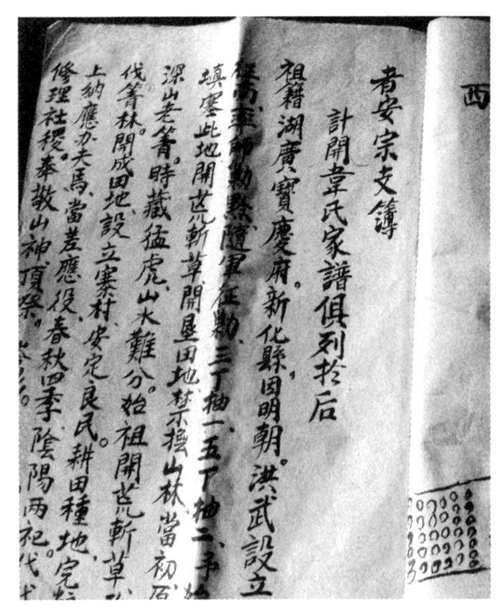

南龙村民出示的手抄本家谱

花溪区镇山村就有同样的故事。只是这批当年“调北征南”留下来的明军将士，与同期进入贵州的官吏、商户一样，多系与当地布依民族长期融合后成为布依族成员的，且这批人在贵州布依族中为数还不少。

到贵州旅游，如果遇见一群身着青蓝色自织布的男男女女围着鼓楼歌舞，那多半是侗族群众。同属于百越族系后裔的侗族，大部分居住于贵州的黔东南、铜仁等地。

侗族形成单一民族以前，属于古越人中的一部分，唐朝时被称为“黄峒蛮”，一度“威行五岭”。唐代中期开始源源北上，抵达湘、黔毗邻地区，并逐渐形成独立的族体。《宋史·西南溪峒诸蛮》载：“辰、沅、靖三州之地，多接溪峒，其居内地者为省民、熟户，山瑶、峒丁乃居外，为悍薮。”足见贵州、湖南、广西三省（自治区）交界地区，那时已成为侗族集中的居住区。今天我们仍可以从黎平等地的古歌中，听到这类追忆迁徙的歌词：“我们侗族祖先，落在什么地方？就在梧州那里，就在浔江河旁。”流传于榕江县的《天府侗迁徙歌》唱道：“甲午年从那儿出发，乙未年才到这个地方。”尽管古歌并不能确定侗族迁徙至今址的具体时间，但元代已在今贵州侗族地区设置土司，明初又设置卫所，明清改土归流以后，随着汉族的大量迁入，侗文化与汉文化之间开始有了频繁的交融却是肯定的。

近年来，由于“水书”研究成了“热门”，关于水族的文化溯源，也出现了多种说法。按照一些学者的观点，“从语言、文化等方面考察，水族与现今骆越族系后裔的壮族、侗族、布依族、仫佬族和毛南族，在语言、文化方面都表现出了诸多的同源性和相似性”。

然而，随着研究的深入，通过现代DNA遗传学研究，却发现水族的遗传基因，在同典型南方民族比较中，差异度最高；语言学的研究也发现，在发声学上水语与汉语有同源关系；水书研究者更认为，水书文化与殷商文明和甲骨文之间有诸多联系。这样一来，水族的文化源，忽然变得扑朔迷离起来。如今比较得到公认的结论是：水族是一个古老的民族，先祖发祥于北方，居于商地西面的睢水流域，这也是水族自称为“睢”的由来。其后，水族先民出于各种原因不断向南迁移，唐宋之际形成单一民族，后从广东西迁至桂西邕江上游的岜虽山一带，再溯龙江而上，定居于黔南等地，前人称其为“抚水州蛮”或“抚水蛮”。

水书是水族文化中的瑰宝，也是历代水族人民智慧的结晶。对水书的研究可以追溯到清中叶，与郑珍同被誉为“西南大儒”的莫友芝曾提到：水书“云自三代”，“初本皆从竹简过录”，“其声读迥与今异，而多含古音，核其字画，疑斯篆前最简古文也”。这是水书及其源流第一次见于文献。民国初年，水书文字曾引起学者们的关注，当时编纂的《都匀县志稿》《三合县（今三都）志稿》，对水书都有简略介绍。20世纪80年代属于国家社科基金“七五”重点资助项目之一的《水族文化研究》，对水书进行了较详细的概括。该书认为：水族有自己的古老文字，也是一种象形文字，“水族称自己的文字叫‘泐雎’，即水语‘水族的古老文字’之意。而汉族则称之为水文或水书”。如今，有关部门已对水书进行有效的抢救和保护，依托民族高校进行系统搜集整理和研究，相关研究成果将在社会实践中有效推进水族文化的传承与发展。

从西北方向迁入贵州的氐羌族系中，彝族是数量最多、影响最大的民族，羌族则属于少数。

作为中国第六大少数民族的彝族，支系繁多，有许多不同的他称和自称。由于居住面广，彝族仅语言就有方言6种、次方言5种，还有土语25种。彝族是贵州少数民族中唯一有多达万个单字古文字的民族。发现于大方县的彝文铜钟，铸于明成化二十一年（1485年），钟面刻写的彝文是现存最早的彝文铭文。此外，贵州境内的彝族还保存着大批手抄的彝文古籍。

关于彝族的族源，学术界的说法多达八九种。方国瑜先生在《彝族史稿》中认为：“彝族祖先从祖国西北迁到西南，结合古代记录，当与‘羌人’有关。早期居住在西北河湟一带的羌人，分向几方面迁徙，有一部分向南流动的羌人，是彝族的祖先。”但彝文古籍《西南彝志》则记述称，远古时代西南地区就有若干氏族部落活动，其中的哎哺、尼能、实勺氏族中的昆明人、叟人即是彝族的先民。

春秋末期，彝族笃慕家族“六祖分支”后，各部向外开疆辟土。其中，笃慕第五子领导的布支系的一部分相继进入贵州威宁、安顺一带。进入威宁的称乌撒部，所建政权称纪俄格；进入安顺的称播勒部，政权称娄娄俄格。属默支系的一部分则先后进入贵州水西地区（今毕节市大方、黔西、纳雍等地）与六盘水市一带，称阿哲部，所建政权称慕俄格；进入今黔西南一带的称阿旺惹部，所建政权称顺帅格。

彝文典籍是彝族传统文化的精华。贵州与云南两地的古彝文典籍都十分丰富，有着极高的史料价值与文化价值。由香港与内地多部门组成的“古彝文与世界古文字比较研究课题组”曾3次在毕节市召开中国古彝文申报世界记忆遗产（香港）研讨会，并形成了《中国古彝文在世界古文字中的价值地位评鉴与申报世界记忆遗产建议报告》。报告从文字的生命力、影响力、文化力、传承力、稳定力、价值力6个方面对古彝文展开研究，认定古彝文可与甲骨文、苏美尔文、埃及文、玛雅文、哈拉般文共被视为世界六大古文字。古彝文不仅是中国少数民族文字中数量最大、内容最丰富、体制最完善成熟的古文字，也是世界上体量最大、字数最多的古文字。贵州工程应用技术学院（前身为“毕节学院”）陈英先生主持立项的“古彝文整理及计算机输入软件”，系教育部和国家语委2005年立项的“民族语言文字规范标准建设及信息化项目”中的子课题。据了解，这套彝文输入计算机软件中的彝族文字有5356个，是从8万多个古彝文字库筛选出来的。现存彝文编制的各类典籍不仅类别齐全，而且研究价值极高。

加强搜集、整理、出版古彝文献是保护彝文化的重要方面。贵州各界高度重视该项工作，在全国古籍整理出版规划小组的支持下，1986年以前便先后翻译出版了《西南彝志》《彝族源流》等彝族古籍62部。2013年由王继超、陈光明编著，贵州民族出版社出版的《彝文典籍图录 》（上、下册）获第十一届全国彝文图书奖二等奖。作为“十二五”国家少数民族语言文字规划项目、国家出版基金资助项目的《通用彝文字典》，共收入古彝文4118个字头，内容涵盖历史、文化、生产、生活、语言、宗教、哲学、医学、技术等方面，于2017年由贵州民族出版社出版后，受到社会各界的广泛重视。

对民族文化源的追寻，是了解当代民族从发生、发展，直至走向现代不可或缺的一项工作。民族迁徙是人类社会发展进程中的必然，因此，对贵州世居民族文化源的追溯，大部分都从民族迁徙的角度去进行探讨。

# 什么是多彩文化的摇篮？

老话说，“人有一种生，但有百种死”，意思是说每个人都来自娘的肚子里，呱呱坠地时都差不多，但离开这个世界的原因和情境却大相径庭。粗听时觉得这话颇有道理，细思之后却又觉不尽然。就以婴儿哺乳期离不开的摇篮来说，因家庭环境和经济情况的巨大差异，旧时穷人家的孩子就不一定都睡过。

摇篮这种形状略像篮子、专供婴儿睡觉的用品，生活中极普遍，不仅古已有之，人人知晓，而且中外皆然。历史上的摇篮最早出现于何时，已无从查考。明代李诩的《戒庵老人漫笔·摇篮》中关于“今人眠小儿竹篮名摇篮”“摇车即摇篮”的记载，说明在明朝以前便有了与摇篮功能类似的婴儿卧具，只不过名称不同，呼之为“摇车”而已。到了清代，“摇篮”一词已成通用，以著《廿二史札记》驰名、被称为“清代性灵派三大家”之一的赵翼，在其《舟行》一诗中即有“笑比摇篮引儿睡，老夫奇诀得还童”的诗句。

到了近代，摇篮除了指婴儿常用的卧具外，词的内涵逐渐扩大，而且更多地用于比喻人才成长的处所或重要事物的发源地，如黄河与长江流域是中华文明的摇篮，延安是中国革命的摇篮，古希腊是欧洲文明的摇篮等。

那么，多彩贵州山地文化的摇篮是什么呢？观察和研究贵州的历史状况与社会演变后，你将不得不承认，贵州历史与文化的摇篮就是孕育它、培植它、助其不断走向成熟的贵州高原的自然与社会生态环境。

地处云贵高原东部的贵州，境内地势西高东低，自中部向北、东、南三面倾斜，平均海拔在1100米左右。贵州高原山地居多，素有“八山一水一分田”之说。全省地貌可概括分为高原山地、丘陵和盆地三种基本类型，其中92.5%的面积为山地和丘陵。境内山脉众多，重峦叠嶂，绵延纵横，山高谷深。北部有大娄山，自西向东北斜贯黔北；苗岭横亘中南部；东北部有武陵山，由湖南蜿蜒入黔；西部则耸立着莽莽苍苍的乌蒙山。

由于山多，连绵不绝，世代居住在这山地高原上的人们，如同生活在大山的皱褶里。尤其在元明以前，今贵州境内的四大驿道尚未贯通，人们终年行走踩踏出来的狭窄古道，成为乡邻之间交换物品、联络交际的唯一途径。往昔的日子渐行渐远，先辈们那种肩挑背驮、汗流浃背、步履艰难的劳累，当代人已很难想象，更体会不到。然而，正是祖祖辈辈持续经历的这种磨砺，造就了贵州各族民众不屈不挠、奋勇抗争与吃苦耐劳的文化性格。

在贵州，近代公路是民国年间才出现的。类似的公路放在平原地区，因

为道路平直，可以看见飞驰的汽车川流不息。而贵州的公路修在崇山峻岭中，山高路陡、曲折盘旋，修了公路不仅未能缩短两地之间的距离，反而因为绕来绕去，延长了村邻相互的间距。那些年代的人们，若非运送大批量的货物，只身一人出门办事，宁可步行抄山路近道。加上历史上积淀下来的贫困，省境内的汽车拥有量极少，公路上实际行进的大多是马车或人力推车。或许是出于这个原因，早年间的贵州人总是将公路称为马路。

的确，在现代公路与铁路出现以前，大山阻碍着贵州发挥西南交通枢纽的作用，给社会生产与生活带来诸多不便，甚至让那些想来贵州的人心生畏惧。但山地的资源优势、生态优势，却让世代生活在崇山峻岭中的贵州各民族，在利用自然、保护自然、维系民族生存、确保民族传统文化延续、构建独具特色的山地贵州多彩文化方面，发挥了至为关键的作用。

贵州岩溶地貌发育非常典型。喀斯特（出露）面积10.9万平方千米，占全省总面积的61.9%。省境内岩溶分布范围广泛，形态类型齐全，地域分异明

中国锥状喀斯特博物馆——兴义万峰林

显，构成一种特殊的岩溶生态系统。尤其贵州的锥状喀斯特地形，是全球锥状喀斯特地形中发育演化过程最完整、保存相关遗迹最丰富、集中连片分布面积最大和地貌景观最典型的代表。

喀斯特地貌一方面将贵州的地表变得支离破碎，给旧时代自给自足的农业生产造成重重困难，一方面又为贵州提供了独有的绝世美境，加上冬无严寒、夏无酷暑的气候，贵州遂成了一方令人生羡的神奇沃土，成了以多彩、神秘、和谐、包容为主要内容的独特地域文化的摇篮。

常言道："一方水土养一方人，一方人创造一方文化。"但是，在孕育地域文化这个问题上，"一个巴掌拍不响"，单凭良好的自然生态环境，是孕育不出贵州如此多彩的山地文化的。作为一种地域文化，贵州历史文化的形成，除了与喀斯特山地自然环境密切有关外，与它所处的社会环境，关系同样密切。

贵州高原居住的各民族，在生产力、生产关系等方面，既有因相似的自然条件制约形成的许多共同点，又因不同民族在族源、传统、族群管理方式、信仰与风俗习惯上原有的差异，在文化特征与表现形式上有着各自的特色。移居贵州以前，各民族的文化都打上了族源地的深深烙印，但迁徙到贵州以后，传统的文化习俗未必都能与山地高原的客观环境吻合。人们既要在新的栖息地维护民族文化传承，保持民族自身的凝聚力，又不得不因地制宜利用当地的生产与生活条件，确保族群的生存繁衍。这就在贵州文化系统中造成了一种现象：各民族文化中都有许多不希望族外人过多了解、熟悉，甚至掌握自己人都深怀敬仰的某些文化内容；同时又因共同处于山地高原的大环境，需要在生产生活方面相互借鉴，互助共荣。这种看似矛盾的存在，恰恰导致了贵州历史文化的神秘性与和谐性。

人们常说社会是一个大熔炉，什么东西只要投进去，都会被熔化。贵州历史文化的多彩、神秘、和谐、包容，却证明了这一说法有些偏颇。我们虽不便用佛教那尊弥勒佛"能容天下之事"的肚子来比喻贵州这片土地，但古往今来的贵州社会，却为不同民族、不同文化的传承、发展与交融提供了广阔的空间。连绵不绝、耸入云天的大山，苍翠挺拔、枝繁叶茂的林木，曲曲弯弯、潺潺如练的溪流，既让各民族有了自给自足农业生产的基本条件，又为他们维护独特的生活方式与传统文化提供了不受干扰的独立空间，使诸多带有原生性的文化事象，得以超越时空被完好地保存。于是，贵州民族文化的多彩与神秘，就得以在这个大摇篮里，世世代代地延续和发展下来。

山重水复虽然是贵州自然形态的主要特征，但在17万多平方千米的土地上，从东到西、从南到北，局部范围内的地貌，又因山势、河流分布、气候差异等因素，表现出千差万别。这就导致了贵州境内不同地区、不同民族历史文化上的“和而不同”。即使是同一民族，由于支系不同，居住地生态环境、社会氛围的差异，节日文化、习俗文化、服饰文化、居住文化往往都显示出不同的地域特点。

除了节日、歌舞、习俗之外，居住文化是贵州民族历史文化的重要方面，也是体现贵州多彩文化的一个典型。历史上，少数民族主要居住在农村，住在城市或集镇的只是少数，民族村寨建筑成为少数民族居住文化的代表。就地取材、因地制宜，充分节约用地、运用民族传统工艺进行修建，是贵州民族建筑的基本法则。缘于山多可耕地少的客观实际，贵州少数民族的民居大体上可以分为3种类型，即背山临水型、背山面田型与山地型。

旧时广为流传一句俗语：“高山苗，水侗家，仡佬住在石旮旮。”这种俗谚，虽不大动听，大体上却能反映出古代苗瑶族系、百越族系、土著民族在贵州的分布状况。

贵州的苗族人口有400多万，由于支系繁多，按语言分为东部苗族方言区、中部苗族方言区、西部苗族方言区。无论哪一个地区的苗族，民居建筑大多属于山地型，或依山而建，或直接建于山岭之上。苗族的建筑用材，分为全木、石木、竹木或土木几类。黔东南苗族侗族自治州是苗族最集中的地区，当地西江苗寨聚居着千余户人家，是世界上最大的苗族村寨。那里的民居，典型地展示出苗族建筑的风格。旧时的茅屋、单层平房已随岁月消失，现存的多为架空木楼或吊脚楼。上述两种建筑均沿袭古代“干栏式建筑”的风格，富含该民族大量的文化信息。一般建筑的底层主要用于饲养牲畜及存放饲料、劳动工具。上层用作居住，但分为不同的功能区：堂屋是家庭生产与生活的议事之处，两侧多为卧室，侧背屋则视家庭需要安排利用。二楼屋外的走廊有一排木座椅，妇女们或坐在上面聊天，或凭栏而望，那排连通的木栏便因此有了“美人靠”的雅名。

侗族和布依族都是古代百越族系骆越一支的后裔，因此在民族习俗方面十分接近，只是缘于居住环境的差异，逐渐形成了各自的民居建筑风格。

鼓楼是侗族文化的代表性建筑，有政治、经济、文化活动多重功能。侗族南部方言区有“未曾建房先建楼”的民谚。北京侗族风情展上，参观者将鼓楼誉为“世界建筑艺术之瑰宝”。侗族村寨多依山傍水，民居因地制宜，类型较多。黎平县肇兴侗寨在侗寨中规模最大，占地18万余平方米。当地的民居几乎都是二至三层的“干栏式”楼房，一般一幢三间，左右连接“偏厦”，三层楼建筑的底层，大多用来安置石碓，堆放柴草与杂物，或饲养禽畜。楼上一层为休息或手工劳动之所，正间堂屋设神龛，左右侧为火塘，作取暖与煮饭之地。

侗寨鼓楼

卧室则大多设于两侧偏厦或第三层楼上。

石板房既是贵州布依族传统建筑形式之一，又是布依族人的聪明智慧在民居建筑上的体现。贵州境内的布依村寨大多傍水，但民居则都依山就势而建，以节约耕地。布依族民居一般都充分利用地形，竖向组合，沿地形等高线走向布局。民居分木质结构、土木结构、石木结构多种类型，尤以黔中、黔西南一带的石头建筑最具亮点。布依族石材房屋的修建，初期是以穿斗式木构房架为承重，石料只作围护与盖顶用。及至后来，为了节约木材，非承重石墙演变成单层甚至多层承重石墙，整个民居成为一座座石头的艺术组合。这种巧夺天工的建筑，令无数中外游客叹为观止。

不难看出，贵州各民族的建筑，从构思、择址、选地、取材到修建，都离不开对山地高原环境资源的依赖，而为了族群的持续繁衍生存，又透射出他们对周边环境的珍爱，能用石、竹、泥取代的，绝不多砍伐林木。这种人与大自然相互间的养育与关爱，正是山地贵州和谐文化的表现。

立足于21世纪来探讨贵州历史文化的诞生与发展，可发现这一多彩山地文化的内涵与意义，已远远突破了前人研究和理解的范畴。可以这样说：贵州历史文化不仅是贵州综合实力的重要组成部分，更是我们转变发展方式，提升发展质量，增进民生幸福，促进社会和谐的重要依托，是贵州各族干部群众需要充分挖掘、开发、利用，用以实现后发赶超、从事现代化建设的宝贵财富。

独特的自然与社会生境是多彩贵州文化的摇篮，而当这种文化走向成熟以后，人们对那曾经呵护自身文化的摇篮则倍加珍惜。当今的贵州各族群众，不仅越来越深刻地意识到绿水青山就是金山银山，更将独具特色的贵州历史文化视为瑰宝，竭尽所能去传承和弘扬它。

# 话说贵州文化的内涵与特征

关于地域文化的内涵，学术界曾有不少高论。一种观点认为：地域文化专指先秦时期中华大地不同区域的文化，其内涵是特定区域的人民在特定历史阶段创造的具有鲜明特征的考古学文化。还有人说：无论何种文化，其本质的、深刻的内涵是哲学，是价值观、人生观、世界观、生存思想与方法的各方面体现。《江苏社会科学》刊载的《“地域文化”内涵及划分标准探析》一文则认为：“‘地域文化’内涵与学科界定，更需要一种综合性、开放性的理论视域”，“中国传统的形上智慧可以给我们提供借鉴”，“老子‘域中有四大’（道大，天大，地大，人亦大）的形上思考，对我们理解‘地域文化’的内涵有重要启示”。应该说，这类思考都各有其依据。

季羡林先生谈及中华文化的内涵时曾说：“我想按照知和行两个范畴，把中国文化分为两部分：一部分是认识、理解、欣赏等等，这属于知的范畴；一部分是纲纪伦常、社会道德等等，这属于行的范畴。这两部分合起来，形成了中国文化。在这两部分的后面存在着一个最为本质、最具有特征的深义的中华文化。”在对贵州历史文化内涵进行具体分析时，季羡林先生的这个观点，似乎更适合我们用来作为探讨贵州历史文化的出发点。

有一种观点认为，任何文化都有其自身的系统，一个民族的整体文化如此，具体的文化事项也如此。表面看来这种观点并无不当，但若以较真的态度去分析，你就会发现这种定义是有问题的。“系统”一词本借自自然科学，普遍是指一群由相互关联的个体组成的集合，而个别具体的文化事项是不可能达到这一要求的，毕竟系统是各具有特定功能要素的有机整体。由此可见，并非所有的地域文化都能形成系统。而贵州文化却符合文化系统这一特定概念。

贵州历史文化之所以能被当作一个文化系统，关键在于贵州是一个多民族的省区，历史文化有着极其丰富的内涵，其中包括诸多地域文化要素。这些文化要素有自然的、社会的、历史的、民族的，还涵盖着物质形态与观念形态两个方面。此外，在时空概念上，作为地域文化系统的贵州历史文化，从旧石器时代起直至21世纪初，不仅持续时间长达数十万年，而且始终以多彩山地文化的连续表现形式呈现在世人面前。

贵州这一地域文化系统，主要包含以下8个方面，它们都是知与行两方面相互糅合的产物，其中有：辉煌史前文化、多彩民族文化、山地景观文化、枢纽通道文化、特色制度文化、壮美江河文化、和谐生态文化与革命红色文化。这些不同内涵的各类文化，我们不仅需要了解，而且应持之以恒地去深入研究。

辉煌的史前文化是贵州的骄傲。

贵州的史前文明众所周知。这种山地高原的史前文化，是贵州有着悠久历史的见证，是完全值得人们引以为豪的文化辉煌。新中国成立以来，贵州发现的旧石器时代文化遗址多达300余个，已经发掘的遗址中较具代表性的有桐梓岩灰洞、安龙观音洞、黔西观音洞、盘县大洞、水城硝灰洞、普定穿洞

普定穿洞古人类文化遗址

等。新石器时代则有毕节青场老鸦洞、平坝飞虎山、普安铜鼓山、贵安招果洞等遗址。大批旧石器时代遗址的出土物显示，相对全国来说，从旧石器时代早、中、晚三期一直到向新石器时代过渡，整个文化序列在贵州高原都是比较完整的。贵州不仅是中国南方旧石器时代文化的代表，贵州的新石器时代文化，也完全能够为南方的文明正名。

多彩民族文化是贵州文化的主要内涵。

贵州的多彩文化是在人类步入文明社会后，随着社会的发展与民族的不断迁徙，山地贵州逐渐成为若干古代族系归宿而衍生出来的。各民族的先民相继从不同的路径进入地貌复杂多变、气候特别适宜物种生存繁衍的山地贵州，选择自己满意的山间居住地，在几千年风风雨雨中按照民族传统过着既聚族而居，又与他族杂处的生活。于是多彩多姿的民族文化成为贵州历史文化的一个重要内容。

景观文化是贵州最足引以为自豪的资本。

贵州山地景观堪称我们这个星球上为数不多的独特文化现象。在锥状喀斯特地形地貌的大环境下，这里自然景观之千变万化、奥妙迷人难以言状。海百合、贵州龙等古生物的发现与宣传，给贵州戴上了“古生物王国”的桂冠。有学者因为贵州的三叠纪奇观，喻称“在这里每走一步，跨越万年”。这虽然有些夸张，却道出了贵州景观文化独特价值的一个方面。贵州的山、水、林、洞、田园无不以奇特的风貌引人入胜，得到举世公认。对贵州而言，“山地公园省”的称谓，确属当之无愧。

通道文化最能彰显贵州的区位优势。

地处西南地区腹地、属边疆之内地、有着优势交通枢纽地位的贵州，先秦以前便已受到统治者的高度重视。楚顷襄王为与秦争夺黔中地，派庄蹻率军溯沅水而上，假道夜郎入滇，便是在充分利用贵州作为西南通道的军事价值。自那时到明清，类似的决策不胜枚举。然而，贵州的通道作用并非仅局限于军事，它同时是西南各地区、各民族人员与物资沟通必须充分加以利用的通渠，而且是云、桂、川、湘物流的枢纽。这种通道文化的形成，既是贵州的区位优势与自然环境使然，更是出于长期历史发展的积淀。

制度文化使贵州成为历史上少数经历过两种管理制度并存之地。

制度是人类自身创造的一种规范体系，属于文化层次理论要素之一。制度文化的范畴很广，国家的行政管理体制是其中最主要的构成。不同时期的制度文化有着本质上的不同，特别在多民族国家，对人口较多的民族与少数民族的管理，往往在制度上有不同的规范和需要遵循的条例。贵州作为少数民族地区，历史上完整经历了郡国并存、羁縻州与经制州并存、土司制度与流官统治并存的几种管理制度，加上各民族自身世代传承的管理方式，因而形成了地域特性突出的制度文化。

江河文化孕育了贵州大地，展示出贵州的独特魅力。

提到贵州的河流，许多人首先想到的便是因红军长征强渡成功，胜利召开遵义会议，使中国革命发生根本性转折的乌江。乌江的确是在中国革命史上让贵州“扬名立万”的河流，至今还因众多梯级电站的建成，为贵州的发展做着贡献。然而，贵州的河流远不止乌江一条。按照学术界的说法，贵州是一个河流密布的省份，境内流域面积达10平方千米的河流近千条，以省境中部的苗岭为界，分属于长江和珠江水系。人们常把河流比作母亲，这是因为人类及其社会生态系统的发生发展，都与河流相互依存、密不可分。于是在贵州这样一个地形起伏崎岖、地貌类型多变、有着众多民族及地区气候差异极大的山地高原，便产生了独特的江河文化。

生态文化是贵州宝贵的历史遗产，又是可持续发展的支柱。

“人法地，地法天，天法道，道法自然”，古代哲学家老子在《道德经》中的这句名言，堪称对人乃至整个宇宙深层规律的精辟概括。贵州各民族似乎正是这样来处理人与大自然的关系的。在这方面，我们从各民族保存下来的大量史诗、传说故事、表现艺术及乡规民约中，依然感受得到。这就是迄今仍保存着诸多民族原生性事象与非物质文化遗产、自然与人类生态环境协调性最强、具有典型代表性的贵州生态文化。将来，或许当我们这个星球上的青山绿水越来越多地被林立的烟囱、钢筋水泥所覆盖的时候，人们会发现：在我们生活的这个星球上，唯独贵州这样的生态文化，才最有资格与人类未来社会进行对话。

红色文化是贵州历史文化中弥足珍贵的文化内涵。

贵州历史上不仅诞生过中共一大代表邓恩铭，早期无产阶级革命家王若飞，开国上将杨志诚，红军高级将领周逸群、旷继勋、龙大道等老一辈无产阶级革命家，还先后5次飘扬起中国工农红军旗帜，因遵义会议的胜利召开成为中国革命的历史转折地。更重要的是，贵州是中央红军长征经过的11个省中活动时间最长、活动区域范围最广、发生重大事件最多的省份之一，有41个县（区）被列为革命老区。在今天与未来的经济社会发展中，它的这些红色印记，必然都是爱国主义教育的主题教材。

不同的地域文化之所以显现出不同的特征，原因在于文化就是人类历史本身，就此而言，文化的价值就在于它将“文”通过“化”的方式赋予到人的生命，而由于自然地理的差异，它赋予到一切物品、一切思维、一切生活中人的东西总是千差万别。从这一角度出发，我们可以观察到贵州历史文化的一些基本特征。

第一，包容性、坚韧性、生命力顽强是贵州历史文化的鲜明特征。

贵州高原不仅是一方秀美、多彩、充满人间传奇的沃土，是曾经创造过辉煌史前文化的古老土地，更是一个主要由移民组成的省区。从传说时代到有文献记载的历史时期，生活在今贵州地区的人们除了少量的土著居民外，大多是由省境外陆续迁入落户到这片高原山地的。因此，贵州历史文化是由土著文化与汉文化，以及各少数民族的民族文化经历长达数千年的交流营造出来的。各民族在地形地貌复杂，“一山分四季，十里不同风”，土地贫瘠的环境中生存，需要相互依存，取长补短，不屈不挠地与自然斗争才能生存繁衍，向前发展。贵州历史文化的这一特质，使之在中国历史发展的每一个阶段，留下了自己深深的印痕，为构建灿烂辉煌的中华民族文化添砖增瓦，做出了不容忽视的贡献。

第二，民族众多、文化多彩是贵州历史文化最大的亮点。

贵州的多彩，通过全省上下的努力，已经深入人心，成为一块响当当的文化品牌，成为贵州历史文化中最大的亮点。对此，我们尤其需要关注和避免这样一种倾向，即把这种多彩长期局限在民族民间文化和自然景观这样单一的层面上。如果这样，多彩这一贵州历史文化的最大亮点，将有可能陷入某种平庸和格式化，出现某种低水平的重复，甚至在宣传与推介上出现难以为继的情况。

第三，山地文化特色是贵州历史文化的典型之处。

贵州跬步皆山，地貌起伏崎岖，交通梗阻，耕地面积有限，生活在贵州的各族群众既靠山吃山，也高度珍惜大自然赐予的山地财富与生态。久而久之，山地特色深深地融入了贵州人的生产、生活之中，成为文化的典型表象。古人言："天行健，君子以自强不息。"贵州各族群众以艰苦奋斗、自强不息的精神为凭借，以坚韧不拔、奋勇抗争、创新进取来面对各种恶劣的客观环境，传承和发展自身的多民族文化。这种历史文化，正体现了中华民族文化的精髓，因而具有强大的生命力。

# 从稻作文化到耕读文明

先秦之际的一些大思想家，不太看得起耕地劳作。孔夫子就曾将“耕”当作小人之事，主张“君子谋道不谋食”，甚至认为“耕也，馁在其中矣；学也，禄在其中矣”。但古代中国毕竟是一个农业文明发达的社会。自南北朝以后，“耕以养身，读以明道”便逐渐成为“齐家”的信条，不少知识分子皆以耕读传家、耕读结合为价值取向。久而久之，形成了世代传承的耕读文化。

中华民族的耕读文化源远流长，其发端可以追溯到春秋时期。那时虽有“君子谋道不谋食”的孔子和主张“劳心者治人，劳力者治于人”的孟子等儒学大家，同时也出现了主张“贤者与民并耕而食”的许行、讽刺孔子“四体不勤，五谷不分”的“荷蓧”丈人。当时虽无人评判两者的对错，但到南北朝以后，《颜氏家训》提出“要当穑而食，桑麻而衣”，张履祥在《训子语》里说“读而废耕，饥寒交至；耕而废读，礼仪遂亡”。这种冲破儒家传统观念的现象，显示的正是古代耕读文化的诞生。

农业耕作由史前社会的采集发展而来，是人类历史上由攫取经济到生产经济的伟大革命性转变，具有划时代意义。我国最早记述农耕的典籍是《诗经·豳风·七月》，其中的“八月剥枣，十月获稻”说明那时稻作已在农耕中出现。其后，关于农业与耕作的著作越来越多，达300余部。早期以北魏农学家贾思勰所著的《齐民要术》内容最为丰富。到了明末，曾任礼部尚书、东阁大学士的徐光启所著《农政全书》成为一部荟萃感性认知、结合理论认

鸡公山遗址远景。该遗址出土炭化植物种子万余粒，含稻谷、粟、黍、芸薹属植物四个种类

知的菁华之作。

贵州特殊的区位、地形地貌、社会发展轨迹，使这片山地高原成为中国古代耕读文化的沃土。生活在这片高原上的许多民族都是从事稻作的民族，具体到某一民族开始从事稻作的时间，却无准确的记载。但有一点是可以确认的，那就是封建时代的贵州稻作文化，与各民族迁入贵州前的文化传统有着不可切割的联系。

21世纪初，考古学者对位于威宁自治县境内属商周时代的鸡公山遗址进行了大规模发掘。在两次发掘的出土物中，获得炭化植物种子上万粒，其中包括稻谷、粟、黍和芸薹属植物四个种类，稻谷和芸薹属植物种子数量占到了出土植物种子的99%。尽管一些学者因这些植物种子中掺杂有经过蒸煮后稻米团状炭化遗存，而认为“占大多数的稻谷和芸薹属植物很可能就是祭祀活动的遗物”，这反而说明稻作在当地的出现，时间上可能较商周时期还早。

在贵州少数民族中有着许多关于种稻的传说。一位学者在《农业考古》上发表文章，列举了苗族关于稻种起源的传说。文章称：开天辟地之初发生了大洪水，洪水冲掉了人们还没来得及收割的稻谷，幸而老鼠家族贡献出了储存的稻子，人们才恢复了稻子的种植。另一则传说是一只狗受人们的委托向天神要来五尺穗、五尺茎秆的水稻，使先民得以开始种植水稻。传说虽未必可信，但若剔除其中的神话色彩，则可以从中窥视出苗族与稻谷种植的密切关系，以及种植这种作物的大体时间。

布依族是我国较早种植水稻的民族之一。一位名谷因的学者在《布依族稻作文化及其起源》中认为，壮侗语族在未分化之前，他们共同的祖先创造了稻作农耕，并举出以汉语记录保存下来的布依族民间古籍《请谷魂》中的相关内容为证。《请谷魂》属布依族的原始宗教经文，约300余行，“作品首先解说稻子歉收的原因，说稻谷有灵魂，稻子生长不好，是因为谷魂走了，被洪水冲走，被蚂蚁搬进窝，被雀鸟衔上山崖，被水牛践踏入土，被亡人带回祖先故地……”，于是要“请管人间的老祖母‘印孔婆’和创稻作的老祖母‘浪阿婆’送谷魂回来”。由此可见，布依族从事稻作至少应在母系氏族社会时期。1999年出版的《布依族文化研究》则进一步具体指出：“从战国时代到西汉末年，分布在北盘江流域的布依族先民，是夜郎国的主要居民之一”，随着汉族大姓势力的崛起，“布依族地区的封建领主经济已完全确立，大部分地区已从‘刀耕火种’‘赶山吃饭’的原始耕作方式进入了犁耕稻作阶段”。

或许由于贵州多数世居民族属于稻作民族，加之西汉以降内地的生产、生活方式大量传入，以儒家思想为核心的儒家文化，通过各种渠道在僻处西南的贵州高原传播开来。于是，除了山高险阻、相对封闭的边远地区，耕与读的结合便在汉族移民相对较多的地区，逐渐成为一种趋势。

在中国古代社会，孔孟之道虽一直占据着统治地位，“耕读传家久，诗书济世长”却是民间文化传统的主流。只要看看家家户户堂屋正中神龛上供奉的“天地君亲师”（如今保留神龛的普遍已改为“天地国亲师”）位的顺序，便不难明白在人们心目中孰轻孰重。

贵州虽僻处西南，耕读文化的出现却并不比其他地区晚，这种文化不仅影响贵州自身，在一定时期、一定的社会背景下，甚至曾对中国耕读文化乃至社会进程，都曾产生过一定程度的影响。

古代贵州耕读文化经历了三个阶段，每个阶段各有其亮点。

两汉时期是贵州耕读文化的奠基阶段，东汉时的尹珍是其代表人物。此外，曾任“犍为郡文学卒史”的舍人，著有《尔雅注》三卷，这是“汉儒释经之始”。这一学术成就既是贵州古代辉煌文化的一页，也是中国古代的重要文化遗产。师从司马相如的盛览，返乡后授徒开启地方文教之门。这几位先贤，都是古代贵州“耕读文化”的奠基者。

魏晋至宋元是耕读文化在贵州高原枝繁叶茂的时期。南中之战后，诸葛亮在今贵州地区发展生产，传授百工技艺等先进的生产技术，举秀才贤良以补人才之不足；唐代充州（今黔东北一带）人赵国珍因功获授黔州观察使，后擢升为工部尚书；南宋末年的冉琎、冉璞兄弟，营造出改变中国数十年政治格局的合川钓鱼城等，皆是范例。

明清之际贵州耕读文化的特点是蔚然成风。随着数以十万计汉族军士、家属、行商、坐贾的到来，中华民族大一统的理念逐渐深入贵州山区，即便最边远的县乡也有家国理念的传播。从明初开始，教育在贵州不仅得到重视，而且发展迅速。明朝开国皇帝朱元璋本身文化程度不高，却很看重人才的作用，大呼：“贤才，国之宝也”，“今天下初定，所急者衣食，所重者教化”。在“足衣食者在于劝农，明教化者在于兴学校”思想的推动下，洪武年间贵州首先办起了宣慰使司儒学，选派了学官。其后，各地相继兴教设学，除各府、州、县学外，土司统治地区的司学、驻军所在地的卫学亦先后创建，颇显遍地开花之势。

作为行省的贵州，自明嘉靖十四年（1535年）才获准开设乡试，但却出现了知识分子群体崛起的局面。据《西南历史文化地理》（作者蓝勇）一书载：有明一代，云南人口占西南地区的30%左右，进士人数却只占4.5%，当时的贵州人口约占西南地区的7%，进士人数却达到了总人口的4.5%，足见贵州教育发展之快。不仅如此，明清之际，贵州还涌现出许多名臣、名家。这些人的成功以及他们的活动，对耕读文化在各地区、各民族中的普及，以及提升贵州在全国的形象方面，都产生了积极的推动作用。长期被边缘化了的黔省，由此逐渐进入了国家政治生活的中心舞台。

清代贵州的学校教育发展十分迅速。在推行崇儒兴学、政教并举的同时，府州县学、书院之外，又增设了社学和义学。官学私塾并行发展是清代贵州教育的一大特点，不唯城镇私塾林立，即便僻远村寨也办起了各类私塾教授民族子弟。有关文献记载，到了清末，仅紫云一县的私塾就多达250余所。而在全省私塾中，最负盛名的首数遵义禹门的黎氏家塾。黎氏自迁入贵州以来，重视教育、倡导文化，注重人才培养，讲求耕读传家。“沙滩文化”现象的出现，与这一教育方式和黎氏家风有着密切的关联。

清末名臣黎庶昌所撰的《遵义沙滩黎氏家谱》，堪称明清贵州耕读文化的一个缩影。《黎氏家谱》中的《长山公手书国士祖行实》记载：“治家有道，内外必肃以耕读、勤俭、孝友。垂训后人，饮食衣服，一缕一粟必爱惜之。遇喜筵、寿节、岁时，毋靡费、毋奢华”，“每岁麦熟时，以麦秆多编草帽，遍赐族人，为蔽日具耕者、纺织者。必教之早夜勤谨，毋惰田功，毋旷机抒”。这活脱脱是一幅耕读传家画卷，其地位堪与《颜氏家训》比肩。

贵州耕读文化最大的特点是多元与共生并存。贵州是中国古代南方四大族系迁徙的交汇地，耕读文化也表现出多元的特点。在独特地形地貌的制约下，尽管随着汉族文化的传播，传统儒家思想逐渐扩散，民族文化与汉文化的融合日益深化，但这并不妨碍各民族保持自身的文化要素。相反，各民族在接受汉族先进文化与生产技术的同时，继续世代传承着本民族文化的精髓，并创造出适应本民族、本地区的独特耕读文化传统。这种多元耕读文化的保存与共生，呈现出海纳百川的胸襟，对来自发达地区的移民更有利，对自身社会进步与各民族对先进文化的吸取更有益。我们在探讨历史上贵州的耕读文化时，不可不对此加以关注。

文化与文明是有着不同义域的两个概念。现代文明是对历史文化的革新与再造，封建时代的耕读文化，反映的是那个绵延几千年的时代观念与价值取向。在建设现代化社会的征途中，传统文化中的优秀元素无疑需要继承和弘扬，然而，更应以发展社会学的视角，去关注历史上耕读文化向当代耕读文明升华后，对现代经济社会发展的影响。

在笔者看来，现代耕读文明是以现代科技理念与传统耕读文化为基础建立起来的新时代耕读文化的实践表达。2016年，一位学者曾在《光明日报》刊载一篇名为《自植灵根　美政美俗》的文章。文章指出："构建现代社会的伦理体系，需要有本土文化，特别是长期积淀下来并且对公序良俗有滋润、滋养作用的儒家礼乐文明来支撑，来起作用。这也是新时代重建和拓展耕读文化的现实意义，即在民间自植灵根，安身立命，返本开新，美政美俗。"这种观点在当代构建和发展耕读文明的过程中，确有一定的指导价值。

对于贵州来说，从古代耕读文化到当代耕读文明的演变，是一个漫长的过程，也是一种质的提升。我们既需要看到今天的耕读文明与古代耕读文化的内在联系（即文化传承关系），也要看到21世纪贵州的耕读文明，经历新中国以来，尤其改革开放以来的发展和创新所发生和正在发生的变化。

耕读文明可以更好地展示贵州山地文化的内涵和特征，展现当代贵州耕读文化的风采。如果我们深入地去考察当代贵州的耕读文明，就不难发现，今天的耕读文明，不仅有许多古代耕文化所不具备的、升华到了全新高度的物质文化遗产和非物质文化遗产，还在许多领域实现了与时代的有机结合。

深入了解贵州古代耕读文化与现代耕读文明，对推进社会主义现代化建设，对贵州更好地完成新时代赋予的历史使命，有着不容忽视的影响。意识到这一点，才能深刻感觉到社会的发展与进步，也才能感觉到历史上的贵州的传统耕读文化，以及在21世纪所能持续发挥的正能量。

# 回望历史走过的那条路

常言道，人生之路没有捷径，不能老想着一跃而上，只有坚持走好每一步，才能到达理想的终点。社会的发展何尝不是如此？不同的国家或地区，一直都在选择适合自己的道路努力向前，于是便构成了自己的历史。

历史是需要时刻回望的，无论个人还是地区和国家，都不能例外。

贵州是古生物的乐园和人类远古文明的摇篮之一，这已经成了定论。撇开这一段历史不说，步入文明社会后，因区位及地形地貌的特殊性，贵州历史发展的轨迹，明显与国内许多省（市、区）不同。

先秦时期，自商周起，贵州境内便先后出现了鬼方、牂牁和夜郎等一些以今贵州境为主体的方国。从春秋到战国，当中原地区争战不休的时候，大山的屏蔽反而使贵州高原显得相对安宁。这些方国的当权者，无力参与逐鹿中原，便老老实实地管好治下的民众，利用自然条件发展生产，利用通道地位与周边的族群交往，过着与中原各大国政权并存的日子。那时候也有一些势力强大的诸侯国想把手伸向贵州，楚顷襄王就曾派大将庄蹻率军灭掉了位于黔中的且兰古国。但真正在贵州境内设置起郡县，却是在秦汉以后。

从秦汉到魏晋南北朝的800余年间，今贵州境基本处于郡国并存状态，既有由中央政权设置的郡县，又有大大小小的地方政权，即所谓的方国。谜一样的夜郎是西南夷地区最大的地方政权，与它同时存在于今贵州境内的地方政权，除位于黔中的且兰国外，其他如位于今遵义、桐梓、绥阳一带的鳖国，位于今习水、赤水、仁怀等地的鳛国，位于今威宁等地的莫国，位于今独山境内的毋敛国，位于今黔西南与云南、广西交界处的漏卧、句町等，都系夜郎的属国。

位于黔中地区的古且兰国与夜郎出现在同一时期，是贵州古代史上一个很值得研究的对象。通过对且兰问题的讨论，学术界大体认定古且兰的范围在今贵州都匀、福泉、黄平、贵定一带，中心在黄平与福泉之间。战国时，楚、秦两国争夺黔中地，楚顷襄王派将军庄蹻率军西征，欲前后对秦夹击。楚军溯沅水而上，入黔后弃船登岸，与且兰国军队发生激战。且兰在与楚军的对抗中战败（一说被灭），其后再度兴起强大。汉武帝平南越时甚至欲借且兰的军队出征助战，因且兰君“恐远行，旁国掳其老弱”，拒绝汉王朝的要求，汉军在平定南越返回时，便趁势将之剿灭。如果从战国中期算起，古且兰国的立国时间当在200年以上，其在秦汉之际的影响，应该与夜郎一样深远。

唐代以前的贵州，境内既有若干方国，又有从秦汉中央王朝开始设置的郡县。秦统一天下，分全国为36郡，其时贵州虽在象郡范围内，大部分仍属夜郎。汉武帝开发西南夷，置牂牁郡，下辖且兰、平夷、毋敛、谈指、同并等17县。这些县或是原来的方国，或是以原有的部落为基础设置。直到南北朝时期，贵州高原依旧是郡国并存，处于两种制度管辖之下。

从秦到两汉，由于中央政府对地处边远的贵州执行一种比较温和与开明的政策，在确保封建国家疆域完整的前提下，只要各方国不公开叛乱，便与其维持和平内属关系不变。尊重地区“故俗”，不干预地区内部事务，不在当地征收赋税，不因设置郡县或筑路向当地居民搞摊派，这种政策符合双方的需要，所以，在将近400余年间，贵州高原总体上显得战乱较少，与中央政府维持着和睦的关系。只是在东汉末年，由于政局动荡，各大姓势力不断膨胀，对蜀汉在西南地区的统治构成威胁，最终引发了南中之战。其间，号称卢鹿部蒙族的济火，积粮通道以迎蜀军，勇立战功，战后被诸葛亮封为罗殿王，世代相袭，长期掌握着贵州西部地区的统治权。

隋唐以后，贵州历史进入了羁縻州与经制州并存的发展阶段。羁縻州是唐朝针对少数民族地区创建的一种特殊行政设置，是秦汉以来中央政府与民族地区“若即若离”关系的制度化。因为有了羁縻州，唐代由中央政府直接委派官吏进行管理的州，习惯上被称为“正州”，又称“经制州”。从唐开始直至南宋末年，今贵州境内一直保持这种经制州与羁縻州并存的局面。唐宋之际，贵州境内设置的羁縻州共有50个之多，大部分在乌江以南地区。

两宋王朝秉承历代直接与间接管理并用的手法。地方建制分为路、州（府）、县三级，但羁縻州仍在进一步发展，仍保持有数十个。其中影响最大的是思、播二州。

元朝是历代封建王朝对少数民族地区管理制度演变的一个分水岭。元统治者除建立了行省制度外，又在总结历代民族管理制度的基础上，创造出了延续数百年的土司制度。以后，唐宋以来的羁縻州制便逐渐被由宣慰司、安抚司、蛮夷长官司、军民总管府等一类机构组成的土司统治体系所取代。整个元代贵州地区几乎都在土司制度的统治下，较大的有在今省境中部地区的八番顺元等处宣慰司都元帅府、设于北部地区的播州宣慰司、设于东北部地区的思州宣慰司、设于西北部地区的亦溪不薛宣慰司和乌撒乌蒙宣慰司等。八番顺元等处宣慰司都元帅府治所在顺元城（今贵阳）。

明王朝建立伊始，各地土司为巩固自己的既有特权，纷纷归附输诚。明政府根据这些归附者“有土有民”的情况，宣布“凡西南夷来归者，即用原官授之”。同时，陆续制定出一套关于土司承袭贡赋的规定，使元代开始的土司制度得以进一步推广和完善。到明成祖永乐年间（1402—1424年），西南民族地区土司密布，仅贵州境内的土司就有数百个之多。为加强对贵州的统治，明政府还在贵州广设卫所，大兴屯田，贵州几乎成了中央政府治理边疆民族地区的实验地。

明代大大小小的土司中，水西安氏、思州田氏、播州杨氏、水东宋氏势力最大。四大土司中，水西安氏由于历史最悠久、延续时间最长，爱国女土司奢香芳名远播，是贵州历史乃至中国民族史上的重量级人物；播州杨氏因杨应龙之乱被视为万历年间（1573—1620年）全国三大战事之一，近年又因一系列杨氏土司墓葬的发掘和杨应龙军事屯堡海龙屯而声名大噪；思州田氏是最早经历改土归流的土司，涉及贵州建省等问题，是贵州史上不可忽略的一页；拥有大量土司文化遗存的水东宋氏，在贵州社会进程中也产生过不小的影响。

明永乐十一年（1413年），明成祖决定废除思南、思州两田氏土司，改思州宣慰司为思州府、思南宣慰司为思南府，设贵州布政使司于贵州宣慰司城（今贵阳）。随着贵州布政使司的设立，界于湖广、四川、云南之间的贵州行省正式诞生。贵州建省结束了中央王朝实行宏观间接统治的历史，促进了多民族国家的统一和民族团结，加强了贵州与中原和其他省区的政治、经济、文化联系，推动了贵州社会经济的发展，揭开了贵州历史发展的新篇章。

明代贵州建省开启了贵州历史上第一次大开发的序幕。在明朝前期的百余年中，贵州的交通得到了较大的改善，移民、商人、工匠纷至沓来。随着汉族移民大量进入贵州，先进生产工具和生产技术逐渐传入，贵州开始一步步摆脱原始农业状态，逐渐确立起封建生产关系，经济得到较快发展。与此同时，明朝政府下令府、州、县和卫所都要兴办官学，各地又纷纷创办书院、社学和义学，贵州的教育在明代以后也得到了迅速发展。从明朝开始，贵州地区的社会经济生活逐渐融入统一的多民族国家的社会经济生活之中。

从明初到明末，明代发生的许多重大历史事件都与贵州有关，明代许多重要历史人物曾流寓贵州，在贵州境内留下了许多传说、故事和历史遗迹。王阳明的“心学”便发端于贵州（“龙场悟道”），最终走向世界。

清朝统治的267年，是贵州历史上变革剧烈的时期。这一时期里，先是消灭了曾“定都”于贵州安龙的残明永历政权，平定了以吴三桂为首的“三藩之乱”，接着又调整省际疆界，于雍正年间展开了急风暴雨式的改土归流，设立起“苗疆六厅”，统一了国家的行政区划。

1840年的鸦片战争是中国历史的转折点。战后，由于清政府加重赋税征收，原就处于水深火热中的贵州各族人民，更遭受到无法忍受的痛苦。于是，贵州各族农民发动了响应太平天国的各族大起义（史称“咸同大起义”）。这场大起义端绪纷繁，声势浩大，大大小小的起义队伍多达数十支，给清政府的腐朽统治以沉重的打击，展示了贵州各族人民光荣的革命斗争传统。

1911年辛亥革命的风暴席卷了整个贵州。这年11月3日，由资产阶级革命党人组成的自治学社，发动贵州陆军小学和新军士兵举行武装起义，推翻了清王朝在贵州的统治，建立起“大汉贵州军政府”。但这个政权仅仅存在了3个月，便在宪政派、各种反动势力和入黔滇军的联合进攻下遭到了颠覆。

甲午战争以后，要求维新变法和提倡“西学”的呼声日渐高涨。地处偏僻的贵州率先将旧式书院改为经世学堂。1898年的“百日维新”运动中，贵州有95名在京应试的举人参加了康有为发起的“公车上书”签名，占签名上书举人总数近1/6。19世纪70年代以后，贵州封闭式的自然经济逐渐解体。在洋务运动的影响下，贵州建成了本省历史上的第一个大型近代工业企业——青溪铁厂，但这个铁厂开工仅及一个半月便出于各种原因而陷入停产状态。

从1912年到1949年，贵州历史经历了第一次国内革命战争、抗日战争和解放战争几个时期。1912年至1935年，省政权掌握在地方军阀的手里。在第二次国内革命战争中，贵州高原曾5次飘扬起中国工农红军的鲜艳旗帜。1930年至1936年，红七军、红八军、红三军（红二军团）、红六军团先后进入贵州展开斗争，建立起湘鄂川黔革命军事委员会、黔东特区革命委员会、川黔滇省革命委员会、遵义县革命委员会等红色政权。

1935年1月，中共中央在遵义召开政治局扩大会议，即著名的遵义会议。遵义会议确立了毛泽东在红军和党中央的领导地位，在极其危急的情况下挽救了党，挽救了红军，挽救了中国革命，奠定了中国革命胜利的基础，成为中国共产党政治上走向成熟的转折。遵义会议后红军展开四渡赤水之战，威逼贵阳，挥师西进云南，摆脱了数十万敌人的围追堵截，胜利

遵义会议会址

北上。

抗日战争时期，贵州成为大后方，一大批沿海工商企业、学校迁来省内，设备和资金大量涌入，省内交通也因战时的需要得到了较快发展。战时经济出现了一种前所未有的繁荣。但由于贵州自身的农工商基础过于薄弱，难以将各种外来条件融合转化为本省的经济实力，热衷于反共反人民的统治当局又根本不去考虑抓住机遇，谋求贵州的发展，贵州终与大好的历史机遇擦肩而过。抗战一结束，内迁企业纷纷回迁，资金、设备、人才迅速外流，经历了一阵短暂繁荣的贵州经济又回到了原先的闭塞落后状态。

红军在贵州的活动，提高了贵州各族人们的觉悟，贵州各族人民以自己的实际行动支援红军。遵义会议期间，中共中央批准建立中共贵州省工作委员会，由林青、邓止戈、秦天真等人组成。在中共贵州省工委的领导下，抗

位于贵阳文笔街的中共贵州省工委旧址

日战争中贵州人民以各种形式开展抗日救亡运动；解放战争中，贵州各族人民掀起了爱国民主运动的高潮，组织武装，开展游击战争，配合人民解放军推翻了国民党在贵州的反动统治，取得了贵州新民主主义革命的胜利。

# 贰 —— 那些值得铭记的人和事

# 尹道真和他的务本堂

人类的全部历史本来就是由个人活动构成的。世上每个人都曾参加过一定的历史活动，因此都在历史上产生过作用，只不过作用有大有小，质的区分则在于正面或反面。和一般人不同，历史上那些在一个或多个领域做出过杰出贡献、对历史发展产生过重大影响的人，我们将之称为历史名人。

历史是无情的。正所谓“大江东去，浪淘尽，千古风流人物”，任何一个历史名人的活动，都无可避免地会受到历史条件的制约，不可能决定历史发展的基本趋势。但也要看到，一些历史名人在某些时期、某个具体方面、某件具体的事情上，的确对历史造成了深刻的影响，发挥了一定的关键作用。

贵州历史上活跃于东汉年间的尹珍，便属于这一类人物。

说到贵州的历史名人，有名有姓的最早要算竹王。但这个来自水中、“以竹为姓”的夜郎国开创者，历史文献仅寥寥几笔带过，现存的“竹王祠”“竹王坟”之类，属于后世修建，算不得真正的历史文化遗存。汉武帝时候的盛览，师从司马相如，却没有作品传下来，唯刘向的《西京杂记》中曾提到他的《列锦赋》《合组歌》两篇赋。与盛览同时期的舍人，据说曾任犍为郡文学卒史，著有《尔雅注》三卷，但关于他的争论很多，甚至“舍人”究竟是人名还是官职，迄今都还有争论。唯有东汉时的尹珍史载较丰，事迹清晰，被公认为贵州汉文化的传播人、西南地区汉文化教育的开拓者。他创建的“三楹草堂”，后更名为“务本堂”，在历代都是重要的教育场所。2019年10月，正安县“务本堂”被公布为第八批全国重点文物保护单位。

尹珍，字道真，生于东汉章帝建初四年（79年），死时83岁，这在1900多年前，实在是难得的高寿。最早记载尹珍事迹的文献是晋代常璩的《华阳国志·南中志》，之后，南朝范晔的《后汉书》、北朝王愔的《古今文字志目》、明代嘉靖年间的《思南府志》对他的事迹都有述及。入清以后，研究尹珍的学者日渐增多，从官修的《贵州通志》《遵义府志》到民间的论著，但凡提到贵州的教育，无不赞扬尹珍的贡献，将其推为贵州教育之鼻祖。

尹珍这个人的生平活动颇有些传奇，尤其关于他的出生地，现在仍争论不休。《华阳国志》称：“毋敛人尹珍，字道真，以生遐裔，未渐庠序，乃远从汝南许叔重受五经，又师事应世叔学图纬，通三材。还以教授，于是南域始有学焉。”常璩的这句“毋敛人尹珍”没有说清楚是县还是乡，而汉代的牂牁郡毋敛县位于今贵州省的独山、荔波一带，偏偏正安县新洲镇与重庆

始建于1916年的贵阳尹珍祠

市南川区交界处有一个地方叫毋敛坝，于是尹珍究竟出生于今独山县一带还是正安县的毋敛坝，便成了一个多年难决的悬案。

关于尹珍，一个最大的问题就在于历史文献上说他因为感到自己生于边远荒芜之地，不知礼义，所以才远赴中原求学。《华阳国志》《后汉书》都有类似的记载，只是表述不同。这种对尹珍千里求学精神的夸赞，是恰如其分的，但背景却与实情颇有差异。西汉武帝时“募豪民田南夷”，一大批“三蜀”大姓相继进入今贵州境，其中龙、傅、尹、董几姓都是当时有名的大家族。这些来自蜀郡、广汉、犍为等地的豪门，本都有着较高地位，入今贵州境后大部分居住于人口较多的郡县周边，尹珍即是其中尹氏大姓的后裔。

有着豪门家世的尹珍，显然不可能自幼“不知礼义”。贵州学者何光渝先生在《尹珍：万里求学　教化乡梓》一文中就曾质疑：尹珍如果没有读过孔孟之书，如何知道远在中原有许慎、应奉这样的学者？若尹珍是一个完全“不知礼义”的荒裔青年，忽然到中原求学，像许慎、应奉这样的大学者，又怎会慨然将这位不速之客收为门下，并“传道授业解惑”呢？

贵州历史上的封闭是由区位和自然地貌导致的，由不得自己选择。但古代儒家文化与贵州多民族文化的交流，则肯定在尹珍之前。我们且不说早于尹珍出现的盛览、舍人一类人物，不说秦修“五尺道”，汉武帝“募豪民，田南夷”之举，只需想一想殷商之际，鬼方主已成商王的座上宾，战国时楚将庄蹻率军在贵州的一系列活动，就足以发现先秦之际，贵州与中原已有不少交往。及至唐蒙奉汉武帝之命出使南越，在南越食到枸酱，得知该物原产自蜀地，系商人“窃出夜郎”沿牂牁江卖到南越的。光凭此事即可判断，当时的贵州已是西南地区的南北商业通道，同时也证明汉文化在贵州的传播，绝不至于迟到东汉时期才发生。尤其西汉“罢黜百家，独尊儒术”并在贵州设置郡县后，儒家文化进入贵州则更是不可避免之事。

尹珍其人最大的历史功绩在于，他在儒文化在贵州传播已揭开序幕，但没有扩展形成体系教育的背景下，千里跋涉至中原，师从儒学大师许慎进行深造，学成后还乡授徒。

以《说文解字》享誉至今的许慎博通五经，被时人赞为“五经无双许叔重”。尹珍得这位名师传道授业解惑，通过自己的勤奋努力，终至学有大成。东汉永初元年（107年），28岁的尹珍学成返乡，创建“三楹草堂”，取孔子“君子务本，本立而道生，孝悌也者，为其仁之本欤”之意，命名为“务本堂”。这就是《后汉书·西南夷列传》所说的尹珍“学成还乡里教授，于是南夷始有学焉”的来源。以此观之，明清以后的人们把尹珍视为贵州汉文化的传播者、西南汉文化教育的开拓者，应该说还是有历史依据的。

尹珍因得名师大儒传授，精通经术，又有启蒙教化之“德行”，守孝道之善状，遂被地方官向朝廷举荐，一度官至尚书丞郎、荆州刺史。东汉永兴元年（153年）以“少聪明，读书五行俱下”，博闻强记驰名的应奉（字世叔）出任武陵太守，年已古稀的尹珍慕名就近前往拜师，向应奉学习内容博杂的图纬，又掌握以阴阳五行为骨架、天人感应为主体的这门儒家神学。应奉当时官至司隶校尉，师生二人同为朝廷并重，名显一时。

尹珍的出生地至今虽尚无定论，但今贵州正安县无疑是其居家、讲学、入葬之处。据后世学者研究，尹珍讲学的地点甚多，足迹遍及夜郎、毋敛、珍州、南平军、鳖县等地。1943年贵州省教育厅编撰的《贵州名贤传·尹珍》称“凡属牂牁旧县，无地不称先师”。尹珍设馆授徒，既启蒙教化，又对蒙童进行儒家教育，讲授《论语》《孝经》等儒学经典，传播以“仁”为核心、以“礼”为形式的道德规范，故历代均对他极为推崇。

尹珍教学不唯认真，且颇有方法。对于蒙童，先教其识字，学生所用“课本”，由其亲自用规范的正体小篆写出，按文理编成韵文，以便于记诵；待学童具备一定基础后，则将识字与理解文义结合讲授。在这一过程中，尹珍既向学童传授文字条例，造字微旨，又讲授书法艺术，解说文字教学八体，进行儒家道德教育。而他自己也日习千字，以身作则。故其教出来的学生，多有孝顺、慈爱、重信、谦恭、恪尽职守、书法水平甚高之辈。

有着汉代经师大儒身份而又孜孜不倦讲学授徒的尹珍，自汉代以后即广受世人尊重。明万历年间，今绥阳县旺草场立有“尹珍讲堂碑”，碑上镌刻“汉尹珍讲堂，唐广明元年七月六日播州司户崔礽立”等字。1941年，当时的国民政府特别从正安县东北划出一部分辖地，设置以尹珍之名命名的道真县，以纪念这位贵州历史上的教育先驱。时至今天，与尹珍教学有关的遗迹仍很多，现存有史可查的包括：贵州正安尹道真务本堂、绥阳县旺草讲堂、贵阳扶风山尹公祠、南川尹子祠旧址等。

正安尹道真务本堂遗址，位于贵州省遵义市正安县新州镇新州村大桥组，占地面积约8900余平方米。整个遗址包括务本堂、魁星楼、字库塔、通道牌坊、尹珍墓和“尹先生务本堂”碑、“重建务本堂小序”碑、“汉儒尹公道真先生神位”碑、“学者必由是”镌刻石柱等。其中的务本堂原为尹珍北学还乡后创建之“三楹草堂”，唐代时因其地隶于珍州乐源县，曾在原堂址设“乐源书院”。宋、元至明中期，遗址一度荒废。明中期以后，务本堂遗址日益受到关注。明万历四十年（1612年）遵义知府孙敏政在旧址重建，仍名“务本堂”。清康熙二十年（1681年）、嘉庆二十年（1815年）、咸丰

正安县务本堂全景图

六年（1856年）、光绪四年（1878年）曾数次重建或修葺。历次修葺后的务本堂，皆为讲习之所。

现存的正安尹道真务本堂，坐南朝北，占地面积5140平方米，由门厅、两厢、讲堂（正堂）与天井组成。整个建筑以轴对称合院式布局，砖木混合结构，有封火山维护墙，以小青瓦盖面，基本保持着明清时期的建筑格局，无论是建筑的形制特征，还是材料和工艺特点，都保留了历史原状。遗址不仅含有不同时期的历史活动信息，从周边环境还能看出建筑选址与地形地貌之间的关系。尤为难得者，现存的务本堂整个建筑从柱础、裙板、腰桥和窗棂雕刻均甚精美，既有中原文化特点，又有南方文化的要素，体现出贵州山地高原的特定构思、审美和精神追求，对我国古代喀斯特地貌地区建筑风格的研究具有重要价值。

尹珍和因他而传承下来的务本堂，是汉文化和古代教育在贵州高原发端的历史见证。务本堂是尹珍北学归来创建的“三楹草堂”的历史文化延续，是尹珍出仕之外办学、传道、授业、解惑、启蒙教化的场所，有着重要的历史价值和当代意义。如今的务本堂虽不再具有讲学功能，但却是今人凭吊与纪念历史文化名人，倡导爱乡、勤学、奋发有为的重要文化教育之地。

# 谢太守“保境为晋”

古语云“世事无常”，意指世间的人或事物永远处于一种变化无常的状态。“世事无常”一词充满哲理，用以观察社会、了解人生都很适当。社会如果没有变化就没有进步和发展，人生如果没有变化，理想就会永远成为空中楼阁。但《三国演义》中那句“话说天下大势，分久必合，合久必分”的卷首语，仅是作者罗贯中用来描述当时历史纷争的开篇词，说明不了中国历史发展的常态。

在上下几千年的中国历史上，统一始终是主流，人心所向，国家分裂、天下动乱都只发生在短暂的历史时期。

自秦灭六国一统天下之后，国家政权一直掌控在中央王朝手中，其间虽然发生了秦末陈胜、吴广起义，刘邦的汉朝取代了秦帝国，但大一统的局面一直维持了约400年。公元184年爆发黄巾军起义后，形势发生了变化。由于东汉朝廷下令各州郡自行募兵，于是群雄并起，地方豪强拥兵自重，甚至发生了董卓挟持汉献帝迁都长安，曹操又将汉献帝迁都许昌之事。到公元220年，曹丕篡汉，东汉覆灭，天下一分为三，历史进入三国鼎立时期。

从西汉到魏晋，无论局势如何变化，设置于汉武帝元鼎六年（前111年）的牂牁郡，一直是今贵州境内最大的行政建置。一些学者认为牂牁郡原是古且兰国的属地，汉武帝征南越时，且兰君拒绝发兵随征，率其众反，杀了使者及犍为太守。其后，汉军击破南越，回军途中趁势将其灭除，以原且兰地置牂牁郡，并从犍为郡划出鳖县属之，任命吴霸为首任牂牁太守。在汉代，牂牁郡下辖17县，之后的设置曾数度变化：先是汉平帝元始四年（4年）改牂牁郡为同亭郡；三国之后的晋怀帝又将其分置为牂牁、平夷二郡；唐朝时，先设牂牁郡，后改置牂牁州、牂州、牁州；北宋年间，将原牂牁郡地改置珍州；此后，牂牁郡这一建制未再出现。

历任牂牁郡太守中，除首任太守吴霸，灭掉夜郎国的陈立、三国时期的朱褒外，蜀汉建兴三年（225年）被诸葛亮封为太守的马忠，属于较有知名度的人物。道光《贵阳府志》载：马忠“为人宽济，有度量，但诙啁大笑，忿怒不形于色，然处事能断，恩威并立，是以蛮夷敬而爱之”。马忠死后，当地人曾为之立庙。尽管如此，在贵州历史上烙印最深、影响最大的，还得数两晋时期的谢恕。

提到牂牁太守谢恕，了解的人并不多，但他却偏偏在贵州历史上有着重要的地位和影响。如果要究其原因，还得先从西晋王朝的情况说起。

西晋是在灭掉雄踞东南的吴国后，继东汉之后出现的统一王朝，但这个王朝只存在了短短的51年，堪称“昙花一现”。原因在于三国时曾风云一时的司马懿后代，在取代曹魏政权改国号为晋后，改不掉权贵集团的种种陋习。除了司马炎时的一小段“太康盛世”之外，之后继位的西晋四代帝王，政风都极为混乱，贪赃枉法，贿赂风行。尤其永宁元年（301年）爆发的“八王之乱”，不仅晋惠帝被迫退位，长达5年的战乱，更使社会经济遭到严重破坏，王朝力量消耗殆尽。结果，内迁的一些民族乘机举兵，造成历史上所谓“五胡乱华”的局面。建兴五年（317年），西晋宣告灭亡。

西晋灭亡后，大批百姓为避战乱，纷纷渡江南迁。也就在318年，南迁的皇族司马睿在建康称帝，史称东晋。东晋的统治要比西晋长一些，维持了103年。但这个政权仍旧是门阀士族政治，其统治期间，北方先后有十六个号称国的政权，所以历史上常把这一时期称为“东晋十六国时期”。东晋也曾多次组织过北伐，以图恢复一统天下，但因内部不团结，始终没有进展。唯一可称道的只有孝武帝太元八年（383年）的淝水之战。这场战役，晋军在谢玄的指挥下，仅以八万军力对抗八十余万前秦军，大获全胜，成为历史上以少胜多的著名战例。

谢恕保境为晋的史事就发生在东晋时期。这位出生于西晋时牂牁郡毋敛县的太守，原先并无多大名望，但却在东晋时，因顽强抗击盘踞四川的李寿成汉政权大军，“保境独为晋”而声名大噪。

对于谢恕独守孤城，奋力维护东晋王朝统一局面的史事，相关史籍记载极简略，甚至在谈及谢恕的出生地时，也往往一笔带过。《华阳国志・南中志》中只提到“忠义冠军将军、宁州刺史谢恕，字茂理，毋敛人也”，并无生卒年月的明确记载。乾隆《贵州通志》称：“恕永昌元年为牂牁太守，时尹奉为李寿所破。”莫与俦在《毋敛先贤考》中力证其误，认为永昌元年（322年）系南阳尹奉出任宁州刺史的时间，与谢恕并不相关，谢恕出任牂牁太守的时间应当在西晋末年。两说各有依据，但叙述都不充分，所以至今仍无定论。

在门阀制度盛行的东晋，朝廷中的确有一个谢氏大家族，谢安、谢石、谢玄、谢琰等人都在朝内掌握大权。其中谢安登上了宰相之位，谢石任征讨大都督，因与谢玄、谢琰共同指挥“淝水之战”而驰名。唐代诗人刘禹锡的“旧时王谢堂前燕，飞入寻常百姓家”，影射的便是当年王、谢两家在东晋政权中的权势。

需要注意的是，一度官至抚夷中郎将、宁州刺史的谢恕，既非出自陈郡谢氏，与东晋朝中的谢姓大员们也不属同一族支，所以并未沾到谢氏重臣们的什么光。研究谢恕的学者通过文献的分析认为，谢恕属汉代牂牁郡功曹谢暹的后人，后被荐举为牂牁太守，但他不属于汉武帝“募豪民，田南夷”时迁入贵州的大姓。只因其长期生活任职于西南，深受秦汉以来传入贵州山区儒家思想的影响，有一种忠于王朝、维护一统的理念，故能保持对东晋王朝的忠心耿耿。

先秦时期的儒学因属初创，存在一定的理论缺陷，而不为秦始皇所接受。但自汉武帝“罢黜百家，独尊儒术”，董仲舒进一步吸收道家、法家的相关成分，对儒学进行改造之后，儒学成了一枝独秀的官府之学。儒学的政治“大一统”主张，适应了封建统治需要，尤为统治者所重视，逐渐深入封建知识分子的内心世界。谢恕在两晋那样混乱的政局下，在大军围城、外援无望的情况下，仍能坚定不移地固守孤城，保境为晋，正是“大一统”思想深植于脑中的选择。

东晋偏安南方百余年，其间，一些地方割据政权互相攻杀，百姓深受其苦。公元304年，以今四川为根据地的巴氐族李雄自称成都王，建元建兴。公元306年，李雄称帝，定国号为“成”，史称成汉。建立成汉小王朝的李雄，历史上称其是一位生性宽厚、知人善任、爱护百姓、颇有明君之风的统治者。李雄在位时封堂弟李寿为大将军、大都督、侍中，爵扶风公，录尚书事。李寿为成汉王朝东征西讨，确实立下不少战功。成汉玉衡二十一年（331年），李寿率军进攻阴平、武都，接着又进攻朱提，在征讨宁州时，包围攻打了百余日，宁州刺史尹奉无奈投降。“南中（今云贵及四川西南部分地区）”几乎尽为成汉所有，李寿也因此获封建宁王。

李寿所率队伍气势狂傲，一路征伐势如破竹，但在进攻牂牁郡时，却遭到了时任牂牁郡太守谢恕的坚决抵抗。成汉军进攻牂牁，发生在李寿杀成汉第三代皇帝李期，取而代之称帝之后。东晋咸康四年（338年）李寿篡位，将国号改为汉，年号汉兴。当上皇帝后的李寿大修宫室，一味追求奢侈。据梁朝李膺《益州记》载：“寿既篡位，以郊甸未实，都邑空虚，乃徙旁郡户三千以上实成都。又从牂牁引僚人入蜀境，自象山以北尽为僚人居。”同时，李寿决定进攻尚未降服的牂牁郡。

其实，关于牂牁郡遭到进攻的时间，有两种说法：一种认为发生在李雄在位的时候，另一种认为发生在李寿篡位称帝之后。按《华阳国志·卷九·李特雄期寿势志》的说法，事件应该发生于汉兴四年（341年）。这年，李寿为扩大地盘以巩固统治，派遣镇东大将军李奕征牂牁。李奕当年在李寿袭成都时曾任先锋，李寿称帝后受封为西夷校尉，很受李寿器重，倚为爪牙，因此得拥重兵。是时，李奕颐指气使，率军直抵牂牁城下后，即派遣使者入城，命令谢恕弃守投降。

当时的形势是：周边郡县皆为李氏军占据，李奕军气势汹汹，牂牁已成一座孤城，内无粮草，外无救兵。但谢恕作为牂牁太守，决心保境护民，断然拒绝李寿的招降，身先士卒奋起抵抗。经过数日鏖战，终将李寿大军击退，保得一方安宁。

关于牂牁保卫战的详情，文献记载虽极简略，但《晋书》《华阳国志》《蜀录》《黔记》《贵州通志》都有提及。可以肯定的是，由于谢恕的坚决抵抗，成汉军并未攻下牂牁。这一场仗打下来，既保住了牂牁郡城，护得全城百姓平安，维护了贵州与东晋的一统局面，更为东晋王朝除去了来自西部的威胁。《华阳国志》明确称“（谢）恕保境独为晋”，“（牂牁）终独为晋者”，说明那时的西南地区，只有谢恕治下的牂牁郡仍属东晋王朝。战后，谢恕受到朝廷的信任和嘉奖，晋升为抚夷中郎将、宁州刺史、冠军将军。一些史籍如《晋书》中虽有“太守谢恕保城拒守者积日不拔，会奕粮尽，引还”的说法，但这并无损谢恕奋勇抗敌、独守孤城的事迹。

在没有战争的宁静日子，谈论“为官一任，稳定一方”毕竟是比较容易的，但在东晋时期那种遍地烽火的战乱岁月，就成了一种与百姓共生死的考验。得益于谢恕在政治上的明智，在东晋十六国最混乱的岁月，贵州不仅没有发生更多战乱，反获得一个相对稳定的生活环境。

儒学传入贵州的时间虽然相对较晚，但贵州却是儒学传播的热土。自儒家大一统思想在贵州传播开来以后，维护国家统一、确保地区安宁的观念逐渐深入人心。从夜郎王多同与西汉王朝“约为置吏”，三国时期济火助蜀军平定南中，到谢太守“保境为晋”，再到南宋末冉氏兄弟出谋固守合州抵抗元军进攻，直至明初奢香夫人顾全大局维护国家统一的壮举，种种事例无不让人感到：贵州各族人民虽然生活在相对封闭的大山中，却有一种深明大义、维护国家统一与地区安宁的积极心态。这种心态，在漫漫历史长河中，已成为贵州山地文化的一种优良传统。

# 骑龙村的周氏双杰

人类的确很聪明，自从开始群居生活，有了人际交往后，便开始给特定空间位置上的自然环境或人文地理实体取了用于称呼的名字，于是出现了最早的地名。中国历史悠久、地域广袤，因此地名有许多独特之处，且随时代变迁而多有变化。被誉为高原明珠的贵阳市花溪，其名称便经历了由以民族为名到以民族与山水景观结合的演变。

花溪原住民是古时被称为僚人的仡佬族，故花溪原来的地名叫“花仡佬”，直到1937年，贵阳县政府欲将该地辟为风景区，才取“花仡佬”的首字与当地秀丽的溪流结合，更名为“花溪”。

早年间，花溪距贵阳城区较远，交通不便，显得相当偏僻落后。然而，经济上的落后并不妨碍杰出人才的涌现。就在清康熙年间，地处花溪东南，与青岩古镇相连的骑龙村，一下竟冒出了两位文采风流、政绩卓著、名闻遐迩的历史名人：一位是出身于当地望族的周起渭，另一位是其族叔周钟瑄。

骑龙村属黔陶布依族苗族乡。“黔陶”之得名，源于早年在当地发现了陶土，有人因之开设碗厂生产杯、碗、碟、盘。但“骑龙”这个让人觉得很动听、有腾飞欲仙之感的地名，却无人考证出它的来历。

龙是中国古代传说中的神异动物，历代都受尊崇，所以国内以“骑龙”为名的地方很多。以“骑龙”为地名的，四川省有好几个，湖北、湖南、安徽等省都有，但各地关于这一地名的阐释，却有许多不同的传说。湖北黄土岗镇古称骑龙镇，当地人说：因该镇的所处位置“正好像骑在龙身上，所

周渔璜故居

以古称骑龙镇”。这让人想到，花溪骑龙村的地形与龙并不相似，却以“骑龙”为村名，这是否与有人从这里乘龙腾飞而去，扬名于天下有关呢？

今花溪区黔陶布依族苗族乡，在明、清两代为白纳长官司辖地。白纳长官司原为中曹白纳军民蛮夷长官司，属贵州宣慰司。明洪武五年（1372年）分置中曹、白纳两长官司；清康熙三年（1664年）改属贵阳军民府，二十六年（1687年）属新贵县，三十四年（1695年）改属贵筑县，设正副长官。

自明朝洪武年间下令各土司设立儒学以后，贵州土司地区相继设立司学，其中，贵州宣慰司学在贵州全省规模最大，影响长达200余年。骑龙村在明、清两朝均为白纳长官司正司驻地，故儒学较为兴盛。当时，紧邻骑龙村不远处有一规模甚大的龙标寺，虽然寺庙始建时间不详，但却依青山，临慧泉，环境异常幽静。寺庙建成以后，一直被民众奉为圣地。

周起渭、周钟瑄的先祖周朝聘原籍江西吉安府庐陵，入黔之前的家族世

系失考。《贵州通志·人物志》称“渔璜先世居江西庐陵，明洪武间，有为白纳长官司者，遂著籍贵阳”。其中的“有为白纳长官司者”，指的即是周氏族谱中的一世祖周可敬。明初，周可敬随傅友德征南大军入黔，因征剿“九股洞箐”有功，明成祖永乐四年（1406年）复置白纳长官司时，封周可敬为正印长官，颁给关防印信，准其由长房子孙世袭其职，以正六品土司官领其地。自后，历代周氏族人在骑龙开阡陌沟洫，耕读传家。周氏族人虽以军功入黔，但家教甚严，重视教育，子孙皆颇有志气。

周起渭生于康熙四年（1665年），字渔璜，号桐埜，别号载公。其父周国柱，字玉础，贵阳府生员。周起渭为家中长子。幼年时的周起渭即聪慧过人，勤学好问，过目不忘。据载，周起渭“年十四五作《灯花诗》传诵一时”，颇受嘉许。20岁时，周起渭举康熙辛酉年（1681年）副榜，列第3名。康熙二十六年（1687年）中解元，康熙三十三年（1694年）中甲戌科进士，后改翰林院庶吉士，授检讨。在京期间历任侍读、侍讲学士。曾先后奉命出任浙江乡试正考官，提督顺天学政，并曾受命为钦差大臣，奉旨祭祀过禹陵和明太祖陵、巡阅江浙两省驻军。任詹事府詹事时，参与《康熙字典》编纂，衔名第三，清编类书《皇舆表》《渊鉴类函》有其不少心血。周起渭在京为官20余年，成为有清一代最后一任实际掌管太子宫的官员，即雍正帝之师。

周起渭备受后人推崇的是其在诗歌方面的才华。在清代前期的诗坛上，周起渭享有极高地位，被视为康熙年间与史申义并列的诗家，有“天下奇才”之誉。他从来主张“于诗不多作，不苟作”，“不名一家”，作诗必以新、奇见长，方可称为佳作。周起渭初入翰林时，同朝多有“卑视西南之士”，门户之见极深。自知来自远方的周起渭，不受朝中习气影响，专注于朝务与诗歌创作。对于诗歌，他“独好东坡、遗山、东涧、青邱诸集，又上至建安，下至竟陵，皆研究精实，择其善者而从”。他所写的诗，既无轻佻尖险之习，更无肤廓叫嚣之态，给人以和平清缓的独特意境。当时享誉诗坛的郭元釪为周起渭诗集作序时赞道：“无形似之与浮靡之响”“得永其年，翱翔名位，必能题唱后学，兴起衰瘠，破门户之见，而起其积痼之习，其有造于世岂鲜哉”。

在京城的20多年中，周起渭以一首《万佛寺大钟歌》崭露头角。万佛寺大钟即华严经大钟。明建文四年（1402年），燕王朱棣发动“靖难”之役，夺其侄帝位，后改年号为永乐，迁都北京。一到北京，朱棣就铸华严经大钟，意在超度“靖难”死者，减轻自己的罪孽。周起渭于康熙四十七年（1708年）写此诗，时正供职于翰林院。该诗原名《分韵京师古迹得明成祖华严经大钟》，诗中鞭挞了朱棣夺取皇位的残酷，指出“南兵百万封羊豕”“忠臣十族飘冤魂”“当年杀戮成丘墟”；揭示刻有20万字的华严经大钟“一字忏除一冤命，字少冤多除不竟”，“钟声夜发老狐鸣，头戴髑髅暗中听”；最后沉痛地说，李闯王入京，崇祯吊死，明朝灭亡前的景象是“帝子王孙无处所，血溅长陵一抔土”。这首磅礴大气、意境幽旷、沉雄悲壮的诗一出，顿时震惊国内诗坛。

无论周起渭的同时代人或后世名人，对周起渭诗歌功力深厚之认可，皆异口同声。据传，康熙帝曾问文渊阁大学士兼吏部尚书陈廷敬：当代诗人数谁？陈答：当数周起渭与史申义。史申义，字叔时，一字蕉饮，是康熙年间著名的诗人，有《芜城集》《使滇集》《过江集》3部诗集。在陈廷敬眼中，周、史二人属于当时诗界之翘楚。乾嘉时期的代表诗人袁枚，在《随园诗话》一书中，曾把周起渭的《泛舟西湖夜半始归》诗里的“直把西湖比明月，湖心亭是广寒宫”，赞为使人“终身不忘”的佳句。《清史稿》评价周起渭的诗作时称：“诗才隽逸，尤致力于苏轼、元好问、高启诸家。贵州自明始隶版图，清诗人以起渭为冠。”

康熙五十三年（1714年），周起渭临终留下遗愿：将在北京的北樱桃胡同住宅捐为“贵州会馆”，并以多年积蓄作为修建桐埜书屋之费。周起渭一生诗作甚丰，据《黔诗纪略后编》载，他的诗集数易其名：初集名《回青山房》，又名《稼雨轩》，又名《燕山尘土》，后定名《桐埜》。诗集先由其弟周起濂刻印于京城，称北本；同年好友同榜进士汪千波再刻于吴下（今苏州），称南本。乾隆年间举人谢廷薰三刻于贵阳；咸丰二年（1852年）独山莫友芝以北本为据，四刻再印。周起渭的诗歌成就不仅在清康熙年间影响巨大，后世亦广为称道。这个出自黔中小山村的一代天才，的确为贵州争光

桐埜书屋之慧泉

不少。

从骑龙村走出去，以空前少有之宦绩与文才享负盛名的另一人，是周起渭的族叔周钟瑄。周钟瑄，字宣子，康熙十年（1671年）生于骑龙村，年龄上比周起渭小7岁，按辈分却是周起渭的堂叔。二人幼时均在桐埜书屋读书，但周钟瑄9岁丧母，11岁丧父，由叔父抚养。早孤的人生导致其个性坚挺，执着勤勉，虽因年龄小而比周起渭入仕晚，仍于25岁时乡试中举，名列第二。周钟瑄极具孝心，叔父周奕云故世，“丧之如所生”。丧期满后北上京城，先后在山西督学高章之、江南督学张志尹、直隶督学周起渭等处为幕僚，其行止、才干深受京师名流赏识。

康熙五十一年（1712年）周钟瑄出任福建邵武县知县，到任三日，即捐出自己的俸银，购民房及空闲地扩建文庙，又出资修葺两宋名臣李纲祠堂，革除当地“红袍银”陋规。次年，周钟瑄调任台湾诸罗县知县。诸罗县始置于康熙二十三年（1684年），属台湾府，康熙四十三年（1704年）移治今台湾嘉义市，乾隆五十二年（1787年）更名为嘉义县。

周钟瑄赴任时，诸罗“无城廓，县署仅破屋三间，附县居民不满三十家，无庙亦无学，春秋上丁，辄结棚以祀先师，事竣则撤之”。当年诸罗县之落后，今人很难想象。相关史籍记载称：“诸罗田土不垦，无渠堰之利。所辖十八社皆熟番，间有种芝麻者，余多捕鹿为生；生番则但知捕鹿而已。”周钟瑄到职后果断采取了三方面措施：一是废除“官取银而番汉皆困”的赋役苛重陋规，舒缓民间疾苦；二是传播内地先进的耕作技术，督促当地居民开垦土地，给劳动者发放农具、耕牛、种子，并兴修渠堰；三是在经济发展，在百姓生活改善的基础上，推行他一贯“治政必重教化”的主张，在当地设立义学，延请老师，择优秀子弟入学就读，并让当地老百姓学习“官语”，以利沟通。经数年努力，原先荒芜的诸罗变成了膏腴之地。

周钟瑄的第一次入台就职，尽管任期只有3年，却对诸罗县的开发做出了极大贡献。当时台湾设一府三县，而诸罗县占全台湾面积的三分之二，该县社会生产力的发展与文化上与内地的交融，对整个台湾府都产生了巨大影响。古代中国官吏的优劣，固然主要由帝王说了算，但民众的感受却远远超出皇上的诰封。皇帝给的头衔与嘉勉，不过是一顶高帽，戴过了或刻在碑上，转眼即被岁月湮没。而留在民众心中的记忆，却如永不损毁的汗青，流芳百世。

当年周钟瑄离诸罗县赴任高唐知州，当地人眷恋之情极浓，不仅将他修建的渠堰称为周公堰，还专门修建周公祠以示永志不忘。在周钟瑄逝去250余年后的今天，台湾嘉义市有着300余年历史的城隍古庙中，依然供奉着他的神像。自2006年起，嘉义市政府专门设立“周钟瑄纪念日”，每年均举行秋祭大典及召开“周钟瑄研讨会”。嘉义市民曾多次组团，赴贵阳花溪骑龙村周氏宗祠与周钟瑄墓前祭拜。“为官一任，造福一方”这句话，在周钟瑄的身上表现得淋漓尽致。这位出生于骑龙山村的官吏的所作所为，当可成为今天我们所有肩负领导责任者的效法对象。

周钟瑄二次赴台是在康熙六十年（1721年）。此前刚升任吏部员外郎的他，不到一年即因台湾发生朱一贵领导的起义，总督满宝、巡抚黄国材以“钟瑄治诸罗有善政，为番汉所服”为由，向康熙帝推荐，“以员外郎管台湾知县事”。周钟瑄到达台湾时，朱一贵领导的反知府王珍苛政的起义已被镇压，总督满宝欲缉拿朱一贵遗党，周钟瑄力主抚绥、怀柔，得到吏民拥护。当时巡按御史禅其布纵容下属为奸于台湾，周钟瑄将作奸者执捕并严加惩处，禅其布竟因此上疏对周钟瑄进行弹劾。经总督高其倬、尚书史贻直审理后，结论是查无实据。雍正帝即位后解除对周钟瑄的诬陷，任命其为荆州知府。

周钟瑄两度治台，政绩不胜枚举，除台湾吏民广为称道的施政措施外，最受后人推崇的当数他主持编纂的《诸罗县志》。

始编于康熙五十五年（1716年）、刊印于雍正二年（1724年）的《诸罗县志》，共12卷47目。该志体例与清初内地的县志相同，包括封域、规制、秩官、祀典、学校、赋役、兵防、风俗、人物、物产、艺文、杂记等。尤为可贵的是，志书除了山川图11幅，县治、学宫图各1幅外，特别编入了反映台湾少数民族习俗风情的10幅极其珍贵的绘图。这既突出了这部县志的地方特色，也达到了周钟瑄通过修县志“信今而传后”的编纂宗旨。清末唐景崧在

《澎湖厅志》序中曾叹道：“台湾志存者，莫先于诸罗。”当代学者亦充分肯定《诸罗县志》编纂之严谨与推陈出新，赞其“上乘明末清初大儒顾炎武‘附经世致用之考据’之学，下启台湾方志之传统”，是一部影响深远的上乘县志。

92岁高寿的周钟瑄，一生令人钦佩的地方很多：宦绩是一个方面，文才是获古今认同的另一个方面，编修《诸罗县志》是他给后人的遗惠。但纵观其一生，无论个人在何任上、处境如何，始终不忘爱民。他兴修水利也罢，鼓励垦荒种地也罢，革除官场陋习也罢，主张抚绥怀柔也罢，编纂县志也罢，无一不是出于爱民之心。对于古今为官之人而言，真正要做到像周钟瑄这样，的确需要一颗奉公爱民之心。

# 名噪晚清社会的丁宝桢

晚清70年中，有不少贵州人对当时的社会产生过重大影响。咸丰至光绪年间被赞清正廉洁，毕生致力于报国爱民，死后入祀贤良祠，特准在山东、四川、贵州建祠祭祀的丁宝桢就是其中之一。

大概缘于贵州地域文化的熏陶，贵州历史上的名人、名宦多有共同点，那就是勤政、爱民与执着。从东汉时开创贵州教育的尹珍，到两晋时保境为晋的谢恕，明洪武年间顾全大局的爱国女土司水西奢香与水东刘淑贞，再到清前期的骑龙周氏双杰，这些人无论在朝、在野，大都极重视民生，关注地方稳定，恪尽职守，勤政爱民。他们身上所体现的，正是山地高原地域文化中的和谐、勤勉与坚韧。生活于晚清社会巨变时代的丁宝桢，便是这类值得世代铭记的历史人物之一。

1820年，清嘉庆皇帝在位25年后去世，道光皇帝（爱新觉罗・旻宁）登基。也就在这一年，丁宝桢出生于大定府平远州（今织金县）。丁氏先祖丁福汉于乾隆初年经商到平远州牛场镇，见当地山清水秀、民风淳朴，遂定居下来。丁福汉虽经商却重文，尤为重视对子女的教育，其子丁公俊考中秀才，孙丁必荣37岁入仕，曾任四川酉阳州州判、昭化县知县。丁宝桢之父丁世菼，27岁成为优贡。在清朝，优贡是地方贡入国子监的生员，每三年才由各省学政从儒学生员中考选一次，每省不过数名，足见出类之不易。丁世菼考选获优贡后，曾任镇远府训导10年，其间兢兢业业，克勤克俭，颇获赞誉。

幼年时的丁宝桢深受家规祖训影响，好学勤勉，23岁中举人，之后十年一直在当地设馆教书，苦读深造。咸丰三年（1853年）丁宝桢考取进士，入京改翰林院庶吉士，时年33岁。在丁氏家训中，有一条由其祖丁公俊以诗的形式定下的世规，内容主要为：世代忠良、精忠报国、廉洁奉公、尊老爱幼。从丁宝桢入仕后的所作所为来看，其不仅没有违训之处，反使世代传承的家训得以发扬光大。

丁宝桢入翰林院不久，知其母亡讯，随即遵朝廷规制，返家丁母忧。其时，1851年，太平天国运动爆发，各省相继爆发响应太平天国的起义，天下已经大乱。而鸦片战争以后的清王朝日趋腐败虚弱，已无力对农民起义进行镇压，于是，乾嘉年间为镇压白莲教起义而军事化的地方团练，成了支撑清政府的重要军事力量。

贵州响应太平天国的起义，因发生在清朝咸丰、同治年间，加上声势浩大、支数众多，历史上称为“咸同各族农民大起义”。咸丰四年（1854年），独山杨元保率布依族农民起义，揭开了咸同农民起义的序幕。同年8月，桐梓九坝人杨龙喜率众起事，一度占领黔北、黔西北多县。丁忧在家的丁宝桢，在平远州遭到义军进攻时，效法各省办团练方式，“斥家财募壮士八百捍乡里，战始不利，继获大胜”。接着又率军向普定（今安顺市）、定番（今惠水县）进军，协助巡抚蒋霨远防守省城，并解平越直隶州（今福泉市）围，收复平越、独山等城池。事后，清廷以军功授丁宝桢五品衔、赏戴蓝翎、记名以知府用。

像咸同贵州各族农民起义这样的历史风暴，中国古代史上历朝都有发生，却鲜有成功者。历史上的农民属于社会的底层，有许多局限性，加上战争又往往给社会经济造成破坏，于是，某些当代学者对历史上的农民战争持完全否定的态度，甚至认为“中国古代历史少有靠农民起义而推动社会发展的情形”。这种看法显然失之偏颇。尽管古代农民阶层受文化局限，政治上较盲目，缺乏远见，即便夺得天下也难以治国，但历史上一朝一代的更迭，莫不与农民起义有关。正是这些农民战争，撼动了每个朝代末期已经变得腐朽不堪的统治，迫使新王朝的统治者不得不采取休养生息、缓和社会矛盾的政策，促使经济得以恢复和发展。

丁宝桢考取进士入翰林院后返乡丁母忧，遇上了咸同农民起义风暴。镇压咸同农民起义，以及后来配合李鸿章的淮军与捻军作战，的确有助于丁宝桢本人在朝廷中地位的擢升，但对于他的这段经历，我们不宜简单地以现代意识去分析评判。作为自幼受儒家思想教育，以忠君爱国、心怀天下为己任的丁宝桢来说，尤其要看到他“斥家财募壮士”的初衷是出于捍卫乡里。事实上，任山东按察使任时，郡王僧格林沁令其镇压宋景诗的起义军，丁宝桢就曾力主招抚，结果被以“擅议招抚”罪名，“部议降三级”。其后当上山东布政使，却又因僧格林沁战死于曹州，几乎被弹劾，幸得曾国藩力保获免。最后在与东捻军对抗中，因潍河失防，“捻（军）长驱渡河”，朝廷欲以守将王心安抵抗不力问罪，丁宝桢却为王心安极力抗辩，最终受到革职留任处分。凡此种种，足可窥见丁宝桢对待农民起义的态度。

由于电视连续剧的播映、大量媒体文章的刊发、各类学术会议的召开、纪念活动的举办，丁宝桢已越来越为大众所熟悉。不过，文艺作品往往侧重于故事情节，讲究收视率；报刊文章受篇幅所限，不免文字简略；学术探讨为确保研究深度，大多只以专题为对象展开；各类纪念会则只能起到宣传与忆念的作用。对这位从黔西北走出大山，在晚清社会名噪一时的风云人物，丁宝桢在近代中国的历史贡献和对其一生的评价，才是我们最需要了解的。

除去幼年阶段，丁宝桢的人生经历相当丰富。从中进士、入翰林到回乡丁母忧，募乡勇与咸同起义军作战，前后共7年；在湖南岳州知府、长沙知府任上约2年；同治二年（1863年）正月获授山东按察使，“募军随剿捻匪”，后任山东布政使、山东巡抚，在山东任上近15年；光绪二年（1876年）八月擢四川总督，直至光绪十二年（1886年）三月卒于任上，治蜀计10年。

纵观丁宝桢的一生，其最值得后人称道和效法的，应该是为政清廉，勤政爱民。

中国古代有句老话叫“三年清知府，十万白花银”，意为即便那些自称“两袖清风”的达官，离任后至少也有万贯家财。但这句话在丁宝桢身上却完全对不上号。在他30多年的宦海生涯中，不仅与“贪”字沾不上边，反而“克己奉公”，多次将俸禄用于公务，以致临终时落得一贫如洗。“贵州初起”时，丁宝桢即倾家财招募乡勇，以致事后竟无钱遣散所募之兵。《清史稿·列传》有这样一段丁宝桢当时与募兵的对话：“（丁宝桢）语众曰：‘与诸君共事久，今库馈绌，徒手归，奈何？’众泣曰：‘公毁家纾难，我等敢他求乎？’”，语罢，众兵遂离去。

这只是丁宝桢早年克己奉公的一个例子。其在湖南、山东、四川任上，一直以清正廉洁著称。他为官廉洁，出发点是爱民之心。诚如其在给长子丁体常（署山西浦州知府）家书中所言：“至做官，只是以爱民养民为第一要事，即所谓报国者亦不外此。盖民为国本，培养民气即是培养国脉”；“不使一事不可对民，一念不可对民”，“凡有害民者，必尽力除之；有利于民者，必实心谋之”。而丁宝桢本人也时时自省，坚持“民事即己事”，决不忽略延玩。尤其在廉洁方面，他对其子的告诫便极为透彻：“银钱一事尤须清白，局中点滴均须归公。每月必将一切收数、支数各项，详细开折，呈送查阅，以昭清晰。不可一毫苟且。”这样的原则，在100多年后的今天，对从事公务者仍具有可贵的警示作用。

怠政、懒政一直是封建时代奸滑之徒的为官之道。对此，丁宝桢不仅深恶痛绝，还以自己的实际行动给下属做表率。同治十年（1871年），黄河在山东郓城侯家林决口，州县多淹，且阻塞运道。时任河道总督乔松年提请等待次年再兴工，丁宝桢则奏请自往督工。2个月时间里，他亲赴工地，指挥抢险，与役夫同甘共苦，终于克尽全功。清廷称赞其“勇于任事，督率有方”，下令交吏部“从优议叙”嘉奖。同治十二年（1873年），黄河再次发生大决口，河水东趋，山东受害最深。刚告假回乡修墓返任的丁宝桢，见此情景再次挺身而出，军民同心，历时半年修筑堤坝250里，确保周围数百里村庄不再遭受水患。丁宝桢的勤政由此可见一斑。

刚正不阿、政绩卓著是后人对丁宝桢宦海生涯的客观定位。

在丁宝桢的人生经历中，一直被人津津乐道并加以演义的，是他“前门接旨，后门问斩”宦官安德海一事。此事发生于同治八年（1869年），《清史稿》中仅有140余字的简略记述。《贵州通志·人物志》之丁宝桢传的记载为：“太监安德海私出山东，矫称采办御衣。宝桢奏闻，即饬属严拿，获之泰安，讯实具奏，得旨，就地正法，并随从太监人役等，斩绞如律。”此事大体情况应该如此，民间因丁宝桢竟然敢于诛杀深得慈禧太后宠幸的安德海，对其胆识与勇气极为钦佩，故演义出许多悬念迭生的故事情节，但这并无损于丁宝桢刚正不阿的形象。

丁宝桢的刚正还体现在其不媚上，遇事但遵原则而行。他初到山东时，郡王僧格林沁正为捻军攻打淄川愁烦，加上其人向来倨傲，见司道官员一概不予设坐。偏偏丁宝桢投谒求见时，直接表示“坐则见，否则罢”。一时，左右皆大惊，僧格林沁却佩服他的要强，反而对他特别客气，以礼待之。丁宝桢不仅面对僧格林沁一副坦然，即便皇上以东路军统帅王心安抵抗捻军不力，下诏斩王时，他仍敢于据实上疏抗辩，待到朝廷宽宥王心安，改而问责李鸿章，他又“复屡疏相诋”。凡此种种，皆展现出其万事皆尊重实情，不唯上、不避嫌的胸怀。无怪乎阎敬铭在其为丁宝桢撰写的墓志铭中，赞叹丁宝桢为官“事之所系在国与民，则必行其志而后已”。

丁宝桢政绩卓著，虽曾经历过宦海沉浮，最终仍为清廷高度赏识，不仅历任封疆大吏，赐紫禁城骑马，死后还获赠太子太保、谥文诚公，准予山东、四川、贵州建祠。他一生的政绩除勤政爱民、勇立军功外，主要集中展现在治理水患、图强办洋务、改革盐政与发展地方教育等方面。

山东济南崇孝苑碑林里，有一块记载同治十年（1871年）黄河在山东郓城决堤，丁宝桢带病治理黄河水患事迹的石碑。这块距今已有百年以上的石碑，既是当年丁宝桢在山东任上治理黄河水患的历史实录，也是山东人民对这位晚清官吏发自内心的铭记。当年，丁宝桢两度率众堵住黄河决口，完成了障东堤的修建。人们叹其“工惟其坚，用惟其省”，始终不忘他的德政。

在四川任上，丁宝桢同样将精力倾注于修治都江堰水利工程。57岁的他赴任署四川总督时，都江堰年久失修已近半个世纪，隐患极重。丁宝桢到任后，见都江堰灌区春灌无水，民众不断到官府告访，其亲赴实地考察，并于光绪三年（1877年）组织大修。他以自己在山东治黄河的经验，结合当地实际，将都江堰分水鱼嘴与人字堤全部改用条石修砌，条石之间用铁锭互闩。

丁宝桢政绩卓著，慈禧太后为其亲书“国之宝桢”四字

又砌石堤岸万余丈，修建白马槽、平水槽等导水、泄水工程，疏浚河四十多万方，从根本上消除了都江堰年久失修的隐患，百姓欢声载道。不料完工当年，岷江发生百年不遇的洪水，部分堤堰被冲毁。为此，丁宝桢曾遭到成都将军恒训的挑剔指摘，幸而朝廷认为“堤堰保卫民田，大利大害，关系甚重”，支持丁宝桢“不可忧谗畏讥，稍易初念”。稍后，清廷授丁宝桢四川总督职，让其继续勤政，慈禧太后并亲书“国之宝桢”四字以示勉励。

生活于中国近代大变革背景下的丁宝桢，深受当时近代思潮的影响，敢于冲破传统封建思维，在其任上大胆致力于“求富自强”的洋务运动。其中最具代表性的是他先后创办的上海、四川两个机器局。光绪元年（1875年），丁宝桢以“靖海安边”为名，在济南北郊择地300亩，建山东机器局，从国外引进机器设备，制造火药、马梯尼洋枪等强国武器；在四川总督任上，又驾轻就熟创办了四川机器局。这两个机器局的创办，不仅为强军卫国做出了实实在在的贡献，也为山东、四川两省的近代工业奠定了基础。

丁宝桢大力发展地方教育与改革盐政。其施行的举措，不仅对山东、四川等经济相对发达省区有益，更让毗邻四川“斗米斤盐”的贵州深受其惠。他不仅在山东建尚志书院，在传播儒学经典之外，教授自然科学知识，创办了山东的第一个近代官书局——山东书局，本人还亲自参加了《十三经读本》的校勘。尚志堂版书籍在当时国内享有盛誉，今趵突泉公园仍有尚志堂建筑遗存。

丁宝桢的盐政改革主要在四川任上。他深刻分析了当时盐业运销的各种弊端，断然奏请废除商户专卖，推行官运商销制，同时伴以吏治整顿，获得了显著成效。他的盐政改革，受益最多的是本省不产盐、民众备受淡食之苦的贵州。改革的具体做法是取消盐道，改设官运总局于泸州，杜绝私商操纵；停止阻碍川盐销黔，停止贵州盐厘征课，减轻贵州民众之盐负；通过限制盐商利润，公开售盐牌价，有效降低了盐价。就这一“岁增帑金百余万”深获官民称道的改革，却因“滑商奸吏不便所为，争中以蜚语，于是台谏交章纠奏”。幸而清廷认为“川盐有成效”，支持了丁宝桢之举。

名噪晚清社会的丁宝桢，是近代贵州知识分子群体崛起的代表人物。他不仅以勤政爱民为第一要务，刚正廉洁，敢作敢当，取得了同时期官吏难望项背的政绩，直到临终还遗疏奏陈：“外洋和约，万不足恃，止可以安为攘，不宜重外轻内……勿以财用不足而近言利之臣，勿以时局多艰而行苟且之政，固结民心，即所以深固国脉”，其拳拳爱国之心跃然纸上。

# 穷乡僻壤三状元

考试，几乎所有人都经历过。古今中外大体都是让应试者在固定时间内完成一份相同的考卷，以考核学习能力和知识储备水平，然后酌情对合格者进行安排任用。

始创于隋朝的科举考试，延续时间长达1300多年，是中国古代知识分子跨入仕途的主要途径。贵州成为行省虽然名列第十三，时间上要比许多省早，但直至明初都没有开设乡试的考点。明永乐十一年（1413年）建省后，情况并没有立即改变。直到明洪熙元年（1425年），才有允许贵州生员到湖广乡试的诏令，但到宣德四年（1429年）又改令前往云南赴考。想到那些年的贵州读书人，为了争取能当上一个举人，背着行囊啃着干粮翻山越岭的情景，真替他们感到艰辛。

明代历任贵州官员都曾上疏，奏请在贵州开科。明弘治七年（1494年），贵州巡抚邓廷瓒经营贵州，即向朝廷奏请在黔地开科取士，朝廷置之不理，而其他官员的奏疏同样被束之高阁。实在不明白当年朝中那些大臣心中是怎么想的。

直到嘉靖十六年（1537年），思南籍进士出身的给事中田秋上《请开贵州乡科疏》，疏呈诉称："贵州至云南相距二千余里，如思南、永宁等府卫至云南且有三四千里者。而盛夏难行，山路险峻，瘴毒浸淫，生儒赴试，其苦最极"，而今"远方人才，正如在山之木，得雨露之润，日有所长，固非昔日之比"。田秋力陈贵州独立开科之利，终于获得批准，由此贵州才开始开设乡试。

获准独立开设乡试，对贵州来说的确是一件意义非凡的大事。贵州虽是儒学传播的沃土，东汉时即有尹珍这样不辞辛劳远赴中原求学后还乡发展教育的能人，但毕竟因僻处西南、交通梗阻，与中原及周边各省相比，成系统教育的发展仍明显落后。贵州最早见于记载的书院是南宋绍兴年间的鸾塘书院，其他书院皆建于明、清两代。而自隋唐兴科举至宋元长达数百年的时间里，通过科举出类拔萃者极少，取士最多的两宋，贵州也仅有进士8人。有学者断言：由此足可证明东汉时的“尹珍办学似乎没产生什么影响，他身后八九百年间，贵州并未出现一个能见诸史载的文化人士”。

这种看法不仅失之片面，且属于对贵州历史缺乏常识。贵州古代教育发展滞后的原因，一则是因区位偏僻，重峦叠嶂阻碍了文化的交流，更重要的是，历朝历代只关注贵州扼控西南地区交通，具有重大军事战略地位，从未将贵州高原纳入中央王朝的发展大计。生活于10世纪末的宋太祖赵匡胤，尚且还在发出“惟尔贵州，远在要荒”的感叹，在他之前的统治者对贵州能了解多少，可想而知。

诚然，直到宋元，贵州通过科举考试走出大山的人相对较少，但这并不说明这方儒学沃土人才零落。明初贵州建省前后，明政府在贵州大力发展教育，办了许多官学、司学、卫学。即便如此，从明初到嘉靖开设乡试前的160余年，贵州考中进士者仍只有27人，同期云南则出了92名进士。封建朝廷固执地不同意在贵州开设乡试，限制了贵州人才的发展。一位学者的分析很有见地：“因为没有乡闱，很多读书人参加考试，都要到千里之外的云南去应试，除少数富贵家庭之外，很多贫寒之士是无能为力的。因此埋没了很多人才。”

这位学者的观点，在贵州获准独立开设乡试后的明、清两代，得到了充分印证。嘉靖十六年（1537年），贵州的乡试闸门打开后，黔籍人才如洪水喷涌而出，犹如群星璀璨。在其后科举制度存在的短短300年中，贵州竟考出了六千举人、七百进士。其中具有代表性的人物如王阳明的再传弟子孙应鳌，云贵两省入翰林院授职第一人邱禾实，被称为“明末贵州第一奇才”的谢三秀，诗画兼长、抗清不屈的杨文骢，才华横溢、政绩卓著的周渔璜、周钟瑄侄叔，以治水得享盛名的陈法，其批点的《聊斋志异》被誉为“清代诸家《聊斋志异》评点本之翘楚”的但明伦，以及出身于遵义沙滩被誉为“西南大儒”的郑珍、莫友芝与黎庶昌等。

出乎省内外人士意料的是，有清一代贵州竟然通过科举考出了一武二文共三名状元。这很让曾经力压贵州的云南学子困惑。云南省历史上仅有的一名经济特科状元袁嘉谷，系清光绪二十九年（1903年）为推行新政开设的经济特科考中的。此前，该省楚雄人李启东，在明嘉靖年间殿试中获一甲第一名，已有状元希望，却在嘉靖帝阅卷时被改为二甲第一名，与状元失之交臂；清光绪二十一年（1895年），出生于会泽县的骆成骧在殿试时被光绪皇帝钦点为一甲第一名，却因原为李姓，过继给到会泽做生意的四川资州人骆腾焕夫妇，又一直在资州和成都求学，被划为四川籍，成了四川继唐代范崇凯之后，破天荒的又一名状元。云南省民间一直流传有“云南不点状元”之说。

比起滇、川两省，一向被视为穷乡僻壤的贵州，却在清代切切实实地出了3名状元，这很让西南几省人惊叹不已。

贵阳市南明区中华南路与富水南路之间有一条街，早年间是一条小巷，名叫“常平仓”，又叫“仓门口”。据说其名称出自巷子里设有专门用以平抑粮价的仓库。清末因康熙年间的武状元曹维城居住于此，建了一座带朝门的四合院安度余年，故民间将之称为“状元巷”。民国以后，小巷拓宽商铺增多，一度被称为“新市场”。20世纪80年代初，更名为“市场路”，80年代末恢复“曹状元街”名。90年代初“曹状元府邸”因城市建设被拆除，但“曹状元街”这一街名一直保留至今，成为贵阳市除了中山路之外唯一以人名命名的街道。

曹维城，字价人，贵州平越直隶州（今福泉市）人，生于康熙二十二年（1683年），父曹元肃系康熙十二年（1673年）癸丑科武进士，曾官至副将，解甲归田后居于平越（今福泉市）。出身于行伍之家的曹维城自幼随父习武，但却勤读诗书，是一名文武兼修的干才。曹维城19岁考中举人，次年入京参加会试、殿试。按清初科举之例，中举者于二月会试，三月发榜，四月初殿试。曹维城得父教益，武艺超群。殿试三场，射击、骑射、技勇均名列前茅，策论笔试又拔得头筹，遂被康熙皇帝钦点为武进士一甲第一名，成为康熙四十二年（1703年）癸未科武状元，也是贵州历史上的第一个状元和唯一的武状元。

夺魁后的曹维城先为宫中御前带刀侍卫，之后外放出任云南副使、广西援剿左协副将等职。曹在任期间，天下承平，少有用武之地，而其本人又嗜好诗文，既在官无所事事，遂毅然于30岁辞官返回贵州。返乡后的曹维城在当时省城较繁华的仓门口，择地修建府邸，吟诗会友，乐享清闲。曹维城在任时的作为或因影响不大，史籍记载简略，后人亦无从详考，唯知其为人豪爽，举止狂达，不慕功名，尝与朱文、吴中蕃、潘德征等人交好，以诗见嘲。其交际好友曾写道："我爱曹公子，风流多蕴藉。二十夺状头，三十称诗伯。长剑倚青天，高门列画戟。叱咤生风云，六诏流惠泽。"此诗恰如其分地描绘出了曹维城的人生状态。

以文状元夺魁天下的赵以炯，出生于今贵州省5A级风景区青岩古镇。位于黔中腹地的青岩，是国内唯一具有典型山地特征及多民族大杂居、小聚居特点的历史古镇。明初，朱元璋在贵州广设卫所、大兴屯田，于当地青岩山下设百户所，成为青岩古镇的发端。明洪武二十六年（1393年），为适应屯军驻防及家属生产、生活需要，置青岩堡，以土筑城。明天启四年（1624年），土守备班麟贵建青岩城，青岩成为卫指挥同知司署治所。清代前期，青岩堡曾多次扩建修葺，设置几经变化，至道光时改设青岩长官司，管辖27村寨。清光绪年间设青岩士千总，古镇成为商铺兴旺、会馆林立、人文荟萃、扼控着惠水至贵阳粮运要冲的繁华小镇。

赵以炯，字仲莹，又字鹤林，生于清咸丰七年（1857年），先祖原籍湖南长沙府湘潭县，始祖赵良胜时迁入贵阳。祖父赵玉挥为清嘉庆戊寅恩科举人，历任正安、贞丰州学正。父赵国澍科考获"增生"功名，因举家财办团练，随官军镇压咸同农民起义及太平军石达开部，以军功任候选同知、直隶州知州、道员加按察使衔，总办贵州团练事务。赵氏家道殷富，被誉为书香

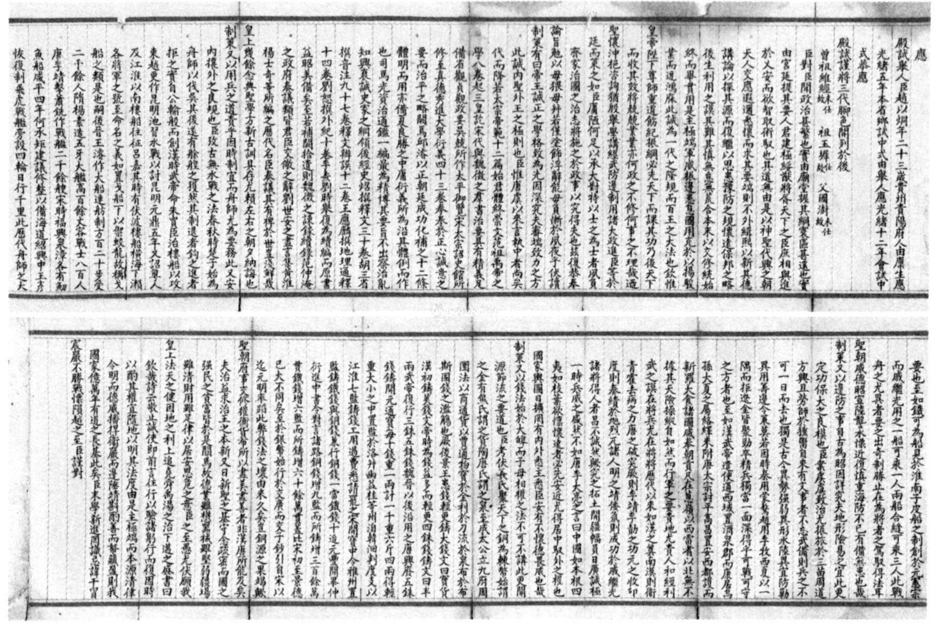

赵以炯殿试卷

门第，至赵以炯时，赵氏一门五进士一经魁，民间视为奇迹。

赵以炯幼年时因家中兄妹较多，寄养于贵阳南明河畔的陈姓外祖父家。陈家乃书香世家，几个舅父皆有功名，陈一珙系清道光五年（1825年）举人，所居南明河畔宿儒名贤荟萃。赵以炯7岁从本家赵辑五发蒙。清同治六年（1867年）受业于府学庠生吴竹堂（登桂）。清光绪二年（1876年）入贵阳贵山书院深造，深受贵州学政韦伯谦、贵山书院黄芷衡两先生赏识。同年入学古书院深造，时逢独山莫庭芝任书院主讲，赵以炯学识突飞猛进。这与赵以炯后来的成就不无关系。

赵以炯于清光绪五年（1879年）中举，光绪八年（1882年）与堂侄赵沅香赴京师应壬午科会试，未能如愿。但他并不气馁，反而坚定了“振奋放眼量”之决心，曾自吟抒怀：“一上上到赵家楼，目击江翰气横秋。眼前若无三山堵，看破江南十二州。”其后4年，赵以炯日日挑灯夜读，博览群书。终于从遐迩之乡脱颖而出，于光绪十二年（1886年），获殿试一甲第一名，成为云、贵两省开科举后以状元及第而文魁天下的第一人。

赵以炯中状元后先在翰林院任修撰，光绪十四年（1888年）充四川乡试副考官，十七年（1891年）年任广西提督学政，二十一年（1895年）回京出任礼部会试顺天同考官。光绪二十六年（1900年），赵以炯丁母忧回籍守孝三年。光绪二十九年（1903年）入京复职后，无意官场，辞职还故里，其后一直在青岩讲学；三十二年（1906年）八月，赵以炯于青岩家中病故，时年49岁。

赵以炯的仕途生涯没有多少特别突出的政绩可言，但其通过刻苦攻读力压各省进士，打破云贵高原无文状元的纪录，让天下人惊叹不已。时任监察御史的贵阳人李端棻，在赵以炯中魁后写下楹联祝贺，其联云："沐熙朝未有殊恩，听传胪初唱一声，九十人中，先将姓名宣阙下；喜吾黔久钟灵气，忆仙笔留题数语，五百年后，果然文物胜江南。"曾任驻日公使的黎庶昌在《赠赵殿撰序》中则写道："光绪丙戌科，吾黔贵阳赵君仲莹实始以状元及第魁斗天下，中外尤以为异。士在黔闻者，相与引觞称庆，有若荣宠之被其身。夫黔天下之右脊也，其山川清淑旁魄之气郁积蓄久，而于仲莹发之。"由此可见，赵以炯的一飞冲天在社会上引起了多大的震动。

贵州的另一名文状元夏同龢，人生经历与曹维城、赵以炯迥然不同。光绪三十三年（1907年），夏同龢公派赴日本留学，攻读工业与经济方面课程，成为清末唯一有状元头衔和出洋留学双重身份的知识分子。因其人生跨越了晚清和民国两个时期，故有了从封建科举的魁首，转倾向于资产阶级革命的巨大变化。尤其在大汉贵州军政府始建之际，革命党人与立宪党人的斗争异常激烈，夏同龢态度明朗地站在革命派一边，曾将立宪党人欲请滇军入黔图谋颠覆革命政权的消息，用写信的方式告知好友钟昌祚。

夏同龢，字用清，麻哈州（今麻江县）高枧人，出生于清同治七年（1868年），清光绪十九年（1893年）乡试中举，列第二十九名。光绪二十四年（1898年）三月，夏同龢赴京参加会试，四月参加殿试，时正值百日维新运动前夕，夏同龢就"求才、经武、绥远、理财"四问题做了见解独到、思维缜密的回答，获钦点戊戌科一甲第一名，成为继赵以炯之后出自贵州山区的第二个文状元。

夏同龢能得以按照明清时期士子进阶的标准模式中魁，在当时的历史背景下是十分幸运的。1894年的甲午中日战争，中国战败，次年被迫签订屈辱的《马关条约》，举国上下震惊不已，要求变法维新的呼声日益高涨。就在夏同龢参加殿试的两日后，即光绪二十四年四月二十三日（1898年6月11日），光绪皇帝颁布了《定国是诏》，宣布维新变法运动启动。五月，今北京大学前身的京师大学堂成立，意味着科举制度即将走到尽头。若不是后来的种种变故，夏同龢参加的戊戌科将成为最后一次科举考试，而他也将成为中国历史上的最后一名科举状元。

中魁后的夏同龢，被授予翰林院修撰。同年九月，慈禧太后将光绪皇帝囚禁，为时103天的维新运动宣告失败。其后发生了八国联军侵华事件，清政府被迫签订《辛丑条约》，此后，客观形势迫使清政府不得不推行新政以自救。光绪三十年（1904年）清政府举办了最后一场甲辰科考试，录取了一名河北籍的举子为进士一甲第一名。也就因为科举考试在夏同龢之后又延续了6年，夏同龢的经历中才有了光绪二十八年（1902年）出任庚子、辛丑并科的湖南副考官的经历。而他返京后出任广东法政学堂监督，则已经是清末新政的职官了。

夏状元后半生的经历与前期完全不同。光绪三十二年（1906年），他被公派到日本法政大学法政速成科第一班学习法政，成为中国历史上第一个出国留学的状元。在此期间，夏同龢撰写的《清国财政策论》，曾刊于日本《法律新闻》。同时其编写的《行政法》一书，成为中国最早介绍现代行政法律制度的书籍之一。1912年夏同龢学成回国时，清王朝已在辛亥革命中被推翻，革命的烽火仍在各省燃烧。一时赋闲在家的他，曾以“函下无尘海外有谧，鱼游青藻鸟萃平林”一联以自慰，岂料次年即被都匀府荐为国会众议院议员，1920年起又出任了3年的江西省实业厅厅长。1925年，夏同龢因心脏病医治无效，死于北京劈柴胡同住所，结束了他57年的人生。

有学者曾以生于“非常之世有非常之经历”来概括这位贵州第二名文状元的人生经历，这对于夏同龢应该是比较贴切的。

# 老而弥坚的李端棻

1840年鸦片战争以后，帝国主义列强的疯狂侵略，把一个地域广袤、历史悠久的文明古国，推向了半殖民地半封建的深渊。日益腐朽的清王朝不思进取，被迫与侵略者签订一个又一个不平等条约，从《南京条约》的赔款2100万银圆，到《辛丑条约》的赔款白银4.5亿两，昔日的东方泱泱大国，几乎在殖民者的宰割下变成一个空壳。

在丛林法则盛行的时代，国弱便要挨打受欺。统治者虽然只顾保住头上的皇冠，中华民族的骨气却在民众中长存。于是出了第一个开眼看世界的林则徐，出了龚自珍、魏源、洪仁玕等要求学习西方先进科学技术，“师夷之长技以制夷”的人物。甲午中日战争的失败，证明仅靠洋务运动救不了中国。于是，一批先进的中国人提出了维新变法的主张。他们与当时的顽固派公开论战，在全国掀起议论时政之风，建立以变法自强为宗旨的学会，在各地创办新式学堂，出版时政报刊，力图通过维新变法实现救亡自强的宗旨。

对于这场中国近代史上轰轰烈烈的维新变法运动，人们最熟知的代表人物是康有为、梁启超和被称为“戊戌六君子”、遭杀害于北京菜市口的谭嗣同、杨锐、刘光第、林旭、杨深秀、康广仁等人。作为戊戌变法运动重要领袖人物之一的贵阳人李端棻，却往往被忽略。李端棻在维新变法运动的高峰时刻，恰任职礼部尚书，是这场被称为“百日维新”运动的积极倡导者和坚定支持者。

对于李端棻其人，《清史稿》有传，但字数不过寥寥500，不如大汉奸吴三桂传的八分之一。这部1914年由北洋政府设馆编纂，宣统末年（1911年）曾任东三省总督的赵尔巽担任主编，1927年刊印，曾被列为二十五史之一的文献，何以如此处理，后人不得而知。但却也说明，出生于山城贵阳的李端棻，即便是历任监察御史、刑部左侍郎、仓场总督，官至礼部尚书，被誉为清朝著名政治家、改革家、教育家的历史人物，一直鲜为人知，未曾得到应有的重视。贵州学人葛诗畅曾撰文认为："研究中国近代史的史学家们对李端棻其人其事如果视而不见，见而不明，或明而不著，起码是件遗珠之憾的事"，一语道出了这位"中国近代教育第一人"长期以来的被惘视。

清道光十三年（1833年）出生于贵阳府属贵筑县的李端棻，字苾园，幼年丧父，由叔父李朝仪教养。其叔治家甚严，子侄中尤宠李端棻，视为己出，待之独厚。李朝仪于道光二十五年（1845年）中进士，以知县分发直隶（今河北），先后任直隶平谷知县、三河知县、大兴知县、晋南路厅同知、东路厅同知等职，并在三河知县任上，捐廉创建书院。他的这番经历对李端棻后来的求学、应试、仕途生涯及发展近代教育，都产生了潜移默化的影响。

早年李端棻的仕途较为顺畅：咸丰二年（1852年）补博士弟子员；同治元年（1862年）顺天乡试中举，二年（1863年）会试中进士，入翰林院任编修、内阁学士；同治十一年（1872年）任云南学政，后历任山西、广东、云南、四川及山东等省乡试主考官及顺天乡试、会试总裁，全国会试副总裁；光绪十五年（1889年）任广东乡试主考，后迁任刑部侍郎、工部侍郎、仓场总督；光绪二十四年（1898年）破格擢任礼部尚书。

李端棻为官前后38年，后人对其一生的政绩和历史地位有不少评论，尤其近年刊发的长短文章常见诸报刊。学者们从不同角度对其经历、作为、贡献、地位各抒己见，见仁见智，论述颇为中肯。但正如马克思所言，"人的本质并不是单个人所固有的抽象物，实际上，它是一切社会关系的总和"，所以我们在评价李端棻时，最需要的是从历史唯物主义出发，考察当时的社会背景下，他的所作所为对社会产生的影响，对国家与民族发展所起的推动作用。

经历丰富的李端棻，一生因他而起或与他有着密切关系的事件极多，综合归纳起来，其主要的社会贡献应集中在以下四个方面，即识才用人，为国举荐；力主变法，敢为敢当；发展教育，率先垂范；愈挫愈勇，老而弥坚。

除云南学政之外，李端棻在多达6省任过乡试主考官，甚至做过全国会试副总裁，可谓阅人无数。结合他本人深厚的学识功底与政治倾向，自有其审视各级考生优劣的标准。按照他根据当时国情所形成的人才标准，李端棻心目中的人才，必具"经世济国之大才，用以振衰起废、扭转狂澜，以堪朝廷大用、以负国家厚望"，其后方能成就一番事业。正如梁启超在《清光禄大夫礼部尚书李公墓志铭》中所言，"其历次典试，所拔擢皆一时之名士，世亦以比庐陵"。

光绪十五年（1889年）秋，李端棻以内阁学士身份出任广东乡试主考。其时的乡试已隐含"经世致用"题意，李端棻阅卷时，发现名为梁启超的考生，文笔似"熔金铸史"，深以为赞，将其录取为乡试第八。到梁启超拜见主考官时，李端棻发现这一才华横溢的考生年方十六，却能"娓娓道东西邦制度"，对其倍加赏识，并将视如同胞的堂妹李蕙仙许配予梁为妻。梁启超后来能与康有为并列为戊戌变法的两大领袖，与当年李端棻的慧眼识才不无关系。为了国家不至于沦落为列强刀俎下的鱼肉，身在朝中的李端棻力排众议，大胆向光绪皇帝举荐康有为、谭嗣同等一批力主变法的出类拔萃之士，而这在当时的官场上，是有极大杀头风险的。

李端棻力主变法，敢为敢当。梁启超得李端棻慧眼赏识后，曾赴京师参加会试不中，其后结识以布衣上书力倡变法的康有为，接受了康有为的改革主张和变法理论，并与康有为联手发起"公车上书"，成为变法维新运动的首领之一。光绪二十四年（1898年）五月，光绪帝召见梁启超，"命进呈所著《变法通议》，大加奖励"，赏六品衔，并让梁启超负责办理京师大学堂译书局事务。此时的李端棻反因受到梁启超的变法理论影响，以朝中大员身份力挺康、梁的变法主张。他先是以刑部左侍郎身份于光绪二十二年（1896年）上《请推广学校折》，提出一整套改革教育的维新主张，呈述旧式教育弊端，呈请在京城建京师大学堂，在各省建各级新式学堂。又于3年后上《变法维新陈条当务之急折》，向光绪帝举荐康有为、谭嗣同、严修等18人。变法维新运动期间，更是与康有为、梁启超等共同议定新法，成为满朝文武中二品以上大员中唯一敢言维新者。李端棻在维新运动中敢作敢为，属于这场运动中的关键人物与中坚力量。

如何看待李端棻的历史地位，绕不开对戊戌变法这场中国近代史上的重大事件的评价。近些年，学术界对发生于光绪二十四年（1898年），只持续了103天，被称为“百日维新”的戊戌变法，有各种各样不同的看法。主张这是一场资产阶级改良运动的，却在维新运动的主要功能倡导者和推动者中找不出一个资本家；因运动的最终失败而归咎于维新运动严重脱离人民群众，缺乏与封建主义彻底决裂勇气的，又无法解释在农业大国发生的辛亥革命，同样缺少一场大的农村变动，但它并不影响辛亥革命的伟大功绩，不影响孙中山作为中国革命伟大先行者的历史地位。由此看来，对待历史问题首先必须具有历史唯物主义的眼光。

在有着两千多年封建专制主义统治历史的中国，革命是一个漫长的进程，有许多历史阶段发生的事件，是不宜用今人的眼光去苛求的，它们在宏观上本身就是革命的组成部分。如果没有戊戌变法和“戊戌六君子”的慷慨就义，很难想象近代化思潮能在短短10余年间广泛传播开来，并被资产阶级革命思想所取代，最终推动武装夺取政权，推翻清王朝的统治。从根本上来说，维新运动是一场旨在挽救国家危亡的爱国运动，是近代中国必不可少的一场思想启蒙。李端棻在这场运动中的积极参与及主导作用，正是其重要的历史功绩。

发展教育是李端棻对近代中国社会的又一重大贡献，人们将其誉为“中国近代教育第一人”可谓名副其实。还在“百日维新”的前两年，李端棻“念人才之多寡，系国势之强弱”，于光绪二十二年（1896年）六月，向光绪帝上《时事多艰，需才孔亟，请推广学校以励人才而资御侮折》（即《请推广学校折》）。尽管当时已有同文馆、实学馆、广方言馆、水师武备学堂、自强学堂等学校开设，但李端棻认为：皇帝虽有“求通达中外能周时用之士，所在咸令表荐，以备擢用”的明诏，“然数月以来，应者寥寥；即有一二，或仅束身自好之辈，罕有济难瑰玮之才”，而原因正在于“非天之不生才也，教之道未尽也”。意思很明白，不是缺少可培养的人才，而是没有采用新式教材、新的教学方法的机构，创办新式学堂已成当务之急。

后世以李端棻《请推广学校折》为课题研究的人甚多，观点大都相近，而《请推广学校折》对当时社会的影响，《（民国）贵州通志·人物志》的分析则较为透彻。其志曰：

> 其请自京师以及省、府、州、县皆设学堂，则后来停罢科举，专注学堂之办法也；其请府、州、县学，选民间俊秀子弟年十二至二十者入学，则后来各府、州、县两等学堂之办法也；其请自学选诸生二十五岁以下入学者，则后来各省中学堂之办法也；其请京师大学选择举贡、监年三十以下者入学，其京官愿学者听之，则后来大学堂、仕学馆、分科大学、法科、财政等学堂之办法也；其请分斋讲习等，其荣选择一归科第，予以出身，亦如省官，则后来学部考试京外各学堂暨出洋留学毕业生，与以举贡，殿试奖以进士出身，除授翰林部属等官之办法也；其请设藏书楼则后来开设图书馆之办法也；其请选派游历，则后来资遣学生出洋肄习新学之办法也。

尽管上述分析在某些事物发展的因果上不免牵强，但由中亦可看出，李端棻作为“中国近代教育第一人”是当之无愧的。

清光绪二十四年（1898年）七月，中国第一所由中央政府创办的高等学府——京师大学堂正式创立。这所于光绪二十二年（1896年）由李端棻正式提议，后康有为、梁启超积极推动，由清政府出资设立的中国历史上第一所近代性质的综合性高等学校，其后虽经历了“戊戌政变”、义和团运动、八国联军侵占北京等变故而一度停办，但光绪二十八年（1902年）得以恢复，并于辛亥革命后更名为北京大学。据此，李端棻被后人公认为京师大学堂的创始人，自然也是北京大学的缔造者与奠基人。

从人格方面来看，愈挫愈勇是李端棻终其一生最大的特点。人们常用“生命不息，奋斗不止”来赞扬英雄，尽管没有任何人想在李端棻的头上戴上英雄桂冠，但他以69岁高龄，在经历了一段长途流放之后，回到故乡依然壮心如初，却实属罕见。虽然失去了礼部尚书头衔，失去了朝廷这座舞台，但这只不过是让他在角色上发生了一次转换：从维新变法的倡导者与坚定的支持者，变成了以贵州为阵地推行变法宗旨的实践者与具体的执行者。从光绪二十七年（1901）赦回原籍，到光绪三十三年（1907）病亡，6年中李端棻始终不知疲倦地以“开通风气，导引后进”为己任。自被贵州巡抚聘请主持经世学堂讲席后，他坚持“按月两开讲演，教以立身敦品根柢之学，备他日朝廷器使”。直到临终，李端棻还谆谆嘱咐子弟，贵州经费艰难，勿忘出资捐助学堂。

李端棻回到原籍贵州，没有如许多告老还乡的官员那样，品茗饮酒、吟诗作赋、乐享暮年，而是老而弥坚，更奋勇地奔波在他自己《请推广学校折》中所言的强国宗旨上。他对维新思想的大力传播，不仅影响了当时的贵州官员，也激励了大批青少年。这些受过他熏陶的青年，如姚华、唐尔镛、王仲旭、任可澄、何麟书、桂伯铸等，后来都先后在不同领域展现才华，成为一代名人。

尤为难得的是，已愈古稀之年的李端棻始终不辞辛劳，先后与一些具有维新思想者一起创办了贵阳师范学堂、贵州通省公立学堂等新式学校，掀起了贵州办近代教育的热潮。由于李端棻身体力行地鼓动有识之士尽力发展近代教育，以至贵州各地出现争相创办新式学堂的景况，接着又在省内刮起了渡海留学、开阔视野之风。李端棻本人为发展近代教育的不遗余力，不仅加速了贵州近代化启动的步伐，更印证了他自己愈挫愈勇的人生座右铭。

# 严修如何提督贵州学政？

隋唐以后历代王朝都靠科举考试选拔人才，为此往往在各省设立名称与职责不同的学官。北宋时期的学官称为“提举学事司”，元朝设置“儒学提举司”，明朝设包括“提学佥事”和“提学副使”在内的提学官，作为地方最高教育行政长官。清朝的学政全称为提督学政，又称学政、学台、学宪，始设于康熙年间。清代学政每省一员，任期3年，地位与巡抚、布政使、按察使相当。不过，学政在名义上虽属京官，带有“钦差”性质，含金量却不高，除了教育、科考之外，不能干预地方上的其他事务。学政的最大优势在于：凡乡试中举者，学政拥有“座师”名分，一旦举子高中进士或位极人臣，“座师”多少也跟着沾点光。

有清一代，出任贵州提督学政的有好几十人，其中在历史上留下印记最深、最受后人称道的，当数乾隆时的洪亮吉、道光时的程恩泽与光绪时的严修三人，但前两人对贵州近代教育发展的推动、对晚清社会的影响程度都远远不如严修。

严修，字范孙，号梦扶，别号偍屚生，清咸丰十年（1860年）四月生于直隶天津。其父严克宽曾为国子监生，候选员外郎，后改经营盐业。严克宽喜好理学，喜将儒家理论化于日常生活。严修受父影响甚大，16岁即随父承办赈务，到乡间巡视贫苦户生活，故其17岁时足迹已踏遍天津西、北两郊。严修23岁中举，翌年得中会试，改庶吉士，来贵州前先后获补国史馆协修、会典馆详校官、直隶省乡试试卷磨勘官，曾被光绪皇帝召见过三次。

光绪二十年（1894年）八月，严修获授贵州学政，九月离开京城，于同年十一月抵达贵阳就职。到光绪二十三年（1897年）十二月十五日任满离筑，为时整三年零一月。关于严修其人及其在贵州任职三年期间的贡献，既往研究与宣传的文章很多。对于这位被誉为革新封建教育、推进教育现代化的先驱，近代天津四大书法家之一、有“南开校父”之称的历史人物，一些文章只将视学贵州看作其人生经历的一小段，而将重点放在返津后创办多所新式学校，两次赴日本考察，以及任学部侍郎的贡献上。专题研究他任贵州学政时所作所为的学者，却又大多将目光集中在他对学古书院的改革，创办经世学堂方面，甚而不惜在贵州经世学堂究竟是否是严修任上所创办提出疑问。上述研究无疑都必要且具有学术价值。然而，任何一个人的思想体系，往往是在长期的生活阅历中逐步形成并发展成熟的，从严修这个人的一生来看，其后来之所以全力投入近代教育的发展，成为维新变法的积极参与者，与其出任贵州学政的经历不无关系。正由于此，对于严修如何提督贵州学政这个问题，才值得我们进一步探讨。

严修在京城受命后，于光绪二十年（1894年）九月出都，取道河南、湖北，由湖南常德、武陵入黔，十一月下旬抵贵阳就职。临行前，他刻意对黔省状况做了深入了解。当得知贵州因地处边远，风气较为闭塞后，尽管长期养成了克勤克俭、轻车简从的习惯，从京城到贵州的途中，他仍带了整整14大箱书籍。在接过提督贵州学政大印的当天，严修即上折奏报接印经过，表示要“严去取以核真才，慎关防以祛诸弊，揆圣贤立教之意，有行重于有文；体朝廷眷士之心，所习必课诸所用”。这段话正是他任职贵州3年中一直恪守的宗旨。

严修就职贵州学政这一年，正是国内局势发生激烈变化之际，甲午战争的失败将洋务运动的成果化为乌有，造成中华民族的空前危机，再次证明了封建统治制度的腐败和国家经济技术的落后。《马关条约》的屈辱，直接导致挽救民族危亡运动的高涨，推动了维新变法运动和方兴未艾的民主革命运动。而这一时期的贵州正处于咸同风暴之后，加上清政府对青岩、开州（今开阳）、遵义等教案的不当处置，人民群众对清王朝的腐朽统治与外国侵略者的横行不法极度不满。省境内虽已有求变思潮的涌动，却因地处偏僻，交通不畅，维新思想的传播较周边省区相对迟滞。

经过一番考察，严修发现贵州的情况与事前的预估一样。在他与贵阳的书院师生交谈时，发现竟无一人读过《林文忠公奏稿》《左文襄公奏议》之类的书籍，直到前往遵义视学，才看到郑观应的《盛世危言》与上海出版的首期《时务报》，这使严修深感改变贵州信息闭塞、鲜与外界交往状况之紧迫。忆及途经湖南武陵时，太守谭芝云曾向自己提及："黔省宜设书局，运各省局本如天津例，由海道入江，道常德，常德至镇远一水可达，到镇远再易驮杠，每驮可载两箱，但使当道肯为，固无患其难也。"结合实际感受，严修决定将创办官书局作为提督贵州学政的第一件事。

根据严修本人《蟫香馆使黔日记》所载，光绪二十年（1894年）十二月二十日即"与仲瀛太守（知府）议设局购书，仿津局例"，这时距他到任才20余天。次日，严修拟出书局章程草底，2天后拟出购书局书目、价目等，并用白纸缮清，总计各类书籍34种，共9000余册。次年正月十四日，严修"写信致首府，为运售官书事"。仅仅70余天，集购运、刊刻、销售于一体，与位于今贵阳慈善巷内原资善堂书肆合并后成立的贵州官书局（后人曾称为"慈善堂"或"贵阳书局"），即正式鸣锣揭牌。官书局的开办与运营，不仅疏通了近代新思潮在贵州传播的渠道，更是贵州出版印刷事业的发端，在贵州文化发展史上有着划时代的意义。

早些年看到一部名为《中国图书发行史》（高等教育出版社2000年版）的书，其中断言贵州官书局成立后，"未见刻书，以售书为主"。联想到另一位版本目录学家在《中国印刷史》（浙江古籍出版社2006年版）中所言，"云南、贵州书局设立较晚，刻书亦较少"，不禁产生一种疑惑：清末的贵州固因地处僻远，依旧闭塞落后，但何以民国及当代学者论及贵州时，仍如明清以前的文人一样，对贵州的史事轻描淡写，甚至出现误记？

贵州是一个穷省，严修创办官书局期间，的确遇到过包括资金筹措等许多困难。但在其担任学政的3年中，贵州官书局是否只是经营，没有印书或

“刻书极少”？其实，若要弄清这个问题，只需仔细查阅他本人的《蟫香馆使黔日记》，便可一目了然。贵州官书局筹划刻书最早在光绪二十一年（1895年）正月，即严修上任的第三个月。当时，严修一面向各省书局选订书籍，一面商刻《先正读书诀》事宜。在经费紧缺，刊刻又还处于手工操作的贵州，刻印一部书的耗时费力是可以想象的，但严修督导下的官书局在刻印书籍上却紧锣密鼓，效率之高，出乎许多人的料想。

《蟫香馆使黔日记》载，严修到任的第二个月——光绪二十年（1894年）十二月二十八日，便已在贵阳商刻乾隆年间翰林院编修周书昌所著《先正读书诀》一事，决定“照原版放大两行，款式仍旧”，并根据字数确定“凡二万九千余字，刻工二十二金，写工五金”。刊刻过程中，严修不仅参与校勘，还亲自撰写书序。光绪二十一年（1895年）八月二十五日该书印刷完成，“送抚、藩、邵（实孚）前辈，黄（镜虚）廉访（按察使）、文观察（道台）仲瀛、严绍光、李章式，唐、邵、黄、严、文五处，并配《书目》各十本”。仅8个月时间即从编排、校勘、付印到成书，这种速度，即便比照当今通行的出版周期，时间也不能算长。

同年五月，严修在讨论筹办刻书会的同时，又有刻印《书算》一书的考虑，并在刻印过程中亲自改定算学会章程。继《先正读书诀》之后，九月开始筹划刻印张之洞的《书目答问》。《书目答问》系张之洞在四川学政任上耗时2年，从2200多种常见重要典籍中精心筛选编辑而成，对解决学生“应读何书，书以何本为善”的问题，有着重要意义。严修选定刻印此书，对当时的贵州学子有明确的针对性。同年十月初五，官书局即开始刻印王阳明的《尊经阁记》。据《蟫香馆使黔日记》所记，光绪二十二年（1896年）正月二十三日，学古书院山长雷廷珍带来“新刻《提要总序》样本”，该书应为今在贵州仍有存本的《四库全书总目提要四部类序》。由以上观之，在严修的主持下，贵州官书局成立后仅一年零一个月，便刻印出版了5部图书。这种节奏也从侧面反映出严修其人雷厉风行的作风。

其他一些资料及有关学者的研究显示，贵州官书局刻印的书籍还不止上述几种。其如（清）佚名著《四书正蒙三辩》、张之洞的《𬨎语》、田雯的《黔书》、张澍的《续黔书》、英人所著《幼学操身》，都有贵州官书局刊刻的资料佐证。当然，除了刻书，经营贩售他省刻印的书籍，也是贵州官书局的业务之一，而这项业务虽以营利为目的，客观上却解决了在贵州交通梗阻、信息闭塞背景下，广大民众渴望新知识、了解文化新动向的需求。

改造旧式学堂，创办新式学校，是严修提督贵州学政的另一项重要政绩，也是其对贵州最大的贡献。

清代的贵州书院办得较多，其中以贵阳的贵山、正本、正习书院最为驰名。正习书院创办于嘉庆五年（1800年），位于贵阳城南，故又被称为“南书院”，光绪年间改名为“学古书院”。严修权衡之后，决定将精力放在学古书院的改造上。他除将自己带来的14箱书作为书院用书外，又捐出俸银再增购一批书籍。同时令各州、县保送优秀生员到书院住斋学习，首批从荐员中选拔出40名。

严修对学古书院的改造，集中在三个方面。

首先是坚决贯彻崇实学、育真才的办学宗旨，这是办好一座学堂的根本所在。在严修看来，学员要有实学，除了多读书、苦读书，没有其他捷径，故他严格“以看书之多寡，作为士子勤惰考察之标准，学官奖惩之参证”，并每月终审阅读书日记、省身札记，对成绩优异者，给以书资与膏火的奖励，以此彰示：只有崇实学，树立良好的学风，学堂才能培养出有用之才。

其次，对学堂设置的课程、教学内容、教学方法进行大刀阔斧的改革。严修以自身入仕以来的所见与感受，深知熟读经典固不可缺，但若墨守旧法，不借用他山之石，学习西方新知识，国家积贫积弱之现状极难改变。他经过深思熟虑后决定结合贵州实际，在学古书院开设西学课程，宣布就读生员以经史、算学为主，兼习时务、政要。自己则每天前往学习处督课，遇生员不懂算题时，亲自为其解答。在科举考试尚在进行的年代，这种对书院教学内容及教材的改变，本身就是对旧式教育的一种突破。这对那些一门心思想着通过科举一举成名，只埋头熟读经史而去应试的生员，无异于当头棒喝，促使他们去学习西学，开阔眼界，以备将来能成为变法强国的有用之才。这对经历了这种改弦更张的学员们来说，几乎等同于脱胎换骨。

第三，严修直接以自己的思想之变转换成学校之变，率先在贵州创办以传播维新变法思想为主的经世学堂。学古书院的改革是一个渐变过程。严修就任之初对教学内容的重新设置，仅是改革书院的一场开台锣鼓。甲午之战后，康有为等人发起“公车上书”，要求下诏鼓天下之气、迁都定天下之本、练兵强天下之势、变法成天下之治。此时，身在贵州的严修，深切感到改革旧式教育已刻不容缓。正如他在《复柯逊庵太守》中所言：“科举法之弊，人才之衰，至今斯极！若一无变通，似于作育之道亦有未尽。”为加速新思潮的传播，他特意捐出自己的养廉银大量购买西学书籍，让学生广为阅读，并再对学堂教学做出进一步改造，亲自拟出32字学堂箴规：“义理之学，孔孟程朱；词章之学，班马韩苏；经世之学，中西并受；中其十一，而西十九。”学堂按此要求改革教学内容、教学方法、教学管理之后，逐渐发生了质的蜕变，原来的旧式书院影子渐次消失，新式学堂的形象定格下来。

尽管目前可见的文献中，尚无严修直接给经世学堂正式命名的记载，但在严修担任学政期间，通过他不断对旧式书院的改造，3年时间，一座以经世之学为主的新式学堂，已然率先在贵州诞生，这是确定无疑的。贵州经世学堂的问世，时间上比黄遵宪等人在湖南长沙所办的时务学堂还早半年有余。由此也可理解，后人其所以始终认定，贵州经世学堂为严修所创办。综观整个经世学堂的创办过程，这种看法应该符合历史实际。至于何时授名与挂牌，那已经只是一种仪式类程序。

严修提督贵州学政的3年，除了一改贵州学风，通过官书局的创办、学古书院的改革、《时务报》的传递给贵州带来了维新变法的新思想外，更是其本人教育改革思想从奠基、实践，进而走向成熟的可贵经历。正是有了这段难得的经历，引发严修思想上的突破性变化，以致他后来北返任学部侍郎后，推出了许多有益于中国教育改革的举措。其后辞职返乡，他又与张伯苓一起创办了南开系列学校。以他为首创办的南开大学，坚持革新封建教育、推进教育现代化，严修本人则被视为“南开之父”、中国近代教育的先驱。凡此种种，与严修提督贵州学政的生涯，显然有着密不可分的内在关联。这方面，恰恰是当代研究严修这个历史人物时不宜忽视的。

# 关于张百麟这个革命家

在《自治学社：成也萧何，败也萧何》一目中，笔者曾提到过作为自治学社社长的张百麟，但并未就其从历史人物的角度展开探讨。张百麟不仅是辛亥革命前后贵州社会巨变的关键人物，而且直接影响了19世纪末到20世纪初的贵州政局走向。因此，不可不对其平生所为有所了解。

说起来，张百麟属于土生土长的贵阳人，其祖籍虽然在湖南长沙，但因乃父张翰以知县分发贵州，举家便迁住于贵阳。张百麟本人从出生、幼年、少年、青年到中年不仅在贵州度过，所有的政治活动也都是致力于贵州的变革。如果将其定位为资产阶级民主革命家的话，他自然也应该是贵州的革命家。张百麟之父张翰的官当得不大，仕途尚算顺利，从坡脚（今安龙县境）厘金总办、开州（今开阳县）知州，一直做到贞丰州白层河厘金总办。只可惜家中人丁不旺，直到晚年才得张百麟这个唯一的儿子，故对其倍加呵护，甚至有些放纵。

出生于光绪四年（1878年）的张百麟，字石麒，别名景福。由于家庭过于宠爱，幼年张百麟的性格洒脱，喜爱交友游乐，行为也不甚拘小节，颇有纨绔子弟之味。好在出生于低层仕宦之家，毕竟有一点家学渊源，15岁得列贵阳府诸生，并循例阅读儒家、佛老、兵刑之书，其父甚至欲代他捐一个知县作为进身之阶，因百麟本人无意于此，只好作罢。

在贵州辛亥革命的研究中，学术界在评价张百麟时，往往认定其前期的政治主张为君主立宪，只是后期审时度势才转向革命。不仅有关贵州辛亥

张百麟

革命的著作如此记述，一些专题论文更直接将张百麟在《发起自治学社意见书》中的内容与孙中山先生的自治理念进行比较，进而得出张百麟“谋官民之调和、辅官治之不足的想法跃然纸上”的结论，并将原因归结为“自治学社的创立者们接受过维新思想的熏陶，受列强侵略刺激而萌发了新智识，接受了模糊的民权思想，对西方政治学说还处于囫囵吞枣的阶段”。

其实，每个人都有一个从懵懂无知到省事明理的过程，随着年龄的增长、知识的积累、见识的扩展，才会逐渐形成自己的独立思维。即便如此，人在不同阶段的思想倾向，也往往受复杂社会环境的制约和影响，最终才能从自身的经历中寻找到人生的方向，选择出为之奋斗的目标。客观分析19世纪末的贵州社会，不难发现，尽管19世纪中期在丝绸、酿酒、采矿等几个有限的行业中有了资本主义因素，但在封建势力的重重阻碍下，直到世纪之交，除了昙花一现的青溪铁厂与文通书局外，贵州的资本主义依然停留在手工工场阶段，民族资产阶级、官僚资产阶级的力量都十分薄弱，完全不能与沿海及内地各省同日而语。

生长于闭塞山区的张百麟，成年以后虽先后结识吴嘉瑞、钟昌祚等人，受进步思想的影响，自己也发愤苦读，广览法政类书籍，阅读《民报》《复报》《洞庭波》《鹃声》《云南》《四川》等报纸和杂志，但限于所处环境与见闻，即便通过对各类报刊内容的分析及自身对形势的判断，萌生了改变社会现状的志向，在一段时期里，仍不免处于一种不知何去何从的彷徨。有关资料称：张百麟曾于“光绪二十八年（1902年）赴日本留学，入早稻田大学法政速成科，光绪二十九年（1903年）归国”。但在贵州巡抚林绍年上《秋冬两季资送学生出洋折》《高等学堂设立预科并派员出洋考察折》前后，贵州的历届留日学生名单中却无其名。

张百麟拜湖南同乡进士出身的维新名士吴嘉瑞为师后，曾研究新学，接受康、梁维新思想，故其生涯中曾主张过君主立宪并不属于意外。然而，随着形势的变化，他在与早年途经安顺时认识的方策、陈夔春，在兴义府结识的郭润生、许可权，随父在开州任上交往的钟昌祚等人士频繁接触后，思想明显发生了转变。光绪二十九年至三十年（1903—1904年）间，他曾专程前往贞丰拜访原“仁学会”的故友钟振玉、钟振声，会见当地陈守廉等一批进步人士，交往最多的则要数平刚、周培艺、黄泽霖、彭述文、张忞、彭明之等活跃于贵阳的知名人士。通过与这批人的反复交往，尤其在听了钟昌祚关于“中国不出十年，必有大革命，而革命非武力不可。武备学堂设立以后，很多读书人自诩清流，互相告诫不要应考，其实这都是粗浅之见，无稽之谈。武备学堂是练成劲旅、培养将才之所，改练新操，演习新式枪炮，正吾辈难得之机，何可错过？”的一番高论后，张百麟的思想发生了根本性的变化，直接促使他于光绪三十三年（1907年）考入公立贵州法政学堂，从此开始了武装革命的人生历程。

固然，以张百麟为首的自治学社1907年11月召开成立大会时，他本人曾在会上大谈“吾侪对于瓜分警告，不在乎痛哭流泪，惟在于讲求救亡方法，……盖国民有一分责任心，知识道德即随之增长；国内有一责任国民，国家即多一分力量。吾侪决心坚定，次第进行，救亡问题当不难解决”。正如他在《发起自治学社意见书》中所言，其所以“发表自治诸学理，贡献于多数之同胞。盖欲养成人格的国民，使多数人有国家思想、政治能力，赞助地方自治之实行，辅翼国家立于自治之地位”。在此期间，张百麟的确未曾提到“革命”二字，未曾表达如何以革命手段推翻清政府，建立新的民主共和政权，说明其思想尚未形成以武装斗争推翻清朝专制统治，达到实现民主共和的境界。但他系统提出个人自治、地方自治、国家自治的思想，主张通过法律实现自治这一主张，并将成立的组织定名为自治学社，在当时的历史背景下，应该说仍是具有积极意义的。

客观地说，作为一个出生于僻远山区封闭环境中的青年，能有上述紧随时代潮流的政治思维，已实属不易。尽管在其认识中将地方自治看作“官吏绅董共任地方行政之事”，希望自治学社将地方自治作为建设国家的基础，在国民担负起实现地方自治的责任后，即可“由专制进于立宪”，但这也只代表他本人那一时段的认识水平。我们是无法也不应将之与孙中山先生对实行地方自治的阐述及实现民主共和为目标的革命理论，拿来进行对比分析的，因为两者无论社会经历还是知识广博、思想境界都有着天壤之别，本就没有可比性。

张百麟思想的转变是在与留日友人彭述文、平刚（少璜）等频繁联系之际。自治学社成立之时，正值清廷宣布“预备立宪”，允许地方自治，学社故能顺利注册成为合法团体。自治学社成立大会上的宣言、公告及初期的一些活动都尽量不超越当局允可的范围，主要亦是基于此。待到张百麟通过彭述文转涵已在东京加入同盟会的平刚，平刚一面将学社情况向总部汇报，获允贵州自治学社为同盟会贵州分会，同时回信张百麟，寄予《民报》10余册，张百麟便开始抛弃君主立宪，断然投身于革命。不久，他即在自己家里召集会议，组织大家学习《民报》，进一步商讨革命进行方略。1908年春，钟昌祚由日留学归来，接任自治学社社长，更坚定了张百麟的这种转变。

20世纪初，贵州境内先后成立了科学社、大同社、友助社、历史研究会等形形色色的团体，但团体虽多，政见不一，力量分散，唯张百麟为首的自治学社集中了张鸿藻、黄泽霖、周培艺、陈守廉、钟振玉、方策等30余位怀有壮志、名声卓著的干才，故队伍得以迅速扩大。不到2年时间，全省13府44

州、县均成立了自治学社分会，人数多达14万8000余人，成为省境内举足轻重的社会力量。

辛亥革命爆发前，自治学社与1909年成立的“宪政预备会”展开过不少激烈斗争。唐尔镛、华之鸿、任可澄等宪政会头目，通过黔籍在京时任直隶总督的陈夔龙，密告张百麟等密谋革命，要求查办。幸得镇远知府吴嘉瑞极力陈词开脱，加上途经贵阳的云贵总督李经羲，被张百麟言语所动，视其为难得之才，竭力向巡抚庞鸿书推荐，张才未被追究。直到武装起义成功，以自治学社为首的革命党同宪政预备会为首的保守势力之间的斗争，始终没有停息。

清宣统二年（1910年），同盟会贵州支部长平刚按照孙中山先生“各省同志，各回本省运动革命，以壮声势”的要求回到贵阳，与张百麟保持密切接触，商议整顿革命力量，准备武装起义事宜。次年初夏，南方的湖南、湖北、广东、四川等省相继爆发保路运动。四川的保路运动不仅尤为激烈，而且直接对与之毗邻的贵州产生重大影响，推动了爱国热情的高涨。1911年武昌起义和云南独立后，张百麟加紧联络贵阳会党势力和新军中的革命士兵伺机起义。11月3日夜，陆军小学首先发难，共推陆军小学总办杨荩诚为指挥。巡抚沈瑜庆见大势已去，被迫手书承认贵州独立。11月4日，大汉贵州军政府成立，清王朝在贵州的封建专制统治宣告终结。大汉贵州军政府是贵州历史上第一个也是最后一个资产阶级革命政权。

在10余年的艰苦奋斗结出硕果后，张百麟并没有出任军政府都督这一最高领导职位，而仅任枢密院长。当时的枢密院为军政府最高决策机关，本可左右新政权的发展方向，但张百麟却“转引任可澄副己座”。任可澄为立宪党重要首领人物，武装起义酝酿期间，与革命党人的矛盾一直十分尖锐。不仅如此，张还同意让原率500徒手兵来省欲支持旧政权的刘显世为枢密员兼军政部长，将其部编为第四标，由刘兼任标统，发给枪械。这种决策的确反映出他革命筹备期间“吸收宪政会领导人参加政权”的一贯想法，也是其革命生涯中的一次致命失误。平刚在所撰《革命先烈事略》中论及张百麟时，曾写下“百麟既当权，故事宽大，转引任可澄副己座，而以刘显世为枢员；久乃酿成反噬，始有滇人入寇，党人惨戮走死之事”的感慨。这番评论，的确一语中的。

尽管有上述严重的失误，张百麟仍不失为贵州辛亥革命中出类拔萃的人物，是近代贵州名副其实的资产阶级民主革命家。他不仅在贵州辛亥革命前，创办贵州第一个资产阶级革命政党自治学社，还甘冒各种风险为革命奔走呼号，联络群众、深入新军进行革命动员，促成了推翻清王朝在贵州的统治，完成了成立大汉贵州军政府的壮举。即便在革命遭受挫折，大汉贵州军政府被颠覆后，仍奋斗不息，以劫后余生坚持革命初衷，展示出毕生献身革命事业的可贵品性。

1912年2月，贵州军政府被颠覆后，张百麟由南宁绕香港辗转到达上海。袁世凯篡权后，以唐继尧都督贵州，诱张百麟任浙江省长，被断然拒绝。不久，张百麟重振雄心，在上海组织“西南协会”“政治促进会”等团体，并创办《惧报》，辅佐编辑《民权报》，继续制造革命舆论。1912年，同盟会联合4个小党派改组为国民党，在上海的张百麟得以加入。1913年黄兴在南京组织讨袁军，张百麟任江苏讨袁军秘书长。1914年7月，孙中山在日本组织中华革命党，召张百麟东渡协助党务工作。张百麟因故未能成行，继续留上海活动，来往于广东、江西、四川、江苏等省，未少稍懈。

袁世凯死后，黎元洪出任大总统，宣布恢复约法，召集国会，召张百麟北上任北京政府内务部参事，兼高等学校副校长。未几黎被迫退位，张去职返沪。在沪期间，他全力拥护孙中山先生发动的护法运动，曾欲应孙中山之命出任护法军政府司法部部长，因岑春煊、陆荣廷之变未成行。此后，张百麟即闭户于上海，抱病致力于《约法战争纪要》一书的撰稿。不料就在该书业已脱稿誊清之际，病况转危，吐血不止，于1919年10月与世长辞，时年仅41岁。

对于张百麟这个人，学术界的评论有毁有誉。我们既不能过多强调其早期主张君主立宪，将之视为被形势裹挟的被动革命者，也不宜脱离当时贵州的社会实际，将大汉贵州军政府的被颠覆，归咎于张百麟在组织革命力量过程中过多依赖会党力量，自然更没必要将这样一个长期生活在贵州山区的地方革命者的理论认知，拿来与伟大的民主革命先行者的革命理论进行类比。

1922年，当时的贵州省政府承认张百麟为贵州辛亥革命之首功；1944年9月，国民政府当局与民众在贵阳河滨公园内竖立由平刚手书的“张石麒先生光复纪功碑”一座；2012年12月25日，贵阳市人民政府根据贵州省政协十届三次会议提案，在河滨公园内原址复立“张石麒先生光复纪功碑”，并于碑侧立“贵州辛亥革命与张石麒先生”石刻一面，择要介绍100年前发生的那场革命与张百麟在革命中的贡献。这至少说明历史毕竟是公允的。

GUIZHOU
LISHI
BIJI

# 叁 — 明清之际的山地风云

# 从国家层面经营贵州的帝王

提到明太祖朱元璋，笔者曾在“都督马晔（烨）欲尽灭诸罗，代以流官，故以事挞（奢）香，激为兵端”这件事上，数落过他的失义背信，也曾因此招来一些人的“拍砖”。但就明初云贵地区的社会背景而论，奢香能在遭到马烨当众鞭辱的情况下，力排众议，做出“率所属来朝，并诉晔激变状，愿效力开西鄙，世世保境”的决断，返黔后又遵诺力开“龙场九驿”，对西南地区政局的稳定功莫大焉。而朱元璋却徇私放纵了肇事者马烨，作为一代帝王，权术玩得确实有些过了。

评价一位历史人物，自然不能仅凭一时一事。从贵州经济社会发展历程来考察，朱元璋堪称历史上第一个从国家层面倾力经营贵州的帝王，是封建时代对贵州高原进行系统开发的为政者。

出身贫寒、当过和尚、谋略出众的明太祖朱元璋，在位时间长达31年。尽管直到今天对他的功过仍众说纷纭，但从洪武五年（1372年）开始，这位军事上出类拔萃、政治上具远见卓识的明朝开国皇帝，便在贵州推行了一系列治黔政策。这些政策对贵州历史进程的影响，是此前历代帝王远远达不到的。

贵州这方土地虽然有着辉煌的史前文明，秦汉之际还曾因“西南夷君长以什数，夜郎最大”而声名鹊起，但在历朝统治者心中，这片“远在要荒”之地，落后贫穷，交通梗阻，只要不发生危及自身统治的事件，保持名义上的臣服，便算万事大吉。因此，从来没有一位帝王认真思考过将这片土地纳入国家发展的统筹范围，倒是喜将其当作贬谪罪臣的场所。

朱元璋这个人有着非凡的洞察力和遥控局势的娴熟手腕。对于贵州，他除了建元之初忙于征战而未遑顾及外，自平定陈友谅，声威远播，贵州土司相继归附后，便开始思考如何通过贵州来稳定和加强对西南地区的统治。

说起来，秦朝一统天下后便已将今贵州地纳入了版图；西汉武帝时，曾有唐蒙通夜郎“约为置吏”之举；隋唐至两宋，这里分别设了经制州和羁縻州；元朝创立土司制度，给土著首领确定了特定的土司职衔，明确了品级，同时也委任了不少流官。但自秦代到明朝的1000多年里，中央王朝在贵州地区所维持的，大多是一种直接与间接统治交错存在的政策。

还在建立大明朝南征北讨打江山之际，朱元璋便有了“寰宇全归于版籍”的雄心，只是面对贵州跬步皆山、土司林立的实际，他并未一开始就动用武力征服，而是采取先因势利导，再逐步收紧的策略。

洪武五年（1372年），“故元贵州宣慰使郑彦文及土官宣慰使霭翠、叔禹党，宣慰使宋蒙古歹并男思忠等来朝，贡马及方物。诏赐文绮袭衣各有差。彦文等皆仍旧职，宋蒙古歹、霭翠并世袭贵州宣慰使如故”。当时，对明王朝来说，云南尚在残元势力的手里，前来归附的贵州各级土司的情况也并不太清楚。有鉴于此，朱元璋宣布内附土司“赋税听自输纳，未置郡县”。若自报税额不能按期完纳，则可以协商调低，甚至减免。这无疑是一种故示宽宏大量的抚绥之策。

洪武十四年（1381年），天下初定，唯残元梁王把匝喇瓦尔密盘踞云南抗命不降，朱元璋断然决定调30万大军南征。同年九月，“命颖川侯傅友德为征南将军，永昌侯蓝玉为左副将军，西平侯沐英为右副将军，统率将士往征云南”。临行，朱元璋在《平滇诏书》中告诫傅友德等人：“霭翠辈不尽服之，虽有云南不能守也。”这番话，表面上是说要严格控制水西土司霭翠，否则即便打下云南也守不住，实则是暗示征南将领必须牢牢控制各自为政的贵州大小土司，以确保明王朝对整个西南的统治。这当中，实际上已包含了朱元璋未来治理贵州的战略思考。

事实上，明军南征前，朱元璋对贵州的抚绥政策已经逐渐开始变化。先是中枢省提出播州宣慰使司，贵州、金筑、程番等14长官司“既入版图，即同王民，当收其贡赋”，提请每岁定额征收。但朱元璋感到云南尚未平定，不宜操之过急，故意称“西南夷之地，自昔皆入版图”，“但当以静治之……所有田税随其所入，不必复为定额以征其税”。中枢省的奏请虽然被否定了，明王朝政策变化的苗头却已初现端倪。在明初那个动辄得咎的年代，朝臣们如果不是揣摩到皇帝的一点心思，借他们几个胆子，也是不敢妄提这类主张的。

情况的确也是这样。洪武十四年（1381年）大军南征后，朱元璋便一步步收起了往昔的温善。同年九月，朱元璋遣使告诫并要求播州宣慰使杨铿：“尔铿世守播州，作朕屏藩，然听信浮言，易生疑贰，积愆日深。今大军南征，多用战骑，尔当以马三千，率酋兵二万作先锋，以表尔诚。”这段话，威胁逼迫都用上了，没有任何商量的余地。及至云南平定，早前的安抚之策似已无足轻重，朱元璋便毫不犹豫地直接命令征南将军傅友德，将乌撒、乌蒙、东川、芒部土酋悉送入朝，“盖虑大军既回，诸蛮仍复啸聚。符到之日，不限岁月，一一送来，霭翠夫妇亦如之”。

朱元璋的这项命令颇有玄机。前面提到的乌撒、乌蒙、东川、芒部，征南之前原与云南梁王有所牵扯，如今既属新附，自然不可掉以轻心。将这些人押到京城督训一番，尚还说得过去。但霭翠早在10年前即已降明，得授原官，虽于洪武五年（1372年）八月曾有发兵讨除垅居部落之请，遭到“中国之兵，岂外夷报怨之具耶”的申饬，但霭翠并未心生怨恨，一直与明王朝保持臣属关系，颇受朱元璋赏识。《明史·列传第二百四·贵州土司》中明确记载：“霭翠每年贡方物与马，帝赐锦绮钞币有加。”为借霭翠之力稳定贵州，朱元璋不仅曾于洪武六年（1373年）“诏贵州宣慰使霭翠位居各宣慰之上”，同年十二月又进一步明确“改设贵州宣慰使司，秩从三品，仍隶四川行省”。从历史的效果来看，朱元璋采取的这些方略是成功的。霭翠等人的臣服，确保了明初百余年间社会秩序的安定，为明王朝后续政策的推行奠定了基础。但朱元璋却在平定云南后，忽然要将霭翠夫妇与新降土司一起押送来京，这种“变脸”也未免显得过于突兀。

其实，在对待水西土司的问题上，朱元璋的故示宽宏和严加扼控，都是一种统治手段。他的笼络是为了让各土司从水西身上感受到朝廷的恩惠，管束则关系到他即将在贵州实施的举措。

局势的发展果如其所料。奢香的顾大局、识大体不仅成了其他土司的榜样，更在贵州历史上留下了深远影响。明嘉靖、万历年间文学家吴国伦所写的《次奢香驿因咏其事》就曾赞道："我闻水西奢香氏，奉诏曾谒高皇宫。承恩一诺九驿通，凿山刊木穿蒙茸。至今承平二百载，牂牁僰道犹同风。西溪东流石齿齿，呜咽犹哀奢香死。中州男儿忍巾帼，何物老妪亦青史！君不见蜀道之辟五丁神，犍为万卒迷无津。帐中坐叱山川走，谁道奢香一妇人！"这样的历史评价，是当年朱大皇帝万万想不到的。

水西土司是贵州境内最强大的土司，其所辖面积辽阔，地理位置极其重要。其辖地几乎囊括今贵州省的西部，包括清代的大定（今大方）、黔西、威宁、平远（今织金）四州。东连新贵（今贵阳之一部），西抵云南沾益。自蜀汉以后的千余年间，水西始终与中央政府保持着行政上的联系。朱元璋以霭翠为贵州宣慰使，位列各宣慰之上，将制约贵州的希望寄托于水西，正是瞅准了水西的政治稳定直接关系到大明王朝西南边陲的安危。

客观地说，生长于江南一带的朱元璋，早先对云贵少数民族地区的情况应该很不熟悉，只是随着多年征战后，统治地盘不断扩大，擅长机智权谋的他，逐渐窥见了历朝历代统治西南少数民族政策的得失，形成了自己的统治思路。在派军南征前，为了平定云南，完成明王朝的统一，朱元璋显然对云贵情况进行过一番研究，提前做了通盘筹划。这从洪武十四年（1381年）大军征讨云南过程中，战争的决策部署，战略、战术的具体运用，甚至行军路线、先占何处、如何措置，事无巨细皆出自他的具体部署和授意便可看得出来。

平滇之役从洪武十四年（1381年）九月大军起征，至洪武十五年（1382年）正月报捷，历时仅5个月便大获全胜。究其原因，除军事战略运用得当外，关键则在于朱元璋通过各种手段，先行稳定了贵州这一战争后方基地。只不过在击败残元梁王势力，完成明王朝统一大业之后，朱元璋便毫不迟疑地把重心转移到如何强化对贵州的统治上。在这方面，他的主要手段是强化军事扼控。

就在傅友德等平定云南不到一个月，朱元璋即下令“置贵州都指挥使司，以平凉侯费聚、汝南侯梅思祖署都司事”。“都指挥使司”是明朝省级三司机构之一，而当时的贵州并未建省，还分属于四川、云南、湖广三省管辖。在一个并没有建省的地区，率先建立统管军事的省级机构，简直就是一种破天荒之举。这只能说明，鉴于贵州军事战略地位的重要，作为帝王的朱元璋脑子里早已有了贵州建省的筹划。《明史》引朱元璋《平滇诏书》中的话后断言：“（太祖）志已在黔，至成祖遂成之。”算是看透了朱元璋的这一预谋。

事实证明，安定贵州境内势力最大的水西，利用它来掌控贵州全局，形成对云南的威慑之势，不过是朱元璋治黔方略的一种铺垫。还在平滇战事进行之际，这位深谋远虑的帝王已从军事上在贵州进行了布局。其中最关键的一招，是在军事要塞处设置驻扎军队的卫指挥所，每卫定额兵员5600名。卫之下设千户所、百户所以掌控地方，令土司势力不敢异动。

洪武年间，贵州境内先后建立的卫多达28个。先是洪武十四年（1381年）为配合平滇之役建立了普定、黄平、普安、水西、乌撒（今威宁）、尾洒（今晴隆）、平越（今福泉）等卫指挥所，接着又于洪武十七年（1384年）起相继设置毕节、五开（今黎平）、层台（今毕节层台）、赤水、兴隆（今黄平）、镇远、安庄（今镇宁安庄）、平溪（今玉屏平溪）、偏桥（今施秉）、清浪（今镇远）、都匀、清平（今凯里清平）、龙里、新添（今贵定）、平坝、威清（今清镇）、古州、贵州前卫、铜鼓（今锦屏）等卫，加上洪武四年（1371年）设置的永宁卫、贵州卫，整个贵州已布满了明朝大军，形成了“诸卫错布于州县”的格局。

朱元璋一手创立的卫所制，是明朝最主要的军事制度，一府设所，几府设卫，之下又有千户所、百户所等设置。按照明朝的兵制，贵州各卫驻军属内地军丁，二分守城，八分屯种。每个军丁授田一份，由官府供给耕牛、农具和种子，按份征粮。当军之家皆入军籍，称军户，父死子继，世代为兵，并随军屯戍，住于指定卫所。

贵州的28卫驻军总数近16万，加上家属、子弟，数量更是惊人。这些来自中原或江南地区的人口，不仅在贵州开垦出大批耕地，还给贵州带来了内地先进的农业生产技术、手工工艺与较为先进的商业文化。屯军及其家属的到来，推动了贵州农业经济的发展，加速了封建地主制的形成。尤其在贵州这种山地高原的特殊环境下，屯军与各族群众长期杂处，导致了民族文化的交流与融合，贵州的经济社会因之发生了带有历史意义的转折。而随着时间推移，卫、所士兵与家属的驻地逐渐形成人口聚居的生产、生活、物资交流的中心，久而久之，有的直接发展成为城镇。今贵州的不少县、镇所在地，即明初设置的卫所，甚至许多地名都是沿袭当年的称谓。这种情况虽属朱元璋始料所未及，却构成了明初百余年贵州大开发的一个动因。

交通一直是贵州经济社会发展的最大制约。元朝时为“通达边情，布宣号令”，曾大兴“站赤”，在贵州境内修建了一些驿道。但当时的贵州，尚属滇、川、湖广三省的边荒之地，那些断断续续的驿道，并未从根本上消除省际交往的梗阻。贵州古代交通面貌的改善，仍是在朱元璋统治期间，通过省际四大驿道的不断整修与贯通，才得以实现的。

朱元璋修建驿道、整治贵州交通的出发点有二：一是出于军事需要，便于军队调动，消灭盘踞云南的残元势力，加强对散布于崇山峻岭中大小土司的钳制；二是从政治角度出发，确保政令通畅，便于各卫所、府州与中央政府的联系，为其后的设置行省奠定基础。

相关文献记载了明初开拓贵州交通的情况。洪武四年（1371年），为将贵州卫由隶于湖广改隶成都，疏通完善了由成都至重庆、播州（今遵义）、贵州（今贵阳）的50驿。洪武十四年（1381年），为配合大军西征云南，增置湖广通往贵州的马驿18处，贯通了东部驿路。云南平定后，明政府下令水西、乌撒、乌蒙等西部土司派人修建通往云南的邮驿，并在各自疆界“开筑道路，其广十丈，准古法以六十里为一驿”。尤其奢香披荆斩棘修建的龙场九驿，形成了以偏桥（今施秉县境）为中心的两条驿道：一经水东过乌撒达乌蒙（今云南昭通），一经草塘、六广、黔西、大方至毕节。龙场九驿的修建，贯通了贵州向北与四川、向西与云南的通道。其后，随着5条省际驿道全部贯通，贵州在西南地区的交通枢纽地位逐步展现出来。明初道路的修建，堪称贵州古代交通发展史上的一座里程碑。

世间有许多违背常理的事让人不太想得透。一个出身贫寒、识墨不多，靠马上冲锋陷阵赢得天下的朱元璋，坐上皇位后，偏偏比那些饱读诗书之士还重视教育。《明实录》记录有他的这样一段话："今天下初定，所急者衣食，所重者教化。衣食给而民生遂，教化行而习俗美。足衣食者在于劝农，明教化者在于兴学。"不仅如此，他还就此下达了严厉要求：若民众不奉天时，有负地利，或师不教导以至学生堕学者，一概按律论处。明初贵州教育的发展，正是在朱元璋的这种严苛督责下出现的。

在善断多谋的朱元璋看来，对贵州这样的少数民族地区"化民成俗，其必由学"。为此，他一方面鼓励贵州各级土司兴办司学，让土司子弟接受儒家文化教育；又根据卫所设置情况，在有条件的卫所建立卫学，"教武臣子弟"；在已设府、州、县的地方，则视情况创办学校。据有关资料统计，洪武年间先后创办的贵州司学有贵州宣慰司学、永宁宣抚司学、播州宣慰司学、普安安抚司学等；各卫所设置的学校则有贵州卫学、贵州前卫学、普定卫学、铜鼓卫学等；官学方面则仅有安顺府学、普安州学、荔波县学3所。

明初战乱始平，百废待举，朱元璋虽有志于"明教兴学"，其在位期间建立的学校数量有限，但他的"兴学为先"主张，却在后世得到了发扬。到明朝末年，贵州建立的各级学校总计达60余所，其中，司儒学8所，府学13所，县学11所，卫学24所。对于此前长期闭塞的贵州来说，这种教育的发展，显然与明太祖朱元璋当年大举开发贵州的谋略有关。

综观历史，撇开主观动机与客观效果之类的问题不论，朱元璋作为第一个从国家层面开发贵州的帝王，确属当之无愧。

# “通道贵州”是怎么来的?

早些年曾应报社之约组织过一期周末专刊，名曰《通道贵州》，省里几位专家从历史、经济、交通、社会等不同视角，写了一批颇有分量的短文，论述和展现贵州在西南地区的通道枢纽地位，不想竟引起了读者的关注，甚至有领导询问第二期专刊何时见报。当时各种杂事缠身，未能将这件事做下去，以致成为心中一桩憾事。

地处西南腹地的贵州，有着先天的区位优势，加以冬无严寒、夏无酷暑的气候条件，特别适宜物种生存，几十万年前便成了古人类的“伊甸园”。先秦之际的一些国君，为拓展自己的疆土、击败敌对诸侯国，已留意到贵州区位的军事战略价值，并开始加以利用。

第一个将贵州作为军事通道加以利用的是楚顷襄王。《后汉书》《华阳国志》皆有楚顷襄王遣将军庄蹻（《后汉书》作庄豪）率军溯沅水而上，军至且兰，椓船于岸而步战，经过贵州后，留王于滇的记载。《史记》《汉书》记载的虽非楚顷襄王，而是楚庄王，但在楚国军队利用贵州作为进军通道这件事上是一致的。这至少说明夹在湖湘、四川、云南之间的贵州，早在战国之际已成兵家必争的军事通道。一位学者曾以诗人屈原“济沅湘以南征兮”的诗句，来说明溯沅水进入黔中是战国时楚人常走的道路。

秦王朝为加强对云贵地区的控制而修建的五尺道，是贵州历史上的第一条官修道路。在秦始皇来说，派常頞修建一条从僰道（今四川宜宾），经黔西北抵达朱堤（今云南昭通），长两千多里的五尺道，是为了“诸此国颇置吏焉”，打造一条控制西南夷地区的军事纽带，但却增强了贵州在巴蜀与云南之间的南北通道地位。

西汉武帝时，遣番阳令唐蒙出使南越。“南越食蒙蜀枸酱，蒙问所从来，曰‘道西北牂牁，牂牁江广数里，出番禺城下’。”唐蒙回到长安，问蜀贾人，“贾人曰：独蜀出枸酱，多持窃出市夜郎”。唐蒙乃上书汉武帝曰：“窃闻夜郎所有精兵，可得十余万，浮船牂牁江，出其不意，此制（南）越一奇也。诚以汉之强，巴蜀之饶，通夜郎道，为置吏，易甚。”这段记载至少说明两个问题：一是唐蒙在南越吃到的“枸酱”产于巴蜀，证明当时的巴蜀、夜郎、南越之间已有一条商旅通道；二是唐蒙之所以提出通夜郎道，浮船牂牁江，南下进攻南越的谋略，也是想借助贵州的军事通道地位。其后，西汉帝国果然利用夜郎这条通道，出兵灭掉了南越。

到了明初，明太祖朱元璋为平云南，派傅友德率大军30万征南，在贵州境内广设卫所，大兴屯田。贵州军事上的通道战略地位，再次突出展现。

由明到清，再至民国，尽管境内重峦叠嶂，山谷深阻，贵州的通道地位依然在军事上不断彰显。明万历年间，播州杨应龙欲凭借地势险要、兵强地广，与明王朝一较高低，结果也仅坚持了114天，便被明政府从四川、贵州、湖广调集的八省兵力彻底打败。明军之所以能迅速调动多达24万的兵力，自然与历代统治者对贵州战略通道的经营不无关系。

清初吴三桂叛乱，军事上的第一步便是派遣大将马宝等为前驱，直奔贵阳。其意图在于占据贵州之后，兵分两路北上入川、东向攻湘，这完全是在利用贵州军事通道的价值。吴三桂之乱虽勉强支撑了8年，最终仍遭到失败。康熙十九年（1680年），清军重演了明初朱元璋征云南的一幕：十月攻克贵阳，十一月占领遵义、安顺、石阡、都匀、思南各府。次年二月清军收复贵州全境，随之集中兵力剿灭吴三桂残余势力。吴三桂之乱最初以贵州为进军通道，最后亦因贵州军事通道的失守而彻底覆亡。

抗日战争时期，作为抗战大后方的贵州，军事通道的战略地位在反侵略战争中发挥了重大作用。随着战局的转移，川东公路赤杉段、玉秀公路玉松

山地贵州的近代公路多是盘山而行。图为火炬照亮的“二十四道拐”抗战公路

段、桂惠公路三星段的修建，改善和保障了抗战物资的运输。位于贵州晴隆县的“二十四道拐”抗战公路，是“史迪威公路”的形象标识，成为当时中国抗日战争大后方唯一的陆路运输线及国际援华物资的大动脉，被誉为“中国抗战的生命线”。

众所熟知的这些史事很容易给人造成一种错觉：通道贵州的作用就在于它极高的军事战略地位。倘若陷入这样的误区，那就将通道文化在贵州历史进程中发挥的作用大大压缩了。

通道贵州更是西南地区各民族进行族际交流与物资交易的汇聚地，又是重要的商贸与运输枢纽。

在通信手段落后的古代，贵州高原总是历代史官们遗忘的角落。他们奉命编的“实录”、经手的“奏稿”、撰写的史书，大多对发生在这一“要荒”之地的人和事，不置一词或者几笔带过，以致古代发生在贵州的族群移动与物资交流，几乎看不到痕迹。其实，秦汉以后，随着郡县的设置，地区之间的经济交往与社会互动，在贵州已经甚为活跃。汉武帝“募豪民，田南夷”是一例；唐蒙在南越食到枸酱，已印证一条由巴蜀经夜郎再到南越的商贸通道早已存在。

说起来，贵州最早的道路应该是先辈们用双脚踩出来的山路。它们什么时候开始出现，自然无从考证。但有一点却可以肯定：这些山路必然和盐这种生活必需品有关。贵州不产盐，这是一种先天不足。当代的医生总是嘱咐病人要“低盐饮食”，老辈人却说“人不吃盐就没有力气”。历史上饱受淡食之苦的贵州人，有许多关于盐的故事，“斗米斤盐”的日子，至今还留在许多老人的记忆里。生活在贵州的先民，不得不想尽各种办法去获取生理所需的盐。那些祖祖辈辈踩踏出来的山间小道，既是古代贵州人的劳作之路，必然也是换买食盐之道。对此，只是鲜有人去探究罢了。

这些年，研究贵州古代盐路似乎成了热门，关于古盐路、盐政的论文、著作不胜枚举，因为研究贵州盐路成为硕士、博士的也大有人在，只是很少有人将盐路与贵州通道地位的形成联系在一起来进行探讨。其实，像贵州这种山高谷深的高原，最早的盐路必定是劳苦大众借助刀斧之类的原始工具先硬性开凿出来，官府再在此基础上加以整修扩建后形成的。只不过古籍文献中只记载了那些督促、捐资修路的达官贵人的姓名，却看不到艰辛劳累的开道人的身影。

古代贵州人披荆斩棘开辟了多条川黔之间的盐路，务川县是其中一条盐路的必经之地。当地流传的一首山歌十分感人：“古道盐路石头多，翻山越岭爬大坡； 紧紧握住背打杵，经常注意自己脚。”早年的山道陡峻险恶，先民们运输主要靠背兜，歌中的“背打杵”，就是运盐人疲累时，用以支撑背兜暂歇喘息的木杵。至今，在贵州的一些古道上，仍能清晰看到木杵在坚硬岩石上杵出来的凹洞。历史上贵州的食盐来自四面八方，川盐、滇盐是大宗，此外还有淮盐、粤盐。因此，贵州运盐的古道北、东、西、南几面都有。

历史文献显示，秦开“五尺道”后，历朝历代都有贵州修桥铺路之举。

汉修石门道；蜀汉建成通建宁、牂牁的道路；南北朝时连通邕州通兴古、夜郎之路；唐宋之际，贯通邕州到播州的大道；元朝时建成平溪经播州至乌撒（今威宁）、泸州经永宁至乌撒、重庆经播州至贵阳、曲靖经普安至贵阳等多条道路，并开始设置驿站；到了明代，随着东西南北四大驿道的贯通，贵州开始成为云、桂、川、湘四省的必经之地。

除了陆路，水运是贵州重要的通道。唐蒙在南越吃到的“枸酱”，就是先经陆路再转牂牁江运到番禺城的。赤水河是古代水运较为繁忙的河流，尤其茅台镇一段是仁怀县境的航运干线，上自纳坡渡，下至习水二郎滩，一向为川盐入黔、黔酒外销的主要通道，只不过由于滩险流急，须得水陆交互利用。至于乌江、北盘江、清水江更是古代水上重要通道。这些江河大都纵坡陡峻、水流湍急、滩险栉比，利用起来难度极大。

贵州的水道整治，应该是随着人类的活动便已开始。但这类只有本地住民才了解的社会活动，因为贵州直到宋朝才有地方志编修之举，古代民间水道整治的情况，在历代的官修史书中基本付之阙如。

入清以后，水路运输开始引起重视。经过清代前期的陆续治理，省内几条水系的通航能力有了显著改善。乾隆十年（1745年），为满足黔铅、川盐运输需要，清廷议准动用运铅专项银38600两作开赤水河经费。工程历时半

今日牂牁江

年，新开航道300里。光绪五年（1879年），清政府又批准四川总督丁宝桢所请，进一步修缮了赤水航道以利川盐运输，先后治理滩险70余处。赤水河之外，雍正四年（1726年），镇远府官员呈请兴修府属施秉县境㵲阳河诸葛洞河道，竣工后“舟楫往来，有济穷民”。此后㵲阳河道经频繁整治，航道得以改善，右岸支流亦数度开发。其他如清水江水系、都柳江水系，在清代都得到治理，航道作用得以发挥。

驿道是古代主要的交通线。贵州虽有先天区位优势，却因地形地貌的制约，一直受交通梗阻困扰。唐朝时，今贵州与外部的物资交流极为有限，见于记载的朝贡运输不过30余次；到了宋代，亦不过70余次。物资运输则以食盐为大宗，此外便是马匹的交易。

元朝从军事战略需要出发，着手在一些干线上设置驿站。明代为加强统治，在原有道路基础上继续开拓，通过修路将大部分府、州与省会连接。到明末，以贵阳为中心的驿道网初步形成，北可达四川、重庆，南可通广西，西可连云南，东可抵湖南。明代的驿道总计增加到百余条，设驿69处、站28

贵州古驿道

处、递运所4处。

清代的陆路运输动脉主要是官马大道，分东西干道、南北干道、边区干道3类。贯穿河南、河北、湖南、贵州4省而达于云南省城的道路属“官马南路”，为清末的东西干道；经由重庆入贵州的南北大道，在清末属“官马西路”。其他省际的干道在贵州有：由镇远经天柱、黎平、丙妹而达广西石碑铺；由阿都田经兴义、册亨南渡红水河，通广西邕宁（今南宁）；由施秉经台拱、清江、古州，南达广西柳州等3条。同一时期，省境内县际大道的建设也有了显著进展，成为省内地区之间传递信息、交换物资，进行各种经济文化交流的重要通渠。这些省县道到19世纪末才初步形成网络，开始在社会生活中发挥重要作用。

客观地说，经有清一代200余年的努力，贵州境内交通状况的改善成效明显。到清末，省内干道一般宽达五六尺，主要官马道更拓展到一丈有余。虽然这种道路仍然只适宜于肩挑马驮，但在“连峰际天兮，飞鸟不通”的贵州，已经是不小的进步。随着道路的发展，商旅往来与物资运输逐渐频繁，自然对经济社会的发展有所推动。

同治五年（1866年），总部设于重庆的“麻乡约信轿行”瞅准了贵州通道的价值，不仅决定在贵阳设立分号，还在松坎、遵义、盘县等地设立站点。麻乡约这种最早出现于咸丰二年（1852年）的民间运输组织，是西南地区的独特行业，不仅经营客货运，往返于川、黔、滇三省，还设立民信局，受理托交的函件，虽穷乡僻壤，亦可送到。麻乡约在贵州办理的各项业务，增强了贵州与川、滇两省的经济联系，一段时间内甚至成为贵州民间运输的主要依赖。加上同一时期，水道的疏浚，舟楫的往来，更给省境内沿江、沿河地区的经济发展和物资交流注入了活力，促进了一批商品集散地在贵州的诞生。到了清朝后期，贵州的通道地位更加凸显出来，通道文化也随之逐渐形成。

当然，无论是民国年间，还是抗战期间的战时交通建设，都无法与新中国成立以后贵州交通面貌的根本性改变同日而语。尤其改革开放40余年，贵州以后发赶超精神全力以赴加快交通基础建设；到新中国成立70周年，全省通过各类交通重大工程和重点项目的投资，不仅在西部省区率先实现了县县通高速，还做到了所有市（州）通民航，迈入了高铁时代。如今的贵州省省会贵阳已跻身全国10大铁路枢纽之一，全省铁路营业里程突破4000千米，其中高速铁路超过1500千米，全省9个市州都建设了机场。随着贵州立体交通的构建，贵州才真正发挥出国家西南地区立体交通枢纽的作用。

对此，贵州人应该都有切身的感受。

# 明清之际的民生画卷

如果断言中国古代区域史研究难度最大的省区是贵州，或许会遭到一些人的质疑。但贵州的确存在诸多模糊不清的历史阶段，文献中既乏记载，考古又无可资揭秘的发现，却是不争的事实。笔者早些年出版的《贵州简史》，近年来陆续出版的各类通史，实际上都只能是“有话则长，无话则短”。因为史料是无法编造的。

不得不说，贵州历史得到较为系统、全面的反映始于地方志的编修。只有在当地人将身边发生的事整理记述下来以后，我们才能获得了解贵州高原局部或整体情况的第一手信息，用以印证那些靠辗转相传、道听途说、少量资料编织而成，可信度有限的文献。

中国的方志源远流长。《尚书·禹贡》记载了战国前的方域、物产、贡赋等内容，被认为已具备方志雏形。到东汉初期编纂的《越绝书》《吴越春秋》，则被多数学者视为最早的方志。东晋人常璩编纂的《华阳国志》，是我国现存最早也比较完整的地方志，也是我们研究两晋以前贵州社会，远比《史记》《汉书》《后汉书》详尽的文献。但是从两晋到五代，均不见关于贵州方志编修。

贵州方志的出现在宋元时期。不过直到明弘治以前编纂的60多部方志，都已全部散佚，不复重见。迄今我们能看到的最早的贵州地方志为明《（弘治）贵州图经新志》。该志系明永乐十一年（1413年）贵州建省后，设局官修的第一部省志。全志共十七卷，包括贵州宣慰司及各府、州、卫、千户所的地图，疆域、沿革、山川、风俗、形胜、土产、学校、馆驿、古迹、名宦等，堪称介绍贵州省情的第一部“百科全书”。

正是有了《（弘治）贵州图经新志》及之后编纂的各种地方志，今天我们才有可能来描绘明清之际的贵州民生画卷，讨论那个时期的先民们过着怎样一种社会生活。

明清时期贵州社会生活的重大变化，首先出现在生产关系方面。

还在平定云南时，朱元璋便开始在贵州各地遍设卫所，大兴屯田，从而引来了成千上万的汉族移民。这些移民将内地先进的生产工具和生产技术带了进来，贵州的经济社会因之获得了强劲发展动力。明朝政府推行屯田制，规定凡屯种去处缺犁铮耙齿等器，着有司拨给原料“铸造发用”，耕牛不敷，“即便移文索取”。但是，这种屯田制颁行日久，弊窦渐生，各项规定变得形同虚设。无奈之下，政府只得召集军民和流商“芟秽耕种”。结果，由驻军耕种的屯田，出现大量租佃现象。加上一批来自内地的地主、商人一旦在贵州站稳脚跟，便大肆购买土地雇人耕种，原先呈点状冒头的地主经济迅速向周围扩散，进而引发了生产关系质的变化。

明成祖朱棣废除思南、思州两土司，揭开了改土归流的序幕。随着改土归流的大规模推行，原先在几大土司统治下的少数民族群众，开始摆脱对土司的人身依附。在交通相对通畅、商贸活动频繁的地区，政府往往将原先属于土司的“私田”没收，改为招民耕种，按亩纳粮。土司的“公田”则任随开垦为业。结果是有钱有势之人趁机广占田土，再将占得的土地租给劳动者，以收地租的方式进行剥削。在当时的贵州，这种封建地主土地所有制取代封建领主土地所有制的情况，几乎成为全省的普遍现象。

清代的情况又比明朝进了一步。当局虽然宣布继承明代的屯田制度，规定“驻一郡之兵即耕其郡之地，驻一乡之兵即耕其乡之地”，却不得不把军屯剩余的土地或分给当地人耕种，或由官府招募佃耕，或让汉族地主承领转佃他人，收取屯粮以供军需。清朝时的军田、民田都可以买卖，军田每亩只需上税银五钱，民田只要按“每三亩八分科纳粮米一石”，政府便给契为业。这样的政策引发了屯田的剧烈兼并，促进了贵州地主经济的进一步形成。

除水西土司外，贵州的几大土司在明朝已被政府改土归流，到了清初剩余下来的只是一些中小土司。这些土司，经过雍正年间疾风暴雨式的改土归流，绝大部分都被流官取代。失去昔日威风的土司们，不少成为没落户，甚至一些人靠出卖田产维生。《黔南职方纪略》形容当时的情况说："近年来，土目头人日益贫困，将私田粮田辗转售卖予汉人，以至业易数主。"《清实录》也有"土司贫苦，往往将所食存粮之田，作为无粮之土，卖予绅衿商民"的记载。屯田制的破坏、土司的没落，从根本上改变了贵州农村的土地所有制，使土地买卖成为一种普遍现象，并在各地造就了一批大地主。文献记载，乾隆年间，天柱县一户龙姓大地主拥有的土地居然跨越3县，遍及30余个村寨，每年收租3万余担。安龙、罗甸、望谟等地收上千担谷的地主为数也不少。除汉族地主外，少数民族中的地主也多起来。清平县的苗族地主不但广有钱财，还常与官府勾结欺压群众。

以严重人身依附关系为主要特点的封建领主经济，在贵州迅速被新兴地主土地所有制所取代。这种生产关系的变化，不仅是贵州经济社会发展史上的一大进步，更成了这一时期贵州经济迅速发展的重要推动力。我们可以想象，那些从土司统治下解放出来的农奴，他们不再需要接受被强加的各种人身强制，可以通过租佃土地，缴纳实物地租，过上属于自己的"日出而作，日没而息"的生活，生产积极性提高的程度会有多大。

生活在五光十色社会的当代人，很难理解自给自足封建经济时代生活的单一。那些年代的民生集中体现在农村与城镇两大板块，虽然出于地区、民族、文化分层差异，也有形形色色的文化娱乐等休闲补充，人们的主要精力仍只能集中在维系日常的温饱与子孙繁衍上。不过，如果将之与宋元之前比较，明清贵州民生状况的改变，却又是极其显著的。

农业的发展是导致乡村社会生活变化的主因，也是经济发展的主要方面。从明代开始，贵州的乡村经济逐渐向周边省区与内地靠近。生产工具和生产技术的进步、水利的兴修、耕地面积的扩大、单位面积产量的提高足以证明这一点。

明清的各种文献均有广泛使用铁制犁、锄、耙、镰、锹等农具的记载。从锄耕、人拉犁到牛耕，是封建生产方式进步的重要标志。明、清两代，牛耕在贵州得到进一步推广，除黔北和黔中在明代早已使用牛耕外，黔东南的苗族与侗族地区、三都水族地区、黔南苗族地区也都逐步用牛耕替代了人拉犁。据徐霞客在《黔游日记》中说，他当年游历贵州时，就曾在都匀一带亲见“波耕水耨，盈盈其间”的景象。当然，由于地理环境的巨大差距，牛耕的推广运用，在省境各地并不一致。在一些边远山区，受自然条件限制，直到清代，当地的耕作技术依然比较粗放，许多农户仍在使用木、石工具，甚至刀耕火种。在贵州，这种现象相当长的时间里仍继续存在。

耕作方法的进步和农作物品种的引进，是明清贵州民生变化的一个重要方面。人们开始用中耕方法取代落后的耕种方式，不仅懂得将土地按性能划为若干等级，分别种植不同作物，还学会了按照不同作物施用不同肥料。到了清代，随着许多作物品种的引进，耕作技术进一步精细化。水田种粳稻，坡地种糯谷，干田种胡豆，高山栽包谷，新垦地种小米，冷湿地种稗子，干松地种荞麦成为普遍常识，城乡居民的食品也变得更加丰富。

我们今天食用的许多食物，相当一部分是明清时期传入或引进贵州的。在这之前，贵州的粮食作物主要为大米，少数民族居住的山区，则多以杂粮为主。小米、红稗、荞子、豆类、大麦、燕麦等都可充主食。入明以后，由于移民的大批到来，各种粮食作物、蔬菜等，陆续引入贵州，小麦即是粮食作物中的一大品种。

在贵州，地区之间地形地貌存在较大差距，不同地区气候条件也有不同。黔西北一带，因气候偏寒，水稻之类粮食作物不易栽种，“人所资以生者惟苦荞、大麦而已”（《（弘治）贵州图经新志》）。一些地方志也记载，当时被称为“贵西苗九种”的少数民族，“居高山大菁中，不产稻，唯食苦荞杂粮”。随着小麦种植的传入，上述地区的民众逐渐开始种植小麦，生活有了较大改善。徐霞客在其游记中曾为此发出感叹：“小麦青青荞麦熟，粉花翠浪，从此遂不作粤西芜态。”

小麦之外，包谷也是明代传入贵州的重要粮食品种。包谷学名玉蜀黍，原产美洲，经欧洲、亚洲于明嘉靖年间传入中国，于明末清初引入贵州。据文献载，玉米传入贵州的时间晚于广西，早于湖南和四川。因贵州土壤气候均适宜种植，玉米在省内迅速推广，黔北地区“民间尤持包谷为日用之需”，黔西北的威宁“贫人以荞为常食，包谷、燕麦佐之”，黔西南普安一带“包谷俗称玉麦，民间赖此者十之七”。足见玉米的传入，对于贵州解决当时的粮食紧缺困扰起了不小作用，甚至在相当长的历史时期里，玉米都是贵州贫困人家的主粮。

明、清两代的经济作物种植有较大发展。其中木棉、棉花、苎麻、芝麻、蓝靛、油菜籽、甘蔗、甜菜、土烟、辣椒等种植面积最广。这些经济作物中，有几种在贵州社会生活中占有重要地位。苎麻是贵州民间最古老的纺织原料，分布极广，全省各地均有种植。蓝靛可加工为染料，一直深受民众喜爱，贵州少数民族尤喜穿着青蓝色衣，并以蓝靛制作蜡染原料。随着蓝靛种植面积的扩大，贵州成了盛产蓝靛之省。辣椒是贵州人之所爱，这种原产于美洲墨西哥到哥伦比亚一带的草茎物种，16世纪下半叶传入中国，称为番椒。初因“开花白瓣，绿实尖长，熟时朱红夺目”，外观甚美，人们只将其作为观赏植物培育，直到康熙年间，才进入饮食系统。而最先尝试吃辣椒的

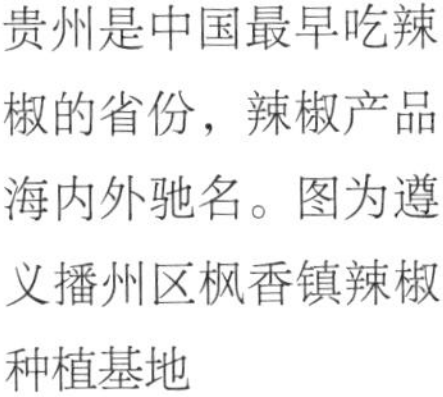

贵州是中国最早吃辣椒的省份，辣椒产品海内外驰名。图为遵义播州区枫香镇辣椒种植基地

并不是进口辣椒的沿海港口，也非西北、东北等地区，而是既不沿海也不沿边的西南腹地贵州，并且从贵州传到四川，再传到湖南。于是黔、川、湘成了中国最能吃辣之省。

贵州是中国最早吃辣椒的省份，辣椒也成了贵州的著名特产。一瓶“老干妈”走遍全世界，世界各国几乎都有贵州辣椒产品出售。贵州生产的辣椒品质上乘，每到收获之季，各省区收购人员络绎不绝。辣椒这种海外物种的价值，在贵州得到了超乎想象的升华，也成了贵州群众离不开的食品，成了贵州商贸领域一块响当当的品牌。至于贵州人何以成为国内最先吃辣者，贵州饮食为什么如此离不开一个“辣”字，甚至“无辣不欢”？国内已经有不少学者在做各种各样的分析、诠释，那就不属于本书所要讨论的了。

“慢半拍”，可以说是古代贵州经济发展与内地或平原地区的差距所在，这种现象自然也表现在民生方面。当一些地区的地主经济已完全确立，手工业与农业开始出现分工，并带动商业兴旺时，省境相当一部分地区仍过着男耕女织、自给自足的生活。这种状况在明清时期发生了变化：一是随着明初大规模移民，外地工匠陆续迁入，这些脱离农业的匠户，凭借精湛的技艺，佣工生产，在城镇周边建立手工作坊，并将产品拿到城乡售卖；二是官府开始出资创办手工工场，生产军、民需要的各种产品。

各类手工工场的出现，极大地改变了贵州民生状况和生活方式。尤其到了清代，这种变化更显突出。

生于乾隆、卒于嘉庆年间的习水人袁锦道，利用县境三岔河优越的商业通道区位，举身家所有，数十年中在当地开办了铁厂、锅厂、犁铧厂、造纸厂、蓝靛厂、竹器厂等一批作坊式工厂，总数达48家。袁氏所办工厂规模虽不甚大，但种类繁多，实用性强，纯以外销赢利为目的，广销毗邻各县。以袁锦道为代表的一批人，构成了对传统社会生活模式的冲击，一定程度上改变了明清时的贵州民生状态。

19世纪70年代以后，随着自给自足自然经济的解体，贵州的社会生活呈现出根本性的变化。各类民办、官办手工工场的大量涌现，形形色色的商业、工业行会应运而生，加上交通改善带来的人员流动与商业兴盛，尤其是中国第一座股份制近代钢铁企业——青溪铁厂的创办、贵州经世学堂的诞生，促使贵州人的生活一下从闭塞落后跨到了近代化的门前。正是上述这一切，造成了明清时期贵州经济社会生活的巨变，为我们描绘出一幅与古代贵州社会迥然不同的民生画卷。

# 且看清朝前期的治黔方略

提起中国古代的帝王，秦皇、汉武、唐宗、宋祖是大众最熟悉的。其实，除汉武帝外，其他几个皇帝在贵州的影响都不算很大。明太祖朱元璋是对贵州历史影响相对较大的一个，他的许多举措，至今还留有不少历史烙印。此外，清代前期康、雍、乾三位帝王的治黔方略，不仅对贵州的历史进程造成了明显的影响，而且与清初统一多民族国家的巩固，以及贵州状况的改变都关系密切。

清军在消灭南明永历小王朝后占领了贵州，但其所面临的是一种政治上动荡、经济上闭塞落后、交织着各种社会矛盾的残破局面。为了牢固确立中央王朝在这一地区的统治地位，安定西南边疆，清代前期的统治者不能不认真考虑一套有别于内地的治黔方略，并推出一系列相应措施。这些措施得失兼有，利弊掺杂，从历史发展的视野进行考察，不仅针对性强，收效也很明显。

清初治黔，在极其复杂的社会背景下，着重稳定政局，统一行政区划，继之以恢复发展社会生产。随着时间的推移，其政策的倾斜度有所不同。大体说来，顺（治）、康（熙）年间属第一阶段，从雍正元年（1723年）起至乾隆末，可视为第二阶段。

名为爱新觉罗·玄烨的清圣祖，是清朝第三任皇帝，这位以年号康熙执政61年的帝王，在挫败权臣鳌拜后所办的第一件事就是“肃正朝纲”，颁布《圣谕十六条》。时年17岁的康熙能下达以“道德教化”为主旨，体现皇权至高无上的“法律”规范，自然不会出自他一人的思谋，而是与近臣反复切磋后定下的治国方略。但要推行这样的治国理念，海内一统是先决条件。为此，康熙在平定“三藩之乱”、统一台湾、与沙俄签订《尼布楚条约》、三征噶尔丹后，开始着重思考对西南地区的经营。

“三藩之乱”肇始于“云南王”吴三桂。在8年的平藩战争中，康熙越来越意识到稳定西南对维护中央集权的重要性。

对于黔省行政区划的混乱，历代封建王朝均感棘手。由于土流并存、事权分散，导致政局不稳。据魏源《圣武记》所载：疆臣虽屡有调整贵州区划之请，“枢臣动诿勘报，弥年无成画”。但作为最高统治者的康熙帝却认为：“必归并事权，始可一劳永逸。”于是，一场调整地方行政机构及贵州省际疆界的工程从他手里展开。

康熙的第一个手段是裁卫并县，推动事权的统一。为此，他于康熙十年（1671年）改龙里、清平、平越、普定、都匀五卫为县，“以安庄卫归并镇宁州，黄平所归并黄平州，新平所归并普安县”。接着，下令凡明朝在贵州设置的卫所，除个别保留外，概行裁除，分别纳入各府、县（州、厅）管辖。这一举措，结束了卫所与府县分治的局面。

紧接着进行的是省际疆界的调整，这项工作主要完成于康熙、雍正两朝。康熙二十二年（1683年）将原隶湖广的镇远、偏桥（今施秉）二卫划入贵州，属镇远府。之后，陆续从湖南省划入镇远、偏桥、五开、铜鼓、清浪、平溪六卫及天柱县；从广西省划入泗城府、西隆州在红水河以北之土地，又将安龙、荔波、册亨、平塘、罗甸皆划归贵州；还由四川划入乌撒府（威宁府）及遵义军民府，将原属贵州的永宁县划隶四川。到清末，贵州全省共辖12府、2直隶州、13厅、13州、43县及53长官司。今贵州省界由此大致固定下来，此后再未出现大的变动。

裁卫并县、调整省界，形成了以省会贵阳为中心的政治格局，在一定程度上方便了中央王朝对贵州全境的控制，但并未从根本上解决事权分散的问题。明朝虽然在贵州通过建省、平播之役，将几大土司进行了改流，只保留了贵州宣慰使司，然而，终明之世，谷应泰在《明史纪事本末》中所形容的政治期入轨范，“黔中一省，俨然进明堂”的景象并没有出现。直到清初，境内仍有宣慰司1（贵州宣慰司）、长官司76（含蛮夷长官司21）。

康熙年间，土司领地与中央政府直接行政区犬牙交错的局面依然存在，导致地方事权割裂，政令难行，严重阻碍国家统一全国行政区划的进程。一些地方改土归流几十年后，仍为土目所盘踞，甚至“文武长寓省城，膏腴数百里无人敢垦”。而省境黔南、黔东南一带，还有大片地区“昔曾羁縻设官”，后因交通梗阻，鲜与外界交流，未曾纳入行政建制，被视为“生界苗疆”。这种状况，严重束缚了当地少数民族自身的社会进步，也令清王朝的治黔政策难以推行。

清世宗爱新觉罗·胤禛是一个传奇色彩颇浓的皇帝。一些野史说他靠非正常手段夺得皇位，又传言他死得很离奇，死后头颅不翼而飞。其实，在康、雍、乾三朝，雍正在位的时间虽然最短，却是清朝前期一位敢作敢为、勤于政事的皇帝。他对下属的奏折，每必亲自批阅，接触过雍正《朱批谕旨》的人，不能不叹服他的事必躬亲。不仅他所推行的一系列社会改革，对于康乾盛世的延续发挥了关键性作用，他在贵州的改土归流、设置“苗疆六厅”的举措，更进一步完善了贵州的行政建制，终结了民族地区的封建农奴制，为清前期其他治黔政策的推行奠定了基础。

在清初统一多民族国家的斗争中，土司制度已到非革除不可的地步。因此，改土归流成了雍、乾两朝治黔的重点。雍正即位后，云贵总督鄂尔泰提出大规模改土归流建议。鄂尔泰认为：“若不铲蔓塞源，纵兵刑财赋事事整饬，皆治标而非治本”；主张改流之法，“计擒为上，兵剿次之，令其自首为上，勒献次之”。随后，大规模改土归流迅即展开。从雍正四年（1726年），清军镇压长寨地区的少数民族起，清政府相继在贵州裁废或革除了一批土司。通过一场充满血腥、急风暴雨式的改土归流，清王朝在土司地区的直接统治得以逐步建立，昔日土司专横跋扈的局面受到很大扼制。

设置“苗疆”六厅是与改土归流同步展开的一项工作。清代的“苗疆”一般指今贵州剑河、台江、雷山、丹寨、榕江及三都等地区。清政府在解决了长寨、广顺、定番（今惠水）、镇宁等地的问题以后，接着把目标转向这一带。雍正六年（1728年）至雍正十年（1732年），清军以武力攻占八寨、丹江、古州、都江、清江、台拱等地，以血与火为代价，设置起直接由中央政府统治的六厅，即今天的丹寨（时称八寨）、雷山（时称丹江）、三都（时称都江）、榕江（时称古州）、剑河（时称清江）、台江（时称台拱）6县。通过这一举措，昔日的“生界”纳入了清王朝的直接统治，对加强中央王朝与这一边疆少数民族地区的联系，维护封建多民族国家的政治稳定，有着积极意义，也给当地少数民族经济文化的发展创造了一定条件。但在这一过程中，清军大量屠杀少数民族群众，焚毁民族村寨，这对当地人民来说则是一场特大的历史灾难。

继稳定政局、统一行政区划之后，清政府着力推行以“抚绥”、宽缓为主旨，轻徭薄赋，鼓励发展生产的治黔方略。这些治黔方略，很大程度上是继承历代休养生息政策再加以发展的产物。这说明清王朝虽以少数民族入主中原取得统治地位，却十分重视延续数千年的汉文化，重视吸取历朝历代休养生息的施政经验。

休养生息政策始于汉高祖刘邦，他目睹秦始皇灭掉六国后，辛辛苦苦建立起来的中央王朝，在短短两年中就被其子胡亥以“税民深者为明吏”，以“杀人众者为忠臣”的暴政而毁于一旦。有鉴于此，刘邦在取得政权后，立即下令“兵皆罢归家”还乡务农，又释放奴婢为平民，减轻农民的赋税、减免徭役及兵役，通过这种轻徭薄赋政策，恢复发展了汉初的社会经济。这套行之有效的政策，以后一直为历朝开国之君所效用。

经过明末以来的战乱，贵州的社会生产遭到极大破坏，人民生活几乎陷于绝境。清初统治者认为，贵州一地“汉少苗多”，“昔年为贼窃据，民遭苦果，今虽获有宁宇，更宜培养以厚民生”，故“育民之道，无如宽赋”。从顺治年间开始，黔省的确屡有减免钱粮之举。顺治十七年（1660年）免贵阳、安顺、都匀、石阡、镇远、铜仁等府属州县、卫所、土司前一年旱灾额赋；康熙二十五年（1686年）免当年贵州全省未完钱粮及全省前一年所有应征地丁各项钱粮；雍正七年（1729年）免全省次年额征地丁银两，雍正八年（1730年）免贵州新垦起科暨邻省改隶田亩全年额征银33300两；乾隆元年

（1736年）免全省前一年所有应征银两米石，乾隆二年（1737年）免安顺等五府厅（州、县）部分钱粮，乾隆三年（1738年）免郎岱等受灾四州（厅、县）额赋并缓征旧欠，乾隆四十二年（1777年）免全省戊戌年钱粮，乾隆六十年（1795年）免铜仁府前一年应征钱粮等。

清初治黔，特别强调“宽缓”，严戒官吏邀功生事，同时也要求土司人民慎遵训诫。尤其到了乾隆时期，随着大规模战事的平息，反复强调“抚绥安戢”，加强整顿吏治，抚恤善后，恢复发展生产。在通过减轻边地民众负担、稳定政局方面，乾隆特别重视对官吏的选用。他曾在谕旨中告诫：“边疆之地，民夷杂处，抚绥化导，职位尤重，不得不慎选其人，以膺牧民之寄。”针对一些地方官吏邀功生事，他还特别严饬：“近时督、府于苗疆重地，多择能员以资弹压，殊不知矜才喜事之辈，饰文貌以欺耳目，图声誉以求升迁，非有实心实政以求抚绥化导之本，究于苗疆无所裨补……果得廉静朴实之有司视同赤子，勤加抚恤，使之各长其妻孥，安其田里，俯仰优游，一无扰累，谅无有不可以革面革心者。”

清初的捐税为田赋外之主要收入，名目繁多，不一而足。但清政府在贵州征税则较审慎，其取法也略有别于内地。如对贵阳等属所产之茶叶、烟、黑香、木耳、花椒、藤篾等物，因其数量不多，免于征税。雍正时，以遵义、绥阳、桐梓等地的山场货物已在遵义、仁怀两大税处完税，下令凡分贩小场之物，官吏不得“又复抽取，重迭征敛”，并严禁“催头衙役，借端需索，侵食中饱”。至于徭役一项，则强调“地方官应恤其劳苦，加以体察，毋令兵役恣意凌虐，以肇衅端”。同时，严禁兵役到各村寨“需索酒食、盘费、鞭扑苗人及棍徒冒充差役行凶索诈，借端派累”。

清初在全国颁布垦荒令，意在增加田赋收入，扩大税源，但对贵州则表现出一定的灵活性。早在顺、康年间，清廷便以“滇、黔田土荒芜，当亟开垦，将有主荒田令本主开垦，无主荒田招民垦种，俱三年起科，该州县给予印照，永为己业”。同时，鉴于“黔省以新造之地，哀鸿初集，田多荒废，粮无由办”，决定改为“不立年限，尽民力次第垦荒，酌量起科”。根据贵州山地情况，清朝地方官也比较重视在贵州兴修水利，认为“水利一兴，民田尽灌，商贾皆通。百姓自然殷富”，为此提出：如果不能修渠筑堰或渠堰已经废弃的，应鼓励各业主通力合作修建或恢复，按灌田多少分别给予奖励；若工程规模过大，准借司库银修筑；同时提议由官府借给工本款，仿江汉一带造龙骨车，以备灌田之用。此外，清廷还在贵州劝民饲蚕纺绩、种棉织布、栽植树木，以促进经济发展。

经过各族人民的艰辛努力，清代前期贵州的农业、手工业生产都有了较大发展，商业贸易也因之逐渐兴旺。安顺成为全省棉纺织品贸易中心，城内设有市场五个，其中三市经营棉花、一市经营土布、一市经营粮食。遵义是全省丝织品贸易中心，“秦晋之商，闽粤之贾”往来不绝。商业发展又带来了城镇和集市的繁荣。省城贵阳成为全省名副其实的经济文化中心，“江、广、楚、蜀贸易客民，毂击肩摩，籴贱贩贵，相因坌集”。

清代前期是中国作为统一的多民族国家，对边疆地区的统治得到进一步巩固的重要时期，从这一大的背景来认识清初的治黔政策，其主要方面显然是符合当时社会发展总趋势的，而这些政策也的确产生了稳定西南边疆，促进贵州经济社会发展的效果。

这正是我们需要关注清代前期治黔方略的原因之所在。

# 给“咸同风暴”以客观评价

在贵阳历史文化名人中，凌惕安先生是鲜被提及的一位。这位出生于1890年、卒于1950年的老贵阳人，很少出现在相关历史著述中。人们一般只知道他名钟枢，字惕安，号荀香室主，因以字行，多数场合都称呼为凌惕安，是一位藏书家。但他除了藏书，也有自己的著作，《柴翁书画集锦》《清代贵州名贤像传》《咸同贵州军事史》等便是其留给后世的文化遗产。其中的《咸同贵州军事史》，是研究咸丰、同治年间贵州各族农民大起义最系统的、不可多得的重要资料，也是研究清代后期贵州史不可或缺的参考文献。

近些年，出现一种对历史上农民起义全盘否定的观点，而且很有市场。其实，这种观点往往是基于对阶级分析法的批判，或者是仅从战争导致了生产力破坏，给民众带来了痛苦，对社会发展造成阻碍的结果着眼，不分青红皂白一竿子将所有农民起义打倒。而这本身就违背了历史唯物主义的分析法则，并不值得苟同。

历史研究永远是由表及里，不断深入，若反其道而行，研究的结论只会陷入肤浅。在笔者看来，对中国农民及其历史上所发动的各类起义，毛泽东的研究最深切，他所提出的种种论断也最为透彻，至今仍具有广泛指导意义。

毫无疑问，中国古代的农民长期属于社会弱势群体，即使到半殖民地半封建时代，这种情况依然未曾改变。由于种种社会因素的制约，历史上的中国农民的确存在诸多自身无法克服的先天缺陷，如对皇权的向往，热衷于平均主义，喜欢自立山头，稍为得势即追求享乐，等等。但毛泽东却坚持认为，农民是中国革命的主力军。旧民主主义革命时期是，新民主主义革命时期仍然是。正如一篇名为《近代中国农民起义的点滴思考》的文章所指出，“纵观历史上一朝一代的更迭，莫不与农民有关。一个王朝的崛起，往往是借助农民的力量；一个王朝的覆灭，往往也是出自农民的力量，真所谓‘成也农民，败也农民’”（《光明日报》2005年3月1日，作者华强、华伟）。

咸丰、同治年间爆发的贵州各族农民大起义，因声势浩大、起义队伍众多、坚持时间长达10余年，历史上习惯于将之形容为“咸同风暴”。如果对其展开全面、客观的分析，不难发现这场席卷贵州高原的各族大起义，尽管没有摆脱历史上农民起义的“宿命”，最终在清政府联合各种势力的镇压下遭到了失败，但其失败的原因却与明末李自成领导的起义、同时期的太平天国起义有着明显的不同。

过往关于咸同贵州各族大起义的研究，常将其列为各地响应太平天国运动的农民起义之一。就当时全国的形势来看，这种归类似乎并无不妥。但若深入贵州咸同各族大起义的具体实际，却有许多问题需要再行思考。首先是促成贵州各族起义大爆发的原因；其次是省境内各支起义军的斗争目标、战略战术；再就是在长达18年的时间里，一些起义队伍虽曾与太平军余部联合作战，却没有一支起义军奉“拜上帝教”为信仰，自称为太平军之一部。透过上述几方面的考察，不难发现贵州咸同起义的独特性，以及其在晚清贵州社会中产生的不同寻常的影响。

清代贵州社会矛盾的激化肇始于鸦片战争之前。凌惕安在《咸同贵州军事史·总论》的绪言中，曾一针见血地指出：“统治者为求一己一姓之享乐，以天下自养，视国家为其私产，对于民众剥削之压迫之繁苛，惨酷而不之恤。民众既感受生活之不安与不能，（遂）心怀怨望。”他在第二章中指出：“乾隆六次南游，靡费不可纪极，无非出于苛捐厚敛。当时物力尚足支持，嘉（庆）道（光）庸庸，因仍不改，燎原之势已成。”这番话道出了清代中期之后各种社会矛盾的积累，而这些矛盾的激化，直接导致了贵州乾隆、嘉庆年间长达12年的苗族、布依族起义。

鸦片战争以后，远离沿海的贵州依然深受战争影响。清政府将大量的战争赔款转嫁到人民身上。本就靠“协饷”养活驻军的贵州，不唯“协饷”断绝，反而每年要分摊20万两白银赔款。这些负担全部落在挣扎于死亡线上的穷苦百姓头上，犹如雪上加霜。随着洋纱、洋布、洋货大量输入，农村自给自足自然经济瓦解，贫困至极的贵州农民，往往流离失所，生活陷入绝境。更为严重的是，随着鸦片的吸食与种植逐渐流毒全省，成为省境内的社会公害，而外国侵略者又大肆在贵州掠夺原材料与土特产，导致民众生活更加痛苦不堪。许多村镇群众“终日采芒为食，四时不得一粟入口”。种种社会矛盾的交织与激化，势必将乾、嘉以后尚未完全熄灭的斗争余烬点燃，引发一场空前的起义风暴。

清咸丰四年（1854年）三月，杨元保在独山率众起义，义军一度发展到数千人，曾聚众攻打独山县城。这场起义虽在清军的镇压下失败，杨元保也壮烈牺牲，但却揭开了咸同年间贵州各族农民大起义的序幕。同年八月，由舒裁缝、杨龙喜领导的黔北农民起义爆发，义军不仅先后攻占九坝、桐梓、仁怀等地，还建立了“江汉政权”。这支义军在坚持斗争8个月后，被黔、川清军联合镇压下去。

以汉族为主体的号军，又称为教军，是白莲教支派灯花教传入贵州后组织起来的队伍，因成员以头巾为号，故被称为号军。号军是咸同贵州各族农民起义中声势最大的一支，按头巾颜色不同，又有红、白、黄、青等号军之别。红号军首领徐廷杰、梅继鼎1855年三月率众起义，活动区域主要在黔东北一带，曾先后占领铜仁等多座县城，一度攻入湘西，并联合苗族起义军共同作战。队伍几起几伏，一直坚持斗争到1864年。

何冠一领导的白号军1857年举事，长期转战于黔东、黔东南地区。这支队伍奉灯花教主刘义顺为首领，曾建立起政教合一的政权，以朱明月为秦王，之下设王、公、侯、乡正、元帅、将军等职官，刻印铸钱。白号军一度攻占多个府、县，曾与红、黄号军联合作战，声势最大时队伍发展到数十万，直到1868年才遭到失败。

黄号军同样奉刘义顺为教主，1858年于思南、黄平一带举事，主要转战于瓮安、黄平、施秉、余庆一线。这支队伍占领思南县乌江东岸的荆竹园后，将该处作为起义根据地。荆竹园根据地驻有义军万余人，建有营房2000余间，堡垒20余座。清军多次对荆竹园发起进攻，皆折戟而返。1868年，清军在席宝田率领下，凭借洋枪洋炮开路，对荆竹园大举进攻。义军将士英勇抵抗，大部分壮烈牺牲，起义遭到失败。另一支由何得胜领导的黄号军，曾与太平军曾广依部及潘明杰领导的苗族起义军联合战斗，数次围攻省城贵阳。

青号军原活动于四川境内，1858年进入贵州习水桑木垭，之后两次攻打仁怀县城，杀死仁怀知县马钧，后在清军的分化瓦解下失败。

张秀眉领导的苗族起义军是咸同贵州各族农民起义中，声势浩大、给清统治者打击最沉重的一支队伍。1855年4月，张秀眉在台拱厅掌梅里率领苗族劳苦大众起义，“千里苗疆，莫不响应”，一举攻占台拱厅城，短短1年多时间里，纵横七八百里，相继占领丹江、凯里、施秉、清江、台拱、黄平、清平、镇远各县。起义军不仅建立起农民政权，以张秀眉为大元帅，还颁发印信、委任官吏。在起义军控制的地区，各族群众安居乐业，过上了一段没有压迫剥削、没有苛捐杂税的平静生活。1864年后，清政府调集湘、滇、桂、黔四省军队对起义军进行围攻。尽管义军英勇作战，曾取得黄飘大捷等辉煌胜利，但在众寡悬殊情况下，最后遭到失败。张秀眉、杨大六等义军将领被俘后惨遭敌人杀害。其他几支苗族起义军分别为：活跃于黔西北由陶新春领导的苗族起义军；转战于黔西与黔西南一带由岩大五领导的义军；以贵定、贵阳一线为主要活动区，由潘明杰领导的起义军。这些苗族起义军都战斗了很长时间，给前来镇压的清军予重创。

回族起义军在张凌翔、马河图的率领下于1858年11月在盘县揭竿而起。参加起义的除回族外，还有苗族、布依族、彝族、汉族等各族群众。起义队伍与太平军及云南回族起义军相互配合，3年奋战中，先后攻克兴义、册亨、贞丰、安南、普安、盘县等10余座县城。其间曾创建革命根据地，成立革命政权。

侗族起义军的领袖姜映芳系天柱县人，1855年5月领导侗族群众在天柱执营起义，以“大户人家欠我钱，中户人家你莫言，小户人家跟我走，打倒大户来分田”为口号，深受贫苦群众拥护。起义军曾建立了九龙山根据地，推姜映芳为“定平王”。经过几年奋战，先后占领天柱、锦屏、青溪、邛水广大地区，声势波及湖南境内的侗族地区。1868年起义军战斗失利，姜映芳不幸被俘牺牲，起义失败。

在咸同贵州各族起义中，布依族、水族起义军同样发挥了重要作用。布依族起义初期以镇宁扁担山等地为主要活动区，以后逐渐扩大到安顺、永宁等地，先后有镇宁曾三浪、廖天源、叶桂林、吴白莲、伍里发、卢阿代、黄金印等领导的多支起义队伍。各支布依族起义军规模虽然都不甚大，却坚持斗争到同治十一年（1872年）。水族起义军领袖为潘新简、吴邦吉，二人都系荔波九阡人。起义爆发后，当地汉族、布依族群众纷纷参加。起义军曾四次攻打荔波县城，并曾与太平军余部联合作战，创立起义根据地，建立政权，1869年在清军镇压下失败。

咸同贵州各族农民大起义，犹如一场地动山摇的农民革命风暴。这场风暴持续时间长达18年，烽火遍及全省各地，起义队伍多达30余支，是贵州近代史上一个绕不开、更无法回避的重大历史事件。因此，我们需要给这场农民大起义一个客观公允的评价。

无论从哪一个方面来看，“咸同风暴”都是贵州历史上最大规模的农民战争，也是深刻影响贵州历史进程的一场伟大的农民革命。由于这场起义是境内各民族都参与的反清起义，爆发的时间又正值清政府穷于应对太平天国运动之际，加上声势浩大，席卷全省，因而产生了与历史上农民起义不同的社会效应。

咸同贵州各族农民革命风暴，不仅促使贵州社会结构发生深层次的分化，从根本上动摇了清王朝在贵州的统治地位，还导致一群以镇压起义起家、不同于传统官僚的新官吏出现，促成了大批城乡劳动者的分化，为贵州近代工场手工业与工业企业提供了可资雇佣的人力资源，为近代维新思想、资产阶级革命思想在贵州的传播提供了空间，创造了条件。从这个角度来看，咸同贵州各族大起义，为其后发生的资产阶级革命奠定了一定的基础。

固然，如同历史上的农民起义一样，贵州咸同起义最终也没有逃脱失败的命运。但我们在以新的视角讨论历史上的农民战争时，却不能因为它的最终结局，而背离历史唯物主义对其进行非理性评价。

# 鸦片：破坏农村经济的罪魁

中国的土地制度上下几千年中一直在变化。先秦之际土地属于国有。“普天之下，莫非王土；率土之滨，莫非王臣”，说的就是这种情况。春秋以后，井田制逐步瓦解，土地开始由国有向私有转变，形成了封建土地所有制。之后的两千多年，小农经济一直是中国社会的主导。尤其在明朝中叶以后，以家庭为单位、农业和家庭手工业结合的自给自足自然经济，成为社会生活的基本经济结构。

鸦片战争后，西方资本主义国家凭借对华不平等条约取得的特权，疯狂向中国倾销商品和掠夺原料，把中国卷入世界资本主义市场，中国的自给自足自然经济逐步解体。但这种经济解体的速度，各地并不一致。在外国资本主义入侵较早的沿海、沿江及交通、商业比较发达的地区，随着外国商品的大量输入，家庭手工棉纺织业陷入破产，耕与织的分离成为普遍现象，封建自然经济迅速解体。而在边远或经济落后地区，自然经济解体的速度则要慢得多。

远在西南的贵州既不是一个沿海、沿边、沿疆的省区，境内又重峦叠嶂，梗阻难行，各族群众本身就长期过着相对分散、封闭、自给自足的生活。因而鸦片战争后的一段时间，西方资本主义势力要越过崇山峻岭侵入贵州这样的边远高原山地，远比沿海及平原地区困难。问题在于，随着清王朝在战争中的一败再败，在各种不平等条约的支持下，侵略者的疯狂达到了极致，僻处一隅的贵州自然经济最终还是遭到了西方资本主义势力的冲击，逐渐趋于解体。

最早影响贵州自给自足经济生态的，是外国侵略者输入的洋纱、洋布，但从根本上破坏贵州自然经济的罪魁祸首则是鸦片。

按理说，还在明代中后期，随着四大驿道的贯通、大批汉族移民的迁入，贵州境内的手工业生产已开始兴起。尤其在城镇周边，在交通相对发达的地区，农村的自给自足自然经济，已呈现出某种瓦解趋势。一部分手工业已开始从农业中分离出来，逐渐形成独立的生产作坊。明代中期，遵义的采掘业与冶炼业已较发达。何乔新的《勘处播州事情疏》称："成化年间，播州有铁户八十六户，递年自行炼铁为生。"到了清初，织布、造纸、酿酒都有了专门的作坊，遵义甚至成了省内丝绸生产与贸易的中心，当地出产的府绸"竟与吴绫蜀锦争价于中州"。安顺的铁木农具制造、纺织等行业也出现于明代中叶，清初则有采煤业兴起。事实上，鸦片战争前的贵州，由于生产工具和技术的进步，与农业相结合的家庭手工业已开始从农业中分离出来，其中以纺织、矿冶、锻造等行业最显著。

家庭纺织业与农业的剥离是自然经济解体的典型表现。"男耕女织"历来是贵州农村家庭生活的画卷，但自清代以后，尤其在省城贵阳及交通发达的府州，这种情况却已悄然发生变化。城市纺织手工业的发展与产品的商品化，导致许多家庭从自织布转为出售农产品，换购成品布返家缝衣。道光九年（1829年）因官府设纺织局，"省城纺绩者，已不下数百家"。安顺出产的"五色扣布""顺布"销售极好，以至"郡人皆以此为业"。即使在民族地区的大定（今大方），官府也设立"纺课局"，专程运去纺车、织机和作为生产原料的棉花，发展到"习其业者数千人"。

白寿彝先生曾指出："自给自足的自然经济占统治地位是中国封建社会的主要经济形式，也是中国封建剥削制度的基础。"明清时期贵州自然经济的变化，虽然主要以点状形式出现在省会与大的府州所在地，但它却发出了自然经济走向解体的信号。

19世纪70年代以后，外国资本主义开始大量向贵州倾销商品，先是在沿交通要道的城镇，继而深入到穷乡僻壤。在这一过程中，鸦片起了极大的作用。

鸦片是一种毒品，当代人尽皆知。1840年英国发动对华侵略战争，原因就在于19世纪中叶，对华贸易出现大幅逆差，白银大量流入中国。为了扭转贸易逆差，该国决定通过战争打开中国大门，以便大量向中国倾销鸦片。于是，通过战后的不平等条约，英国将本国禁食的鸦片大量输入中国。

鸦片战争后，由于大量鸦片输入贵州，贵州吸食、贩卖鸦片的人越来越多。吸食鸦片不仅导致群众健康受到损害，对自然经济也造成了重大冲击。尤其在第二次鸦片战争以后，鸦片进口合法化，禁种之令无形中被取消，贵州的鸦片种植面积急剧扩大。贵州学政翁同龢在《通筹财用大源敬陈管见疏》中曾称：贵州不少田主、农户“连畦接畛，种植罂粟花，借以渔利”。开州知州陈惟彦在《宦游偶记》中也说：民众种植鸦片，“视同禾稼，连阡越陌，手胼足胝，微利所趋，群相况取”。

烟毒的泛滥，造成了贵州小农经济的畸形发展。由于清政府担心洋烟大量输入引发白银外流，搞了个“寓禁于征”。这种变相鼓励农民种植鸦片的政策，导致贵州种植鸦片之风愈演愈烈，吸食的人也越来越多。由于贵州气候土壤适宜罂粟生长，亩产量高，引来大批牟利的商人，结果是许多农民为追逐利润，放弃了传统的粮食生产，不再种植茶叶、豆类和其他经济作物。据《中国近代农业史资料》记载，光绪二十三年（1897年），贵州年产鸦片已达4万余担，而到光绪三十二年（1906年），产量猛增至4.8万担，贵州成为全国第三大产鸦片之省。

客观地说，在鸦片种植问题上，清代的统治者也并非一味放纵。

道光初年，贵州刚开始出现鸦片，清政府也曾指示贵州当局“于关津要隘严密盘查”，以截断鸦片来源。巡抚贺长龄更曾颁布《禁种罂粟严吸食令》，并采取了一系列措施，包括禁种罂粟、严拿烟犯、限期戒烟、查封烟馆、劝民栽桑种棉等。但这一切都随着鸦片战争的失败而化为乌有。20世纪初，清政府迫于国内外压力，被迫再次采取禁烟政策，因贵州是鸦片主要产区之一，曾多次下诏要求厉行禁种禁贩。巡抚庞鸿书还在贵阳设立戒烟总局，规定文武大小官员除年满六十岁患瘾已深者外，一律限在六个月内禁断，其余烟民亦限期戒烟。但这时鸦片的种吸已流毒全省，禁制措施再难收到实效。

鸦片对贵州的危害，首先是本省人越来越多染上吸食恶习，身心健康备受摧残。贵州提督学政严修曾回忆道："贵阳居民服食鸦片者，占十之八九"，"传染吸食悉为病夫，形骸瘠弱似枯麻"。吸鸦片之人，不仅精神萎靡不振，甚至道德颓丧，不惜卖妻鬻子，以致家破人亡。农民一旦成为瘾民，用不着多久，则上农为下农，下农为堕农，之前自给自足安享平静的家庭之乐，也就荡然不复存在。鸦片战争引发的烟毒泛滥，不仅严重冲击与破坏了贵州自然经济，其更大的危害则在于鸦片种植占用了大批耕地，消耗地力，造成农产品产量大幅下降。遇到灾年，五谷歉收，原来自给自足的农户"睹此烟浆，寒者不可以为襦，饥者不可以为粟"，陷入饥寒交迫。这种情况，直接导致了清代后期至民国年间贵州经济发展的严重迟缓。

在不断向贵州输入鸦片的同时，外国资本主义也将大量商品输入贵州销售，同时抢购当地各种土特产品。1851年，洋纱开始输入贵州境内，先在兴义一县，接着扩大到全境。19世纪70至90年代，贵州已成为英、美、法、日等国棉纺织品的主要销售市场。贵阳、安顺、兴义、遵义、独山等先后成为外国棉织品的集散中心。据有关资料统计，19世纪末到20世纪初，洋纱、洋布、洋货大量涌入安顺，仅洋纱一项"每月市面买卖竟达五百余箱"。兴义也成为洋纱在省内的重要销售市场，"每年在该地共销售每包重400磅的棉纱一千包"。此外，贵阳和遵义都是当时洋货在贵州最大的销售地。

大批外国商品的输入，加速了贵州自然经济的解体，社会性质也因之发生了显著变化。

长期生活在山区的贵州各族人民，一直过着自给自足的小农经济生活，除自身不出产的盐外，大部分生产与生活资料都靠自己生产，自我满足需求。洋纱、洋布的大量输入，首先破坏了土纱的生产，纺织的土纱逐渐被洋纱所代替，越来越多的家庭购买洋纱代替自纺土纱织布，传统的家庭纺纱开始没落，自然经济中的纺与织开始出现分离。当时榕江一带，洋纱的价格甚至只等同于棉花价，于是许多人不再种棉纺纱；镇宁乡间原流行的苗族土纱布，也因洋纱的大量输入而逐渐被淘汰。

在农村纺与织发生分离后，随着洋布的大量输入，靠近交通沿线或城镇地区，进一步出现了耕与织的分离。崇山峻岭的贵州，本来产棉就不多，一些地区的家庭纺织甚至不能满足生活需要。19世纪90年代以后，由于大量洋布的输入，省境内流行的土纱、土布与之相比毫无竞争力，不仅失去了市场，甚至在家庭耕织生活中也失去了地位。缺棉地区的人家，只得放弃土纱土布，购买洋纱洋布。民国年间的地方志对这种现象有所反映。《桐梓县志》载："早年服丝绸者百分之一二，本地棉麻亦足敷用，自洋布盛行，城市服者十九，今则洋纱又参杂其间。"八寨（今丹寨县）主要为苗族生活区，产棉不少，当地自纺自织的"花淑布""钭纹布"形质俱佳，极受欢迎。但据《八寨县志》载，自洋布输入"邑中女红之利尽为所夺，种棉者以无利益不得不改而他图，邑中织妇几如凤毛麟角"。洋布输入导致的耕织分离，由此可见一斑。

一旦家庭纺织与耕作发生分离，其所带来的直接后果，必然是原有的自给自足经济，不可避免地掺入商品因素。人们为了让自己的劳动产生更多的价值，逐渐开始放弃一些只为满足家庭需求的生产活动，适应市场的需要去生产利于售卖的物品，农产品的商品化也就因之而发生。这些从自给自足经济中剥离出来的生产活动，必须以市场销售为前提，因为只有依靠市场，才能将生产出来的东西转换成货币或自己所需的生产、生活用品。农户生产的物资与市场发生的联系越多，自然经济向商品化的过渡也就越迅速。这种情况首先发生在丝织、棉织、农副产品、采矿等领域。

贵州最早的农产品商品化出现在清代前期。一个典型的例子是乾隆年间，遵义知府陈玉壂从山东购来柞蚕种，聘请蚕师、织师，并购来缫丝、纺织工具，在当地教授"放养缫织之法"。其后，当地城乡民众以种桑、养蚕、缫织为业，所产丝绸畅销省内外。《（道光）遵义府志》形容称："纺织之声相闻，槲林之阴迷道路，邻叟村媪相遇，惟絮话春丝几何？秋丝几何？子弟养织之善否？"类似的情况同样发生在安顺、贵阳、大定（今大方县）、兴义、兴仁等地，只是经营品种与规模不尽相同。

鸦片战争后，随着鸦片、各种洋货的倾销及侵略者对贵州农副产品与矿产资源的疯狂掠夺，到19世纪70年代以后，贵州的自然经济迅速解体，社会性质也发生了变化。整体上来讲，在省会和各府、州、县及交通沿线地区，自给自足的小农经济大多已不复存在，尤其城镇与紧邻城镇地区，随着各类市场的形成与规模化，农产品的商品化程度一直在加深，半殖民地半封建社会的特征也因之在贵州越来越明显。

尽管如此，当我们在研究贵州自然经济解体问题的时候，有一点却不可忽略。那就是贵州是一个地形地貌起伏崎岖，千山万壑的高原山地，由于交通的梗阻，地区之间的发展极度不平衡。在许多僻远山区，无数的村寨长期处于封闭状态，那里的各族群众，世世代代一直过着与大自然和谐相处、恪守着自身民族文化传统的生活，省境内自然经济的商品化，对他们并未产生多大的影响。这也正是今天我们仍能穿过历史的时空隧道，在贵州不少民族地区，领略到诸多带有原生性民族文化的原因之所在。

# 落后省区的近代思潮

近代化是学术界一个十分热门的话题。由于立足点不一、视角存在差异，不同的论著提出了见仁见智的不同看法，甚至国外也不乏各种基于自身理论的奇葩观点。1910年，美国一位历史学家在《中华帝国对外关系史》中曾提出一种“冲击—回应”的理论模型，用以解释鸦片战争后近代机器工业在中国出现的原因。而日本与欧美的一些汉学家，却提出了一种“宋代近世”之说，认为“唐代是中国中世纪的结束，宋代则是中国近代的开始”。一位法国汉学家甚至立志要研究宋代如何比西方更早地成为“现代的拂晓时辰”等等。

对于这些五花八门的论断，个人研究领域狭窄，不便根究其立论的出发点是什么。但有一点却是可以肯定的：尽管宋朝时中国封建社会中已经出现了相当于纸币的“交子”，也有了“清明上河图”所显现的繁华，明中叶以后资本主义萌芽已在封建母体内诞生，但直到1840年鸦片战争之前，中国总体上仍是一个处于封闭状态，以自给自足自然经济为主体的封建国家。近代化所包含的各方面，如生产资料所有制的转移、经济上的工业化、政治上的民主与法治化、思想文化上的理性和科学化等都没有发生。

以此观之，中国近代化的开始，无疑是在鸦片战争以后，在外国资本主义通过侵略手段将商品大量输入，在其势力所及地区办起近代企业，严重冲击国内的社会结构，导致中国由封建社会沦为半殖民地半封建社会之后，才逐渐开始出现的。

对于中国近代史的研究，一些人总喜欢将最早倡议“向西方学习”的洋务运动与维新运动区别开来。部分学者从政治、经济、思想文化上将两者进行比较，认为：洋务运动中的洋务派主张维护清朝的封建制度，维新派主张兴民权、开议院、实行君主立宪；洋务派兴办官办工业，维新派鼓励发展民族工商业；洋务派主张中体西用，单纯学习外国的制造技艺，维新派主张不仅要学习西方科学技术，更应该学习先进的思想文化，等等。尤其因为1895年甲午战争的失败，不少人认为洋务运动已被证明是失败的。这种观点得到学术界多数人的支持，几乎已成定论。

在这个问题上，笔者对上述看法一直有所质疑。首先，任何事物的发生与发展都必然有一过程。这个过程或许是漫长的，或许因为客观形势的剧变是急速的。就如自然科学界的各类发明，绝没有任何一项只通过一次实验便获得圆满成功的例子，但我们却不能用最后的成果，去否定之前的实验。其次，洋务运动与维新运动之间，至少在“向西方学习”“富国强兵”上是共同的。再者，很难想象，没有前期洋务运动的实践与甲午战争的失败教训，主张维新的人士能猛然系统地提出政治、经济、思想文化上的全套主张。

“发展国家政治制度，不能割断历史，不能想象突然就搬来一座政治制度上的‘飞来峰’。”这一论断，很值得我们这些历史研究者深思。

出于区位及交通等原因，贵州的近代化明显比沿海地区晚，但在起始阶段却来势猛、步伐快。这在中国近代史上成了一个令人费解的特例。

还在洋务运动时期，近代早期启蒙思想家王韬便在香港《循环日报》评论时政，提倡变法。他在《上当道论时务书》中提出：“至于学问一端，亦以西人为尚，化学、光学、重学（即力学）、医学、植物学，皆有专门名词。”虽然这种通过发展近代教育来拯救民族危亡的思想传入贵州的时间相对较晚，但由于洋务派代表人物张之洞的推动，近代教育思想在19世纪70至80年代，便已开始对一些知识分子产生影响。张之洞这个人早年曾随父在贵州生活，同治六年（1867年）开始出任学政。光绪十三年（1887年）调任两广总督后，提出“非效西法图富强无以保中国，无以保中国即无以保名教”。为此，他首事即开设广雅书局，并将郑珍之子郑知同任命为书局总撰。郑知同在四川任上即为张之洞幕僚，受其影响很深。尽管两年后，郑知同即亡故，但他从四川追随张之洞到广州的一番经历，毕竟对贵州产生了不小影响。

教育近代化是中国近代化的先驱。通过曾国藩、李鸿章、张之洞等为首的洋务派代表人物“中学为体，西学为用”，“师夷长技以自强”方面的宣传，对传统教育改革的探索，事实上在鸦片战争之后便已开始。只是贵州因为远离沿海及国家政治中心，这方面的起步较晚，直到19世纪晚期才在严修等人的大力倡导下，由点到面地在省境内扩散开来。

令人感慨之处在于，教育近代化在贵州的启动虽晚，进展却十分迅速。自1894年严修创办经世学堂、设立官书局之后，改革学制，引进西方民主思想与科技知识，培养近代新式人才的各级各类学校便相继在贵州出现。1906年，张之洞因“念先人旧治地”愿为振兴贵州文教做贡献，不仅寄来《为开办学堂派人来鄂留学敬告父老书》，希望贵州派学生前往湖北学习，还捐资白银1000两、置田租56石供兴义府中学堂修缮校舍、添置桌椅，又捐资白银3000两从日本购来教材、实验仪器、教学标本等供学校使用。

丧师辱国的甲午之战失败后，“推广学校，以励人才而资御侮”的思想在朝野渐成共识。光绪二十二年（1896年），李端棻上《请推广学校折》，除建议创设京师大学堂外，主张“各省府州县皆设学堂”。由是，清末数年间，贵州相继办起了一批新式学堂，旧式的书院、官学也纷纷改制。继严修创办经世学堂后，从光绪二十八年（1902年）贵山书院改设为贵州大学堂开始，正本书院、湘川书院、笔山书院相继改为贵阳府中学堂（后改巡警学校）、遵义府中学堂、兴义高等小学堂。此后，随着清政府推行新政，贵州先后创办的新式学校越来越多，有陆军小学堂、法政学堂、省会及各地创办的中学堂、各类小学堂及女子学堂。

近代教育的发展，开贵州风气之先，更成为新生事物与近代人才成长的摇篮。中国近代第一个官商合办的近代钢铁企业——青溪铁厂，率先落户于昔日僻远落后的贵州；维新运动中的“公车上书”，参与签名的贵州举子在已查实姓名的人中几乎占1/6；辛亥革命前贵州人口仅占全国人口的1/53，而仅1905年选派出国留学的人数却达到1/27；在响应武昌起义的独立各省中，贵州成为继鄂、湘、陕、滇、赣之后率先推翻清朝统治的省区；五四爱国运动中，反帝反封建的风暴迅速席卷整个高原；辛亥革命之后向来以闭塞著称的贵州，不仅涌现出一批热衷于发展民族工商业的近代人物，更从大山中走出了一批老一辈的无产阶级革命家。凡此种种，皆与贵州近代化有着密切的关系。

谈到近代工业，人们禁不住要想到随洋务运动兴办起来的军事与民用工业。这些工业采用机器设备，雇用工人生产，规模远比旧式作坊大，以工厂为生产组织形式，在培养近代科技人才，促成中国近代工业兴起方面发挥了积极作用。贵州的情况也摆脱不了这一趋势：先是纯粹的官办、官督商办，继之转变为官商合办，再发展到商办。只不过这一近代工业发生、发展的过程，在原属落后的贵州一旦展开，便表现出短暂、快速、发展迅猛的突出特点。

用近代工业的标准衡量，贵州真正称得上近代工业的，无疑是清光绪十二年（1886年）洋务派主办的青溪铁厂。但这个在中国近代工业史上有着里程碑意义、首个以官商合办“股份制”集资形式创建的钢铁企业，出于各种原因很快夭折。而贵州因为不沿海、沿边，鸦片战争后并没有立即出现帝国主义开办的企业，直到光绪十四年（1888年），才有德商瑞记洋行经理戴玛德以考察青溪铁厂之名入黔，获悉铜仁万山盛产朱砂，着手筹办开采事宜。光绪二十五年（1899年），英法水银公司成立，大肆开采万山汞矿，成为当时贵州最大的外国资本主义企业。之后，又有法国人强迫清政府签订《华洋合办正安公司章程》开采铅锌矿，法商亨利公司开采思南、印江银矿，法商大罗洋行开采平远（今织金）云母锑矿及其他掠夺贵州矿产资源的企业出现。

帝国主义在贵州掠夺资源，办厂开矿，虽在客观上引入了技术、机器设备，促成一部分产业工人队伍的形成，但这种半殖民地企业的建立并不能推动贵州近代化的进程，贵州人也没有等着这些侵略者来发展自己的近代化。

在清末民初社会巨变的驱使下，贵州一些具有先进思想的工商业者，借助省境内商品经济的发展及当局对创办工商企业的提倡，通过各种渠道聚集资金，从扩建原有的手工作坊开始，向外引入机器、技术，着手创建并发展面对民生的民族资本企业。这些企业开始集中于采矿、纺织、酿造、皮革等领域，接着向机械、染织、造纸、印刷、食品、化学等行业扩张。《中国工业史要》按当时农商部的标准统计，宣统三年（1911年）贵州全省共有工厂120家，其中织造工厂49家、机械及器具工厂4家、化学工厂43家、饮食工厂22家、杂类工厂2家。这些工厂的规模虽然都不大，雇佣工人也很有限，却代表着贵州近代民营工业的起步。

清末民初的实业家中，人们最熟悉的应该是华之鸿。幼时听老人们说，贵阳（贵州）最有钱有势的人要数唐、华、高三家，民谚用“唐家的顶子（官高）、华家的银子（钱多）、高家的谷子（地多）”来形容三姓的家境。其实，这也仅是指其主要方面罢了，旧时代的权、钱、田总是连在一起的，只不过到了后期，这些家族发展的方向各自不同而已。

相比之下，华家在清代的官职不高，光绪二年（1876年）华联辉被四川总督丁宝桢委办盐政，在泸州设盐务总局，于各产盐区设厂局。清代在产盐区设置的盐政，全称“巡视盐政监督御史”，仅为五品官。但四川的井盐行销四川、湖南、湖北、贵州、云南、甘肃六省及西藏等地，因而其地位尤为重要。善于经营的华联辉正是靠涤荡陈规，改行官运商销，为国库增收白银200余万两，深获赏识，才被破格授以知府留川补用。其子华之鸿则在此基础上发展实业，得以成为推动贵州近代化进程举足轻重的民族资本家。

华之鸿早年曾当过仁怀厅儒学训导，故对教育极为重视。辛亥革命前曾与唐尔镛、任可澄创办领袖全黔的贵州通省中学堂，后又开办优级师范选科、宪群法政学堂、团溪两等小学堂及息烽寨底文昌阁小学等。1907年，华之鸿还出资参与创办了《黔报》，并被推为商务总会会长。但这些都不是华之鸿生涯中最重要的，他对贵州最大的贡献在于倾全力创办了文通书局。

依靠经营盐业集聚的资本，华之鸿于光绪末年开始筹办文通书局。他先派人到京、沪等地考察机器印刷事宜，接着遣人到日本学习印刷工艺技术、采购各类机器设备。宣统元年（1909年）首批设备经由上海溯江而上至重庆，再转运至贵阳。设备到位后，华之鸿当即选址于贵阳市勇烈路，聘来技师安装，于次年正式开始营业。为扩大生产规模，提升印刷质量，开工未几，华之鸿又派老友田庆霖等再赴日本，学习影印、制版、雕刻、照相等技术，购回石印、彩印、燃油引擎等设备，并由日本请来3名技师指导生产。

文通书局创立后，除生产设施、生产工艺全部按照当时最先进的近代企业标准外，在管理上也彻底废除清末官办、官督商办的一套陈腐封建格式，采用与近代企业生产相适应的管理模式。书局局主由华之鸿本人担任，局主之下设经理总管生产与后勤事务，直接向局主负责。书局之下设铅印、石印、事务三部及一校对室。各部之下设若干业务组，各司其职，以确保生产与后勤工作的正常运转。各组业务协同配合，各部互不相属，业务上直接由经理领导与督促。

文通书局不仅是贵州近代历史上第一个民营出版企业，也是清末民初贵州最早引进机器生产及管理模式的近代工厂。创办者坚持“文以载道，通达心灵”“提倡文明，转移风化”的宗旨。在辛亥革命前后的社会激荡时期，文通书局发挥了传播近代新文化，推进贵州近代化的积极作用，是贵州近代

文通书局排字车间

化进程中不可忽略的一个重要篇章。它与同一时期的商务、中华、世界、开明、大东、正中等书局齐名，列为全国七大书局之一。

在特定时期、特定条件下的贵州近代化，尽管显得短暂、快速、发展迅猛，但在继之出现的军阀混战恶劣环境下，这一近代化的历程，却不断被战乱阻断与湮没。直到抗战前夕，整个贵州的教育、工农业生产依然处于极其落后的状态。

# 被忽略了的贵州会馆文化

会馆是封建自给自足自然经济向商品化转变过程中的产物，也是历史留给我们的重要文化遗产。然而，除了专业文保工作者外，一般人往往只将其当作一道风景浏览，本地的居民如此，外来游客更是看后即罢。或许因为这种几百年前出现的建筑各地都有，见多也就不奇。

有学者将会馆的诞生定位在明成祖迁都北京之后，明朝中叶，会馆逐渐兴盛。又有学者认为会馆有广义与狭义之分，狭义的会馆即同乡所立的建筑，广义的会馆则是指同乡的组织。还有学者根据北京有各地会馆，各省也有其他省的会馆，认为这种以慈善机能来帮助同乡人的组织，首先是商业资本的组织。更深一层的观点则指出，会馆既可以是同乡组织，也可以是同行组织，它是商品经济发展的象征，商人在设置中有重要作用。类似的见仁见智的说法还很多，但某些内容却是任何解释都离不开的：一是同乡，二是工商业。

贵州会馆最早出现在什么时候，至今尚无专文考证，近年来出版的贵州经济论著，在论及城乡商业状况时，几乎无一提到会馆的存在。仅1990年出版的《贵州省志·商业志》的商业大事记中，有“（明）正统年间，四川商人集资在思南仡佬寨建‘川主祠’（即川主庙），作为同乡和商贾联谊之所，成化年间，四川商帮扩建为四川会馆”的记载。2002年出版的《贵阳市志·社会志》设有《会馆分志》，介绍了贵阳会馆的历史沿革、组织结构及主要活动。此外看到的便只是一些零星的文章。

综合相关文献，贵州境内最早建立的会馆应该在明代中叶。已知的有：明万历年间建于石阡县的禹王宫（两湖会馆）、万寿宫（江西会馆），建于明代的毕节江南会馆（始建时间不详），崇祯年间川商于今贵阳黔灵东路所建的四川会馆等。

明清时期，省城贵阳日益成为五方杂处的商品集散地。据《（弘治）贵州图经新志》载，元朝至正年间（1341—1368年）已有江西庐陵商人彭如玉来筑经商。到明中叶，省城贵阳计有较大的商业坊市12处，其中的“四牌坊市”百货聚集，既有摊贩，也有店铺。其他各坊市亦人潮流动，往来不绝。到了清代，由于统治者推行轻徭薄赋政策，前来贵州图利的商人更是川流不息，既有来自邻省四川、云南、广西、湖南的，也有来自陕西、广东、江西等省的。这些商人或先聚于贵阳，再视各府（州、县）物产情况，迁往当地从事经营；或直接前往目的地，到各县从事专项买卖牟利。

自我保护是人类生存的一项法则。当人们背井离乡前往异地谋生时，面对完全陌生的环境，首先想到的是如何维护自身的安全和利益。在举目无亲的情况下，同乡成为彼此联系的纽带。于是，会馆这种字面上仅表示聚会屋宇的机构，便在同籍流寓商人中出现了。

一位学者在《中国会馆志》导言中指出：“会馆是明清商品经济急速发展，社会经济政治文化变迁的产物，尤以明万历和清康熙、乾隆年间为多。会馆最初的作用是‘联乡谊，叙乡情’，‘恭祀神明，使同乡之人，聚集有地’。随着工商业的发展，会馆也逐渐成为商人们居住、存货和议事的重要场所；继而又由同一地区同一行业的商人或手工业者组成商业或其他行业性会馆。”这段论述算是以简明的文字，说清了会馆诞生的背景及其早期的功能。

考察贵州各地会馆，大多数都建于明、清两代。鉴于贵州地理与民族状况的特殊性，会馆对于来黔经营的工商业者显得尤其重要。因此自清以后，整个贵州省几乎无县不建会馆。而各地的会馆又多以省城贵阳的规模最大，似乎成了来自不同省区商人的最大立足点。而会馆的创建与发展，在明清这一历史时期，又对贵州货物的流通与商品经济发展，起到了推动作用。只不过学者们在贵州史的研究中，很少对之进行专题探讨，以致我们在分析明清至近代贵州县域经济时，往往只侧重于乡场经济在商品经济形成过程中的地位，忽视了会馆这一特定历史阶段产物，在推动贵州各类产品商品化及其沟通贵州与省外经济交流中的作用。

清代前期，各地商人在贵州创建的会馆大量涌现，颇有“争修会馆斗奢华，不惜金银亿万花”的味道。由于各省风俗习气及信仰上的差异，会馆名称往往大不相同。四川人尤其是南川一带推崇古代修建都江堰的李冰，将其奉为“川主”，故四川会馆一般都称为“川主庙”或“川主宫”；两湖人推崇古代治水的大禹，两湖会馆大多又名“禹王宫”；明清时期，江西经济发达，赣籍商人行走全国，所建会馆大都称为“万寿宫”；岭南客家人多信奉道教，而庄子著有《南华经》，所以两粤人的会馆大多叫“南华宫”；贵州会馆则有“黑神庙”或“荣禄宫”等别称。

明清时期贵州各地究竟建了多少会馆，因随时间流逝，会馆建筑兴衰存废时

贵州现存规模最大的会馆建筑——石阡万寿宫

常发生，故很难有确切的统计。蓝勇先生在《西南历史文化地理》一书中，通过对各府、厅、县志进行爬梳，列出了贵州会馆的基本情况。该书统计：贵州府、厅、县地域的会馆总数为214处，其中黔北地区（遵义、正安、桐梓、绥阳、仁怀、毕节、大定、思南、沿河、黔西、湄潭、石阡12府厅县）计有会馆78处，黔东地区（铜仁、思州、镇远、天柱、玉屏、剑河、黄平7府厅县）有会馆36处，黔中地区（贵阳、平远、息烽、安平、平越、瓮安、麻江、定番、广顺、龙里、贵定11府厅县）有会馆49处，黔西地区（水城、安南、兴城3县）有会馆13处，黔南地区（兴义、兴仁、贞丰、古城、独山、都匀6府厅县）有会馆38处（其中的古城即今晴隆）。

在全部会馆中，省境内的江西会馆最多，共达74处，四川与湖广会馆均为54处，广东会馆4处，福建会馆13处，秦晋会馆10处，江南会馆5处。各地的会馆建筑多按寺宇形式修建，具有一定规模，除居所、货仓、庭院外，不少还搭有戏台供演出之用。会馆设施除表达商人们对乡土的眷念与共同的本土信仰外，也发挥着祭祀、交谊、文化娱乐的多种功能。

一些著作认为，“会馆亦称公所”，是“中国旧时都市中由同乡或同行业人员组成的封建团体”，并将其渊源上推至汉代京师中由外地同郡人所建的“邸舍”。

其实公所与会馆之间有着本质的区别：公所是一种行会组织，多存在于同行业间，并不以地籍为限；会馆则是地域观念的组织，只吸纳同籍流寓人员，且不计较是仕商、工商抑或杂行者。两者都本着自愿参与原则，并都经过官府立案认可。不过也要看到，由于公所与会馆之间存在相近之处，历史上的会馆又常发生名称演变，尤其在清末，公所大量涌现，以至出现一些早期成立的会馆更名为公所的情况。

如前所述，贵州会馆建于明代的较少，大量的会馆出现于清前期，北京的贵州会馆就始建于康熙年间。据说，该会馆位于北京樱桃斜街，系康熙己未年（1715年）根据历任侍读、侍讲学士、提督顺天学政周渔璜的临终遗命，将所住北樱桃胡同宅邸捐为“贵州会馆”，经后人改建而成。朱启钤先生在《重修贵州会馆记》曾描述该会馆“其正栋大厦五楹，合为南北厅事用，供燕飨；厢房三楹，宜于治事；次进神堂三楹，为祀奉先贤之所；西偏室五楹，杂漪花为宾从游憩之地，余为门、庭、廊、舍、库群屋等，都为六七十间。器用供张，设备称是。综计公款为银圆一万四千有奇”。以此观之，在当时各省位于京都的会馆中，贵州会馆的规模虽不算大，却已很具规模。

清代，省城贵阳的会馆不仅数量多，规模大，实力也强，具代表性的有湖南会馆、江西会馆、四川会馆、两广会馆、云南会馆、陕西会馆、福建会馆，此外还有位于九华宫的江南会馆，位于市府路的湖北会馆，位于中山东路的浙江会馆，位于富水路上的北五省会馆等。上述会馆中，时间上四川会馆建得最早。明崇祯年间，一批川籍绅商捐资购今黔灵东路化龙桥附近一处房产建“川主庙”，清初改为会馆并扩建完善，称“老川会馆”。光绪元年（1875年）川籍贵州巡抚曾壁光逝于任上，同乡为纪念此翁购置中华北路一处房产建“曾公祠”，后人陆续加以改建成为会馆，称“新川会馆”。新川会馆历年经营盈利，在城北购进大批房产。民国年间，会馆一度被征用改作导文中学。其后四川军阀杨森（字子惠）入驻贵阳，改会馆为同乡会，其任贵州省主席期间，下令将导文中学迁出，另建以其字命名的子惠中学。

除四川会馆外，贵阳最大的两处会馆分别为湖南、江西会馆。湖南因与贵州毗邻，明朝时即有不少人宦黔为官或经商致富。清顺治年间已有湘人在贵阳建三楚会馆。康熙初年，湖南绅商更集巨资，以该省长沙、常德、衡阳、永州、宝庆五府之名，在中华南路购置大片土地，修建前后二进的寿佛寺，并以之为主体扩建乡贤祠、尚义祠、周公祠、文昌庙、观音殿等设施，后将三楚会馆更名为湖南会馆。

明洪武年间征南时，即有大批江西军士随军进驻贵州，其中不乏家有绅商背景之人。清初改卫设县，大批江西富商进入贵州，为联谊乡情，扩大经营，一批巨贾集资购置龙井巷一带土地，建造万寿宫（江西会馆），作为同籍人士集会、议事、祭祀之场所。之后不断增修扩建出殿宇、乡贤祠、学校、义园等附属建筑。到清代中叶，江西会馆成为贵阳城区内最为壮观的建筑群，北起北门桥南抵大十字，铺面几乎连成一片，房屋达百余处之多。

作为特定历史时期的产物，会馆不仅是同籍工商业者在异地成立的一种组织，也不仅是有着数百年历史的一群建筑物，会馆的出现、发展、衰退，既是折射同一时期社会状况的一面镜子，也是文化交流、族群融合的促进力，是地域文化进行省际交流、扩展的桥头堡。会馆文化不仅是研究近代中国商业史不可省略的内容，也是研究明清以来中华文化向外传播，与境外各种文化交流互动，与不同族群和谐相处，发展当地社会生产的历史见证。至今在我国周边国家和地区，尤其东南亚各国，仍有不少沿海各省的会馆存在，并继续发挥着作用。新加坡的光华学校，即是由福建会馆创建的学校，至今因校风严谨、师资强、教学好，在当地教育中仍具有较大影响。

中国是一个幅员辽阔、人口众多的国家，各省的省情有着明显差异，文化上各美其美，和而不同。因此，各省的会馆文化既表现出许多共性，又反映出独特的个性。例如，山陕甘会馆建筑格局严谨，规模宏大，其商人群体出于“天下一家，信义为本”观念，所建会馆皆奉祀关帝，建有戏台。其他各省的会馆同样富含自身的地域文化特征。这些来自四面八方的地域文化，对于受地形地貌制约长期处于封闭状态的贵州来说，具有不同一般的意义。贵州人要发展经济，促使社会进步，一方面必须走出去，了解省境外情况，学习他人的长处；另一方面必须引进来，让先进的生产方式、经营理念、技术技艺在贵州高原落地生根。直到今天，这仍是我们实现后发赶超的重要理念。

历史上的会馆，不仅为贵州留下了一批弥足珍贵的建筑群或文化遗址，更因会馆本身的功能，在明、清两代贵州由自然经济向商品经济的转化方面，在整合市场机制、协调生产与销售环节方面，在创建学校、发展地方教育方面，在公益救济、帮困扶危方面，在艺术观赏、不同文化交融等方面，都产生过不可忽视的影响。即便到21世纪的今天，各地的会馆历史文化遗存，无论在历史学、民族学、建筑学、艺术领域，仍有值得重视的当代价值，并可转换成我们做好旅游产业化这篇文章的宝贵历史资源。

Guizhou
Lishi
Biji

# 肆 — 峥嵘岁月中的贵州政局

# “二二政变”是咋回事?

贵州近代史上有一桩逐渐淡出人们记忆的史事，那就是发生在1912年的“二二政变”。尽管导致这场政变的背景极其复杂，从发生到终结时间也十分短促，但其对贵州近代历史的影响却很深远。

1912年2月2日清晨，20余名荷枪实弹的士兵谎称抓获土匪押解来交，闯入时任“大汉贵州军政府”五路巡防总统黄泽霖家。刚从睡梦中醒来的黄泽霖尚未弄清发生何事，便在一阵排枪中倒下身亡。同一时间，另一群士兵包围了军政府枢密院院长张百麟的住宅，欲对其进行加害。适逢张百麟正如厕，侥幸躲过一劫，其卫队管带则死于乱兵枪口之下。政变发生后，张百麟匆忙逃离贵阳，在一群士兵掩护下，得以辗转逃至上海。整个事件虽然很快过去，但其掀起的波澜却一直延续，长期影响着贵州政局：之后的滇军入黔、革命党人惨遭屠杀、“黔人冤愤团”的活动等，无不与此有关。

关于1912年2月这场明显有预谋、经过精心策划的政变，诸多研究辛亥革命的论著都将其称为“事变”。这一提法始于何时，笔者查阅相关文献，但一直未找到直接出处。即便当年报道此事最早的《民主报》，也只以“张、黄贪功糜饷至巨，扰害治安，鸡犬不宁，干犯众怒”一语带过，而且刊文的时间还在事件发生1个多月后的3月11日。而“政变”与“事变”虽只一字之差，却关系到对事件本身的定性。

说起来，“事变”在日常生活中多用以指世事的变化，最早出自《荀子·富国》：“万物得宜，事变得应。”后人加以引申，用来指突然发生的重

“二二”政变中被乱军杀害的五路巡防总统黄泽霖

大政治、军事事件。从这个角度上看，1912年黄泽霖之被杀、张百麟之被迫逃亡，视为“事变”也未尝不可。但若从少数人通过密谋，用政治甚至暴力手段等非正常途径实现权力转移的角度来看，当年的这一事件，实质上是通过刺杀手段，当场击毙了掌握军政府军事大权的五路巡防总统，赶走了总管行政的枢密院院长，从而实现了不改变原有制度与根本政策下的权力转移。因此，该事件在性质上应属于一场实打实的“政变”。

苏联作家高尔基有这样一句名言：“政治是经济的女儿，所以他照顾自己的女儿是很自然的。”这句话形象地道出了政治与经济间的关系。如同1912年“二二政变”这样的政治事件，如果单从政治集团相互间的利益冲突去分析事件如何产生，必然难以寻找到其根源。正如一位当代学者所言：“政治是建立在经济基础之上的上层建筑。现实生活中发生的趋势性政治事件，根本原因都是经济基础所致。”

就19世纪末20世纪初贵州的社会经济情况来看，“二二政变”的产生，既带有某种偶然性——包括自治学社这一资产阶级革命团体自身所犯的错误，以及革命派的内部斗争，同时又有其历史的必然性——那就是地处西南边陲，刚从自给自足自然经济下摆脱出来的贵州，由于近代经济发展的滞后，资产阶级作为一种力量还十分势单力薄，政治上表现出比许多省区更多的软弱性和妥协性。因此，作为一场前所未有的政治革命，贵州的辛亥革命虽然成功也速，失败则更快。

“二二政变”正如同这场革命失败的一份宣言。

在清末，随着自然经济的解体，贵州的商品市场的确有所扩大，逐渐形成了资本主义的劳动力市场，货币财富开始聚集并向产业资本转化。但由于历史、地理等各种客观因素的制约，贵州商业资本与近代资本主义企业生产的联系，只能算初具规模，具有近代生产方式的工矿业企业屈指可数。当时，除官商合办的青溪铁厂外，唯一使用动力和机器生产的企业仅文通书局一家，其余皆为带有资本主义性质的手工工场与作坊。在这样的经济状况下，贵州的民族资产阶级，不仅尚未形成一股力量，更谈不上凭借自身之力独立登上政治舞台，以达到某种政治目标。

直至辛亥革命前夜，资本主义的生产关系虽然已在贵州的某些行业或工厂中产生，但并不普遍，而且经营这些近代企业的主要人物，若非原先的旧官僚、盐商，就是田连阡陌的大地主。即便那些废科举后涌现出来的“新型知识分子”，尽管极力拥护清政府推行的“新政”、主张办西式教育、主张派遣留学生出国学习，甚至不满清王朝的统治，其出身也多属于早年的官绅。

在这种情况下，当孙中山先生领导的革命运动兴起，各省先后涌现出各种团体和政治派别的时候，贵州也同样出现了许多形形色色的组织。这些组织有拥护孙中山先生革命主张的，有主张实行“君主立宪”的，有先赞同立宪后转向革命的。但在各种势力中，实力最强的无疑是以旧官绅为主的立宪派。

无可讳言，武昌起义后的中国，“独立”各省中大多仍由本省咨议局成员为主要领导，只有少数地区在革命党的直接掌控之下。贵州的情况，诚如冯祖贻先生在2011年出版的《辛亥革命贵州事典》一书中所指出，“贵州军政府从成立之日开始，内部就存在着各种矛盾，其中既有革命派中自治学社和新军、陆小间的矛盾，更有自治学社与宪政派之间的矛盾，各种矛盾的纠结、发展，终于导致‘二二’事变的爆发”。这说明贵州辛亥武装起义虽然兵不血刃地成功了，大汉贵州军政府也得以宣告成立，但革命党人与立宪派之间通过相互妥协形成的“革命联盟”，只不过是一个暂时的糅合体。一旦推翻清朝统治的目的达到，长期积蓄的政治分歧，不仅不会因之消弭，反而会借助各种机会加速引爆。

在辛亥革命前的贵州党派团体中，成立最早的为以张忞（又作张铭）、平刚为首的科学会。出生于清咸丰四年（1854年）的张忞，字悺普，幼读经史，中过举人，但受维新思想的影响，思想激进。出生于光绪四年（1878年）的平刚，字少璜，思想与张忞同样激进，曾在慈禧太后七十寿辰之际，因写下嘲讽对联，被革去秀才功名。张、平二人，联络漆运钧、彭述文、乐嘉藻等一批进步人士，于光绪三十年（1904年）底在贵阳成立科学会，宣传修学与革命主张，并筹建寻常小学作为活动据点。后平刚、漆运钧等东渡日本，张忞联络一批先进人士在修文等地坚持革命宣传。清光绪三十一年（1905年）孙中山组织成立同盟会，在日本的平刚等均成为同盟会员，平刚担任同盟会贵州分会会长。当时在贵州省内发展的一批同盟会员，有不少是原科学会成员。科学会与同盟会贵州分会，无疑是辛亥革命前贵州最早的革命组织。

成立于光绪三十三年（1907年）的自治学社，初建时一度以君主立宪为号召，《自治学社杂志》第一期刊登的《发起自治学社意见书》中即有：“政府而实行立宪耶，吾人赞襄之，协助之可也；政府而无意立宪耶，吾人启发之，请铸之可也。”直到1910年全国立宪派组织三次大规模国会请愿活动时，自治学社也派员参与了其中的两次。但自治学社又是当时贵州省境内最大的党派组织，不仅全省建立分社47个，成员最多时还曾达到10余万人。

贵州宪政预备会成立的时间虽不如自治学社早，但其借助唐尔镛、任可澄、华之鸿等的名人效应，社会影响很大。加上该会成员非富即贵，都是省城及各地的贵族或富商，社会影响力远远超出以平民为主的自治学社。而宪政预备会建立之后，凭借强大的经济实力，通过办企业、兴学校、办报纸等途径，将大批绅商网罗在其会内，形成若干个政治倾向一致的组织圈。到辛亥革命前，其势力不仅足可与自治学社及其他革命组织抗衡，而且通过与封建官绅及地方团练的利益结合，将贵州政治局势变得更加错综复杂。

历史上往往有这样一种现象：一场巨大的社会巨变发生前，免不了出现党派之争。晚唐牛僧孺和李德裕的“党争”，虽是庶族与士族的权力之争，却使唐朝元气大伤，最终导致灭亡；宋代的新旧党争和明代的东林党争，似乎也造成了同样的结果。辛亥革命时期，贵州的革命党人不仅与宪政派之间矛盾重重，即便革命党人内部，也存在着意见不一致。这些矛盾和分歧，早在各政治派别成立之初就已经显现。

自治学社甫一成立，内部即有激进与缓和的分歧。随着全国形势的发展，尤其在接受同盟会的主张、集体成为同盟会员后，学社上下最终走向了革命一途。但在这一过程中，内部的问题易于解决，与宪政会的分歧则是根本上的，从经济到政治各个层面都不可能调和。革命党与宪政党的斗争，可以说贯穿酝酿革命、武装起义、建立政权整个始终。当自治学社（一称革命党）在咨议局中占据大部分席位、深入新军和陆军小学中进行革命宣传、联络会党势力积极为推翻清朝地方政权而努力时，宪政预备会（亦称宪政党）却在教育界、舆论界大造声势，甚至以巡抚庞鸿书偏袒自治学社为由，买通京城御史上章弹劾，要求将其“开缺离省”。

武装起义以前，宪政派曾运用多种手段企图压制自治学社力量的壮大，但除“（兴义）刘显世家世忠良，宗旨正大，宜速电兴义，使募土著五百人，星夜来省，以资捍卫”的建议为巡抚沈瑜庆采纳外，其他的各种谋划，基本落空。即便到了革命前两日，宪政派仍一面通过中间人士与自治学社联系，表达“牺牲成见，一致动作”的意愿，一面却在盘算抢先一步成立为他们所控制的军政府，欲拥立巡抚沈瑜庆出任都督，以达主宰全省局势的目的。

可以想象，在如此复杂背景下形成的自治党与宪政党联合，内部是如何的离心离德。尤其在军政府的组成这个问题上，宪政党人并未取得任何优势。都督府由新军教练官杨荩诚出任都督，赵德全任副都督，黄泽霖因在革命中调度有方出任五路巡防“总统”；被视为最高决策机关的枢密院由张百麟出任院长，任可澄任副院长；立法院由原咨议局议长谭西庚出任。大汉贵州军政府这样的配置，虽然体现了两党在权力上的分配，但枢密院的权力远远超出其他机构。作为院长的张百麟不仅负责管理行政，还“赞划”军事，虽有宪政派的任可澄做副手，权力却主要集中于张的身上。这种情况也就成了其后一切纠葛的源头，自然是立宪党人万万不想见到的。

角色的转变往往容易导致人的头脑发热，犯下一些本可不犯的错，自治学社领导层的情况正是如此。

革命成功后，没有强大阶级基础的革命党人虽然运用手中的权力做了不少有益于国家和地方的事，如在南北议和中坚持正确立场，果断出兵援川和北伐，积极在省内建立各级政权保障财政供给等。但出于自身利益，也犯下了一系列错误，从而加剧了各种矛盾。其中包括出于防止新军力量扩大，有意培植自己的武装，在黄泽霖的五路巡防军外，为增强实力，给刘显世带来的五百徒手兵发给枪械等。结果，在整顿巡防军、委任地方官员、推选国民代表、援川与北伐、招降土匪等问题上，相继落入宪政党人的圈套。加上部分自治学社成员在革命成功后的骄傲与放纵，原先广受拥戴的自治党人日益失去民众的理解与支持，终于给立宪党提供了可乘之机。

于是，也就有了1912年的“二二政变”。

# 谁揭开了贵州军阀统治的序幕？

1912年的“二二政变”，使贵州陷入了长达23年的地方军阀混战，直到1935年贵州省主席王家烈下台。这段时期，由于军阀之间的权力斗争，省主席的头衔总在军阀头目之间转来换去，以致政治动荡与经济社会问题相互纠缠，发生了许多重大历史事件。而这些事件大都关系到贵州的民生与社会发展前景，属于贵州近代史上的重要研究对象，有必要予以探讨。

第一个需要弄清的问题是：究竟谁揭开了贵州军阀统治的序幕？

“二二政变”发生后，大汉贵州军政府名义上依然存在，原来的副都督赵德全仍在以代理正都督的身份，坐镇于军政府内，只是交通部长、民政部长、学务部长均已逃亡，政府权力实际上已全部落入宪政党人之手。到此，革命与宪政两派的矛盾，表面上已算是有了一个了结。出人意料的是，“二二政变”才过去一个月，原先出师北伐，准备入川与陕西革命军汇合，然后向北京进发的三千滇军，却突然改道出现在贵阳城郊，将贵阳层层包围，并公然于3月3日凌晨炮攻南厂新军营。

接下来的事态发展，完全出乎省城革命党人的意料。刚被宪政派假意扶上正都督宝座并授予印信的赵德全万万想不到，还未等他考虑好怎样答复宪政派令其让位的要求，滇军已兵分几路从头桥、黔灵山、螺丝山几个方向朝城内发动进攻；刘显世率领的队伍已将都督府围困，城内各条街道也被郭锦棠的保安营控制。

面对如此局面，除少数革命党人率部做了有限武装抵抗外，大多数或降或逃，身为都督的赵德全也仓皇逃到修文岳父家躲藏。就这样，一个经过各族各界协同努力，好不容易建立起来的贵州资产阶级革命政权——大汉贵州军政府，仅仅存在了3个月，便被贵州宪政派及与之沆瀣一气的耆老会（一个由退职清朝官吏与守旧乡绅成立的组织），勾结滇军武力颠覆了。

将贵州辛亥革命的政治成果军政府颠覆后，宪政派、耆老会与滇军并未立即收手，除在途中捕杀了自治学社社长钟昌祚，将都督赵德全从修文抓回贵阳枪毙于北郊，在各府州逮捕杀害革命党首领人物外，还通过分化、瓦解、强逼等手段打击与消灭各地尚存的革命武装。在所有革命党反对势力完全被清除后，一批宪政派、耆老会头面人物终于公开出面，以改组军政府的名义共推滇军首领唐继尧为贵州都督。

自这以后，"贵州军政府"事实上已经只是一块招牌，不再具有资产阶级革命政权的性质，变成了集军政大权于唐继尧一身的地方军阀政权。

滇军入黔及明目张胆对贵州军政府的武力镇压，不仅掠夺了贵州资产阶级革命的胜利果实，摧毁了新生的资产阶级革命力量，更将整个贵州推向了军阀混战的深渊。此后的贵州政局变幻莫测，一个军阀主政没几年，另一个军阀即以武力将其驱逐，取而代之。"你方唱罢我登台""城头变幻大王旗"的现象，在当时的贵州成了常态。最短命的军阀头目李燊，夺得政权后当政的时间竟然只有短短18天。当年有民谚道："民国十八年，汉板十八圈（川版银圆图案），来了个十八子（李字的分解），坐了十八天。"这段民谚既是对李氏政权的嘲讽，也反映出底层群众对军阀混战的厌恶。

"军阀"这个称谓古已有之。《旧唐书·郭虔瓘传》："郭虔瓘，齐州历城人。开元初，录军阀，迁累右骁卫将军。"可见最初是用以指"军功"，指将领征战所获得的战绩。其后，也用来指那些因势力膨胀，独据一方，政治上背弃中央政府的诸侯、太守、刺史、节度使一类人物。民国初年出现的军阀则与古代军阀不同。这是一群利用辛亥革命后的动荡局势，名义上归属"中央政府"领导，实质上以手中的军队作为政治资本，在地方上独据地盘进行称王称霸统治的势力。按照毛泽东同志的观点，民国初年之所以出现军阀混战局面，原因在于分散的小农经济与帝国主义对中国的剥削政策、分而治之政策。在鸦片战争后的相当一段时期，小农经济在中国大部分地区依然存在，这就为地方军阀的各自为政提供了土壤；而在帝国主义的分而治之政策下，各国都在中国寻找自己的代理人，地方势力也向外寻求靠山。这就导致了军阀割据的必然出现。

一般认为，辛亥革命后出现的旧军阀割据，时间上通常指1916年袁世凯死后到1928年张学良东北易帜，共持续了13年的时间。早期政局由皖系军阀、直系军阀、奉系军阀为代表的北洋军阀和南方军阀把控，后期则由桂系军阀、直系军阀、奉系军阀所取代。可是，贵州却早在1912年3月便开始了由革命军政府向军阀统治的转变，唐继尧的军阀统治整整比全国早了3年。究其原因，即在于滇军入黔的军事占领，开创了辛亥革命后由一个省级政权武力颠覆另一个省级政权的恶劣先例。

滇军之侵黔是贵州宪政派、耆老会蓄谋已久的政治阴谋。早在“二二政变”之前，宪政派、耆老会的一帮首脑人物便从军事上、政治上开始筹划如何对付领导革命起义的自治党人。先是刘显世利用扩军机会将从兴义带来的五百徒手兵扩编为陆军第四标，继由郭重光出面将耆老会操纵的城防营改编为保安营，由旧军官胡锦棠任保安营统领，扩充武装作控制贵阳准备。政治上则从自身倡导建立“公口”到栽赃革命党人“大开公口”，导致省内“哥匪横行”，再借机要求滇军入黔。周素园先生的《贵州血泪控告书》曾记载，军政府成立未几，耆老会头面人物郭重光即以绅耆身份在立法院演说称：“今日之贵州，非公口不足以立国，贵州之政府及社会，非公口不足以辅助而保全。”之后，刘显世、胡锦棠操纵的“大汉公”，宪政会与耆老会组织的“斌汉公”“黔汉公”都相继成立。

辛亥革命时期的公口与会党有密切关系。在辛亥革命酝酿与发动过程中，天地会、哥老会等民间秘密组织（统称会党）曾在革命中做出过贡献。贵州的自治学社也曾将发动贵州的哥老会，作为积蓄革命力量的一项要务。不少哥老会成员还加入了革命党，成为武装起义的依靠力量，后来的五路巡防军中就有大批会党中人。当宪政派等玩弄阴谋，四处鼓噪成立公口之时，巡防营中的军士“果为公口动摇”，纷纷提出建立公口的要求。面对这种情况，黄泽霖为了稳住军心，无奈之下“乃徇众请，开光汉公以约束之”。此举正中宪政派、耆老会之下怀。于是，1911年12月，这批人便开始以贵州“公口林立”为理由， 假借“全黔人民代表”的名义，电请滇军来贵州平定“哥匪”；1912年初，更直接派戴戡在滇散布“黔中公口，劫掠奸淫，无所不至”的谣言，请滇军出兵贵州，“救黔民于水火”。

中国成语中有“秦庭之哭”，说的是春秋时期，楚国大臣申包胥前往秦国求救的故事。申包胥初到秦国时，秦不答应出兵，申遂“立依于庭墙而哭，日夜不绝声，勺饮不入口”，最终打动秦哀公发兵援楚。戴戡虽与云南军政界关系密切，但出兵攻黔却非小事，于是他四处游说恳求，所作所为有如楚之申包胥，故黔人将其在滇行径称为“效‘秦庭哭’”。

梳理滇军入黔的前前后后，不难发现：辛亥革命前后，由于贵州省情的特殊性，资产阶级力量薄弱，由旧官吏、绅耆、地主组成的一派保守势力，远远比革命力量强大，以致在革命酝酿、武装起义、新政权建立整个过程中，一直存在着激烈的“两党斗争”。这场起起伏伏的权力斗争，不仅导致了“二二政变”，招来了滇军侵黔，还使贵州辛亥革命的胜利果实——大汉贵州军政府，成立仅仅3个月便在内外反动势力的夹攻下被颠覆，贵州也因此早于国内各省陷入军阀混战。

唐继尧虽曾留学日本士官学校，但在滇军中资历较浅，原属中级官员，通过以北伐的名义率军侵黔，一下升级为总司令，并且在占领贵阳的第二天，即在宪政会、耆老会召开的会议上被公推为贵州都督，总揽贵州全省军政大权，由此开始了以滇系军人为主，联合贵州一部分立宪派旧官僚的军阀统治。

滇军夺取贵州政权后，第一桩事便是与宪政派、耆老会合力镇压原贵州军政府中的革命力量。在杀害自治学社社长钟昌祚、都督赵德全之后，反动势力的屠刀立即指向省内各地的自治学社骨干。先后惨遭杀害的有《西南日报》主笔许阁书、自治学社镇宁分社社长李有桃、铜仁府议长张文基、巡防总统府队长平之清等。独立时打响第一枪的新军功臣杨树清被杀害后，尸体甚至被裂为数段。其他革命党人无论隶属何部队，凡不归附顺从者一律遭到捕杀。更残忍的是，在两军对抗中弃枪投降的黔军官兵，竟被押解到城郊螺丝山集体屠杀，总数多达1600余人。当年的目睹者回忆称，其中一些人身着长衫，明显不是军人也遭杀害。滇军的这场疯狂屠杀，导致贵州省城一片恐怖，人们担忧无故被疑，大都谨言慎语，甚至不敢三人同行。

在滇军夺取贵州政权期间，贵州革命党人并非没有进行抗争。曾在南京拜见临时大总统孙中山时，被正式任命为贵州都督率领黔军北伐的杨荩诚，在武昌获悉贵州政局发生变化后从湖南常德致电唐继尧，表示将以贵州都督名义率部返黔，限期滇军撤退，但遭到唐继尧等人的拒绝。适逢全国局势发生变化，孙中山辞去临时大总统职务，革命果实被身在北京的袁世凯窃取，而袁世凯为遏制革命派，同意唐继尧之请，任命其为“署理贵州都督”，并下令杨荩诚赴京另行任用，致使黔军返黔行动受阻。

其后，在副总统黎元洪的协调下，湖北、湖南、滇军、黔军代表于1912年6月在湖南洪江谈判，达成“洪江协议”。协议确定：杨荩诚离开部队，另由北京委人统率黔军，然后“黔军回黔，滇军回滇”。但唐继尧、刘显世等人对此坚决反对，竟以“贵州人民代表”名义发表通电，伪造“黔人反对黔军回黔”民意。其后，在黔军将士拥立席正铭为司令，誓师回黔途中，唐继尧竟派兵在铜仁一线进行阻击，最终将黔军击溃。

唐继尧在名不正、言不顺的情况下以武力夺取贵州政权，始终未得到贵州群众的认可。滇军入黔时逃亡出省的革命党人，一直未放弃驱逐唐继尧与侵黔滇军的努力。滇军入黔仅两月，周素园等一批黔籍人士即在重庆发布《贵州血泪通告书》，痛陈滇军破坏贵州革命之情形，请求社会各界伸张正义。接着，一批自治学社骨干又联络数百人直接向袁世凯、黎元洪、黄兴等发送电报，要求主持公道；遵义、沿河等地也相继发表《告同胞书》《泣告同胞书》；京、津、黔的黔籍人士还联名发表《贵州血腥录》，揭露滇军在黔屠杀人民的种种罪行。历史上将上述声势浩大的活动，统称为“驱唐运动”。

同一时期，旅京的贵州革命党人成立了“黔人冤愤团”，公举周素园为会长，并发表《冤愤团组织的宣言书》。这份宣言书大声疾呼：自滇军入黔，“时至今日，全国皆享共和之福，黔人独受荼毒之祸”，刘显世等人与唐继尧“狼狈相依，多行不义。我同胞生命财产悉供牺牲”，“流离失所，死者不得收骸骨，生者无以给口食”。1912年下半年，袁世凯背叛民主共和的面目彻底暴露，在北京捕杀革命党人，国内政局巨变。唐继尧乘机电告袁世凯，北京的“黔人冤愤团”实为国民党组织。于是，袁世凯当即将冤愤团列为谋乱机关，下令予以取缔。在这种情况下，冤愤团成员只得匆匆离京，分散躲藏。贵州革命党人通过武装驱逐唐继尧及通过政治途径赶走滇军的一切努力，至此都宣告失败。

我们并不准备对作为滇军创始人的唐继尧这个历史人物做任何全面评价，但却需要对1912年3月至1913年11月，唐继尧主政贵州时期，其统治的性质做出必要的分析。

唐继尧前后统治贵州一年零九个月，先是通过武力攻占贵州省会贵阳，武装夺取政权，继后伙同刘显世为代表的宪政派势力，大肆屠杀贵州新军将士、疯狂镇压贵州革命力量、不择手段阻止黔军回黔、与袁世凯声气相通反对孙中山领导的二次革命、为攻占重庆策动与川军之战、出卖贵州利权投靠英法财团，最后公然杀害国民党派到贵州组党的于德坤一行三人。凡此种种，无不明确显示：唐继尧对贵州的主政，完全属于地方军阀统治。

由此可见，学术界关于滇军侵黔开启了贵州军阀统治序幕的结论，是完全有道理的。

# 山地高原的“五四”风暴

1919年的五四爱国运动因其所具有的伟大历史意义，成为学术界长盛不衰的研究对象。数不清的论著、回忆录由表及里，研究不断深入。但在既往的研究中，从宏观上对五四运动进行探讨者多，研究京、津、沪等运动中心的著作多，而对五四运动在贵州这类被视为“偏僻落后之地”的情况却涉及较少，这颇有些令人感到不足。

其实，经过辛亥革命陶冶后，整个西南地区的革命氛围并不次于中原与沿海各省。这从1913年的二次革命、1915年底开始的护国战争中云贵、两广、川湘各省的表现即可清楚看出。尽管在北京爆发五四运动后，由于消息传递的延迟，西南诸省运动的形势虽较为迟缓、先后不一，但各省爱国群众，尤其广大青年学生在这场运动中所表现出来的高度爱国热忱，并不逊于其他地区。西南各省的爱国斗争不仅壮大了由北京学生开始的这场反帝爱国运动的声势，而且是作为中国新民主主义革命开端的五四运动的有机组成部分。

对于像五四运动这样一个在中国历史上划分出了一个新时代的重大历史事件，如果只局限于从总体上去进行探讨或只着眼于运动中心地区的研究，无疑是不够的。对这场震惊中外、改变中国历史进程的运动的研究，必须立足高远，将举国上下的运动状况都纳入研究视野，才能得出更科学、更符合其历史地位的研究结论。

即以南方各省为例。当时的广东虽然处于桂系军阀统治之下，却是南方政治运动的中心。北京五四运动的消息传来，各界纷起响应，学生表现得尤为激烈。5月11日，以学生为主的广州各界群众在东堤东园草坪举行国民大会。会场高悬“欲杜强邦，先歼国贼，不申正义，曷号公民”的对联。各团体代表及一些国会、省议会议员先后登台演讲。与会群众“慷慨激昂，声泪俱下”，同声高呼“先杀国城”“还我青岛”“废除一切不平等条约”等口号。会后，2万多人举行了示威大游行。队伍行抵军政府，人民群众向岑春煊等提出3项要求：1.取消“二十一条”及国际一切不平等之条件，直接收回青岛；2.尽法严惩卖国贼；3.请北方释放痛击卖国贼因而被捕之士。继11日大会之后，各界群众展开了一系列爱国活动，其中包括致电声援北京学生的斗争、成立“广东中等以上学校学生联合会”与“广东省学生联合会”。在学生的宣传鼓动下，各行业商店“不卖劣货”“焚毁劣货”等爱国活动由广州向各县发展，一直延续了2年之久。

地处国家腹地的湖南，自护法运动以来，即成为南北军阀争夺的要冲。在湖南学生联合会正式成立前，湖南的爱国运动主要表现为各法团的通电及部分学生散发传单。5月中旬，北京学生联合会代表邓中夏等到达湖南，向毛泽东等介绍了北京学生斗争的情况，并商讨如何组织湖南学联等问题。5月下旬，湖南学生联合会正式成立，会址设于长沙落星田湖南商专，新民学会会员唐珑被推为会长。6月2日，湖南学联召开全体学生代表大会，湖南第一师范等20所学校代表出席了会议。第二天，长沙各校一律罢课，学生们在罢课宣言中说：“我湖南学生出于良心之感发，鉴于时事之要求，决议于6月3日起全体罢课，力行救国之责，誓为外交之后盾。”在爱国斗争中，学生们组织“救国十人团”，仅长沙某师范学校就有“救国十人团”12个。这些团体“实行露天演说及逐户演说”。长沙第一中学“救国十人团”的宣言称：“由一团而十团，十团而百团，百团而千万团，合全国之无数小团，而成为一最大之团，同心一德，为御仇雠，则会稽之耻固不难雪也。”湖南爱国商人在学生的带动下，纷纷“发布传单，抵制日货，誓不再购”。7月9日，湖南各界代表60余人召开联合会。7月14日，学联筹办的《湘江评论》正式创刊。该刊共出版了5期，大部分文章为毛泽东所撰写。这些文章热情歌颂了十月革命掀起的世界革命风暴，总结了世界革命和中国革命的经验，揭示了革命与反革命斗争的规律，对湖南五四运动起到了有力的助推作用。

继广东、湖南之后，云南、四川、广西等省的反帝爱国运动也陆续兴起。但令人难解的是：早在1912年3月，贵州军政府便被唐继尧所率的滇军颠覆，全省陷入军阀统治之下，而唐氏地方政权曾公开支持袁世凯，反对二次革命，但在五四运动爆发后，何以贵阳为主的贵州反帝反封建风暴仍会异常猛烈？

要找到上述问题的答案，不能不从辛亥革命前后贵州的社会演变中去分析。

贵州素受经济落后、交通闭塞所困扰，辛亥革命的爆发，使这种局面发生了变化。尽管革命后建立起来的“大汉贵州军政府”仅维持了3个月即被唐继尧率领的滇军以武力颠覆，但广大人民群众经过这场革命的洗礼，对新思想的渴求和探索，却表现出前所未有的热情。1915年9月以后，以“民主”和“科学”为主要口号的新文化运动吸引了众多贵州知识分子，在他们中引起了不同程度的共鸣。一些报纸开始登载宣传资产阶级民主政治的文章，学校增加了自然科学知识的教学内容，白话文、白话诗歌经常出现在报刊上，话剧作为一种新的表演形式开始登上戏剧舞台，各种标榜新思想的社团如“少年贵州会”等纷纷建立。

俄国十月革命的胜利，推动了中国工人阶级的觉醒和一批先进知识分子思想的转变，使马列主义开始在中国传播开来。僻处西南的贵州，同样受到了这场革命的影响。最先是官方的《贵州公报》以《俄国第二次大革命要闻种种》为题，披露了俄国革命的消息，接着《铎报》也连载了《俄国过激派与德国之关系》的述评。这些报道虽然明显地站在反动立场上，但其中出现的关于“社会主义”“革命”等一类文字，毕竟给当时的贵州人带来了新的信息，客观上拓宽了人们的眼界。不久，北京出版的《新青年》《新潮》《每周评论》及《国民》等进步刊物先后传入贵州，影响了一部分进步青年和知识分子，使他们对民族觉醒、民主政治和马列主义有了初步认识。这一切，正是贵州继北京和其他大城市之后，掀起反帝反封建爱国浪潮的思想基础。

五四运动爆发后，北京学生联合会曾向各省发出通电，但由于统治当局极力封锁消息，加上通信手段落后，贵州爱国青年未能迅速对北京学生的行动做出响应。直到5月下旬，贵州各报开始报道北京五四运动的情况，《贵州公报》以《不宜乱杀学生》为题发表专文后，各校学生纷纷起来以实际行动声援北京青年的爱国斗争，从而揭开了贵州五四运动的序幕。贵阳各学校、各社团先后以不同形式发表声讨北洋政府卖国、反对巴黎和会的声明，并在各校间进行宣传鼓动和联络工作。当时，负责“少年贵州会”的何应钦与张彭年等人，也出面表示反对贵州省议会、警察厅干涉学生运动，显示其与刘显世为首的兴义系“旧派”军阀政治观点上的不同。

5月28日，爱国学生联络贵州各界成立贵州国民大会筹备处，决定正式召开国民大会成立大会，作为统一领导全省各界反帝爱国运动的机构。国民大会成立的6月1日，各界群众数千人齐聚梦草公园（今贵阳市中山西路中段）光复楼前。会场四周贴满了寓意画、对联和警句，高挂着山东、青岛地图。悬挂在光复楼前的两副对联尤为引人注目，其一书：“鲸吸东溟，回首中原方逐鹿；鳌断西极，伤心此日说亡羊”，另一副书：“朝避虎，夕避蛇，安得亿兆同心，效田横五百人长埋海岛；海如带，山如砺，莫使典图变色，降燕云十六郡终古沉沦”。

成立大会于中午12时开始，会议主持人首先向与会人士介绍了巴黎和会上中国外交失败的原因，号召与各省一道发起国民大会，以挽救国家危亡。接着各界代表先后登台讲话，一致要求以实际行动外争国权，内惩国贼，挽回外交失败局面。国民大会除通电抗议巴黎和会外，还通过了致广东军政府国会及各省各界电、致北洋政府总统徐世昌电——要求力争收回青岛，取消“二十一条”和其他不平等条约；要求惩办卖国贼曹汝霖、章宗祥、陆宗舆；要求保全北京大学，释放被捕学生。会后，学生们手执写有“不还青岛死不休”“声讨卖国贼”“力争主权，发扬民气”等口号的三角小旗，以校为单位走上街头游行和演说。沿途市民纷纷参加到游行队伍中来，队伍从开始时的3000人扩展成万余人的游行大军。人们挥动标语，高呼爱国口号，怒吼声震撼着山城。为了支援青年的爱国行动，一些群众自发将日货销毁，不少商店歇业。广东街（今中华北路喷水池至黔灵路口段）一家理发店的歇业启事写道："国事如此，无心整容，请君不必光顾。"路人观此，无不动容。

6月底至7月初，留日归国学生救国团的代表和全国学生联合会代表先后到达贵阳，在贵阳各学校进行宣传鼓动和联络工作，倡议各校筹备成立全国学联贵州支会，作为统一领导全省学界反帝爱国运动的机构。7月6日，全国学联贵州支会正式成立。成立大会由法政学校学生代表主持。会上，主持人陈述了支会成立的宗旨，全体学生举行了庄严的宣誓仪式，留日归国学生救国团及全国学联的代表发表了慷慨激昂的讲话。达德学校负责人也登台致辞，代表贵阳各校教职员和各界群众，表示支持学生的爱国壮举，认为"中国内政不彻底改革，外交终无挽救之希望"。最后，大会宣读了学联贵州支会的宣言书。宣言书号召全省各界"努力同心，直前勇往"，"锐意振兴，降心讲究，务使民气振作，国耻宣泄，国权伸张"，为匡时救国尽最大努力。宣言书最后写道："一鼓三军之气，铲百山以立马，翻青海以洗兵。提挈日月，叱咤风云，请看他日之舞台，竟是谁家之绝技。"这份充满爱国热情和民族自豪感的宣言书，在全省引起了强烈反响。

成立大会上，学联贵州支会向全国学联发出通电，表示愿在其指导下，与全国学生一起开展爱国反帝斗争。大会在致省商会的呼吁书中，要求全省商人拿出中国人的良心，迅速掀起抵制日货运动。在学生爱国精神的感召下，不少商人当场表示：若只为赚钱而置国家存亡于不顾，即是万劫不复的奴才。成立大会当天，学生们从梦草公园出发，经公园路、城隍庙、铜匠街到北门桥，然后沿大街转向大十字和大南门方向举行了声势空前的示威游行。

学联贵州支会成为全省反帝爱国运动的领导后，贵州各界群众的斗争逐渐向有计划、有组织、有统一指挥的群众运动发展，斗争的浪潮从省城推向各县。息烽县学联分会每逢赶场天即分赴各乡集镇宣传，一连坚持数月。毕节县各界群众组织醒民社，四处散发传单，痛斥"日人之横暴"，表示"虽僻处穷山"，也要"毅力而起与抗"。位于黔东南的古城镇远，爱国运动迅速掀起，沿溮阳河的街道上，青年学生搭起了一座座演讲台，利用赶场日向群众宣讲“二十一条”和《巴黎和约》中有关条款对中国的严重危害。一名高小学生当众刺破手指，血书“誓与山东青岛共存亡”九个大字，以表达自己不甘帝国主义侵略和对北洋政府卖国行径的无比愤怒。在黔北，遵义中学堂30多名学生于6月19日宣布罢课。次日，遵义女子师范学堂、模范高小，正本、冲维女子两级小学及私立养正小学、育成小学等校200多名学生也举行罢课。爱国师生还组织集会，高呼“惩办卖国贼”“取消二十一条”“誓死收回青岛”等口号，并举行了声势浩大的示威游行。在学生的影响下，遵义一些工厂的工人罢工，全县18个行业80家以上商店罢市。

7月中旬以后，广大热血青年在各县掀起了抵制日货高潮。各地爱国商人还成立了贵州国货维持会，规定一律停止买卖日货，如有违犯者，货物没收销毁，人则以奸商论处。当时的四川《国民公报》曾报道抵制日货运动中，日商在贵阳所开商店被冲击的情况：“小林洋行”的橱窗玻璃被群众砸烂，该店最终只得倒闭。对于某些屡教不改，仍偷售日货的商店，学联支会则在其店门贴上“忘祖息宗认侨奴为亲；无廉无耻贩日货害民”之类的对联。一湖南商人偷贩日本仁丹4箱入黔，企图蒙混过关，被学生在鸿斌客栈内查获后，当众运到大南门外焚毁。

五四运动期间，省城的许多爱国学生利用暑假赴各县协助组织学联分会，并采取多种形式开展爱国宣传。学联支会创办的《贵州学联三日刊》专门报道各地学生运动的情况。戏剧、歌曲、图书、诗文都成了爱国宣传的重要手段。其中，学生们自编自演、以北京五四运动为素材的话剧，非常受广大群众欢迎。由此也可见五四运动中，贵州各族各界爱国气势之高昂、影响面之广大、运动形式之多种多样。

8月中旬以后，由于统治当局千方百计地插手学生爱国运动，并实施破坏，导致了贵州学联支会内部的分裂。加上商界中的一些人对严厉的抵制日货运动开始产生歧见，各界之间的团结受到了严重影响，斗争热情逐渐消退。于是，全省各地的反帝爱国运动逐渐走向低潮，为各种形式的爱国宣传所代替。

尽管如此，“五四”这场席卷全国的反帝反封建的爱国革命运动风暴，始终在贵州历史上留下了极其深刻的影响。它不仅给帝国主义和地方封建势力以沉重打击，使革命民主的思想传播到贵州各地，促进了贵州各族各界群众的政治觉醒，更为后来的贵州新民主主义革命准备了思想条件。

# 五百徒手兵起家的“兴义系”

在黔西南布依族苗族自治州首府兴义城区南的下五屯，有一个由大小不一的13座四合院组成的建筑群，因其原属当地刘姓乡绅所有，故“刘氏庄园”的名称一直沿袭至今。刘氏庄园始建于清嘉庆年间，初时规模并不大。到咸丰、同治年间，庄园主人刘燕山通过兴办团练、协助当局对抗会党、维护地方秩序进一步发迹，趁势对庄园扩建。

刘燕山的四个儿子都是当地风云人物，尤其是三子刘官礼之子刘显世，靠投机辛亥革命当上了贵州省长，成为兴义系军阀首脑。之后刘氏庄园因人而贵，经过多次扩建，规模变得更为宏大，加上该庄园独特的中西合璧风格，曾被誉为是中国占地面积最大的“屯堡”式建筑群，久而久之成为当地一大名胜，今已被列为贵州省级文物保护单位，成为各地旅游者热衷的打卡地。

说起刘显世这个人，首先让人想到他是贵州兴义系军阀的“开山祖师”，而这个军阀集团继滇军唐继尧之后，整整把持了贵州政坛13年。刘显世的家族在黔西南兴义一带虽然显赫，但他本人却是靠带五百徒手兵星夜赶到贵阳，与宪政派人勾结后起家的。这个极富谋略的兴义土豪，不仅最能投机钻营，善观时变，还总能在关键时刻把握时局动向，做出对自己有利的选择，因此也才能两度在贵州省长位置上大展拳脚。

刘显世，字如周，出生于兴义下五屯，早年曾考取过秀才。刘家在清代中叶已是当地的大户，咸同年间成为当地团防首领，雄霸一方。生活在这种家族中的刘显世，受环境的熏陶，自然不会再走读书求取功名之路，而成了率千人团防军的武人。尽管光绪三十一年（1905年）兴义学务公所更名为劝学所时，刘显世曾被推举为首任劝学总董，他也曾倡设教育讲习会，创办过女子学校、师范学校、军事学校，还选派过5名学生赴日留学，但素来勃勃野心的他，所倾心的仍然是武装。正由于此，其父刘官礼死后，他才能以兴义团防局局董的身份兼代靖边各营统领，一举成为滇黔桂边举足轻重的人物。

对于刘显世来说，小小的统领自然不是其人生的目标，他在兴义一带的所作所为不过是为未来发展所做的铺垫。辛亥革命前贵州境内革命党与立宪派之间的两党斗争，正好给刘显世这位蛰伏黔西南的一代枭雄提供了施展野心的机会。

云南“重九起义”推翻清政府在滇的统治，贵州武装起义尚在酝酿中时，贵州宪政派便一边向清政府提交自治学社主要负责人名单，意图让清廷按名单捕捉贵州革命党人，一边商议将善于军事并拥有实力的刘显世召至贵阳，以维持摇摇欲坠的清朝贵州政权。但形势发展之快出乎宪政党人所料，云南起义仅5天，贵州新军营士兵杨树清的一声枪响，便宣告了清政府在贵州统治的结束。这时带着五百徒手兵星夜兼程赶到贵阳的刘显世，深知已无左右局势之力，只能静观其变。倒是宪政党人没有忘记他们招来的这股力量，极力将刘推荐为新政权的军事股长，从而给刘显世未来的表演提供了舞台。

事实证明，宪政党人的这副牌押中了对象。在其后攫取革命果实的阴谋中，刘显世果然发挥了关键作用。大汉贵州军政府成立后，由于资产阶级革命党人的软弱，加上对宪政派的威胁认识不足，张百麟不仅给刘显世的五百徒手兵发给枪械，将其部列为新军第四标，还给刘安排了枢密员的职务，采纳了他保留保安营的意见。这种自掘坟墓的做法，无疑为军政府的覆灭种下了祸根。

手握一部分兵权仅是刘显世实现个人野心的第一步，他的目标是整个贵州的军政大权，但要做到这一点，仅靠宪政派与耆老会那点势力显然不够。正好宪政派极欲借助云南派兵北伐的机会，让滇军入黔消灭贵州革命党力量，给刘显世提供了一条提升个人政治权重的途径。于是便有了刘显世、任可澄假借枢密院名义致电蔡锷，请蔡指定刘显治、熊范舆出席各省都督代表会议；有了任可澄、刘显世、戴戡联合恳求滇军“代定黔乱”等一系列颠覆贵州军政府的事件，刘显世也就因之获得了左右贵州政局的良机。

唐继尧任贵州都督后，刘显世被任命为军务部长、贵州国民军总司令。唐、刘二人对贵州的统治，得到袁世凯为首的北洋政府支持。因此，在“二次革命”中，贵州不仅积极联络川、湘两省通电反对“二次革命”，刘显世还不顾贵州财政困难，向袁世凯汇寄军费，深获其嘉奖。正是靠着这些，1913年11月唐继尧回滇后，刘显世当即被任命为贵州护军使，并授予中将衔。兴义系军阀对贵州为期13年的统治，也就由此开始。

只花了2年多时间，刘显世便由一个地方土豪跃升为一省之“王”，这种飞黄腾达无疑与袁世凯对刘显世的赏识有关。继刘显世之后，刘氏家族的人都大受重用，他的胞弟刘显治出任贵州驻京代表、堂兄刘显潜出任黔西观察使，其他姻亲都获得大小不等的任职。为表达对袁的感激之情，1915年9月，当一批拥袁派上书劝袁世凯“速正帝位”时，刘显世毅然以将军衔附带列名其中。同年11月各省举行“国体投票”，刘显世对此表现得尤为积极，亲自“依法会同入场，敬慎监督”，使贵州投出拥戴袁世凯为“中华帝国皇帝”的80票。袁世凯称帝后，云南宣布独立起义，蔡锷致电劝说贵州参与，刘显世“以贵州贫弱婉谢”。当得知云南向全国发出的讨袁通电中列有自己的名字后，刘显世甚至急忙通电全国称：“所有滇省通电列有显世名衔者，均系由滇冒列，显世均不负责。”

种种事态说明，护国运动初期，刘显世不仅在反袁护国问题上持消极态度，而且曾给云南护国军制造过若干障碍。只是在云南方面不断劝说，贵州统治集团内部出现拥袁与反袁两派激烈斗争，戴戡率领的云南护国右翼军又已开抵贵阳外围的情况下，刘显世感到自身统治地位岌岌可危，才被迫于1916年1月27日宣布贵州独立，参加反袁护国战争。刘显世对待护国运动的态度，使他在以王文华为首的一批青年军官中彻底丧失了威信，后来兴义系军阀的内部斗争，包括“民九事变”，无不与此有关。

通电“反对帝制，拥护共和”后的刘显世，旋即被推为贵州都督，南方各省军务院成立后，又当上了抚军。黔军也由王文华任司令组成东路支队，率一、二、三团出兵湘西；戴戡则以护国右翼军总司令身份，率黔军五、六两团加上所率滇军北上出黔，进军綦江。云贵讨袁护国军的征战，推动了各省的反袁斗争。1916年6月，袁世凯死于北京，护国运动因之结束。护国战争胜利结束了，为维护共和牺牲了无数将士，护国右翼军总司令戴戡也因当上四川省长、督军、军务会办后，与川军刘存厚部发生矛盾，在成都巷战中阵亡，而见风使舵、从拥袁到讨袁的刘显世，反而因护国战争的胜利巩固了自己的地位，获得了更多的名利。

尽管身为一省之长，但刘显世毕竟是一个由地方土豪转化而来的旧军阀。之所以说其旧，除了他本人原就是一个手握4000多亩良田的大地主，靠团练起家，主政后仍沿袭办团练的一套方式管理军队，下级军官皆出自其私办“将弁学堂”外，更重要的是围绕在他身边的官僚，都是一群窃夺辛亥革命果实的旧官吏、地主、士绅与政客。秘书长熊范舆、顾问郭重光、政务厅长何麟书、财政厅长张协陆皆为清末立宪派或耆老会骨干。这帮人绝不是主张民主与科学新生力量的代表，而是一股具有浓厚封建与保守色彩的顽固势力，是刘显世政权的羽翼、靠山和死党。

当政期间，刘显世一直保持对滇军唐继尧的依附。其中一个重要原因，是贵州经济的薄弱导致财政始终拮据。尽管由于自身所处区位的优势，在西南各军阀中，贵州算得上一支重要力量，但因贫瘠和省域狭小，刘显世不得不通过对外依附与对内掠取来维持政权。

1917年7月，皖系军阀段祺瑞控制北京政府，拒绝恢复《中华民国临时约法》。孙中山为维护法治，在广州发动护法运动，成立中华民国军政府，自任海陆军大元帅。在这场护法战争中，刘显世死心塌地追随唐继尧，打出靖国军的旗号，担任副总司令，协同滇军进攻四川，取川东为立足之地。其不仅从重庆提取现银20万元，还与川军熊克武部达成每月取饷款18万元的协议。有了这笔意外之财，刘即着手扩充实力，在贵州兴义创办了随营学校，招收兴义、兴仁、普安、盘县、安龙等盘江八属权势人家的子弟训练，竭力为自己补充军事骨干。

然而，就在刘显世以为手握兵权，又有任可澄、唐尔镛、华之鸿等一帮旧官僚、绅耆支持，可以稳坐贵州宝座之时，兴义系内部以王文华为首的新派势力已经迅速崛起。

属兴义刘氏家族，与刘显世有舅甥关系的王文华（字电轮），辛亥革命时曾以队官身份随刘显世率徒手兵到贵阳。唐继尧回滇后，王以贵州护军使署副官长身份统率全军六个团，兼任黔军第一团团长。护国战争期间，王文华任护国军第一军右翼军东路司令，曾出兵湘西与北洋军作战，由此在军界声名大振。之后，王文华着手组建贵州陆军第一师，将何应钦、谷正伦、张春圃等一批留日回国士官生纳入麾下，并争取到卢焘、窦居仁、袁祖铭等人的支持，从而形成了一股能与刘显世为首的“旧派”势力抗衡的武装集团。由于这股势力“自命维新，凡以德莫克拉西（希腊文‘民主’音译）主义为口头禅”，历史上将其称为兴义系中的“新派”。

作为兴义系军阀年轻气盛的一代，王文华虽与刘显世等旧派在治黔政策上存在许多分歧，但在与邻省争利、扩张兴义系集团势力上，利益是共同的。所以在贵州出兵参与护国战争时，刘显世才会委任他为护国军东路支队司令，1917年又委其作为贵州督军代表，出席段祺瑞在北京召开的“督军团会议”。只是在这次会议上，王文华见段祺瑞决心毁弃《临时约法》，妄图解散国会，未如刘显世所愿去附和段祺瑞的主张，反而断然拒绝在会议决定上签字，与11省代表联名抗议段祺瑞毁弃约法。会后，王文华迅速离京南下到达上海，在上海得以面谒孙中山，并加入中华革命党，表达了自己将“竭尽全力，扩张军备，以作孙先生后盾”之意。当孙中山得到海军拥护，决心南下广州组织护法军政府时，王文华立即在上海通电响应，并兼程回黔做军事准备。这也正是孙中山称赞王文华为“西南后起之秀”的缘由。

护法战争爆发后，孙中山号召西南地区各省组织联军，出师护法。这时王文华已回贵阳就任黔军总司令，为响应孙中山的通电，王决定将黔军编为三个纵队，设总司令行营于黔北松坎，委任袁祖铭为第二纵队司令，张云汉为第三纵队司令，分别率军进攻重庆南岸黄桷垭及四川江津。这时，仍在省长位上的刘显世为形势所迫，不得不同意黔军北上护法，但却不断向外界声明：黔军入川，非拥护广州反对中央（段祺瑞政府），只是缘于戴戡成都覆师“贵州军队之愤怨所致”。到这一步，兴义系新、旧两派政治上的分裂已从暗地摆上明面。

为了结束刘显世为代表的旧派统治，1918年11月，时任讲武学堂校长的何应钦决定创立“少年贵州会”，王文华积极支持，使该组织得以快速发展，遍及贵州81县，会员达2800余人，还创办了《少年贵州报》。五四运动期间，少年贵州会成员曾积极活动，制造出很大声势。但这样一来，刘显世的旧派与王文华的新派之间的矛盾变得更加剑拔弩张，甚至发生1919年新派伤兵以粮饷被扣为由向当局清算，迫使财政厅厅长张协陆自杀的“民八事变”。

要求“刷新政治”一直是兴义系新派向旧派施压的政治手段。由于有何应钦控制的讲武堂和少年贵州会，再加上81县同乡联谊会的力量，新派夺权的步伐日益加速。此时，刘显世正准备以“王（文华）不懂军事”为由免去其黔军总司令职，以滇将代之。获此消息后，新派断然决定控制省政权。1920年11月，在王文华的精心策划下，新派开始将夺权付诸行动。为避“以甥逐舅”嫌疑，王文华借口生病滞留上海，让卢焘代理黔军总司令，率军回黔。黔军回贵阳后，即在何应钦、谷正伦指挥下发动“民九事变”，杀死耆老会代表、省府顾问郭重光，以及省长公署秘书长熊范舆、民政厅厅长何麟书，迫使刘显世弃职回乡。贵州政权落入王文华为首的新派之手。

王文华虽然策动实现了贵州政权的更迭，并因此获孙中山嘉勉，被任命为革命军事委员会常务委员，但这个胸有韬略的政治干才，却真的能文而不知兵。早年的征战中，他总是命安龙人袁祖铭为前敌总指挥，而袁是一个极具野心之人，王文华恐其拥兵自重，往往在战事平息后将其调至司令部任参议，甚至在前往上海“养病”时也携其同行。但袁之狡诈远在王文华意料之外，其赴沪途中即以各种托词，秘密潜往北京，拜见了当时的总理靳云鹏，详告贵州局势。靳当即对袁祖铭表示支持，同意将其所率部队命名为“定黔军”，并拨给20万大洋充作军费。于是袁祖铭决定率军回贵州夺权，但又担心王文华妨碍这一行动，遂派刺客到上海将王文华暗杀。

刘显世离黔，王文华在沪期间，贵州军政由代总司令卢焘主持。在黔的五旅军队认为卢的声望不能孚众，拒绝服从调遣，反因争权相互倾轧，导致社会混乱。这种局面正好给袁祖铭提供了可乘之机。于是袁以贵州各部皆希望其主政为由，率军长驱入黔，将军政大权一股脑收入囊中。民国十一年（1922年）8月，袁祖铭被北洋政府正式委任为贵州省长。但他这个省长只当了不到两年，贵阳又被刘显世与唐继尧的滇、黔联军占领，只不过这次刘显世的省长也只当了一年多，又被迫辞职流亡回滇。而滇军则通过与袁祖铭的谈判，决定班师回云南，由袁祖铭派彭汉章回黔主政，担任全省清乡总司令、贵州省长。袁祖铭自己则率黔军主力参与川战，与川军刘湘部组成川黔联军，合驻重庆，后于1927年1月在湖南被唐生智设计诱杀。

生为云南人的彭汉章虽然当上了贵州省长，但此人既不属于兴义系，又缺乏政治手腕，实权完全落入出生于桐梓的强权人物周西成手中。周西成先以军务会办参与省政，之后又接手王天培的督办一职，彭汉章逐渐成为摆设。1926年8月，彭汉章调任国民革命军第九军军长离黔，贵州政柄全归周西成掌控。兴义系军阀在贵州为期13年的统治也就此宣告结束。

# “有官皆桐梓”的年代

早些年不知从哪里冒出一个传闻，声称周西成战死于关索岭后，留下了一大笔财富，只是不知隐藏在何处。于是有好事者开始千方百计寻找藏宝线索，有翻阅资料文献论证其真伪的，有走访民间找寻线索的，甚至有人得知我曾是桐梓系军阀的研究者，写过一些关于周西成的文章，要向我了解是否确有其事，闹得我哭笑不得。

在民国前期走马灯式当上贵州省长的人物中，周西成的确是最充满传奇色彩的一个。这个桐梓系军阀头目尽管只活了37岁，却在贵州历史上留下了远比其他军阀大得多的影响。至今仍有不少人提出各种关于他的疑问，其中包括：周西成是一个军阀，他死后为何全省81县长官都题字相赠？周西成委任下属，为什么要官员都到城隍庙去赌咒？当年周西成用哪一招让人贩子消失，他是如何做到的？周西成是封建军阀，为什么他主政贵州“很得民心”？类似的疑问还有很多，自然不少都来自道听途说，多是由于对20世纪初贵州军阀统治那段历史缺乏了解所致。

我们说周西成这个人物充满传奇色彩，主要缘于他与同一时期叱咤于贵州政坛的其他人不同，既没有旧官僚背景，也不属富绅豪门。这个清光绪十九年（1893年）二月出生于桐梓县黑神庙的普通人物，从曾祖父到祖父都靠务农为生，直到父亲周廷燊时，家境才稍有起色。少年周西成曾进入桐梓县公立明德两级学校就读，但按《周公西成荣哀录》的说法，好不容易靠姑父熊兆当校长的关系得到读书机会，“然（周西成）又不肯就学”，最终

军阀周西成在桐梓的旧居

连小学都未混毕业。就凭他这点学历，和那些要么进过高等学堂，要么毕业于讲武堂、陆军学校，甚至到日本留过学的上层人士比起来，还真难同日而语。但周西成却偏偏能从一个毫不起眼的小人物，最终当上贵州省长兼国民革命军第二十五军军长，开创了为期10年的桐梓系军阀统治。

周西成名周世杰，号继斌，西成是其字，因以字行，众人习惯上便以周西成相称。16岁时，周西成与其表弟兼妹夫毛光翔相约投军，先在清军新兵营中当士兵，辛亥革命后转入革命军，在都督杨荩诚的卫队部当一个副目。杨荩诚率队北伐时，周曾随军进入湘西。滇军入黔颠覆贵州军政府，周西成所在部队返贵阳后被遣散，但周西成却通过一番活动，得以少尉资格进入贵州讲武学堂。之后，凭着他的聪明机变，竟从巡防营哨官混到了陆军第三团三营连长。

护国战争中，周曾随戴戡入川，成都巷战中营长黄道彬负伤，周西成率全营“协守（成都）皇城13昼夜”。返黔途中，周西成收容各部散兵数百，遂于1920年升任为营长，算是在军中有了一席之地。以这一营兵力为基础，周西成开始竭尽全力扩充实力，网罗亲信。对于他这种没有政治背景，又无军事靠山，却又野心勃勃的人来说，最可行的办法就是通过同乡、同学或亲戚关系，将一批精明干练的人拉拢在自己身边，抱团发展。于是，在护法战争及兴义系军阀新、旧两派内斗期间，周西成见风使舵，抓住机遇将自己从营长变成了第一混成旅旅长，并将毛光翔擢为团长，王家烈、江国璠以及犹国材均任连长，而这些人的籍贯都是桐梓。

桐梓系军阀的初具规模，是在滇军二次入黔，袁祖铭被迫退走四川期间。从当时的形势中，周西成感觉到贵州民众对滇军极为不满，曾计划组织“靖黔军”打到贵阳夺权。但他所收买的黔北巨匪罗成三部在途中变卦，周西成虽将罗部击溃，获其两团人马，却因滇军的大举反攻，不得不放弃占据遵义的计划，退至四川綦江。周西成的此番“靖黔”虽未得逞，却壮大了实力，笼络了军心。就在“靖黔”过程中，周西成强调：“本军的前途即是大家的前途，我们必须有饭大家吃，有事大家做。”这一通俗口号深得各级官佐之心，队伍由此牢牢攥在他的手里。借此机会，周西成在高级亲信中排定了“群（毛光翔号群麟）、绍（王家烈号绍武）、佩（江国璠号佩玙）、用（犹国材号用侬）”的继承序位。这种宗法式的承袭安排，虽不似封建时代帝位的父子承袭，但在近代历史上却也属绝无仅有。

桐梓系军阀头目周西成

周西成是一个封建色彩极其浓厚、但又热衷于近代事业，政治立场摇摆不定、统治欲望却极强，满脑子宗法观念、十分迷信鬼神的旧军阀。他自16岁投军起，便一门心思想着如何改变自身的卑微地位，登上权力的高峰。为此，他绞尽脑汁在权海中钻营，一步步向上爬。

即使在拥有一定军事实力、已牢牢将一批桐梓人束缚在自己身边后，周西成仍不断派人与袁祖铭联络，欲将袁作为靠山。被袁祖铭拒绝后，又转投四川有陆军中将头衔的石青阳，最终被石委任为川东边防军第二师师长。与此同时，周与支持滇军的熊克武一直保持着联系。1923年，熊克武攻占重庆，成为四川的实际统治者，当即任命周西成为四川讨贼军第三师师长。第二年，熊克武战败，失去依靠的周西成只得率部退到黔北赤水一线，以待时机。

驻军赤水期间，周西成的军事力量已经十分可观，达到了足可与贵州境内其他武装争锋的程度。有了一片立足之地的周西成，以赤水为其主政的实验地，开始施展心中抱负。除了大修师部营房以壮声势外，先后采取了清匪缉盗以安定地方、鼓励运盐贩烟以增财力、修路购车以改善交通、设厂造枪以扩充军事实力等举措。周在赤水的时间虽然不长，但几乎将其心中所想，包括铸造钱币、建厂发电等都在当地试着施行了一遍。后来当上贵州省长后，他在全省推行的政策、采取的行动，简直就像在赤水所作所为的放大版。

川战结束后，鉴于周西成已拥有黔北、黔西北地区，袁祖铭派人与周西成联络，周顺势就过去种种“慨然自承其咎”，并与袁结成儿女亲家，博取其器重。于是，1925年12月滇军退出贵州后，袁祖铭通过北洋政府委任彭汉章为贵州省长的同时，将周西成委任为贵州军务会办。彭汉章因不孚袁祖铭所望，省长只当了一个多月，便在1926年1月被袁撤换成军务会办，省长一职改由周西成出任。从16岁从军算起，混迹贵州军政界17年的周西成，终于得偿所愿。

1926年6月1日，周西成正式在贵阳就省长职。实现政治野心后的周西成，自认为羽翼丰满，无须再仰人鼻息，决心不遗余力地将一切非桐梓势力赶出贵州，建立以他为首的桐梓系一家天下。这在他对待广州政府出师北伐及国民党派人到贵州建党问题上，表现得特别明显。

国民革命军北伐期间，周西成曾欣然接受了国民革命军第二十五军军长兼第九路总指挥的任命，但他对来自广州的命令，大多阳奉阴违、软抵硬抗，只想着将贵州变成针插不进、水泼不进的“周氏王国”。1926年12月，国民党中央派张道藩、商文立、李益之三人到贵州指导筹办党务。尽管周本人早在1923年就曾加入过国民党，却丝毫不想让国民党势力染指贵州事务。据相关回忆录记载，周疑心张等三人来黔另有阴谋，勒令交出密电码，不但将张、李二人拘捕拷问，还将李益之暗杀于贵阳螺丝山。之后，国民党再派人到贵州筹建党事，仍被周西成以“贵州一切未上轨道，地方秩序尚待整顿”为由，将这批前来筹组建党的大员礼送出境。

其实，周西成并非真想与国民党对立，只是不愿“外人”来插手他的“王国”事务。“四一二”反革命政变后，周西成不仅欣然接受蒋介石令其出湘讨共的电令，辗转致意上海的黔籍人士熊逸滨代电“讨共”，还任命犹国材为“讨共”总指挥，调遣军队出湘，先后占领沅陵、桃源、辰溪、芷江等地，只因受到湖南军阀的抵制，才不得已从湘西回撤。他的这番做法，除了暴露自己的反共立场与扩大地盘的野心外，什么好处也没有捞到。

周西成在贵州当政3年，政治上唯我独尊，独断专横，推行的是一种带有浓厚封建色彩的家长式统治。在其任上，对进步力量的打击压制毫不容情。即使是驻军赤水期间，被他以“招贤”之名礼聘而来的黄齐生，也因支持遵义第三中学学生反对国民党屠杀共产党人，组织“三三一救援会”，被周西成以“接近共党嫌疑，主张自由恋爱”为由下令解职，并加以通缉。贵阳达德学校师生积极追求进步，被周西成下令严加钳制，由于师生拒不接受乱命，学校最后竟遭强令解散，在周西成执政的几年中一直未获恢复。

严控军队始终是周西成的重中之重。按其规定，桐梓系各营部队一概直属于军部管辖，各师、旅除保留护卫一连外，手下并无可资调遣的兵卒，遇有战事则临时由周西成调拨队伍供其指挥。文职官员的任用，凡县、局职以上者都须经他本人最终审定，目测认可后方授予委任书。至于高级文武官员，则有一条不可违的硬性规定，即非桐梓人不用。一篇名为《辛亥以后二十五年间贵州军政概述》的文章写道：“（周西成）把桐梓县能识字的人都拉出来做了官，乡间要找个能写信的人都找不出了。”这当然有所夸张，但也是对周西成封建宗法观念的一种形容。当年的小报就曾刊有“内政方针，有官皆桐梓；外交礼节，无酒不茅台”的对联，用以对周西成当政时期“任人唯同乡”进行嘲讽。

“两面性”在周西成的身上表现得尤为突出。这也许正是若干年后，社会上总存在着对周西成各种不同评价的原因。

从割据一方、独断专行、政治上反共、事权上不与国民党分享、纵横捭阖于西南各省实力派之间等方面来审视，周西成无疑是一个典型的旧军阀。但这个土皇帝式的旧军阀，却又曾设立过“招贤馆”，以示求贤若渴；不断鼓励地方官绅进献建议，以示广开言路。只不过他的这些作为都只是装点门面。事实上，周西成容不得半点对其统治的不满。黎平人廖绎南、谢泽等在武汉主办《长江怒潮》，该刊有文章揭露贵州当局强制农民种植鸦片，滥征烟税。周西成得知后勃然大怒，不但禁止黔人订阅《长江怒潮》，还严令查获主办者姓名、籍贯及住址。之后，趁谢泽返乡探亲之机，电令黎平县长将谢逮捕杀害。其睚眦必报，竟至于此。

对于周西成这个人，有一种现象很让后人费解。他是一个满脑子封建传统观念的当权人物，却对近代新生事物充满浓厚兴趣，并将其兴趣付诸实践。直到贵州解放，贵阳城北仍有铜像台，保留着周西成的立式铜像。后世之人对周西成的评价总是有所不同，其原因是否与他当政时的许多作为有关?

从历史进步的角度来看，不得不说周西成在促进贵州近代化、发展近代交通与工业方面，还是做了一些贡献的。周西成入主贵州时，彭汉章的懦弱导致“将骄兵悍，中枢失驭，防区俨同割据，政令不出省门；加之盗贼蜂起，殍饿载道，商旅畏途；以草根食尽之小民，犹日罗掘以供军米，以堂堂最高行政之省署，乃时贫乏几至断炊”。面对满目疮痍的省情，周西成上台后，第一件事即整顿贵州财政、兴办实业。因其办事雷厉风行，几年下来，局面确有改观。为改变前任金融上的随意胡乱，他在设立总金库的同时，设立度支处、经理处以掌支付，从而摈弃了历年积弊，实现了财政统一。

财政是兴办实业的基础。在整顿财政基础上，周西成紧接着选址于贵阳南门外，着手筹办贵州第一座发电厂。1927年成立贵州电气局，次年建成电厂发电营业。此外，周又兴办造纸厂、造币厂，设立矿务局发展采矿业。几年下来，铜仁的大刺洞朱砂、安南（今晴隆）的锑矿都办出了成效。1922年，中华全国道路协会成立，各省在其号召下开始兴修近代公路。周西成抓住这一机遇，于民国十六年（1927年）“成立路政总局，直隶省政府，主持修筑贵阳市马路及各县公路事宜”。至民国十九年（1930年），原举步维艰的贵州，总计建成近代公路1012公里，主要有贵（阳）铜（仁）公路、贵（阳）平（平越，即今福泉）路、贵（阳）赤（水）路、贵（阳）安（顺）路、贵（阳）南（广西南丹）路等干线公路及贵阳环城马路。尽管这些公路大都异常简陋，却已是贵州交通迈向近代化的开端。

当然，周西成的所作所为，并非为了“发展经济，以纾民困”，而是出于巩固桐梓系统治的需要。但经过这番努力，贵州交通闭塞、经济落后的面貌多少还是有了一些改变。这是不能不给予客观评价的。

1927年，唐继尧病死，云南发生胡若愚、张汝翼为一方，龙云为另一方的争权斗争。周西成向胡、张靠拢，龙云则与四十三军李燊部联合，形成滇、黔两省军阀混战局面。李燊原系袁祖铭部下，袁死于常德后，所部被编为四十三军。1928年秋，驻扎鄂西的李燊与龙云相约，出师进攻贵州。李燊军与王家烈所率部队在黔东激战，一度取得胜利，进至贵定石门坎一线，后在桐梓系集中优势兵力反击下，兵败退走云南。这期间，蒋介石与桂系军阀矛盾日益尖锐，由于周西成联桂反蒋，蒋遂将李燊部编入龙云的第十路军，滇黔之战再度爆发。此战中，周西成亲自率军赴镇宁支援，结果在关索岭中弹负伤。5月22日，周西成由部下抬过打邦河时落水，死于激流之中。

周西成死后，桐梓系军心涣散，败退黔北。李燊趁机率部占领贵阳，并被蒋介石任命为贵州省主席。只是他的统治时间太过于短暂，仅仅18天。不久，云南内战再起，滇军撤离，退走遵义一线的毛光翔、王家烈大举反攻，政权又重新回到桐梓系军阀手里。

尽管按照周西成生前的安排，毛光翔顺理成章当上了省主席，但没有了精明强悍、野心勃勃的周西成，桐梓系已不可能再现昔日辉煌。这之后，随着内部矛盾的不断加深，争权夺利、兵戎相见成了桐梓系集团的家常便饭。毛光翔上台未几，当年随同周西成一同起事的熊兆，便以毛光翔“才能平庸，难当大局”，开始与之展开明争暗斗。王家烈也在蒋介石的支持下对毛光翔步步紧逼，江国璠则企图借军官学生团毕业典礼之机发动政变。

周西成与李燊之战给蒋介石控制贵州提供了机会。毛光翔刚刚上台，蒋介石即以“周李两军冲突情况复杂”为由，派遣李促公、何辑五为特使到贵州。何、李二人的一番活动，不但无济于安定地方，反而加剧了桐梓系的内部冲突。1932年以后，蒋介石已经能通过各种政治军事渠道，直接影响贵州局势。1932年爆发的王家烈、犹国材之战，打了2年多，最后以犹国材的失败告终。这场战争成了桐梓系集团维持在贵州统治地位的最后一次挣扎。形势发展到这一步，蒋介石已实际上控制了贵州政局，至于何时彻底铲除桐梓系势力，代之以国民党新军阀的统治，也就只是时机问题罢了。

# 历史“世博”与贵州

据说，1851年英国举办的万国工业博览会是全世界第一场世界博览会。那场博览会一共兴办了10天，因为集中展示了当时世界的文化与工业科技，定名中的“Great”在英文中有伟大的、很棒的、壮观的意思，所以为世人所瞩目。

二十四史中的《隋书·卷三·炀帝纪上》中有“丙辰，上御观风殿，盛陈文物，奏九部乐，设鱼龙曼延，宴高昌王、吐屯设于殿上，以宠异之。其蛮夷陪列者三十余国”的记载，有人因此提出，早在公元7世纪（隋大业五年，609年）的中国，隋炀帝杨广就在观风殿上举行过有30余国参加的“博览会”，并将其视为近代世博会的雏形。但从世界公认的角度，当代人津津乐道的世博会，应该还是起源于1851在英国水晶宫兴办的那次。

历史就是这样，随着通信与交通的进步，地区之间的联系日益紧密，因此近代发生的大事往往能广为传播，受到不同地区与国家的重视，进而延续下去。而古代发生的事件，哪怕再重大，除了轰动一时一地，很难延续下去，日久天长，只有从文献中才能窥见其梗概。

从1851年英国举办第一届博览会，到1926年共举办了16次不同形式的博览会，主办国家主要集中于英、法、奥（地利）、荷（兰）、美等国。其中英国举办了3次，法国举办了6次，美国举办了5次，奥地利、荷兰各举办了1次。而这16届世博会都没有设计主题。直到1933年美国芝加哥举办的第17届世博会，才有了“一个世纪的进步”的主题词。此后的世博会扩大到各大洲的国家举办，并且各届都有不同的主题词。2010年中国上海主办的世博会，主题为“城市，让生活更美好”。上海世博会是第41届世界博览会，举办时间为2010年5月1日至10月31日，计184天，有246个国家和国际组织参展，逾7308万人次参观，创造了世界博览会史上最大规模纪录。

1851年英国举办的首届世博会上就有了中国人的身影，不过参加者只是一位名为徐荣村的广东商人。据说他将自己经营的“荣记湖丝”装成12捆，托至展会，还得了大奖。1876年美国费城举办的世博会，清政府派出浙江海关文书李圭参加。在这之前的世博会都只设主题馆，费城世博会开始允许参展国设立分馆。当时设分馆的国家共有15个，中国只是在主办国的主展厅中设了“大清国”展区。

贵州地处偏远，信息闭塞，对于世博会这样的国际活动，人们几无所知。但到清代后期，贵州却成了一个经济上落后、文化上趋前的省区，包括创办新式学校、开办近代钢铁企业、派遣留学生出国等许多方面，都走在了前列。晚清著名的外交家、散文家黎庶昌就是贵州遵义禹门人。这个生性坦荡、酷爱新事物的黔北才子，不像某些贵州人，总是因家乡落后而不敢以籍贯示人。黎庶昌虽名庶昌，字莼斋，却自署“黔男子”，表明自己就是一个贵州人。

黎庶昌不仅是一个敢于走出大山，倡导西学，提倡富国强兵，而且在同治元年（1862年）便上《万言书》痛陈时弊，尽言改良主张的贵州人，还是出任过英吉利、德意志、法兰西、西班牙使馆参赞，第一个见识世界博览会的贵州人。

法国是继英国之后第二个举办世博会的国家，截至1900年举办过5次世博会，而且都在巴黎。据说第一个向国人介绍世博会的人叫王韬，他因创办了首份中国人独立掌管的报纸《循环日报》，被誉为历史上的“中国第一报人”。王韬1867年亲历巴黎世博会后，对展会场景和广东戏班的现场演出有一段简略的记述，又在游历英国首届世博会水晶宫后，留下了“台观亭榭，园囿池沼，花卉草木，鸟兽禽虫，无不必备……”的一段感受。这些文字，被视为中国人最早对世博会的记载。

王韬所亲历的是法国举办的第二次世博会，到1878年法国举办第七届世博会（当时的名称为“第三届巴黎世界博览会”）时，中国参与展会的就不止一两人，而成了一群以驻英法公使郭嵩焘为首的中国外交官，黎庶昌即是其中一员。关于这届博览会，郭嵩焘的记录只见于他本人的《伦敦与巴黎日记》，比较零散。黎庶昌的《巴黎大会纪略》《巴黎灯会》《轻气球》则集中载于《西洋日记》一书中，成为中国人对该场世博会最早、最详尽的记录。

黎庶昌的《巴黎大会纪略》计3000余字，不仅从宏观角度对博览会的总体布局、馆舍建筑、装饰风格进行了全景式记述，而且还介绍了参展国家与所展示的参展物品。述及所见博览会情况时，黎庶昌在文中写道：“地分三大区，第一区为各国房式及零星售货处，在三纳河西；第二区为讲求制造各学及日用饮食之所，在三纳河东；又东为赛会堂，堂长二百十四丈，宽一百五丈，阿房四周外柱，刻石为四大洲人物，中、左、右三楼高耸，而其中亦分三区，左区陈设本国之货物，中区油画、石像，右区为各国货，此三区又各界出若干小区，甬道纵横。物皆以类相从，一类之中又分数十百类。夜则照以煤气灯，华丽宏博，至不可名状，入其中者，但觉千门万户，光怪陆离，目迷五色。”对于中国参加这届博览会的情况，文章也有叙述，称：“中华公所：东向，左右两辕门，飞檐；正厅三间，陈设螺钿几榻；院中央一小亭，两厢十二门，为售货处，所售磁器、茶叶、古铜器、雕刻，象牙、折扇独多。”他的另一篇文章《巴黎灯会》，专门描写世博会期间巴黎的灯火。《轻气球》一文则描写载人热气球的情状：“球下悬大圆木筐……为站立处。可容50人”，“球皮用布缝成，涂以印度胶、松香、白油”，“若无绳可升至四五千买特尔，再上则人不能呼吸矣”。黎庶昌不仅留下了中国人对热气球的最早描述，还自己花10法郎尝鲜了一回，成为中国首个在世博会上乘坐热气球的人。

黎庶昌是贵州人的骄傲，《西洋杂志》发行后，他关于巴黎世博会的描述，令身在山区的贵州人大开眼界。1915年美国举办巴拿马万国博览会时，贵州能拿出最佳产品参展，荣获多枚金奖，不能说与此毫无关联。

美国举办巴拿马万国博览会前，曾于1914年3月特派劝导员爱旦穆到中国。爱旦穆在北京得到袁世凯召见。此时的袁世凯正为宋教仁被刺案面临巨大政治压力，亟欲借此转移民众注意。于是北京政府指示由工商部、农林部、教育部、财政部协同负责筹备博览会事务，令各省征集物品参展。

军阀统治下的贵州，兵燹匪患时起，灾害疾病流行，经济呈现一派停滞、衰退景象。接到北京政府筹办参展物产的通知后，统治当局颇费了一番思量，地瘠民贫的贵州，能拿到赛会上去的东西毕竟有限。一些省区如广东省在筹备展品时，基本上是依照南洋劝业会获奖名册按图索骥，凡在南洋劝业会上获奖的商家，一律要求提供展品参加巴拿马博览会。于是，曾在南洋劝业会上获得殊荣的茅台酒，自然成了贵州参赛的首选。其他方面，当然还有茶类、科学仪器乘方积木等参展。

当年担任中国巴拿马赛会筹备局长兼监督的陈琪先生曾于1917年2月主持编撰过一本名为《我国参与巴拿马太平洋万国博览会纪实》的书。20世纪末，刘景元先生根据该书的内容，发表了《“巴拿马”太平洋万国博览会实况重述》一文，连载于《中国食品》杂志1988年第9—12期。文章记述赛会情况时说：巴拿马万国博览会共有31个国家、20万家展品生产厂和送样单位参加，展品在分设的农业、工业、食用、园艺等11个陈列馆陈列展出。整个展览期间，参观人次达1900余万，堪称20世纪世界著名的国际博览会之一。

巴拿马万国博览会是中国首次大规模向世界展示经济水平的参展行动。据有关文献记载，中国送展的展品达10余万种，总重1500余吨，展会结束后共获得各类奖章1218枚，居参展各国之首。但这一成绩既不能证明中国经济发展水平居于世界前列，又不能显示国力的强盛。正如某些文章所指出：中国最大的不足是缺乏制造业和电气、化工类产品。同时，中国商人对参办赛会的了解和经验也不及欧美和日本等国。当中国还在固守着商品质量时，外国商人却以各种翻新的花样和廉价的产品吸引着更多的顾客。

然而，来自边远之乡的茅台酒却获得了赛会金奖。由此，贵州茅台一举扬名世界，不仅成为贵州的名牌，也成为中国白酒界响当当的名牌。日常生活中，有些人或许说不清楚贵州省在祖国的具体位置，不了解贵州与哪些省毗邻，但却知道茅台酒产在贵州。当我们与外省朋友交谈提到自己来自贵州时，朋友往往会惊叹地发出类似“你就是出产茅台酒那个省的人呀”的惊叹。

提到贵州茅台酒的那次获奖，时隔百余年后的今天，不仅白酒界还有各种各样的争论，民间也仍然流传着若干带有故事性的版本。就在近两年，笔者还曾读到过一篇文章，称“茅台酒的师父是汾酒”。这颇有点让人莫名所以。技艺是人类求生的重要手段，早年间，任何人想学习技艺，都必须有师傅带才入得了门，学成即算出师，可以自立门户。茅台酒、汾酒作为物质产品，而且是两种在香型、生产工艺上迥然不同的产品，相互间居然存在师徒关系？这种结论无论出于何种推断，似乎都太过于超出常理。

茅台酒在巴拿马博览会上是否获奖已经是一个无须争论的问题。有关文献记载，在筹备巴拿马万国博览会时，贵州执政当局接到应征收集商品通知后，已决定将在南洋劝业会上获得过殊荣的茅台酒送展。但出自仁怀县茅台村的这种佳酿，曾被称为“茅台烧”“茅台春”“茅台烧春”，或直呼为“茅台酒”，却没有哪一种酒以某家作坊、某姓酒厂冠名。于是，贵州执政当局只好选择当时生产规模较大的“成裕”“荣和”两家烧房的酒作送展品。鉴于这种情况，北洋政府农工部的官员们无法区别送展的是哪家的产品，便援引民间常例以“茅台酒”作产品名称，并用“茅台造酒公司”之名参展。之所以出现这个在当时尚属“莫须有”的造酒公司，大概也是出于遵从展会的规定。

这样处理的结果，却导致了茅台酒荣获金奖后，“成裕”“荣和”两家烧房争持不下的纠纷。官司从县商会一直打到省长公署，当政的刘显世也难以解决，只得签文决定："奖凭奖牌仅有一份，据呈各节虽属实情，但当日既未分别两户，且此奖项亦无从再领，应由该知事发交县商会事务所领收陈列，勿庸发给造酒之户，以免争执，而留纪念。至荣和、成裕，两户俱系得奖之人，嗣后该两户售货仿单、商标，均可模印奖品以增荣誉，不必专以收执为贵也。"至今刘显世的这份批文依然保存在贵州省档案馆，自然是茅台酒当年获得大奖最有力的证据。

1915年茅台酒在巴拿马万国博览会上勇夺金奖，与法国科涅克白兰地、英国苏格兰威士忌同享盛名并列为世界三大蒸馏白酒。这次获奖成为茅台酒走向百年辉煌的起点，但茅台酒的百年辉煌，并不是仰赖于赛会这一时机，更非某工作人员的急中生智"怒掷酒瓶"之举。茅台酒的殊荣，靠的是深厚的历史积淀，以及在继承传统中不断探索、不断创新积累起来的独特酿造工艺。换言之，在巴拿马赛会上的一鸣惊世并走向辉煌，靠的是茅台酒自身的实力。

某些关于茅台酒获奖的说法提到，巴拿马赛会即将结束，名酒评选已快见分晓，茅台酒因为装在土里土气的陶瓶，参观者不屑一顾，亦无人品尝。参会代表急中生智，取出一瓶茅台酒，猛然摔破在地。顷刻间，酒香四溢，四座皆惊。于是，评委们"重新入座，品尝评论"，茅台酒也就终于赢得了金奖。

这种近乎传奇式的说法曾广为流传，但显然与事实本身有较大差距。资料显示，早在巴拿马博览会前，茅台酒就因有在南洋劝业会获奖的历史，已很有名气。中国赴赛监督陈琪等人在南洋劝业会评奖时就品尝过茅台酒，在旧金山中华会馆的宴请中，喝的也是茅台酒，知道茅台酒酱香馥郁，且有空杯留香的特点，遂取一瓶茅台酒，分置于数个空酒瓶中，去掉盖子，敞开瓶口，旁置数只酒杯，任茅台酒挥散香气，随参观者与专业人士品尝。茅台酒酒香主要是由酒中的代谢物产生，敞开的茅台酒充分暴露，酒香更为浓郁。此举立即奏效，迅速产生轰动效应，最终征服了包括评委在内的各界人士，茅台酒当之无愧登上了领奖台。

除了贵州茅台之外，在1915年巴拿马博览会贵州参赛的产品中，都匀毛尖与大方漆器都获得了很高的荣誉。如今位列贵州三大名茶、中国十大名茶之一的都匀毛尖茶，在当年的巴拿马赛会上获得了优等奖，大方漆器与江苏扬州漆器则双双获得银质奖，随后大方漆器与茅台酒、玉屏箫笛并称为“贵州三宝”。

中国是最早发现、利用、栽培、加工茶的国家，是茶的原产地。贵州晴隆县箐口乡发现的四球茶“茶籽化石”，经古生物学家研究认定，是“距今100万年的新生代第三纪四球茶茶籽化石”。贵州种茶历史悠久。2006年，贵州省茶科所专家在沿河县境发现上千年古茶树群。这一发现，至少将贵州产茶的历史推到西汉年间。唐人陆羽的《茶经》称：“（茶）黔中生思州、播州、费州、夷州……往昔得之，其味极佳。”宋元以后，贵州茶已享誉全国，其中不少成了每年运往京城的贡品。

贵州出好茶，连封建时代的帝王都闻到了香味。所以，才有了清乾隆年间，贵定县仰望乡苗族茶农不堪贡茶征敛，刻石留下的“抗贡碑”，才有了史籍中“元明两代黔南茶两次入贡”的历史记载。其实，自唐朝以来，贵州茶被列为贡品见于记载的多达20余种，著名的有古称鱼钩茶的都匀毛尖、贵定云雾茶、大方海马宫茶、金沙清池茶、安顺竹叶青、赵司贡茶、贞丰坡柳村娘娘茶、独山高寨茶等。贡茶之多说明早在千年以前，“黔茶”的声誉便已越过省境，远播中原。

封建时代都匀毛尖中的“鱼钩茶”“雀舌茶”已列为“贡品”。1956年，毛泽东同志品尝了都匀毛尖茶后，在给茶农的信中写道：“茶叶很好，今后山坡上多种茶，茶叶可命名为毛尖。”① “都匀毛尖”茶由此得名。某些不解历史的人，因巴拿马博览会获奖名单中并无“都匀毛尖”之名而否定都匀毛尖获奖的事实，其实是很幼稚的。

1915年在美国旧金山举办的博览会，因中国是初次由政府在全国征集产品参展，故在博览会上建造了“中国馆”。《中国名茶志》明确记载，都匀

① 吴连登主编，丁继华执笔，《毛泽东饮食趣谈》，北京：中央文献出版社，2012年。

藏于都匀茶博园、都匀毛尖茶获得的金奖奖章。原件藏黔南布依族苗族自治州博物馆

毛尖在该次博览会上获得金质奖章。2018年3月，黔南州都匀经开区的贵州茶博园正式对外开放，都匀毛尖荣获1915年巴拿马万国博览会金奖的奖章同时在园内现身。据园内人士介绍，该枚金质奖章原本流落海外，2015年由相关人士以数十万元从海外购回。

大方漆器的生产始于明朝洪武年间，距今已有600多年历史。彝族女政治家奢香袭贵州宣慰使期间，向朱元璋进贡的“方物”中，即有许多漆器珍品。因此，大方漆器在巴拿马博览会上的获奖，亦是顺理成章之事。

# “黔军”的兴起与终结

早些年，学界有人总结美国历史研究的趋势时称：各式各样新史学勃兴，美国史学研究呈现出空前多样化，鉴于此，“美国史学的首要新趋势是从‘碎化’走向综合”（罗凤礼：《当代美国史学新趋势》）。支持这一看法者颇有人在，似乎中国的历史研究也需要循“综合”研究之路，防止“碎片化”。而这实在是一种很片面的认识。

中国的情况远非美国所能比拟。早在2000多年前的秦朝，我国已是一个统一的多民族国家，需要研究的历史问题汗牛充栋。中国的传统史学是世界史学史上不可多得更不可忽略的宝贵财富，在经历了改革开放40余年的史学兴盛后，传统史学的研究方法不仅仍然保持着生命力，而且在吸收国外研究理论的同时，得到了继承和创新。因此，我们既需要对中华民族的历史加强宏观综合研究，更不能忽略对不同地区微观史学问题的探讨。“‘黔军’的兴起与终结”便是研究20世纪初至30年代中期贵州史不可或缺的课题。

民国年间地方军阀统率的军队，都喜欢将本省的简称冠在前面，人们往往以省名来对地方军队加以区别，于是有了如川军、滇军、桂军、黔军、湘军、粤军等专用词。但中国最早的军阀军队并非这些地方军，而是袁世凯奉清政府之命操练的北洋军。

与各省相似，黔军的前身也是辛亥革命前由清政府下令组建的新军。但贵州因经济贫弱，当时只建有步兵一标，辖3个营，总计1500人，另附一炮队200人，征兵一营50人。新军之外的武装力量便是巡防队、巡抚卫队、陆军小学堂、巡警学堂、巡警教练所等。辛亥革命后成立的大汉贵州军政府，将兵力增加至7000余人。陆军从一标增至四标，又仿前清的巡防制，组编了五路新巡防，由黄泽霖出任五路巡防总统。这些军事力量应该就是最早的黔军。

黔军的历史如果从大汉贵州军政府将清末“新军”扩充改编为陆军、建立巡防营算起，到1935年5月，蒋介石借追“剿”红军之机，逼迫当时的贵州省主席王家烈交出军政大权离黔飞往武汉止，前后保持编制与黔军称号的时间，计24年零5个月余。之后，国民党委任吴忠信出任贵州省主席，黔军被整体改编：原王家烈直接率领的2个师，整编为国民党中央直辖的一〇二师、一〇三师；原由犹国材统率的队伍编为一二一师；蒋在珍所率黔军编为新八师；侯之担率领的教导师编为二十五师。由原黔军改编的5个师皆隶属于军政部，饷弹由军政部调拨，并被分散调往省外驻防。至此，原以二十五军为番号，先后属于兴义系、桐梓系军阀武装力量的黔军，便完全退出了历史舞台，不复存在。

近年接触到的一些著作和文章，不仅将“黔军”这一概念泛化了，而且在时间上将这一称谓随意延伸。此类表述如果不澄清，很容易给读者造成错觉。要给“黔军”这一作为特定历史阶段产物的概念准确定位，不得不从黔军从兴到衰的历程入手。

“二二政变”与滇军入黔后，黔军力量受到很大削弱。刘显世虽以拥唐继尧督黔有功，被委任为贵州军务部长，但正如周素园在《贵州陆军史述要》中所说，“凡黔籍军事人才，或遁迹田园，或甫自外归，皆（被）诬以与军政府有联系，捕而杀之”。所剩不多的黔军，在当时不过是滇军的附庸而已。

1913年底唐继尧率军回滇后，刘显世地位上升。刘根据王文华的建议大肆扩充军队，先后编练陆军6个团，以王文华等分任团长。1915年，王文华等青年军官激于爱国义愤，在贵阳创办模范营，抽调各团军官进行政治、军事训练。护国运动期间，刘显世首鼠两端，先是骑墙观望，后在王文华等青年将领的推动下，才不得不宣布贵州独立，发布檄文讨袁，下令组织护国军。

护国之战结束后，黔军实力随之扩大。王文华被北洋政府陆军部任命为黔军暂编第一师师长，下辖3个旅。为改变黔军指挥人员的构成，削弱滇系军阀和刘显世等人对黔军的控制，王文华组建贵州陆军第一师时，罗致了朱绍良、谷正伦等一批留日士官生。也就在这段时期，黔军力量再次被分化并遭到了削弱。1917年初，戴戡率熊祺勋旅入川，与滇军罗佩金部及川军刘存厚部发生矛盾，两次成都巷战后，入川黔军第一混成旅全部瓦解，仅残部30余人回黔，黔军实力损失近1/3。

同年8月，孙中山揭起护法大旗，刚就任黔军总司令的王文华响应孙中山的北伐号召，命袁祖铭率黔军3个团北出綦江，自己率卢焘、胡瑛、谷正伦各部相随而进。经过入川作战，黔军的实力又迅速膨胀，由不足员的6个团扩充到5个混成旅，共10团1个警卫营，总兵力达2万余人。这支黔军一部分是辛亥革命前后从戎或从政的青年知识分子，另一些中下级军官则毕业于何应钦任校长的贵州陆军讲武学校。

“民九事变”使王文华为首的“新派”登上贵州权力顶峰，但因掌握军权的窦居仁、谷正伦、胡瑛、张春圃、何应钦之间为争夺权势，矛盾日益尖锐，导演了一场兴义系集团历史上的“五旅之争”，削弱了自身的实力。

黔军内部的分化，首先发生在袁祖铭、王文华之间。黔、川联军攻占成都后，袁祖铭声名大噪，欲当黔军第二师师长，王文华断然拒绝与之平分权力，反而迁袁为总司令部总参议。这一处置令袁祖铭极为不满，遂指使人于1921年3月在上海将王文华暗杀，随即又在武昌成立“定黔军”指挥部，宣布将率兵定黔，接手贵州省政。至此，护法战争中崛起的“新派”黔军正式分裂。袁还利用昔日在黔军中的威信，对黔军五旅进行分化拉拢。谷正伦旅的王天培、彭汉章两团率先投入袁部；窦居仁旅的毛以宽团、张春圃旅随后也尽归袁所掌握。次年元月，袁祖铭率军分三路向贵阳进军。4月9日，袁祖铭率军进入贵阳，被北洋政府任命为贵州省长并兼管军事。袁就任后，升任王天培为黔军第二师师长，彭汉章、吴传心、易荣黔分任第一、二、三旅旅长。

1922年3月，滇军再度占领贵阳，刘显世重新当上贵州省长，但刘显世本人尚且是别人的傀儡，手中的“黔军”也只能仰滇军的鼻息。这一时期，贵州实际处于滇系军阀统治之下。袁祖铭所部黔军虽然被迫放弃贵阳，实力却并未受到重大损失。次年7月，袁祖铭被刘湘、杨森推为援川各军前敌总司令，率部参加四川军阀混战，因屡战得手。袁被北洋政府任命为川黔边防督办，授陆军上将衔，在川黔军被编为陆军第三十四师。此时袁所率黔军已达3个师、3个独立旅、2个警卫团，兵力总计4万余人。

1924年，国内形势发生重大变化，唐继尧等放弃贵州政权。1925年1月，袁祖铭派彭汉章为贵州清乡总司令率部回黔，贵州政权再度为黔军所控制。不久，袁祖铭在川战中失败，于1925年7月被迫率部撤回黔北。时值广东国民政府挥师北伐，袁祖铭乘机派代表赴粤“联络北伐”事宜，被委任为川黔国民革命军总指挥。接着，彭汉章也被委任为国民革命军第九军军长、王天培为第十军军长，袁祖铭还加委为左翼军前敌总指挥。1924年10月，黔军何厚先、李燊等部开入湘西，袁本人12月抵辰州。北伐期间的黔军，编制扩展，武器装备得以充实，实力较以往任何时期都强大。但除王天培的第十军在北伐后期参加了安庆、合肥、徐州等大型战役，沉重打击了张宗昌的直鲁联军，立下较大战功外，其他黔军虽一度攻占公安、石首、斗湖堤、荆州、沙市、宜昌等地，却并未在北伐中起到左翼军应有的作用。

1927年初，袁祖铭、彭汉章先后被唐生智设计杀害。部分黔军退驻鄂西，王天培一军东调，其余黔军大部溃散。

入湘黔军迭遭损失，虽对黔军总的实力形成重创，但仅限于袁祖铭所部，刚取得贵州政权的桐梓系军事力量，并未受到影响。常德之变后，周西成趁机将袁部史南侯、马明亮两支队伍召集回黔，缴械遣散。这种一支黔军崩溃覆亡、另一支黔军因之实力膨胀的现象，正是大革命前后贵州军阀政权更迭在军事方面的反映。

1926年6月，周西成入主黔政。以后的10年，贵州军政大权，一直为桐梓系军阀集团所垄断。桐梓系统率的黔军，一直抓住各种时机扩充实力，尤其善于以同乡、戚族关系网罗亲信，善于施展各种政治手腕发展军事力量。

先是1922年夏，周西成利用杨森在川战败、率部向川东方向撤离之际，事前派军封锁江面断杨退路，迫使杨森答应将部分队伍留下，得“人枪千余”。

事后，为适应军队扩编，周西成开设随营干部训练班，并暗中派人到桐梓县征集青年插班受训。1923年初，得知袁祖铭被滇军击败入川，周西成当即决定组织“靖黔军”，兵分两路向黔北进发，一度攻占遵义，收编巨匪罗成三部2个团，将江国璠部扩充为一旅，毛光翔、王家烈、犹国材亦同时升为旅长。

1923年6月，周西成趁袁祖铭会同北洋军进攻成都的机会，亲自率部进袭位于重庆南岸的军事要地黄桷垭，占据南岸铜元局，饱载铜元约四十万而归。7月下旬，袁祖铭部发起反攻，周避其锋退走，乘虚攻占涪陵，又乘虚再占黄桷垭，进据铜元局、海棠溪、弹子石等处，以大炮对重庆猛烈轰击。周部三打黄桷垭的战斗虽未攻占重庆，却让桐梓系统率的黔军得以大显身手。此后不久，驻守涪陵的毛光翔又在长江上截获吴佩孚接济袁祖铭的弹药和枪械，制造了“周西成部劫日轮宜阳丸案”。经过一次又一次的实力扩充，周西成统率的黔军变得愈加强大。到配合熊克武部攻克重庆，将赵荣华、袁祖铭等赶到万县时，周西成已获孙中山任命为四川讨贼军第三师师长，而他所统率的黔军也已变成西南大小军阀头目不得不刮目相看的力量。

周西成最大的能耐是左右逢源。1924年初，周西成多次向袁祖铭输诚，“解释旧日嫌疑”，“表示绝对服从”，终于取得袁氏谅解，被袁委为黔军第三师师长，获准驻军合江、赤水等地。他的驻渝代表江国璠、车鸣翼还从袁祖铭的总司令部乞得子弹3万发、现款2万余元。1924年秋，周西成趁滇军与袁祖铭谈判移交贵州政权之机，向滇军施加压力，要求唐继尧明令委任自己为第八军军长及黔北镇守使。随即以第八军军长身份与滇军第二军（胡若愚部）秘密签订同盟条约，得到遵义八属的控制权。1925年初，周西成部又陆续占据毕节等黔西北诸县。至此，东起黔北湄潭、西至黔西北威宁的广大地区，均已纳入桐梓系控制之下。经过2年多的全力经营，周西成终于为自己造就了虎踞黔北、黔西北，进而窥视全省的有利局势，为夺取贵州省军政大权奠定了基础。

1926年6月1日，就任贵州省长后，周西成继续扩充黔军实力。除利用原办之赤水兵工厂，继续制造武器，自办造币厂制造银圆外，又自办崇武学校，培养军队干部，还将现有军队以营为基本单位，扩充至10多个营，由其本人直接控制。至于属下师、旅、团长，平时则无一定所属部队，只在战时临时调拨队伍归其指挥。

“四一二”反革命政变后，周西成被南京政府委任为国民革命军第二十五军军长兼贵州省政府主席。第二年，又被加委为“国民革命军第九路总指挥”。蒋、桂矛盾尖锐化后，蒋介石曾令周率部“讨桂”。但周西成对蒋介石抱有疑惧，又与云南龙云交恶，不愿结怨桂系，反与桂系串通，签订《黔桂联盟协议》，准备合力反蒋。

1928年春，原黔军师长李燊获何应钦、王伯群等支持，率军自鄂西回贵州夺权。周西成闻讯，命王家烈率部抵御。11月9日，李部进占酉阳，周李之战爆发。这两支黔军从1928年11月打到1929年7月，历时8个月，大大削弱了黔军的实力。

1928年11月至1929年1月的黔东之战与贵定石门坎之战，李军战败，李本人身负重伤，率千余残部退走云南。1929年4月至5月下旬，李燊得到滇军龙云支持，组成龙李联军攻入贵州。周西成部因为轻敌，屡遭败绩，周西成本人也在这场战争中负伤，后在过河时落水身死。李燊率军入据贵阳，当上省主席。1929年6月至7月，因周西成已死，黔军溃乱，熊兆、黄道彬等在遵义竖旗招纳余众，毛光翔宣布代理二十五军军长，集结队伍，准备反攻贵阳。6月29日，驻黔滇军奉命撤回，李燊势孤，率部退出贵州西遁，桐梓系重新恢复了在贵州的统治地位，毛光翔获任二十五军军长兼贵州省政府主席。

毛光翔上台以后，一改周西成的“附桂反蒋”路线，竭力从政治上博取南京政府欢心。但由于桐梓系内部各种矛盾日益表面化，蒋介石为了在贵州建立直接统治，竭力扶植王家烈，导致毛光翔的统治地位一开始便很不稳定。1932年2月，在王家烈的军事压迫下，毛光翔向省政府各机关声明“自愿休息，所遗主席一缺以王委员（家烈）代理”。但王家烈的上台也没有了结桐梓系首脑之间的矛盾，不久， 在王着手改组贵州省政府时，一批桐梓系头面人物纠结在一起，以“反新二十五军系统”为号召，掀起了一场反王的轩然大波，公开与王家烈对抗。

最初是江国璠于1932年8月发动政变未遂，接着是毛光翔等人鼓动蒋在珍、犹国材发动旨在推翻王家烈统治的王犹之战。王犹之战从 1932年冬一直打到1935年春，历时2年余，犹部曾一度占领省城，迫使王家烈退至榕江。但毛光翔、犹国材等人最终还是被有蒋介石作后台的王家烈击败，未能达到夺权目的。

1933年1月，王家烈军攻破贵阳，接着攻下遵义。蒋在珍率部退走四川綦江、东溪一带，毛光翔失去庇护，只得退隐赤水。王犹之战期间，蒋介石曾电令犹国材接任二十五军军长。这一任命虽然为时不长，对王家烈却是一记重锤，致使其军事上重新取得优势后，难以恢复旧时统治地位，犹国材反而在云南龙云的支持下，得以返驻盘江。桐梓系之间的这种相互制约局面，恰恰是蒋介石所梦寐以求的。当整个贵州的政局变得支离破碎时，国民党新军阀从桐梓系手里夺取黔政的条件也就成熟了。

1934年10月，中央红军开始进行长征。为策应红一方面军的作战，在贵州印江木黄和松桃石梁一带会师的红二、红六军团也发动了湘西攻势，建立起湘鄂川黔革命根据地。是时，蒋介石一面叫王家烈率部“抗击红军”，与犹国材协商合力堵“剿”，一面下令设立宜昌行辕，纠集120多个团的兵力对红军围追堵截。这种局势使王家烈惊恐不安，阻击红军既非其力所能及，又不敢开罪于蒋介石。为了既执行蒋介石夹击红军的命令，又能保全自己，王家烈不得不求助于桂系军阀。但桂系方面虽“派廖磊率精锐第七军星夜赴援”，无奈蒋介石的队伍“已先扼马场坪，桂军后二日至”，王家烈的算盘全部落空。随后，国民党中央方面的薛岳、周浑元、吴奇伟等相继入黔，贵州局势完全为蒋介石所控制。

1935年春，蒋介石亲临贵阳“督战”，除多方“了解贵州的军政、社会情况”外，主要从经济上对王家烈进行扼制，造成“所部索欠饷，喧哗暴动”，政治上又进一步拉拢王家烈手下的何知重、柏辉章等师长，利用这些人逼王下台。王家烈进退维谷，终于在1935年5月交出贵州军政大权。到此，桐梓系军阀对贵州为期10年的统治宣告结束，1923年以后发展起来的最后一支黔军队伍也彻底瓦解。以后，在国民党政治舞台上，作为成建制独立地方武装力量的黔军已不复存在，黔军的历史也到此宣告终结。

Guizhou
Lishi
Biji

# 伍 民国时期的经济景象

# 蹒跚中前行的近代化

少时喜欢读打打杀杀的古典小说，却常是一知半解。《东周列国志》的一回中有：“其楼俯临民家，民家之主人有躄疾，晓起蹒跚而出汲。”其中的“蹒跚”便闹不明白。查字典才知道，“蹒跚”是形容一个人的腿脚不灵便，走路缓慢、摇摆的样子，出自唐代皮日休的《太湖诗·上真观》，诗曰：“天钧鸣响亮，天禄行蹒跚”。如今联系到辛亥革命后20余年间，贵州从自给自足自然经济瓦解，逐渐走向近代化的历程，感觉只有用“蹒跚”一词加以概括最贴切。于是，便用上它作标题。

贵州近代化进程的开启，在某些方面并不比其他地区晚。但在辛亥革命后，出于各种原因，贵州陷入了长达20余年的军阀混战，近代化步伐变得蹒跚起来，呈现出一种矛盾交织中的缓进状态。导致这种蹒跚状态出现的原因很多，主要在于全省政局的不稳定、连年无休止的战乱、频繁的政权更迭，以及执政者为一己私利所采取的各种怪诞政策。

“人是铁，饭是钢”，老百姓没有饭吃，饿殍遍野，什么省主席、什么军长，也就没有人可统治，没有兵可指挥。在重峦叠嶂、“八山一水一分田”的贵州，农业一直是社会生活中的短板。从清末开始，贵州的农业便陷入了一种畸形状态。

就全省而言，贵州直到明清改土归流前，大部分地区还处于封建领主制下，不少地方直到清中叶才完成从领主经济向地主经济的过渡。外国资本主义的入侵，严重冲击了全省尚显脆弱的自给自足自然经济。本来就处于清王朝严苛压榨下的贫苦农民，为购买生活中之必需，不得不在节衣缩食的同时，改变传统种植的农产品，生产易于销售的农副产品，其中最大宗的便是鸦片与适应市场需求的各种油料作物和土特产。辛亥革命后，由于军阀的大力扶持，贵州种植鸦片的面积不断扩大，年产量多达5万余担。从鸦片种植与贩卖中抽取的“特税”，成了历届贵州军阀维系统治的经济支柱，但对于耕地面积本就严重不足的贵州农业，却成了灭顶之灾。

首先是农业生产方式与技术的停滞不前。受地形地貌的制约，贵州的农业生产长期处于分散、以家庭为单位的劳作形式。本来半封闭式的自给自足就影响先进技术的传播，军阀之间的混战更使普通民众将离家外出视为畏途，到了民国前期，不少农民仍在沿袭旧的一套耕作模式。民国初年，地处黔东南的永从县（今台江）甚至还在用人拉犁、牛踩田，用木犁犁田。肩挑背驮、传统鸡公车依然是许多地方的主要运输方式。这种生产者无力改进生产技术，世代只能维持简单再生产的状况，严重阻碍了农业生产的进步，使广大农民长期陷入困境。一旦遇到荒年，连简单再生产都难以维持，农户的破产便成了广大农村的普遍现象。

农业生产的停滞与衰退，造成的第一个结果是生产者结构的变化。许多家庭辛勤一年下来，依然食不果腹、入不敷出，唯一的出路是以借贷为生。日久天长，一些农民无力还贷，只能出卖土地。于是，自耕农变成了半自耕农，半自耕农沦为佃农甚至成为流民。张肖梅先生的《贵州经济》曾对开阳县514户农民进行统计，负债数高达442户，其中，佃农负债面为94.7%，半自耕地农负债面也达18.2%，由此足见农民生活状况的恶化。这些处于贫困中的农户，面对各种灾害，显然毫无抗拒之力。偏偏1912—1937年间，贵州自然灾害频发，26年中发生较大自然灾害的就有13年。尤其1924到1925年连续两年的特大灾害（史称“甲子、乙丑年大灾荒”），全省饿死者多达五六十万人，逃荒之人多达百余万。

在贵州这个以农业为经济支柱的省份，农业的停滞与衰退，无疑使跨越近代化门坎，意欲改变闭塞与落后的任何努力，都变得障碍重重。20世纪初的贵州近代化步伐其所以踉踉跄跄、步履蹒跚，显然与自身原有农业基础的薄弱，加上外国资本主义的冲击、军阀政治的为所欲为密切相关。

一位学者曾说：近代的中国是社会动乱和社会改革并举，悲剧不断与民族觉醒同生的时代（王业兴：《二十世纪初中西文化交融与中国近代化的进展》）。这一看法用在贵州的身上，似乎十分对口。尽管从1912到1935年间，贵州的政局极度不稳定，战乱、灾害几乎从未间断，但由于历史潮流的裹挟，尤其在一批进步人士的反复呼吁和力主下，无论执政者愿与不愿，摆脱传统的生产与生活方式，引入或创办各类前所未有的新事物、新工厂，已成为时代的一种趋势。所以，即便步履维艰，诸多近代化的事物毕竟还是在贵州出现，并缓慢地向前迈出了步伐。

贵州民间有句老话戏称：生活在贵州，“叫人要吼，出门靠走”。这是大山阻隔、通信落后导致的先天困难，但也说明，要排除重重山岭的阻碍，加强与外界信息的互通，改善通信手段是贵州首先需要考虑的问题。

其实，贵州邮电通信的起步早于近代交通。还在光绪十三年（1887年），毕节至贵阳的电报线路就已架设，只不过这条线路是由外国人主持兴办的。到清末，贵阳至兴义、贵阳至湖南晃州（今新晃）、晃州至铜仁的线路都已开通，一些州、县还设有电报局。民国初年，南北两条电报干线先后架成，分别是1915年架设的贵阳经綦江至重庆的北线，以及1921年架设的贵阳经独山通往广西六寨的南线。此外，又先后架设了赤水至泸州、黄草坝至江底、镇远至锦屏等支线。加上在一些主干线路上加挂的分支线路，到1934年，全省电报线路总长已达4616.2公里，埋设电杆计4.7万根。服务于电报业务的电报局，由1912年的7个增加到1935年的33个。随着发报业务的增加，报务种类也随之不断进行变动与更改。1922年，电报只分政务、公务、特种、寻常4种；1934年，增改为政务、加急、寻常、新闻、交际、赈务6种；1935年，当局将之细化为官军、局务、私务、公益、特种等5种。

贵州电话的出现较电报晚，发展也慢。民国初年全省仅贵阳一地有电话，1926年由当时的省政府向交通部申请到一笔资金，领得总机1部和一些线材，部分机关才开始安装电话。同一时期，一些县城开始借用电报线路及架设单股铁线装接最早的城乡电话。但直到1935年，全省仍只有37个县可与邻

民国前期的邮政管理局

县互通电话，而几个稍大的城市安装的总机也只是5门至10门。十几年间取得这点进展，确属缓慢。

邮政虽继电报之后即已出现，利用的也是西方国家的技术设施，但直到1901年全省才有了第一个近代邮政机构。这个邮政机构设于贵阳田家巷，当时的名称为“邮界”，且只有1名工作人员。1914年，贵州被列为全国21个邮政区之一后，贵阳成立邮务管理局，下设秘书股、会计股、视察室等机构，职员增加到30人，以后几年邮政业才有了一些发展。但邮政毕竟与交通有着密切关联，交通能力不足，邮政的发展自然十分迟缓。当时，因军阀割据，战乱连年，盗匪横行，步班邮路时常中断，邮政种类、邮政代办点、信箱信筒之类增加虽多，业务量却不增反减。在贵州独特的政治、经济、文化环境下，作为近代化代表事物之一的邮政电信业虽然陆续在贵州出现，却长期处于困窘状态。

文通书局是贵州近代化进程中的一大亮点，由1917年退出政界的华之鸿投资白银20万两所创办。该书局不仅是贵州最早使用先进印刷机器的工厂，而且堪称贵州近代企业的佼佼者。问题在于，除华之鸿的文通书局及酿酒等少数企业外，民国前期贵州工商业的发展进程几乎乏善可陈。

民国前期的贵州工商业，在近代化的道路上虽然举步维艰，缓慢发展还是有的。这种发展在炼铁、纺织、造纸、电力、日化、兵工等行业方面有一定体现。

还在清廷决定开办青溪铁厂之前，贵州民间便已有不少土法炼铁作坊，满足农户铸造农具之需。镇远县㵲水北岸便有大小高炉、土炼铁炉若干座，年产生铁可达20余万斤。辛亥革命后，各地冶铁成风，有关文献统计，至1929年，全省冶铁业增加到31县86处51厂。其中产量最大的是瓮安土地堂铁窑，年产量达1800吨；工人最多的是龙里宋福等4家铁厂，每厂工人约300余人。虽然几乎所有的铁厂都未采用近代技术，依旧沿袭着古老的传统土法冶炼，但却解决了贵州广大农村及城市民众用铁的需求。

纺织是贵州采用近代化工艺最早的行业之一。在外国洋纱洋布大量输入的冲击下，传统土纱土布失去市场，各地大户纷纷投资近代纺织，加上官方所谓“劝工局”的倡导，促进了民初纺织业的勃兴。最盛时全省的纺织户多达2300家，职工总数接近8000人，仅布类一项年产就达70万匹。尽管此期间无论私营、官办的纺织企业规模都不大，但各项工序多使用机器生产，最初主要是木机，以后逐渐被铁机取代，只不过限于科技及本省的生产力水平，那时所有机器的驱动，所仰仗的都是人力。当时最大的纺织厂先是设于贵阳市南郊的兴业织布厂。该厂资本总额达5400万元，拥有织机40台，工程师2人，工人95人，年产布15吨。1927年，官府创办的省立模范工厂取代了兴业织布厂的地位，职工数达100人。加上与官办的模范缫丝厂、模范监狱工厂联成一气，所有民办合股经营或独家私营的工厂，都只能处于下风。

小时候放学回家，常见老人手握一根棕黑扁状的东西往大木盆里的衣裳上擦，然后使力在搓衣板上揉，后来才知道那状若大扁豆的东西叫皂角，不但能洗衣，还能用来洗头。在没有肥皂的年代，城乡大众都用它作清洗剂。至今贵阳作为省会城市，虽然高楼林立，但生长在路边或园林中的古老皂角树，仍然被人们细心地呵护着。皂角这种陪伴了若干代人的洗洁物，直到西方的日化行业引入以后，才被肥皂之类的产品取代。

贵州的日化行业同样出现在20世纪初。最早的产品是肥皂和蜡烛。人们觉得肥皂比皂角方便，蜡烛比菜油灯亮，生产的人就多了起来。生产肥皂的作坊从1家发展到10家，每年生产肥皂多达10吨以上。衣裳不一定要天天洗，照明则是一到晚上就要用，因此，做蜡烛的作坊也就更多。有人统计民国初期的造烛户有600余家，工人多到1400余人。不过造的多是土蜡烛，生产洋烛是往后的事。

民国前期，在近代化潮流的推动下，贵州造纸、酿酒、染织、制革、火柴、玻璃等行业也都有所发展，其中最能展示贵州近代化的，莫过于电力、兵工与交通。历代军阀出于政治、军事需要，往往会集中资金与人力开办一些与壮大军力有关的工厂。开办电厂、兵工厂，修筑近代公路便是他们的杰作。

贵州建第一座发电厂之事，笔者在本书上册《军绅政权：也不是无所作为》一文中已经谈到过。这件事虽缘起于刘显世，完成于周西成，但建成的电厂规模很小，还赶不上20世纪五六十年代农村的一座小水轮泵站。不过，第一座电厂的修建，毕竟具有划时代意义。至于兵工企业，则是军阀们打仗所必需。上台以前周西成在赤水已经办过小型炮厂、炸药厂，当上省主席后，更是派人到上海购置各种设备，先后在赤水、贵阳扩建兵工厂，大量生产军火。早年出版的《贵州近代经济史资料选辑》统计，位于贵阳的贵州省兵工厂，生产工人多达2000余人，规模远比占地70余亩的赤水兵工分厂大了许多。

与很多省的情况不同，贵州的近代交通并非起步于轮船、铁路。在山高谷深的贵州，要打破封闭，改变交通梗阻，最需要的是将官府修建的驿道和那些踩踏了千年以上的乡间羊肠小道，改造成可以通行马车和汽车的公路。因此，近代公路的兴建既是贵州近代化的重要标志，也是贵州近代化进程的首选。

1912年以后的10余年间，贵州交通状况并无大的改变。1926年后，周西成以铁腕手段在全省统一政令、整顿财政，着手修建环贵阳城的近代公路。这条贵州历史上的第一条公路尚未竣工，这位省主席便迫不及待地想体验坐着汽车兜风的滋味，专门委人购进一辆美制雪弗兰轿车。之后，他又令贵州路政局制定出了一份《全省马路计划大纲》。其后，一条由贵阳经安顺至黄果树，真正具有近代意义与运输价值的公路于1927年底正式竣工。用当今的眼光来看，当年的这条公路确实很简陋，但它却开创了贵州交通史上的一个

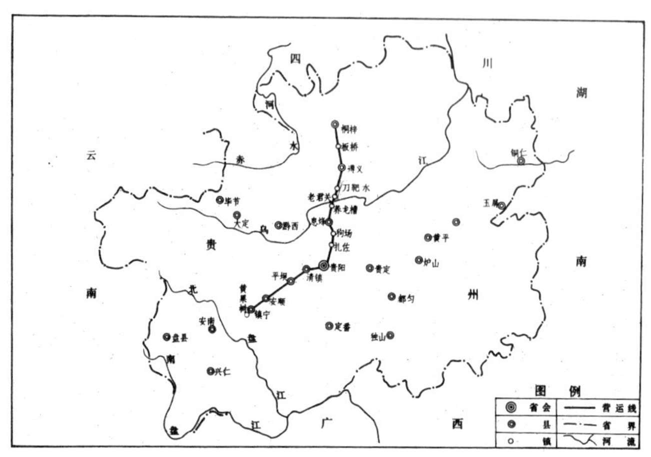


1930年贵州公路营运线路图

新时代，在跬步皆山、举步维艰的贵州，可说意义非凡。

周西成死后，贵州的公路建设仍按他所拟定的计划进行。由贵阳通往甘粑哨、毕节、惠水、桐梓、赤水、独山的公路相继动工修建。至1937年，《全省马路计划大纲》中规划的贵北、贵南、贵西、贵东4条干线公路陆续建成。贵州的交通运输，由此从单纯人力转为人力与汽车并用的时代。

据《贵州公路运输史》记载，贵州最早的公路运输只准官办。因为桐梓系首脑人物认为，“政府筑路，路权属公，汽车运输理应官办，商民不得经营”。但过了一年，官方成立的转运公司只有汽车几辆，又经营乏术，实在难以为继，只好开放商营。1934年，全省商车猛增至70辆，运营里程总长至900公里。到1935年6月，全省的公路营运几乎已全由商车承担。

僻处西南、长期处于封闭与半封闭状态的贵州，由分散、落后的农业经济跨上近代化之路，的确充满了诸多难以想象的艰辛。单就周西成将汽车分拆由水路转运到贵阳，再在贵阳重新组装这件事，当年一名考察中国公路的美国人就曾叹道：“其困难是生活在北京、上海、纽约的人所难想象的。”

贵州近代化的启动，路也坎坷，步也蹒跚，但最能吃苦耐劳的贵州人毕竟在20世纪初跨了出去。除了那些专业学者外，作为今天的普通贵州人，我们不会去考证那些历史细节，但仍需要从中感受到前人披荆斩棘之不易。

# 为什么把汽车印在银圆上?

贵州有许多土特产品扬名世界，名酒、名茶、名椒与各种矿产品都早为大家熟知，但民国年间发行的一种钱币享誉世界，成为无数收藏家追逐的宠儿，却极少有人知道，那就是1928年桐梓系军阀首脑周西成当政时发行的“汽车大洋”。据载，“英国皇室贵族拍卖公司”2017年在新加坡秋季艺术品拍卖会拍出的一枚“汽车大洋”，成交价竟达82万元人民币，远比一辆豪车的价格还高。

要了解当年的周西成为什么会把汽车印在银圆上，为什么这种银圆竟然成为世人瞩目的天价收藏品，还得从银币在中国的发行流通及民国年间贵州的金融状况说起。

钱在经济学家的眼里叫货币，对老百姓来说却意味着财富，关系到生活质量的高低。这种商品交换发展的产物出现得很早。我国商朝人善于经商，以贝为币。到了战国，出现了铁钱。秦、汉两朝规定圆形方孔钱作为通行全国的货币，这种形制的铜钱，被历代沿袭下来，一直沿用到明清。不过北宋时在四川地区出现了世界上最早的纸币“交子”，这当然显示出一种社会进步。

马克思在《政治经济学批判》及《资本论》中引用加利阿尼《货币论》中的名言：“金银天然不是货币，但货币天然是金银。”有人对这段话进行解释说：金银物质的产生是自然形成的，不是为方便人类交易而产生的，所以天然不是货币。而货币，作为人类创造的一种交易工具，它所要求的稀有、易分割、不易变质等特点，恰为金银所独具。正是这个原因，世界各国历史上都曾经铸造过金银币。

到了现代，货币使用量大，除了一般被称为“毫子”的小面值硬币（普通金属币）还在交易中作为找零之用外，各国制造的金银币大都只作为纪念币发行，卖给那些收藏爱好者。不过历史上发行的金银币则不同，那些失去了流通地位的古、近代贵金属币，已经成了收藏界的宠儿。特别发行量稀少的金银币，早已背离自身的价值，拍卖价被炒到令人咋舌的地步。贵州的“汽车大洋”便是其中之一。

金币历来只属于富有者，银币在我国清朝后期和民国年间却大行其道，成了生活中的硬通货。中国古人喜欢使用银锭或碎银，交易中的计量单位是两、钱、分。最早将白银铸成货币的是欧洲人。这种以银为原料制成的圆形货币，15世纪就已出现，16世纪左右开始传入我国，因为是舶来品，所以民间将其称为银圆或大洋。早期，外国银圆一直未流通开来，直到清光绪年间，官方正式开始铸造以龙图案为背景的银币，一些省也仿例制造，银圆才作为货币开始流通。但银圆作为货币大规模铸造发行，则是民国年间的事。

明初建省以后很长一段时间，贵州使用的货币都是靠从省外输入。但崇山峻岭的环境，加上币重运难，往往造成缓不济急，无钱解决军政所需。直到明弘治三年（1490年），贵州才获朝廷批准在本省铸造“弘治通宝”。之后又先后铸造过“万历通宝”“崇祯通宝”，并在明末清初战乱期间，由残明政权、农民军余部铸造了一些“弘光通宝”“隆武通宝”“永历通宝”“兴朝通宝”等制钱。“利用通宝”则是吴三桂统治云贵时所铸造的。

从古代开始，国家对造币就有严格的限制，既需要中央政府批准，还得有奉命建立的机构，按程序采购原料、雇佣工匠、修建铸炉与相关设施。私铸既属犯罪，惩处也极严厉。以清顺治十八年（1661年）对私铸货币的处罚为例，“为首及匠人斩决，家产入官，为从及知情买使者绞决。总甲十家长知情照为首例，不知者枷一月，仍拟杖徙。兴贩掺和者枷一月，仍拟杖徙”。所以，清初贵州境内虽也有私铸钱币现象，但为数极少。

贵州正式获准设立铸钱局是在雍正年间。雍正七年（1729年），云贵广西总督鄂尔泰获户部批准设立“宝黔局”后，即择定毕节县城北隅为局址，

清代宝黔局铸造的“乾隆通宝”铜钱正面图

清代宝黔局铸造的“乾隆通宝”铜钱，背文为满文“宝黔”

令平远州（今织金）筹备，粮驿道负责采购铜料，并从云南调来技师、工匠。次年十月，宝黔局正式开炉鼓铸。当时共设10座炉房，年铸铜钱36卯（每卯124串又685文）。乾隆年间先是增加铸炉，提高铸量，后将局址迁至省城贵阳，又分设5炉于大定（今大方）。宝黔局存在期间，历年所铸铜钱除作为官兵饷俸发放外，余皆折银发卖。

鸦片战争以后，银圆成了官方认可的货币，尤其经过咸丰、同治年间的战乱，银贵钱贱的现象日益严重。宝黔局所铸的铜钱开始由“通宝”变成“重宝”，当十、当五十的铜钱屡见不鲜。随着外国银圆的不断流入，到光绪年间，销往省外的土特产品换回来的基本是银两与银圆，铜钱大多只在本地老百姓中使用。面对这种情况，没有机制设备的宝黔局造不了银圆，只好利用官炉铸造“黔宝银饼”，重量则仿银圆分别为七钱二分、三钱六分两种。

民国初年的币制十分混乱，尤其在袁世凯倒台后，除了北洋政府发行的货币外，各地军阀都竞相发行地方货币，纸钞的种类多到不胜枚举。滇军入黔后，唐继尧为弥补军政费用，先后以贵州银行名义发行兑换券300万元。民国七年（1918年）贵州银行停业后，“黔币”改由财政部门直接管理，

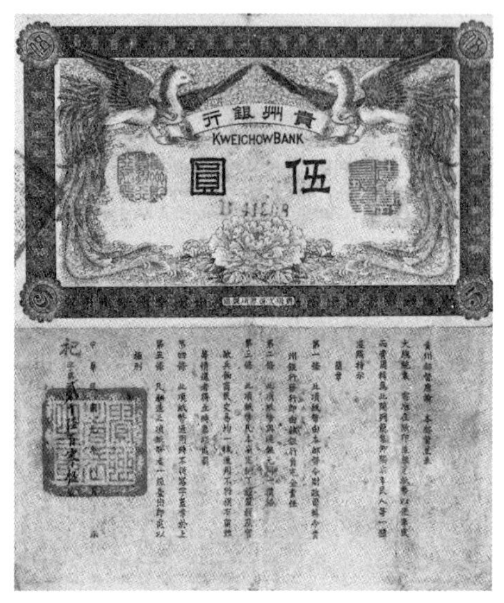


唐继尧任贵州都督时发行的纸币

其间由于政权多次变更，由“旧黔币”到“新黔币”，花样百出。唐继尧之后，刘显世等历届军阀政府接踵效法， 今天是“新黔币”，明天变成“尾巴票”；这个发行“公债”，那个又改发“定期兑券”，甚至有“加章黔币”“墨戳黔币”，等等。各种花样，不一而足。

由于滥发纸币，金融混乱，货币严重贬值，导致市场极度恐慌。加上历届军阀政府无不对各族人民征收苛捐杂税，民众生活几乎陷入绝境。自从军阀当政以后，贵州的一切田赋陋规，均被强制并入正额，原定收银一两的，概行折收大洋一元五角，拖欠者尚须罚滞纳金一至三成。而在田赋之外，各种税收多如牛毛，诸如印花税、烟酒税、屠宰税、牲牙捐、水碾油榨捐、废牛捐、瘟猪捐、保路费、祭祀税等，名目之多，闻所未闻。老百姓不堪其扰，无奈之下，只好以“自古未闻粪有税，而今只有屁无捐”来嘲讽当权者对民众的巧取豪夺。

面对农业衰退、工商萎缩、市场萧条、人心惶乱的局面，1926年6月周西成上台后，感到不能因循守旧维持统治，遂于当年8月7日下令成立“财政厅查案委员会”，对1926年以前的财政状况认真进行清理，剔除积弊，改订章程。货币发行状况正是其中重点清理项目。“不查不知道，一查吓一跳。”结果查明，1912年到1926年上半年间，从唐继尧发行300万旧黔币开始，中经刘显世、袁祖铭、唐继虞到彭汉章，无一人不滥发纸币，也无一次发行纸币不弊端百出。

1923年刘显世入主黔政时，仿各国发行公债例，向全省发行有利兑券100万元，于6月30日分发到各县，“责令各县知事劝谕认购，依限收款解省，接济中枢”；同时规定“周年六厘付息，以六个月为一期”。结果，每到还本之期，地方当局根本无款支付，“失信于民，累及地方金融”。加上发行之时，官吏“勒派估索，在所不惜”，分配既不公正，各地团保又额外勒磕，层层剥削，狼狈为奸，人民深受其害。尤其一些根本未领到兑券的县份，“准先行筹款，给予临时印收”，地方官遂乘机舞弊，有以券票另行派款者，有以存根向人民索款者，种种花样，不胜枚举。到民国十四年（1925年）元月，财政厅发行兑券征获的总数仍只有697585元。除各项损失及财政厅未下发之数外，欠解款达222600元之多，这笔钱多被官吏中饱私囊。

其他几届军阀政府发行钱币的情形，与刘显世政权大同小异。1924年1月，唐继虞政府发行“新黔币”1194700元，实际交财政厅的只有80万元，余数全被唐继虞个人提去。加上“新黔币”仓促成事，纸质低劣，印刷不精，一经使用便字迹模糊，弊端百出。彭汉章任省长后，对刘显世、唐继虞留下来的兑券问题“弃置不理”，任其“遗累人民”，又不顾一切地继续发行兑券58万元，“分配贵阳、大塘（今平塘）等一十六县，派专员协同县知事劝购”，以致民间积存的各种兑券多达70余万元，竟然无人理会。

在清理黔币问题的基础上，周西成政府针对揭发出来的各种弊端，拟订了一些相应措施，以铲蔓塞源，消除刘显世、唐继虞等人发行兑券造成的种种“后遗症”。尤其在总金库成立后，规定一切税款均由金库核收，不许任何部门或个人截留阻挠。加上设立的度支、经理二处，专门掌管支付事宜，由其兼顾并筹，厉行稽核，杜绝了“省外款项不得解厅即由各县局拨用，到省之款不及送库即由会计处摊成分配”的乱象。

作为一名行伍出身的地方军阀，周西成能在上任伊始即首先考虑到彻查财政积弊，制订改良措施，这在辛亥革命以后贵州省的历届当权者中是绝无仅有的。正是他这番雷厉风行的财政整顿，一定程度上缓解了桐梓系政权上台后面临的经济困难。他之所以能在当权的3年中，在贵州省内大肆修建公路、从上海买来汽车、举办一些实业项目，能在原赤水造币厂的基础上，于民国十五年（1926年）着手在贵阳筹建贵州造币厂，无不与此有关。

桐梓系统治贵州期间，市场上流通的银圆，除从境外流入的极少量外国银圆外，主要是上有袁世凯侧面头像，俗称“袁大头”的银圆，以及上铸有孙中山头像的开国纪念银圆和少量帆船图案银圆。此外，川、滇两省的银圆也较多。贵州本省铸造银圆始于民国十三年（1924年），当时周西成雄踞黔北，于建设兵工厂的同时，建了一座赤水造币厂。该厂曾仿铸被俗称为“孙头”的中华民国开国纪念币及中有“汉”字图案的四川银币。赤水造币厂虽然规模不大、造币不多，却为后来周西成在贵阳设立“贵州造币厂”，铸造贵州汽车银圆奠定了基础。

建于民国十六年（1927年）的贵州造币厂，选址在今贵阳虹桥附近原永丰造纸厂所在地。为了建这个造币厂，周西成算是煞费苦心。他先是选派厂长、择址、筹钱；然后把赤水造币厂的骨干人员调到贵阳，从省外聘来技师和工匠；再从上海、汉口、重庆甚至国外洽购设备与原材料，分批运到贵阳安装；之后，才建起配料、压榨、冲坯、印花、摇花、化验等车间及锅炉房、动力房等；最后，开始刻制模具，准备生产。1928年，贵阳到桐梓公路竣工通车，周西成为纪念这一对他和桐梓系都有特殊意义的大事，下令开铸银圆，贵州本省铸造的第一枚带有纪念性质的银圆也就由此诞生。

清光绪、宣统年间铸造的多为“龙版”流通银圆，民国时期除大量流通银圆外，开始出现种类繁多的纪念币。尤其在民国前期，除以孙中山头像作图案的开国纪念币外，各地方军阀为“流芳后世”，几乎都在铸造纪念币，数量较多的如唐继尧、陆荣廷、张作霖等人所造的头像银币。云南唐继尧的头像币，甚至有正面、侧面两种。然而，一贯特立独行的周西成首铸本省银币，既未将自己的头像铸于币面，又未采用建筑物或美术图案之类作主图，而是将由他本人引入贵州的第一辆汽车用作图案。他的这一决定，不仅在世界银币铸造史上成为首创与唯一，也让许多钱币学界的权威们琢磨不透。但如果你是一个贵州人，饱尝过“夜郎万里道，西上令人老”的滋味，答案就好找多了。

这些年，随着收藏热的升温，研究贵州银圆的文章屡见于书报，甚至有人因为贵州地瘠民贫，认为这枚举世称奇的银圆并非贵州铸造，属四川成都造币厂的铸品。这类不研究贵州历史，只关注银圆本身的议论，自然不值一驳。

俗称为“汽车大洋”的贵州银圆，从头到尾就是贵州造币局的制品。该枚银圆铸工精细美观，设计构思巧妙，币图内涵丰富。单枚币的直径39毫米，实重八钱二分，合25.63克。正面上沿环书“中华民国十七年”字样，中为四面分布先竖读后横读的“贵州银币”四字，中心饰以“芙蓉花”，下为“壹圆”字样。背面是银圆最独特的设计：上沿环书“贵州省政府造”，下沿为“七钱二分”字样，内圈主图则是那辆雪弗兰汽车，而汽车并非行驶在公路上，而是停放在由28片草叶构成的草地上，草丛中则隐含“西成”二字。对于这番设计，学术界、收藏界有许多不同的解读。最多的看法认为：出身于黔北山区的周西成，对贵州行路之难有着深刻体会，在赤水时限于财力，只能仿造四川的“汉版银圆”，当上省主席并修通贵（阳）桐（梓）公

周西成铸造的“汽车大洋”（左为正面，右为背面）

路后，遂决定于该路竣工的1928年铸造银圆，以兹纪念；草丛中的28片草叶寓意铸造年代，草丛中隐藏的“西成”二字，则是表己之功；汽车前轮的12根辐条，含有祈祷一年12个月平安之意。

当年的“汽车大洋”是一种流通纪念币，虽曾被指含银量仅7.821%，低于中央政府规定标准的9%至10%，但发行后仍在市面广为流通使用。由于这种银圆是贵州本省铸造的首批银圆，也是世界上唯一以汽车为主图案的银圆，加上银圆本身有诸多独特之处，铸量又只有5万枚，随着岁月的流逝，存世数量越来越少，遂显得十分稀贵。如今，这枚贵州铸造的“汽车大洋”，不仅成为钱币收藏者竞相追逐的珍品，市场拍卖标价也不断攀升，令人叹为观止。

# 如何看待“贵州企业公司”？

研究贵州近代化历程，绕不开“贵州企业公司”这个话题。

贵州企业公司的成立，的确是贵州近代经济史上的一件大事，因此对它的研究，一直受到经济学界、史学界的关注。当年从西南联大毕业后回到贵阳的丁道谦撰写了《贵州经济研究》一书，这部书对成立仅3个月的贵州企业公司制定规划等方面无疑曾产生过影响。1947年，历任贵阳市长、建设厅长的何辑五，编辑出版了长达40余万字的《十年来贵州经济建设》，但该书主要是从个人角度，围绕贵州企业公司进行系统回顾与总结。

20世纪70年代以前，研究贵州企业公司的论著不多。1950年12月，贵州省人民政府财政经济委员会编印的《贵州财经资料汇编》，是对贵州企业公司情况介绍最多的一部内部印刷物。该书全面搜集记述了贵州从抗战到解放时期的财政经济状况，但因整体结构分为自然环境、工业、矿产、农林、财政、金融、贸易、盐务、交通、公用事业十编，而贵州企业公司的业务涉及面很宽，只能分散见于有关篇章。

改革开放以后，随着贵州史研究的深入，学术界开始重视贵州经济史的研究，有关贵州企业公司的资料逐渐被从历史档案、回忆录中爬梳整理出来，结集出版或撰写成论著。其中，《贵州社会科学》编辑部、贵州省档案馆、贵州历史文献研究会、贵州省人口学会于1987年出版的《贵州近代经济史资料选辑》当数最早的一部。该书第三编第十八章即是贵州企业公司专章，下设六节分别为：贵州企业公司的成立及其垄断业务，贵州企业公司的股本构成、资金运用及经营方式，抗日战争期间贵州企业公司控制下的企业，抗日战争胜利后贵州企业公司的收缩与调整，贵州企业公司的利润与分配，贵州企业公司的员工与人事。由于此书所援引的资料皆为贵州省档案馆馆藏档案及民国年间的历史文献，编纂者并不掺入自身的评议，当可视为研究贵州企业公司较有价值的资料。

从1939年6月成立到1949年8月停业，运营10年零2个月的贵州企业公司，确为抗日战争至解放战争时期，贵州经济与社会生活中的一家重要企业。其规模之大、组织之严密、涉及行业之广、雇用工人之多，堪称贵州历史上前所未有。尤其经历初创与调整的1939至1941年，进入扩张阶段后，该公司借助对本地企业的兼并及抗战内迁企业的资金与设施，生产与销售均一度达到鼎盛。据何辑五《十年来贵州经济建设》统计，贵州企业公司最盛时期投资的“各项事业达28个单位”，分别为自办类2项（玻璃、化工）、合办类5项（烟草、水泥、火柴、丝线、木业）、投资类9项（煤矿、电气、面粉、火柴原料、水利、林牧、垦殖、盐井、商业），投资总金额达22600余万元。

然而，如此盛况好景不长。从1943年开始，受抗战局势影响，整个贵州企业公司的业务开始萎缩。尤其在黔南之战期间，独山沦陷，贵阳震动，公司各厂不得不相继停工疏散。之后，日军虽经深河桥一战，被迫撤出贵州，公司所属各厂陆续开始返工复业，但正如当年《贵州企业季刊》第四卷所载《贵企第七年》一文所言：“甫经部署就绪，而（抗战）胜利陡临，社会上纷纷复员，市场购买为之一落千丈，而物价适得其反，初虽惨跌，继复涨，且有凌驾战时而上之趋势，动荡起伏，不可捉摸，致原料之采购，产品之推销，资金之周转，人事之配合，几乎无一不发生问题。”到临近贵州解放，贵州企业公司已名存实亡。1949年8月1日的上海《文汇报》曾报道：“贵州伪建设厅长何辑五的‘贵州企业公司’，已悄然结束，将其资产逃之来港，其中不少资金已在巴西、阿根廷等国，进行农业及商业投资。”

笔者因为长期致力于贵州史研究，近年来读过一些关于贵州企业公司的论著，有专题论文、专著，亦有专史或通史中的相关篇章。总体感觉大多数对贵州企业公司的论述，还是比较客观且有一定学术价值的，但也发现部分论著囿于掌握的资料及论者视角上的局限，存在就事论事，脱离宏观历史背景，将贵州企业公司在贵州近代化进程中的地位过于拔高的现象。

贵州的近代化是从分散的农业经济向现代工业社会转变的过程。因为省情特殊，前期的进程非常缓慢，近代工业、交通、邮电等的诞生，往往呈点状或零星表现。19世纪30年代以后，随着近代公路的兴修、商品经济的发展，贵州近代化逐渐加快了步伐，但放在全国而言，仍处于最落后状态。全面抗战爆发后，随着日军的疯狂侵略，国家战时经济格局发生剧烈变化，大批工矿企业内迁进入后方。贵州的大后方地位，加上独特的山地高原地形地貌，有利于保护内迁的各种工矿企业，继续维持战时生产。这种情况导致了贵州经济结构与社会生产力的突变，也为贵州企业公司的诞生提供了可能。从这一大的社会背景来说，当年贵州企业公司的筹建，既非某位当政者“深觉开发建设贵州的重要性和自己肩上责任重大”的产物，也非其“认为这次抗战对贵州来说是一次难得的推进经济建设之机遇”的产物。

事实上，早在1935年赶走桐梓系军阀王家烈后，国民党官僚资本即欲入黔，却未得时机。从1935年4月蒋介石迫走王家烈改组贵州省政府，任命吴忠信为省主席，到1939年3月将近4年的时间里，国民党在贵州并无可资称道的建设之举。其间，统治当局的主要目标有三：一是军事上继续“围剿”红军，加强对中共地下组织的镇压；二是采取各种措施彻底终结桐梓系的地方割据；再就是在贵州划设行政督查区，建立起遍及全省的保甲制度，编织一张严密的统治网。

在此期间，贵州省主席一职频繁换人：从吴忠信到顾祝同（兼），由顾祝同到韩德勤（代），再由韩德勤到薛岳（兼），由薛岳到孙希文（代），任谁在任上均无暇顾及建设方面的事务。据当时的《贵州统计年鉴》记载，直到全面抗战爆发的1937年，全省工业企业仅55家，资本总额212.38万元，即使到了1938年，也仅有工厂60家，资本总额440.405万元。

一个很显然的情况是，1939年3月筹备、6月成立的贵州企业公司的出现，绝不是贵州自身商品市场的扩大、劳动力市场的形成、货币财富积累的产物。在1938年冬江浙财阀、政学系重要人物吴鼎昌被任命为贵州省主席前，贵州的工业基础虽然薄弱，但绝大部分皆为民营，官僚资本所占比例甚小。吴鼎昌接任贵州省主席，说明国民党当局已经完成了对贵州的全面政治控制，开始通过以官僚资本为主体，从经济上对贵州进行扼控。其主要途径之一，便是筹建并运行贵州企业公司。

某些关于贵州企业公司的论著，在论及贵州企业公司组建问题时，特别介绍了吴鼎昌这个人“早年的经济思想”，以及担任贵州省主席期间的“经济主张与设想”，等等。这很容易误导读者将贵州企业公司的成立，视为吴鼎昌践行其个人经济思想的产物。

清末秀才出身的吴鼎昌，早年曾官费留学日本，入东京高等商业学校，是一名老同盟会员。回国后，既做过清末江西大清银行总办，辛亥革命后任过中国银行总裁、盐业银行总经理、内政部次长兼天津造币厂厂长、南京政府实业部部长等职，也直接兴办或参股过民营企业。有人根据他的复杂经历将其称为实业家，也有人因其主持过《大公报》，1945年离黔后又曾出任国民政府文官长、总统府秘书长，身跨金融、新闻、政治三界，将其视为银行家、报人、政客。尽管吴氏曾著有《中国经济政策》一书，却没有人将吴鼎昌归入经济学家之列。因此他的经济思想究竟是什么，恐怕很难说清。

还在1919年的南北议和中，吴鼎昌因得到皖系、安福系及徐世昌的支持被推选为北方代表，并成为北方代表团的决策者之一。由于秉持“调和”主张，皖系瓦解后，他得以进入新政学系并入阁南京国民政府。政学系是蒋介石统治时期所依靠的一支重要力量，吴鼎昌有江浙财团的背景，因此受到蒋的信任，得以在关键时期出任贵州省主席一职。而他的入黔主政，骨子里正是代表四大家族与政学系势力对贵州经济的全面掌控。

不能不说，在贵州近代工业发展史上，贵州企业公司的贡献确有必要加以重视。这家前后经营10多年的官僚资本企业，对贵州经济社会的影响主要表现在以下三个方面。

首先是一定程度上扩大了长期属农业省的贵州的工业经济规模。

按照《贵州财政经济资料汇编》的描述，1937年以前，贵州是一个完全的农业社会，由于交通不便，保守性特别强。省内“只有简陋的手工业，自己制造，自己贩卖，根本没有现代工业”。抗战前贵州全省工业仅有20种，90%以上为粗制消费品的手工业，而且工业的60%集中于省会贵阳（张肖梅：《贵州经济》）。贵州企业公司成立后，在接办原属省政府6家企业（梵净山金厂、筑东煤矿、贵州炼油厂、贵州缫丝公司、贵州印刷所、贵阳建筑公司）的基础上，将原贵阳电厂、贵州矿务局、贵阳中国国货公司的所有权益并入公司所有。接着又与内迁企业合作，开办了一批厂矿，将公司经营企业扩大到28个生产领域；资本总额也从成立之时的600万元，扩大到1943年的3000万元。这样的工业规模，对于长期处于封闭状态的贵州来说，不可能不对原有社会经济结构造成冲击。

其次，由于贵州企业公司成立于抗日战争时期，大量引进和利用了内迁企业的先进生产技术与设备，在推动贵州工业生产近代化方面产生了一定的促进作用。

抗战以前，贵州的工业生产主要集中在采矿、印刷、纺织、造纸、酿酒、玻璃制造等方面。但几乎所有的工厂都规模小、资金少，而且属手工操作。正如一些文献所述，“贵州挖掘煤矿，出于一般人民大众为解决一时生活上的需要，而作极小规模的土法开采”。尽管全省社会经济已开始由农村的副业逐渐走入商业，逐渐蜕变，但“由于交通关系和人口的移动缓慢，又加上农业的过剩资源未尽量开发，人口虽然慢慢在增加，生产的手段仍停滞于利用人力、兽力及木器机器为生产工具的阶段，故生产能力未有发展”。

贵州企业公司成立后，充分利用内迁工厂，尤其是兵工、军需等国营厂矿设备先进、技术力量强、规模较大的特点，扩大自身的经营。1939年10月，该公司与武汉迁入的中国煤气车制造厂合作，成立了中国机械制造厂股份有限公司。同年，与经济部中国植物油料厂合作，组建贵州油脂工业厂股份有限公司。不久后与上海商股合作组建大兴面粉厂股份有限公司等。此外，还参与了西南垦殖公司的投资。

在贵州企业公司经营的各工厂中，机械类工厂的建立，在改变贵州原有工业结构方面，发挥了明显的作用。加上得到内迁各厂大量专业技术人才、熟练工人和资金的支持，所办工厂填补了贵州工业的某些空白，为贵州培养了一批掌握机器生产技能的新工人，贵州近代化的步伐因之而有所加快。

第三，随着贵州企业公司的建立与发展，近代企事业管理模式逐渐在贵州各行业中扩散，取代落后的手工作坊式管理。这种管理理念的更新，为近代贵州工商业的后续发展奠定了基础。

历史上贵州青溪铁厂的失败，很大程度上是运用封建专制制度的一套程序管理近代企业运营的结果。清末与民国前期的大部分贵州工厂，因为规模小、工人少，基本上是手工作坊式的管理。华之鸿创办的文通书局与永丰造纸厂，虽引入了不少近代企业的管理方法，但毕竟不足以对全省那些中、小工厂造成太大影响。贵州企业公司由于成立于抗战期间，又是在大量内迁工厂入驻贵州的背景下创建企业、组织生产，在与内迁各厂合作生产的情况下，自然按照内地及沿海地区已成熟的经营模式运行。正由于这些原因，我们看到的贵州企业公司，无论在采用股份制、确定投资方向、制定生产与营销计划、推行严格的管理体制方面，都能达到当时国内近代企业的水平。这显然对贵州近代化的进程也起到了一定的推动作用。

问题的关键在于，当我们从历史的视角对贵州企业公司予以积极评价的同时，却也不可不运用历史唯物主义的方法，对这个存在长达10年的公司，进行科学的、符合历史实际的分析与判断。唯其如此，得出的结论才能符合客观实际，经得起时间检验。

最不可忽略的一点是，贵州企业公司的建立与发展，所代表的是国民党四大家族及政学系官僚资本在贵州的膨胀过程。

中国的官僚资本主义产生于清末，19世纪后期清政府洋务派大官僚开办的近代军事企业和民用企业是其雏形。抗日战争时期，国民党四大家族利用自己的政治特权和战时经济统制手段大发横财，进而控制了国家经济命脉。吴鼎昌出任贵州省主席后，四大家族与政学系势力随之进入贵州，通过“四行”（中央、中国、交通、农民银行）、“二局”（中央信托局、邮政储金汇业局）和农本局分支机构的建立，掌控贵州经济。在此期间成立的贵州企业公司、贵州矿务公司、资源委员会汞业管理局、锑业管理处贵州分处，本质上都是官僚资本企业。

1937年时，贵州属于官僚资本的企业仅有省建设厅办的贵州电灯厂与模范工厂两家，资本总额30万元。贵州企业公司是贵州历史上最大的垄断企业，成立资本中，贵州省政府占比20.8%，中国、农民、交通三大银行占比58.33%，地方商股仅占0.37%。到1943年贵州企业公司的资本扩大到3000万元时，三大银行和国民党资源委员会所占的资本比例一下高达84.15%。

贵州企业公司是以四大家族为主体，由政学系骨干吴鼎昌主持、省财政厅长何辑五操办成立的官僚资本企业。担任主任委员的何辑五既是政学系成员，又是军政部长何应钦之胞弟；公司总经理彭湖则既是中国银行的代表，又是宋子文的亲信。这也就是为什么抗战胜利后，随着官僚资本重心的东移，吴、彭等人相继离黔，大量资本及一些管理技术人员被抽走，贵州企业公司立即陷入一蹶不振的原因。

另外一个值得关注的问题是，贵州企业公司的成立、资本的积累与经营的扩张，并未促进贵州民族资本企业的发展。

贵州企业公司成立后，省内原有的一些民族资本企业，不仅未借得东风，反而被贵州企业公司兼并或在其不公平竞争下陷入困境。贵州企业公司不仅垄断了贵州所有的赢利行业，还垄断了四大家族直接控制以外的贵州对外贸易与省内农业经济作物的收购。该公司创办初期，因财力有限，在其经营范围之外，尚有一些经营难度较大、处于兴办状态、有一定赢利空间的行业由民族资本经办。时隔不久，随着贵州企业公司不断扩资，民族资本企业便不断遭遇各种意想不到的困难：要么供电忽然被停，银行不予贷款；要么原料无从采购，买家强行退货；等等。结果，许多民资企业被迫接受兼并，典型的如当时的中国煤气机制造厂、新生五金厂、大兴面粉厂、兴记火柴厂、中国协记烟厂、三一化学工业公司等。

表面上贵州企业公司的经营方式有自办、合办、投资三种，但自始至终自办的企业只有两家。而合办与投资的工厂，则可依仗政治、经济，甚至军事上的强势地位，控制民族资本在企业的领导权。据1946年5月的统计，贵州企业公司控制下的企业共19家，其中，自办企业2家，合办5家，投资12家。

上述19家企业的资本总额达到4.7亿元，贵州企业公司投入的资本仅7900万元，但所有企业实际都在贵州企业公司操控之下。虽然从整体上看，抗战期间贵州民族资本企业借助大后方的地位优势与市场需求的增长，较之抗战前有了一定的发展，某些行业甚至发展迅速，但这与贵州企业公司的创办并不存在因果关系。对此，应该有一个明晰的观察。

如何看待贵州企业公司？学术界还会继续讨论下去，但有一个前提是必须遵循的，那就是历史唯物主义。

# 抗战西迁潮与贵州

在现有的一些历史论著中，发生于20世纪30至40年代的世界反法西斯战争与第二次世界大战几乎成为同一内涵的两种称谓。实际上这两者之间既有共同主题的一面，但作为科学的历史名词，又是不能随意互换的。就反法西斯战争而言，当法西斯势力出现于世界舞台、对外发动侵略时，战争已经拉开了帷幕。第二次世界大战则是以法西斯主义甚嚣尘上，将侵略战火烧到许多国家，世界各国陆续对侵略者宣战为标志的军事大搏斗，由于战争规模带有全球性，故以世界大战名之。因此，严格说来，在时间范围和具体内容上，世界反法西斯战争都可以涵盖第二次世界大战，后者却不宜作为前者的别称。

在世界反法西斯战争中，中国坚持作战的时间最长。1931年，日本侵略者发动“九一八”事变后，中国就开始了局部抗战。1937年全面抗战打响，中国成为世界反法西斯战争的重要组成部分。在这场为时14年的抗日战争中，贵州既是战略大后方，接纳了大批的西迁院校和工矿企业，有力地支持了全民族抗战，成为陪都重庆的坚强屏障；一度又成为前线，军民合力击溃了日军为打通大陆交通线对黔南的军事进攻，为抗战胜利做出了不容忽视的贡献。

1937年11月下旬，国民政府迁都重庆。随着上海、南京、武汉、广州等地的失陷，沿海、内地的工厂与各类院校陆续向西部转移，地处西南腹地，有着崇山峻岭的贵州，成为许多内迁工厂、学校、资金、设备、人才、市场的目的地。贵州由此在维系国家战时经济运转与确保教育事业继续发展方面，发挥了重要作用。

早在“九一八”事变后，东北的2所学校便率先迁到贵州，分别是1931年迁入遵义的辽宁大连国立医学院，1932年迁入平越（今福泉）的东北大学交通学院与法学院。全面抗战爆发后，迁入贵州的高校多达10余所，其中大夏大学是最早迁到贵州的学校，在贵州办学的时间也最长。

由贵州兴义人王伯群任董事长、马君武任校长的大夏大学，建于1924年，原为上海一所私立大学。“七七”事变后，该校与复旦大学合并成一所联合大学，1937年10月迁到江西庐山牯岭。不久，由于战火迫近，南京沦陷，江西变得危险，学校只得继续西迁。为避免师生过多，转移困难，原复旦大学迁移重庆，大夏大学则迁往贵阳。1938年初，经过一番颠沛流离的大夏大学师生抵达贵阳。稍事休整后，师生即在当地政府的配合下，利用贵阳次南门外原讲武堂旧址复课开学，设有文、理、教育及法商学院。恢复教学后，学校除随迁学生外，按学年在贵阳招收本地学生入学就读，教学活动井然有序，还曾于1939年6月1日举办建校15周年校庆活动。

然而，迁入贵阳后的大夏大学，复课不久便面临棘手的经济问题。大夏大学本身是一所私立学校，办学经费主要仰仗学费收入，但董事长王伯群出于对家乡的热爱，要求对黔籍品学兼优而出身贫寒的学生，全额或半额减免学费。学校迁黔后也仍坚持设立奖学金、助学金，以及采取减低学杂费等措施。贵州是一个穷省，当局能提供的经费支持很少。当时的国民政府虽然根据战争形势建立了教育经费预算制度，一定程度上加大了教育的投入，但在战火纷飞、大批学校内迁的情况下，落到具体学校的经费极其有限。1939年，大夏大学计划修建校舍，贵州省政府在贵阳花溪拨给学校一块公地，后加上当地人士的捐赠，共有近两千亩。1940年8月，新校舍开工建筑，师生们兴奋不已。但不久却因经费不足，新校建设陷入停工，最终只完成校舍三栋。1944年冬，日军进犯黔南，大夏大学由贵阳迁往赤水。抗战胜利后，大夏大学于1946年9月迁回上海。

2008年9月，中央电视台连续播出了名为《文军西征》的电视纪录片，一共10集。这部片子说的就是全面抗战爆发后，浙江大学师生在校长竺可桢的带领下，离开杭州，横穿浙江、江西、广东、湖南、广西、贵州六省，行程2600多公里，历时2年半，最终将校址迁到贵州省遵义、湄潭，并在当地办学7年，于抗日战争胜利后的次年迁返杭州的故事。

浙江大学西迁贵州，的确是中国近代教育史上一桩影响深远、震撼人心的壮举。

1939年11月，战火延烧至广西宜山，经国民政府教育部同意，迁到广西未久的浙大必须再次迁校。此前，校长竺可桢曾到贵阳，与贵州省政府当局洽商迁校事宜，并根据贵州方面的建议亲赴遵义、湄潭考察。形势紧迫后，浙大遂决定迁往黔北遵、湄一带办学。1940年1月16日，全校师生跋涉到达遵义。当时遵义至湄潭的公路尚有部分路面及桥梁未竣工，湄潭、永兴校舍尚在增建，校方遂决定将一年级师生暂留贵阳青岩上课，名为青岩分校。2月9日，一年级学生率先在青岩复课；22日，其余年级学生在遵义复课。湄潭校舍基本竣工后，农学院于6月迁至湄潭。10月，驻青岩一年级师生迁至永兴上课。这之后，文学院、工学院、师范学院的文科系驻留遵义，理学院、农学院、师范学院的理科系定点湄潭办学，一年级师生常留永兴。至此，浙江大学这所始建于1897年，前身为“求是书院”的名校，辗转六省后，最终择定山明水秀、民风朴实、文化氛围浓郁的遵、湄地区为战时教学与科研的归宿地。

西迁后的浙大，在长达7年的时间里，将自强不息的校风继续发扬光大。在艰苦卓绝的环境中，学校涌现出如李政道、程开甲、谷超豪、施雅风、叶笃正等大批科学名士，获得了一批重要科研成果，创造了中国近代高等教育史上的奇迹。抗战时期在浙大任过教而日后当选中科院院士的有27人，当年浙大培养出来的学生，日后当选“两院院士”的亦有24人。

贵阳人都知道次南门外有个地名叫“湘雅村”，但能说出这个地名来源的人却很少。贵阳方言“雅”“鸭”不分，在许多场合中总是听到“到湘鸭村去”之类的发音，弄得外地人云里雾里。其实，湘雅村之得名源于抗战时期湘雅医学院的迁驻。

抗战时期西迁贵阳的湘雅医学院在贵阳石洞坡坚持教学

1938年10月，私立湘雅医学院由湖南长沙迁到贵阳，先租民房复课，后迁至省城以西新校舍上课，并以迁至贵阳的国民政府中央医院作为实习基地。该院校舍所在地，即因此以湘雅村得名，一直沿用至今。1939年1月底，湘雅医学院全部迁到贵阳。1940年，学校由私立改为国立，同年秋迁往重庆。湘雅医学院在贵阳期间，全校师生在校长张孝骞率领下艰苦办学。200多名师生花了4个月的时间，在贵阳南郊一块荒野之地，筑起了三栋两层楼房，建起了战时校门上挂有“湘雅村”木牌的高等医学院校。抗战时期，湘雅医学院在西南后方培养出了一批医务人才，为中华民族的抗日战争做出了积极贡献。

除上述院校外，抗战期间迁入贵州的学校还有1939年迁到平越（今福泉）的国立交通大学贵州分校、1940年迁到贵州镇宁的江西南昌国立医学院、1943年迁到贵阳花溪的浙江杭州私立之江大学、1944年先后由广西迁到榕江恢复上课的广西大学与广西国立桂林师范学校等。此外，还有12所军事院校也曾先后迁入贵州。

抗战期间大批内地与沿海院校的迁黔办学，成为中国教育史与贵州近代史上有着极其重大意义的恢宏篇章。笔者曾接触到一些关于这段史事的论述，无论宏观讨论或以具体院校为对象的研究，读过之后总有一种失之于片面的感觉。

关于抗战期间院校迁黔这一历史现象，似乎不宜仅从内迁院校的角度去看问题，脱离全民抗战这一大的历史背景，也不可忽略院校归宿地的社会环境状况。有些问题是不能不思考的，例如：促使院校内迁的内外因是什么？大量内迁院校何以选择贵州作为归宿地？在抗战艰苦岁月，各院校落户贵州后，在选择校址、兴建校舍、复课科研、教学发展方面，是如何与当地民众协力同心，进而达到继续办学、维持科研教学秩序这一目标的？等等。

不可否认，在教育文化方面，内地、沿海与贵州之间，不仅存在着先进与落后的差距，更因贵州是一个多民族省区，教育对象与地域文化有着诸多自身的特点。那么，在长达数年的时间里，由中、东部内迁院校带来的教育理念和先进文化，是如何与贵州本地文化实现契合与交融的？如果研究抗战时期院校内迁避开了上述问题，要对这段历史做出客观、科学的评价，无疑很难得出令人信服的结论。

战时院校内迁最大的历史功绩在于，这场为了远离战火，将“战时须作平时看”而形成的内迁潮，有效地粉碎了日本法西斯摧毁中华民族教育体系的企图，为国家保存了教育国脉，保护和培养了大批各学科、各领域的文化精英，在极其艰苦的条件下延续了我国教育事业的发展。这些院校内迁后的教育科研成果，为战后尤其是新中国成立以后国家教育事业的发展储备了大量人才。在这方面，从中华人民共和国成立后，大批院士、科学家、文艺家都有着抗战内迁经历这一点，即可得到证明。

“文军西征”的提法经常被用于对浙江大学西迁贵州的描述。这种概括的确简洁地展示了浙大西迁的经历，却忽略了院校西迁的历史背景、动机与目的。“征”在汉语中是通用规范一级字，最早见于商代甲骨文，本义为征伐，后引申为远行。由词义来看，抗战时期内迁院校都经历了长途跋涉、颠沛流离，用语上并无不妥。但由于已有“红军长征”这一脍炙人口的专用语，这种仅一字之差的提法，很容易让读者产生二者不匹配的联想。红军长征为中国革命保存了力量，院校西迁保存了教育资源，在这一点上确有类似。但红军长征沿途与敌鏖战，歼敌无数，有着“北上抗日”的明确目标，故有“长征”一词的定位。在院校内迁问题上采用与“红军长征”相似的组词，虽然精炼，却未见得恰当与准确。

抗战时期大批院校迁入贵州，在贫穷落后的崇山峻岭中坚持教学与科研，演绎出了一部部中、东部先进教育、科技文化与西部贵州地域文化珠联璧合的办学史，它所谱写的正是一曲我国东西部文化交融与互补的赞歌。这种情况在浙大身上表现得最为典型。

生活在贫困山区的遵、湄群众，遵循祖祖辈辈善良好客的传统，本着高原人对文化科技的尊重与渴求，竭尽所能为浙大师生创造教学、科研及生活条件；浙大师生则用他们的“求是”精神、严谨学风、科技知识，感染和教育遵、湄群众，并通过丰硕的教学科研成果，为国家、民族，也为遵、湄地区留下了弥足珍贵的文化遗产。湄潭是浙大西迁后农学院的所在地，1939年9月，由刘淦芝教授牵头，在湄潭县城南筹建民国中央实验茶场。在国民政府的统筹下，刘教授与张天福、李联标等40多位国内知名专家汇聚于湄潭打鼓坡（今象山），联合对当地茶叶种植进行科研开发。从1940年起，民国中央实验茶场领垦500多亩打鼓坡茶园，开辟湄潭茶场，把湄潭的茶文化与现代科学技术结合，改进了湄潭茶固有的品质，引进了异地的优质茶种和杭州“龙井茶”的生产技术，培育出龙井茶、绿茶和红茶。今天湄潭茶叶能名扬四方，跻身名茶之列，不能说不是当年浙大师生的研究及与当地民众联合实践的成果。

贵州地域文化中的包容性为内迁院校提供了稳定、宽松、和谐的办学环境；世代居住在相对封闭环境中的山区人民，因具有先进教育理念与高水平师资和设备院校的到来，而获得了世代企望却从未得到的优质教育。这种先进地区教育与落后地区文化的交融，对于提升贵州教育水平、培养当地人才起到了很大作用。

大夏大学进入贵阳后，十分重视招收本地学生。有关资料显示，该校在贵州复课的第一学期，黔籍学生就达192人，占在校学生的70%以上。此后，贵州学生的人数逐年增加。自幼生长在贵州的王伯群深知贵州的贫穷，要求对品学兼优而出身贫寒的学生予以关照。学校按其意愿，大批招收本地青年入学，并加以照顾。仅1939年下学期，全校注册学生300多人，获得全额免费的黔籍学生即达40人，另有36人获半额免费。此外，为提高贵州教师的专业水平，学校还与省教育厅商定，招收在职人员免试入学。具体办法为：凡高中或高中师范科毕业，在中校民教机关或教育行政机关服务满三年以上；高中或高中师范科毕业，在初等教育机关，服务满五年以上者，只需具有其中一项资格，即可保送入学。这一举措实效显著。据有关资料统计，抗战期间，大夏大学在贵州培养毕业生1576人，其中很多毕业生应聘到省内各部门工作，遍布当时的6个行政区。

抗战期间，大批军工企业、民用工业企业的入黔，也属于西迁潮的重要部分。这股潮流一方面冲击了长期封闭的山区经济，给贵州带来了近代化的机器设备和先进的生产技术；另一方面，贵州优越的军事战略地位、山岭纵横的地形地貌，成为内迁企业建厂、生产、避免敌军破坏的可靠屏障。军工企业的产品得以源源不断运往前线，支持对敌作战，民用企业的产品成为战时经济的有力支撑，突出了贵州作为坚不可摧的抗战大后方的地位。

战时陆续迁入贵州的兵工企业较多。1938年从武汉迁到贵阳的四十四兵工厂，后更名为中央修造厂，1948年改名为国民党“贵阳修械厂”。1949年贵阳解放后，被接管定名为“中国人民解放军第五兵团后勤部中曹兵工厂”。1953年，该厂移交国家一机部，同年正式改名为“贵阳矿山机器厂”。

内迁贵州桐梓的第四十一兵工厂，厂址选择在该县郊区的傅家龙洞，1939年初投产，生产中正式步枪、捷克式轻机枪，职工人数达3800余人。该厂迁到桐梓的时间长达7年，成为以生产步枪、机枪为主的专业厂。为解决生产动力问题，该厂成立水电工程处，邀请清华、浙大、东北、西北、工大5所大学的专家、教授一同参与设计，最终建成了装机容量为576千瓦的天门河水电站，既解决了军需，还可提供民用。2019年，桐梓天门河水电站被列入“第八批全国重点文物保护单位”。

原在广州的第四十二兵工厂，1938年内迁到遵义，主要生产防毒面具，厂址位于距遵义县20华里（10千米）的天台阁，全厂职工1000余人。1938年，为配合抗日战争需要，兵工厂投入了大量人力物力，在遵义高坪附近的大山中开凿出23个洞穴作为库房，储存小炮、轻重机枪、手榴弹等军火物资。现今当地人还将当年兵工厂开凿的这些山洞，亲切地称为“排子洞”。

为保障抗战物资的运输，作为陪都重庆屏障的贵州，根据战争形势的需要，交通枢纽地位愈加显现出来。随着战局的转移，国民政府下令修建川滇东路等4条战备公路，主要有：川东公路赤杉段、玉秀公路玉松段、桂惠公路三星段、黔桂西路安八段。此外，省境内的遵（义）思（南）、陆（家桥）三（都）、兴（仁）江（底）、贵（阳）开（阳）等公路都系这一时期兴建。其他还修筑或改善了一部分县道。这些战备公路虽不属于内迁兵工企业，却是在引入近代筑路技术、运用先进设备，在省内外工程技术人员指导下，通过各族群众奋力拼搏的成果。

特别值得一提的是位于贵州晴隆县的“二十四道拐”抗战公路。这条抗战公路集“雄、奇、险、峻”于一身，有“一夫当关，万夫莫开”之势，是“史迪威公路”的形象标识。公路从山脚至山顶的直线距离约350米，垂直高度260米，系在倾角约60度的斜坡上以“S”形顺山势而建，蜿蜒盘旋至关口，全程约4公里。“二十四道拐”抗战公路，是抗战时期大后方唯一的陆路运输线及国际援华物资的大动脉，被誉为“中国抗战的生命线”，又称“历史的弯道”。2017年3月，该公路被列为全国重点文物保护单位。

抗战前，贵州工业基础薄弱，全省工厂虽号称近700家，但多集中在少数民用行业，且规模较大的工厂仅有13家。抗战期间，内地与沿海大批工厂迁入贵州，仅1938年至1939年，由长沙、汉口、衡阳、南京、桂林、上海、江苏，以及缅甸等地迁到贵阳与黔中一带的工厂就多达101家。其中，从南京、上海、汉口等地迁入制革厂数量最多，达72家；从桂林迁入机器卷烟厂10家；衡阳、汉口、长沙、桂林迁入印刷厂7家；从衡阳、桂林迁入被服厂5家；从衡阳、缅甸迁入橡胶厂3家；从衡阳迁入机器厂、织布厂各1家。

这些工厂的内迁，加上从沦陷区撤离的大批机关、学校、工作人员以及难民的涌入，增加了贵州的市场需求，促进了贵州民用工业的发展，扩大了贵州的经济总量。更重要的是，随着工业的发展与市场的繁荣，向来贫穷落后的贵州，在战时成为维持国家工业运转、支撑战时经济坚不可摧的阵地之一。

# 大定：中国航空发动机的故事

毕节市所辖的大方县，从明崇祯八年（1635年）筑城置州时就名为大方州，但仅过了2年，不知皇帝发什么奇想，决定撤州恢复水西宣慰司，但地名仍称大方。到了清康熙三年（1664年），吴三桂诬奏水西宣慰使安坤叛乱，擅自发兵进入贵州，将安坤所部击溃。为表示自己平定叛乱有功，吴氏改而设置大定府，大方名称由此变成了大定。此后，大定之名一直沿用下来，直到1958年2月改大定县为大方县，才恢复了原名。

让人很难想到的是，这个地处云贵高原向黔中山原丘陵过渡斜坡地带，境内重峦叠嶂、山谷深切、沟壑纵横的黔西偏僻小县，竟在抗战期间，造出了中国历史上第一台航空发动机，并因此在中国航空工业史上留下了浓墨重彩的一笔。

若干世纪以来，生活在地球上的人类，一直有着像鸟儿一样在天空飞翔的梦想，并不懈地进行着探索。最早带人类离开地面的是热气球，但这个至今仍存在于生活中的飞天工具，面对风暴却很无奈。1848年出生的德国工程师奥托·李林塔尔，最早设计和制造出滑翔机，因之被称为“滑翔机之父”。以后他又有一些如自行车飞行器等发明，但都未能实现人们在空中自由飞翔的梦想。直到1903年，美国莱特兄弟制造出第一架以单台发动机为动力的飞机，人类动力航空才由此揭开了序幕。

先秦思想家荀子的一句名言“水能载舟，亦能覆舟”，道出了事物的两面性。莱特兄弟绝对想不到，飞机这种实现人类飞天之梦的美好器具，经过不断的发展换代，成为当今社会生活中不可缺少的最快速、最便利的交通工具，广泛在工业、农业、救护、体育、科研等多领域发挥作用的同时，也成了战争中的利器。第一次世界大战时，受技术的限制，飞机还仅用于侦察，至多装上简单的武器用于战斗，到第二次世界大战期间，却成了战争的主力。

抗日战争期间，中日军力对比悬殊。尤其在空军方面，日本每年生产飞机1500多架，后期极限动员后，能生产1万至2万架。而民国空军能够投入作战的飞机只有200余架，能执行任务的飞行员只有600多人，且自身并无制造战机的能力。随着战局的扩大，飞机损失数量与飞行员牺牲数量不断增加，中国空军战斗力锐减，国民政府不得不加紧飞机的研究和生产。

说起来，近代中国航空工业的起步，在第一次世界大战时就已经开始，1918年成立的海军飞机工程处便是一个标志。但因国家工业基础薄弱，进展极度缓慢。以后建立的中央杭州飞机制造厂、中央南昌飞机制造厂、广州韶关飞机修理厂，都不能生产出真正意义上的国产飞机。当年北洋政府设在福州马尾的海军飞机工程处，10年后更名为海军制造飞机处，虽然有美国留学回来的工程技术人员，有将近300名职工，但制造飞机的钢、铝等原材料国内不能生产，全部需要进口，无奈之下，只能采用国产的杉木、白栗木、樟木、梨木、桐油、生漆作原材料，试验生产竹木制飞机。全面抗战爆发后，1939年，国民政府在成都成立航空委员会航空研究院，研究制造出“研教-3”型单翼飞机、可负荷30名全副武装伞兵的滑翔运输机。但这类飞机除起落架、仪表、操纵系统外，仍全部是竹木复合结构。

当然，以木质为主材制造飞机并非中国一家，早期英国的蚊式战机也属于这一类。但凭借这样的战机与武装到牙齿的日本侵略者作战，显然是一种战力悬殊的较量，是国力落后的一种悲哀。

二战期间，世界航空业蓬勃发展，活塞式发动机占领着主要的航空领域。当时的国民政府为了对抗日本侵略，也曾先后在全国新建5个飞机工厂，但基本上都只是组装飞机。直到20世纪40年代初，中国仍未建立起独立的航空工业体系，飞机制造所用的原材料、零部件、设备和发动机等都只能依赖进口。即使这样，在日军不断疯狂轰炸下，历尽艰难建立起来的飞机制造厂，还要么被炸毁，要么被迫搬迁。1937年8月，中美合作在浙江杭州建立的航空飞机制造分厂，便因日军的不断空袭，不得不往内地迁移。

战争烽火的蔓延，迫使国民政府不得不考虑发展航空制造业，其中最关键的目的是使自己具备建造航空发动机的能力。1939年，航空发动机制造被正式提上日程。制造航空发动机，第一步必须解决资金与选址两大难题。首批资金350万美元，利用蒋介石50大寿时向人民募捐的飞机献金，算是得到了解决，但选址却有些犯难。四川成都经济较为发达，工业基础较强，交通也便利，不存在物资运输问题，但目标容易暴露，易受敌军空袭；贵州则有靠近东南亚，经广西即可达海，便于水陆两路从境外运输物资的优势，加上高山绵延，地形崎岖，易于隐蔽，易于防避敌袭。最终经航空、地质专家实地考察勘探，中央航委会反复权衡后决定，将航空发动机制造厂建在贵州西北部的大定县羊场坝。于是，在崇山峻岭的贵州大定，诞生了中国第一个航空发动机制造厂。

大定航空发动机制造厂始建于1940年，厂址设于羊场坝乌鸦洞，直属国民党航空工业局，专门负责生产飞机发动机，全称为“中国空军航空委员会第一航空发动机制造厂”，出于保密需要对外称“云发贸易公司”。

乌鸦洞为一天然大型溶洞，洞长约900米，高约30米，洞内前端有一长50米、宽80米的场地，适宜修建航空发动机的生产车间。溶洞周边地势险要，可作配套发电站、铸造厂、螺旋桨厂等建厂用地，这些厂建成后可为发动机生产提供各种零配件。

1940年5月，被任命为大定厂厂长的李柏龄由美归国，并带回早前赴美培养的一批技术人才。李受命后，利用在美购买的塞克隆G-105型发动机的适用专利技术，以及其他生产、测试、机床设备，开始在极端艰难的情况下着手建厂工作。

一篇名为《艰苦创业——记大定航空发动机厂老厂长李柏龄》（作者云铎）的文章，通过对当年的大定厂工作者的采访，复原了大定航空发动机厂建厂过程的艰辛：当年为防备敌机空袭，确保生产安全，需要在大溶洞里建造主厂房，但主厂房的修建需要大量建筑材料，溶洞周边却只有砂石、杂草，没有合适的建筑材料。工作人员们只得靠两只脚翻山越岭，伐木采石，自己烧制砖瓦，然后劈山开路，将这些建筑材料运回工地。全厂上下就这样不畏艰险、不辞劳苦、齐心协力、顽强奋斗，终于在1941年底完成了厂房的初期建设。以后经过不断完善，形成了底层990平方米、中层800平方米、上层700平方米三层格局的主生产车间。各车间做了明确分工，原则是利于零配件输送，便于生产与安装。洞外则同时建设长约千米的飞机测试与试飞跑道，包括指挥飞机测试及其他用途的附属建筑。

由于贵州处于西南地区腹地，与抗战期间唯一的大陆运输通道缅甸之间，尚有云南、广西的阻隔。当时，从美国采购的各种机器、设备与材料，只能通过东南亚这条国际运输线，才能到达贵州。这条运输线是抗战时期的生命线，既艰险难行，又极度繁忙。厂房建好后的大定厂急需这批物资，以便投入生产，却因战事紧急，运输车辆难以调度。最终的解决办法是由发动机厂自组车队，前往缅甸接运。于是一支厂里自行组成的运输队，由崎岖难行的大定山间的简陋公路出发，冒着不可预测的危险，往返数千公里，才得以将生产所需的机器设备从缅甸仰光运回。待到诸事俱备进入试生产，已经到了1943年初。

大定航空发动机厂处于部分开工状态时，厂内员工已有2300名，规模不能算小；从美国引进的各类设备，也已达到美国20世纪40年代的机械工业制造水平。但按照当时国民政府中央航委会提出的初期订单，大定厂需要完成每年300台塞克隆G-105型发动机的生产量，相当于当时美国莱特航空飞机制造厂年产能力的1/16。这对于初建的大定航空发动机厂来说，几乎是一项不可能完成的任务。

大定厂的动力设备，只有2台德国造250千瓦发电机组。带动这2台发电机组的，是经过改装的水冷式柴油航空发动机。这种动力供给方式本身就是一种无奈之举，偏偏储备的柴油很快消耗殆尽，外界供应又因战事中断，生产即将陷于停顿。无奈之下，工厂只能先改用食用植物油代替，再改为煤油供机组发电。这番艰难，除了当年的亲历者，后人很难想象。

在战火纷飞的岁月，隐蔽于大山深处的航空发动机厂仍然必须防备战乱袭扰。为确保生产，大定厂专门在乌鸦洞外修建了一排防卫碉堡。这些碉堡择地而建，隐蔽于山岩与灌木丛中，能很好地观察厂外动静，及时对各类袭击做出反应。同时，厂区还配备了相应的精锐驻军，确保生产安全。

一切产品的制造都离不开人，但航空发动机的制造，远非普通工人可以胜任。在基础建设与设施到位后，大定厂面临的急切问题即是技术人才的培训与培养。尽管建厂以前，李伯龄即奉命前往美国延聘专家与留学生，首批招聘了李耀滋、钱学渠、张汝梅、程嘉嘎、胡旭光、曹友诚、顾慈祥等人。这批人分别在厂里担任正、副总工程师，设计科长，生产准备科长，研究科长，生产处长等级职。厂里也曾陆续从国内选派了一批技术人员赴美实习，但工程技术人员仍不敷用。针对这种情况，厂方只能自己创办员工训练班，通过招生培训中级技术人员和技工，以满足生产需要。培训班人数一度达到500人，主要教授数学、力学及与飞机生产密切关联的课程。通过这种办法，一定程度上解决了技术人员匮缺的问题。

在贫困山区生产当时最先进的航空发动机，客观条件与所要达到的目标之间，有着天壤悬殊，困难程度不言而明。据当年的参与者回忆，建在山区的工厂，车间与住地之间，道路曲折蜿蜒，工人们经常要自己凿石铺路，把厂里发的草鞋套在皮鞋外步行往返，以防跌滑；山区生活艰苦自不必说，燃火用煤由工厂购买，本厂骡马负责运送；冬天菜蔬缺乏，则以厂福利社生产的豆腐为主要菜肴；公务出差，无论省内还是重庆，领导与员工、司机同住同吃，若需停留过夜，则在车厢休息。

大定航空发动机制造厂的境况虽如此艰苦，中华民族的坚韧却能将所有困难克服。从1943年到抗战结束，大定航空发动机制造厂连续生产出32台塞克隆G-105型发动机，经过100小时的试车后，全部达到合格水平，经送往美国检验获认可后，分别安装在DC-3螺旋桨运输机和AT-6教练机上，进入战机列装。

生产过程中，大定航空发动机厂经常遇到各方面原材料供应短缺问题，尤其最基础的飞机主副连杆使用完后，进口接应不上，导致生产效率大幅下降。面对这种情况，为了不使人员、设备闲置，同时解决自身经费不足问题，厂方研究决定转向生产汽车发动机部件。这一转向不仅保持了大定厂的活力，也得到当时中央航委会认可。出乎意料，该厂生产出来的GMC型汽车发动机活塞，竟然达到美国同类型零部件的进口标准，包括福特等知名车企，都纷纷来函、来人采购大定航空发动机厂生产的汽车配件。厂里生产的汽车发动机活塞、活塞环等，甚至一度供不应求，最多时月产汽车发动机活塞环竟达6000余只。

抗战胜利以后，内迁贵州的军工企业纷纷回迁，但大定航空发动机厂依然留在原址，仅于1946年在广州建立一个分厂，史称“广州航空发动机制造厂”。这个广州分厂规模很小，职工仅200余人。厂里的大多数机械、机床设备是当年日军的遗留物，设备陈旧，技术落后，与大定厂远无可比。该厂也一直未实际投产。

1948年，随着国内战争的白热化，国民党航委会命令大定航空发动机制造厂向台湾转移。1949年，转移到台湾的部分设备、员工在台中清水镇复厂，更名为国民党“空军第三供应处”，只生产少量航空发动机零部件。

匆匆溃逃的国民党当局并未能搬走大定厂的全部物资，也未能转移走航空厂的全部技术人才。有关资料显示，当年大定厂迁台的设备、车辆载运总计67.5吨，仅为大定航空发动机厂全部物资总吨位的17%，留在原地的物资却达80%。这些被人民解放军缴获的物资与留下来的人才，在新中国组建飞机制造厂的过程中，无论筹备螺旋桨飞机生产线、喷气式战机生产线，以及其他产业链建设方面，都发挥了一定的作用。

至于大定厂留下来的技术职工，新中国成立后一部分去了成都，成为成都地区飞机工厂的基础技术力量，少部分被调往贵阳，成为后来创建的地方国营贵阳矿山机械厂的骨干。

僻远的黔西北大定，竟在20世纪40年代成为中国第一台航空发动机的诞生地，这是许多人料想不到的。有人曾用生不逢时、环境恶劣来形容当时中国第一台航空发动机问世的社会背景。其实，它正是抗日战争大背景下，中华民族为抵御外侮，不得不引进国外先进技术，在极其艰难的情况下，从军事工业方面切入，加快近代化步伐的必然产物。

时至今天，来自四面八方的游客，只要来到大方县羊场镇乌鸦洞参观，都会情不自禁想到日本帝国主义侵华的疯狂，想到当年那批为生产中国人自己的航空发动机，挥洒热血与汗水的爱国者。

# 昙花一现的战时突发性繁荣

生活中常听到朋友谈命运。总有一些人喜欢将自己的处境归结于命中注定。人的一生说长不长，说短不短，从少年到而立，从而立到不惑，再到知天命、耳顺、古稀之年，少说也有六七十载光阴。但命运在人生中究竟如何起作用，还真让人捉摸不透。

其实，词典中早将所谓命运解释得很清楚：命与运是两个不同的概念。命为定数，指某个特定对象；运为变数，指时空转化。在人生数十年的时空转化过程中，个人也好，社会也好，都会经历无数的事态变化，而这些变化中往往就藏着某种“运”。用当代流行的语言来说，就是机遇。

机遇无论对人、对社会都非常重要，也很难得。我并不同意某些古人所主张的“待时而动”，用守株待兔的方式等待机会出现。德国哲学家尼采就曾批评说：“许多人浪费了整整一生去等待符合他们心愿的机会。”然而，机遇是不会因人的企望从天而降的，但若有机遇降临你没有抓住，或抓而不紧，那就极有可能与之擦肩而过。英国军事理论家托·富勒早有这样一句名言：“一个明智的人总是抓住机遇，把它变成美好的未来。”

贵州历史上就曾出现过几次发展机遇，但贵州都没有抓住，其中，抗战期间的那一次最为典型。

全面抗战爆发后，随着大批高校、企业的内迁，科技、人才，甚至资金大量涌入，昔日闭塞落后的贵州，一下成为抗战的大后方，成了大批优质高等院校、近代军工与民用企业、各种先进科学技术人才，以及积聚了大量财富的绅商们的归宿地。这股内迁潮，给同内地和沿海发达地区有着极大差距的贵州，带来了本需数十年才能出现和拥有的生产方式、生产技术、商贸市场和资金，贵州的社会生产力因之获得了一次千载难逢的发展机遇。短短几年中，全省的工业、农业、交通、商贸、教育文化都发生了巨变，呈现出一种突发性繁荣。

用“繁荣”这个词来形容抗战时期的贵州，一点也不为过。

客观地说，从清末到20世纪30年代中期，贵州社会的确在发生着变化。从中国第一家近代钢铁企业——青溪铁厂的兴办到民族资本家创办的文通书局跻身国内七大书局之列，从各类小型作坊式生产的工厂如雨后春笋般冒出地面到建设省内、省际公路及开办汽车运输业务，都显示出社会在演变。然而，历时半个世纪，贵州社会的基本面却没有发生质的变化，全省依然是一个农业社会，经济发展水平在全国各省中仍居于末尾。正如张肖梅先生在《贵州经济》一书中所言，“黔省地处云贵高原，有‘山国’之称。由于交通闭塞，社会经济停滞于农业经济状态”。

作为贵州经济主体的农业，虽在鸦片战争后由于外国资本主义的入侵，经历了自给自足自然经济逐渐解体、农村家庭手工业与农业逐渐分离、商品化的农副业生产比重有所增加等变化，但这些变化在交通梗阻、地区之间差距悬殊的贵州，仅局限在城镇周边及与之毗邻地区。就全省范围而论，绝大多数农民，尤其那些世代生活在僻远山区的群众，依然固守着世代沿袭的“刀耕火种”“轮歇丢荒”的耕作方式，广种薄收，过着勉强能够果腹与御寒的贫苦生活。对这些贫困者来说，世界并没有什么改变。

从有关文献中，我们完全可以评估出抗战前夕的贵州农村，究竟是一种什么境况。京滇公路周览会贵州分会编印的《今日之贵州》这样介绍1937年时贵州的农业状况：“本省地处高原，山岭错杂，重山秃秃，荒芜遍野，耕地既不广，水利复不修。久晴则灌溉无从，禾苗枯槁；久雨则山洪暴发，田禾淹没。故本省产粮，在丰年尚勉可自给，在歉年则饥馑载途，加以黔境为产烟区域，自中央厉行禁烟，数年后农民即不能再事种烟，若不预谋之方，则农村经济更趋凋敝。”

全面抗战爆发以后，随着前线战事的激化，作为大后方的贵州既要向前线提供军粮，又须面对西迁潮中入黔高校、工厂、机关团体的粮食需求，还得解决成千上万难民的吃饭问题。面对所有一切，当局都只有向农民索取，公买公卖、高价收购自然不可能，强征硬夺倒是家常便饭。这些来自各方面的压力，使本就难求一饱的农民，只能挣扎在死亡线上，何谈改进耕作技术、发展生产。

工商业的情况较之农业也好不到哪里。虽然20世纪初贵州即有文通书局这样的近代企业，但仅为凤毛麟角。据一些资料统计，1911年时全省即有工厂120家，涵盖织造、机械、日化、印刷、食品加工等领域。表面上看发展势头不错，实则这一数字是按清末农商部“凡一户之制造品，有七人以上工作者，均得称工厂”的标准统计出来的。不说其中大多属手工作坊，只有四五个人的作坊还占了大多数，即便是全省唯一的发电厂，所发之电专供省政府照明尚显不足。至于20世纪20至30年代修建的公路，因全省经济力量薄弱，从1930年10月准许商民从事运输，颁布《管理民办车运条例》，到1935年，全省仍只有车行52家、汽车75辆，资本总额不过35.4万元。商贸方面，从省境外输入的一直是以洋纱、洋布为主的舶来品，输出的大多是本省的矿产品与农副产品。至于商品经济的发展，则只能从城镇周边形成的集市及省城一带的商贸市场中去感受。

抗战期间的大后方地位，给贵州带来了加快近代化步伐、推动经济飞速发展的良机。短短几年间，从农业到工业、从军工到民用、从教育到交通、从分散集市到商品集散地，整个贵州的面貌发生了近乎脱胎换骨的变化，城乡经济呈现出一派欣欣向荣的景象。

人们在谈及抗战时期贵州经济突发性繁荣时，往往首先看到工商企业、城镇市场与人口增加等方面。其实，最早发生变动的恰恰是农业与农村，而这又与当年成立的“贵州省农业改进所”有密切关系。

1938年4月成立的贵州省农业改进所，是全国抗战形势在大后方贵州催生的产物。它的成立并非如1946年编印的《贵州省农业改进所概况》一书所称“吾黔农政失修，由来渐矣。自清末以来，历任省政当局，虽不乏出其全力，从事倡导扶助，以谋改进黔省之农业者，然……三十余年，终鲜成效。（民国）二十六年冬，省座吴公（吴鼎昌）适于抗战之际，来主黔政，下车伊始，即以‘革新本省农业，繁荣农村经济，增加后方生产，加强抗战力量’为施政方针。……乃于省库万分支绌之中，建议与经济部合办贵州省农业改进所，专负改进全省农业之责”。我们并不否认吴鼎昌主黔期间的贡献，但吴鼎昌抵黔时间在1937年12月28日，农业改进所的成立，在其上任4个多月后。什么“下车伊始”即有电召中央农业实验所沈宗瀚来筑商议之举，建议与经济部合作云云，纯属谀媚之词。

抗战进行到1938年，中华民族的抗日战争正处于战略防御阶段。同年2月，日本侵略者企图调华北方面军南下和华中派遣军会合，与中国军队在以徐州为中心的地区展开会战。鉴于当时的抗战形势，国民政府为稳固后方基地，以解决抗战所需之军粮、副食及物资，决定采取有利于发展农村经济的政策和措施，并在资金、技术方面加大投入。这才是贵州农业改进所成立的历史背景，绝非某位甫获委任，屁股尚未坐热的“省座某公”心血来潮所能办到的。

贵州农业改进所所长系原北平大学农学院院长、著名林学家皮作琼，所内设置的八个系分别为：农艺、森林、畜牧兽医、柞蚕、农业经济、植物病害、经济昆虫、农业工程。除设在油榨街原省立林场的本部外，农改所还设有施秉美棉繁殖场、遵义柞蚕试验地，以及省直辖联合农场、血清制造厂、马车制造厂、农艺实验场等。贵州农改所从成立到抗战胜利，的确在推动全省农村与农业经济发展上做了不少工作，尤其在研究与改进贵州农业技术、森林保护、发展蚕牧、推广兽医，在改良农作物品种、优选苗木、加强防疫，以及培养训导省内农业技术人才等方面，取得了可观成效。这对改变长期封闭于崇山峻岭中、世代恪守传统耕作方法的贵州农业，无疑会产生一定冲击。尤其在交通便利、与城镇相近的地区，劳动者得到的帮助最多，农业生产方式的改变与生产力的提高显而易见。

不可否认，抗战时期贵州的农业的确发生了前所未有的积极变化。典型的表现为：改良和引进了一批水稻、棉花、大豆、马铃薯等良种，推广了各种蔬菜、花卉、绿肥作物；贵州森林植物得到了普查，进行了大批经济林木的移植试验，扩大了林木种植；推广了家畜杂交繁殖与疾病防治；进行了农具改良，蚕桑、茶叶种植研究，烤烟引进与大面积推广；成立了贵州农学院、省立贵阳高等农业职业学校，以及省立江口、锦屏、湄潭等农林职业学校等农业教育机构。此外，农田水利、战马养殖、农副产品生产等方面，在这一时期也都有了较快的发展。农业的这种进步，属于抗战期间贵州经济繁荣的一个方面。

工业的蓬勃发展在战时贵州表现得十分抢眼。除了直接生产武器的军工企业外，电力、机械、化学、卷烟、纺织、造纸、印刷等行业似乎一下跨上了几个台阶。生产设备之先进、技术工艺之新颖、产量与质量之提升都与战前不可同日而语。

当年周西成办的发电厂，不过是让省城贵阳的老百姓开了眼界，见识到了什么是电灯。经过抗战期间的发展，随着投资的扩大、设备的增加，仅贵阳电厂的发电量便达到了1040千瓦，6年间增长了36.6倍。工业用电量亦从20.2千瓦增加至832.24千瓦，增长了41.2倍。发电量增加的关键还在于，原全省仅贵阳有1台发电机，到抗战期间，遵义、安顺、铜仁、兴义、贵筑、惠水、息烽、镇远、贵定、清镇、马场坪都办起了火力发电厂。尽管各地电厂所发的电，还不能让老百姓都享受到电灯照明，却反映出贵州电力工业在缓慢进步。

民用机械的快速发展推动了贵州近代化的步伐。继1938年省政府主办模范工厂，生产汽车零件、日用消费品、医疗器械之后，省城与各地陆续建立起来一批民用机械企业。其中，新生五金厂、中国煤气机械厂、贵阳汽车修理厂、贵阳民生工厂、贵阳瑞丰机器厂、贵阳义兴机器翻砂厂等规模都比较大。到1943年，全省具有一定规模的机械厂达32家。这还不包含性质相近的店铺与作坊。如果把从省外迁入的各类军工企业也计算在内，贵州的机械制造业在战时经济中所占的比例，则更加可观。

化学工业既属民用，又与军用关系密切。贵州战时的化工企业主要生产炸药、肥皂、蜡烛、酸碱、橡胶、酒精等。炸药生产无疑有助于开山筑路、采矿加工，但橡胶与酒精在战时则是重要战略物资。贵州的区位使之成为抗战大后方运输枢纽，来往汽车络绎不绝。战争的蔓延导致东南亚橡胶供应中断，长途奔驰的汽车却需要不断更换车胎，贵州橡胶厂的建立有效满足了这一需求。先是1940年中南橡胶厂在贵阳设立分厂，之后，建业、科达、永生等厂陆续建立。这些橡胶厂翻造汽车车胎，生产刹车皮碗、汽车电瓶硬壳等产品，解决了交通运输之急需。

酒精在战时可作替代品弥补汽油供应之不足。抗战中期，国民政府大力提倡发展酒精生产。到1943年，贵州核准登记的酒精厂发展到52家，分布于贵阳、各较大县及地处交通要冲之城镇。其中，遵义酒精厂、中国植物油料厂贵阳分厂、贵阳三一化工厂、遵义兴华酒精厂、贵阳四民酒精厂、贵阳源源酒精厂，每年酒精的产量都在10000加仑以上。

其他如卷烟、水泥、棉纺织、造纸、印刷等行业，在抗战期间都获得了快速发展，不仅规模扩大、厂家增多、产量提高，而且购销两旺。这些行业产品，对于支持前方的抗战，解决本省民需都发挥了一定作用。此外，矿冶业在战时的兴旺与发展，也给未来贵州的资源开发奠定了一定基础。

有人说，商贸流通能促进区域的经济发展，同时还能成为支柱性产业，为区域经济发展贡献力量。贵州商贸业在抗战时期呈现出的繁荣，确实在省域经济发展上发挥了不小作用。不过，这种突发性的繁荣，却未能达到成为全省经济支柱的地步，也没有在抗战胜利后进一步推动贵州经济的发展，反而快速出现萎缩。这种来也匆匆、去也匆匆的繁荣，对生活在贵州的各族群众犹如一场春梦。

1937至1945年间，贵州商贸发展之快超出任何人的想象。《贵州省志·商业志》记述了当时的情况：1937年，贵阳市工商业仅为1420户，到1945年，猛增至5422户。具体到专属商贸的店家，除经营印刷、橡胶、皮革、服装、卷烟、肥皂、机器配件的商户外，陆续从省外迁来的有纱布百货店16家、餐馆16家、汽车材料81家、汽车运输21家、五金7家、图书文具26家、杂业291家。如果加上本省人开办的店铺，总量还不止此数。

听老一辈的人说，抗战时期的贵阳商铺鳞次栉比，分行成市，热闹非

20世纪40年代的贵阳大十字

凡。今中华北路至黔灵路口昔日称广东街，全是经营花纱布的商铺；再往北至今六广门，则称南京街，同样商铺林立。大十字是全城商业中心，中华中路、中山路沿线，全是经营百货、绸缎、京果、海味、颜料、笔墨、金银的店铺及餐馆、旅馆；中山路则集中了药材、酒酱、杂货类商店，并有戏院等娱乐场所；大十字东向的三山路一带除了鞋帽、杂货等店铺外，集中了石印、刊刻、报社等行业。

对于当时仅有20余万人的贵阳来说，一下冒出如此多的商铺，其繁华程度，不亚于已在日军铁蹄下的内地与沿海城市。据有关资料统计，1937年贵阳工商业的资本总额仅为180万元，1943年猛增至1.06亿元，到1945年更达到2.1亿元，8年中商业资本扩张了116倍。据《贵阳市工商业调查录》记载，在贵阳商业中，大型商店集中在百货、绸缎、药品药材、饭店、钟表等行业。内迁的西门子钟表公司还在大十字修建起一座钟亭，四个钟面朝着东、西、南、北，下有警察指挥交通的站台，上刻有西门子公司店名。当时，贵阳市商铺中，最多的是旅馆，达415家；其次是茶楼酒肆，达219家。这与当年因战争造成的大量人口迁入有着明显关系。

除了省城，全省各地的商业同样走向兴旺。不仅安顺、遵义等中型城市呈现出商品增加与资本扩大，出现了商业的专营化与行业结构演变，有了新型大百货公司，即便一些边远县份如贞丰等地，也都展现出不同程度的商业兴盛。1942年，贞丰县的经商人数竟达到4000余人，其中者相、龙场两个镇，分别有813人、325人。全县经营盐业的商贩多达百余家，少时也有数十家。这种商业的突发性繁荣，既促进了城镇经济的发展，也带动了农副产品的商品化。

上述种种，给贵州经济带来了一次千载难逢的历史机遇。随着农业的发展、工业的近代化、商业的兴旺、金融业的扩张、城镇的扩大与人口的骤增，加上战时交通、邮电通信等硬件建设，整个贵州在这段时间，的确展现出一种经济上超乎想象的繁荣。遗憾的是，这种突然降临的繁荣，是仰赖于抗战时期独特的大后方区位优势形成的战略通道优势，加上大批内地与沿海的工矿企业、教育机构、富商巨贾与大量难民涌入带来的结果。待到抗战胜利，全国局势发生变化，情况迅速发生逆转。

早在1944年，尚任贵州省主席的吴鼎昌就已预感到“贵州工商事业发展，乃一时现象，若抗战结束，即难保持此繁荣”。事情还真如其所料。随着抗战胜利，国民政府首都回迁南京，贵州失去了抗战大后方和战时交通枢纽的战略地位，不再具有经济发展的各种优势。1945年9月后，内迁入黔的工厂、企业、商家、机关、学校相继从贵州迁返原地，贵州的战时繁荣失去了支撑，全省经济迅速从巅峰跌落，由兴旺陷入萎缩。仅1945年9月后的5个月里，省内民营工厂即有43%陷入停产，贵阳市的工商业户数也由1945年的5422户锐减至1949年的3952家。抗战时期的突发性繁荣转瞬消失后，代之而来的是全省范围的生产停顿、市场萧条、物价飞涨、民生艰困。

昙花一现的战时经济繁荣，是近代贵州经济发展史上的一次历史机遇，遗憾在于这场机遇没有被抓住，终与贵州擦肩而过。

对于贵州这场潮涨潮落般的经历，学术界论者甚众，其中不乏真知灼见，但片面的观点也不少。其实这一可遇不可求的历史机遇，虽只给贵州带来了经济上的短暂繁荣，却也给长期处于落后状态的贵州山区经济留下了深刻的影响。如果过于强调这场突发性繁荣的战时性、脆弱性与被动性，过于强调战时所处大环境的作用，只看到战后经济的迅速衰退，那就很难对贵州历史进程中的这番经历，做出客观准确的评价。

我们研究既往的史事，讲究的是从历史唯物主义出发。贵州发展的滞后是由各种综合因素导致的，区位、地质地貌、交通、极少的可耕地等，长期制约着贵州的经济发展及与外界的交流。在单纯农业经济时代，无论贵州人如何世代拼搏，都不可能改变农业生产的落后，赶上有着肥田沃土的中原与江南。但自近代以来，生活在贵州的各族群众一直在竭尽努力，在近代化道路上缓慢而执着地行进。近代钢铁厂的率先兴办、公路的兴修与运输的改变、邮政试办与电信线路的架设、各类学校的创办，等等，都代表着这片落后山区已开始向近代化靠拢。

我们有必要看到，抗战期间贵州之所以能成为坚实的大后方，成为陪都重庆的屏障，在一定程度上成为战时经济的支撑，绝不是单靠重峦叠嶂、山高路险。如果没有清末以来的种种努力对贵州封闭状况的改变，内地、沿海的工矿企业、机关、院校也不可能选择这里作为内迁归宿地，并借助这片西南山区坚持生产与教学。

至于抗战胜利后短暂经济繁荣的迅速萎缩甚至衰退，相关论述已有较多分析。值得强调的是，导致这种情况的出现，一是因为贵州绝大部分地区仍处于极度贫困状态，自身的工业、文化教育基础薄弱，不具备留住内迁企业和院校的条件；更重要的原因在于，失去了战时商品需求这一大背景，即便内迁工厂、企业、院校等有意愿留下，企业所需的原材料供应、设备更新、技术工人的扩容、产品的销售等都不可能得到解决。至于教育方面，来自不同省区的国内名校，如果继续留在这样一个文化底蕴较沿海和内地低的地区，生源、师资、经费、设施显然都是极大的难题。因此，回迁潮流的出现是必然的。从整个国家的视角来看，也是有必要鼓励的。

执政当局政治上的顽固，也是战后贵州经济迅速萎缩、进而衰退的重要原因。尽管抗战期间国民党官僚资本曾有兴办贵州农业改进所、贵州企业公司等一些举措，但都是出于战争的需要，很少甚至根本未考虑如何利用战时有利形势，改善贵州经济基础，为外来企业、学校创造定居贵州、寻求长期发展的条件。

特别需要看到的是，在抗战激烈进行的关键时刻，贵州地方当局始终置抗日民族统一战线于不顾，丝毫未放松对中共地下组织和进步学生的严厉镇压。在“攘外必先安内”政策下，贵州的统治者总是在寻找各种借口、制造各种事件，疯狂逮捕镇压中共贵州地下组织。这不仅与抗击日本帝国主义侵略的民族大义背道而驰，也使其根本无从顾及地区经济建设。

抗战期间贵州经济从突发性繁荣走向衰退的事实，同时也给我们留下了一个深刻的历史启示：贫困地区的发展，引进外来先进技术、人才和资金是十分必要时的。但也应了中国的一句老话，“打铁还得自身硬”，光靠输血强健不了身体。21世纪的贵州，其所以能实现后发赶超，增长势头一跃名列全国前茅，正是在于全省紧跟中央步伐，上下集中精力，充分凝聚各族群众的力量，再加上精准掌控国内外、省内外形势，制定出了符合贵州实际的政策方针。在笔者看来，这才是贵州未来发展出路之所在。

GUIZHOU
LISHI
BIJI

# 陆 — 战斗贵州的历史实录

# 山地人的历史觉醒

古希腊思想家亚里士多德有一句名言：“人生最终的价值在于觉醒和思考的能力，而不只在于生存。”这句话既适用于个人，对于地区和社会的进步，同样有参考意义。

说起觉醒，历史上生活在山地贵州的人，因为不具备平原地区优越的农业生产条件，要维持生计、繁衍后代，不能不祖祖辈辈挥洒汗水，奋力拼搏，从来就没有沉睡过。

自秦修五尺道、汉“募豪民，填南夷”、诸葛亮授经书图纬、明初建省搞大开发、清代改土归流，每一次外来文化的进入，无不激起贵州住民改变落后生产方式、生活状态的热情。可以说在内外因素的作用下，在长达2000余年的岁月中，贵州一直在觉醒，因此才有了虽然缓慢但却持续的社会进步。

19世纪末至20世纪初，在自给自足自然经济遭到破坏、封建专制主义被推翻、近代化思潮深刻影响、俄国十月革命取得成功的历史背景下，贵州人眼界大开，一下从偏僻落后冲到社会变革前沿，从无足轻重到令世人刮目。这种觉醒是历史性的，实在值得今人去认真思索与研究。

马克思主义认为，经济和政治是辩证统一关系，二者既有严格区别，又是互相联系、互相影响、密不可分的。经济基础决定政治上层建筑，政治是经济的集中表现。这无疑是我们探讨许多问题的出发点。不能不承认的是，直到20世纪，贵州的经济仍然是十分落后的。问题在于，处于落后的经济状态下的贵州，何以会在19世纪末至20世纪初这一历史时期，产生出一股政治上的冲击力，诞生出一群率先从近代社会中觉醒的先行者，给贵州乃至全国带来巨大的影响?

清末民初的中国，依旧是半殖民地半封建社会，全国局势十分复杂。先是清王朝还存在，但已经是苟延残喘，随着西方帝国主义势力侵入的加深，陈旧的封建管理办法、思维方式、教育内容失去了地位，逐渐被西方先进的东西取代。接着是资产阶级革命风暴从酝酿到爆发，结束了2000多年的帝制，打碎了封建专制主义政权这个桎梏。但全国各地建立的革命政权中，革命派掌权的时间大都短暂，立宪派也保不住手中的政权。这证明民族资本主义和民族资产阶级都救不了中国。于是军阀、流氓政客、旧官僚纷纷以新的面目登上政治舞台，帝国主义则乘势扩大对中国的控制。也就在这一时期，随着近代化步伐的加快，中国无产阶级逐渐壮大，对封建主义、帝国主义起着越来越大的抵制作用，开始担负起救国救民的重任。

贵州在近代中国的觉醒，从近代机器工业的创办就已经开始。青溪铁厂的建立和失败，让处于封闭状态下的山里人接触到了当时中国最先进的生产方式；经世学堂的创办，引入了西方的教学内容与教育思维；李端棻等人的维新变法宣传与一部分人的实业救国实践，改变了贵州知识分子的思维；自治学社发动的武装起义，在促使贵州人的觉醒方面发挥了作用。凡此种种，都属于促成近代贵州思想崛起的因素。但真正让贵州人从封建主义、半殖民地半封建主义困扰中摆脱出来的，则是俄国十月革命的胜利，尤其是马列主义在贵州的传播。

较早从封建桎梏下摆脱出来接受民主进步思想的，是一批深受新文化影响的知识分子。这些人不但自己通过对社会的观察与分析，确立了新的人生方向，而且在贵州大力倡导和进行思想宣传。1903年由平刚、张忞、彭述文等创办的乐群小学，同一时期由陈廷策创办的正谊小学以及光懿学校，1912年由黄干夫、凌秋鹗等人创办的达德学校，都成了宣传革命思想、号召广大群众起来开展民族革命的基地。

革命思想的宣传迅速在贵州产生了效果，越来越多的贵州人冲在了时代的前列。清末的留学热潮中，贵州的留学之风尤为兴盛，仅1905年，就一举派遣出151名赴日留学生。随着思想的解放，贵州还涌现出一批不顾危险、不惜牺牲的热血青年。最突出的莫过于1912年初，在北京冒险刺杀袁世凯并因此牺牲的张先培、黄芝萌两名青年勇士。

张先培（1890—1912年），字心裁，贵州麻江县人，早年加入同盟会，毕业于北京陆军贵胄学堂。黄芝萌（1887—1912年），字继明，贵州贵定人，清光绪三十年（1904年）考取贵阳寻常小学，1911年以自治学社成员身份加入同盟会北方支部。武昌起义爆发后，袁世凯周旋于南北两大阵营之间，继续充当清廷帮凶。为支持革命，张先培、黄芝萌与四川资中人杨禹昌等，策划在北京用炸弹暗杀袁世凯。1912年1月16日中午时分，袁世凯从宫里出来，当其所乘的马车与卫队行至东华门大街“三顺茶楼”附近时，预先埋伏于茶楼内的张先培等三人，分别从楼上将炸弹投向袁所坐的马车，其中一枚落于车顶爆炸，一枚落地爆炸，另一枚未响。袁世凯的两名卫兵当即被炸死，部分人受伤，袁世凯则侥幸逃脱。张、黄、杨三人当场被捕，不久便惨遭杀害。事后，革命党人将张先培、黄芝萌、杨禹昌的遗体安葬于北京三贝子花园荟芳轩内，竖碑铭记。

这场刺杀袁世凯的壮举，反映出辛亥革命后热血青年不惜牺牲，也要彻底推翻清朝专制主义统治的坚定意志。虽然早年部分记述民国史事的论著并未提及这次刺杀事件，但《北洋军阀史话》（陶菊隐著）、《袁世凯全传》(王钦祥、宰学明著）等著作对此事均有明确记述，相关论文涉及此事的则更多，说明这一事件在当时影响之大。尤其值得关注的是，这次明知会献出青春生命的刺杀行动中，3名义无反顾的英雄，竟有2人来自贵州。他们的行动，无疑展现出近代贵州人的英勇。

贵州历史文化中的海纳百川、坚韧不拔，造就了贵州青年容易接受新生事物，认准真理后敢于一往无前的胆识。辛亥革命后窃得政权的军阀们，最不愿看到人民大众受革命思想的影响，因为那样会危及他们凭借武力取得的统治地位。然而，山川的阻隔也好，当局的封锁也罢，都未能阻挡十月革命后，马克思列宁主义通过各种渠道在贵州传播。

民国时期的报刊在传播新思想、传播马列主义革命思想、鼓舞贵州各族群众觉醒与奋起中，发挥了不少作用。五四运动前，贵州的一些进步人士开始通过创办报刊发表自己的主张，向大众传播新思想。其中包括周素园担任主编的《黔报》、自治学社主办的《西南日报》、宪政预备会主办的《贵州公报》、贵阳学界人士主办的《铎报》、全国学联贵州支会创办的《贵州学联三日刊》、少年贵州会主办的《少年贵州报》等。与此同时，随着新文化运动的发展，省外的进步报刊《新青年》《每周评论》等陆续传入贵州，在知识分子中吸引了大批热心的读者。通过他们，一些新的理论概念、新的思想如“德莫克拉西”“布尔什维克”“社会主义”等，逐渐在普通群众中传播。

俄国十月革命爆发后，消息冲破万水千山的阻隔，通过近代通信手段迅速传到贵州。1917年12月11日，《贵州公报》率先以《俄国第二次大革命之要闻种种》为题，报道了十月革命的情况。其中传递了俄国资产阶级政权被无产阶级推翻，新的苏维埃政权建立，新政权颁布了《和平法令》《土地法令》，以及实行土地革命等信息。这给长期处于统治者残酷剥削、严酷压迫下的贵州劳苦大众，带来了极大的鼓舞。人们相互转告、争相阅读，当天的《贵州公报》几乎被抢购一空。

在山地贵州觉醒的过程中，一群敏锐的知识分子走在时代前列。他们不仅成为贵州人中率先觉醒的代表，而且身体力行，不顾反动势力的威胁、压迫，利用各种可能的方式，在广大青年、学生、群众中宣传、散布民主与科学的理念，甚至直接传播马克思列宁主义，传播社会主义思想，鼓动贵州青年奋起前行。《中国共产党贵州历史（第一卷）》中列举的黄齐生、田君亮、钱瑗、朱穆伯、肖家驹、李梦侠等，便属于这方面的人物。

1879年出生于安顺的黄齐生，名禄祥，号青石。幼时随兄长黄干夫受业于外祖父，少年时曾在当地商铺做学徒。23岁时受民族资本家蔡衡武之聘到贵阳任群明社经理。其间，黄广阅政治、哲学等各类书籍，逐渐形成独立思想理念。1904年，黄齐生到黄干夫、凌秋鹗等创办的达德学校任教。达德学校系在明、清两代忠烈宫旧址创办的新式学校，初名“算学馆”“达德书社”“民立小学堂”，1912年更名为“达德学校”。就在这所学校里，黄齐生等人在开展正常教学的同时，大力向学生们传播进步思想，组织阅读进步报刊，组织革命宣传。1905年，黄齐生首倡达德学校招收女学生，并聘请女教师董德莹，由此开了贵州女子教育的先河。

辛亥革命时期，黄齐生前后奔走促成革命党与宪政派的联合；革命后，又积极组织革命师生反对丧权辱国的“二十一条”；护国战争爆发，则以学校名义通电支持反袁斗争。1917年，黄齐生首倡私费留学，并率官费、私费生30余人赴日。1919年，为抗议日本在中国国耻日搞庆祝，黄奋而罢课回国。20世纪20年代初，黄齐生带王若飞等进步学生赴法勤工俭学。在法期间，他支持王若飞等的革命活动，与徐特立、蔡和森等人密切交往，并送王若飞赴莫斯科东方大学留学。1923年，黄齐生返国后，先协助凌秋鹗管理达德学校，后任遵义省立第三中学校长。因发表抗议重庆反动当局杀害共产党人、反对封建包办婚姻等文章，被军阀周西成通缉，被迫离乡到上海。其间，黄齐生曾发表《“新贵州”之真相》等文，揭露周西成的军阀本质。他先后在晓庄师范任教，担任黄炎培等在徐州主办的农村改进试验所兼农村改进讲习所主任，到绥远狱中探望过被捕的王若飞，在上海、山东、河北、广西等地从事乡村与职业教育，直到1936年才返回贵阳。

回贵阳后，黄齐生全力协助谢孝思经营达德学校。1937年冬，偕同夫人到延安探望出狱后返回革命队伍的王若飞，并考察革命根据地，受到毛泽东、周恩来、朱德、徐特立的热情接待。

1939年后，黄齐生一直在贵阳、云南、重庆等地开展革命活动。1945年，黄齐生第二次赴延安。次年2月，重庆发生国民党打伤爱国民主人士郭沫若、李公朴等事件，激起全国公愤，黄齐生被延安各界推举为赴重庆慰问代表。1946年4月8日返回延安途中，因飞机失事，黄齐生与王若飞、秦邦宪、邓发、叶挺等人一起遇难，成为“四八烈士”之一。

在清末民初的贵州觉醒中，平刚与周素园是两个值得重视的代表人物。

平刚，字少璜，1878年出生于贵阳花溪青岩一个商人家庭。光绪二十三年（1897年）曾考中秀才，但其自幼即有远志，无意仕途，并萌生反清思想。光绪二十八年（1902年）游于上海，受革命思想鼓舞，购回一批进步书刊返筑。光绪三十年（1904年），平刚与张忞一起策划，成立贵州第一个资产阶级革命团体科学会，“旨在借研究科学广集同志”。之后，又在此基础上创办寻常小学，向学生灌输革命思想。同年，适逢慈禧太后七十寿辰，全国各地奉命组织庆贺，贵阳也张灯结彩，搭起“万寿台”。平刚见国势如此，当局竟然粉饰太平，义愤填膺之下，愤然将自己的发辫剪掉，以示抗议，并在“庆寿”当天，写下一副对联贴于府外巷口。对联曰：“东望日本西观意，卅年来人皆进化；北惩俄罗南戒党，七旬后我亦维新。”这副对联讽刺之意溢于词句，平刚因此受官府捉拿，被革去秀才身份。

光绪三十一年（1905年），平刚东渡日本，学习法政，在日本结识黄兴、宋教仁、于德楷等人。同年秋，孙中山领导的同盟会成立，平刚成为同盟会首批会员，任贵州支会支部长。在日期间，平刚为《民报》撰写宣传革命文章，并与贵州自治学社张百麟、周素园等不断书信往来，促成自治学社转向革命。宣统二年（1910年），在同盟会发动革命的号召下，平刚回到贵州，以乐群小学教员身份，与自治学社共谋推翻清朝统治。大汉贵州军政府成立后，任枢密院成员，并作为贵州代表赴上海参加国民代表会议。1912年，中华民国临时政府成立，任众议院秘书长，并随孙中山同赴北京。二次革命失败后，曾一度寓居上海。袁世凯复辟帝制，平刚与章太炎同赴云南，加入护国运动。护法战争期间，平刚赶到广州，任大元帅府秘书。1918年后，平刚先后在湘西、贵州、四川等地任职，1946年曾任贵州省临时参议会议长。

贵州解放后，这位近代贵州最早的觉醒者之一，以旧民主主义革命代表身份，被任命为贵州省人民政府委员。1951年，平刚病逝于贵阳，享年73岁，葬于贵州省革命工作人员公墓。

周素园是近代贵州觉醒者中一个充满传奇色彩的人物。这位57岁参加中国工农红军，并走完长征之路，胜利抵达延安，新中国成立后，曾任西南军政委员会委员、贵州省人民政府副主席的革命者，不仅对中国革命做出了诸多贡献，在贵州历史上也留下了极其重大的影响。

与平刚同年出生的周素园，名培艺，别字树元、澍元，贵州毕节县（今毕节市七星关区）人。据周素园本人所撰《先府君暨先妣事略》载：“周氏自明初迁黔，隆万后，始以科第显，入清而益盛。”其父周煦，清道光年间选岁贡生，部选贵州松桃厅学训导，诰赠奉直大夫。出身于当地名门望族的周素园，光绪二十一年（1895年）考取秀才，次年到贵阳读书，开始接触新学。在贵阳与李端棻、于德楷等结识，开始参与贵州反清活动。光绪三十三年（1907年）七月，筹办《黔报》，不久在该报发表《瓜分之警告》一文，披露列强瓜分中国之阴谋，引起社会广泛关注。之后，积极促成自治学社成立，成为其中重要成员。宣统元年（1909年），任《西南日报》主笔，积极利用报纸传播新思想，帮助自治学社由立宪向革命转化。辛亥革命后，任大汉贵州军政府行政总理。后因滇军入黔被迫离乡，辗转于四川、武汉、北京等地。在外期间，奔走呼号，反对滇军侵黔，组织“法律驱唐”，并积极寻求报国之路。

1936年2月，从湘西进入贵州的红二、红六军团攻占毕节，王震、夏曦等红军领导，在毕节多次与1925年回到毕节的周素园交谈。周在接触共产党人、知晓革命道理后，表示愿参加抗日救国，并于2月14日成立贵州抗日救国军，自任总司令。3月10日，周素园随红二、红六军团离开毕节，踏上长征之路，成为一名年长的长征战士。周素园在长征途中抱病行军，并利用旧识关

57岁高龄参加红军长征的爱国民主人士周素园

系给云南龙云、孙渡、鲁道元等写信，为红军扫除障碍。抵达延安后，又遵照党中央的指示，助力于西安事变的和平解决。

中华人民共和国成立后，周素园积极参加人民政府工作，先后任西南军政委员会委员、贵州省人民政府副主席，曾出席全国政协、全国人大会议。周素园在贵州省国民经济恢复发展与少数民族地区工作中，做出了不少贡献。1958年2月，周素园因病逝世，享年81岁。

历史唯物主义肯定人民群众是历史的创造者，但并不否定杰出人物的活动对于推动历史发展进程所产生的作用。如同黄齐生、平刚、周素园这样的历史名人，他们的言论、著作、活动，包括毕生的所作所为，无疑是建立在19世纪末到20世纪前期贵州社会剧烈变革基础之上的。这些代表人物的表现，正是那一时期，贵州人在走向近代、走向民主与科学、从旧民主主义走向新民主主义这一大的历史背景下的产物，也是贵州各族大众觉醒的集中反映。

# “红色贵州”之由来

21世纪，旅游不仅成为人类的一大爱好，而且形成规模庞大的产业，在经济活动中占有很大比重，被称为第三产业。关于旅游的起源，有各种各样的解释。一些人将之追溯到人类第二次大分工，追溯到中国的商周时期；一些则认为最早旅游的人是海上民族腓尼基人；还有一种观点将旅游与商贸相联系，认为人们搞物资交换就出现了旅游。这类把旅游这一特定的人类行为泛化，将人类为了某一目的离家出行便算作旅游的观点，都不可取。

旅游的出现应该是在近代，当人们的家庭财富积累到足以维系基本生活有余之后，才有可能利用劳动之余或闲暇时间，去参加能达到舒适、娱乐、休闲效果的团体性游玩与观光活动。古人的类似活动，即便是背着行囊专程游山玩水，体验风物，也只能算是旅行。徐霞客被称为古代旅行家正是这个道理。

贵州是旅游资源大省，旅游也是贵州的支柱产业之一。早前人们到贵州旅游，重点关注的是贵州的喀斯特自然景观与多彩多姿的民族风情，近些年红色旅游却成了热门。红色贵州之所以成为各地游客，尤其是那些充满爱国激情的青少年向往的打卡地，一个重要的原因是人们都知道，在伟大祖国创建的进程中，长征中的红军曾在这里召开了著名的遵义会议。遵义会议是中国革命极其重要的里程碑，贵州之所以被称为“红色贵州”，遵义会议的确是主要的原因。

回顾贵州新民主主义革命时期的历史，“红色贵州”的形成，却又不止遵义会议这一重大历史事件，它有着一段漫长的历史积累和多方面的表现。

在中国新民主主义革命史上，贵州的确是一片红色的土地。毛泽东在《论人民民主专政》一文中说："十月革命一声炮响，给我们送来了马克思列宁主义。"（《毛泽东选集》第4卷，人民出版社1991年版）尽管在这之前也曾有一些文章提到过《共产党宣言》，提到过社会主义，但只是把马克思主义当作一种新的学说加以引证或评介，并没有将之当作一种科学的世界观，更未想用它来解决中国革命的具体问题。马列主义在贵州的传播，正是在俄国十月革命之后。

就在马列主义冲破重重禁锢传入山地贵州前后，贵州已有一些受民主、科学思想影响至深的先行者毅然走出大山，到外面的天地寻求救国救民的真理。这批人在追求新知识、新思想的过程中，深受革命思想熏陶，逐渐成为马克思主义者，并立即投身到革命的第一线，决心为共产主义理想奋斗。荔波人邓恩铭、安顺人王若飞、铜仁人周逸群、思南人旷继勋、锦屏人龙大

位于黔南布依族苗族自治州荔波县的中共一大代表邓恩铭烈士故居

道、镇远人周达文等正是他们中的代表。其中，水族青年邓恩铭，怀着“男儿立志出乡关，学业不成誓不还；埋骨何须桑梓地，人间到处是青山”的壮志，于1917年只身赴山东求学。他在济南投身五四爱国运动，1920年参与组织马克思学说研究会，次年参与筹备成立“济南共产主义小组”。1921年7月，作为济南党组织代表，出席中国共产党第一次全国代表大会。这批老一辈无产阶级革命家，正是将贵州山川染红的先行者。

还在中央红军长征经过贵州前，1930年4月，红七军、红八军便转战桂黔边地区，活动于荔波、榕江、从江、贞丰等县，第一次在贵州上空扬起了红色革命旗帜。1934年10月开始的中国工农红军长征历时368天，而在贵州转战的时间就达127天。红军的足迹几乎遍及贵州全境，全省88个县市中，计有68个县市曾飘扬起中国工农红军的大旗。红军在贵州境内召开了一系列重要会议，包括成为中国革命生死攸关转折的遵义会议。从1933年12月红三军在川黔边创建湘鄂川黔革命根据地起到1936年，红三军，中央红军，红二、红六军团都在贵州建立了苏维埃政权。截至2016年，贵州全省共有41个革命老区（县），辖675个乡（镇）。“红色贵州”之称，正是由上述种种而来。

1930年4月，右江革命根据地的红七军军部及两个纵队，转移到黔桂边境，在贵州荔波板寨休整，发动当地群众与土豪斗争。4月下旬，红军在军长张云逸率领下攻克榕江县城，并于5月1日在县衙门广场召开“庆祝五一国际劳动节军民联欢大会”。之后，经过休整、补充给养了的红军，为避敌锋芒于5月4日晨撤离榕江，在广西河池与邓小平领导的红军队伍胜利会师。作为最早进入贵州的红军队伍，红七军在荔波、榕江、从江、黎平等县活动2个多月，宣传了中国共产党的政策主张，在广大群众中播撒下革命种子。

1930年3月，撤离左江革命根据地后的红八军第一纵队，经广西凌云抵达贵州贞丰县境南盘江边。4月下旬，为使队伍得到休整，纵队通过对贞丰县下江水上警察队的统战工作，假借“西路水上纵队第四大队”之名，渡过红水河驻扎册亨县坝亨及贞丰县蔗香圩（今属望谟县）休整，直至10月中旬。在此期间，红军运用灵活的战略战术，利用黔桂军阀之间的矛盾，粉碎了敌人的种种阴谋，使队伍得以休整和壮大。同时，在当地开设识字班、做“农协会”工作、宣传共产党的主张和红军的性质与任务，提高了群众觉悟。同年11月，红八军第一纵队渡过红水河，与红七军在广西凌云会师并进行整编，之后开往湘鄂边，到江西与中央红军汇合。

1934年5月14日，红三军利用贵州军阀混战之机进入贵州，于6月1日占领沿河县城。进军途中，红三军颁发《中国工农红军的任务和纪律》，确保部队纪律严明，沿途秋毫无犯，深受贫苦百姓拥护。红三军针对黔东地区存在一支以神灵为精神支柱的农民武装（俗称“神兵”）情况，发布《中华苏维埃共和国湘鄂川黔革命委员会致印江、德江、务川、沿河各县神坛诸同志书》，通过深入细致的工作，唤醒了这支农民武装的觉悟，将之改编为黔东纵队。

6月中旬，红三军进抵黔东沿河枫香溪。6月19日，湘鄂西中央分局在枫香溪召开会议。军长贺龙、政委关向应、分局书记夏曦参加会议。会议决定在印江、沿河一带开展苏维埃运动，建立黔东革命根据地，恢复红军中党团组织和政治机关，派出一批干部去做地方工作。枫香溪会议的重大决策给红三军的发展指明了方向，成为红三军由挫折走向胜利的起点。会后，中共湘鄂西中央分局派遣干部到各地建立苏维埃政权、党团组织和群众团体，开展土地革命斗争、宣传党的民族政策，发展生产和建立工农武装。6月26日，黔东第一个苏维埃政权在枫香溪建立。接着，各地相继建立起14个区革命委员会、30多个苏维埃政府。

1934年8月7日，红六军团开始从湘赣苏区突围西征，于9月20日进入贵州黎平县境，控制清水江地区。10月，军团进到石阡县甘溪，与滇军廖磊师发生遭遇战，主力部队由任弼时、王震率领突破敌人包围，于10月15日到达石阡、思南交界之板桥，之后转而向南抵达黔东苏区。1934年10月15日，红六军团一部在沿河铅厂坝首先与红三军一部相遇。10月23日，红六军团五十团在江口县木根坡与贺龙率领的红三军一部会合。24日，红六军团主力到达印江木黄，红三军主力由芙蓉坝等地出发，也先后到达木黄、石梁一带，两军在木黄胜利会师。

1934年10月，中央红军开始战略大转移，历尽艰辛于12月12日从湖南通

黎平会议会址

道入黔，12月14日攻克黎平县城。18日，中共中央在红军总司令部驻地（县城胡荣顺商号）召开政治局会议，临时中央负责人博古（秦邦宪）、周恩来、毛泽东、张闻天、朱德、王稼祥、刘少奇等出席会议。黎平会议围绕中央红军战略行动方针的中心议题展开讨论。经过激烈争论，采纳了毛泽东根据敌情变化与当时红军客观实际提出的建议：放弃原定到湘西与红二、红六军团汇合的计划，改为西入贵州，挺进黔北，占领遵义，在黔北建立新的根据地的战略计划。同时提出了实现这一战略目标应采取的军事路线与战略战术原则，通过了《中央政治局关于战略方针之决定》。黎平会议在战略上基本统一了红军领导层的思想，明确了红军的前进方向，实际上否定了“左”倾领导的错误主张。

黎平会议后，中央红军挥戈向西，一路斩关夺隘，横扫敌人，相继攻克剑河、镇远、施秉、黄平、余庆各县，军锋直指黔北。在敌人将红军合围截击于黔东南的计划尚未形成前，红军主力以迅雷不及掩耳之势，击溃前进路上的阻敌，直抵乌江南岸。1935年1月1日，中央政治局在瓮安猴场召开会议，再次否定了博古、李德等人“左”倾冒险主义不过乌江改向湘西的错误主张，坚持全速前进，抢渡乌江，进军遵义，并通过了《渡江后新的行动方针》的决议。决议明确提出“立刻准备在川黔边广大地区内转入反攻，主要是和蒋介石主力部队（如薛岳的第二兵团）和其他部队作战，首先消灭他的一部，来彻底粉碎第五次‘围剿’，建立川黔边新苏区，然后向川南发展是目前最中心的任务”。猴场会议为遵义会议的胜利召开奠定了思想和组织基础。会后，中央红军以不可阻挡之势，成功抢渡乌江，攻占遵义，为中国革命的重大转折揭开了序幕。

中央红军成功北渡乌江后，将围追堵截的十几万敌军甩在乌江南岸，到达黔北遵义地区。坐镇遵义的黔军侯之担部仓皇退往桐梓。1月5日，红一军团二师六团从团溪兵分两路，迅速扫清遵义外围，于当晚智取遵义。大部队于6日凌晨陆续进入城中。8日，红军总部进驻遵义。1935年1月15—17日，中共中央在遵义召开政治局扩大会议，即著名的遵义会议。遵义会议是党的历史上一个生死攸关的转折点，这次会议“事实上确立了毛泽东在党中央和红军的领导地位，开始确立了以毛泽东为主要代表的马克思主义正确路线在党中央的领导地位，开始形成以毛泽东为核心的第一代中央领导集体，开启了党独立自主解决中国革命实际问题的新阶段，在最危急关头挽救了党、挽救了红军、挽救了中国革命”（《中国共产党简史》，人民出版社、中共党史出版社2021年版）。

遵义会议后，红军于2月5日在川滇黔三省交界处的一个鸡鸣三省的村子召开会议，中央政治局常委分工，根据毛泽东的提议，决定由张闻天代替博古负中央总的责任（习惯上也称之为总书记）；决定以毛泽东为周恩来在军事指挥上的帮助者，博古任总政治部代理主任。3月10—12日，中央政治局在鸭溪、苟坝一带召开会议，决定成立由毛泽东、周恩来、王稼祥三人组成的新的“三人团”（即“三人军事小组”），周恩来任团长，全权指挥军事行动。会议采纳了毛泽东不进攻打鼓新场的意见，确定了以黔北为主要活动区的战略方针。

1935年1月19日，中央红军离开遵义北上，全军分别以红一军团为右路纵队，红三军团为左路纵队，红九军团、军委纵队及红五军团一部为中路纵队，红五军团为全军后卫向赤水地区疾进。24日，红一军团击溃国民党军黔军的抵抗，攻占土城。1月29日，红军分三路从猿猴场（今元厚镇）、土城南北地区向西首次渡过赤水河，进入川南。被红军打得措手不及的蒋介石慌忙调整部署，企图在川滇黔接合部将红军包围，一举聚歼。针对这种情况，红军迅速做出“回师东进，再渡赤水”的决策。

15日，根据军委电示，中央红军分别由二郎滩、太平渡口二渡赤水河。红军在甩掉敌军主力进入贵州后，袭占桐梓，攻克娄山关，并发起遵义战役，歼敌两个师大部，俘敌3000余人，重占遵义城，取得第五次反“围剿”以来的空前大胜利。

3月17日，为了调出滇军主力，红军于茅台镇及附近第三次渡过赤水，向西北古蔺、叙永方向出击。待蒋介石急调大军往川南集结之时，红军在调动敌人目的已达到的情况下，各军团遵照军委发出的电令，于3月22日从二郎滩、太平渡等渡口，成功四渡赤水，以急行军速度直扑遵义方向与乌江北岸。

四渡赤水战役是遵义会议之后，中央红军在长征途中，处于国民党几十万重兵围追堵截的艰险条件下，进行的一次决定性运动战战役。在这次战役中，红军采取高度机动的战略方针，纵横驰骋于川黔滇边境广大地区，彻底粉碎了蒋介石企图围歼红军于川黔滇边境的狂妄计划，取得了战略转移中具有决定性意义的胜利。

四渡赤水之后，红军第九军团伪装主力将敌人牵制在乌江北岸，主力则于3月31日从梯子岩渡口有序渡过乌江，做西进云南的准备。是时，蒋介石得知战况不利，亲自飞到贵阳坐镇指挥。红军则充分利用这一形势，有意令红一军团一部进占贵阳城北之交通要冲扎佐，又将主力集结于贵阳东北之修文、开阳县境，做出进攻省会贵阳的态势，使敌产生错觉。

调出滇军扫清入滇障碍一直是红军战略的重点，惊慌失措的蒋介石为保住自己与贵州省城，连夜急电滇军孙渡部兼程赶往贵阳增援。红军由此得以通过佯攻之计声东击西，派红一军团一部向东出击，直逼平越（今福泉）、瓮安，又做出东进姿态。在蒋介石调集湘桂滇三省军队准备对红军阻击时，中央红军却出其不意地绕道黔西南向云南疾进。4月22日，红军主力从容集结于兴仁县西北之黄泥河，顺利进入云南，连克沾益、马龙、寻甸、嵩明等地，军麾直指云南昆明，之后胜利挺进金沙江畔。这就是《四渡赤水出奇兵》歌曲中“乌江天险重飞渡，兵临贵阳逼昆明”歌词的历史出处。

红三军、红六军团木黄会师后，整编为红二、红六军团，由贺龙、关向应、萧克、王震担任领导。1934年11月，部队在湘江一带打败军阀陈渠珍部，俘敌2000余人，取得西征以来首次重大胜利。同月，根据中央电示，中华苏维埃共和国湘鄂川黔省革命委员会正式成立，由任弼时任临时省委书记，贺龙任苏维埃主席，夏曦、朱长青任副主席。同时成立湘鄂川黔省军区，贺龙任司令员，任弼时兼任政治委员。历经2个月，苏维埃政权逐渐得以发展。

1935年2月至9月期间，为保卫刚成立的苏维埃政权，红二、红六军团在连续3次粉碎国民党军队的进攻后，作战略转移向湘西进击，先后渡过沅江，连克辰溪、浦市、溆浦等地，接着直捣湘中。1936年1月，队伍又从玉屏折返贵州，攻陷石阡县城。在当地休整后，于当月20日突破敌军封锁，向黔（西）大（定）毕（节）地区进发。2月5日占领黔西后，部队领导决定结束湘鄂川省革命委员会任务，成立中华苏维埃共和国川滇黔省革命委员会与中共川滇黔省委。队伍随即西进，同月6日攻占大定（今大方）；9日，在贵州地下党的配合下占领毕节。

1936年2月27日，红二、红六军团根据敌我态势决定撤离毕节，向赫章、威宁方向转移，并于3月2日在赫章野马川召开会议，决定与反动军队在乌蒙山地区展开回旋战。在历时1个多月的战斗中，红军巧妙利用敌军的弱点，摆脱敌军的反复合围，3次进出云南省奎香。在天寒地冻、渺无人烟的山区，红军以1万多人的兵力，击溃了国民党军5个纵队及川军123师100多个团的堵截。3月19日，红二、红六军团在昭通、威宁间突破滇军孙渡纵队防线，直趋滇东，继续南进，并分别于28日、29日进占黔西南盘县、亦资孔地区。

红军撒下的革命种子，使贵州在1932年便成立了第一个中共地下支部，即由红七军黔桂边委指派人员，在罗甸县建立的中共蛮瓦支部。其后，贞丰县卡法支部、丰业支部、毕节支部相继建立。经过一段时间的发展壮大，安顺、贵阳等地陆续建立起党支部、党小组及读书会、文艺研究会、社会科学研究会等革命群众组织。1934年9月，林青、邓止戈、秦在真等九人组成贵州省工委。中央红军攻占遵义后，林青兼程赶到遵义汇报贵州地下组织情况，获中央承认并批准成立中共贵州省工作委员会（简称省工委），以林青为省工委书记。

贵州省工委是红军长征途中批准建立的唯一省一级地方党组织。在中共中央的领导下，省工委领导贵州地下党开展了一系列斗争。这些斗争，也是红色贵州的重要构成。尽管反动势力不断对地下党组织进行镇压，但广大党员始终不屈不挠，一直坚持斗争到贵州解放。

# 贵州抗日救亡运动掠影

1840年的鸦片战争以清政府的失败而告终，中国开始沦为半殖民地半封建社会，各式各样的民族危机接踵而至。也就从那时开始，面对帝国主义侵略的步步深入，中华民族不断觉醒，展开了前赴后继的救亡图存运动。但洋务运动、维新变法运动、义和团运动，都无一例外地遭到了失败。

1929年末开始的世界经济危机，给世界资本主义各国以沉重打击。日本为摆脱危机，迅速将以中国为主要扩张目标的“大陆政策”提上日程。1931年9月，日本关东军制造了侵略中国的“九一八”事变，短短3个月中，侵占了东北全境。以溥仪为“执政”的日本傀儡政权伪满洲国也在吉林长春成立。

面对日本帝国主义的猖獗进攻，国民党当局采取“绝对不抵抗”政策。蒋介石命令东北各军，即使日军“勒令缴械，占入营房，均可听其自便”。结果，几十万东北军一枪不发，退至山海关内。日军的疯狂侵略与国民党当局的不抵抗政策，激起了全国人民抗日反蒋的怒潮。与此同时，随着中日民族矛盾逐渐上升为主要矛盾，国内阶级关系也因之发生了新变化。在中国共产党的号召和组织下，一场全国性的抗日救亡运动迅速兴起。

“九一八”事变后，中国共产党高举抗日旗帜。9月20日，中日两国共产党联合发表反对日本帝国主义侵略的宣言；同日，上海学生界开展罢课斗争。22日，中共中央做出决议，号召全国人民武装起来抵抗日本帝国主义侵略，号召组织东北游击队，直接打击日本侵略者。在中共的号召下，上海首先掀起了抗日救亡高潮。上海率先成立各大学抗日救国联合会，并决定每校推派2人组成代表团，去南京向国民政府请愿，3.5万名码头工人举行了反日大罢工。紧接着南京、天津、北平、汉口等城市的工人和其他劳动群众纷纷请愿、募捐、禁售日货。上海、北平等城市相继组织抗日救国会，成立抗日义勇军。

在全国抗日救亡运动的推动下，贵州高原也发出了抗日救亡的怒吼。作为全省政治、经济、文化中心的贵阳，学生界率先展开行动。在国家民族生死存亡的关头，昔日平静的校舍，迅速响起了“天下兴亡，匹夫有责”的口号。爱国师生纷纷挺身而出表示：“决不当亡国奴，要坚决抵抗，打倒日本帝国主义。”各校学生先后走上街头，举行游行示威，社会各界也相继表示支持。据中共贵州省工委成员李策烈士的未完遗稿载，当时，爱国学生在多处搭台宣传，“讲演台几乎在大街上只隔一二十家便有一座”，“（学生们）宣传到痛哭流涕的实在到处皆是”。

贵州的抗日救亡运动从爆发初期到掀起高潮，一直持续到抗战胜利，整个历程与全国抗日救亡运动的局势发展基本一致。但由于贵州是一个多民族省区，又是中国工农红军转战时间最长、足迹几乎遍布全省的地区，加上处于抗战大后方，是陪都重庆的屏障，因此，贵州的抗日救亡运动，在发展阶段上既与全国抗日救亡运动大体相同，又有所差异；在运动的特点方面，更表现出不少自身的独特性。

抗日救亡运动初期，贵州的情况与国内各省类似，率先走上街头抗议日本侵略与国民党不抵抗政策的，是热血沸腾的爱国师生。一部分进步学生于1931年冬成立了贵州学生救国团，以各种形式开展救亡运动。之后，运动扩大到工商各界。许多爱国商人自发响应学生的号召，“抵制日货”“检查仇货”，并组织了“贵州各界抗日救国会”向国民党中央致电。电文内容称：“万祈我中央迅即准备全国总动员，作长期之抵抗……黔人枕戈静候调遣。”省城贵阳有少数奸商与军警勾结抗拒检查日货，激起了爱国学生的愤怒，学生们为此包围省政府，迫使当局没收奸商资产，撤除宪兵营长职务。1933年底，各校学生还发起了反对南京政府企图束缚学生爱国运动而颁布的

《中学生毕业会考章程》，俗称“反会考”斗争。

1934年以后，随着中共贵州地下组织的成立，尤其是红军长征进入贵州，全省各地的抗日救亡运动迅速高涨。在长征开始前后，中共中央曾组织两支抗日先遣队北上抗日。1935年10月，中共《为抗日救国告全体同胞书》即“八一宣言”正式发表，号召停止内战，抗日救国，动员广大群众起来共同挽救中华民族的严重危机。

红军转战贵州期间，无论在行军途中还是战斗间隙，都积极开展抗日救亡宣传。1934年5月，红三军在进军贵州途中发布的文告中，明确向群众宣传：“红军的任务就是为推翻帝国主义、国民党政权而战争，为了土地归农民而战争。”在改造黔东“神兵”队伍时，红军用浅显的语言告诉农民兄弟，皇帝是靠不住的，“中国原先不是有一个宣统皇帝吗？现在他还是做皇帝，但是他把我们东北四省都卖给了日本帝国主义，引导日本帝国主义来灭亡我们中华民族”。红军既向参加“神兵”的贫苦农民宣传了抗日救亡的道理，也启发了更多群众的觉悟。

中央红军进入贵州后，在艰苦作战中始终坚持抗日救亡宣传。队伍每到一地即运用各种方式宣讲抗日救国，沿途还散发大批传单、刷写标语、绘制宣传画，唤起群众抗日救亡。其中的许多标语，如“红军是民众抗日战争的主力军”“全国民众总动员，为保卫中国而战”“拥护苏维埃中央政府对日作战”“加入红军打日本帝国主义去”“白军兄弟，哗变到红军中来抗日救国去”“白军兄弟，团结起来，杀死狗官，与红军联合一同到北方去打日本帝国主义”等，都明白如话，群众一看便能领会。这些标语和绘画，在动员贵州群众、瓦解敌军士气方面发挥了重大作用。

在广泛进行抗日救亡宣传的同时，红军还直接与各族群众一起建立抗日救亡团体和革命武装。1935年1月15日，红一方面军总政治部在遵义老城召开群众大会，到会者逾万人，包括工人、农民、市民、商贩、知识分子与各界群众。当天的《红星报》报道称：毛泽东在会上讲解“只有苏维埃才能救中国”的道理，并宣传了红军北上抗日的意义。会上不仅宣告成立遵义县革命委员会，同时建立了遵义赤色工会、遵义革命先锋队等抗日群众团体。此前遵义建立的反日反帝大同盟，则在红军到达前几日更名为红军之友协会。

红二、红六军团转战黔（西）大（定）毕（节）期间，当地各县与较大的乡镇都成立了抗日救国会。经过红军的反复工作，毕节地区绿林武装席大明部、周质夫部及川南游击纵队阮俊臣部，于1936年2月建立贵州抗日救国军，以周素园为司令、中共贵州省工作委员会委员邓止戈任参谋长。抗日救国军广泛开展抗日救亡活动，号召群众踊跃参加红军。红军西进后，抗日救国军第二支队扩充为一个团后参加长征，一直坚持战斗到陕北。

“一二·九”运动后，贵州抗日救亡运动进入新高潮。尽管国民党当局于1935年策动“七一九”事件，对中共地下组织进行疯狂镇压，但在红军长征的影响下，全省各地的抗日救亡运动依然十分活跃，犹如处于暴风雨前夜。1937年5月，全国学联代表杨蕴清到达贵阳，在贵州地下党的支持下，迅速在贵州学生界开展工作。7月，贵州全省学生救国联合会正式成立。“七七”事变后，学联组织各校师生在校内外广泛开展各种形式的救亡活动，包括出抗日救亡墙报、组织歌咏队高唱救亡歌曲、发表《告全省同学书》、在《贵州学联》期刊上登载中国共产党的《抗日救国十大纲领》、举行示威游行、组织群众欢送开赴前线的军队等。达德学校甚至组织起“儿童抗日救亡工作团”，利用周日到校外演出《放下你的鞭子》等文艺节目。

除校内外的抗日宣传活动，爱国学生还充分利用假期组织寒假工作团，号召“到工人中去，到农民中去，到商人中去”，把学生运动发展为广泛的民众运动。同一时期，文化艺术界进步人士也愤然而起，主办了《十日旬刊》登载宣传抗日救亡的文章。田君亮的《能大死才能大活》写道：“当这抗日期间，人人应该认定一个总目标——打倒日本——协同迈进，方能达到我们的目的。除这一总目标外，其他的一切，无有不可牺牲的。”翟光《怎样做一个战时青年》的文章，号召广大青年记住“我们的任务，决不止是一个援助前线的问题，我们有三个历史使命：……发展抗战、拥护抗战、充实抗战”。这些抗日主张与宣传，对爱国青年的抗日救亡运动形成有力支持。在省城贵阳救亡运动如火如荼之时，全省各地救亡运动也蓬勃展开。其中，遵义、黔南、湄潭等地一直十分活跃。

抗战中期的贵州抗日救亡运动，虽然广大群众的觉醒如火如荼，但却常遭到反动势力阻碍，处于一种艰苦奋斗的状态。

1938年2月，中华民族解放先锋队（简称“民先”）武汉总部，派中共党员张益珊到贵阳推动贵州成立“民先”组织。张通过黄齐生的介绍结识了一批进步青年，又得到中共贵州省工委的支持，率先将一部分进步青年与中共党员发展为“民先”队员。4月，贵阳“民先”地方队部正式成立。队部之下设4个区队及若干分队，其中的分队主要以各学校为基地开展工作。“民先”贵阳队部成立后，参加者非常踊跃，到6月底即发展到300余人。

贵州“民先”组织成立后，主要以多种形式开展内容丰富的抗日救亡活动，包括宣传抗战、宣传“民先”的性质与任务；进行军事技能学习训练，为抗战积蓄后备力量；配合抗战文艺团体，开展各种抗战宣传；学习抗战理论，传播爱国思想等。上述活动在全省产生了很大影响，经队部派员到县乡鼓动与联络，湄潭、安顺、郎岱（今六枝）、盘县（今盘州）、镇远、平越（今福泉）、铜仁等地先后建立起“民先”组织，并迅速将当地的抗日救亡活动推向高潮。其中，湄潭、安顺、郎岱的组织最为活跃。湄潭“民先”不仅强化理论学习，而且将队员分为两支：永兴“民先”组成暑期学生抗日宣传团，沿湄潭四乡开展活动；湄中学生为主的“民先”组织“飞鹰步行团”，长途跋涉经遵义远行到贵阳开展抗日宣传，并与贵阳“民先”联合开展一系列救亡活动。

湄潭“民先”的各项爱国活动，不仅得不到国民党当局的支持，反而遭到仇视。反动当局不但撤销湄中校长乔光鉴职务，解聘大批进步教师，更于1938年11月3日逮捕了黄培纪等7名湄中进步学生，制造了破坏抗日民族统一战线的“七人之狱”。这之后，湄潭及各地“民先”的抗日救亡活动逐渐陷入低潮。

文艺界的奋起是贵州抗日救亡运动的一大特色，筑光音乐会与沙驼话剧社是最具代表性的两个团体。筑光音乐会成立于1937年4月，初以研究音乐与演唱社会流行歌曲为主。“七七”事变后，随着各地抗日救亡运动的蓬勃发展及大批中共党员与进步学生的加入，逐渐演变成以抗日救亡宣传为主的爱国团体。成员从少数音乐爱好者，扩大到有大量爱国青年、省内与省外内迁爱国音乐人士、各界群众的组织，并成立了中共文化支部（后改为党小组）。

从成立到被反动当局勒令解散，筑光音乐会活跃在贵州抗日救亡战线总计3年零2个月。其间，音乐会通过一系列不间断的演出活动，以文艺的形式唤醒贵州各民族、各阶层大众的抗日热情，推动了抗日救亡运动的发展，其影响甚至扩大至省外。

成立初期，筑光音乐会主要在会内普及音乐知识，学唱爱国歌曲，之后音乐会通过参加各种抗日集会、示威游行和进行街头演唱，以唤起民众的爱国热情。队员们演唱的《“九一八”小调》《义勇军进行曲》《牺牲已到最后关头》《亡国奴当不得》等歌曲，在群众中引起了很大共鸣。随着抗战局势的发展，音乐会有计划地主办各种抗日救亡音乐会，通过精心组织排练，系统宣传抗日救国，又经常组织会员在街头巷尾演出抗日戏剧、绘制抗日宣传画、兴办木刻展览、张贴抗日传单等。队员们还用实际行动，直接参加慰问抗战伤员，为伤员演唱、向伤员赠送慰问品、为伤员代写书信等。

筑光音乐会组织的几场大型演唱会，在山城贵阳最具震撼力。1938年4月，中国军队取得台儿庄大捷，为庆祝这场胜利，筑光音乐会在贵阳组织百人大合唱，先后演唱《流亡三部曲》《慰劳歌》《最后胜利是我们的》《歌八百壮士》等歌曲。声势浩大的百人大合唱，极大地激发了贵阳各界群众的抗日救亡热情，现场观众群情激奋，不时自发地大声应和。

同年5月28日，筑光音乐会联合贵阳其他音乐团体在贵阳群新电影院举行联合音乐演奏会，参加演出的人数达500人，演出各种节目22个。儿童联合歌咏队的120个小队员演唱了《孩子进行曲》《练壮丁》《打日本》等歌曲，感人至深。音乐会员演唱的《保卫大中华》《冲锋号》《保家乡》《抗敌歌》等深受群众喜爱。当时的国民党《中央日报》专为这场规模大、节目多、内容广的演出活动，刊发了《筑光音乐会劳军演奏特刊》。

此外，1938年12月，筑光音乐会还与途经贵阳的上海音专、杭州音专部分师生及武汉、长沙音乐家，为救援难民联手举行两场义卖演出，引发观众

贵阳筑光音乐会成员当年的合影

热烈反响。

1940年6月18日，筑光音乐会正在花溪开会庆祝第十届干事会改选，突遭大批国民党反动分子破坏，以“非法集会”名义绑架了音乐会总干事文学芬。次日，国民党贵州省党部登报污蔑筑光音乐会进行非法活动，勒令筑光音乐会解散。

另一支抗日救亡文艺队伍是1935年9月成立的沙驼话剧社。剧社成立之初仅有百余人，随着救亡活动的开展，到“七七”事变前夕，成员发展到236人。在各界进步人士与戏剧爱好者的支持下，剧社不仅争取到了“合法”地位，并在沙驼话剧社名下先后成立了毅中剧社、黔灵剧社、电讯演剧队及学生剧团等10余个团体。全面抗战爆发后，在中共地下组织的支持下，一批爱好戏剧的“学联”成员和秘密读书会成员加入沙驼话剧社，给剧社注入了新的进步力量。剧社组织因此更加完善，队伍进一步扩大，成为一支拿戏剧当武器的抗日救亡力量。

在抗日救亡的岁月里，沙驼话剧社和全国其他抗战剧团一样，除在城市里进行救亡宣传外，还深入农村，以群众喜爱又易于接受的形式，演出各类广场剧、活报剧、街头剧、茶馆剧，甚至通过各种化装游行、故事表演等宣传抗日。剧社曾在贵阳民众教育馆（今中华中路人民剧场）广场、铜像台（今喷水池）等地，组织多次露天演出，演出的剧目有《死里求生》《生死关头》《打鬼子去》《省一粒子弹》等。社员们精湛的演技，加上充满爱国保家内容的剧情，激起了现场观众同仇敌忾之情，甚至出现观众冲入场地抓打“汉奸”的情形。

为扩大影响，沙驼话剧社除了与贵阳民众话剧社、青年会抗敌剧团、狼火话剧团一起成立贵阳抗敌戏剧协进会，联合进行过多次演出外，还将队员分成7支队伍，分赴省城以外县乡演出。他们的演出足迹涉及息烽、修文、遵义、平坝、安顺、镇宁、龙里、贵定、黔西等26个县，为全省抗日救亡运动的进一步高涨，做出了积极贡献。

几乎在筑光音乐会遭到反动派镇压的同时，沙驼话剧社也被反动当局以“账目不清”为借口，勒令停止活动半年。1940年初虽经反复交涉，得以短暂复演，不久又同样被勒令解散。

除了上述集中活动的抗战文艺团体外，抗战期间贵州工商界的觉醒、青年学生的奋起，将抗日救亡运动不断推向深入。各地、各界的救亡组织如雨后春笋般出现，彰显出抗日救亡运动的勃兴。这些组织往往根据所处的具体环境，因地制宜地开展救亡宣传与救亡活动。此外，除中共地下组织直接领导的读书会外，国民党官方组织的学生集训队、农村助理员讲习所也都成了进步青年从事抗日救亡活动的场所。贵阳文化教育界著名人士组织的“贵阳战时社会科学座谈会”，尽管没有固定会址、缺乏经费、未设主席与秘书等级职，却是中共领导下的一个统一战线组织。1938年，贵阳教育界召开千人大会，社会科学座谈会成员不仅参加大会，还成为大会主持人。徐特立由重庆途经贵阳时，社会科学座谈会专门邀请徐老讲述中共方针政策。《资本论》中文译者之一的王亚南也曾在路经贵阳时，受邀做专题报告。

贵州抗日救亡运动在工人和文学家中也十分活跃。1936年，邮电职工建立了进步读书会，还成立了贵阳电信职工抗日救亡歌咏队、话剧队，配合各界爱国人士开展抗战宣传。据统计，抗战期间仅报名上前线杀敌的贵阳电信职工就达千余人。文学界的抗日救亡活动，主要展示在创办进步期刊和发表大批抗战作品方面。《十日旬刊》《每周文艺》《文讯》《抗战文艺》，以及遵义《黔声日报》的文艺副刊《轻骑兵》《遵义青年》等刊物都曾发表著名作家谢六逸、蹇先艾、王启霖等的抗战作品。

遍及贵州全省的抗日救亡运动说明：在国家蒙难、民族危亡的紧急关头，贵州各族、各界群众，学生、工人、农民、知识分子……只要是华夏子孙，都在为神圣的抗战事业贡献力量，甚至不惜牺牲。时至今天，当我们回顾那场如火如荼的抗日救亡运动时，依然会有热血喷涌之感。那些因抗日救亡而遭到迫害、为挽救民族危亡而献出生命的斗士，永远值得中华民族的子孙们缅怀尊敬。

# “二四”轰炸：沉痛的历史记忆

儿歌是童年的欢乐源泉，上了年纪的人总会在心中保留几段幼时哼唱过的儿歌。贵阳儿歌既俗又带点土味，内容还往往前后矛盾，不明所以，但每当哼唱起来，总能给人一份亲切之感。一首名为《蒙猫猫》的儿歌这样唱：“蒙猫猫，躲躲墙（藏）。放猫猫，捉迷羊。迷羊四支（只）角，猫儿逮到跑不脱。一张纸，两张纸，放出猫儿捉耗子（老鼠）。”这首《蒙猫猫》儿歌，想来应该是如今仍在流行的“捉迷藏”游戏，至于为什么要念“一张纸，两张纸”，又为什么“迷羊”变成了“耗子”，只要欢乐，也就从来不去想它。

但在抗日战争期间，贵阳的儿歌却并非都能给孩子们带来欢乐。有首儿歌便产生于贵阳遭受日军制造的空前浩劫之后。这首儿歌只有三句：“天不怕、地不怕，就怕飞机屙拨吧（拉屎的方言发音，意指扔炸弹）。”这首儿歌笔者不仅幼时唱过，还曾在哭闹时，被大人用“你再哭，再哭日本人的飞机就来了”恐吓过。成年后方知，作为抗战大后方的贵阳，曾于1939年初遭受一场被称为“二四”轰炸的浩劫。这首儿歌和那些大人用来恐吓孩子的话，便是那场疯狂轰炸给贵阳人留下的惨痛记忆。

地处西南腹地的贵州，是抗战时期的大后方，有崇山峻岭作掩护，抗战爆发以来，生活在这里的人们很少嗅到战火的硝烟。国民党当局虽仰赖贵州作为陪都重庆的屏障，但在贵州防务包括防备敌军空袭问题上，却显得十分松懈。直到1938年抗战进入生死存亡关头，当时的省政府才在原保安处防空科基础上，成立全省防空司令部，开始进行防空宣传，组织为数不多的防空演习。然而，此时的日军已确定了“加强对中国的封锁，对中国后方进行轰炸”的战略方针。尤其在侵占广州、武汉后，日军在这些地区建立起机场和加油站，更具备了就近对作为黔桂、川黔、滇黔、湘黔交通枢纽，陪都重庆南大门的贵州进行侦察、空袭轰炸的条件。

事态的发展果然如此。1938年9月25日，日空军率先轰炸清镇平远哨机场和贵阳易场坝机场，由此拉开了空袭贵州的序幕。接着，日军频繁出动飞机，规模不等地从贵州过境或直接在贵州进行侦查、散发传单、狂轰滥炸，气焰十分嚣张。据有关学者在《抗战时期贵州遭受日军空袭及损失研究》一文中统计，“从1938年9月到1944年10月，日机入黔轰炸约53次，其中1938年3次，1939年2次，1940年42次，1941年1次，1943年2次，1944年3次。出动飞机超过644架次，投弹约881枚，贵州被炸县市达18个。日机还一再侵入沿河、贵定、平越、都匀、荔波、榕江、黄平、册亨、贞丰、兴义、安顺、毕节等县，在龙里、贵定、平越一带抛撒传单”。

在1938年9月日军两次对贵州的空袭中，省城贵阳及周边的军事设施遭受了巨大损失。清镇机场的6架伪装飞机尽被炸毁，1名机场工作人员被炸死。即便如此，国民党当局仍未产生紧迫感，采取积极补救措施。直到1939年2月1—3日，防空司令部才在贵阳组织第3次防空演习。应该说，此次演习事前进行过认真策划，前后持续了3天，当局还给民众指定了敌机空袭时的疏散路线。但因缺乏具体的防空措施与各种必要的设备，民众并未引起足够重视。就在防空演习结束次日，日军利用当局与民众情绪松懈之机，突然对贵阳发动大规模空袭。当防空警报拉响时，许多民众果然以为又是演习，竟未及时疏散隐蔽，以致出现大量人员伤亡。

在中华传统文化中，春节俗称为过年，是一年中最隆重的节日，也是每年农历岁尾集祈福攘灾、欢庆娱乐和饮食为一体的民俗大节。我国地域辽阔，南北各地的过节习俗虽有一些差异，但南方一般从腊月廿四日（俗称“小年”）的那一天起，各家各户便开始扫尘、祭灶、拜灶王爷“忙年”了。随之而来的各种祭祀、缝制新衣、备办年货、打糯米粑、杀年猪、熏腊肉，会一直忙到大年三十。为过好每年这个最隆重的节日，奔波忙碌了一年的从业者们，也往往按照各自不同的行业习惯，提前做年终结算或邀集同业朋友聚会，以祈求来年兴旺。贵阳工商界习惯上有每月初二、十六日“祃祭”的传统。所谓“祃祭”，即是商户间结算清账，之后大家在一起“打牙祭”（聚餐，贵阳方言）。但腊月的最后一个“祃祭”日，是全年最重要的一次。

1939年2月4日，贵阳得逢冬季难得一见的晴朗天气。恰好这天为农历腊月十六，是全市商家本年度最后一次“祃祭”日，各商户正忙着结清相互间账目，集中现款，以备第二天“比期”日兑付，许多商人还在愉快地等待着晚上的“打牙祭”。一般老百姓则一早便开始盘算如何逛大街、买年货，为即将到来的“小年”备办用品。狡诈的日本侵略者，瞅准民众思想放松、忙着筹备过节的机会，竟在这一天发动对贵阳这座几乎不设防的城市的空袭，实施了一场前所未有的狂轰滥炸。

上午11时20分左右，喧嚷的贵阳上空突然响起凄厉的空袭警报，城郊的东山顶上匆忙升起了警示敌机接近的红灯笼。稍顷，18架日军轰炸机迅速飞抵城市上空。而此时的当权政要和一般老百姓，脑子里还满是昨日刚刚结束的防空演习场景，误以为是演习的延续。直到紧急警报二次响起，街头出现警察指挥民众隐蔽，市民们才仓皇逃散，商家也才急急关闭店铺。而此时日机已飞临头顶，轰鸣声清晰可闻，滞留家中的人已来不及逃避，只能在家寻处藏身。

“二四”轰炸前的贵阳大十字

侵入贵阳的日机共2批18架，每批敌机9架，分为3组，每组3架飞机呈“品”字形，分别由东而西直穿市中心、由东偏北绕飞市中心、由东偏南绕飞市中心。敌机沿途对事前策划的目标不停投弹，对以大十字为中心的贵阳繁华商业区进行轮番轰炸。当时，设于东山的两门高炮虽不断开火射击，但火力微弱，形同虚设。日机在几乎未受阻击的情况下，总计对贵阳中心区投弹129枚，多数为航空炸弹，其中39枚为燃烧弹，全市被炸面积达1/7。东至中山东路护国路和蔡家街口，南至中华南路贯珠桥，西至中山西路先知巷，北至光明路（即今省府路口），全市精华商业区瞬间化为一片火海。短短六七分钟，市中心的高楼大厦、民众住房、鳞次栉比的商铺尽皆化为瓦砾，仅余残垣断壁。

日军对山城贵阳的这场轰炸是经过精心部署的。一份日军参谋本部陆地测量部印制的《贵阳市街图》是最好的证明。一位地图爱好者收藏了这份地图，并撰写了《一份日军军用地图的猜想——贵阳“二·四”大轰炸之殇》的文章。文章指出：这份地图是在民国十五年（1926年）前绘制的具有军用性质的五千分之一贵阳城市地图基础上，根据间谍提供的情报在底图上进行挖补，对贵阳重要目标重新标注后形成的，“重新修改标注的地方达60余处，突出集中在政府机关、学校、工厂等重要目标，政府机关包括省政府、民政厅、教育厅、财政厅、建设厅、（省）军司令部、省会公安局、高等法院、地方法院、警察教练所（原警察学校）、军官训练团（原讲武堂）等；学校包括省立师范学校、省立第一中学校、县立小学、达德学校、时敏学校、毅成学校（原浙江会馆）、复旦女校（大十字附近）等；另有电报总局、电政管理局、陈家坝电报局、电灯局（原丞相阁处）、无线电台、邮政管理局、贵州银行、省立医院（原陆军医院）等通讯、金融、医疗机构及报社、会馆、寺庙等。铜像台、南北天主堂、慈云寺等则作地面参照物”。而“二四”轰炸中，日机集中轰炸的正是地图上重新标注的重点地区。

在敌机临近、警报拉响时，贵州防空司令部正召集各街道、保甲防护团负责人在“民众教育馆”讲解防空知识，一枚炸弹落在人群中，当场死伤50多人。市内众多来不及外出逃避，未能进入防空洞的群众，不是被炸死炸伤，就是葬身火海。有关部门事后统计，敌机对贵阳的这次轰炸，共炸死平民597人（当局的统计报告为521人），炸伤1526人，其中重伤送医院治疗的735人（33人医治无效死亡）。当时贵阳人口不足20万，死伤人数多达2123人。财产损失方面，空袭中被炸毁的民房与公共建筑1326栋，约值3880万（银圆）。空袭过后登记的灾民达8998人，2万多人无家可归。这场由日本侵略者疯狂实施的“二四”轰炸，成为贵阳这座黔中城市自宋代建城以来前所未有的最大劫难。

当年被国民党当局拘捕后关押于保安处地下室内的中共党员黄大陆、张益珊、凌毓俊等人所写的《狱中纪实》，记录了“二四”轰炸时的感受和情景。文中写道：“在初放空袭警报时，我们也以为是演习，照常看我们的书。但一会，紧急警报响了，而且，马上沉重的马达声带着恐怖划过长空……轰！轰！似乎墙都震动了，但炸弹是在隔我们较远的地方爆炸着，我们从地下室听来，好像只有六、八枚的样子……远远的，房屋倒塌和燃烧的声音，不很清晰地传来……红的焰和黑的烟，把这古城的天渲染得像一张草

“二四”轰炸后的贵阳中华南路

莽英雄的脸。”被关押在地下室的革命人士尚有如此感觉，那些身处敌机轰炸下的群众，随时面临死亡威胁，他们切身感受到的恐怖，以及事后目睹到的场景更可想而知。

2015年9月，《贵阳日报》曾刊载过一篇题为《“二·四大轰炸”贵阳不能忘却的记忆》的采访记。文章记述了一些老贵阳人对那场日军暴行的回忆。

一位叫杨近文的老人回忆道：当年他家住在距小十字不远。2月4日上午，他去叔叔家借书，忽然，刺耳的警报声猛然响起。他赶紧返回，途中按警察指挥往东门方向逃，刚越过老东门下到田坎趴下，飞机轰鸣声就近在头上。顿时只见炸弹、燃烧弹、机关枪子弹，向毫无设防的贵阳城疯狂掷下、扫射，瞬间山崩地裂、浓烟弥漫、火光冲天、尘土飞扬……接着数十架飞机，呈“一”字形俯冲下来，投弹后再拉高向上，反复多次，最后朝三桥方向飞离。敌机飞走后，民众才陆续返家。回家的路上只感到焦糊臭味、刺鼻难闻，沿途百姓哭声震天，随时可见残肢断腿，惨不忍睹。仅仅一瞬间，美丽的家园已全部被夷为平地，成了废墟。至今回忆起来，依然心有余悸。

另一位名叫孟昭恺的先生则讲述了家中的极度不幸。当年还只是一个7岁孩子的他，事后得知自己家的大院落下一颗炸弹，炸出了一个直径10多米、深数米的深坑，当场失去了姑姑孟广运、二哥孟昭祥和小侄儿孟百寿三位亲人。深受家破人亡的刺激后，家中四姐发疯，祖母过世。孟先生至今仍保留有一张拍摄于1937年的老照片。照片拍的是当年全家同贺老祖母71岁寿辰的情景，60多个子孙挤满偌大的孟家大院。看着这张照片，孟老先生深叹道：“二·四大轰炸”后，在金井街孟家巷生活了数十年的孟氏大家庭，从此再没有了四世同堂的兴旺。

有着与这两位亲历者相同经历的人，或许还有不少人在世，日本侵略者给他们带来的悲痛，一定还深深地留存在记忆里。一部名为《文史笔谈》的书，对当年贵阳遭受的这场大轰炸如此描述：“城里如燃烧几支庞大的蜡炬，浓烟冲霄，成了一片火云，遮断了日光的透射，火焰腾起几十丈高”，“满街都是受伤的人。血迹满面满身的，坐着车轿或给人搀扶着去医院”。

目睹这样的场景，当年流落贵阳的诗人杨骚悲愤之余曾写下这样的诗句：“日帝国主义，兽机，丢下炸弹……把贵州的心脏——贵阳，贵阳的心脏——大十字，整个，整个的挖去！”

日军的暴行既让贵州各族人民切身感受到侵略者的残酷，更激起了各族各界的无比义愤，血与火的现实推动贵州的抗日救亡运动掀起了新的高潮。轰炸发生后，省动员委员会特设灾民救济处，具体办理救济事宜。社会各界踊跃捐助，积极施救，募获救济款275737元，安置灾民9547人，慰恤伤亡灾民542人，抚恤因公伤亡人员185人。中共贵州地下组织为此召开紧急会议，一方面在志道小学内设立救济站，发动党领导下的群众团体、社会进步人士开展募捐救济活动；另一方面组织地下党员和进步青年，在救灾过程中开展抗日救亡宣传，激发广大群众的抗日热情。

敌人的轰炸本欲扑灭贵阳这个抗战大后方的抗日火焰，不料却激起广大民众的同仇敌忾。“二四”轰炸后，在贵阳和周边各县迅速掀起了一股控诉日军罪行、坚定抗战胜利信念、以实际行动支持抗战的热潮。正如黄大陆、张益珊等人的《狱中纪实》中所写：“让疯狂的日本鬼子去庆贺吧，在无耻的滥炸下，在血与火的挣扎中，新的中华儿女是要生长起来了，铁和钢一样地扼死这只法西斯野兽。”事实证明，经过“二四”轰炸后的贵阳人民，抗日立场更加坚定，抗日救亡步伐更加一致。1939年后，贵州各族各界抗日救亡运动持续高涨、群众以积极为抗战募捐等方式支持前方抗战，就是最好的例证。

历史是抹杀不了的。那些惨无人道的侵略行径，那些血雨腥风的战争场面，那些令人发指的屠杀罪行，都会铭记在人们心中。“二四”轰炸是贵阳人民的历史之痛，贵阳人将永远不会忘却。

# 一切为了抗战胜利

贵阳有个地方叫纪念塔，多路公交车在这里设有站点。乘坐出租车，只需对司机说出“纪念塔”三个字，司机问都不问，就会径直将你带到目的地。

纪念塔这个地名，指的是贵阳城区南北中轴线上新华路与瑞金路、市南路的交叉口。如今仅存地名，塔已在城市发展中被拆除，唯有从历史文献或老一辈人口中，才能了解到这一地名的由来，至于当年纪念塔的模样，已很少有人说得清楚。

纪念塔的全称为“国民革命军第一百零二师抗日阵亡将士纪念塔”，建

当年的贵阳纪念塔

成于1941年5月，塔高10.2米，三角棱形，上尖下大，塔座底部呈台状，各边宽1米余，高80厘米，嵌刻铭文，记叙建塔原委，并刻有三〇四团团长陈蕴瑜在砀山壮烈殉国的事迹、一〇二师的几次主要作战经过和各级阵亡将士名单。1986年至1994年间，陈蕴瑜、柏宪章等一批将士，被贵州省人民政府追认为革命烈士，并颁发中华人民共和国《革命烈士证明书》。

在中国人民长达14年的反日本法西斯侵略的战争中，纪念塔既是当年贵州健儿奔赴前线英勇杀敌的历史见证，也展现出抗战期间贵州各族大众的共同心声：一切为了抗战胜利。

贵州在抗战期间虽然大部分时间处于后方，但战争爆发后，80万黔籍将士义无反顾地奔赴战场，同全国抗日军民一起谱写了中华民族抗击外来侵略的壮丽诗篇。

全面抗战爆发后，黔籍将士在前线英勇奋战，立下了赫赫战功。先后直接参战的有第八十二师、八十五师、一〇二师、一〇三师、一二一师、一四〇师、新编第八师、独立第六旅、新编第二十八师，以及预备第二师、贵州补充师11个由原“黔军”改编的陆军师。在战略反攻阶段，黔籍将士在滇缅会战和湘西会战中，同样奋勇杀敌，为赢得战争胜利献出了生命。在敌后战场，数以万计的黔籍优秀儿女参加了八路军、新四军，在敌后英勇作战，在大量消灭敌人的同时，也有不少贵州健儿光荣牺牲在战场上。

1937年8月的淞沪会战中，由原黔军改编的一〇二师奉命驻扎江阴、虹桥等地，将士们“奋勇克敌，显树战功”，令日军未能前进一步。一二一师驻防江阴要塞，2个月中先后与日寇接仗10多次，打退日本海军与陆军的配合进攻。在强渡苏州河战斗中，一〇二师六〇七团强渡时，与日军巡逻艇遭遇，双方发生激战，最终以阵亡排长2人、士兵数十名的代价换来击沉敌艇2艘的战绩。这是淞沪战场上，中国陆军与日本海军战斗较为激烈的一次。一〇二师的六〇七、六一二两团强渡苏州河后，留守师部的六〇九团遭到日军右翼侧击。师指挥官当即令补充团迂回插入敌后，施展包围战术，与日军展开肉搏，终于将日军击退，同时也解除了十七军团的侧翼威胁。

在台儿庄大战中，第一四〇师在主战场南端的禹王山、望母山等地与敌作战，重创日军。在我军的沉重打击下，进犯徐州之敌纷纷败退，遗弃大量武器、装备，被生俘官兵数千人。这场战斗一四〇师亦伤亡官兵3000余人，谱写了光辉而悲壮的历史篇章。武汉会战中，一二一师负责武汉外围田家镇松山口防守，作战月余，击溃日军2个联队，缴获大批武器。该师又在田家镇石门山附近与日军展开阵地战，鏖战一月，顽强坚守住田家镇要塞。八十二师也在这场会战中勇立战功。此外，一四〇、一〇二、一二一等师先后参加了4次长沙会战，将士们英勇杀敌，在给日军重创之际，自己也付出了巨大牺牲。一〇二师组建时有将士9700多人，经过上海、无锡和南京抗战，仅剩下3000余人。后虽增补到7000人，但经过徐州、武汉、南昌和长沙等战役，全师仅存官兵不到千人，累计牺牲约12000人。

滇西之战是抗日战争时期的一次大型战役。1942年春，日军进犯缅甸。中国政府为保滇缅公路畅通，应英国政府之请，派遣十万远征军，急驰援缅。在这场战役中，由黔籍将士组成的一〇三师，奉命攻取松山日军阵地。双方激战近2个月，经过顽强拼杀，日军松井联队被全歼，联队长松井切腹自杀。我军亦付出巨大牺牲，阵亡将士1450名。当时，因战事紧迫，仅将600余人葬于松山战场大垭口，多数牺牲的战士未能及时安埋，战后才陆续收集忠骸进行安葬，建立公墓，由师长熊授春刻碑铭记。

除直接开赴前线参战的贵州健儿外，从“九一八”事变开始，贵州持续高涨的抗日救亡运动，在提高各族各界群众的政治觉悟、鼓动大批热血青年奔赴前线、接纳内迁教育院校及国防工矿企业、繁荣后方经济、确保战时交通运输等方面，都产生了积极的作用。在抗日民族统一战线旗帜下，中共党组织在贵阳成立了八路军贵阳交通站、新华日报贵阳分销处；国民政府第二战俘收容所迁到贵州镇远、中国红十字救护总队迁驻贵阳图云关开展活动。这些机构与他们的活动，既有力地支持了中共南方局的工作，对前方的对敌斗争也发挥了十分积极的作用。

抗战期间，为了保持地区之间的联络，兼顾抗战事业的保护，八路军在国统区先后建有12个办事处，分别为八路军驻陕办事处、驻晋办事处、南京办事处、驻沪办事处、武汉办事处、驻湘办事处、驻桂办事处、驻渝办事

八路军贵阳交通站旧址

处、驻豫办事处、驻兰州办事处、驻新疆办事处，以及八路军贵阳交通站。

八路军贵阳交通站全称为“国民革命军第十八集团军贵阳交通站”，是抗战期间中共连接华南、华东、西南与延安的重要机构。该交通站由中共南方局周恩来、叶剑英同志决定成立，成立时间在1939年1月，由原八路军武汉办事处副官长袁超俊（原名严金操，贵阳人）担任站长。中共贵州省工委先后指派党员丁树奇、高言志、雷光远作为联络员加入。

交通站成立之初，借用达德学校教室临时办公，后因学校即将开学，教室不能再借用，改租贵阳六座碑与晋禄寺间一户熊姓人家房屋（今民生路九十二号）作为办公地点。“二四”轰炸后，贵阳市区破坏严重，为确保工作正常开展，交通站租借威清门外一间木屋作城外接待站，并自己动手将房屋与公路间的空地改建为停车场与库房。建成后的交通站，从站长到会计、出纳、收发、公务员、警卫员，以及司机和押车员、副官，仅有20余人，运输车辆只有一部由救护车改装的卡车，远不能满足需要。1939年，海外侨胞捐赠了4辆雪弗兰汽车与1辆“万国牌”汽车，交通站自己购买了5辆道奇卡车，聘请了包括归国华侨在内的10多名司机，负责运输、修理等工作，才算解决了困难。交通站开展的运输工作有效支援了前方抗战，仅1939年经交通站运送的物资就达150多车。

八路军贵阳交通站采取公开与秘密相配合的工作方式：公开工作主要是

为八路军、新四军转运军需物资及接待转移过往人员，秘密工作则是完成南方局交代的与部分隐蔽党员和统战对象进行联系。

交通站活动期间，陆续转运从武汉、长沙经衡阳、桂林撤退下来的人员、物资及档案材料。先后安置了部分中共中央和八路军领导人家属，其中包括周恩来的父亲周懋臣、邓颖超的母亲杨振德、博古的女儿秦新华，以及李克农的父母等共20余人。1939年“二四”轰炸当天，交通站将家属安顿到青岩居住，一些人居住达2年之久。交通站直接接待过的领导人有叶剑英、李克农、李涛、石磊、于刚、高文华、徐特立、李达、叶挺、袁国平、张云逸等。来的人多了，交通站住不下，就安排在贵阳独狮子中国旅行社，并妥善做好保卫和服务工作。越南共产党领导人胡光（即胡志明）经常坐八路军车辆往返于重庆、桂林、昆明之间，到贵阳就住在交通站。1939年1月至1940年1月期间，贵阳八路军交通站不仅起到了连接华南、华东、西南与延安的枢纽作用，还成为通往境外（滇缅公路、滇越公路）的咽喉之地，大量国际援华物资和人员，经贵阳交通站得以转运。

作为八路军在贵阳建立的公开机构，交通站在贵阳做了大量统战工作：一方面与国民党当局保持官方接触，办理必要的业务；另一方面积极通过各种渠道联系各界进步人士，宣传党的方针政策和抗战形势。交通站还将《解放》《群众》等中共刊物运到贵阳，组织散发。站长袁超俊曾应黄齐生之邀，到达德学校去给师生讲述抗战形势及中共抗日民族统一战线政策。1939年初徐特立途经贵阳时，袁超俊还请徐老给贵阳的知识分子、进步青年讲课。

1939年底，国民党掀起第一次反共高潮，八路军贵阳交通站陷入困境，大部分工作人员撤离，留在贵阳工作的仅七八人。1940年1月21日，国民党派遣特务、宪兵将交通站包围，逮捕了李配之等7名工作人员（后经营救获释），史称“七人之狱”，交通站物资也被查封。皖南事变后，在国民党掀起的第二次反共高潮中，贵阳交通站遭到国民党当局彻底取缔。

成立于1938年10月的《新华日报》贵阳分销处，是中共贵州省工委领导下负责《新华日报》发行的公开组织，只有3名工作人员。《新华日报》

当时在重庆出版，每天由重庆至贵阳的长途客运汽车运来，由分销处负责零售，平均日销售量400至500份。为确保运输渠道畅通，分销处与负责邮局库管的中共党员及重庆运输工人保持密切联系，从而使报纸能每天及时安全运到贵阳。尽管人手很少，分销处还是为香港印刷工人组织的“反汪工友回国服务团”解决困难，在贵阳发起募捐，将捐到的1000多万元法币及捐款人名单，附上一封公开信，通过《新华日报》转交香港工会，鼓励香港工人坚持斗争。《新华日报》曾将分销处的这封公开信刊载，以扩大影响。1940年底，国民党当局制造白色恐怖，策划对分销处采取行动。党组织为保存革命力量，结束了分销处的工作。在10多个月里，通过分销处获得的《新华日报》，成为贵州地下党组织的一盏指路明灯。

抗战期间，一些重要的抗战机构内迁到贵州后，在各族人民的大力支持下，通过自身的努力，在极度困难的情况下顺利地开展正常工作，圆满完成承担的战时任务。其中，镇远“和平村”、中国红十字救护总队是典型代表。

镇远“和平村”并不是一个村子，而是抗日战争时期国民政府军政部第二俘虏收容所的别称。“和平村”位于镇远卫城和平街南侧，原为晚清时期镇远总兵署的中衡衙门，民国初年改建为贵州省第二模范监狱，是一组由高大土石围墙圈围起来的建筑。1938年2月，国民政府军政部在湖南常德成立第二俘虏收容所，主要关押南方战场上俘获的日军俘虏。随着战局变化，收容所被迫迁至湖南辰溪，又于1939年12月辗转迁至贵州镇远。当年，因日本反战作家鹿地亘等将这个收容所称为“和平村”，“和平村”的名称遂一直沿用下来。

“和平村”在镇远长达6年，先后收容日军俘虏600余人。收容所在押解和收容俘虏的过程中，尽力保障俘虏的生存权利，认真贯彻国际人道主义的优待俘虏政策。“和平村”关心日本战俘的生活，不仅组织他们挖水井、修澡堂、完善卫生室，还组织他们下河捕鱼改善伙食。此外，“和平村”常邀请当地机关团体、学校到营地开展文体联欢活动，丰富业余生活；组织战俘自己动手制作各类工艺品出售，以补助生活。

当时，“在华日本人民反战革命同盟会西南支部”中的大部分成员因“亲共”嫌疑也被关押于“和平村”。他们在这里接受了日本共产党员反战作家鹿地亘及中共党员的教育与指导，系统学习马列主义毛泽东著作，从事反战研究，编印反战刊物，帮助日本战俘认识日军侵华的非正义性，为中国抗日战争做出了贡献。据载，不少在“和平村”生活过的日军战俘被感化，先后有137名战俘成为坚定的反战同盟成员。这些人离开“和平村”后，到战争前线开展反战宣传，瓦解日军士气，为中国抗日战争胜利做出了贡献。

2006年，镇远“和平村”旧址被国务院批准为全国重点文物保护单位。2015年，镇远“和平村”旧址入选第二批100处国家级抗战纪念设施、遗址名录。

贵阳城东南有一处山隘名图云关，旧时被列为贵阳九门四阁十四关之一，有着久远的历史。据文献记载，图云关有着一夫当关，万夫莫开之险，又属黔中通往湘桂的咽喉，南宋嘉泰元年（1201年）动工兴建，明、清两代多次增修，建了不少亭台楼阁。因属军事要塞，此处曾在历史上发生过不少战事。但让图云关名扬海内外、留下深刻历史印记的，却是抗战时期中国红十字会救护总队迁到这里后，为抗战胜利做出的杰出贡献。

中国红十字会救护总队系1938年在长沙成立的民间统一战线组织，从事

红十字救护总队营地及运输车队

战地医疗救护工作。救护总队有工作人员千余人，是当时全国最大的一支战时机动救护队伍，拥有国内一流的医疗专家和教授。1939年3月，红十字救护总队部由长沙辗转迁到贵阳图云关。由此，图云关成为中国红十字救护总队指挥全国各战区150多个救护队工作的中心。

从1939年3月迁入到1945年底撤离，救护总队部驻图云关5年零8个月余。其间，救护总队、战时卫生人员训练所及实习医院、国际援华医疗队等机构同在这里开展工作。数以千计的伤员在这里得到康复，数千名军医和数百名专业卫生员在这里得到培训，上千吨海外捐助的医药卫生器材集中到这里，又从这里分送到全国各地。一部分药品器材也从这里被送到了八路军、新四军所在的抗日根据地。

抗战期间，中国红十字救护总队有3000多名中外医护人员驻扎在图云关。由于救护总队的工作重点放在前线伤病员救护上，当时的行动口号是“救死扶伤，博爱恤兵”，并为所有工作人员订立了八项救护信条：“具丰富情感，抱牺牲志愿，本博爱襟怀，献科学身手，作精密准备，求迅速效率，保伤病安全，增人类幸福”。遵照以上信条，救护总队创下了可歌可泣的光辉业绩，深受军队伤病员的称赞和贵阳民众的爱戴。

根据中共南方局建立中国共产党红十字会支部的指示，救护总队迁入贵阳前即已建立中共特别支部，有党员20余人。总队迁驻图云关后，特支由八路军贵阳交通站领导，继续开展各项工作，包括利用运输股各汽车队往返运输线的便利，以合法形式发起成立“红色书报供应社”，公开输送进步书刊；广泛动员大后方医务人员到抗日根据地工作；动员有进步思想的青年医务人员参加八路军；通过宣传使一部分高级医学专家倾向和赞成共产党“坚持抗战、坚持团结、坚持进步”的主张，扩大中共在红十字会中的影响等。

抗战胜利后，红十字救护总队于1945年底撤离贵阳图云关，到重庆与中国红十字会总会合并办公，至此结束了图云关作为中国抗战大后方医疗救护中心的历史。但救护总队在这里的各种事迹及留下的若干历史遗迹，却永远留在贵州各族人民心中，留在中华民族伟大抗日战争史上。

中华民族有着五千年的悠久历史，琳琅满目的各类文物，是中华民族不同阶段历史发展的见证。抗战期间，国家的珍贵文物受到战火威胁，为了保护好这些珍贵的“传家宝”，1937年8月14日，80只装满国家文物的铁箱由南京运出，寻地进行保护。文物沿长江水路到达汉口，然后用火车运到长沙。数月后长沙危急，这批箱子又经广西运至贵州安顺附近的一个隐蔽山洞。在这里，该批文物得到妥善保护，度过了1938年到1947年间的漫长岁月。当地人民为保护国家文物，付出了不少心血，总算使这批国之重宝躲过了战火带来的浩劫。

日本侵略者对我国文澜阁《四库全书》觊觎已久，一直欲将其劫夺到日本。1901年，日本学者内藤湖南就曾说：“中国书籍对于东洋文物而言，不用说，是其中最大、最重要的部分，而其邦变乱无常，灾厄波及文物如此。其古籍之残缺，往往我邦存而传之。”文澜阁《四库全书》在清代曾遭战乱干扰破坏，幸得有识之士发起，投入巨大人力财力从各方抄补整齐。抗战时期，为避免该书陷入敌手，不得不运离杭州。1937年8月1日，工作人员将文澜阁《四库全书》点书装箱，总计阁书140箱，善本88箱，于4日晨装船运往富阳渔山。同年12月3日，《四库全书》与善本自富阳起运，千里西进，经湖南，最后于1938年4月底辗转运抵贵阳。在贵阳，这批文物得到妥善保护。先存于西郊张家祠堂，后转藏于北郊地母洞。1944年12月黔南事变，日军从广西北部犯贵州。为保文物安全，文澜阁《四库全书》转运重庆青木关，抗战胜利后，返运回杭州。

从“九一八”事变开始的抗日救亡运动，到1944年底的“黔南之战”，其间发生的无数历史事实证明：贵州不仅是祖国西南的一颗秀丽明珠，也是一方甘为国家生死存亡付出与牺牲的热土。这里的各族人民，尽管在侵略者的疯狂空袭下蒙受了巨大损失，在抗敌战场上献出了无数宝贵的生命，坚持抗战的意志却始终未曾松懈。在长达14年的抗日战争中，作为大后方的贵州，既经受住了血与火的考验，更为确保全面抗战的胜利发挥了积极作用。

“一切为了抗战胜利”，便是贵州各族人民在伟大抗日战争中的座右铭。

# 用斗争迎接解放

“最黑暗的时刻也是最接近光明的时刻。”这句名言的出处虽不甚清楚，却正是1949年贵州政治局势的写照。

制造各类事件、采用卑劣手段残酷镇压革命力量，一直是国民党贵州当局对待共产党人的态度。抗战期间是这样，进入解放战争后，更为变本加厉。皖南事变后，白色恐怖笼罩贵州，地下党组织根据中共中央南方局的指示，不得不有计划地将大部分党员转移到省外或就地隐蔽。

国民党挑起全面内战后，贵州由国共合作抗日的坚挺大后方，一下变成了反动派反共的基地。整个解放战争时期，统治当局都在不断强化对革命势力的镇压，采取种种手段打击民主运动，对进步人士和人民群众进行严酷压制和迫害。然而，事态的发展总是与统治当局的意愿背道而驰，原先为回避反动当局镇压，暂时转入隐蔽的各地党组织，在全面内战爆发后逐步恢复了斗争。中共凯里党小组不仅对国民党上层人士、知识分子展开统战工作，建立起秘密活动点，还尽力争取地方武装，发动群众，为迎接解放做积极准备。中共织金县工委派遣党员打入敌人阵营或通过合法社团发动群众，积蓄革命力量。临近解放，县工委还在加紧统战工作的同时，于1949年11月成立猫场游击队。其他如中共川东临委、安紫边区领导小组、中共黔桂边中心支部、滇东北党组织、中共滇桂黔边区罗盘地委，都在贵州境内积极开展地下活动，发动群众，组织革命武装。

解放战争中，根据党中央的指示精神，中共川东临委派原贵州地下党疏散到川东的张立返回贵州，在黔北清理组织，开展工作。1947年12月，由张立总负责的中共黔北工作委员会（简称黔北工委）建立。1949年2月，根据中共中央华南分局的指示建立中共贵州省工委，省工委又建立新民主主义青年团（简称“新青”）。在这之前，华南分局于1948年陆续派出一批人到贵阳，组成了中共贵阳特别支部。贵阳特支随后建立新民主主义青年联盟（简称“新联”）。1949年3月，江汉军区鄂中分区城工部也派人到贵阳工作。贵州党组织在发动群众、坚持斗争、迎接解放等方面做了大量工作。

人民解放战争期间，国统区爆发了声势浩大的反蒋民主运动，贵州学生界也在中共地下组织的领导下，于1949年春掀起一场大规模的“反饥饿”运动。3月初，贵州大学外语系学生史健等人创办的《高原导报》披露学校教职员工生活陷入困境的惨况，各院系学生群情激愤，纷纷喊出“教授吃野菜，我们怎么办？”的口号，并在校内张贴墙报，要求政府改善教师待遇，实行学生全面公费。20日，贵大教授会宣布罢教，学生们迅速表示支持，并决定发起“抢救师生员工饥饿运动”，与校方及省政府交涉，提出用大米或银圆准时发放教职工薪金、公费学生生活费等要求。

3月26日，贵大学生近千人高举“反饥饿”巨型横幅，徒步走到贵阳游行请愿。学生们在贵阳街头高呼口号、齐唱进步歌曲、开展义卖活动，轰动了整个山城。广大市民纷纷送茶送水，表达对学生的同情与支持。游行队伍抵达省政府请愿时，统治当局如临大敌，不仅派出军警全城警戒，大街小巷设双岗执勤，还在省府门前架上机枪，对学生进行威胁。在学生队伍和市民的强大压力下，当局不得不派教育厅厅长出面搪塞。遭到学生拒绝后，省主席谷正伦被迫接见史健等学生代表，答应借发1个月公粮给学生，承诺“各同学本学期食米差额，由省府拨借稻谷1000石救济；师生员工医药由省立医务机构照优待省级公务员例办理”。次日，学生代表在市里举行记者招待会说明此次游行的原因和目的，并发放《告全市父老书》，感谢各界群众对活动的支持。

贵大学生掀起的“反饥饿”斗争，在全市教育界引起了连锁反应。贵阳医学院、贵阳师范学院，以及8所省立中学教职工先后发起请愿活动。这场声势浩大的“反饥饿”运动，从贵阳波及遵义。遵义师范、省立高中、城成中学、医生职校的进步学生，纷纷行动起来宣传“反饥饿”“反迫害”，为教职工呼吁。中共领导下的这场以“抢救师生员工生活”为主题的运动，迅速在全省形成一场广泛的反蒋民主运动，掀起一浪又一浪高潮。

经过辽沈、平津、淮海三大战役后，国民党反动统治岌岌可危，人民解放战争已在全国取得了决定性胜利。1949年4月23日，南京解放，国民党政权宣告覆灭。接着，人民解放军以疾风扫落叶之势，奋勇追击敌人，贵州的国民党残余势力已面临灭顶命运。

到这个时候，对于盘踞贵州的国民党当局来说，负隅顽抗、困兽犹斗已经没有可能，但这批人却又不甘心束手待毙。于是，一小撮冥顽不化的反动分子，在行将灭亡之际，炮制出一套“应变计划”，企图做一番垂死挣扎。1949年5月以后，国民党省参议会、省党部和保安司令部等各系统制订“应变纲领”，省保安司令部副司令韩文焕亲自到兴仁、毕节、镇远、独山、遵义、铜仁召开会议，根据统一制订的“应变计划”，从政治、军事、经济几方面加强控制，妄图一面利用各种军警宪特组织搜集情报，监视与逮捕共产党员和革命人士，一面在原来的中统、军统特务机构之外，成立“贵州绥靖公署”“警备司令部侦防组”“反共保民动员委员会”等组织，加强反共宣传，筹集应变经费。

针对国民党当局垂死挣扎的各种计划，中共贵州地下党组织领导贵州各族人民展开了针锋相对的斗争。

在人民解放军大军压境、贵州指日解放的形势下，统治当局变得愈加疯狂。为了在省城推行男妇老幼跑光、粮食物品烧光、一切用具搬光的“三光”政策，反动派成立了“疏散指挥部”，计划先炸毁南门大桥，烧毁报务局、话务局、贵阳电厂，屠杀中共党员和进步人士，然后组织反共骨干分子上山“打游击”，伺机卷土重来。

为粉碎敌人的阴谋，中共地下组织在大力宣传中国共产党方针政策和《中国人民解放军布告》的同时，发动群众为保卫城市而斗争。

电厂被反动派列为首要炸毁目标。贵阳电厂工人闻讯后，全体员工召开紧急会议，提出保家护厂、与工厂共存亡的战斗口号，采取了多项护厂措施。11月12日，敌宪兵队乘车到电厂附近欲寻隙破坏，由于护厂工人严阵以待，敌人的阴谋未能得逞。当晚，国民党八十九军军长刘伯龙率残部窜回贵阳，指挥破坏中曹兵工厂、电讯局，大肆抢劫银行。全市风声鹤唳，气氛极为紧张。刘伯龙所部曾企图对电厂下手，因护厂工人声势浩大，未能得逞。电厂护厂斗争的胜利，保证了城市夜间照明，使反动派不敢肆无忌惮地对省城进行洗劫。

与此同时，贵州广播电台、贵阳盐务局、文通书局、《贵州日报》印刷厂、贵阳邮政汽车修配厂等单位的职工及爱国工商业者，也纷纷起来保护所在机构、企业或商店，并最终取得了斗争胜利。全省各大、中学校师生，也响应地下党的号召，利用合法组织及各种形式进行护校，防止了敌人的破坏。

11月初，一批热爱桑梓的爱国民主人士毅然挺身而出，组织“贵阳市民众临时治安委员会”。11月11日，临时治安委员会在当时的市参议会（在今中山西路）成立，选举卢焘为主任委员，张彭年、郭润生为副主任委员。第二天，临时治安会发布通告，宣布该会“唯以维护全市治安，保障市民生命财产之安全为目的”，即日起开始昼夜办公。接着治安会从盐务局、税警队、第四十二补给区司令部、法院及私人手中搜集到手、步枪400余支，成立了由190余人组成的自卫队，“日夜轮班巡逻全市，以防宵小”。

在制止敌人炸毁北郊军用仓库和电厂的护厂斗争中，治安会都发挥了积极作用。对当事人已逃跑而无人看管的机关、仓库、公房，治安会均派人前往看守。由于治安会和各种社会力量的共同努力，在国民党逃离后的“真空期间”，贵阳城内没有发生大的骚乱。

国民党反动派大规模破坏城市的阴谋虽未得逞，却在逃离前对中共党员和革命人士进行了疯狂的逮捕和屠杀。从1949年5月开始，国民党在贵阳开始大逮捕。6月初，贵州大学33名师生员工被捕。7月1日，贵大学生领袖史健被捕，并于9月惨遭杀害。11月初，反动当局在省内13个县以各种“政治案件”为名，逮捕各界进步人士165人，其中有中共党员22人。这些被捕人士不断遭到杀害。11月11日，反动当局在贵阳杀害中共党员、共青团员与进步人士30余人，制造了骇人听闻的“双十一惨案”。反动当局对贵阳临时治安会保护城市的斗争尤为痛恨。11月12日，刘伯龙从黄平窜回贵阳后，下令将治安会的通告撕毁，并于14日假借“约见”之名，将治安委员会负责人卢焘骗至二桥转弯塘加以杀害。

卢焘，原名卢启熹，号亮畴，后改名卢焘，号寿慈，壮族。生于清光绪八年（1882年）农历九月，幼时家境贫寒，由其姐资助读书。卢焘1905年加入中国同盟会；1909年4月，投入云南陆军，辛亥革命后曾随滇军援川；1914年，受刘显世之邀，出任贵州东路巡防管带。护国战争中，卢焘率黔军第二团入湘作战。1920年11月，随王文华率黔军入川护法，之后曾先后任黔军总司令、广东北伐军大本营高等军事顾问等职。卢焘一生爱憎分明，与朱德是云南讲武堂同学，曾多次产生到延安参观的愿望，对蒋介石的拉拢则坚决予以拒绝。贵阳解放前夕，卢焘被推为贵阳市民众临时治安委员会主任。任职后其公开向民众表示：现在贵阳“真空”，我们的首要任务，是马上组

卢焘烈士生前照

卢焘烈士殉难处

织市民自卫队，维持市内治安，保护市民生命财产，防止坏人捣乱破坏。临时治安委员会发表《通告》安定民心，派人与各公共事业单位联系，要求相关负责人组织员工，自保自卫；对那些无人看管的机关、仓库、公房，即时派人去看守。卢焘的义举深为蒋介石所嫉恨，以致最终遭到反动派杀害。

贵阳解放后，各界成立“卢焘先生遇难治丧委员会”，与卢焘家祭结合，在慈母园举行追悼大会，为期7天。12月16日，中央人民政府副主席朱德、李济深获卢焘被害消息，从北京给卢焘亲属发来唁电，并为卢焘题写了“英雄不死，永志人心”的挽联。1986年，中华人民共和国民政部追认卢焘为革命烈士。

1949年9月4日，中国人民解放军第二野战军第五兵团从江西上饶出发，经南昌、长沙向大西南进军。10月中旬，部队开至湘潭，根据中共中央西南局的命令，确定了以苏振华为书记的中共贵州省委员会。第五兵团西进时，第三兵团第十军也于8月下旬从安徽出发，造成从北面入川的声势。9月下旬，三兵团十军进至长沙，接着继续向湘西进发，在桃源郑家驿集结待命。

11月1日，人民解放军五兵团及三兵团十军同时由邵阳、桃源两地出发，向黔东、川东展开作战行动。11月3日，人民解放军向敌人发起进攻。接着，各路大军在贵州境内以破竹之势对敌穷追猛打。4日以后，人民解放军每日克一城，甚至一日克数城。到11月14日，先后解放玉屏、三穗、岑巩、施秉、黄平、炉山、铜仁、松桃、贵定、黄平、江口、龙里、榕江、麻江、从江、石阡、瓮安等18个县。15日，人民解放军解放省会贵阳，国民党在贵州的统治宣告终结。不久，遵义解放。到11月底，人民解放军陆续解放了都匀、开阳、清镇、修文、雷山、印江、万山、思南、平坝、息烽、安顺、德江、湄潭、独山、余庆、凤冈、台江、剑河、绥阳、普定、桐梓、镇宁、惠水、大定、黔西、福泉、仁怀、紫云、毕节、习水、平塘31个县镇。国民党贵州省主席兼绥靖公署主任谷正伦由贵阳逃到盘县，又由盘县逃往昆明。

在人民解放军的强大军事攻势和中国共产党的政策感召下，贵州境内的国民党残敌纷纷起义或投诚。截至1949年末，全省又有赤水、丹寨、三都、威宁、赫章、金沙、荔波、纳雍、正安、水城、关岭、郎岱、晴隆、盘县、普安、兴仁、兴义、贞丰、安龙、册亨、望谟、长顺、道真、沿河等县被解放。

国民党在贵州的反动统治被推翻后，新生的人民政权在贵州各族人民的欢呼声中诞生。

1949年11月22日，中国人民解放军贵阳市军事管制委员会宣告成立，由苏振华任主任，曾固、赵健民任副主任。军管会是当时军事民政最高机关，下设军事接管、民政接管、财政接管、建设接管、文教接管、公共接管六部。其任务是肃清反革命残余势力，保障人民生命财产，维护社会安宁，确立革命秩序，开展城市农村的接管工作，恢复生产事业。

贵阳市军事管制委员会成立后，立即开始对省市的逐步接管工作。从11月26日起，军管会发布一系列布告，公布各种接管办法。11月27日，军管会接管原省政府各税务机关，宣布一切财政收入转为人民所有，同时宣布中国人民银行发行的人民币为市场流通之唯一合法货币。接着，军管会于11月

29日发布布告，按管国民党党、政、军、特各机关，没收战争罪犯、官僚资本、反革命首恶分子之房地产，命令所有服务于国民党各军事机构的全体人员，向指定机关缴出武器、军用物资、文件及档案。在人民群众的支持下，军管会先后接管了贵州企业公司等官僚资本企业及敌产26处。11月26日，贵阳市学生联合会筹备会成立。贵阳地区的贵州大学、贵筑县中学、清华中学等88所学校复课。军管会在全省总计接管了大学3所、中学114所、小学7416所。此外，还接管了卫生系统的省、市立医院6所，各专县卫生院55所及图书馆、民教馆、科学馆、艺术馆等单位。与此同时，农村的接管工作也由集镇到乡村逐步展开。

随着接管任务的顺利完成，全省大多数地区的社会秩序逐渐恢复，人民生活逐步走上正轨。1949年12月26日，贵州省人民政府宣告成立。杨勇任省人民政府主席，曾固任副主席。省人民政府下设民政、财政、教育、建设、工商、公安等办公室。全省设贵阳市及贵阳、遵义、铜仁、安顺、毕节、镇远、独山、兴仁8个专区、79个县。

贵州省人民政府的成立，标志着苦难深重的贵州各族人民终于摆脱了帝国主义、封建主义、官僚资本主义的剥削和压迫，取得了当家作主的地位。从此，贵州历史揭开了新的篇章。

# 后 记

这套《贵州历史笔记》分上、下两册，上册的出版在13年前，下册却迟至今日方与读者谋面，拖的时间如此之长，连自己都不免心生愧疚。

人的一生短促而匆忙。当年写《贵州历史笔记》时，动机其实很简单。搞了一辈子的贵州史研究，总感到历史本身是一个非常复杂的综合体。许多历史上的人和事，在漫长的历史岁月里，往往存在着承袭与变异，即便貌似偶然发生的事件，细探之下也不免发现它并不孤立，总与之前的地域文化有着千丝万缕的联系，甚至是错综复杂的交织。其中的不少问题，无论通史、专题论文都很难将之梳理清楚，于是便有了通过历史笔记的形式，就自己的研究心得，择要写一部贯通古、近代的书的念头。

就我个人而言，的确不曾想到《贵州历史笔记》出版后会受到读者那么热烈的关注。首次印刷的3000册很快销售一空，其后加印2000册，依然不久便断货。图书市场反响很好，甚至一度位居全国各大书城图书排行榜单前列。尤其没想到的是，我省学术界的一些大家会先后以《博文通识，知古鉴今》《治史不忘“求真”二字》《浅谈〈贵州历史笔记〉》等专文给予高度肯定。

汗颜的同时也曾有过不辜负读者期望，将这部历史笔记续写下去的想法，却总因各类冗事或健康问题耽误了下来。直到将届耄耋之年，有了时不我待的紧迫感，才鼓起余勇完成这20余万字的书稿，算是2008年版《贵州历史笔记》的续编。根据出版部门的建议，新撰的书稿与2008年的《贵州历史笔记》同时出版，作为下册。

弹指十余年，随着贵州经济社会的飞速发展，考古学、历史学的研究水平已远非当年可比，难以枚举的考古发现与学术研究成果，显得当年《贵州历史笔记》的研究结论，不少需要补充和订正。但一则年事已高，完成这部书稿已有些沙滩行船之感，再无余力去对早年的文稿做全面的加工润色；二来感觉那毕竟是当年个人水平的真实反映，良也好、拙也罢，还是让它基本保持原貌。故仅对上册部分内容做适当修改、订正。

如果问《贵州历史笔记》下册与早前写的上册有何不同，那就是上册多聚焦于政治与军事方面的人和事，经济问题几未绍及，下册则吸纳了一些专家的建议，将经济、文化、民族有关的人和事作为记述的重点，并在时间上一直延续到贵州解放。虽然不免因此出现较多的枯燥数字和学术语言，趣味性有所减弱，但能让读者更全面地了解贵州历史，却也是值得的。

《贵州历史笔记》能再版与读者见面，与省里宣传出版部门领导的鼓励分不开。值本书出版之际，谨对他们的赏识与实际支持表示诚挚谢意。自打从事贵州地方史研究以来，我的论著总得到贵州人民出版社的大力帮助与援手，我常对人说：“没有贵州人民出版社，就没有我今天的学术成果。”在《贵州历史笔记》这部书上，他们更是极尽了出版人的辛勤付出，让我永铭难忘。

《贵州历史笔记》下册书稿是在家人的极力反对下，一意孤行写出来的。从2021年1月算起，到完稿交付出版，耗时仅10个月，确属仓促而成。尽管撰稿过程中也想尽量吸取学术研究新成果、力图采用创新视角，但毕竟囿于水平和见识，难免有诸多错落，这是需要向广大读者祈谅的。

范同寿<br>2021年11月